As Nulidades no Direito do Trabalho

1ª edição — Janeiro, 2008.
2ª edição — Fevereito, 2010.

ARI PEDRO LORENZETTI

*Juiz do Trabalho. Especialista em Direito
e Processo do Trabalho e em Direito Civil.*

AS NULIDADES NO DIREITO DO TRABALHO

2ª Edição

Dados Internacionais de Catalogação na Publicação (CIP)
(Câmara Brasileira do Livro, SP, Brasil)

Lorenzetti, Ari Pedro
  As nulidades no direito do trabalho / Ari Pedro Lorenzetti.
— 2. ed. — São Paulo : LTr, 2010.

  Bibliografia.
  ISBN 978-85-361-1475-0

  1. Direito do trabalho 2. Direito do trabalho — Brasil
3. Nulidades (Direito) 4. Nulidades (Direito) — Brasil I. Título.

09-09331   CDU-34:331

Índice para catálogo sistemático:

1. Brasil : Nulidades : Direito do trabalho
34:331

Projeto Gráfico e Editoração Eletrônica: **Peter Fritz Strotbek**
Capa: **Eliana C. Costa**
Impressão: **Cromosete**

© Todos os direitos reservados

EDITORA LTDA.

Rua Jaguaribe, 571 – CEP 01224-001 – Fone (11) 2167-1101
São Paulo, SP – Brasil – www.ltr.com.br

LTr 4055.5   Fevereiro, 2010

Agradecimentos

Por menores que sejam as obras humanas, em geral, não são construídas apenas por aqueles que se intitulam seus autores, mas, ao contrário, contam com a participação de inúmeros colaboradores, muitos dos quais involuntários, e até anônimos. Agradeço, assim, a todos aqueles que, de um modo ou de outro, tornaram possível a realização da presente obra, em especial à minha esposa, Patrícia, e meus filhos, André e Pedro Afonso, que abdicaram da merecida atenção e suportaram a ausência de quem muitas vezes só estava fisicamente presente, mas jamais negaram seu apoio.

SUMÁRIO

Apresentação 13

I – Estrutura, função e eficácia dos atos jurídicos 23
   1.1. Análise estrutural 23
      1.1.1. Pressupostos de existência 31
         a) Sujeitos 31
         b) Objeto 32
         c) Vontade 33
         d) Forma 36
         e) Espaço e tempo 36
         f) Causa 37
         g) Elementos específicos 40
         h) Elementos acidentais 40
      1.1.2. Requisitos de validade 41
         a) Quanto aos sujeitos 41
         b) Quanto ao objeto 42
         c) Quanto à vontade 42
         d) Quanto à forma 44
         e) Quanto ao espaço e tempo 44
         f) Quanto à causa 45
         g) Quanto aos elementos específicos 45
         h) Quanto aos elementos acidentais 46
   1.2. Enfoque funcional 46
   1.3. A questão da eficácia 47

II – Deficiências quanto aos sujeitos 51
   2.1. Incapacidade 51
      2.1.1. Menoridade 57
      2.1.2. Insanidade mental ou impossibilidade de expressão da vontade 66

  2.1.3. Incapacidade civil e vícios do consentimento 73

  2.1.4. Capacidade do empregador 76

 2.2. Ilegitimidade 76

  2.2.1. Ilegitimidade absoluta e relativa 87

  2.2.2. Legitimação sindical 89

 2.3. A condição de estrangeiro 93

III – Impropriedades quanto ao objeto 99

 3.1. Inadequação 100

 3.2. Ilicitude 101

 3.3. Impossibilidade 118

 3.4. Indeterminação 123

 3.5. Inutilidade 127

IV – Vícios relativos à vontade 129

 4.1. Erro ou ignorância 132

  4.1.1. Conceito 132

  4.1.2. Espécies 134

  4.1.3. Requisitos 138

   a) Substancialidade 138

   b) Reconhecibilidade 146

 4.2. Dolo 153

  4.2.1. Conceito 153

  4.2.2. Espécies 155

  4.2.3. Elementos 158

   a) Comportamento enganoso 158

   b) Intenção maliciosa 164

   c) Erro da vítima 166

   d) Nexo causal 167

 4.3. Coação 168

  4.3.1. Conceito 168

  4.3.2. Espécies 169

  4.3.3. Requisitos 175

   a) Essencialidade 175

   b) Gravidade da ameaça 177

    c) Injuridicidade da ameaça 181

    d) Iminência do dano 184

  4.3.4. Efeitos 185

  4.3.5. Casos de exclusão 188

    a) Exercício normal de direito 188

    b) Temor reverencial 190

  4.3.6. Prova 191

 4.4. Coação circunstancial 193

 4.5. Reserva mental 197

 4.6. Declarações não sérias 200

 4.7. Vontade presumida 202

 4.8. Consentimento imposto 203

V – Irregularidades quanto à forma 205

 5.1. Importância da forma 205

  5.1.1. Manifestação tácita 207

 5.2. Inobservância da forma exigida 212

 5.3. Preterição de solenidade essencial 217

  5.3.1. Admissão do empregado 220

  5.3.2. Alterações contratuais 223

  5.3.3. Terminação do contrato 224

  5.3.4. Acerto rescisório 225

VI – Imperfeições relacionadas à causa 229

 6.1. Os motivos e a causa 230

 6.2. Falsidade da causa 235

 6.3. Ilicitude da causa 240

 6.4. Ausência de causa 242

VII – Anomalias vinculadas aos elementos acidentais 248

 7.1. Condição ilícita 250

 7.2. Condição impossível 256

 7.3. Condição incompreensível ou contraditória 259

 7.4. Condição puramente potestativa 260

 7.5. Encargo ilícito ou impossível 264

7.6. As condições no contrato de trabalho 266
7.7. Pacto comissório 269
7.8. Cláusula *rebus sic stantibus* 272
7.9. Termo final proibido 276

VIII – Desvirtuamento funcional 282
    8.1. Abuso 283
        8.1.1. Caracterização 283
        8.1.2. Efeitos 294
    8.2. Fraude 295
        8.2.1. Fraude à lei imperativa 296
        8.2.2. Fraude contra credores 301
            a) Caracterização 301
            b) Efeitos 308
            c) Questões processuais 312
        8.2.3. Fraude à execução 317
    8.3. Simulação 317
        8.3.1. Conceito 317
        8.3.2. Espécies 320
        8.3.3. Elementos 321
            a) Divergência intencional entre a declaração e o efeito pretendido 321
            b) Acordo simulatório 324
            c) Intenção de enganar 328
        8.3.4. Efeitos 332
            a) Em relação ao negócio 332
            b) Em relação às partes 333
            c) Em relação a terceiros 335
        8.3.5. Prova 341
    8.4. Lesão 344
        8.4.1. Histórico 344
        8.4.2. Fundamentos 348
        8.4.3. Pressupostos 351
        8.4.4. Aplicação ao contrato de trabalho 355
    8.5. Estado de perigo 358

IX – Efeitos das imperfeições invalidantes 360
    9.1. Espécies de sanção 360
    9.2. Aproveitamento dos atos anuláveis 373
    9.3. Invalidação dos atos anuláveis 376
    9.4. Aproveitamento dos atos nulos 377
    9.5. Consequências das invalidades 384
        9.5.1. Em relação às partes 384
        9.5.2. Em relação a terceiros 400
    9.6. Invalidade e rescisão 401
    9.7. Direito intertemporal 403

X – Invalidade dos atos jurídicos trabalhistas 406
    10.1. Formação do contrato de trabalho 406
    10.2. Desvirtuamento do vínculo laboral 408
        10.2.1. Empreitada 409
        10.2.2. Representação comercial autônoma 410
        10.2.3. Cooperativa 413
        10.2.4. Estágio 419
        10.2.5. Terceirização 422
        10.2.6. Trabalho temporário 424
    10.3. Alterações contratuais 425
    10.4. Jornada de trabalho e descansos 433
        10.4.1. Extrapolação dos limites legais 433
        10.4.2. Compensação de horários 435
        10.4.3. Intervalos 436
        10.4.4. Férias 440
    10.5. Remuneração 441
        10.5.1. Natureza 441
        10.5.2. Descontos 442
        10.5.3. Fraudes 445
    10.6. Sanções contratuais 446
    10.7. Extinção do contrato de trabalho 452
        10.7.1. Iniciativa da rescisão 452
        10.7.2. Aposentadoria 457

  10.7.3. Despedida abusiva 462
  10.7.4. Aviso prévio 466
  10.7.5. Acerto rescisório 468
 10.8. Garantia do emprego 470
  10.8.1. Estabilidade acidentária 470
  10.8.2. Estabilidade sindical 471
  10.8.3. Membros da CIPA 475
  10.8.4. Empregadas gestantes 475
 10.9. Reintegração 477
 10.10. Renúncia de direitos 478

Referências bibliográficas 487

Índice alfabético-remissivo 499

APRESENTAÇÃO

Apesar de sua longa tradição doutrinária e das inúmeras tentativas empreendidas, nem mesmo em Direito Civil chegou-se a uma sistematização que merecesse ser denominada teoria geral das nulidades. Com efeito, desde *Domat*, na sua célebre *Loix civile*, vem a doutrina se debruçando sobre o tema, mas, apesar dos avanços obtidos, não alcançaram os juristas, ainda, a formulação de uma teoria das nulidades alicerçada em princípios gerais harmonicamente estruturados. E seria enganosa a esperança de obter êxito nessa empreitada, consignando *Bernardes de Mello* que se trata de missão impossível, em face da diversidade de tratamento da matéria pelo Direito positivo[1].

No âmbito trabalhista, uma proposta nesse sentido não seria menos inglória, considerando as peculiaridades que cercam a matéria e a carência de normas disciplinadoras, o que nos obriga a recorrer constantemente ao Direito comum como fonte subsidiária. De outra parte, não se pode ignorar que as fórmulas legislativas não são aforismos lógicos, senão instrumentos destinados a alcançar ou a permitir que se alcancem determinados resultados práticos[2]. Assim, mesmo restringindo nossa análise ao Direito positivo pátrio, não há como traçar uma verdadeira teoria das nulidades, em especial no campo trabalhista.

Por outro lado, a singeleza com que a questão foi tratada pela legislação laboral contribuiu decisivamente para que a matéria fosse relegada a um segundo plano nos estudos dos juslaboralistas. E a prova mais evidente disso é a carência de bibliografia específica sobre o tema, abordado quase que exclusivamente em reduzidos capítulos dos manuais de Direito do Trabalho, além de referências esparsas[3]. Essa quase indiferença em relação ao assunto, no entanto, não constitui um reflexo de sua irrelevância para o Direito laboral. Muito pelo contrário, no âmbito trabalhista as nulidades são objeto de frequentes disputas e revestem-se de especial importância, em face do caráter protetivo desse ramo jurídico. Embora não sejam comuns as discussões acerca da validade do contrato como um todo, a não ser em relação à Administração Pública, é muito frequente a imputação de nulidade a uma ou mais cláusulas contratuais, pelos mais variados defeitos. A omissão da doutrina, no entanto, tem contribuído para a perpetuação de equívocos e distorções de conceitos que sobrevivem graças principalmente à ausência de uma reflexão mais aprofundada sobre o tema[4].

---

(1) MELLO, Marcos Bernardes de. *Teoria do fato jurídico*: plano da validade. 4. ed. rev. São Paulo: Saraiva, 2000. p. 12-3.
(2) MESSINEO, Francesco. *Manual de derecho civil y comercial*, v. 2. Trad. Santiago Sentís Melendo. Buenos Aires: Ediciones Juridicas Europa-America, 1979. p. 365.
(3) A mesma queixa foi externada por José Abreu Filho, em relação ao Direito Civil pátrio, em contraposição ao comentário de Frederico Castro y Bravo, que se referia à copiosa bibliografia sobre o assunto, considerando as letras jurídicas europeias (ABREU FILHO, José. *O negócio jurídico e sua teoria geral*. 5. ed. São Paulo: Saraiva, 2003. p. XIII).
(4) A parcimônia da doutrina trabalhista diz respeito principalmente ao aprofundamento das questões teóricas que orientam a aplicação das nulidades no campo laboral, uma vez que o tema perpassa todos os aspectos do contrato de trabalho e, por isso, em regra, é abordado de forma tangencial e fragmentada pelos juslaboralistas.

A presente obra, no entanto, até mesmo pelas limitações de seu autor, não tem o propósito de preencher esse imenso vazio doutrinário, senão apenas de chamar atenção para a relevância do tema, a despeito da já mencionada parcimônia do legislador em disciplina-lo e da brevidade (não raro superficialidade) dos juslaboralistas ao analisá-lo. Ademais, conforme já referido, e também lembrado por *Orlando Gomes*, não se pode perder de vista que as tentativas empreendidas no sentido de construir uma teoria geral, no caso, têm sido improfícuas[5]. Apesar disso, ressalva *Francisco Amaral*, cabe aos juristas envidar esforços "no sentido de estabelecer os princípios básicos de orientação e de fixar as características dos atos irregulares ou inválidos, embora evitando as construções artificiais e a ideia de uma completa sistematização"[6]. Não nos move, assim, o intuito de reunir os inúmeros fragmentos nos quais se divide a disciplina legal num único mosaico, nem o desejo de esgotar os temas tratados ou, muito menos, a presunção de oferecer a última palavra a respeito das matérias abordadas. Nossa proposta consiste, acima de tudo, em analisar, de forma crítica e abrangente, as questões mais relevantes, em matéria de nulidades, relacionadas ao universo trabalhista, perseguindo sempre a solução mais justa e equitativa, dentro do espírito de cada norma. E, para alcançar tal objetivo, torna-se indispensável uma prévia exposição teórica, ainda que elementar, acerca dos diversos institutos.

Acerca das nulidades, a legislação trabalhista estabeleceu quase que exclusivamente uma norma-princípio, inscrita no art. 9º da CLT, segundo a qual são nulos de pleno direito todos os atos praticados com o objetivo de desvirtuar, impedir ou fraudar a aplicação dos preceitos contidos naquela Consolidação. Compreende-se que a CLT só se tenha voltado aos preceitos nela contidos, uma vez que, quando de sua edição, pretendia abarcar todo o Direito laboral. A norma citada, conforme já afirmado, retrata a afirmação de um princípio, pois de nada adiantaria estabelecer um conjunto de regras para a tutela do trabalho se fosse dado aos particulares contornar sua aplicação prática. Aqui, como em geral acontece, a imputação de invalidade a certos atos jurídicos converte-se em instrumento pelo qual o sistema jurídico procura assegurar sua própria integridade e a prevalência de suas normas[7].

A simples enunciação de um princípio ou regra geral, no entanto, não é suficiente para solucionar todas as questões relativas às nulidades. Com efeito, não basta resguardar a imperatividade das normas trabalhistas, em caráter genérico, mas é preciso, em primeiro lugar, que se detalhem as circunstâncias em que, ainda que por outros motivos, os atos jurídicos laborais são irregulares. Afora isso, o vínculo laboral não se desenvolve apartado das demais relações jurídicas, razão pela qual não pode fugir à observância dos outros princípios e regras consagrados pelo ordenamento jurídico. Assim, além de guardar consonância com as normas que regulam as relações laborais, os atos jurídicos trabalhistas também devem harmonizar-se com os demais valores que regem a vida social. Por consequência, também afetam a validade dos atos jurídicos trabalhistas as normas que tutelam outros valores sociais, como a boa-fé e o respeito à vontade, além das normas de proteção ao trabalho.

---

(5) GOMES, Orlando. Nulidades no direito contratual do trabalho. In: *Revista Forense*, v. 155, set./out. 1954. p. 42.
(6) AMARAL, Francisco. *Direito civil*: introdução. 6. ed. rev. atual. e ampl. Rio de Janeiro: Renovar, 2006. p. 511.
(7) MELLO, Marcos Bernardes de. *Op. cit.*, p. 6.

Inevitável, pois, o recurso às demais normas que fixam requisitos para a validade dos negócios jurídicos, a fim de que se garanta a prevalência do sistema normativo como um todo, bem assim das regras que disciplinam o exercício da autonomia privada, nos limites em que esta é admitida. Isso, no entanto, nos obriga a fazer incursões na ordem do Direito comum, como fonte subsidiária, o que exige redobrada atenção, uma vez que não basta a simples transposição de regras, em face da natureza especial das relações de que trata o Direito do Trabalho.

Aceitamos, porém, o desafio, ainda quando a proposta, pelas dificuldades que apresenta, não seja das mais atraentes. Com efeito, se nem mesmo no Direito Civil, conforme já registramos, existe consenso acerca dos conceitos ou classificações, havendo divergências até mesmo em relação ao sentido das palavras, não se poderia esperar outra coisa no âmbito do Direito do Trabalho. Todavia, se as soluções estivessem à vista, o presente estudo nada teria a acrescentar. Assim, justamente porque o tema envolve dificuldades e tem interesse prático é que se torna interessante.

Na organização da matéria, iniciamos pela identificação dos elementos essenciais ou nucleares dos negócios jurídicos em geral, sem os quais estes nem ao menos ingressariam no mundo do Direito. Antes de indagar acerca dos vícios dos negócios jurídicos, não poderíamos prescindir da análise de sua estrutura. Embora, ao sentir de alguns, tal enfoque exale um ranço pandectista, entendemos não ser possível interpretar corretamente as normas jurídicas que tratam das nulidades sem compreender os pressupostos em que se assentam, inclusive para fins de buscar soluções compatíveis com os princípios e valores dominantes nos dias atuais. De outro modo, isto é, quando se pretende inovar sem conhecer efetivamente o alcance das normas vigentes, corre-se o risco de gerar ainda mais confusão. Partimos, assim, dos elementos que conferem existência jurídica aos atos negociais (elementos gerais), para só então investigar as deficiências que impedem tais atos de produzir os efeitos que lhes são próprios.

A distinção entre ato jurídico inválido e inexistente deve-se a *Zachariae*, que a formulou para contornar as dificuldades geradas pelo critério de interpretação das nulidades adotado pelos tribunais franceses relativamente ao matrimônio. Segundo a posição jurisprudencial então em voga, as nulidades dependiam de norma expressa (*pas de nullité sans texte*) e, em relação ao casamento, especificamente, o Código Napoleônico só previa quatro hipóteses: impuberdade, bigamia, incesto e ausência de consentimento. Diante disso, o casamento entre pessoas do mesmo sexo ou celebrado por quem não tinha poderes para tanto, por exemplo, passou a ser tido como inexistente, evitando-se, de tal modo, os seus efeitos. A adesão de juristas de renome conferiu prestígio à teoria de *Zachariae*, que se firmou na doutrina francesa, de onde se irradiou para os demais países[8].

Poderia, no entanto, parecer a alguns que, a partir da evolução da jurisprudência a respeito do tema, a distinção entre a inexistência e a nulidade deixaria de ser necessária,

---

(8) Apesar disso, em atenção às aparências criadas, pode a lei conferir a determinados atos, aos quais melhor caberia o qualificativo de juridicamente inexistentes, o *status* de atos jurídicos nulos, como ocorre em relação aos atos simulados.

uma vez que, em última análise, ambas conduziriam à ineficácia do negócio jurídico[9]. Todavia, em primeiro lugar, como bem observou *Bernardes de Mello*, "não tem sentido, do ponto de vista lógico, falar-se de ineficácia do ato inexistente e compará-la à ineficácia do ato nulo, porque (*a*) a ineficácia, quando referida a 'ato inexistente', constitui consequência irremovível do não ser (o *não ser* não pode produzir coisa alguma), enquanto (*b*) em relação ao ato nulo a ineficácia resulta, na verdade, de uma *recusa* de eficácia, como repúdio à ilicitude a que o sistema impõe a invalidade como sanção"[10]. Assim, as razões pelas quais o ato nulo e o "ato inexistente" não produzem efeitos são diversas. E é justamente por isso que é preciso distingui-los, uma vez que não se pode conferir o mesmo tratamento aos negócios nulos e aos inexistentes. Estes jamais poderão produzir efeito algum, ao passo que àqueles, sob determinadas condições, poderá a lei atribuir algum efeito.

Persiste, pois, a importância prática da distinção, principalmente em relação aos casos em que a lei reconhece certos efeitos ao ato jurídico, apesar de sua invalidade. Em tais situações, não se poderia equiparar o ato nulo ao ato juridicamente inexistente, uma vez que só aquele poderia produzir os efeitos admitidos pelo legislador[11]. Afinal, ao contrário do que se verifica em relação ao ato juridicamente inexistente, a medida da ineficácia do ato nulo é apenas a fixada pela norma legal, embora, em regra, o legislador não reconheça eficácia alguma ao ato inválido[12]. No âmbito trabalhista, por outro lado, o debate acerca da existência de negócio jurídico é recorrente: mesmo sem nos darmos conta disso, deparamo-nos com essa questão sempre que investigamos se houve, ou não, vínculo de emprego entre as partes. E todas as vezes que, em face da ausência de um ou mais elementos que tipificam a relação empregatícia, concluímos que não houve contrato de trabalho (em sentido estrito), outra coisa não fazemos senão reconhecer a inexistência de tal negócio jurídico, embora os mesmos fatos possam ter repercussão jurídica, sob figura diversa.

Não bastasse isso, não se poderia ignorar, no estudo dos negócios jurídicos, o plano da existência, pelo menos por uma questão de método. Ademais, conforme observou *Ubaldino Miranda*, "quer porque se trata de uma categoria lógico-racional, imposta pela própria natureza das coisas (ao existente deve necessariamente contrapor-se o inexistente,

---

(9) "Observamos então que as vantagens práticas dessa tricotomia (inexistência, nulidade e anulabilidade), no tocante aos atos jurídicos em geral, se afiguram insignificantes" (ESPÍNOLA, Eduardo. *Manual do Código Civil brasileiro*, v. 3: dos factos jurídicos, 4ª parte. Rio de Janeiro: Jacintho Ribeiro dos Santos, 1932. p. 45). "Mas, em relação ao casamento, o caso muda muito de figura" (*Ibidem*, p. 146).

(10) MELLO, Marcos Bernardes de. *Op. cit.*, p. 12.

(11) Conforme observou Clovis Bevilaqua, "compreende-se que a transição entre o ato nulo e o inexistente é suave; desliza a mente de um para o outro como que insensivelmente; não obstante a distinção é real, porque o primeiro sofre um vício essencial, que o desorganiza e desfaz: é um enfermo condenado à morte; o outro não tem existência jurídica; será, quando muito, a sombra de um ato, que se desvanece, desde que a consideremos de perto" (BEVILAQUA, Clovis. *Theoria geral do direito civil*. 4. ed. atual. Rio de Janeiro: Francisco Alves, 1949. p. 331-2). Por sua vez, justifica Carvalho Santos que, se os atos inexistentes não foram objeto de cogitação do legislador, é porque, enquanto tais, eles não são atos. Todavia, para ele, não há vantagem prática em distinguir os atos juridicamente inexistentes dos nulos a não ser em matéria de casamento (SANTOS, J. M. de Carvalho. *Código Civil brasileiro interpretado*, v. 3, 11. ed. Rio de Janeiro: Freitas Bastos, 1980. p. 228-9).

(12) CARVALHO, Francisco Pereira de Bulhões. Ineficácia. In: *Repertório enciclopédico do direito brasileiro*, v. 27. Rio de Janeiro: Borsoi, [s.d.]. p. 47. Segundo o mesmo autor, os atos nulos em relação aos quais a lei reconhece alguns efeitos secundários caracterizam a situação que ele denomina de "paranulidade" (*Idem*).

sob pena de uma arbitrária transposição de planos), quer porque só a inexistência jurídica é capaz de explicar porque, para além da nulidade, um negócio pode ser absolutamente insusceptível de produzir quaisquer efeitos, nada obsta, antes tudo recomenda, a aceitação da figura da inexistência jurídica e, consequentemente, de negócio jurídico inexistente sempre que carecer de um de seus elementos ou pressupostos essenciais"[13].

Convém, ainda, afastar o argumento de que a expressão "ato inexistente" seja ambígua ou contraditória (*contradictio in terminis*), uma vez que a palavra ato, aí, não está sendo usada no sentido de simples fato, mas de "ato jurídico *lato sensu*". Assim, como nem toda conduta humana tem repercussão jurídica, é possível que haja atos (ações humanas) que, para o Direito, são considerados inexistentes. A crítica, portanto, incorre em erro de perspectiva.

De outra parte, se a lei não se ocupa do ato inexistente, é porque ele é um puro fato, que não produz consequência jurídica alguma[14]. Assim, o silêncio do legislador, no particular, não faz a menor diferença, uma vez que a lei não tem de tratar do que não ingressou na esfera jurídica, não lhe cabendo organizar o nada (juridicamente falando). Como bem observou *Cohendy*, "ensinam-nos as origens históricas que a inexistência encontra seu fundamento, não nas prescrições legais, mas na impossibilidade em que se encontra o espírito mais escrupuloso de conceber que haja, em tal circunstância, outra coisa além de uma vã tentativa"[15]. Diante disso, a simples omissão do legislador é insuficiente para eliminar a categoria dos atos meramente aparentes, que não reúnem os elementos necessários à sua constituição.

Por fim, não se pode dizer que a distinção entre ato inexistente e ato nulo seja totalmente inútil. Além da questão do casamento, já referida, a doutrina da inexistência é particularmente importante nos atos complexos, em que a falta de algum elemento essencial à integralização do ato pode fazer com que o negócio jurídico intentado reste incompleto. Tome-se, por exemplo, a criação de uma pessoa jurídica cujo contrato social ainda não tenha sido assinado ou levado a registro (CC, arts. 45 e 998). Enquanto não adotadas tais providências não haverá contrato social (falta de assinatura), nem se terá constituído a pessoa jurídica (falta de registro), a despeito de haverem os interessados redigido um contrato social, em conformidade com o art. 997 do Código Civil.

Conforme ponderou *Miguel Reale*, e o exemplo acima bem o demonstra, em relação aos atos inexistentes, o que se verifica é a ausência de algum elemento constitutivo, de modo que o ato permanece juridicamente embrionário, ainda *in fieri*. Logo, se tal ato, assim incompleto, for invocado para fundamentar alguma pretensão, deve ser declarada a sua *não significância jurídica*[16]. O exemplo citado também evidencia que "o ato inexistente não é um nada fático, mas corresponde a uma situação típica, que pode produzir efeitos materiais", daí a razão pela qual o judiciário pode ser chamado a esclarecer a situação, a

---

(13) MIRANDA, Custódio da Piedade Ubaldino. *Teoria geral do negócio jurídico*. São Paulo: Atlas, 1991. p. 82.
(14) CAPITANT, Henri. *Introduction à l'étude du droit civil*. 4. ed. Paris: Pedone, 1921. p. 340.
(15) *Apud* ESPÍNOLA, Eduardo. *Op. cit.*, p. 74.
(16) REALE, Miguel. *Lições preliminares de direito*. 21. ed. rev. e aum. São Paulo: Saraiva, 1994. p. 205.

fim de evitar prejuízos a terceiros[17]. Por outro lado, embora seja corrente a afirmação de que o ato ou negócio inexistente prescinda de declaração judicial, em alguns casos, sua aparência pode ser tão palpável que torne necessária a definição por sentença, para desfazer dúvidas[18]. E isso ocorre todos os dias nos foros trabalhistas, sendo o juiz chamado a decidir acerca da existência, ou não, de vínculo de emprego entre as partes.

Para alcançar os objetivos que orientam o presente estudo, no entanto, a problemática central reside na identificação dos vícios capazes de conduzir à invalidade do negócio jurídico, no âmbito trabalhista. Assim, uma vez identificados os elementos que conferem existência ao negócio jurídico, passamos à análise dos defeitos que podem afetar tais elementos, de forma a inutilizar o próprio ato. Em outras palavras, o ponto de partida de nossa abordagem é a consideração de que as nulidades decorrem de defeitos situados nos elementos que compõem o suporte fático do negócio jurídico. A metodologia adotada, portanto, foi, primeiro, a identificação dos elementos que integram o suporte fático e, a partir de então, a abordagem dos possíveis defeitos invalidantes encontráveis em cada um de seus componentes.

É por isso que, após um capítulo inicial acerca da estrutura do negócio jurídico, separando a questão da existência, da validade e eficácia dos negócios, tratamos dos defeitos de cada elemento em particular, a começar pelos sujeitos, passando pelo objeto, vontade, forma e assim por diante.

Não é preciso dizer que o capítulo que mais problemas suscita é o da vontade, seja por constituir o elemento medular do negócio jurídico, seja por ser o elemento mais suscetível de sofrer interferências, ou, ainda, por se tratar de um elemento que se forma no íntimo de cada sujeito e é preciso desvelá-lo. Ora sobrevalorizada, ora colocada em posição secundária, a questão da vontade nos negócios jurídicos é um tema que desafia a argúcia da doutrina e a sensibilidade da jurisprudência, a fim de que não se cometam injustiças, seja em relação a quem declarou o que não queria, seja em relação às pessoas que confiaram naquela manifestação. No Direito do Trabalho, especificamente, a questão da vontade é um dos temas mais sensíveis, uma vez que nunca se pode definir *a priori* e abstratamente até onde vai a liberdade individual e onde começa a subordinação ao empregador. E o que torna o problema ainda mais angustiante é a natureza das forças que se abatem sobre a vontade do trabalhador, traduzindo-se numa pressão sutil e difusa, mas muito eficiente, conhecida como *coação econômica*. Não basta, pois, garantir que o trabalhador exprima o que quer, mas é preciso evitar que seu querer seja ditado por uma situação que lhe é imposta, ainda que tacitamente, não havendo como olvidar que, mesmo com toda a proteção que lhe conferem as normas laborais, o trabalhador não pode decidir divorciado de sua realidade. Diante disso, parafraseando *Ortega y Gasset*, pode-se dizer que o trabalhador é ele e suas circunstâncias.

Outra questão objeto de intensa discussão diz respeito à causa[19]. Por influência da doutrina de *Pothier*, que, por sua vez, abeberou-se nas lições de *Domat*, a causa foi inserida

---
(17) VELOSO, Zeno. *Invalidade do negócio jurídico:* nulidade e anulabilidade. 2. ed. Belo Horizonte: Del Rey, 2005. p. 137.
(18) VENOSA, Sílvio Salvo. *Direito civil*, v. 1: parte geral. 2. ed. São Paulo: Atlas, 2002. p. 561.
(19) Para Dionysio Gama, "a exigência de causa é uma inutilidade no Direito para a existência do contrato. Bastante é que a lei fale em consentimento e objeto. Tudo o mais é confusão, como bem o mostram a doutrina e a jurisprudência

no Código Napoleônico (1804) como elemento indispensável nos contratos (art. 1.108). Todavia, já em 1820, *Antoine Ernst*, à época catedrático da Faculdade de Direito de Liège, publicou um estudo (*É a causa um requisito essencial à validade das convenções?*) no qual apresenta as primeiras objeções àquela previsão legal. As teses de *Ernst* foram acolhidas por *Laurent*, em seus *Princípios de Direito Civil*, dando impulso a uma polêmica que alcançou proporções notáveis e da qual se originaram, segundo *Cabanellas*, as mais inesperadas teorias[20]. Não pretendemos rivalizar acerca do tema, limitando-nos a registrar que, se o legislador considerou o vício da razão determinante como fundamento para a invalidação do negócio jurídico, não nos parece que a causa possa ser confundida com os demais elementos daquele. Por outro lado, conforme registra *José Abreu Filho*, a jurisprudência tem-se utilizado da noção jurídica de causa como um meio de valoração e controle moral dos negócios jurídicos. Através dela evita-se o risco de se tornar obrigatória qualquer declaração de vontade, ainda que emitida para dar origem a um negócio ilícito[21]. De sua parte, salienta *Francisco Amaral* que, no particular, o direito pátrio adota "uma posição de transigência, não se furtando à indagação da causa quando necessário à realização da justiça"[22]. Diante disso, não há como fugir da discussão, apesar das dificuldades e armadilhas que o tema oferece.

Embora se trate de temas em relação aos quais as controvérsias sejam menos intensas, não poderíamos deixar de abordar as invalidades fundadas em deficiências relativas aos sujeitos, ao objeto e à forma dos negócios jurídicos trabalhistas. A menor frequência com que tais defeitos afetam os negócios trabalhistas não exclui sua relevância, nem sua abordagem poderia ser omitida num estudo que se propõe a analisar as nulidades no Direito do Trabalho em seus diversos ângulos. No particular, entretanto, há, pelo menos, um debate de ampla repercussão. Trata-se da tormentosa polêmica acerca dos efeitos da nulidade contratual por ausência de prévio concurso público (CF, art. 37, inciso II e § 2º). Embora a jurisprudência dominante já tenha definido seu posicionamento, as inúmeras críticas dirigidas à Súmula n. 363 do TST deixam evidenciado que a solução por ela alvitrada não satisfaz.

Por outro lado, apesar de seu caráter acidental, o termo, a condição e o encargo, quando inseridos nos contratos, também devem atender às normas legais, dando, por isso, ensejo a invalidades, pelo menos das cláusulas que contemplam tais elementos. Por isso, também reservamos um capítulo específico para tratar do tema. Embora referidos elementos não sejam tão comuns no âmbito laboral, não se poderia excluí-los do presente estudo, principalmente para evitar a confusão de conceitos e para que não fiquemos pelo meio do caminho na abordagem do tema das nulidades.

---

francesa (M. I. Carvalho de Mendonça, *dout. e prát. das obrigs.*, 1. ed. p. 733, 4 segs.). Em nota, acrescenta o saudoso mestre: — 'O que é certo é que a palavra — *cause* — tratando de obrigações, entrou no direito francês por um erro. Beaumanoir, antes de Domat, exigia, como elemento do contrato — *cose* — tradução do francês do seu tempo do vocábulo — *res* — objeto. Mais tarde, tomou — *cose* — por causa. Isso demonstra *Timbal*, (ob. e p. cits.)" (GAMA, Affonso Dionysio. *Teoria e prática dos contratos por instrumento particular no direito brasileiro*, v. 1, 13. ed. rev. e atual. por J. Edvaldo Tavares. Rio de Janeiro: Freitas Bastos, 1961. p. 64).
(20) CABANELLAS, Guillermo. *Tratado de derecho laboral*, t. 2, v. 1, 3. ed. Buenos Aires: Editorial Claridad, 1988. p. 141.
(21) ABREU FILHO, José. *Op. cit.*, p. 145-6.
(22) AMARAL, Francisco. *Op. cit.*, p. 430.

A par da validade formal (ou estrutural) dos negócios jurídicos, impõe-se analisar o requisito da *validade ética* (ou funcional). Essa exigência vem se destacando nos últimos tempos, reforçada pela relevância atribuída pelo Código Civil de 2002 ao princípio da eticidade e socialidade do Direito. E as relações laborais não poderiam ficar indiferentes a tais valores, a despeito dos ataques que o Direito do Trabalho vem recebendo das novas teorias econômicas.

De outra parte, conquanto, paralelamente à abordagem dos defeitos estruturais e sociais, também tenhamos tratado de suas consequências, não poderíamos deixar de voltar ao mesmo tema em capítulo específico, a fim de melhor sistematizar e aprofundar a questão das repercussões dos defeitos invalidantes sobre os negócios jurídicos. Por isso, reservamos um capítulo especificamente para tratar dos efeitos das imperfeições dos atos jurídicos.

Por fim, à luz da teorização exposta nos capítulos anteriores, passamos à aplicação prática da matéria versada a situações que julgamos mais relevantes no âmbito das relações laborais. E, embora o tema central fossem as invalidades, não deixamos de abordar também as questões relativas à existência e à eficácia, e bem assim os seus opostos (inexistência e ineficácia).

Esperamos que o presente estudo possa trazer alguma luz sobre os temas enfocados e que, principalmente, desperte o interesse para novas reflexões acerca de problemas com os quais convivemos no dia a dia, muitas vezes sem avaliar adequadamente sua extensão e real importância. Salientamos, no entanto, que não nos propomos aqui a ensinar, mas a dividir com os demais operadores do Direito do Trabalho as lições coligidas nas pesquisas e reflexões sobre a matéria, para que outros nos mostrem o que ainda não apreendemos e nos ajudem a entender aquilo que mal compreendemos.

"O direito não resulta da regra, mas a regra é estabelecida de acordo com o direito, tal como existe na realidade: non ex regula ius sumatur, sed ex jure, quod est, regula fiat."

(Paulo. Digesto, 50, 17, fr. 1)

"Visto que homem algum tem autoridade natural sobre seus semelhantes e que a força não produz qualquer direito, só restam as convenções como base de toda a autoridade legítima existente entre os homens."

(Jean-Jacques Rousseau)

"Las limitaciones de la libertad son muy numerosas en el contrato de trabajo. Tales restricciones coartan, disminuyen e sustituyen la manifestación de voluntad que no se supone libre, por lo menos para una de las partes, en cuanto a las cláusulas contratctuales, pero sí espontánea, en lo relativo a la asunción del trabajo."

(Guillermo Cabanellas)

Capítulo I

ESTRUTURA, FUNÇÃO E EFICÁCIA DOS ATOS JURÍDICOS

1.1. Análise estrutural

Nem todos os fatos que acontecem no dia a dia repercutem na esfera jurídica. Apenas aos eventos que interferem significativamente nas relações intersubjetivas ou sociais é que o Direito empresta efeitos, convertendo-os, assim, em *fatos jurídicos*[1]. Destarte, somente são qualificados como jurídicos os fatos que têm ressonância na órbita jurídica, acarretando a aquisição, conservação, modificação, transmissão ou extinção de direitos subjetivos.

Impende ressaltar que não é por virtude própria, mas pela inserção na estrutura do Direito que os fatos passam a ter natureza jurídica[2]. Em outras palavras, para serem qualificados como jurídicos, é necessário que os fatos correspondam "a uma previsão normativa, a um tipo legal, ocorrendo a subsunção, uma relação de causalidade, o que os alemães chamam *Tatbestand* e os italianos *fattispecie*, enfim, a hipótese de incidência"[3]. É, pois, pela incidência das normas jurídicas que as ocorrências do mundo físico se juridicizam. Conforme ressalta *Bernardes de Mello*, "somente há juridicidade onde há norma jurídica que a atribua a algum fato, inclusive volitivo"[4].

Os fatos que interagem com o Direito tanto podem ser condutas humanas como simples eventos da natureza. Os fenômenos naturais que independem da intervenção humana, quando desencadeiam consequências na ordem jurídica, são denominados fatos jurídicos *stricto sensu*. Já os comportamentos humanos aos quais o Direito reconhece efeitos são denominados *atos jurídicos*. Todavia, não é preciso que a conduta humana produza concretamente os efeitos jurídicos a que se destinava para que seja considerada como ato jurídico, bastando que seja externada com aquela finalidade.

De outra parte, mister se faz destacar que os atos jurídicos podem repercutir no âmbito do Direito de forma positiva ou negativa, advindo daí sua divisão entre atos lícitos e ilícitos. Estes últimos, no entanto, por serem reprimidos pela ordem jurídica,

---

(1) "Fato jurídico é todo o evento juridicamente relevante" (MIRANDA, Custódio da Piedade Ubaldino. *Teoria geral do negócio jurídico.* São Paulo: Atlas, 1991. p. 18).
(2) REALE, Miguel. *Lições preliminares de direito.* 21. ed. rev. e aum. São Paulo: Saraiva, 1994. p. 200.
(3) VELOSO, Zeno. *Invalidade do negócio jurídico:* nulidade e anulabilidade. 2. ed. Belo Horizonte: Del Rey, 2005. p. 1.
(4) MELLO, Marcos Bernardes de. *Teoria do fato jurídico:* plano da existência. 9. ed. São Paulo: Saraiva, 1999. p. 148.

normalmente são tratados à parte[5]. Diante disso, a expressão *atos jurídicos*, em regra, só é utilizada pela doutrina para referir-se aos atos lícitos, uma vez que os ilícitos seriam atos *antijurídicos*.

Todavia, como bem observou *Junqueira de Azevedo*, "ser lícito ou ilícito é *qualificação* que se dá a certos fatos jurídicos, conforme sejam aprovados ou reprovados pelo ordenamento jurídico; ora, a qualificação é sempre extrínseca à composição interna do fato"[6]. Por vezes, mesmo dispostas a praticar um ato jurídico lícito, por não observarem algum de seus requisitos, as partes acabam por produzir um ilícito, do que decorre que não se pode pretender tratar os atos ilícitos de forma destacada dos atos jurídicos em geral. Agiu com acerto, pois, o legislador ao reunir num mesmo Livro tanto a disciplina relativa aos atos lícitos quanto aos ilícitos (Livro III da Parte Geral do Código Civil). Afinal, os atos jurídicos nulos não deixam de ser, em maior ou menor grau, atos ilícitos, isto é, contrários ao direito[7]. Daí a observação de *August Thon* de que "a nulidade do negócio não é mais do que a consequência de uma ilicitude"[8].

Conforme também assevera *Marcos Bernardes de Mello*, "no campo do direito privado, o fato contrário ao direito (como o fato lícito) tem o efeito de gerar uma relação jurídica entre aquele a quem seja imputável (= responsável) e aquele que sofre as suas consequências". Num caso de atropelamento por imprudência, por exemplo, "a relação jurídica que se cria entre o autor e a vítima tem a mesma configuração de uma relação jurídica que decorra de um fato jurídico lícito. A diferença entre elas reside exclusivamente na origem. De resto, não há distinções, exceto, naturalmente, quanto ao conteúdo de cada uma". E completa: "sob esse aspecto, o fato contrário ao direito é tão *jurígeno* quanto o fato jurídico lícito porque, se não cria um direito para quem o pratica, o faz nascer para quem sofre as consequências"[9].

Existem, ainda, condutas que, apesar de se servirem da estrutura de um ato jurídico normalmente lícito, retratam um comportamento criminoso, revelando, assim, que a

---

(5) Na vigência do Código Civil de 1916, tal tratamento decorria da própria lei, que definia o *ato jurídico* como sendo "todo o *ato lícito*, que tenha por fim imediato adquirir, resguardar, transferir, modificar ou extinguir direitos" (art. 81). A propósito de tal dispositivo observou Miguel Reale: "Eis uma afirmação teórica de grande importância para a doutrina do direito, pois, com ela ficou estabelecida uma sinonímia rigorosa, e, a nosso ver, incabível, entre ato ilícito e ato jurídico. Parece-nos que o legislador foi além do que lhe competia estabelecer. A análise dos dispositivos do Código vai demonstrar que o ato jurídico abrange também o ato ilícito" (REALE, Miguel. *Op. cit.*, p. 202). Não há, no Código vigente, disposições semelhantes ao art. 81 do diploma anterior.

(6) AZEVEDO, Antônio Junqueira de. *Negócio jurídico*: existência, validade e eficácia. 3. ed. rev. São Paulo: Saraiva, 2000. p. 20.

(7) MELLO, Marcos Bernardes de. *Op. cit.*, p. 128.

(8) *Apud* MELLO, Marcos Bernardes de. *Op. cit.*, p. 227. Parte considerável da doutrina, no entanto, costuma vincular o ato ilícito à superveniência de um dano indenizável. Daí a afirmação de Orlando Gomes de que "a sanção contra o ato ilícito consiste, precisamente, na obrigação de repará-lo" (GOMES, Orlando. *Introdução ao direito civil*. 11. ed. Rio de Janeiro: Forense, 1995. p. 490). Todavia, nem sempre a obrigação de indenizar resulta de ato ilícito, e este nem sempre acarreta aquela. Conforme explica Bernardes de Mello, tanto na reparação do dano quanto na negativa de validade ao negócio jurídico, há um revide do ordenamento à violação de suas normas. E isso é o quanto basta para que se reconheça na invalidade uma sanção. Quanto ao conteúdo da punição ou à sua forma, se atinge a pessoa ou os bens do agente, ou se lhe acarreta outro ônus qualquer, é mera opção legislativa, e não elemento definidor da sanção (MELLO, Marcos Bernardes de. *Teoria do fato jurídico:* plano da validade. 4. ed. rev. São Paulo: Saraiva, 2000. p. 46).

(9) MELLO, Marcos Bernardes de. *Teoria...* plano da existência, *cit.*, p. 100.

licitude, ou não, do ato não pode fazer parte de sua definição. É o caso, por exemplo, da compra e venda de entorpecentes. É certo que quem comete o ilícito não está em busca das sanções que o ordenamento jurídico lhe reserva. Nem por isso, no entanto, o ato praticado deixará de enquadrar-se na definição de ato jurídico, uma vez que jurídicas são suas consequências[10]. Assim, como bem ressaltou *Marcos Bernardes de Mello*, "não existe diferença ontológica entre o *lícito* e o *ilícito*, uma vez que ambos são jurídicos porque, e somente porque, recebem a incidência juridicizante de uma norma jurídica. A diferença que existe entre eles é, em essência, axiológica, nunca ontológica. E tanto é verdadeira essa observação que um fato que hoje se considera (= valorado) *ilícito* pode, amanhã, por modificação da norma jurídica, passar a ser considerado lícito"[11].

Para os objetivos do presente estudo, no entanto, a ilicitude só interessa na medida em que inviabiliza a produção dos efeitos jurídicos que o agente contava alcançar com a prática do ato. Diante disso, não nos ocuparemos aqui de outras consequências da ilicitude do ato jurídico além da carência de aptidão para produzir os efeitos que dele resultariam, caso não se revestisse de tal defeito.

Os efeitos dos atos jurídicos, no entanto, nem sempre são previstos exaustivamente pelas normas estatais. Existem determinados atos cujas consequências dependem da vontade de seus agentes, não os regulando a lei de forma precisa e cabal. Quando os efeitos resultantes do ato são apenas os que a lei prevê, temos o chamado ato jurídico *stricto sensu*, ou ato jurídico não negocial[12]. O ato jurídico em sentido estrito caracteriza-se, assim, por ser um comportamento humano conscientemente adotado para deflagrar os efeitos previamente estabelecidos em lei. Existe nele manifestação de vontade (vontade simples), mas falta o caráter de autorregramento (vontade qualificada), uma vez que quem determina seus efeitos não são as partes, mas exclusivamente a lei. Diante disso, "os atos jurídicos *stricto sensu* são incondicionáveis, inatermináveis e não podem ter seus efeitos vinculados a modos ou encargos, exatamente porque neles a vontade não tem escolha de categoria jurídica, limitando-se à prática do ato"[13].

Ensina o professor *Zeno Veloso* que, no ato jurídico em sentido estrito, "a ação humana ou a manifestação de vontade funciona como *mero pressuposto de efeitos preordenados pela lei*. Trata-se de caso em que o comportamento ou a vontade concretiza, apenas, o suporte fático necessário para criar o fato, fazê-lo entrar no mundo jurídico. A eficácia dele,

---

(10) "O hábito de se excluírem, no conceito e na enumeração dos fatos jurídicos, os fatos contrários ao direito, principalmente os atos ilícitos, provém de visão unilateral do mundo jurídico, pois os atos ilícitos, como todos os fatos contrários ao direito, que, recebendo a incidência das regras jurídicas, que neles se imprimem, surtem efeitos jurídicos..." (MIRANDA, Francisco Cavalcanti Pontes de. *Tratado de direito privado*, t. 2. Rio de Janeiro: Borsoi, 1954. p. 184).
(11) MELLO, Marcos Bernardes de. *Teoria...* plano da existência, cit., p. 99. Essa identidade ontológica, a que se refere *Bernardes de Mello*, fica mais evidente se adotada a lição de *Barassi*, segundo a qual "o negócio jurídico não é mais do que uma *condição necessária* (e em certo sentido não a causa, mas a ocasião) *para que o ordenamento jurídico produza determinados efeitos jurídicos*" (BARASSI, Lodovico. *Instituciones de derecho civil*, v. 1. Trad. Ramon Garcia de Haro de Goytisolo. Barcelona: Bosch, 1955. p. 159). E isso explica, por exemplo, alguns efeitos jurídicos que a lei atribui a determinados negócios jurídicos, embora não previstos pelas partes e até mesmo contra a vontade destas, como a obrigatoriedade de observar as normas mínimas de proteção ao trabalhador, no contrato de trabalho.
(12) É o caso, por exemplo, do aviso prévio indenizado, cujos efeitos são determinados pela lei, de modo invariável.
(13) MELLO, Marcos Bernardes de. *Teoria...* plano da existência, cit., p. 168.

porém, é predeterminada na lei (...). Aproveitando a comparação tantas vezes feita por *Carnelutti*, no ato jurídico *stricto sensu* a vontade do agente funciona, mais ou menos, como a vontade de quem move o interruptor e, com isso, acende a lâmpada. O comando dependeu do agente, mas a claridade veio sem que a vontade a tivesse determinado"[14].

Quando, porém, os efeitos do ato inserem-se, ainda que parcialmente ou apenas em tese, na autonomia privada dos sujeitos que dele tomam parte, o ato jurídico é também chamado de *negócio jurídico*, ou ato jurídico negocial. O fato de a lei impor restrições à autonomia da vontade, em relação a certos aspectos do ato, não é suficiente para descaracterizá-lo como sendo negocial, desde que haja nele algum espaço para a autorregulamentação das partes, ainda que apenas uma delas dite as regras e à outra caiba tão somente aceitar ou não as condições propostas. Afinal, em qualquer caso, a vontade negocial há de conformar-se aos limites traçados pelo ordenamento jurídico, não sendo, portanto, completamente livre[15]. Como qualquer outro ato jurídico, pois, o negócio (e a vontade que o apoia) não produz efeitos por si mesmo, senão na medida em que o ordenamento jurídico o reconhece e lhe empresta a própria força[16]. Todavia, enquanto nos atos jurídicos não negociais a eficácia dimana exclusivamente da lei (*ex lege*), a eficácia dos negócios jurídicos depende das disposições das partes (*ex voluntate*).

Distingue, ainda, a doutrina uma terceira modalidade de atos jurídicos, qual seja, a dos *atos meramente lícitos ou atos-fatos jurídicos*, os quais resultam de uma conduta humana lícita, não tendo relevância alguma se o agente tinha, ou não, a intenção de produzir os efeitos jurídicos correspondentes ou se tinha ciência de que o ordenamento jurídico atribuía tais efeitos à sua conduta. Tais ações (ou omissões) são também chamadas de *atos-fatos lícitos*, uma vez que, no caso, o comportamento humano ingressa no mundo jurídico não como ato, mas como *fato*, cujos efeitos decorrem do evento em si, sem se vincularem à vontade de quem lhe dá causa[17]. O ato-fato jurídico não corresponde a uma declaração de vontade, mas traduz-se num simples comportamento ou ato real[18]. Ainda que haja a intenção de obter os efeitos jurídicos decorrentes, não é a existência da vontade que determina a superveniência daqueles, senão o comportamento do agente, por si próprio. A importância da vontade, no caso, está apenas em sua função determinante da conduta, vale dizer, interessa ao Direito "apenas por se tratar de ações humanas deliberadamente praticadas e

---

(14) VELOSO, Zeno. *Op. cit.*, p. 5.

(15) MELLO, Marcos Bernardes de. *Teoria...* plano da existência, cit., p. 170-1.

(16) MESSINEO, Francesco. *Manual de derecho civil y comercial*, v. 2. Trad. Sentís Melendro. Buenos Aires: Ediciones Juridicas Europa-America, 1979. p. 339. Ainda quando correspondam à vontade do declarante, os efeitos dos negócios derivam, acima de tudo, do ordenamento jurídico, e apenas em parte daquela vontade, só prevalecendo os efeitos consentâneos com a lei. Isso explica a possibilidade de os negócios gerarem alguns efeitos não previstos pelas partes ou de não produzirem outros efeitos pretendidos, mas contrários às normas legais (*Idem, ibidem*).

(17) São, por isso, também denominados de *atos reais* ou *atos materiais*, uma vez que seus efeitos resultam do ato em si mesmo, analisado objetivamente, sem levar em conta a intenção de quem o praticou: "a conduta em si é que importa, e a consequência jurídica se opera sem que se considere o elemento vontade, o dado psíquico interior, a circunstância de o agente ter, ou não, uma vontade correspondente ao resultado" (VELOSO, Zeno. *Op. cit.*, p. 7).

(18) A criação dessa subcategoria atos jurídicos resultou da necessidade de explicar os efeitos decorrentes de certos atos, ainda quando praticados por pessoas absolutamente incapazes, como a transmissão da posse, a pintura de um quadro ou o descobrimento de um tesouro.

não como elemento de eleição e ordenação de efeitos jurídicos, pois estes só da lei decorrem e só a lei os ordena e disciplina"[19]. Já em relação ao ato jurídico em sentido estrito, os efeitos decorrem da vontade do declarante, que os busca ou, pelo menos, os prevê como consequência de sua conduta, tendo na vontade elemento indispensável ao suporte fático. Nos atos jurídicos propriamente ditos, as ações humanas produzem efeitos jurídicos em consideração à vontade presumida do agente, enquanto nos atos-fatos jurídicos, os efeitos resultam do fato objetivo da atuação humana, sem levar em conta a vontade do agente.

Daí a observação de *Emílio Betti* de que a distinção entre atos e fatos jurídicos, no que diz respeito aos comportamentos humanos, não decorre propriamente da participação da vontade na definição dos efeitos jurídicos da conduta, mas na relevância que o ordenamento concede ao elemento anímico em cada caso. Assim, "se a ordem jurídica toma em consideração o comportamento do homem em si mesmo, e, ao atribuir-lhe efeitos jurídicos, valoriza a consciência que, habitualmente, o acompanha, e a vontade que, normalmente, o determina, o fato deverá qualificar-se como ato jurídico. Mas deverá, pelo contrário, qualificar-se como fato quando o Direito tem em conta o fenômeno natural como tal, prescindindo da eventual concorrência da vontade; ou então quando ele considera, realmente, a ação do homem sobre a natureza exterior, mas, ao fazê-lo, não valora tanto o ato humano em si mesmo quanto o resultado de fato que ele tem em vista: quer dizer, a modificação objetiva que ele provoca no estado de coisas preexistente"[20].

Exemplo de ato-fato jurídico é o pagamento. A despeito das divergências doutrinárias a respeito, no pagamento a lei não leva em conta a vontade de quem paga para definir-lhe os efeitos jurídicos[21]. É certo que o pagamento pressupõe *animus solvendi*, mas este é presumido pela entrega voluntária da prestação[22]. Ainda, porém, que o *solvens* se tenha equivocado em relação à existência do débito ou à pessoa do credor, por exemplo, para ter direito à repetição, não é necessário que prove os requisitos do erro enquanto vício da vontade (CC, art. 138), sendo suficiente, para tanto, a demonstração de que não havia débito a ser pago ou a prova de que o *accipiens* não era o sujeito ativo da obrigação. Além disso, a ação do *solvens* não é de anulação, mas de repetição, ou reivindicação da prestação que fora entregue indevidamente. E se, no caso, a lei exige a prova de que o pagamento foi motivado pela crença de que havia uma obrigação a ser resgatada (CC, art. 877), isso decorre da necessidade de evitar que doações validamente realizadas sejam desfeitas sob a alegação de pagamento eivado de erro[23]. Se, porém, a dívida existia e o *accipiens* era o

---

(19) RÁO, Vicente. *Ato jurídico*. 3. ed. atual. por Ovídio Rocha Barros Sandoval. São Paulo: Revista dos Tribunais, 1994. p. 28.

(20) BETTI, Emílio. *Teoria geral do negócio jurídico*, t. 1. Trad. Ricardo Rodrigues Gama. Campinas: LZN, 2003. p. 20.

(21) Na verdade, grande parte do dissídio resulta da diversidade de conceitos quanto ao que seja ato jurídico em sentido estrito e ato-fato jurídico, entendendo alguns que só se configura este último quando se possa abstrair completamente a intenção do agente. Consoante o conceito por nós acolhido, o ato-fato jurídico tem uma acepção mais ampla, daí incluir-se nele o pagamento.

(22) NONATO, Orosimbo. Pagamento indevido. In: *Repertório enciclopédico do direito brasileiro*, v. 36. Rio de Janeiro: Borsoi, [s.d.]. p. 10.

(23) Conforme observou o professor *Couto e Silva*, "quando alguém presta, ou adimple na convicção errônea de estar a isso obrigado, a composição dos interesses não se realiza em virtude de existir erro na base da atribuição patrimonial e sim pela ausência de causa que estabilize o aumento econômico do beneficiário" (*Apud* ALVES, José

credor, não importa que o pagamento tenha sido feito por equívoco, ainda que provocado pelo interessado (dolo). O erro a ser demonstrado, portanto, diz respeito à existência de causa para o pagamento, sem o que haveria enriquecimento ilícito. Se havia débito, isto é, se havia *causa solvendi*, não importa que o pagamento tenha sido efetuado por engano. Assim, não visa a lei, no caso, a preservar a pureza da vontade, a qual é irrelevante, contentando-se com a simples entrega da prestação devida, para extrair do ato as consequências jurídicas correspondentes.

Tanto no ato jurídico em sentido estrito quanto no negócio jurídico, os sujeitos perseguem os efeitos jurídicos que a lei prevê ou autoriza. Todavia, para tanto, é preciso que o ato se conforme à hipótese normativa. Ainda que a lei não regule especificamente determinada espécie de negócios (negócios atípicos), certo é que eles devem se revestir dos requisitos mínimos aplicáveis a qualquer modalidade de ato jurídico negocial[24].

No confronto entre a hipótese normativa abstrata e o fato social concreto, pode haver uma relação de desarmonia mais ou menos intensa, mas suficiente para impedir a superveniência dos efeitos jurídicos esperados. Em primeiro lugar, pode ocorrer que o fato sequer preencha as condições para ser tratado como jurídico, ou seja, é possível que nem mesmo ingresse no mundo jurídico, por lhe faltar algum dos elementos que o qualifiquem como jurígeno. Por outro lado, ainda que seja considerado como fenômeno jurídico, pode o fato não ser apto a produzir os efeitos desejados. Na primeira situação, estamos diante de um fato não jurídico, ou apenas aparentemente jurídico, isto é, um fato juridicamente inexistente[25]. Na segunda hipótese, haverá um fato jurídico, porém deficiente, imperfeito, falho.

No que respeita aos fatos naturais, por produzirem efeitos jurídicos independentemente da vontade humana, a análise de sua aptidão para repercutir na esfera jurídica limita-se à questão de sua existência, ou não, enquanto fatos *jurídicos*. Em relação ao fato jurídico *stricto sensu*, portanto, verifica-se apenas se reflete a hipótese normativa abstrata, ou seja, se reúne os elementos que o caracterizem como fato jurídico, ou não. O mesmo ocorre em relação aos atos-fatos jurídicos[26]. Em outras palavras, sua análise limita-se

---

Carlos Moreira. *A parte geral do projeto de Código Civil brasileiro:* subsídios históricos para o novo Código Civil brasileiro. 2. ed. aum. São Paulo: Saraiva, 2003. p. 53). Assim, os requisitos para o reconhecimento do erro de que trata o art. 877 do Código Civil não são os mesmos exigidos pelo art. 138 daquele diploma legal, sendo bastante que o *solvens* prove que sua intenção era pagar uma dívida que, em realidade, não existia. A propósito, aliás, considerando que os atos liberais não se presumem, propõe Orosimbo Nonato que, *de lege ferenda*, seja invertido o ônus da prova, estabelecendo uma presunção relativa de erro em favor da pessoa que pagou o que não devia (NONATO, Orosimbo. *Op. cit.*, p. 13).

(24) "A vontade individual só por si não tem a força de criar, modificar ou extinguir direitos; é preciso que ela se manifeste segundo a ordem jurídica" (BEVILAQUA, Clovis. *Theoria geral do direito civil*. 4. ed. atual. por Achilles Bevilaqua. Rio de Janeiro: Livraria Francisco Alves, 1949. p. 272). "Considero negócios jurídicos, em direito privado, as declarações de vontade tendo em vista um fim prático que o direito protege, reconhecendo ou atribuindo efeitos jurídicos a essa declaração de harmonia com o seu fim e com o presumido interesse social" (SANTOS, José Beleza dos. *A simulação em direito civil*. 2. ed. São Paulo: Lejus, 1999. p. 5, nota 1).

(25) O ato juridicamente inexistente "será, quando muito, a sombra de um ato, que se desvanece, desde que a consideremos de perto" (BEVILAQUA, Clovis. *Op. cit.*, p. 332).

(26) Em relação aos atos-fatos jurídicos, no entanto, a menos que se traduzam em simples omissões, a simulação é possível, podendo-se, assim, invocar a nulidade por tal fundamento. Tal exceção, no entanto, deve-se a uma concessão do sistema jurídico às conveniências práticas, em detrimento do rigor lógico.

apenas à questão de sua repercussão na esfera jurídica, vale dizer, à sua existência enquanto fatos juridicamente relevantes, da qual decorre sua eficácia para o Direito.

Tratando-se de condutas humanas voltadas a produzir resultados jurídicos, além de verificar se reúnem os elementos necessários para que possam ser considerados fatos jurídicos (plano da existência), é preciso indagar se atendem às exigências normativas para poderem gerar os efeitos almejados (plano da validade). Sem antes revestir-se da qualidade de fato jurídico *lato sensu*, a conduta humana não apenas seria incapaz de produzir os efeitos pretendidos, mas não geraria efeito jurídico algum[27]. Somente quando se caracteriza como fato jurídico é que a conduta humana pode aspirar ao *status* de ato jurídico. Todavia, para tanto é necessário que aquela reúna os requisitos que a norma abstrata exige para qualificar o fato humano como ato jurídico. Em outras palavras, é preciso que se caracterize como um suporte fático apto a atrair a incidência da norma jurídica.

Abstraindo-se a situação dos simples atos-fatos jurídicos, para que a conduta humana adquira o *status* de ato jurídico é necessário que resulte da manifestação de uma vontade que repercuta na esfera jurídica de alguém. É preciso, pois, em primeiro lugar, que alguém pratique um ato, desenvolva um comportamento. Por outro lado, por se tratar de conduta humana, deverá resultar de uma vontade, que se expressa por determinados sinais exteriores. Afora isso, o ato jurídico há de ter um conteúdo, sem o que não existiria nem mesmo enquanto fato social, quanto menos como fato jurídico.

Resulta do acima exposto que todo ato jurídico assenta-se nos seguintes elementos: sujeito, objeto, vontade e forma. Além disso, a despeito das controvérsias reinantes acerca do tema, há que se considerar que todo ato jurídico está, necessariamente, situado no tempo e no espaço e tem uma causa[28]. Como tais pressupostos são inerentes a todo ato jurídico, negocial ou não, normalmente passam despercebidos, sem que, contudo, se possa, validamente, negar sua presença. Não se poderia esquecer, por fim, que a lei ou a vontade das partes podem introduzir no suporte fático outros elementos, tornando-os indispensáveis à existência, validade ou eficácia do negócio jurídico, conforme o caso[29].

Entretanto, para que o ato possa produzir os efeitos a que se destina, não basta que nele se achem reunidos os elementos que compõem o suporte fático de qualquer negócio ou do negócio jurídico específico que se pretendeu realizar. Além de estarem presentes, os

---

(27) Conforme explica Pontes de Miranda, para que o ato jurídico seja válido não basta que seja suficiente, isto é, que corresponda a um suporte fático que o faz ingressar no mundo jurídico, mas é preciso também que seja não deficiente ou não deficitário. A *suficiência* permite o ingresso do fato no mundo jurídico, isto é, atribui-lhe existência jurídica, e a *não deficiência* confere-lhe validade (MIRANDA, Francisco Cavalcanti Pontes de. *Tratado de direito privado*, t. 4. Rio de Janeiro: Borsoi, 1954. p. 3-4).

(28) Para José Abreu Filho, "a *causa* constitui, sem dúvida, um dos temas mais controvertidos e polêmicos em direito civil, dividindo-se os juristas e as escolas na aferição de seu valor e da sua abrangência" (ABREU FILHO, José. *O negócio jurídico e sua teoria geral*. 5. ed. atual. São Paulo: Saraiva, 2003. p. 139). Apesar disso, é reconhecida por parte considerável da doutrina como "o sustentáculo necessário do ato, parte constitutiva deste" (MONTEIRO, Washington de Barros. *Curso de direito civil*, v. 1: parte geral. 29. ed. atual. São Paulo: Saraiva, 1990. p. 190).

(29) Assim, por exemplo, nos chamados *contratos reais* (comodato, mútuo, depósito, penhor e consignação), a tradição do objeto é parte integrante do negócio jurídico, sem o que este não adquire existência.

elementos do suporte fático devem revestir-se das qualidades indispensáveis à regularidade do negócio[30]. Assim, o sujeito que pratica o ato deve ser capaz e ter legitimidade para tanto. O objeto, além de idôneo, deve ser lícito, possível e, pelo menos, determinável. A vontade deve ser livre e sua manifestação deve revestir-se das formas admitidas por lei. A causa deve ser lícita e, caso o ordenamento jurídico contenha alguma exigência a respeito, a prática do ato deverá ocorrer no local apropriado e no tempo previsto. Ausente algum dos requisitos retromencionados, o ato não deixará de ser jurídico, mas seus efeitos podem ser prejudicados devido a falhas situadas em seus elementos constitutivos[31]. Não deixa de haver sujeito, por exemplo, quando ele é incapaz, mas essa circunstância prejudica a aptidão do ato para produzir os efeitos que lhe seriam próprios. E o mesmo poderá ocorrer caso alguma imperfeição relevante se aloje em qualquer outro elemento do suporte fático.

A doutrina e jurisprudência trabalhistas com frequência confundem requisitos de validade com pressupostos de existência do contrato de trabalho. Diz-se, por exemplo, que é impossível o reconhecimento de vínculo de emprego quando o trabalhador não se submeteu a prévio concurso público, nos casos em que este é exigido, ou que não se forma relação de emprego entre a empresa que explora atividade criminosa e o obreiro[32]. Se tais afirmações observassem o sentido técnico da linguagem jurídica, até que estariam corretas, uma vez que, se o contrato (causa) é nulo, não poderia gerar relações jurídicas (efeitos). Todavia, não é nesse sentido que são usadas as expressões "relação" ou "vínculo" de emprego, tomadas aí no sentido de negócio jurídico, isto é, de causa eficiente. Ora, o que define a existência do ato ou negócio jurídico é a presença de seus elementos constitutivos. Eventual vício de que estes padeçam não afeta a existência do contrato, repercutindo apenas em sua validade, aspectos que não devem ser confundidos. E se houve prestação de trabalho, as consequências do labor prestado devem ser tratadas segundo as particularidades do contrato em que aquele estava inserido, isto é, segundo as condições em que o trabalho foi executado, e não com base em regras de outro contrato qualquer.

Vejamos, pois, especificamente, o que se exige para que uma conduta humana seja caracterizada como jurídica (plano da existência) e para que tenha aptidão para produzir os efeitos perseguidos (plano da validade). Embora o presente estudo enfoque este último aspecto, não poderia deixar de fazer a distinção, até mesmo para delimitar seu objeto e evitar equívocos. Além disso, a invalidade resulta de defeitos situados nos elementos constitutivos do negócio jurídico. Indispensável, assim, antes de tudo, identificar quais são os elementos dos negócios jurídicos, para só depois indagar acerca de suas imperfeições.

---

(30) "Há certo paralelismo entre o plano da existência e o plano da validade: o primeiro é um plano de substâncias, no sentido aristotélico do termo: o negócio existe e os elementos são; o segundo é, *grosso modo*, um plano de adjetivos: o negócio é válido e os requisitos são as *qualidades que os elementos devem ter*" (AZEVEDO, Antônio Junqueira de. *Op. cit.*, p. 41).

(31) Em relação ao tempo e espaço, no entanto, não é comum a previsão de requisitos. O que costuma fazer o legislador, em certos casos, é delimitar os efeitos do ato a partir de tais elementos.

(32) Por vezes assalta-nos uma dúvida: a recusa em reconhecer o vínculo de emprego, em tais casos, seria um simples erro de técnica ou aquela solução foi apenas um artifício, para não ter que enfrentar o problema relativo às consequências da nulidade do pacto laboral?

1.1.1. Pressupostos de existência

A importância da análise dos pressupostos de existência do ato jurídico decorre do fato de que, conforme já referido, nem toda conduta humana produz consequências jurídicas[33]. Eis a razão pela qual, antes de qualquer outra indagação, é preciso verificar se os atos humanos constituem ou não atos jurídicos. Conforme professa *Pontes de Miranda*, "a categoria do inexistente é ineliminável, porque o mundo jurídico não abrange todo o mundo fático, nem se identifica com ele"[34]. Diante disso, indispensável a identificação dos elementos que tornam jurídicos determinados atos humanos, sem o que tais comportamentos seriam tidos pelo Direito como irrelevantes, vale dizer, juridicamente *inexistentes*.

a) Sujeitos

A razão de ser do Direito não está nele mesmo, mas na satisfação das necessidades sociais. Assim, não faria sentido imaginar a possibilidade de existirem atos jurídicos desvinculados da pessoa humana ou de algum centro de imputação ao qual o sistema jurídico reconhece aptidão para ser titular de direitos e obrigações.

Na esfera do Direito do Trabalho, os atos jurídicos podem ser praticados tanto pelo empregado quanto pelo empregador, sendo indiferente que este se revista de personalidade natural ou jurídica. Podem, também, ser empregadores certas universalidades de bens, as quais, embora não cheguem a se constituir como pessoas jurídicas, podem ser titulares de alguns direitos ou obrigações, como ocorre com o condomínio, a massa falida e o espólio. Mesmo sociedades irregularmente constituídas e que, por isso, também não adquiriram personalidade jurídica, poderão ser empregadoras e demandadas enquanto tais (CPC, art. 12, inciso VII e § 2º). Já as sociedades de fato não são sujeitos de direito, nem mesmo formais, reconhecendo-se nos atos praticados em seu nome atos das pessoas que participam daquelas.

Sendo o vínculo jurídico, em relação ao empregado, personalíssimo, de sua parte, não poderá ser substituído por outrem na execução do contrato, embora possa fazer-se representar por terceiros na celebração de negócios e nos demais atos que não se refiram especificamente ao cumprimento do pactuado (definição dos termos do ajuste, rescisão contratual, recebimento de créditos, etc.). Já em relação ao empregador, inclusive os atos de execução do contrato poderão ser praticados por prepostos ou representantes. Em qualquer caso, os representantes não praticam os atos em nome próprio, mas em nome e por conta dos representados.

---

(33) A propósito da expressão "pressupostos de existência", há quem a reserve apenas aos elementos extrínsecos do negócio jurídico (tempo, espaço e agente). Vide, a respeito, a distinção exposta por Corrêa da Cruz (CRUZ, Alexandre Corrêa da. Os efeitos da contratação sem concurso pelo ente público: da impropriedade do enunciado n. 363 do TST. Disponível em: <http://www. femargs.com.br/revista03_cruz.html> Acesso em 27 dez. 2006). Essa divisão, no entanto, não traz consequências relevantes para nosso estudo, uma vez que os defeitos que acarretam a invalidade dos negócios jurídicos tanto podem estar situados nos elementos intrínsecos quanto nos extrínsecos (p. ex.: a incapacidade do agente).

(34) MIRANDA, F. C. Pontes de. *Tratado...* t. 4, cit., p. 19-20.

Tem-se, portanto, que os sujeitos dos atos jurídicos trabalhistas são o empregado e o empregador, ainda quando se façam representar por terceiros. Essa representação, em especial quanto ao empregador, nem sempre será revestida de maiores formalidades, considerando-se praticados por ele os atos levados a efeito pelas pessoas que normalmente agem em seu nome (representantes de fato). Isso é muito comum em empreendimentos familiares, em que as pessoas da família normalmente são investidas de poder de fato, sem que haja uma oficialização de seus postos de comando. Ainda assim, não deixa de haver o reconhecimento dos atos dessas pessoas, principalmente por se considerar, perante o Direito do Trabalho, a primazia da realidade sobre as formas.

b) Objeto

O objeto do negócio jurídico é a "matéria" ou os interesses regulados por aquele. É o conteúdo do ato, as relações jurídicas afetadas por ele, e não as coisas ou os fatos sobre os quais incidem tais relações.

Sem um objeto, não seria possível imaginar a existência de um ato jurídico, uma vez que seria esvaziado de repercussão jurídica ou prática. Com efeito, se fosse desprovida de conteúdo, se não versasse sobre matéria alguma, a manifestação de vontade seria incapaz de introduzir modificações no mundo jurídico. Por outro lado, para que o objeto jurídico seja possível, é necessário que corresponda a uma situação fática. Tome-se como exemplo a ruptura de um contrato que já não vige. Embora não sejam incomuns pleitos de tal natureza em juízo, não há como reconhecer uma dispensa quando o trabalhador reconhece que se demitiu anteriormente, ou vice-versa.

O elemento objetivo, nos contratos de emprego, é a prestação de labor nos moldes trabalhistas, mediante contraprestação, com as circunstâncias que acompanham tais obrigações. Assim, se o ato não afetar as obrigações das partes (ainda que acessórias), no âmbito da relação laboral, não será considerado ato jurídico trabalhista.

Para que se reconheça a existência do contrato de trabalho, basta que haja a intenção onerosa, na prestação laboral pactuada, ainda que presumida, não sendo necessário que as partes lhe atribuam um valor específico (CLT, art. 460). Em relação às obrigações do trabalhador, da mesma forma, não é necessário que as partes desçam a detalhes, suprindo-se sua omissão com os dispositivos legais aplicáveis à espécie (CLT, art. 456, parágrafo único).

Por outro lado, mesmo que as partes prevejam com razoável precisão as obrigações recíprocas, não poderão furtar-se às prestações decorrentes das disposições legais de caráter imperativo incidentes no caso.

Não se deve confundir, porém, o objeto do negócio jurídico com o objeto das obrigações que dele resultam. A existência do negócio jurídico não depende da presença dos elementos materiais que tornam as prestações possíveis. Caso desapareçam as condições materiais para o cumprimento da obrigação, a prestação da parte inadimplente resolve-se em perdas e danos, sem que isso afete a existência do contrato ou mesmo sua validade.

A hipótese versa sobre a eficácia do negócio. Apenas a impossibilidade originária e absoluta é que nulifica o negócio, não impedindo, porém, a sua existência. Assim, não é a execução do contrato — nem menos a possibilidade de sua ocorrência — que o faz existente, passando o negócio a existir, no caso dos pactos consensuais, desde o momento em que as partes se obrigaram.

c) Vontade

Enquanto conduta destinada a produzir efeitos na seara do Direito, o ato jurídico e, em especial, o negócio jurídico não poderiam prescindir do elemento que lhes dá vida e lhes confere natureza específica, que é a vontade humana. Sem esta, não se diferenciariam dos demais fenômenos que ocorrem na natureza. Nos negócios jurídicos que dependem da intervenção de mais de um sujeito, a existência do ato reclama a convergência das vontades, ou *consenso* (*consentire est in unam eamdemque sententiam concurrere*)[35]. Conforme bem observou *Martinho Garcez*, "se há uma verdade que não precise ser demonstrada é esta: o consentimento é a alma das convenções, portanto, a ausência total do consentimento, em uma das partes, impede a formação do ato jurídico, que fica sendo, por isso, um corpo sem alma, isto é, um cadáver, o nada"[36].

A despeito das inúmeras limitações impostas à autonomia da vontade, não se pode dizer que o elemento volitivo tenha desaparecido dos negócios jurídicos, embora, para determinados efeitos, o Direito se contente com sua aparência. Conforme ressalta *Anelise Becker*, "a queda do voluntarismo não significa que a vontade não mais tenha qualquer função a desempenhar no Direito. Na medida em que a ordem jurídica reconhece nos indivíduos um poder de gerenciamento de suas relações jurídicas, certamente a vontade guarda uma 'competência criadora': seria um contrassenso negá-la quando o instrumento por excelência do comércio jurídico é o contrato, que tem origem voluntária"[37].

Obviamente que a vontade individual não mais desfruta da mesma importância que lhe atribuíam os jusnaturalistas alemães do século XVIII. Convém ressaltar que, para tais juristas, a exaltação do elemento volitivo, além do aspecto jurídico, tinha uma faceta ideológica, por ser a vontade individual um poderoso instrumento de combate à prepotência dos príncipes e governantes da época[38]. O fortalecimento da autonomia privada era, assim, uma forma de resistir aos excessos dos detentores do poder político. Superada, porém, tal fase histórica, em que era preciso afirmar a liberdade individual diante do Estado totalitário, considera o Direito que a realização dos interesses da coletividade

---

(35) "Etimologicamente, *consentimento* deriva de *cum* e *sentire*, sentir juntos, querer a mesma coisa, o que significa coincidência, concerto ou concurso de vontades" (CABANELLAS, Guillermo. Elementos esenciales del contrato de trabajo. In: *Estudios sobre derecho individual de trabajo en homenaje al profesor Mario L. Deveali*. Buenos Aires: Editorial Heliasta, [s.d]. p. 95).
(36) GARCEZ, Martinho. *Das nulidades dos atos jurídicos*. 3. ed. rev. e anot. por Martinho Garcez Neto. Rio de Janeiro: Renovar, 1997. p. 68.
(37) BECKER, Anelise. *Teoria geral da lesão nos contratos*. São Paulo: Saraiva, 2000. p. 50-1.
(38) AMARAL NETO, Francisco dos Santos. Negócio jurídico — I. In: *Enciclopédia Saraiva do Direito*, v. 54. São Paulo: Saraiva, 1977. p. 171.

funda-se muito mais na segurança das relações jurídicas do que na prevalência da vontade particular. Apesar disso, o elemento volitivo não pode ser suprimido da teoria do negócio jurídico.

No âmbito do contrato de trabalho, tal como ocorre nos demais atos jurídicos negociais, não se pode prescindir do elemento volitivo. Em qualquer caso, há uma vontade, sem o que o sujeito que pratica o ato seria mero instrumento passivo, e não agente. Mesmo nas condições mais precárias, como no trabalho em condições análogas à da escravidão, subsiste uma vontade, com todas as limitações de que possa padecer[39]. Ainda que a outra opção seja a tortura ou a morte, não haverá supressão total da vontade, uma vez que ainda resta uma escolha.

Só não haverá consentimento quando, por obra de coação física (*vis absoluta*), a vítima não exprime vontade alguma, mas é conduzida a declarar o que se lhe exige à força, sem que se lhe ofereça, ainda que em tese, outra saída. Assim, por exemplo, há consentimento no ato do credor que, sob a mira de um revólver, confere quitação sem pagamento: embora sob coação, houve manifestação de vontade.

A presença do elemento volitivo não resulta da análise do querer íntimo, mas dos atos do sujeito que denunciam sua existência. É por isso que *Junqueira de Azevedo* sustenta que o que confere existência ao negócio jurídico não é propriamente a vontade (processo volitivo interno), mas sua declaração. A vontade pode até interferir na validade ou, eventualmente, na eficácia do negócio, mas o que lhe confere existência é a declaração. Havendo declaração, presentes os demais elementos, o negócio adquirirá existência jurídica. Os vícios do processo volitivo, conquanto reflitam sobre sua validade ou eficácia, não constituiriam, assim, óbice ao ingresso do negócio no mundo jurídico:

> Certamente, a declaração é o resultado do processo volitivo interno, mas, ao ser proferida, ela o incorpora, absorve-o, de forma que se pode afirmar que esse processo volitivo não é elemento do negócio[40].

Todavia, não se pode esquecer que a importância da declaração decorre do fato de ser, presumidamente, o retrato da vontade, sem a qual não teria valor algum[41]. Negado tal pressuposto, adverte acertadamente *Orosimbo Nonato*, "abre-se o risco de se regressar a um literalismo propínquo ao antigo formalismo romano — *uti lingua nuncupassit, ita ius esto*"[42]. E é por isso que, mesmo os códigos que lhe fazem alguma concessão, como o alemão e o suíço, não adotam o princípio da declaração em sua pureza absoluta[43].

---

(39) Isso, obviamente, nos dias atuais, uma vez que, ao tempo em que a ordem jurídica admitia a escravidão, os cativos não eram sequer considerados seres humanos. Perante o Direito da época, eram tratados como seres desprovidos de vontade juridicamente relevante.

(40) AZEVEDO, Antônio Junqueira de. *Op. cit.*, p. 80.

(41) Se é certo que a teoria da confiança põe em evidência a vontade aparente, não o faz sob o fundamento de que deve prevalecer a simples declaração, mas em atenção da boa-fé da outra parte, que a tomou por verdadeira.

(42) NONATO, Orosimbo. *Da coação como defeito do ato jurídico*. Rio de Janeiro: Revista Forense, 1957. p. 61.

(43) *Ibidem*, p. 67. No conflito entre a vontade e a declaração, nenhum Código Civil moderno toma partido inteiramente em favor de apenas uma das teorias (VELOSO, Alberto Júnior. *Simulação:* aspectos gerais e diferenciados à luz do Código Civil de 2002. Curitiba: Juruá, 2004. p. 68).

De qualquer modo, a relevância da disputa entre os que defendiam o predomínio da vontade real (teoria da vontade) e os que sustentavam que deveria prevalecer a vontade declarada (teoria da declaração) perdeu vigor, na medida em que o Direito moderno passou a adotar posições intermediárias, em especial a teoria da confiança, segundo a qual a prevalência deve recair sobre a segurança das relações jurídicas, só devendo ser negada ao negócio a aptidão para produzir os efeitos que lhe são próprios quando o conflito entre a vontade real e a declarada resultar de má-fé (real ou presumida) do destinatário da declaração.

A teoria da vontade real, formulada por *Savigny*, conferia relevo à vontade interna, emprestando à declaração o papel de simples instrumento do querer individual. Seu defeito era relegar ao desamparo todos aqueles que confiaram na manifestação volitiva, uma vez que o ato sempre poderia ser infirmado pela alegação de disparidade entre o querido e o declarado. Já a teoria da declaração intentava preservar os interesses do destinatário da declaração[44]. Se levada às últimas consequências, no entanto, a teoria da declaração nega o conceito de ato jurídico enquanto produto da vontade, além de atribuir eficácia à declaração, ainda quando obtida de má-fé pela outra parte.

Para fugir a tais inconvenientes, surgiram duas concepções intermediárias, quais sejam, a teoria da responsabilidade (cujo precursor e fundador foi *Windscheid*) e a teoria da confiança. A primeira representa uma transigência à posição dos defensores da primazia da vontade real, enquanto a última constitui um abrandamento à rigidez da teoria da declaração[45]. Pela teoria da responsabilidade, embora o querer interno tenha prevalência sobre sua manifestação exterior, eventual divergência entre a vontade real e a emitida, quando resultante da incúria ou dolo do declarante, inverte a ordem de preferência. Perante a teoria da confiança, o predomínio é da declaração, exceto quando a exteriorização da vontade estiver em conflito com querer interno e houver sido obtida por um destinatário que se portou com má-fé.

Convém realçar, por fim, que, embora o Código Civil atual reconheça a prevalência da intenção das partes sobre o sentido literal da linguagem, acrescenta que a vontade a ser prestigiada não é a que permanece encoberta no psiquismo do agente, mas a que se acha *consubstanciada* em suas declarações (art. 112). A investigação acerca da vontade, portanto, deve basear-se em sua manifestação externa. Com isso, desautoriza a lei a invocação de desejos secretos, que ficaram guardados no recôndito d'alma, para anular negócios jurídicos ou para atribuir-lhes efeitos que não se incorporaram às declarações de vontade. Conforme sintetiza *Fabrício Matiello*, "a ordem jurídica brasileira (...) confere predominância à vontade sobre a declaração, mas reconhece nesta a mais imediata fonte de informação acerca do fator anímico do agente"[46]. De notar-se que, mesmo nos negócios simulados, a efetiva vontade foi de algum modo revelada, embora apenas no âmbito restrito dos participantes do ato.

---

(44) "Essa teoria foi elaborada na Alemanha, no século XIX, para atender, sobretudo, às exigências práticas do mercado econômico então em franco-desenvolvimento" (GAINO, Itamar. *A simulação dos negócios jurídicos*. São Paulo: Saraiva, 2007. p. 7).
(45) RODRIGUES, Silvio. *Dos vícios do consentimento*. 3. ed. atual. São Paulo: Saraiva, 1989. p. 34.
(46) MATIELLO, Fabrício Zamprogna. *Defeitos do negócio jurídico*. São Paulo: LTr, 2005. p. 53.

d) Forma

Embora fundamental à existência do ato jurídico, conforme visto acima, a vontade só produzirá efeitos de Direito uma vez exteriorizada. O querer interno, enquanto permanecer como tal, não tem repercussão alguma nas relações jurídicas. Para que o ato jurídico ganhe existência, é preciso, pois, que, de algum modo, a vontade seja revelada, mesmo que extraída do simples silêncio, nos casos em que este seja tido como modo idôneo de manifestação da vontade (CC, art. 111).

No âmbito trabalhista, é possível, por exemplo, que as partes estabeleçam um contrato de experiência com duração de 45 dias, prorrogável por igual período caso nenhuma das partes comunique à outra a intenção de rescindi-lo ao término do prazo inicialmente fixado. No caso, vencidos os primeiros 45 dias de vigência do pacto, a falta de manifestação em contrário das partes implicará a prorrogação automática do vínculo contratual. Conquanto tal possibilidade já tivesse sido prevista, foi o silêncio das partes que converteu o que era simples expectativa em negócio jurídico.

A vontade pode ser manifestada da forma mais rudimentar possível, desde que permita inferir que ela exista. Assim, o trabalhador que concorda em prestar serviços, ainda quando a outra opção seja o castigo ou a morte, não deixa de exteriorizar uma vontade e praticar um ato jurídico trabalhista, cujas consequências são disciplinadas pelo Direito laboral. Portanto, desde que, de algum modo, a vontade se revele, estará preenchido o pressuposto para a existência do ato jurídico. E a forma é justamente o modo pelo qual se exterioriza a vontade.

Quando for utilizada a forma escrita, deverão estar presentes no instrumento os elementos que permitam inferir que os sujeitos do ato jurídico efetivamente manifestaram sua vontade, ainda que viciada. Assim, a falta de subscrição, em relação a quem deveria assinar o documento, torna-o inútil à prova da manifestação de vontade.

e) Espaço e tempo

Conforme acentua *Junqueira de Azevedo*, "se todo fato jurídico tem data e lugar, isso significa que ambos são *elementos* de todo fato jurídico (inclusive do negócio jurídico), ainda que raramente a eles se imponham requisitos"[47]. Isso, contudo, não apaga a importância de tais elementos, pois, quando menos, servem eles à exata *identificação* do ato jurídico e à análise das suas circunstâncias. Não por outro motivo difundiu-se o "costume jurídico notório de se datar e colocar o lugar de feitura em todos os documentos"[48].

Como veremos mais adiante, há diversas situações em que a regularidade do ato jurídico está vinculada à sua prática em determinada época ou em local previamente estabelecido. O tempo e o espaço funcionam, assim, como referenciais indispensáveis aos negócios jurídicos. E como referenciais, integram-se aos negócios jurídicos, tornando-se

---
(47) AZEVEDO, Antônio Junqueira de. *Op. cit.*, p. 32.
(48) *Ibidem*, p. 33.

partes inseparáveis destes. Por outro lado, o lugar e o tempo também são decisivos na interpretação dos negócios jurídicos, não podendo ser ignorados, quando se busca aferir o seu alcance e significado, ou os valores sociais dominantes na época e no espaço em que se concretizou a regulação dos interesses.

f) Causa

Tal como ocorre com o espaço e o tempo, a causa está presente em todo negócio jurídico, uma vez que este não poderá estar desvinculado de uma finalidade (corrente subjetivista) ou função prática (concepção objetivista). Todavia, conforme observou *Marcel Waline*, a causa jurídica é comparável aos órgãos do corpo humano que só revelam sua existência e reclamam atenção quando padecem de algum mal que prejudica seu funcionamento. Assim também ocorre com a causa, a qual permanece implícita, e só é colocada em evidência quando sofre de algum distúrbio. E se é a irregularidade da causa que mais exige a atenção do Direito, é porque, na quase totalidade dos casos, ela cumpre seu papel sem que seja preciso preocupar-se com ela[49].

Como toda conduta humana, o negócio jurídico também se dirige a um fim[50]. Todavia, exatamente por estar sempre presente (ainda que, por vezes, seja necessário distingui-la das simples aparências), não raro a causa passa despercebida a uma análise estrutural do ato, chegando alguns a negar que ela integre propriamente o suporte fático dos negócios jurídicos.

Seja como for, não se pode simplesmente ignorar a causa na teoria dos negócios jurídicos. Conforme adverte *Pontes de Miranda*, sua "extirpação é inoperante, porque todo o seu sistema é fundado na causa. Nas obrigações, o objeto é o devido: o que se vê, do lado do devedor; a *causa* é o que se vê olhando, de face, todo o ato jurídico. A ilicitude do objeto faria nulo o ato, do lado de um figurante, não necessariamente, do outro lado: se o outro lado não é atingido, falta a *causa*. Passe-se ao objeto aleatório, e ver-se-á que a causa não está no objeto prometido, envolvido na obrigação; está, tão só, na obrigação do outro"[51].

Assim, seja ela tratada como elemento autônomo ou como algo inerente ou indissociável do negócio jurídico, o certo é que a causa estará sempre presente, tanto que, quando a lei pretende afastar sua influência, di-lo expressamente (negócios abstratos). Nesse contexto, a discussão entre causalistas e anticausalistas não tem maior significado prático, uma vez que nenhuma das correntes pode prescindir da causa, ainda que nem todos a reconheçam como componente do suporte fático.

---

(49) *Apud* CANTO, Gilberto de Ulhoa. Causa das obrigações fiscais. In: *Repertório enciclopédico do direito brasileiro*, v. 8. Rio de Janeiro: Borsoi, [s.d.]. p. 2. Mesmo em relação aos atos legislativos, a causa tem relevância jurídica, pois orienta o legislador na elaboração das normas e guia o aplicador em sua interpretação (CANTO, Gilberto de Ulhoa. *Op. cit.*, p. 6).
(50) "Separar o consentimento da causa é mutilar a manifestação de vontade do contratante" (CAPITANT, Henri. *De la cause des obligations*. 3. ed. Paris: Dalloz, 1927. p. 49).
(51) MIRANDA, F. C. Pontes de. *Tratado...* t. 4, cit., p. 100.

Segundo ensina *Itamar Gaino*, "a causa constitui fundamento da relevância jurídica do contrato. Para que o contrato seja reconhecido como juridicamente vinculante não é suficiente que exista o acordo ou o encontro de vontades, mas é necessário que o acordo seja justificado por um interesse protegido pela lei. Neste sentido, a causa é elemento do contrato". E tal lição não se aplica apenas aos contratos, mas a todos os negócios jurídicos, uma vez que a causa é a base do reconhecimento da autonomia privada[52].

Embora os chamados negócios abstratos pareçam negar que a causa seja elemento essencial ao negócio jurídico, não são eles desprovidos de causa, mas, excepcionalmente, veda a lei o questionamento acerca dela, pressupondo-a existente pela simples presença dos elementos formais[53]. Todavia, apesar de, no caso, o elemento causal não aparecer na constituição da obrigação, certamente subsiste no negócio em que aquela se assenta[54]. É por isso que, por exemplo, uma letra de câmbio a que faltarem os requisitos enumerados pelo Decreto n. 2.044/1908 poderá valer como confissão de dívida. Ora, se o negócio abstrato existisse por si só, independentemente de qualquer outra relação jurídica, sua nulidade não poderia ter tal significado. Daí a conclusão de *Junqueira de Azevedo* de que não há no Direito brasileiro negócios absolutamente abstratos[55]. Mesmo que não se admita a discussão da causa subjacente em relação a terceiros de boa-fé[56], uma vez resgatado o título, quem o fez poderá valer-se da *actio in rem verso* contra aqueles que enriqueceram sem causa. A falta ou deficiência de causa, no caso, "não exclui que o negócio possa ter alguns efeitos, mas faz, efetivamente, com que, entre as partes, o negócio não possa ter qualquer efeito definitivo e irrevogável"[57].

Só é possível abstrair-se da causa em relação a atos jurídicos em que a lei expressamente a declare irrelevante. Todavia, mesmo em tais casos causa haverá, apenas a lei veda que se indague a seu respeito em relação a terceiros que não participaram do ato.

Conforme acentua *Ruggiero*, se a causa não aparece nos negócios abstratos, não é porque ela falte, mas porque o negócio não a exprime nem a traz consubstanciada em si. Assim, parece que a vontade seja suficiente, por si só, para produzir o efeito que tem em vista, devendo a causa ser procurada fora do negócio, numa relação outra entre as partes e podendo, assim, ser vária e diversa, conforme a sua índole[58]. Desse modo, o negócio abstrato é apenas parte de um negócio mais complexo, que constitui a sua causa, mas que

---

(52) GAINO, Itamar. *Op. cit.*, p. 57.

(53) O que ocorre, no caso, é a simples "prevalência da forma sobre a causa, que, apesar disso, subsiste. Em tais negócios o que fica patente é que o negócio é carente de *causa própria*, podendo esta ser identificada numa relação negocial à parte" (ABREU FILHO, José. *Op. cit.*, p. 141).

(54) "NOTA PROMISSÓRIA. É pacífica a jurisprudência do STF que admite a indagação da *causa debendi* de promissória entre as partes criadoras do título ou quando há defesa pessoal do executado contra o exequente" (STF, RE 67973/MG, Ac. 1ª T., 10.04.73, Rel. Min. Aliomar Baleeiro. DJU 09.06.73).

(55) AZEVEDO, Antônio Junqueira de. *Op. cit.*, p. 141.

(56) "AÇÃO EXECUTIVA CAMBIAL. DISCUSSÃO SOBRE A *CAUSA DEBENDI*. Somente pode ser admitida discussão sobre a *causa debendi*, em ação executiva ajuizada por terceiro, se ficar provada a má-fé deste" (STF, RE 67863/MG, Ac. 2ª T., 14.09.70, Rel. Min. Bilac Pinto. DJU 23.10.70).

(57) BETTI, Emílio. *Op. cit.*, p. 288.

(58) RUGGIERO, Roberto de. *Instituições de direito civil*, v. 1. Trad. Ary dos Santos. São Paulo: Livraria Acadêmica, 1935. p. 280-1.

é tratado pelo Direito, para certos fins, como se fosse autônomo. É nesse contexto, pois, que deve ser interpretada a afirmação de *Martinho Garcez* de que "parece impossível conceber uma obrigação absolutamente destituída de causa no pensamento de quem se obriga. Só os loucos podem contratar sem causa"[59].

Nas investigações acerca da causa, no entanto, não se há de indagar se houve manifestação de vontade ou o que quis o declarante, mas *por que* quis, isto é, a razão pela qual externou um querer. Ademais, consoante a fórmula do velho *Oudot*, enquanto o objeto é a resposta à pergunta *quid debetur* (o que é devido?), a causa responde à indagação *cur debetur* (por que é devido?)[60]. Disso decorre que a causa não pode ser confundida nem com o consentimento nem com o objeto do negócio jurídico, sendo elemento distinto destes.

Todavia, em seu sentido objetivo, isto é, enquanto fim *econômico e social típico* de cada negócio, a causa estaria mais relacionada com a função do negócio jurídico do que com sua estrutura[61]. Segundo *Orlando Gomes*, a causa desempenha dupla função: "*a)* a de *tipificação* dos negócios; *b)* a de *definição das vicissitudes* da relação jurídica oriunda do negócio. Todo instrumento jurídico esquematizado na lei tem função peculiar determinada por sua finalidade. Organizam-se, por exemplo, disposições legais ordenadas a permitir que quem precisa e quer casa para morar, e não na tem própria, a alugue, isto é, obtenha o direito de usá-la para esse fim, mediante contraprestação em dinheiro; esse negócio jurídico é *típico*, denominando-o a lei *contrato de locação*. Tipificam-se, desse modo, os negócios jurídicos, caracterizados por sua função econômica. Na impossibilidade prática de regular todas as modalidades possíveis e imaginárias, faculta-se a realização de outros, não tipificados, mas é exatamente pelo *propósito* (*causa final*) que se afere se têm significação jurídica, se merecem proteção legal, se realmente vinculam juridicamente as partes. Serve a aferição, ainda, para distinguir se o ato realizado pelos interessados atenta contra a lei ou contra os bons costumes. Acrescente-se que o *propósito negocial* exerce influência na vida da relação jurídica que foi estabelecida, determinando sua frustração ou modificação, alterações, ou a própria extinção do vínculo formado. Com esta e outras funções, a *causa* é um requisito útil, particularmente como meio de se recusar proteção jurídica a negócios sem significação, ou ilícitos. Se não se leva em consideração o propósito negocial definido no ordenamento jurídico — a *causa final* dos negócios jurídicos —, o exercício da *autonomia privada* não pode, como deve, ser fiscalizado e limitado"[62]. Indispensável, assim, o estudo da causa, inclusive o seu papel na determinação da vontade.

Mesmo que se sustente que a causa diga respeito apenas à função do negócio jurídico[63], não sendo elemento estrutural deste, não há negar que a lei a equipara aos elementos constitutivos, ao prever que determinados vícios relativos a ela podem conduzir à nulidade do negócio, e não apenas à sua ineficácia.

---

(59) GARCEZ, Martinho. *Op. cit.*, p. 83.
(60) *Apud* CHAVES, Antônio. *Tratado de direito civil*, v. 1, 3. ed. ref. São Paulo: Revista dos Tribunais, 1982. p. 1.263.
(61) Sob tal enfoque é analisada, por exemplo, por *Ubaldino Miranda* (MIRANDA, Custódio da Piedade Ubaldino. *Op. cit.*, p. 155 e ss.).
(62) GOMES, Orlando. *Op. cit.*, p. 373.
(63) "A causa é a função que o sistema jurídico reconhece a determinado tipo de ato jurídico, função que o situa no mundo jurídico, traçando-lhe e precisando-lhe a eficácia" (MIRANDA, F. C. Pontes de. *Tratado de direito privado*, t. 3. Rio de Janeiro: Borsoi, 1954. p. 78).

Conforme concluiu *Antônio Chaves*, embora ainda citando o Código Civil anterior, esse é o ponto fundamental:

> Se, nos termos do CC pátrio, art. 90, a falsa causa vicia o ato quando expressa como razão determinante, ou sob forma de condição, se pelo art. 86 são anuláveis os atos jurídicos quando as declarações de vontade emanarem de erro substancial, tornando-os ainda anuláveis o dolo (art. 92), a coação (art. 98), a simulação (art. 102), a fraude contra credores (art. 106), como é possível sustentar que a causa não é elemento integrante do ato jurídico. A simples falta de causa não é suficiente para anulá-lo?[64].

E tal lição não perdeu a atualidade, alterando-se apenas os dispositivos legais citados. Diante disso, não poderíamos omitir a análise da causa como elemento dos negócios jurídicos trabalhistas.

g) Elementos específicos

Assim denominamos os elementos peculiares a cada espécie de negócio jurídico. Tais elementos são, por isso, chamados também de *elementos categoriais*, uma vez que distinguem as diferentes categorias de negócios jurídicos[65]. Na compra e venda, por exemplo, são elementos essenciais, além dos gerais, a coisa, o preço e o consenso (*res, pretium et consensus*), sem os quais aquele contrato não se configuraria, embora o consentimento seja comum aos negócios bilaterais. No contrato de trabalho, temos, como elementos específicos, o caráter personalíssimo e não eventual da prestação laboral, a natureza onerosa desta e, principalmente, o modo como deve ser realizada: sob a direção do destinatário. Este último elemento, na verdade, é o mais característico da relação de emprego, e o que a distingue dos demais contratos de trabalho. As partes podem até deixar de delimitar qual seja, especificamente, o objeto da prestação laboral e o valor da contraprestação, uma vez que tais lacunas contratuais são supridas pela lei (CLT, arts. 447, 456, parágrafo único, e 460; CF, art. 7º, XIII a XVII; etc.). Todavia, se não há previsão (ainda que implícita) de prestação laboral personalíssima, subordinada e não eventual, mediante remuneração, não há como sustentar que o negócio estabelecido seja um contrato de trabalho, em sentido estrito (contrato de emprego), não se podendo esquecer, contudo, que a presença de tais elementos é aferida principalmente a partir da realidade concreta da execução do negócio, quando for o caso, e não apenas pelo que foi formalmente pactuado[66].

h) Elementos acidentais

Além dos elementos indispensáveis, podem as partes inserir no negócio jurídico elementos acessórios ou complementares. Embora tais elementos, quando presentes, se

---

(64) CHAVES, Antônio. *Op. cit.*, p. 1.268.

(65) São também considerados elementos categoriais os que, embora se insiram naturalmente em determinadas categorias negociais (*naturalia negotii*), no caso concreto, podem ser afastados pela vontade das partes, como ocorre com a responsabilidade pela evicção no contrato de compra e venda (CC, art. 448).

(66) A prestação de trabalho não remunerado configura o chamado serviço voluntário, disciplinado pela Lei n. 9.608/98, e a ausência de subordinação ou de qualquer outro elemento específico pode caracterizar outro contrato de trabalho qualquer, mas não uma relação de emprego.

incorporem ao suporte fático, dele não podendo ser destacados, sua omissão não acarreta a inexistência do ato, visto que podem ou não aparecer, dependendo da vontade das partes. Se, contudo, as partes decidirem incluí-los no negócio jurídico, devem eles adequar-se às exigências legais, sob pena de invalidarem o ato como um todo ou a cláusula a que aderem.

Normalmente, os elementos acidentais devem ser expressos, a fim de que não haja dúvidas acerca de sua inclusão no negócio. No contrato de trabalho por prazo indeterminado, no entanto, em face do que preveem os arts. 482 e 483 da CLT, entende-se estar sempre presente o pacto comissório, ainda que não seja explicitado. Em virtude de tal cláusula, expressa ou tácita, o descumprimento das obrigações contratuais por uma das partes autoriza a outra a dar por rescindido o contrato, independentemente de intervenção judicial, exceto nos casos em que esta é expressamente exigida.

1.1.2. Requisitos de validade

Os requisitos de validade são as qualidades de que se devem revestir os elementos de existência ou nucleares para que o ato jurídico se torne regular, isto é, conforme o ordenamento jurídico. Ainda que ingresse no mundo jurídico, o ato pode ser incapaz de produzir os resultados esperados, por conter falhas nos elementos que constituem seu suporte fático. Assim, para que esteja apto a produzir os efeitos que lhe são próprios, não basta que o negócio jurídico se apresente completo em relação a seus elementos constitutivos, mas é preciso que estes sejam perfeitos, isto é, isentos de falhas.

O défice, porém, não significa ausência. Daí a comparação matemática de *Pontes de Miranda*[67] ao sentenciar que o ato jurídico que padece de invalidade "não é *zero*-negócio jurídico, ou *zero*-ato jurídico *stricto sensu*; é ato jurídico menor que um (< 1)", mas ainda ato jurídico. Conforme o grau da deficiência, o ato poderá afastar-se mais ou menos daquele referencial, sem que, contudo, seja reduzido a um nada jurídico. Em outras palavras, a nulidade não torna o ato inexistente, negando-lhe apenas a idoneidade para produzir os efeitos que lhe são próprios, conquanto o sistema jurídico possa atribuir-lhe efeitos outros.

A distinção entre a inexistência e a nulidade é especialmente relevante nas situações em que a lei confere algum efeito ao ato nulo. Em tais casos, é preciso distinguir os atos que não chegaram a ingressar na órbita jurídica (atos juridicamente inexistentes) daqueles que, embora sejam reconhecidos como jurídicos, não têm aptidão para produzir os efeitos que lhes são típicos (atos nulos), uma vez que somente destes é que podem ser extraídos os efeitos especiais previstos em lei para a hipótese.

a) Quanto aos sujeitos

Dos sujeitos, já o dissemos, exige-se capacidade e legitimação. A capacidade, por sua vez, tanto pode ser analisada sob o aspecto estático, isto é, enquanto aptidão para figurar como sujeito das relações jurídicas (capacidade de direito), quanto do ponto de vista

---

(67) MIRANDA, F. C. Pontes de. *Tratado...* t. 4, cit., p. 21.

dinâmico, ou seja, enquanto aptidão para exercer os poderes e faculdades jurídicas decorrentes daquela condição (capacidade de fato). A capacidade de direito deriva da própria personalidade, sendo uma manifestação daquela, enquanto a capacidade de fato, ou de agir, resulta da presença de discernimento para conhecer e avaliar as consequências práticas dos atos realizados, conforme a experiência de vida refletida pela idade, o estado de sanidade física ou mental e a condição cultural[68].

Em seu aspecto dinâmico, que nos interessa aqui, a capacidade também pode ser tratada sob duplo enfoque: enquanto aptidão para a prática de atos jurídicos em geral, ou capacidade de agir propriamente dita, e enquanto autorização decorrente da posição ocupada pelo sujeito na esfera de suas relações jurídicas ou do negócio em particular. Neste caso, fala-se em *legitimação*, que significa a aptidão específica, para os atos de que se trata. Com efeito, mesmo tendo capacidade para praticar atos jurídicos em geral, é possível que alguém esteja impedido de realizar determinado negócio, em face de suas relações com o objeto ou com os demais participantes do ato em questão. E tanto a falta de capacidade genérica quanto da específica viciam o negócio jurídico.

Conforme ressaltam *Gagliano* e *Pamplona Filho*, "não basta a *capacidade do agente* para se conferir validade ao negócio celebrado. É preciso ainda que não esteja *circunstancialmente impedido de celebrar o ato, não obstante goze de plena capacidade*. Em outras palavras, é necessário, além da capacidade, haver *legitimidade*, segundo noção desenvolvida pelos processualistas, adotada pelos cultores do Direito Civil"[69].

b) Quanto ao objeto

Para que o ato jurídico seja válido, seu objeto deve ser idôneo para alcançar os objetivos almejados, o que significa que ele deve ser compatível com a natureza do ato, além de ser lícito, possível e determinado, ou, quando menos, determinável. Os atos jurídicos cujo objeto não se revista de tais qualidades são considerados imprestáveis aos fins a que se destinavam.

c) Quanto à vontade

Sendo a vontade elemento essencial à formação do ato ou negócio jurídico, para que estes tenham validade é preciso que aquela reflita o querer interno dos sujeitos. Assim, quando a vontade revelada é fruto do erro, dolo ou coação, ainda que esta seja circunstancial, o sujeito que teve seu querer distorcido em razão de tais fatores pode postular a anulação do ato a que sua suposta vontade deu ensejo.

A rigor, se a declaração de vontade não reflete o querer individual, o ato assim praticado padeceria de vício essencial, uma vez que a vontade manifestada é irreal, o que

---

(68) MELLO, Marcos Bernardes de. *Teoria...* plano da validade, cit., p. 19.
(69) GAGLIANO, Pablo Stolze; PAMPLONA FILHO, Rodolfo. *Novo curso de direito civil*, v. 1: parte geral. 4. ed. rev. ampl. e atual. São Paulo: Saraiva, 2003. p. 347.

equivale a dizer que inexiste efetiva vontade no ato em questão[70]. Contudo, se conferida à vontade real tamanha proteção, haveria prejuízo para outros valores, também indispensáveis à convivência social. É por isso que os vícios do consentimento acarretam apenas a anulabilidade do ato. A adotar-se a teoria da vontade real, estaria em jogo a segurança jurídica, frustrando as expectativas de quem participou do ato de boa-fé.

Ganhou, por isso, projeção a teoria da confiança, pela qual a análise dos vícios do consentimento não deve limitar-se à ótica de quem emite a declaração de vontade, mas também deve levar em conta a situação do sujeito a quem é endereçada. Da mesma maneira que se deve tutelar quem externou uma vontade que não corresponde ao seu querer interno, sem incorrer em culpa ou dolo, não se pode comprometer a posição dos que confiam na segurança das relações jurídicas. Essa é a razão pela qual o vício de vontade, quando provocado por terceiros, sem participação ou conhecimento da outra parte, não constitui causa de invalidação do ato, conferindo ao prejudicado tão somente o direito de obter do culpado a indenização pelos danos sofridos (CC, arts. 148 e 155). O erro do declarante só constituirá causa de anulabilidade do ato jurídico se puder ser percebido pela outra parte (CC, art. 138). Quando o destinatário da declaração não teve culpa no evento, pois o erro não era daqueles que poderiam ser percebidos por pessoas de diligência normal nas circunstâncias do negócio, o ato não padecerá de vício. Por fim, ainda quando se reconheça a existência do vício, o negócio poderá ser preservado, desde que a outra parte se ofereça a executá-lo em conformidade com a vontade real do manifestante (CC, art. 144). Assim, a desconformidade entre o querer interno e sua manifestação exterior só se caracterizará como defeito do negócio jurídico se o declaratário tiver agido de má-fé.

Embora o ato jurídico trabalhista não prescinda da vontade, procura o Direito do Trabalho extraí-la da realidade, muito mais do que de declarações formais, conferindo primazia à conduta das partes, em detrimento dos escritos e palavras. Assim, manifestações de vontade divorciadas da prática diária são substituídas pelo que ocorre na realidade. Por outro lado, a fim de minorar as consequências do desequilíbrio econômico existente entre as partes, o legislador estabeleceu um conjunto de garantias mínimas ao trabalhador.

Isso, entretanto, não significa que ao Direito do Trabalho seja completamente estranha a teoria dos vícios da vontade. Muito ao contrário, dada a condição do trabalhador, tais vícios são relevantes e muitas vezes até presumidos. Quando, porém, a manifestação de vontade contrariar o que ocorreu na prática, é dispensável a invocação de vícios de vontade, pois, conforme já referido, o Direito do Trabalho empresta mais importância à conduta das partes, na execução do contrato, do que às suas declarações formais expendidas no ato da admissão ou no curso do pacto laboral.

Nem por isso, contudo, deixa de ter relevância para o Direito do Trabalho a disciplina relativa aos vícios da vontade, seja pela ocultação da verdade (erro e dolo), seja pela restrição à liberdade de expressão (coação).

---

(70) Foi justamente para contornar esse problema que *Junqueira de Azevedo* (*Op. cit.*, p. 80), conforme referido acima, sustentou que o elemento do negócio jurídico não é a vontade propriamente dita, mas apenas a declaração volitiva.

d) Quanto à forma

Embora essencial à existência do negócio jurídico, normalmente a lei não faz exigências especiais relativamente à forma. Ao contrário, deixa evidenciado que seu papel é apenas instrumental, prevalecendo o consensualismo, isto é, a simples manifestação de vontade. Assim, em princípio, a forma é livre. Logo, mesmo que o instrumento da declaração seja inválido, o negócio jurídico pode subsistir, desde que a vontade manifestada possa ser provada por outros meios (CC, art. 183).

No Direito do Trabalho, em geral, não se exige forma especial para a validade dos atos jurídicos. Por outro lado, decorrendo os efeitos jurídicos muito mais do modo como se executa o contrato do que dos ritos observados em sua pactuação, como regra, os vícios de forma não invalidam o contrato como um todo. Além disso, normalmente, os requisitos formais exigidos por lei visam à proteção do trabalhador, não podendo sua inobservância prejudicar exatamente o sujeito a quem a norma pretendia tutelar.

Quando, porém, a lei condiciona a validade do ato à observância de determinada forma, descumprida tal exigência, o negócio jurídico é nulo (CC, art. 104, III).

e) Quanto ao espaço e tempo

Normalmente, a situação do negócio jurídico no tempo e no espaço fica apenas implícita na hipótese normativa, não estabelecendo a lei, pelo menos como regra, requisitos em relação a tais elementos. Todavia, há casos em que a regularidade ou, pelo menos, a eficácia do ato dependem da época ou do local em que foi praticado.

A situação, é verdade, é mais comum no âmbito do Direito Processual, em que frequentemente nos deparamos com normas disciplinando o momento e o local em que devem ser praticados determinados atos, como a audiência (CLT, arts. 813 e 841), os recursos (Lei n. 5.584/70, art. 6º), etc. Não observados tais requisitos, conforme o caso, o ato pode ser considerado nulo ou ineficaz.

No Direito do Trabalho, normalmente, o tempo está relacionado à eficácia do ato jurídico, como ocorre na prescrição ou na decadência, por exemplo, na situação prevista no art. 143, § 1º, da CLT: se o trabalhador não requerer a conversão de 1/3 das férias em pecúnia até quinze dias antes do término do período aquisitivo, manifestação posterior não lhe garante aquele resultado. O mesmo vale para a previsão do art. 2º, § 2º, da Lei n. 4.749/65: para receber 50% do 13º salário por ocasião das férias, o trabalhador deve aviar requerimento nesse sentido no mês de janeiro do correspondente ano.

Todavia, ainda quando apenas repercute sobre os demais elementos do negócio jurídico, o tempo pode definir a regularidade ou não do ato. Lembre-se, por exemplo, das proibições à dispensa ou contratação de empregados públicos nos períodos eleitorais (Lei n. 9.504/97, art. 73, V). O requisito temporal, no caso, se não observado, acarreta a nulidade do ato realizado no período alcançado pela vedação legal. A data em que se praticou o ato pode ser determinante, também, para a validade do aviso prévio[71]. Em outras situações o tempo poderá atuar como delimitador da presença dos demais requisitos, por exemplo, se quando da realização do negócio o manifestante tinha idade suficiente para consentir validamente.

Da mesma forma, o espaço, como regra, interfere apenas na eficácia do negócio jurídico, sendo determinante, por exemplo, no direito à equiparação salarial (CLT, art. 461) ou a um adicional salarial (CLT, art. 469, § 3º)[72]. O local da contratação pode, ainda, implicar limites à execução do contrato, definindo onde o empregador pode, ou não, exigir a prestação laboral. É, entretanto, em relação aos negócios jurídicos celebrados fora do território nacional que o elemento espacial adquire maior relevo. Como, porém, tal assunto é conexo com o da nacionalidade do trabalhador, abordaremos tal questão no capítulo que trata dos vícios relativos aos sujeitos, embora em tópico específico.

f) Quanto à causa

O legislador só estabeleceu requisitos para a validade do ato, em relação à causa, quando nela se convertem os motivos das partes. Assim, quando os motivos forem elevados à condição de causa do negócio jurídico, isto é, quando atuarem como razão determinante para a realização do ato, sendo eles falsos ou ilícitos, desde que estejam abrangidos pelo consenso acarretam a nulidade do negócio (CC, arts. 140 e 166, III).

Constata-se, de certo modo, nas questões relativas à causa, uma confluência de aspectos estruturais e funcionais. Com efeito, quando se investiga a razão determinante, a finalidade econômico-jurídica ou a função prático-social do negócio jurídico, não se pode perder de vista sua sintonia com os valores sociais predominantes. Como bem lembrou *Emílio Betti*, "o direito não concede a sua sanção ao mero arbítrio, ao capricho individual, ao motivo transitório (motivo que, mesmo quando não seja frívolo, continua a ser irrelevante), mas apenas a concede a funções que considera socialmente relevantes e úteis para a comunidade que disciplina e em que se desenvolve"[73].

A matéria, ainda assim (ou por isso mesmo), é polêmica, conforme teremos oportunidade de constatar mais adiante (Capítulo VI).

g) Quanto aos elementos específicos

Os requisitos de validade, em relação aos elementos específicos, variam conforme a modalidade de negócio jurídico de que se trata. No contrato de trabalho, por exemplo, o valor da remuneração não poderá ser inferior ao salário-mínimo, e a jornada que pode ser exigida do trabalhador deverá observar os limites legais. Como, porém, tais questões dizem

---

(71) "AVISO PRÉVIO. CONCESSÃO NA FLUÊNCIA DA GARANTIA DE EMPREGO. INVALIDADE. É inválida a concessão do aviso prévio na fluência da garantia de emprego, ante a incompatibilidade dos dois institutos" (TST, Súm. n. 348).
(72) Embora, em tais casos, o critério não seja o local da celebração do negócio, mas o de sua execução.
(73) BETTI, Emílio. *Op. cit.*, p. 82.

respeito ao objeto do pacto laboral, os vícios relativos aos elementos especiais do contrato de trabalho serão analisados por ocasião do estudo do objeto do negócio jurídico em geral, além dos temas abordados no capítulo final, no qual trataremos de diversos aspectos particulares, próprios ao contrato de trabalho.

h) Quanto aos elementos acidentais

Qualificam-se como acidentais ou acessórios, já o dissemos, os elementos que, embora dispensáveis ao suporte fático de determinado negócio jurídico, nele foram inseridos por iniciativa das partes. Acidental, entretanto, é a sua presença, pois, a partir do momento em que foram convencionados, figuram no negócio como uma de suas peças substanciais[74]. Assim, conquanto não sejam essenciais à existência do negócio jurídico, quando nele aparecem não são apenas figurativos e, por tal motivo, caso padeçam de algum vício, podem derruir o negócio por inteiro.

Os elementos acidentais visam, normalmente, a modificar a eficácia do negócio jurídico, desfrutando os interessados de ampla liberdade para fazê-lo. Basicamente, o sistema jurídico limita-se a vedar a introdução de elementos contrários à lei, à ordem pública ou aos bons costumes. Quanto às condições, entretanto, não é suficiente o requisito da licitude. São igualmente reprimidas pela lei as condições puramente potestativas, as jurídica ou fisicamente impossíveis, quando suspensivas, bem como as condições incompreensíveis ou contraditórias. Se as partes se valerem de tais condições, a sanção legal contamina o negócio por inteiro, invalidando-o. A impossibilidade da condição resolutiva afeta apenas a validade da cláusula que a contém, mantendo-se o negócio jurídico como se condição não houvesse (CC, art. 124).

Dada, porém, a amplitude da matéria, trataremos dos requisitos relativos a cada um dos elementos gerais, bem assim dos elementos acidentais, nos capítulos seguintes do presente estudo.

1.2. Enfoque funcional

Ao disciplinar especificamente alguns atos ou negócios jurídicos, estabeleceu o legislador modelos destinados a alcançar determinados fins sociais que, em última análise, convergem para a consecução do bem-estar e segurança coletivos.

Quando os modelos legais são adotados, na prática, para alcançar fins que contrariam os interesses sociais que a norma intentava promover, ainda que presentes todos os requisitos estruturais necessários para a validade do negócio jurídico, haverá um vício funcional, uma vez que a previsão legal foi usada com intuito de obter vantagens particulares em detrimento de determinados indivíduos ou de toda a coletividade.

---

(74) LOPES, Miguel Maria de Serpa. *Curso de direito civil*, v. 1, 2. ed. Rio de Janeiro: Freitas Bastos, 1957. p. 487.

A utilização dos instrumentos jurídicos em desvio de função, contrariando o interesse social, também macula o negócio, se não em sua estrutura, em seus fins. Em tais casos, embora, aparentemente, seja pretendido um resultado conforme o Direito, na prática, a disciplina normativa serve apenas de trampolim ou escudo para conseguir fins que a ordem jurídica rejeita ou simplesmente não reconhece.

Assim como o legislador sentiu a necessidade de proteger as partes que participam do ato jurídico, prevendo a invalidação deste, por exemplo, quando a vontade declarada não retrata o querer interno, também entendeu por bem tutelar os interesses de terceiros, que não participaram do ato jurídico, mas que, por ele, poderiam ser prejudicados. No primeiro caso, temos os vícios estruturais, enquanto no segundo, o defeito é de funcionalidade. É possível, entretanto, que o desvio de função também seja utilizado contra a própria parte que interveio no negócio jurídico.

A rigor, porém, o desvio de função deveria gerar apenas a ineficácia do negócio jurídico, e não a sua invalidade[75]. Todavia, em alguns casos o legislador equipara o desvirtuamento funcional à imperfeição estrutural, atribuindo a ambos as mesmas consequências jurídicas. E isso é possível porque, conforme veremos logo a seguir, em sentido amplo, a ineficácia abrange as invalidades, uma vez que estas são, também, fator de ineficácia dos atos jurídicos.

1.3. A questão da eficácia

Conforme verificamos acima, só é qualificado como jurídico o fato que interfere na esfera jurídica de alguém. Assim, é pelos efeitos que, em tese, poderia produzir que o ato é qualificado como jurídico ou não. Todavia, mesmo adotando um dos modelos legais, é possível que alguns atos, conquanto sejam reconhecidos como jurídicos (plano da existência) e não padeçam de vício algum quanto à sua estrutura (plano da validade), sofram restrições quanto à sua eficácia, ainda que de caráter relativo ou transitório.

Verifica-se, pois, que a existência e validade nem sempre são suficientes para garantir que o ato realmente venha a produzir os efeitos jurídicos que naturalmente dele decorreriam. As limitações à eficácia, no entanto, salvo quando previstas pelas próprias partes, só operam em relação a terceiros, que eventualmente seriam prejudicados pelo ato. Na primeira hipótese, a ineficácia é dita *simples* ou *pendente*, por resultar da incompletude do negócio, ao qual falta algum elemento integrativo, para que adquira plena eficácia (ex.: pendência de condição suspensiva)[76]. No segundo caso, tem-se a

---

(75) Conforme observou Bulhões Carvalho, fere a vista a inclusão dos vícios da simulação e da fraude entre as hipóteses de invalidade, tendo a doutrina e as legislações modernas preferido seu tratamento como causas de ineficácia (CARVALHO, Francisco Pereira de Bulhões. Ineficácia. In: *Repertório enciclopédico do direito brasileiro*, v. 27. Rio de Janeiro: Borsoi, [s.d.]. p. 90).

(76) Em tal situação, porém, o negócio não é totalmente privado de eficácia, e prova disso é que a lei autoriza a prática de atos conservativos (CC, art. 130), havendo, no caso, o que Bulhões Carvalho denomina de *"infraeficácia"*, ou seja, "eficácia incompleta e inferior à que deveria corresponder normalmente ao ato" (CARVALHO, Francisco Pereira de Bulhões. *Op. cit.*, p. 9).

chamada ineficácia *relativa*, ou *inoponibilidade*, que consiste na exclusão dos efeitos do ato em relação a terceiros[77].

Com o desenvolvimento da teoria da ineficácia, pôde a doutrina, enfim, separar a eficácia dos planos da existência e, especialmente, da validade dos negócios jurídicos, abrindo espaço para um tratamento mais adequado dos atos aos quais o Direito reconhece certos efeitos, mas não pode emprestar amplo respaldo. Antes disso, quando se negavam certos efeitos a algum ato jurídico, angustiava-se a doutrina quanto ao seu melhor enquadramento, se na classe dos atos nulos ou dos anuláveis, sem, obviamente, alcançar os resultados desejados.

Conforme referido por *Clovis Bevilaqua*, sem embargo da opinião unânime a respeito da existência dos dois tipos de nulidade, não havia consenso entre os doutrinadores com relação a quais atos deveriam entrar numa classe ou noutra, nem tampouco acerca dos critérios de distribuição ou, ao menos, sobre se as duas categorias seriam, realmente, suficientes para conter todos os atos a que a ordem jurídica recusa apoio[78].

Hoje, porém, não há justificativa para confundir invalidade com ineficácia[79]. A primeira tem sua sede na estrutura do ato, ou resulta de um desvio funcional equiparado aos defeitos estruturais, e tem caráter geral, enquanto a última guarda relação apenas com seus efeitos, apresentando-se como uma limitação de caráter relativo e/ou transitório. A invalidade decorre de um defeito intrínseco ao ato, ao passo que a ineficácia normalmente resulta de circunstâncias exteriores a ele, sem que tenha havido infração às regras materiais ou formais do negócio jurídico.

É por isso que *Humberto Theodoro Júnior* lamenta a oportunidade perdida pelo legislador de incorporar ao Direito positivo o novo nível de análise do ato jurídico, fugindo aos estreitos limites do binômio validade ou invalidade. Apesar disso, conclui o jurista mineiro, "se a lei não sabe distinguir entre entidades tão diferentes como são a anulabilidade e a ineficácia relativa, cabe ao intérprete fazê-lo", uma vez que "o fato de o legislador ignorar uma *categoria* ou *tipo jurídico* não muda a *natureza da coisa*"[80]. Por outro lado, lembra o mesmo autor que, para o jurista francês *José Vidal*, não há diferença substancial entre *nulidade* e *inoponibilidade*, mas apenas variação de grau ou extensão. Assim, enquanto a nulidade acarretaria a ineficácia geral, a inoponibilidade seria apenas a ineficácia em face de terceiros, daí ser chamada de ineficácia relativa[81].

Utilizada a expressão em sentido amplo, a ineficácia abrange todas aquelas situações em que, por algum motivo, o ato deixa de produzir os efeitos dele esperados, inclusive em

---

(77) "A inoponibilidade (...) ocorre quando o ato é perfeito entre os contratantes e ineficaz apenas contra um terceiro, em virtude de ter esse terceiro direitos próprios sobre o objeto do contrato" (CARVALHO, Francisco P. de Bulhões. *Incapacidade civil e restrições de direito*. Rio de Janeiro: Borsoi, 1957. p. 465).
(78) BEVILAQUA, Clovis. *Op. cit.*, p. 327.
(79) Embora a anulação ou a nulidade do ato também lhe retirem a aptidão para produzir efeitos jurídicos, a ineficácia a que nos referimos aqui não é a que resulta da invalidade do negócio jurídico, mas apenas a que incide sobre atos jurídicos válidos (ineficácia em sentido estrito).
(80) THEODORO JÚNIOR, Humberto. *Comentários ao novo Código Civil*, v. 3, t. 1. Rio de Janeiro: Forense, 2003. p. 10 e 12.
(81) *Ibidem*, p. 267-8.

razão de nulidade[82]. Já em sentido estrito e próprio, a ineficácia retrata as hipóteses em que o ato, apesar de não padecer de vício algum em sua constituição, deixa de produzir os efeitos nele previstos, por razões extrínsecas a ele[83]. O ato inválido é intrinsecamente *estéril*, vale dizer, incapaz de produzir frutos correspondentes à sua natureza, ao passo que o ato desprovido de eficácia é apenas circunstancialmente *inútil*.

A relação entre validade e eficácia é a mesma existente entre *potência* e *ato*. Enquanto o negócio válido é o que se reveste de todas as condições necessárias para se tornar apto a produzir os efeitos jurídicos que lhe são próprios, a eficácia representa a efetiva irradiação de tais efeitos. Conforme ressalta *Flávio Bauer Novelli*, "o ato não é, nem se diz eficaz, enquanto se conserva meramente *idôneo para*, ou *capaz de* modificar uma situação precedente, mas enquanto realiza concretamente essa modificação, enquanto, por outras palavras, traduz a aptidão que a norma lhe dá para operá-la, na operação propriamente dita. Eficácia é força jurídica em ato, em ação e não só aptidão ou potência"[84]. E *Roque Komatsu* completa: "eficácia quer dizer, portanto, realização do efeito (ou efeitos) a que o ato jurídico visa"[85].

A eficácia do ato jurídico, no entanto, deve ser analisada sob a ótica jurídica. Assim, o ato jurídico não deixa de ser eficaz pela circunstância de não gerar, na prática, as consequências que lhe são próprias. A tradução prática dos efeitos jurídicos é o que se denomina *efetividade* do ato. Tomemos o exemplo de uma sentença condenatória não cumprida. Tal decisão não perderá sua eficácia pelo fato de o demandante não lograr êxito em receber o que por direito lhe cabe. No caso, embora eficaz, a sentença não terá alcançado a efetividade esperada. Esta, porém, é uma situação de fato, e não uma qualidade jurídica do ato.

O negócio pode ser válido, isto é, estar em condições de produzir os efeitos a que se destina, sem produzi-los concretamente, de direito e de fato. A análise da validade enfoca apenas a serventia do ato para alcançar os fins programados. Somente quando o objetivo perseguido deixa de ser mera possibilidade, para produzir, no caso concreto, os efeitos jurídicos a que se destinava, é que o ato adquire eficácia. E quando tais efeitos se traduzem em consequências práticas, tem-se a efetividade do ato jurídico.

A eficácia pressupõe a existência e a validade do ato jurídico, embora estas nem sempre sejam suficientes para produzir aquela. Por outro lado, embora o ato seja juridicamente existente, válido e eficaz, é possível que seus efeitos, no plano jurídico, não se convertam nos resultados práticos que as partes pretendiam alcançar. Essa, no entanto, é uma situação que não compromete a eficácia *jurídica* do ato, mas apenas a sua *efetividade* (ou eficácia *prática*), vale dizer, as consequências fáticas perseguidas.

O fato de a lei reconhecer alguns efeitos jurídicos a determinados atos nulos não infirma o que foi dito acima, revelando-se apenas um expediente de que se vale o legislador

---

(82) GOMES, Orlando. *Op. cit.*, p. 471. Haverá nulidade, e não simples ineficácia *stricto sensu*, quando a lei exclui todos os efeitos do negócio jurídico (ineficácia absoluta) em caráter definitivo (para sempre).
(83) Mesmo nas hipóteses de condição suspensiva, conquanto esta integre a estrutura do negócio jurídico, o que inibe a eficácia do ato é a pendência da condição, e não a mera adoção de tal cláusula.
(84) NOVELLI, Flávio Bauer. Eficácia do ato administrativo. In: *Revista de Direito Administrativo*, v. 61. Rio de Janeiro: Fundação Getúlio Vargas, jul./set. 1960. p. 15.
(85) KOMATSU, Roque. *Da invalidade no processo civil*. São Paulo: Revista dos Tribunais, 1991. p. 37.

para atenuar as consequências da nulidade, a fim de preservar a situação prática de quem estava de boa-fé. De qualquer modo, o ato continua inapto para produzir seus efeitos típicos, conquanto a lei lhe atribua alguma eficácia[86]. Em tais casos, é a lei que intervém topicamente para conferir tratamento especial a certas situações. Trata-se, entretanto, de casos excepcionais, os quais não podem ser invocados para estabelecer regras gerais ou definições jurídicas[87]. Por outro lado, convém não confundir as consequências advindas do ato nulo com os efeitos decorrentes do reconhecimento de sua nulidade. Neste caso, não é ao ato em si que são atribuídos efeitos, mas às condutas das partes, apesar da nulidade.

É conveniente salientar, ainda, como o faz *Júnior Veloso*, que "as questões de nulidade e eficácia dos fatos jurídicos não podem ser resolvidas pela aplicação de critérios aprioristicos, porque, na verdade, tudo depende do tratamento jurídico estabelecido pelo sistema"[88].

Embora o título do presente livro faça referência apenas às *nulidades*, as hipóteses de simples ineficácia não serão olvidadas, até mesmo por necessidade de distinção e confronto entre as diferentes soluções jurídicas. E não há como compreender sem distinguir.

---

[86] Exemplo clássico é o do casamento putativo, previsto no art. 1.561 do Código Civil, o qual prevê que, embora anulável ou mesmo nulo, se contraído de boa-fé por ambos os cônjuges, o casamento, em relação a estes como aos filhos, produz todos os efeitos até o dia da sentença anulatória. Se apenas um dos cônjuges estava de boa-fé, os efeitos civis só aproveitam a ele e aos filhos. Por fim, se ambos os cônjuges estavam de má-fé, os efeitos civis do casamento só aproveitam aos filhos.

[87] Em relação ao casamento, contudo, as exceções são tantas que autorizam a sustentar a existência de uma teoria especial das nulidades, restrita, porém, ao tema (PEREIRA, Caio Mário da Silva. *Instituições de direito civil*, v. 1. 13. ed. Rio de Janeiro: Forense, 1992. p. 446). Essa abordagem, no entanto, foge ao objeto do presente estudo.

[88] VELOSO, Alberto Júnior. *Op. cit.*, p. 81.

Capítulo II

DEFICIÊNCIAS QUANTO AOS SUJEITOS

Conforme referido anteriormente, são dois os requisitos de validade dos atos jurídicos em relação aos sujeitos: a capacidade e a legitimidade. Por serem tais requisitos extrínsecos, isto é, externos ao ato jurídico, alguns autores qualificam-nos como pressupostos. Como quer que se os denomine, porém, são exigências legais subjetivas para que o ato jurídico, negocial ou não, adquira aptidão para gerar os efeitos que lhe são próprios.

Apesar do sistema de proteção instaurado pelo Direito do Trabalho, em razão do qual operou-se uma espécie de despersonalização de vários aspectos do pacto laboral, persiste o interesse no estudo da posição do sujeito ante os negócios jurídicos trabalhistas. Com efeito, apesar de suprir muitas carências dos sujeitos da relação jurídica laboral, o Direito do Trabalho não ignora as exigências relativas à capacidade e legitimidade para a prática dos atos jurídicos envolvidos nas relações de trabalho. Em regra, no entanto, tais aspectos só são suscitados nos tribunais após o término do vínculo laboral, o que pode ensejar uma visão distorcida acerca de sua importância prática.

2.1. Incapacidade

A palavra *capacidade* provém dos vocábulos latinos *capax* e *capacitas*, que, por sua vez, derivam do verbo *capere*, que significa *tomar, aprender, adquirir*, etc. Assim, ser capaz é ter idoneidade para tomar ou adquirir alguma coisa, e *capacitas* é a faculdade de ser sujeito ativo ou passivo de algum fato social. Para o Direito, a capacidade é a esfera de ação ou raio jurídico em que se move a pessoa[1]. Em outros termos, capacidade é a aptidão para ser titular de direitos e obrigações (capacidade de direito ou de gozo) e para praticar pessoalmente atos jurídicos que lhes digam respeito (capacidade de fato, de exercício ou de fruição)[2].

A capacidade jurídica é a manifestação ou medida da própria personalidade, por ser esta uma investidura ou *representação* na cena jurídica, como bem se percebe pela etimologia da palavra[3]. No dizer de *Francisco Amaral*, "enquanto a personalidade é

---
(1) GARCEZ NETO, Martinho. Capacidade civil. In: *Repertório enciclopédico do direito brasileiro*, v. 6. Rio de Janeiro: Borsoi, [s.d.]. p. 411.
(2) Nas palavras de António Cordeiro, "a *capacidade de gozo* dá a medida de direitos e deveres de que um sujeito pode ser titular; a *capacidade de exercício* corresponde aos direitos e deveres que podem ser exercidos pessoal e livremente" (CORDEIRO, António Menezes. *Manual de direito do trabalho*. Coimbra: Almedina, 1991. p. 541).
(3) "A palavra *pessoa* advém do latim *persona*, emprestada à linguagem teatral na antiguidade romana. Primitivamente, significava *máscara*. Os atores adaptavam ao rosto uma máscara, provida de disposição especial, destinada a dar eco

valor ético que emana do próprio indivíduo, a capacidade é atribuída pelo ordenamento jurídico como realização desse valor"[4]. Segundo a comissão revisora do projeto que se converteu no atual Código Civil, "a capacidade jurídica nada mais é do que o limite da personalidade jurídica: a personalidade jurídica é a aptidão de ter direitos ou contrair obrigações (ideia absoluta: não admite gradação para mais ou para menos, pois ninguém tem mais ou menos personalidade jurídica), ao passo que a capacidade jurídica encerra maior ou menor número de direitos e obrigações que uma pessoa possa ter (é ideia relativa: admite gradação, bastando pensar, para contraposição entre nacional e estrangeiro, em que a capacidade jurídica daquele é maior do que a deste)"[5]. No mesmo sentido, sublinha *Francisco Amaral* que a personalidade é um valor, ao passo que a capacidade é a sua projeção ou atributo, ou, ainda, a manifestação do poder de ação implícito naquela[6]. Destarte, como bem observou, mais uma vez, a comissão revisora do projeto do atual Código Civil brasileiro "a personalidade jurídica e a capacidade jurídica são conceitos indissociáveis: aquela é um *quid* (a aptidão, em sentido absoluto, de ter direitos e contrair obrigações); esta, um *quantum* (a aptidão de ter mais ou menos direitos, de contrair mais ou menos obrigações)"[7].

Em relação aos seres humanos (pessoas naturais), a capacidade de direito decorre da própria existência (CC, art. 1º), ao passo que a capacidade de fato é adquirida, normalmente, com a chegada à maioridade[8]. A capacidade de exercício pressupõe a existência da capacidade de gozo, ou, dito de outro modo, a incapacidade de gozo contém virtualmente a incapacidade de exercício correspondente[9]. A capacidade de gozo, porém, pode vir desacompanhada da capacidade de exercício. É perfeitamente possível que alguém tenha capacidade para ser titular de um direito, sem que seja capaz de exercê-lo pessoalmente, mas não há como admitir que alguém exerça um direito do qual não tenha o gozo. A capacidade de direito, portanto, é o primeiro grau da capacidade[10]. Embora ambas sejam manifestações da personalidade, capacidade de direito representa uma posição estática do sujeito, enquanto a capacidade de fato traduz uma atuação dinâmica[11].

às suas palavras. *Personare* queria dizer, pois, fazer ressoar. A máscara era uma *persona*, porque fazia ressoar a voz da pessoa. Por curiosa transformação no sentido, o vocábulo passou a significar o papel que cada ator representava e, mais tarde, exprimiu a atuação de cada indivíduo no cenário jurídico. Por fim, completando a evolução, a palavra passou a expressar o próprio indivíduo que representa esses papéis. Nesse sentido é que a empregamos atualmente" (MONTEIRO, Washington de Barros. *Curso de direito civil*, v. 1: parte geral. 29. ed. atual. São Paulo: Saraiva, 1990. p. 55).

(4) AMARAL, Francisco. *Direito civil*: introdução. 6. ed. rev. atual e aum. Rio de Janeiro: Renovar, 2006. p. 219.
(5) *Apud* ALVES, José Carlos Moreira. *A parte geral do projeto de Código Civil brasileiro*: subsídios históricos para o novo Código Civil brasileiro. 2. ed. aum. São Paulo: Saraiva, 2003. p. 132-3.
(6) AMARAL, Francisco. *Op. cit.*, p. 218.
(7) *Apud* ALVES, José Carlos Moreira. *Op. cit.*, p. 133.
(8) Embora a personalidade civil da pessoa só tenha início com o nascimento com vida, a lei põe a salvo, desde a concepção, os direitos do nascituro (CC, art. 2º).
(9) CARBONNIER, Jean. *Droit civil*, t. 1: les personnes. 18. ed. Paris: Presses Universitaires de France, 1992. p. 144. "A capacidade de direito ou capacidade jurídica ou personalidade é pressuposto da capacidade de fato" (VELOSO, Zeno. *Invalidade do negócio jurídico*: nulidade a anulabilidade. 2. ed. Belo Horizonte: Del Rey, 2005. p. 38).
(10) GARCEZ NETO, Martinho. *Op. cit.*, p. 411.
(11) AMARAL, Francisco. *Op. cit.*, p. 227.

Lembra *Franzen de Lima* que, "entre os romanos, a *capacidade de fato*, era determinada por certa qualidade particular das pessoas, que se denominava *status* (estado). Havia em Roma três estados: o de liberdade (*status libertatis*); o de cidade (*status civitatis*) e o de família (*status familiae*). Aquele que reunia os três estados — de liberdade, de cidade e de família — gozava de capacidade plena. A perda ou mudança de um estado chamava-se *capitis deminutio* e importava uma restrição de capacidade, que poderia ser máxima (*capitis deminutio maxima*), média (*capitis deminutio media*) e mínima (*capitis deminutio minima*), conforme correspondesse ao estado de liberdade, ao de cidade ou ao de família"[12]. Aos poucos, porém, o Direito moderno foi abandonando a teoria dos estados, sendo praticamente nenhuma sua aplicação nos dias atuais. Com efeito, entre nós, proclama a Constituição Federal a igualdade de todos, sem distinção de qualquer natureza, garantindo aos brasileiros e aos estrangeiros residentes no País a inviolabilidade do direito à vida, à liberdade, à igualdade, à segurança e à propriedade, bem assim o livre exercício de qualquer trabalho, ofício ou profissão, atendidas as qualificações profissionais que a lei estabelecer (art. 5º, *caput* e inciso XIII)[13]. Tais garantias são reforçadas por normas infraconstitucionais, como a que criminaliza a conduta de submeter o trabalhador à condição análoga à de escravo (CP, art. 149) e a que proíbe a discriminação em razão do estado civil (CLT, art. 391; Lei n. 9.029/95, art. 1º), para ficar em alguns exemplos mais diretamente afetos à esfera laboral.

Atualmente, o que define a capacidade de fato é a aptidão do indivíduo para exercer, por si próprio, os atos da vida civil, e não mais se funda na condição social, familiar ou política, mas apenas no reconhecimento do pleno domínio das faculdades mentais. Conforme observou *Messineo*, a capacidade de agir corresponde a um estado psíquico de idoneidade para entender e para querer, isto é, à plenitude das faculdades mentais, que também poderia ser chamada de capacidade natural[14]. Nas palavras de *Fábio Ulhoa Coelho*, a pessoa capaz é considerada pelo Direito "como dotada de condições psíquico-físicas suficientes à compreensão das consequências de seus atos. Considera a lei, por isso, que a pessoa natural capaz sabe sopesar convenientemente seus interesses e, em função disso, nortear suas decisões". Em suma, pois, "a capacidade confere à pessoa a mais plena desenvoltura para dirigir seus interesses"[15].

---

(12) LIMA, João Franzen de. *Curso de direito civil brasileiro*, v. 1, 5. ed. Rio de Janeiro: Forense, 1968. p. 154-5.

(13) As restrições aos estrangeiros, quando residentes no País, dizem respeito, basicamente, aos direitos políticos (CF, art. 14, § 2º). Por outro lado, as restrições ao trabalho dos estrangeiros não afetam, propriamente, sua capacidade, de direito ou de fato, mas resultam de uma política destinada a preservar os interesses nacionais (CF, art. 222, § 2º) ou a coibir a imigração clandestina. Pode, ainda, o legislador estabelecer ressalvas quanto ao reconhecimento de certos títulos de formação profissional obtidos no estrangeiro, independentemente da nacionalidade do trabalhador. No mais, as restrições podem ser apenas indiretas, referindo-se mais propriamente ao direito de propriedade do que de trabalho (CF, arts. 176, § 1º, e 178, parágrafo único).

(14) MESSINEO, Francesco. *Manual de derecho civil y comercial*, v. 2. Trad. Santiago Sentís Melendo. Buenos Aires: Ediciones Juridicas Europa-America, 1979. p. 110. Parte da doutrina distingue a *incapacidade natural*, que se caracteriza pela ausência de vontade (por desenvolvimento mental incompleto ou por outro motivo de ordem física ou psíquica), da *incapacidade legal*, que decorre da existência de restrições legais à prática de um ou mais atos por determinadas pessoas. Contudo, como só haverá incapacidade onde a lei a estabelecer, não haverá incapacidade que não seja legal.

(15) COELHO, Fábio Ulhoa. *Curso de direito civil*, v. 1. São Paulo: Saraiva, 2003. p. 158.

Os indivíduos desprovidos completamente de tais faculdades são considerados *absolutamente incapazes*, e os que as têm comprometidas apenas em parte, são tidos como *relativamente incapazes*. Os primeiros são substituídos integralmente no exercício dos respectivos direitos, enquanto os últimos praticam eles mesmos os atos jurídicos, intervindo o responsável legal tão somente para integrar-lhes a capacidade (CC, arts. 1.634, V; 1.690, *caput*; 1.747, I; 1.781). Supre-se, assim, a incapacidade absoluta pela representação, enquanto a relativa é complementada pela assistência.

Enquanto na defesa dos interesses do absolutamente incapaz prevalece a vontade do representante legal, presumindo-se que seria a vontade do representado, se a pudesse exprimir, nos casos de incapacidade relativa a mola propulsora do negócio jurídico é a vontade do próprio incapaz: "ela já tem seiva para criá-lo; apenas, para que se aperfeiçoe, mister se faz venha assistida por uma vontade mais competente, que a esclareça"[16]. A incapacidade relativa, portanto, é uma espécie de semicapacidade, devendo apenas ser completada pela intervenção de um terceiro, salvo quando a lei reconhece ao próprio "incapaz" a aptidão para a prática do ato em questão (*v. g.*, arts. 228, I, 666 e 1.860, parágrafo único, do Código Civil).

Convém ressaltar, com *Bernardes de Mello*, que "a exigência de participação do assistente nos atos dos relativamente incapazes não se limita à prática do ato, mas inclui a validade das manifestações de vontade dirigidas ao incapaz, desde que sejam receptícias. Por isso, é necessário que a manifestação receptícia de vontade dirigida ao incapaz o seja também a seu assistente, para que tenha validade"[17]. No contrato de trabalho, a situação mais comum de manifestação de vontade receptícia é o aviso prévio da dispensa. Em tal caso, pois, não terá validade o aviso prévio se não for dirigido também à pessoa responsável pelo empregado relativamente incapaz. Diversos julgados, no entanto, ignoram as normas do Código Civil, insistindo que não apenas a ciência da despedida, mas até a demissão, pelo menor, dispensaria a participação do responsável legal, sob o tosco argumento de que a CLT só exige a assistência no ato de quitação rescisória. Ora, tal afirmação ignora princípios básicos de hermenêutica jurídica, lançando por terra as normas do art. 171, inciso I, do Código Civil, sem justificativa plausível. Registre-se que, no caso, não há que se provar vício de vontade ou prejuízo, uma vez que o defeito do ato decorre da própria condição do menor, a quem a lei confere especial proteção, sendo o prejuízo, em tais casos, presumido *iuris et de iure*. De outra parte, não houvesse prejuízo, certamente que o menor não invocaria o vício.

Na verdade, as decisões mencionadas incorrem em grave confusão entre o que constitui a regra e o que se apresenta como exceção no art. 439 da CLT. Ao contrário do que deixam transparecer tais julgados, a regra não está na previsão inscrita na primeira parte do dispositivo legal referido, mas no que se contém em sua parte final. Com efeito, por princípio, os atos praticados pelos relativamente incapazes, sem assistência, são anuláveis. Essa é a regra (CC, art. 171, inciso I). Excepcionalmente, porém, a lei autoriza a que o menor

---

(16) RODRIGUES, Silvio. *Dos vícios do consentimento*. 3. ed. atual. São Paulo: Saraiva, 1989. p. 189.
(17) MELLO, Marcos Bernardes de. *Teoria do fato jurídico:* plano da validade. 4. ed. rev. São Paulo: Saraiva, 2000. p. 113.

firme recibo pelo pagamento de salários, prescindindo da intervenção do responsável legal[18]. E tal ressalva justifica-se pelo fato de o pagamento dos salários ser consequência natural da execução do contrato. Havendo, porém, ruptura do pacto laboral, volta a prevalecer a regra geral, exigindo-se a assistência para que o menor, relativamente incapaz, dê quitação das verbas rescisórias.

Em nada socorre os que sustentam tese contrária o argumento de que, quando o contrato é firmado por menor relativamente incapaz, produz todos os seus efeitos, ainda que o obreiro não estivesse assistido por ocasião do ajuste. Ninguém haveria de negar, por exemplo, que o contrato firmado por menor de 16 anos, sem participação de seu representante legal, é absolutamente nulo (CLT, art. 403; CC, art. 166, I). Todavia, se houve trabalho, ao obreiro deve ser assegurada uma reparação equivalente ao labor prestado, uma vez que este é irrestituível *in natura*. Assim, os efeitos do labor prestado, no caso, não dependem da validade, ou não, do contrato, mas decorrem da necessidade de se evitar o enriquecimento sem causa do beneficiário da prestação (CC, art. 182). A indenização devida, portanto, não se assenta no contrato, mas tem por fundamento a norma que veda o enriquecimento sem causa. Por outro lado, para o trabalhador, a denúncia do pacto laboral representa sempre um ato de renúncia, uma vez que abre mão de uma fonte de renda, ao inverso do que ocorre quando aceita uma proposta de emprego, em que se descortina uma oportunidade de melhorar sua situação pessoal e patrimonial.

A justificativa para a exigência de participação da despedida ao responsável legal do menor ou para a necessidade de sua assistência no ato de demissão não pode ser aferida a partir de uma exceção (CLT, art. 439, primeira parte), devendo assentar-se na regra geral, da qual se extrai que a validade da manifestação de vontade do relativamente incapaz depende daquele requisito. De qualquer modo, se houve acerto rescisório e o menor estava assistido nesse ato, não se opondo ao recebimento das verbas rescisórias ofertadas, presume-se que o responsável legal confirmou o ato de demissão. No que tange à dispensa imotivada que não foi comunicada também ao responsável legal, só por isso não será anulável, sendo privado de eficácia apenas o aviso prévio concedido exclusivamente ao relativamente incapaz.

Convém ter sempre presente que a incapacidade não constitui um castigo à pessoa a quem é imposta, senão uma forma de defesa. Conforme destaca *Messineo*, a incapacidade visa a proteger o incapaz contra si mesmo (impedindo-o que prejudique os próprios interesses) e ao mesmo tempo contra a possibilidade de terceiros se aproveitarem de sua situação para causar-lhe prejuízos[19]. Diante disso, a atuação do responsável legal, tomando conta dos interesses do incapaz, deve ser considerada uma necessidade de ordem pública.

Se o ato só poderia ser praticado pelo representante, o que foi exercido pelo absolutamente incapaz não tem valor algum. Todavia, se era exigido apenas o assentimento do responsável

---

(18) Apesar disso, seria exagero entender que o empregado não pudesse dar quitação de outras prestações recebidas ao longo do contrato de trabalho, como o vale-transporte ou o vale-refeição, por exemplo. Conforme ressalta Mauricio Godinho Delgado, "sendo o salário a mais importante verba paga ao trabalhador em virtude do contrato, a autorização para seu recebimento logicamente estende-se a outras parcelas menos essenciais pagas ao longo da prestação de serviços" (DELGADO, Mauricio Godinho. *Curso de direito do trabalho*. São Paulo: LTr, 2002. p. 487).
(19) MESSINEO, Francesco. *Op. cit.*, p. 117.

legal, este poderá concedê-lo mesmo após a prática do ato pelo relativamente incapaz. O assentimento sana o vício ainda que manifestado apenas ao relativamente incapaz (assentimento interno) ou só ao outro figurante (assentimento externo)[20].

Não havendo prova do assentimento, a outra parte do negócio jurídico ou terceiro interessado no ato podem "pedir a notificação de quem deveria ter assistido ao relativamente incapaz para que, dentro de prazo fixado pelo juiz, resolva assentir (posteriormente), ou não, ou declarar se já havia assentido (interiormente; ou exteriormente, ignorando o notificante). No Direito brasileiro, tal notificação poderá ser com a cominação de se ter por assentimento o silêncio do notificado"[21].

A superveniência da capacidade não tem o poder de convalidar o que era nulo, ainda que as partes o queiram[22]. Como ressalta *Pontes de Miranda*, "a insanabilidade voluntária do nulo é um dos axiomas da teoria das nulidades"[23]. Todavia, prosseguindo a prestação laboral nas mesmas condições, tem-se a formação válida de contrato tácito, a partir do momento em que desapareceu a deficiência subjetiva. Em relação ao passado, no entanto, a invalidade persiste, apesar de o trabalhador incapaz não sofrer prejuízo algum, uma vez que a incapacidade é uma forma de proteção, e não de castigo. Conforme ressalta *Délio Maranhão*, "a incapacidade para o trabalho é, sempre, *de proteção*, porque, se o trabalho foi prestado, não há falar, evidentemente, em incapacidade natural... E nem nos deixemos impressionar com a nulidade absoluta, que, no caso do contrato de trabalho, é realmente e apenas, para repetir *de Page, teórica*"[24]. Por outro lado, nos casos de incapacidade relativa, a invalidação do ato depende de provocação do interessado, o que deve ser feito até quatro anos a contar da data em que o obreiro atingiu a maioridade (CC, art. 178, III). A omissão do interessado, no caso, impedirá o reconhecimento do vício, acarretando a consolidação do ato como válido.

Se ao tempo da celebração do negócio o agente detinha plena capacidade, o fato de vir a perdê-la posteriormente não elide a validade dos negócios até então realizados. Todavia, dada a particularidade do contrato de trabalho, por ser de trato sucessivo, os atos jurídicos posteriores serão afetados, ainda que sejam praticados no âmbito de um contrato que, originariamente, não padecia de vício algum. A invalidade não atingirá, porém, o cumprimento das obrigações contratuais assumidas anteriormente, por ser o adimplemento daquelas simples ato-fato jurídico. Assim, enquanto continuar executando o contrato, o obreiro terá garantidos todos os direitos dele decorrentes[25]. A invalidade decorrente da incapacidade superveniente, portanto, só incidirá sobre os negócios jurídicos praticados a partir de então, e não sobre os atos de execução de contrato já existente.

---

(20) MIRANDA, Francisco Cavalcanti Pontes de. *Tratado de direito privado*, t. 4. Rio de Janeiro: Borsoi, 1954. p. 262.
(21) *Ibidem*, p. 262-3.
(22) Perante o Código do Trabalho português, no entanto, se, durante a execução do contrato, desaparecer a causa da invalidade, o pacto laboral é considerado válido desde o seu início, exceto quando seu objeto ou fim forem contrários à lei, à ordem pública ou aos bons costumes, hipóteses em que a convalidação só produz efeitos a partir da cessação da causa invalidante (art. 118).
(23) MIRANDA, F. C. Pontes de. *Op. cit.*, p. 103.
(24) MARANHÃO, Délio; CARVALHO, Luiz Inácio Barbosa. *Direito do trabalho*. 17. ed. rev. e atual. Rio de Janeiro: Editora da Fundação Getúlio Vargas, 1993. p. 58.
(25) Sendo a incapacidade transitória, opera-se a suspensão do contrato de trabalho.

Conforme o disposto no art. 7º da LICC (Decreto-lei n. 4.657/42), as regras acerca da capacidade são as vigentes no país em que for domiciliada a pessoa. Por outro lado, o art. 101 do Código de Direito Internacional dos Estados da América (Código Bustamante), estabelece que "as regras aplicáveis à emancipação e à maioridade são as estabelecidas pela legislação pessoal do interessado". Por sua vez, o art. 176 do mesmo Código consigna que "dependem da lei pessoal de cada contratante as regras que determinam a capacidade ou a incapacidade para prestar consentimento". Todavia, o art. 7º do referido Código estabelece que "cada Estado contratante aplicará como leis pessoais as do domicílio, as da nacionalidade ou as que tenha adotado ou adote no futuro a sua legislação interna". E a legislação pátria, conforme mencionado acima, definiu que as regras acerca da capacidade são determinadas pela lei em que for domiciliada a pessoa (LICC, art. 7º). Destarte, entre nós, a lei pessoal, em matéria de capacidade civil, é a lei do domicílio.

2.1.1. Menoridade

A menoridade é a causa primeira e mais genérica de incapacidade, justamente porque falta ao menor o discernimento necessário para a prática dos atos jurídicos[26]. Diante disso, e para sua proteção, nega a lei eficácia jurídica às declarações de vontade do menor.

A incapacidade decorrente da falta de desenvolvimento físico e mental experimentou diferentes critérios de fixação ao longo dos tempos. Conforme observou *Franzen de Lima*, por influência do Direito Romano e do Direito Canônico, nosso Direito pré-codificado tomava como base a puberdade e, assim, a incapacidade da mulher ia até os doze anos e a do homem até os catorze. Essa a razão da distinção entre os menores *púberes* e *impúberes*, sendo os primeiros absolutamente incapazes e os últimos apenas relativamente. Desde o Código Civil de 1916, no entanto, a aptidão genésica foi substituída pelo critério do desenvolvimento da inteligência e incremento das energias individuais que tornam o indivíduo apto para dirigir a própria vida[27].

Todavia, o momento exato a partir do qual a pessoa adquire a maturidade suficiente para, por si mesma, tomar conta de seus negócios varia de um indivíduo para outro, e a sociedade não poderia conviver com tamanha insegurança, sem contar que tal solução acabaria gerando uma discriminação natural contra os mais jovens, pela incerteza decorrente de sua condição, em relação aos atos jurídicos que praticassem. Assim, a fim de conferir maior confiabilidade ao comércio jurídico, não se investiga, caso a caso, o instante a partir do qual cada indivíduo adquire efetivamente a aptidão para tomar conta de seus negócios, adotando-se, ao contrário, regras uniformes acerca da questão. Considerando, porém, que a realidade de cada país não é a mesma, havendo diferenças, inclusive, de uma região para outra, adota o legislador uma média, segundo o critério da probabilidade[28].

---

(26) "O melhor critério para se aferir o grau de capacidade é o do discernimento. Antes de ter o amadurecimento das faculdades de inteligência, não poderá a pessoa ajuizar bem de seus interesses. Desse modo, os atos dos absolutamente incapazes são nulos de pleno direito e os dos relativamente incapazes, anuláveis" (PORTUGAL, Altino. Capacidade de menores. In: *Enciclopédia Saraiva do Direito, v. 13*. São Paulo: Saraiva, 1977. p. 45).
(27) LIMA, João Franzen de. *Op. cit.*, p. 157.
(28) NADER, Paulo. *Curso de direito civil:* parte geral. Rio de Janeiro: Forense, 2003. p. 192.

Os parâmetros previstos em lei, portanto, não são arbitrários, mas como atesta *Zeno Veloso*, levam em conta os costumes, o desenvolvimento social, as condições do meio, o acesso à educação de cada povo[29]. Destarte, foi a partir da observação da realidade nacional e do estágio atual de evolução de nossa sociedade que o legislador arbitrou os limites de idade a partir dos quais se presume que a pessoa já esteja apta para gerir os próprios negócios.

Pela legislação pátria, até os dezesseis anos de idade o indivíduo é considerado absolutamente incapaz para a prática de atos jurídicos, e, a partir dos 18 anos, plenamente capaz, reconhecendo-se, no intervalo entre tais idades, uma capacidade relativa. Assim, até os 16 anos de idade, quem realiza os atos em nome do menor é seu representante legal; a partir de então, o menor já participa dos atos da vida civil, mas necessita, ainda, da assistência do responsável legal. Aos 18 anos, reconhece a lei que o indivíduo alcançou amadurecimento psicológico suficiente para dirigir a própria vida, não mais dependendo da intervenção de outrem para realizar os atos jurídicos de seu interesse.

Da mesma forma que ocorre nos demais atos da vida civil, adquire-se capacidade plena para o exercício dos atos na esfera trabalhista aos 18 anos de idade[30]. Todavia, a partir dos 16 anos, a pessoa já pode vincular-se por um contrato de trabalho, desde que assistida por seu responsável legal. Antes disso, por expressa previsão constitucional, o menor só pode firmar contrato de aprendizagem, a partir dos 14 anos de idade. Obviamente que, para celebrar tal contrato, necessita de assistência de seu responsável legal.

Conforme ressalta *Guillermo Cabanellas*, o Direito do Trabalho aceita a realidade de que o trabalhador não conta senão com sua força de trabalho para garantir a própria sobrevivência, razão pela qual ele não pode esperar a maioridade civil para ingressar no mercado de trabalho. Assim, a lei autoriza a prestação laboral por todos aqueles que tenham desenvolvido as potencialidades físicas e mentais para tanto. Da mesma forma que as regras acerca da capacidade para o casamento se baseiam na aptidão para procriar, sem ter em conta o completo discernimento exigido para os demais atos jurídicos, nas relações laborais o que prevalece é a aptidão para o trabalho, ainda que, pelas regras do Direito comum, persista a incapacidade jurídica[31]. Por outro lado, de nada adiantaria a plena capacidade civil se o trabalhador não dispusesse de aptidão física ou intelectual para a prestação do trabalho a que se obrigou.

Todavia, levando em conta a evolução política, econômica, cultural e tecnológica das sociedades modernas, o Direito vigente aproximou consideravelmente tais critérios: por um lado, o legislador aumentou a idade mínima exigida para o ingresso no mercado de trabalho; por outro, reduziu a idade para aquisição da plena capacidade civil. Com efeito, tanto a CLT (arts. 402/403) quanto a Constituição Federal de 1988 (art. 7º, XXXIII),

---

(29) VELOSO, Zeno. *Op. cit.*, p. 43. Acrescenta o mesmo autor que "os jovens de países tropicais têm um desenvolvimento mais rápido e precoce do que os de países de clima muito frio, por exemplo" (*Idem*).
(30) E é de todo conveniente que o tratamento dado à questão da capacidade, nas diversas esferas do Direito, seja uniformizado, uma vez que "a adoção de critérios diversos para a aferição do grau de discernimento da pessoa natural só poderá acarretar consequências que a lógica jurídica não explica" (PORTUGAL, Altino. *Op. cit.*, p. 46).
(31) CABANELLAS, Guillermo. *Tratado de derecho laboral*, t. 2, v. 1, 3. ed. Buenos Aires: Editorial Claridad, 1988. p. 123.

originariamente, estabeleciam a idade mínima para o trabalho em catorze anos, sendo que, a partir dos doze, o menor já poderia laborar na condição de aprendiz. Tais limites foram elevados para 14 e 16 anos, respectivamente, pela Emenda Constitucional n. 20/98. Quanto à menoridade civil, que se estendia até aos 21 anos (CC-1916, art. 9º), passou a cessar aos 18 anos (CC-2002, art. 5º). Tais mudanças são fruto de novas concepções acerca da liberdade individual e da dignidade da pessoa humana, não mais admitindo a sociedade atual que, a pretexto de oferecer ao menor um meio de prover a sua subsistência, seja ele privado do direito de desfrutar cada fase de sua vida e de se preparar para melhor enfrentar as exigências do futuro, seja no aspecto pessoal, familiar, profissional ou social.

Embora, nos termos da lei civil, o menor de 16 anos seja absolutamente incapaz (CC, art. 3º), não se poderia prescindir de sua declaração de vontade para vincular-se em contrato de trabalho, por importar este, para o trabalhador, obrigação de fazer personalíssima. Assim, ainda que não tenha completado 16 anos, o menor terá que manifestar pessoalmente sua vontade, não podendo ser simplesmente representado na conclusão do contrato de trabalho, que, no caso, só poderá ser de aprendizagem. Se tiver menos de 14 anos, no entanto, não poderá firmar contrato de trabalho algum, nem mesmo na condição de aprendiz, ainda que assistido pelo responsável legal, por haver vedação constitucional para tanto (CF, art. 7º, XXXIII). Com relação aos atos que não decorram da obrigação de prestar trabalho, porém, o menor de 16 anos pode ser substituído pelo seu representante legal.

Segundo *Guillermo Cabanellas*, no entanto, não há razão para exigir o consentimento do menor quando se trata de contrato de aprendizagem, uma vez que este visa precipuamente a proporcionar ao menor a aquisição de conhecimentos para o exercício de um ofício ou profissão[32]. Não vemos, contudo, como possa ser executado tal contrato se não houver, ao menos, a adesão tácita do trabalhador-aprendiz. De qualquer modo, basta que o menor dê cumprimento ao contrato de aprendizagem, mesmo que não tenha participado de sua celebração, para que se manifeste seu consentimento, mesmo que não tenha assinado o instrumento negocial.

Em qualquer caso, mesmo que preteridos os requisitos legais exigidos para a celebração dos contratos laborais envolvendo menores, se houve trabalho, devem ser reconhecidos ao obreiro todos os direitos decorrentes. Afinal, as regras que restringem sua capacidade foram instituídas para tutelar os menores, e não poderiam ser interpretadas contrariamente a seus fins. Ademais, em caso de incapacidade relativa, somente o menor poderá invocar o vício contratual, porque foi em benefício dele que o Direito criou esse recurso tutelar[33]. No caso, o valor predominante é o interesse do trabalhador, sendo a ordem pública tutelada apenas de forma mediata. Ademais, não seria possível restituir ao obreiro a força de trabalho despendida em favor do empregador. Assim, não se configurando a hipótese do art. 883 do Código Civil, faz jus o menor à reparação pelo labor prestado, uma vez que impossível sua devolução *in natura*.

---

(32) Ibidem, p. 128.
(33) BEVILAQUA, Clovis. *Código Civil dos Estados Unidos do Brasil comentado*, v. 1, 7. ed. Rio de Janeiro: Livraria Francisco Alves, 1944. p. 446.

Conforme resumiu *Tostes Malta*, no Direito trabalhista os atos realizados pelas pessoas relativamente incapazes também são apenas anuláveis, sendo nulos apenas os praticados por indivíduos absolutamente incapazes. Todavia, ressalva, o trabalho em si é independente da capacidade jurídica de quem o presta, razão pela qual o menor faz jus aos direitos decorrentes do labor prestado[34]. E o mesmo também vale para os casos em que o trabalho do menor depende de autorização judicial, uma vez que, tendo havido prestação laboral, a restrição à capacidade do menor não poderia ser interpretada contra ele. Afinal, consoante leciona *Caio Mário*, "a lei não institui o regime das incapacidades com o propósito de prejudicar aquelas pessoas que delas padecem, mas, ao revés, com o intuito de lhes oferecer proteção, atendendo a que uma falta de discernimento, de que sejam pacientes, aconselha tratamento especial, por cujo intermédio o ordenamento jurídico procura restabelecer um equilíbrio psíquico, rompido em consequência das condições peculiares dos mentalmente deficitários"[35]. Assim, tendo havido trabalho, fará jus o menor a todos os direitos decorrentes do labor prestado, inclusive para fins previdenciários:

> PREVIDENCIÁRIO. APOSENTADORIA POR TEMPO DE SERVIÇO. CONTRATO DE TRABALHO NULO. CÔMPUTO. POSSIBILIDADE. 1 – Mantém-se a sentença que condena a Autarquia Previdenciária a computar tempo de serviço exercido pelo segurado quando ainda menor de idade. 2 – O contrato de trabalho onde figure menor, embora contenha nulidade, produz o efeito de contagem do período efetivamente trabalhado, para fins previdenciários. 3 – Comprovado o exercício de atividade empregatícia por menor de quatorze anos, impõe-se seu cômputo para fins previdenciários, porque a limitação constitucional de trabalho do menor, por se tratar de norma protecionista, não pode prejudicar seu destinatário (TRF 4ª Região, AC 9604143220, Ac. 6ª T., 25.11.97, Rel. Juiz Nylson Paim de Abreu. DJU 17.12.97, p. 110918).

Isso, entretanto, não significa que o início da execução do contrato sane todos os vícios relativos à capacidade do trabalhador. Embora destinatário da norma protetiva, o fato de já estar em curso o contrato não lhe garante o direito de mantê-lo, mas apenas de obter a contraprestação referente ao trabalho já desenvolvido. Assim, ainda que a nulidade não prejudique os direitos do obreiro, isso não significa que, pelo só fato de ter firmado o contrato, o menor adquira o direito de lhe dar prosseguimento. Contudo, embora o contrato tenha sido firmado durante o período da menoridade, adquirindo, posteriormente, o trabalhador capacidade laboral plena, o vício inicial resta sanado, pelo trato sucessivo que marca a relação de emprego, já não havendo razão para pretender rescindir o contrato, por não mais haver óbice algum à sua manutenção.

Mais do que isso, basta que o obreiro contratado anteriormente complete 16 anos de idade no curso da relação laboral, sem que tenha havido oposição dos responsáveis legais até então, para tornar injustificada a invocação da nulidade para pôr termo à prestação laboral. Poderá haver, é verdade, outros motivos para rescindir o contrato; por exemplo, o fato de o labor ser proibido a menores de 18 anos ou ser prejudicial à formação do trabalhador, mas aí já não será o vício de origem que irá determinar o

---

(34) MALTA, Christovão P. Tostes. *Comentários à CLT.* 6. ed. São Paulo: LTr, 1993. p. 37.
(35) PEREIRA, Caio Mário da Silva. *Instituições de direito civil*, v. 1, 13. ed. Rio de Janeiro: Forense, 1992. p. 180.

afastamento do menor do trabalho, mas as circunstâncias presentes, que não recomendam o prosseguimento da relação laboral. Aliás, o só fato de o trabalhador, com mais de 16 e menos de 18 anos, ter firmado contrato sem assistência dos pais ou responsáveis, desde que não vedadas para sua idade as funções em que se ativa, não justifica a anulação do pacto. Para *Délio Maranhão*, se o labor é permitido por lei, não se haverá de exigir nem ao menos autorização dos pais ou responsáveis para que o menor (a partir dos 16 anos) possa trabalhar, o que implica, naturalmente, a desnecessidade de assistência, pois se fosse exigida esta, a autorização estaria implícita[36]. De qualquer modo, se o empregador não pode se eximir do cumprimento da lei e das normas coletivas, nessa faixa de direitos pelo menos o empregado não pode ser lesado por ajuste em sentido diverso. Eventual aceitação de cláusulas abusivas ou desproporcionais, em razão da falta de assistência, pode ser objeto de questionamento específico, sem macular o contrato como um todo, em homenagem ao princípio da preservação da relação laboral, a despeito de nulidades parciais[37].

Sob outro aspecto, se a CLT não mais exige a autorização dos responsáveis legais para que o menor obtenha a CTPS, não se haveria de exigi-la na formação do contrato de trabalho. Afora isso, se o menor aceita uma proposta de emprego e passa a prestar os serviços a que se obrigou, não se poderia supor que seus responsáveis não tivessem conhecimento do fato. E se a ele não se opõem, há que se presumir seu consentimento. Segundo *Enneccerus*, se os meios para o cumprimento do contrato firmado pelo menor, sem assistência do representante legal, lhe tiverem sido proporcionados por este, para tal fim, tem-se a autorização tácita[38]. No mesmo sentido deve ser interpretada a conduta do responsável legal que permite ao menor que cumpra as obrigações assumidas no contrato de trabalho, não se podendo supor sua ignorância acerca de como o menor ocupa seu tempo, principalmente em se tratando de uma situação que envolve prestações sucessivas.

Diante disso, entende *Dallegrave Neto* não ser exigível a prova de que houve assistência dos responsáveis na conclusão do contrato, devendo ser ela presumida[39]. Na verdade, porém, a presunção não é de assistência, mas de autorização, tal como era prevista no art. 154, inciso I, do Código Civil revogado[40]. Nesse sentido é o ensinamento de *Cesarino Júnior* e *Marly Cardone*, ao mencionarem que, em relação aos menores relativamente incapazes, caso o pai não se tenha oposto no momento da celebração do contrato, tem-se a "presunção de autorização"[41]. No mesmo sentido dispunha o art. 446 da CLT, embora apenas em

---

(36) SÜSSEKIND, Arnaldo; MARANHÃO, Délio; VIANNA, Segadas. *Instituições de direito do trabalho*, v. 1, 14. ed. atual. São Paulo: LTr, 1994. p. 239.
(37) Pretender a nulidade do próprio contrato, no caso, "seria julgar *ultra finem* da norma lesada e, por isso, uma solução antijurídica do problema" (GOTTSCHALK, Egon Felix. *Norma pública e privada no direito do trabalho*. Ed. fac-sim. São Paulo: LTr, 1995. p. 204).
(38) ENNECCERUS, Ludwig; KIPP, Theodor; WOLFF, Martin. *Tratado de derecho civil*, t. 1, v. 2. Trad. B. P. González e J. Alguer. Buenos Aires: Bosch, 1948. p. 107.
(39) DALLEGRAVE NETO, José Affonso. *Contrato individual de trabalho*: uma visão estrutural. São Paulo: LTr, 1998. p. 106. Segundo o mesmo autor, o único ato em que a legislação exige a presença física do responsável legal é para dar quitação das verbas rescisórias junto ao sindicato ou ao estabelecimento da empresa (*Idem*).
(40) "Art. 154. As obrigações contraídas por menor entre 16 (dezesseis) e 21 (vinte e um) anos, são anuláveis (arts. 6º e 84), quando resultem de atos por eles praticados: I – sem autorização de seus legítimos representantes (art. 84)".
(41) CESARINO JÚNIOR, A. F.; CARDONE, Marly A. *Direito social*, v. 1, 2. ed. São Paulo: LTr, 1993. p. 155.

relação aos maiores de 18 anos e menores de 21 anos. Afinal, consoante a lição de *Carvalho Santos*, em relação aos menores relativamente incapazes, a autorização atende ao intuito da lei, sendo rigorismo exagerado exigir a presença física do responsável legal para a validade do ato[42]. Por outro lado, uma vez concedida a permissão para trabalhar, esta subsiste para futuros contratos que venham a ser celebrados pelo menor[43]. Embora o Código Civil atual não preveja o instituto da autorização do responsável legal em relação aos relativamente incapazes, a prática a admite, mesmo que tácita, sendo inúmeros os atos jurídicos realizados por incapazes — e em alguns casos mesmo por menores de 16 anos — sem que se questione sua validade.

Conquanto, pelas regras do Direito Civil, o menor de 16 anos seja absolutamente incapaz, admitindo a lei que, a partir dos 14 anos, firme contrato de trabalho (na condição de aprendiz), entende a doutrina que a ausência de intervenção do responsável legal, no caso, não implica nulidade do pacto laboral, mas apenas anulabilidade. Diante disso, só o trabalhador ou seu representante legal é que poderão invocar o vício contratual, "não podendo o empregador, responsável que foi pela omissão consistente em não ter obtido o assentimento do responsável legal, invocar essa irregularidade em seu proveito". Por outro lado, se o representante legal toma ciência do ajuste e silencia, "estará dando tacitamente sua aprovação, desse modo ficando sanada a relativa incapacidade do agente"[44].

Para certos contratos, no entanto, a lei exige o assentimento prévio e expresso do responsável legal do menor. É o caso, por exemplo, do pacto laboral do jogador de futebol (Lei n. 6.354, de 2.9.1976, art. 5º) e do peão de rodeios (Lei n. 10.220, de 11.4.2001, art. 4º). E a exigência de autorização expressa, em tais casos, induz à conclusão de que, nos demais casos, pode ela ser tácita. Embora as normas referidas exijam a intervenção do responsável legal até os 21 anos, como é evidente, a partir da vigência do atual Código Civil tal requisito só se estende até os 18 anos, uma vez que, atingida tal idade, o indivíduo adquire plena capacidade, desaparecendo, inclusive, a figura do responsável legal.

A rigor, a ausência do assentimento do representante legal não deveria acarretar a anulabilidade do ato, mas apenas a ineficácia do negócio. Assim, o único efeito da falta de autorização ou assistência seria a possibilidade de o responsável legal não permitir que o menor executasse o contrato. Perante o Código, no entanto, o ato tem desde já eficácia, embora possa, depois, ser anulado[45].

Em qualquer caso, ainda quando tenha havido autorização expressa ou assistência ao menor no ato de sua contratação, se o labor por ele exercido ou o ambiente de trabalho lhe acarretarem prejuízos físicos ou morais, pode o responsável legal promover a rescisão do contrato (CLT, art. 408). O mesmo vale quando o horário ou local de trabalho impedir a frequência à escola (CLT, art. 403)[46].

---

(42) SANTOS, J. M. de Carvalho. *Código Civil brasileiro interpretado*, v. 2, 10. ed. Rio de Janeiro: Freitas Bastos, 1977. p. 281.
(43) MAGANO, Octavio Bueno. *Manual de direito do trabalho*, v. 2, 2. ed. São Paulo, LTr, 1988. p. 151-2.
(44) MALTA, Christovão P. Tostes. *Op. cit.*, p. 37.
(45) CARVALHO, Francisco P. de Bulhões. *Incapacidade civil e restrições de direito*. Rio de Janeiro: Borsoi, 1957. p. 464.
(46) A hipótese, conforme ressalta Pontes de Miranda, não é de nulidade do contrato, até porque a causa do perigo pode ser posterior à sua formação: "a figura é de *denúncia cheia*" (MIRANDA, Francisco Cavalcanti Pontes de. *Tratado de direito privado*, t. 47, 3. ed. Rio de Janeiro: Borsoi, 1972. p. 438).

No exercício do poder familiar, podem os pais negar o consentimento a que o filho trabalhe, assim como podem revogar a autorização já concedida, a fim de que o menor tenha mais tempo para se dedicar à sua formação, por exemplo. Se a autorização for negada sem motivo plausível ou houver abuso (ex.: se não lhe propiciam os meios necessários à subsistência nem lhe permitem que trabalhe), poderá o menor invocar a proteção judicial. No caso, porém, como a matéria diz respeito aos limites do exercício do poder familiar, o juízo competente para dirimir o conflito não é o trabalhista.

Estando o menor autorizado a trabalhar, também o está para perceber os próprios salários e passar quitação deles ao empregador[47]. Em relação às verbas rescisórias, porém, a validade da quitação depende da assistência dos responsáveis legais (CLT, art. 439). O acerto rescisório pago ao menor não é nulo, uma vez que "o pagamento é ato-fato jurídico; não é negócio jurídico, nem, sequer, ato jurídico *stricto sensu*. Por isso mesmo não se exige a capacidade de quem recebe, nem a de quem paga"[48]. Todavia, se quem recebeu não tinha condições de dar quitação, esta não terá valor, e a eficácia do pagamento dependerá de prova de que o valor reverteu efetivamente em benefício do incapaz (CC, art. 310).

As regras de proteção que se baseiam exclusivamente na presunção de falta de conhecimento ou experiência do menor perdem sua razão de ser em relação ao emancipado. Assim, reconhecida a capacidade do trabalhador para a prática, por si, dos atos da vida civil em geral, deixa de haver fundamento jurídico, por exemplo, para a necessidade de assistência dos responsáveis legais na quitação das verbas rescisórias (CLT, art. 439), até porque, com a emancipação, desaparece a figura do responsável legal, uma vez que o emancipado passa a realizar, por si próprio, os atos da vida jurídica[49].

É preciso ressaltar, entretanto, que não é o só fato de o menor ingressar no mercado de trabalho, como empregado, que lhe confere a emancipação, exigindo esta, no caso, a concorrência dos seguintes requisitos: a) idade de 16 anos completos; b) relação de emprego; c) independência econômica. Assim, não basta que o menor arrume um emprego para que obtenha sua emancipação. Além da idade mínima, é preciso que o vínculo laboral lhe possibilite assumir o próprio sustento e que, de fato, o assuma. Diante disso, conforme ressaltaram *Gagliano* e *Pamplona Filho*, embora não impossível, é remota a probabilidade de o menor conquistar sua emancipação sob tal fundamento[50].

Com efeito, conquanto esteja empregado e haja completado a idade mínima, se o menor continua a depender dos pais para manter-se, não terá reunido as condições legais que lhe permitiriam obter a emancipação na forma do art. 5º, parágrafo único, V, do

---

(47) Se a lei diz que "é lícito ao menor firmar recibo pelo pagamento dos salários" (CLT, art. 439), não nos parece válida disposição contratual em sentido diverso, prevendo, por exemplo, que os salários do menor só sejam pagos diretamente a seus pais ou tutores.

(48) MIRANDA, F. C. Pontes de. *Tratado...* t. 4, cit., p. 114. A respeito prevê o Código Civil italiano que o devedor não pode invocar sua incapacidade para postular a restituição do que foi pago (art. 1.191). E a mesma solução há de ser adotada entre nós, exceto em se tratando de pagamento que importe transmissão de propriedade, hipótese em que a lei exige capacidade para alienar (CC, art. 307). Em relação à quitação, no entanto, seja qual for o objeto do pagamento, só será válida se proveniente de pessoa juridicamente capaz para a prática de tal ato.

(49) Permanece, porém, o requisito da assistência sindical, em relação ao trabalhador com mais de um ano de serviço, o que vale para qualquer trabalhador, ainda que maior de 18 anos (CLT, art. 477, § 1º).

(50) GAGLIANO, Pablo Stolze; PAMPLONA FILHO, Rodolfo. *Novo curso de direito civil:* parte geral. 4. ed. rev. atual. e ampl. São Paulo: Saraiva, 2003. p. 116.

Código Civil. E deve-se presumir a dependência quando o menor trabalhador ainda reside na casa de seus pais. Aliás, conforme demonstra *Bulhões Carvalho*, amparado nas lições de *Lafayette*, ter economia própria é "viver sobre si" ou, ainda, "ter casa e governo separado dos pais"[51]. Esse é também o sentido etimológico da palavra economia (do grego: *oiko* + *nomia* = administração de uma casa). Ter economia própria, portanto, é gerir a própria casa, vale dizer, não basta apenas ter dinheiro suficiente para manter-se, mas é preciso, também, estar em condições de administrar seu patrimônio e, de fato, assumir tal gerenciamento. Destarte, somente em relação ao menor empregado que saiu de casa, estabelecendo-se com real economia própria, é que se pode reconhecer, sem exigência de outra prova, a emancipação na modalidade sob comento. Se o menor empregado, embora com mais de 16 anos e residindo fora da casa dos pais, for mantido, ainda que parcialmente, por seus genitores ou por terceiro, não terá adquirido sua emancipação com fundamento no art. 5º, parágrafo único, inciso V, do Código Civil. Indispensável, no caso, que o menor empregado tenha efetivo governo próprio e disponha de recursos para prover o seu sustento, sem dependência de terceiros. Caso os pais pretendam que o filho continue residindo com eles, embora julguem que já está em condições de dirigir seus negócios por si mesmo, podem eles emancipá-lo na forma do inciso I do mesmo dispositivo acima referido[52].

Destarte, para que o menor adquira a capacidade civil via emancipação, não basta que atinja a idade de 16 anos e tenha uma renda proveniente de seu trabalho. A interpretação que se contenta com tais requisitos não merece ser acolhida, uma vez que o legislador também estabeleceu que estão excluídos do usufruto e da administração dos pais os valores auferidos pelo filho maior de 16 (dezesseis) anos no exercício de atividade profissional e os bens com tais recursos adquiridos (CC, art. 1.693, II). Assim, a interpretação sistemática do Código Civil torna infundada a tese de que a mera existência de uma relação de emprego seja suficiente para emancipar o menor a partir dos 16 anos de idade. Fosse assim, não faria sentido a exclusão do usufruto e administração paterna os rendimentos do trabalho do menor, pois seria uma consequência natural da emancipação.

Por outro lado, não pode ser aceito, como critério para definição de "estabelecimento com economia própria", o simples recebimento de salário-mínimo mensal, uma vez que isso acabaria tornando praticamente inútil o requisito da economia própria, pois nenhum empregado, a não ser que trabalhe em regime de tempo parcial (CLT, art. 58-A, § 1º), pode receber salário inferior ao mínimo legal[53]. Conquanto, em tese, o salário-mínimo devesse ser suficiente para manter o trabalhador e sua família (CF, art. 7º, IV), o Código Civil não se contenta com a simples possibilidade teórica, exigindo que o menor realmente se estabeleça de forma independente. Afinal, o estabelecimento do menor, com economia própria, representa uma verdadeira renúncia ao poder familiar. Assim, não basta que o

---

(51) CARVALHO, Francisco P. de Bulhões. *Op. cit.*, p. 982-3. Assim também previa a Consolidação das Leis Civis, elaborada por Teixeira de Freitas: *"Art. 202. Acaba o pátrio poder: (...) § 4º – Quando o filho não está na companhia do pai e estabelece separada economia".*

(52) "Art. 5º (...). Parágrafo único. Cessará, para os menores, a incapacidade: I – pela concessão dos pais, ou de um deles na falta do outro, mediante instrumento público, independentemente de homologação judicial, ou por sentença do juiz, ouvido o tutor, se o menor tiver 16 (dezesseis) anos completos".

(53) Se a própria lei estabeleceu um conceito em aberto, a ser apurável caso a caso, não há razão para que o intérprete pretenda simplificar sua aplicação mediante a adoção de critérios objetivos, determinados *a priori*, independentemente da situação concreta.

menor tenha um emprego ou patrimônio que lhe permita manter-se, mas é necessário que, *efetivamente*, dê mostras de que pretende tomar conta de sua vida, por si próprio, independentemente da interferência dos pais ou responsáveis. Em qualquer caso, uma vez obtida a emancipação será sempre definitiva, não podendo ser revertida, mesmo que desapareçam as condições que a determinaram[54].

Convém lembrar, ainda, a regra segundo a qual *malitia supplet aetatem*, consagrada pelo art. 180 do Código Civil. Assim, se o menor relativamente incapaz oculta dolosamente a sua idade, fazendo-se passar por maior, não poderá invocar a menoridade para obter os favores legais. É preciso, entretanto, que a malícia do menor tenha induzido o outro contratante em erro, pois, do contrário, este é que não fará jus à proteção do ordenamento jurídico. A previsão do art. 180 visa a resguardar apenas o contratante de boa-fé, que foi enganado pelo menor. Não sendo esse o caso, devem prevalecer as regras de proteção ao incapaz.

No contrato de trabalho, como constitui obrigação legal do empregador anotar a CTPS do empregado, em princípio, não poderá aquele invocar a malícia deste no que respeita à idade, pois basta que exija a apresentação do documento para confirmar a idade do trabalhador. Conforme ressalta *Fabrício Matiello*, "entre os deveres de todo indivíduo que participa de algum negócio jurídico, está o de verificar o preenchimento dos pressupostos de capacidade da parte adversa, especialmente no que pertine à idade, fator fundamental para a perfeição da celebração. Deixando de inquirir o outro celebrante acerca da idade, ou de buscar meios de esclarecer esse aspecto, estará o agente cometendo inescusável negligência, com o que ficará mantida a possibilidade de invocação, pelo menor, da incapacidade relativa como causa bastante para a anulação do dever jurídico irregularmente assumido"[55].

Destarte, se exigir a CTPS para anotação, dificilmente o empregador será enganado quanto à idade do trabalhador. Todavia, não se pode desconsiderar a hipótese de ter havido falsificação da CTPS e demais documentos para aparentar maioridade. Sendo este o caso, não poderá o menor invocar a invalidade do contrato, em razão da idade (CC, art. 180), ainda que o trabalho que se comprometeu a prestar seja daqueles proibidos para menores de 18 anos. Todavia, como não poderá dar execução ao contrato, deverá indenizar o empregador pelos prejuízos que lhe causar[56]. O simples desfazimento do vínculo, porém, não gera obrigação de indenizar, uma vez que, mesmo que o contrato fosse válido, o empregado poderia denunciá-lo a qualquer tempo, a não ser que se tratasse de pacto a termo, hipótese em que a indenização é tarifada (CLT, art. 480, § 1º). Em se tratando de contrato por prazo indeterminado, como regra, a única reparação que o empregador pode exigir em razão da demissão do trabalhador é a indenização do aviso prévio, caso não tenha sido cumprido pelo obreiro.

Entretanto, se houve manobra fraudulenta para encobrir a idade, o empregador poderá promover a rescisão do contrato por justa causa, em razão da quebra da confiança

---

(54) COELHO, Fábio Ulhoa. *Op. cit.*, p. 168.
(55) MATIELLO, Fabrício Zamprogna. *Defeitos do negócio jurídico*. São Paulo: LTr, 2005. p. 44-5.
(56) Embora o menor seja incapaz para vincular-se contratualmente, responde civilmente pelas consequências de sua conduta delituosa (CC, art. 928).

resultante da conduta desleal do empregado. Nem por isso, o trabalhador deixará de ter direito à reparação pelo trabalho prestado, em face da impossibilidade de sua restituição (CC, art. 182). Todavia, por ser o culpado pelo rompimento contratual, receberá as verbas rescisórias consoante tal modalidade de término do vínculo.

Em relação à capacidade do empregador, aplicam-se integralmente as regras do Direito Civil, ou seja, em se tratando de pessoa física, adquire plena capacidade aos 18 anos, tendo capacidade relativa a partir dos 16 anos. Por outro lado, também se aplicam a ele as demais regras relativas à incapacidade, dispostas nos arts. 2º e 3º do Código Civil, e à emancipação dos menores, convindo ressaltar que o estabelecimento civil ou comercial com economia própria também é causa emancipatória (CC, art. 5º, parágrafo único, V).

Caso o empregador seja pessoa jurídica, a capacidade há de ser observada em relação aos que a representam. Além disso, nesse caso, há de se verificar se a pessoa que pratica o ato tem legitimidade para agir em nome do empregador, questão que será abordada mais adiante.

2.1.2. Insanidade mental ou impossibilidade de expressão da vontade

As simples enfermidades físicas, por mais graves que sejam, como regra, não têm influência alguma sobre a capacidade jurídica. Somente quando afetam a capacidade de compreensão ou de manifestação da vontade é que são reconhecidas como circunstâncias incapacitantes. Assim, a suspensão contratual em razão de doença ou acidente do trabalhador não implica, automaticamente, que este perca sua capacidade jurídica, ainda que não possa se levantar do leito em que se encontra[57]. Evidentemente que, se a doença ou acidente levar o trabalhador ao estado de coma, por exemplo, enquanto não recuperar a consciência não terá condições de exprimir sua vontade, devendo, pois, ser considerado absolutamente incapaz no período em questão (CC, art. 3º, III).

Nos termos do art. 3º do Código Civil, são considerados absolutamente incapazes os indivíduos que não tiverem o necessário discernimento para a prática dos atos da vida civil, por enfermidade ou deficiência mental, e aqueles que, mesmo por causa transitória, não puderem exprimir sua vontade. Assim, quando alguém que se enquadra nas hipóteses acima praticar negócios jurídicos, o ato será nulo, sendo irrelevante se a anomalia é congênita ou adquirida após o nascimento.

A prestação laboral por pessoa portadora de deficiência mental, em regra, põe em dúvida a própria formação do vínculo empregatício, especialmente quando a relação de trabalho se estabelece entre familiares ou pessoas próximas, sem caráter de obrigatoriedade. Em tais casos, normalmente, o trabalho não tem em vista uma contraprestação, ainda

---

(57) Em situação semelhante está o presidiário, e nem por isso perde sua capacidade civil (CP, art. 39), embora seu trabalho seja excluído da proteção trabalhista (Lei n. 7.210/84, art. 28, § 2º). É possível que o condenado sofra uma interdição temporária do exercício de alguns direitos (CP, art. 47). Contudo, tal efeito não será consequência da perda da liberdade, mas da natureza do crime praticado, sendo tal punição autônoma e substitutiva da pena privativa da liberdade, nos casos previstos em lei (CP, art. 44).

que seja oferecido ao incapaz algum valor monetário a título de incentivo, tendo os serviços prestados em tais circunstâncias, no geral, a natureza de simples colaboração com os que lhe ministram os meios de subsistência. Reconhecida, porém, a presença fática dos elementos caracterizadores da relação de emprego, não se poderia negar ao obreiro a tutela trabalhista. A previsão de nulidade, no caso, visa a proteger o incapaz e não a favorecer os que dele se aproveitam[58]. Assim, somente se anulam os atos que contrariam os seus interesses.

Eventual inexistência de interdição repercute apenas na prova da incapacidade, não se constituindo em óbice ao seu reconhecimento incidental, desde que demonstrada pelo interessado. Conforme sentencia *Humberto Theodoro Júnior*, amparado em lição de *Pontes de Miranda*, "não é a interdição que retira da pessoa o discernimento, nem é ela, portanto, que o faz incapaz. A interdição declara o que já existe, ou seja, o *déficit* mental da pessoa"[59]. Aliás, conforme esclarece *Barbosa Moreira*, o fim específico da sentença de interdição não constitui a declaração do estado de incapacidade, mas a sujeição do alienado ao regime jurídico da curatela. Em suma, a incapacidade não é o objeto do pronunciamento judicial que decreta a interdição, mas apenas o seu fundamento[60].

Como consequência, a única diferença entre os indivíduos privados de discernimento que foram interditados e os que não o foram diz respeito à prova daquele estado[61]. No primeiro caso, a prova da incapacidade é a própria interdição, enquanto a sua falta faz presumir a capacidade, carecendo de prova em contrário, para que se possam invalidar, por tal fundamento, os negócios jurídicos realizados por aquelas pessoas[62]. Como princípio, porém, a capacidade deve ser presumida, uma vez que constitui a regra, sendo, nas palavras de *Teixeira de Freitas*, a manifestação do poder de ação implícito no conceito de personalidade[63]. Ademais, a incapacidade jurídica não significa necessariamente impossibilidade prática de prestação laboral nos moldes trabalhistas.

De qualquer modo, conforme entendimento firme na jurisprudência, calcada na mais erudita doutrina, os atos anteriores à interdição só poderão ser anulados quando a incapacidade for notória por ocasião de sua prática. Fora disso, deve preponderar a boa-fé da outra parte, mesmo porque, na maioria dos casos, é muito difícil provar com segurança

---

(58) Conforme acentua António Cordeiro, "as clássicas incapacidades civis não foram pensadas para o Direito do Trabalho, mas, antes, para acautelar os bens dos atingidos — quando eles existam" (CORDEIRO, António Menezes. *Op. cit.*, p. 545).

(59) THEODORO JÚNIOR, Humberto. *Comentários ao novo Código Civil*, v. 3, t. 1: arts. 138 a 184. Rio de Janeiro: Forense, 2003. p. 435.

(60) *Apud* TESHEINER, José Maria. *Eficácia da sentença e coisa julgada no processo civil*. São Paulo: Revista dos Tribunais, 2001. p. 124-5.

(61) A sentença de interdição, escreveu Carvalho Santos, "estabelece uma presunção legal; os atos posteriores são nulos de pleno direito, independentemente de qualquer prova. Basta a prova da interdição e a nulidade do ato será a consequência" (SANTOS, J. M. de Carvalho. *Código Civil brasileiro interpretado*, v. 1, 12. ed. Rio de Janeiro: Freitas Bastos, 1980. p. 262). Caso contrário, a nulidade depende da demonstração da falta de discernimento, sendo a perícia psiquiátrica, no caso, o principal meio de prova (VELOSO, Zeno. *Op. cit.*, p. 48).

(62) PEREIRA, Caio Mário da Silva. *Op. cit.*, p. 185. Pelos Códigos Civis francês (art. 503) e italiano (art. 428, 2ª parte), no entanto, a invalidação dos atos praticados antes da interdição, além da incapacidade de entender ou querer ao tempo de sua realização, dependem da demonstração de que o incapaz sofreu grave prejuízo e que houve má-fé do outro contraente. Apesar de não haver na legislação pátria semelhante norma, entende Carvalho Santos que a mesma solução deve ser adotada entre nós (SANTOS, J. M. de Carvalho. *Op. cit.*, p. 263-7).

(63) *Apud* CHAVES, Antônio. Capacidade civil. In: *Enciclopédia Saraiva do Direito*, v. 13. São Paulo: Saraiva, 1977. p. 2.

que o défice já existia ao tempo da realização do ato. Normalmente, o que se apresenta em tais situações é apenas uma dúvida acerca do estado do interdito quando da prática dos atos anteriores à interdição. E, na dúvida, deve o ato prevalecer, em virtude da presunção de capacidade (*RT* 428:190)[64]. Todavia, se o negócio for objetivamente prejudicial ao indivíduo que, posteriormente, veio a ser interditado, sendo perceptível, pelos termos do negócio, o défice físico ou psíquico daquele para praticar o ato, não se poderá permitir que a outra parte se beneficie de sua má-fé.

Releva acrescentar, nesse passo, que a lei distingue a deficiência mental que acarreta a total eliminação da capacidade daquela que provoca apenas a redução do discernimento. A primeira hipótese é prevista no inciso II do art. 3º, enquanto esta última foi contemplada no inciso II do art. 4º, ambos do Código Civil. A lei civil prevê, ainda, como causa de incapacidade relativa o desenvolvimento mental incompleto. Normalmente, quando a pessoa, mesmo sofrendo limitações em suas faculdades mentais, consegue compreender e engajar-se na prestação de um serviço, não se configura a hipótese de incapacidade absoluta, mas apenas relativa, na forma prevista no art. 4º do Código Civil, seja por desenvolvimento mental incompleto, seja por redução no discernimento. Assim, estando presentes os requisitos do vínculo empregatício, a tutela trabalhista aplica-se em toda a sua extensão.

Reportando-se aos ensinamentos de *Luiz Alberto Araújo*, lembra *Fábio Ulhoa Coelho* que a deficiência mental pode ser severa, moderada ou leve, conforme o nível de inteligência do indivíduo. Por outro lado, quanto às suas aptidões para interagir com o meio em que vivem, os deficientes mentais são divididos em totalmente dependentes, adestráveis e educáveis. Os primeiros, por óbvio, não poderiam se vincular a um contrato de trabalho como empregados, uma vez que não conseguem, ao menos, cuidar de si próprios, por serem desprovidos da noção de perigo e incapazes até mesmo de se alimentar ou vestir-se sem o auxílio de outrem. Quanto aos adestráveis, já podem executar algumas tarefas simples e cotidianas, tendo noção de certos perigos e capacidade para aprendizados rudimentares. Por fim, os educáveis, embora com muito esforço e lentidão, podem aprender a ler e a executar operações matemáticas singelas, tendo aptidão para se comunicar e trabalhar[65]. Os indivíduos que se enquadram nas duas últimas categorias acima, portanto, podem perfeitamente ser sujeitos de contratos de trabalho como empregados, embora os chamados "adestráveis" só estejam aptos para atividades mais singelas, que exijam basicamente esforço físico ou certas habilidades manuais. Não se pode olvidar, ainda, que há casos de deficientes mentais agraciados com pendores artísticos incomuns, podendo, mediante educação especializada ou por puro talento próprio, converter-se em excelentes profissionais.

Gagliano e *Pamplona Filho* lembram, ainda, o caso dos portadores da síndrome de Down, os quais, embora não cheguem a atingir desenvolvimento mental completo, devem merecer uma oportunidade de ingressar no mercado de trabalho, desde que recebam educação adequada. E arrematam referidos autores: "A previsibilidade de sua relativa incapacidade tem apenas o precípuo escopo de protegê-los, já que deverão praticar atos

---

(64) RIZZARDO, Arnaldo. *Da ineficácia dos atos jurídicos e da lesão no direito*. Rio de Janeiro: Forense, 1983. p. 11-2.
(65) COELHO, Fábio Ulhoa. *Op. cit.*, p. 172.

jurídicos devidamente assistidos, sem prejuízo de sua salutar inserção no meio social, circunstância que deve sempre ser incentivada, até mesmo para o combate e a superação dos lamentáveis preconceitos ainda encontráveis em parcelas da comunidade"[66].

Na mesma linha devem ser considerados os casos em que o trabalhador é afetado por distúrbios psicológicos perfeitamente controláveis por meio de medicação. Conforme bem observou *José Abreu Filho*, "hoje em dia, graças ao progresso da psiquiatria, não na erradicação das doenças mentais, mediante sua cura, mas no bloqueio das enfermidades de tal natureza, aquele que, outrora, seria tachado na categoria abrangente de louco de todo o gênero, na terminologia legal, hoje já não pode ser reputado como incapaz, absolutamente. São inúmeros os casos de portadores de alienações de gravidade, como esquizofrenia, paranoia e epilepsia, que hoje exercem tranquilamente suas atividades, sem qualquer restrição, não sendo mesmo surpresa, porque muito frequentes, casos de pessoas portadoras de tais doenças ocuparem posição de destaque nos diversos setores de atividade, projetando-se no meio social"[67].

Quanto às demais hipóteses de incapacidade relativa, desde que permitam ao portador do desvio de conduta a prestação laboral nos moldes trabalhistas, não inibem a formação do contrato de emprego, nem constituem entrave para que dele se originem as naturais consequências. É certo que a embriaguez habitual, seja por ingestão de bebidas alcoólicas ou em decorrência do consumo de outras substâncias tóxicas, é tratada como justa causa para a rescisão contratual, mas nem por isso impede a formação válida do contrato de trabalho. Afora isso, como observa *José Abreu Filho*, "a doutrina, inclusive a estrangeira, tem assentado o princípio de que a embriaguez, mesmo a habitual, não gera incapacidade, salvo se, como consequência dela, se consuma uma *alteração das faculdades mentais*, perfeitamente possível de se evidenciar", o que deve ser analisado caso a caso[68]. Julgamos pertinente, por outro lado, atentar para o momento da realização do negócio, uma vez que, consoante ensina *Paulo Nader*: a) durante a embriaguez ou sob o efeito de drogas, ainda que consumidor eventual, o indivíduo é absolutamente incapaz; b) fora daquele estado, porém, os viciados em álcool ou dependentes de drogas são apenas relativamente incapazes, e os que ingerem tais produtos esporadicamente são plenamente capazes[69]. Todavia, se a dependência do álcool ou de tóxicos for doentia, de modo a afetar o discernimento do indivíduo, tem-se a hipótese prevista no art. 4º, II, do Código Civil, de modo que, reconhecida a sua incapacidade, não poderá o alcoólatra ou o toxicômano praticar atos jurídicos sem a devida assistência, mesmo que, no momento, esteja sóbrio, uma vez que a lei pátria não reconhece validade aos atos praticados durante os chamados lúcidos intervalos. Contudo, para que se possa falar em assistência, no caso, é necessário que tenha havido interdição, sem a qual não haverá um curador, que é a pessoa habilitada a auxiliar o incapaz na prática dos atos jurídicos de seu interesse[70].

---

(66) GAGLIANO, Pablo Stolze; PAMPLONA FILHO, Rodolfo. *Op. cit.*, p. 103.
(67) ABREU FILHO, José. *O negócio jurídico e sua teoria geral*. 5. ed. atual. São Paulo: Saraiva, 2003. p. 122.
(68) *Ibidem*, p. 123.
(69) NADER, Paulo. *Op. cit.*, p. 196-7.
(70) Aliás, segundo Maria Helena Diniz, no caso, só haverá incapacidade se o toxicômano ou alcoólatra tiver sido interditado (DINIZ, Maria Helena. *Curso de direito civil brasileiro*, v. 1, 20. ed. rev. e aum. São Paulo: Saraiva, 2003. p. 155).

Em relação à prodigalidade, também não se apresenta como óbice à formação do contrato de trabalho, por não se tratar de ato dispositivo de direitos, razão pela qual não está abrangido pelas restrições do art. 1.782 do Código Civil[71]. Todavia, os atos de quitação ou eventual renúncia só serão válidos mediante assistência de seu curador, importando o descumprimento desse requisito a anulabilidade do ato[72].

No que respeita aos índios, embora a Lei n. 6.001/73 preveja que, em princípio, são nulos os atos por eles praticados sem a devida representação (da Fundação Nacional do Índio – FUNAI), ressalva a situação dos indivíduos que apresentam discernimento suficiente para a realização do negócio, sem que este lhes traga prejuízos. Assim, conforme ressaltam *Gagliano* e *Pamplona Filho*, a capacidade dos índios deverá ser aferida a partir do grau de inserção de cada indivíduo na sociedade civilizada, não devendo ser presumida, como regra, sua incapacidade, uma vez que tal solução não reflete adequadamente a atual situação dos povos indígenas. Diante disso, concluem que "a melhor disciplina sobre a matéria é considerar o índio, se inserido na sociedade, como plenamente capaz, podendo ser invocada, porém, a norma tuitiva indigenista, não como presunção absoluta, mas sim como situação verificável judicialmente, inclusive com dilação probatória específica de tal condição, para a declaração de nulidade do eventual negócio jurídico firmado"[73].

A propósito, convém conferir, também, o comentário de *Clovis Bevilaqua* acerca do art. 6º, IV, do Código Civil anterior. Observou o insigne jurista que o uso da palavra "silvícolas" naquele dispositivo teve por escopo deixar claro que só eram relativamente incapazes os habitantes das florestas, estando excluídos, pois, daquela previsão os indígenas que se achavam confundidos na massa geral da população, aos quais deveriam ser aplicados os preceitos de Direito comum[74].

O Código Civil atual remete a questão para a legislação específica (art. 4º, parágrafo único), mas o critério apontado por *Bevilaqua* continua válido, ressalvando-se, porém, que o parâmetro não deve ser a localização geográfica do indígena, mas sua inserção cultural na sociedade dita civilizada. Sob tal aspecto, a Lei n. 6.001/73 divide os indígenas em três categorias:

I – Isolados: Quando vivem em grupos desconhecidos ou de que se possuem poucos e vagos informes por meio de contatos eventuais com elementos da comunhão nacional;

---

(71) Nesse sentido, já observara Washington de Barros Monteiro que "o pródigo impedido não está (...) de exercer sua profissão" (MONTEIRO, Washington de Barros. *Op. cit.*, p. 63).

(72) Observa Theodoro Júnior que, ao contrário das demais causas incapacitantes não vinculadas à idade do indivíduo, a prodigalidade só afeta a capacidade negocial uma vez interditado o paciente, pois não se trata propriamente de doença mental, mas de desvio ético de conduta. Assim, a menos que a dissipação do patrimônio seja resultante de doença ou alienação mental, os negócios jurídicos anteriores à interdição não são suscetíveis de serem anulados por incapacidade resultante daquele fato (THEODORO JÚNIOR, Humberto. *Op. cit.*, p. 561). Embora comungue do entendimento acerca do marco temporal da incapacidade, sustenta Zeno Veloso que, de certo modo, a prodigalidade não deixa de ser um sinal de imbecilidade, um sintoma de fraqueza de espírito, um distúrbio psíquico (VELOSO, Zeno. *Op. cit.*, p. 233 e 239).

(73) GAGLIANO, Pablo Stolze; PAMPLONA FILHO, Rodolfo. *Op. cit.*, p. 105-6.

(74) BEVILAQUA, Clovis. *Op. cit.*, p. 204. Por sua vez, esclarece Antônio Chaves que a expressão *silvícola* vem do latim *selvaticus*, que quer dizer o habitante das selvas, isto é, aquele que não se adaptou à civilização (CHAVES, Antônio. *Tratado de direito civil*, v. 1, 3. ed. São Paulo: Revista dos Tribunais, 1982. p. 370).

II – Em vias de integração: Quando, em contato intermitente ou permanente com grupos estranhos, conservam menor ou maior parte das condições de sua vida nativa, mas aceitam algumas práticas e modos de existência comuns aos demais setores da comunhão nacional, da qual vão necessitando cada vez mais para o próprio sustento;

III – Integrados: Quando incorporados à comunhão nacional e reconhecidos no pleno exercício dos direitos civis, ainda que conservem usos, costumes e tradições característicos da sua cultura.

Somente os índios e as comunidades indígenas classificados nos itens I e II acima é que estão sujeitos ao regime tutelar a cargo da Fundação Nacional do Índio. Os negócios realizados entre índios não integrados e qualquer pessoa estranha à comunidade indígena, sem assistência da FUNAI, são nulos. Todavia, se o índio revelou conhecimento e consciência do ato praticado, e deste não lhe resultaram prejuízos, não haverá nulidade (Lei n. 6.001/73, art. 8º).

Convém registrar, ainda, que, do mesmo modo que o Código Civil prevê a emancipação do menor, o Estatuto do Índio contempla o levantamento do regime tutelar, desde que atendidos os seguintes requisitos: I – idade mínima de 21 anos; II – conhecimento da língua portuguesa; III – habilitação para o exercício de atividade útil na comunhão nacional; IV – razoável compreensão dos usos e costumes da comunhão nacional (Lei n. 6.001/73, art. 9º). Considerando que o Código Civil atual reconhece a maioridade civil a partir dos 18 anos, este também deve ser o limite mínimo para que possa cessar o regime tutelar, observadas as demais condições acima. Comprovada a plena integração nacional, a emancipação do regime tutelar pode alcançar toda uma comunidade (emancipação tribal), desde que requerida pela maioria de seus membros e decretada pelo Presidente da República (Lei n. 6.001/73, art. 11).

Em relação às pessoas que estão absolutamente privadas de aptidão para exprimirem sua vontade (CC, art. 3º, III) não haverá propriamente nulidade, só se podendo conceber a inexistência de atos jurídicos supostamente realizados por elas, pessoalmente, uma vez que, sem manifestação de vontade, o negócio jurídico carece de um de seus elementos essenciais. Na esfera trabalhista, no entanto, como a manifestação de vontade pode ser tácita, verificada a presença dos elementos que caracterizam a relação empregatícia e havendo prestação laboral, o contrato não apenas passará a existir, como também estará apto a produzir todos os efeitos jurídicos que dele normalmente decorrem.

Sendo possível, de alguma forma, aos portadores de deficiências puramente físicas a manifestação de vontade, em vez de excluí-los do mercado de trabalho, o Direito procura estimular sua integração. Assim é que a Lei n. 8.213/91 obriga as empresas com mais de cem empregados a contratarem um percentual de trabalhadores portadores de necessidades especiais ou reabilitados (art. 93).

Ainda que o consentimento manifestado seja viciado, por não ser possível restituir o trabalho prestado, não resta senão atribuir ao incapaz, a título de indenização, o equivalente aos créditos trabalhistas a que teria direito não fosse a invalidade contratual. Por outro lado, em relação a terceiros, deve-se aplicar a teoria da aparência. Assim, a despeito da nulidade contratual, não deve o trabalhador sofrer prejuízos em relação aos direitos previdenciários, uma vez que estes se baseiam na existência de contribuições à seguridade social.

É certo que a doutrina trabalhista buscou construir uma teoria própria para tratar da questão, referindo-se à nulidade *ex nunc* ou à suficiência da relação de trabalho. Assim, os efeitos trabalhistas decorreriam do fato trabalho, e não da existência de um liame jurídico entre as partes. Não cremos, no entanto, que seja a melhor solução separar a relação de trabalho (situação de fato) do vínculo contratual, uma vez que aquela não é senão manifestação deste. Se os vícios da relação jurídica, em tais casos, fossem irrelevantes, não haveria razão para preocupar-se com eles, sendo suficiente a constatação de que existiu uma relação de fato, a qual bastaria a si mesma. Oferecendo o Direito Civil elementos suficientes para dirimir a questão, não vemos razão para inventar novas regras, apenas para justificar a autonomia do Direito do Trabalho. A solução, portanto, já se encontrava no art. 158 do Código Civil de 1916, do qual foi transposta para o art. 182 do Código Civil atual[75].

A aposentadoria com fundamento na incapacidade laboral do obreiro (aposentadoria por invalidez), a menos que decorra de moléstia mental, não significa que o trabalhador tenha afetada sua capacidade jurídica. Assim, como regra, os atos jurídicos por ele praticados não padecem de vício por incapacidade. Por outro lado, não é incomum encontrar pessoas que, a despeito de aposentadas por invalidez, arranjam algum trabalho remunerado. Em tais casos, se, a despeito da aposentadoria por suposta invalidez, o trabalhador dedica-se à prestação de serviços nos moldes trabalhistas, o vínculo contratual não sofre qualquer consequência em razão de sua condição perante a previdência social. O recebimento do benefício previdenciário não obsta a formação do vínculo de emprego, embora este acarrete a automática cessação daquele.

Por outro lado, a simples idade avançada não importa incapacidade. Conforme anotou *Caio Mário da Silva Pereira*, "a senilidade, por si só, não é causa de restrição da capacidade de fato, porque não se deve considerar equivalente a um estado psicopático, por maior que seja a longevidade"[76]. Assim, só haverá incapacidade se da senectude decorrer um estado patológico que prejudique as faculdades mentais. Neste caso, porém, não é a velhice que determina a incapacidade, mas a involução senil, que afeta a saúde ou higidez mental do idoso[77].

Aliás, sendo a capacidade um atributo da personalidade, não se pode presumir sua falta. Conforme assinala *Eduardo Espínola*, "a capacidade de exercer direitos é a regra, porque a personalidade supõe um poder de vontade capaz de estabelecer relações jurídicas"[78]. Assim, o ônus de demonstrar a ausência de capacidade é de quem alega tal defeito. De

---
(75) "Art. 182. Anulado o negócio jurídico, restituir-se-ão as partes ao estado em que antes dele se achavam, e, não sendo possível restituí-las, serão indenizadas com o equivalente."
(76) PEREIRA, Caio Mário da Silva. *Op. cit.*, p. 186.
(77) VELOSO, Zeno. *Op. cit.*, p. 45.
(78) ESPÍNOLA, Eduardo. *Manual do Código Civil brasileiro*, v. 3: dos factos jurídicos, 1ª parte. Rio de Janeiro: Jacintho Ribeiro dos Santos, 1923. p. 156.

outra parte, conforme destaca *Fábio Ulhoa Coelho*, só existirá incapacidade nos casos previstos expressamente em lei[79].

Afora isso, como o objetivo das restrições à capacidade é justamente defender o patrimônio de certas pessoas contra os abusos ou a perversidade alheia, a incapacidade só pode ser invocada em benefício do próprio incapaz. Assim, a parte que negociou com o relativamente incapaz não poderá alegar a incapacidade deste para se eximir das obrigações assumidas (CC, art. 105). Em se tratando, porém, de incapacidade absoluta, por ser hipótese de nulidade (CC, art. 166, I), deve ser reconhecida inclusive de ofício pelo juiz (CC, art. 168, parágrafo único).

Em relação aos portadores de deficiências meramente físicas, em vez de restrições à sua capacidade jurídica, o que a lei prevê são estímulos à integração social, facilitando seu acesso ao mercado de trabalho.

2.1.3. Incapacidade civil e vícios do consentimento

A incapacidade, como falta de aptidão para realizar atos jurídicos, guarda uma relação muito próxima com os vícios da vontade. Afinal, as hipóteses de incapacidade previstas em lei não passam de situações em que se presume não estar a pessoa em condições de exprimir uma vontade juridicamente relevante[80]. O que distingue uma e outra figura é, basicamente, a extensão dos efeitos que produzem: a incapacidade gera a inaptidão do sujeito para a prática de todo e qualquer ato, ou, pelo menos, para certas modalidades de atos, ao passo que os vícios do consentimento repercutem apenas nos casos específicos em que a vontade não se formou ou se transmitiu em condições normais. A incapacidade, por ser um défice subjetivo, inabilita a pessoa para a prática de atos jurídicos em geral ou para determinadas espécies de atos, ao passo que os vícios do consentimento, por decorrerem de fatores exógenos, referem-se aos atos específicos em que se manifestam. Aquela normalmente precede o ato, enquanto estes só se concretizam no momento da realização do ato. As regras acerca dos vícios do consentimento destinam-se à proteção individual da pessoa que teve extraviado seu processo de formação ou transmissão da vontade, enquanto as incapacidades têm por escopo a proteção de certas categorias de indivíduos, revelando, assim, um cunho mais social.

Existem, entretanto, além das causas psíquicas e físicas, alguns estados passageiros que subtraem à pessoa seu perfeito juízo, frutos de paixões transitórias que tomam conta da consciência humana, e que, do mesmo modo que podem ser associados às hipóteses de incapacidade, guardam laços estreitos com os vícios do consentimento. Dentre os exemplos mais lembrados, merecem destaque a ira, o medo e a embriaguez.

---

(79) COELHO, Fábio Ulhoa. *Op. cit.*, p. 159.
(80) Conforme salienta Antônio Chaves, a capacidade "depende do discernimento, que é justamente critério, prudência, juízo, tino, inteligência e, sob o ponto de vista jurídico, a aptidão que tem a pessoa de distinguir o que é bom do que é mau, o que é lícito do que não é, o que é conveniente do que é prejudicial" (CHAVES, Antônio. *Tratado...*, cit., p. 345).

Sobre a ira, tece *Giorgi* as seguintes considerações:

A ira é uma paixão louca, que nos põe fora de nós, e, impelindo-nos a reagir contra o mal que nos feriu, se apodera de nossa vontade e cega a nossa razão. É uma breve mania e quase um passo para a loucura. Bem o compreenderam os romanos, quando consideraram como puramente físicos e mecânicos os atos praticados no tumulto da ira — *quidquid in calore iracundiae vel fit, vel dicitur, nos prius ratum est quam si perseverantia apparuit judicium animi fuisse*. Daí a teoria que considera insubsistente, porque privado de consentimento, como o do louco, o celebrado no tumulto da ira.

Mas a ira tem diversos graus: começa com a *impaciência*, aumenta com o *transporte*, vai ao auge com o *furor*. Desaparecerá a capacidade de consentir, em qualquer desses três graus? Fácil é de ver que nem em todos. As paixões pedem no primeiro período, exigem no segundo, obrigam no terceiro, diz um provérbio antigo que atravessou os séculos sem que alguém o contestasse. (...) Não basta a *ira levis* para dirimir o consentimento. É mister a *maxima*, ou, pelo menos, a *ira magna*[81].

Com efeito, pode ocorrer que, em situações de extremo ódio ou descontrole emocional, seja o empregado, seja o empregador, declarem algo que efetivamente não correspondia a seu querer interno e, então, resta a indagação acerca da relevância jurídica daquele estado de espírito. Parece-nos que a hipótese deve ser tratada sob a ótica da boa-fé da parte contrária. Se a outra parte recebeu a manifestação de vontade como séria e, apesar das circunstâncias, não se poderia esperar que a entendesse de modo diverso, fica o declarante vinculado à vontade emitida. Caso contrário, sendo visível que a pessoa não estava em seu juízo perfeito, por uma questão de boa-fé, não poderá a outra parte valer-se de tal situação para obter vantagem indevida[82].

E o mesmo raciocínio deve ser aplicado à hipótese de embriaguez eventual[83]. Se o empregado se apresenta para trabalhar embriagado, estará sujeito à dispensa por justa causa (CLT, art. 482, *f*). Todavia, a dispensa é um ato potestativo do empregador, cabendo a este decidir se adota tal medida ou não. Além disso, há que se considerar a hipótese de a declaração de vontade ter ocorrido fora do horário de trabalho. É perfeitamente possível, assim, que uma das partes do contrato de trabalho, ocasionalmente embriagada, venha a emitir uma declaração de vontade, sendo, então, necessário avaliar as consequências jurídicas de tal ato. No caso, cabe a quem nega a eficácia jurídica da declaração demonstrar que o declarante estava sob efeitos do álcool ou outra substância química que afetou sua capacidade de compreender o alcance do que declarara e que tal circunstância poderia ter

---

(81) GIORGI, Giorgio. *Apud* ESPÍNOLA FILHO, Eduardo. *Manual do Código Civil brasileiro*, v. 3: das nulidades. Rio de Janeiro: Jacintho Ribeiro dos Santos, 1932. p. 371.

(82) Para Messineo, embora o processo de formação da vontade possa ser afetado por um acesso de ira, não se poderia atribuir ao estado *ab irato* o *status* de vício do consentimento. Não descarta, porém, a possibilidade de atingir a ira tamanha intensidade a ponto de se converter em estado (ainda que transitório) de enfermidade mental incapacitante (MESSINEO, Francesco. *Op. cit.*, p. 445).

(83) A embriaguez habitual é causa de incapacidade relativa (CC, art. 4º, II). Perante o *Código Civil Muçulmano* (art. 511), no entanto, o estado de embriaguez, ainda que eventual, enquanto persistir, constitui causa de incapacidade contratual (GAMA, Affonso Dionysio. *Teoria e prática dos contratos por instrumento particular no direito brasileiro*, v. 1, 13. ed. rev. e atual. por J. Edvaldo Tavares. Rio de Janeiro: Freitas Bastos, 1961. p. 24).

sido percebida pela outra parte. Provado que lhe faltava o discernimento, e que isso era visível, não se pode emprestar validade ao ato praticado em tais condições[84].

Aplicável, também aqui, a lição de *Giorgi*, na parte em que ensina que a embriaguez pode ser dividida em diferentes estágios ou fases, que ele denomina de incipiente ou alegre, furiosa ou confirmada e letárgica ou de coma alcoólico. Embora o jurista italiano só considere haver incapacidade de consentir neste último grau, admite que a situação deva ser analisada caso a caso, não se podendo estabelecer regras a respeito[85]. Não se deve ignorar, por outro lado, que a ingestão de bebidas alcoólicas ou o uso de qualquer outra substância inebriante ou psicotrópica podem ser induzidos pelo interessado na celebração do negócio, com o objetivo de arrancar um consentimento que, em condições normais, o declarante não manifestaria. No caso, a conduta dolosa da outra parte também compromete o negócio jurídico, mesmo que não elimine a consciência da vítima.

No que tange ao medo ou pavor, normalmente é tratado entre os vícios do consentimento ou, ainda, como elemento do estado de perigo ou da lesão. Todavia, sob certas circunstâncias, pode atuar como elemento que suprime a própria aptidão para realizar qualquer ato jurídico. Apesar disso, "a doutrina antiga, não menos que a moderna, são muito hesitantes em reconhecê-lo e não sabem dar à prática normas diretoras de provada e reconhecida utilidade"[86].

Como quer que seja, as situações de incapacidade são apenas as previstas em lei, daí a pertinente observação de *Cunha Gonçalves* de que a distinção encontrável em parte da doutrina entre *incapacidades naturais* e *incapacidades legais* é de todo inútil, "porque as incapacidades só existem quando a lei as estabelece e na medida nela preceituada"[87]. Assim, para que os estados acima mencionados configurem situações incapacitantes, é preciso que se enquadrem em alguma das hipóteses previstas em lei. Do contrário, só poderão ser levados em conta sob a ótica dos vícios do consentimento, se for o caso.

Entretanto, conforme ponderou *Martinho Garcez*, comentando as posições de *Aubry et Rau* e *Larombière*, "parece-nos insustentável que o consentimento de um indivíduo em estado de loucura seja viciado, como pretendem os dois doutos e respeitáveis jurisconsultos, e por esta simples razão: para que o consentimento seja viciado, é preciso que ele exista, e o louco, como o idiota e o menor de tenra idade não podem consentir, porque não sabem discernir, porque não têm vontade nem livre-arbítrio e, portanto, o consentimento deles não existe"[88]. Diante disso chega-se à inevitável conclusão de que só é possível falar em vício de consentimento quando este tenha partido de agente capaz.

---

(84) Registre-se que igual proteção é conferida pelas leis argentinas (CC, art. 473) e italianas (CC, art. 428) aos que, de boa-fé, contratam com pessoas dementes ou desprovidas de discernimento. Perante nosso Direito, após observar a ausência de norma nesse sentido, indaga Zeno Veloso: "Por que não amparar o contratante de boa-fé, que confiou no que via e que é a vítima de um estado aparente? A balança precisa pender, sempre, inexoravelmente, para o lado do incapaz não interditado, ainda que ele parecesse lúcido e são, desamparando os que com ele celebraram o negócio oneroso? A rigidez dos preceitos, diante de situações especiais, não deve ceder para garantir a segurança jurídica, o tráfico negocial?" (VELOSO, Zeno. *Op. cit.*, p. 54).
(85) ABREU FILHO, José. *Op. cit.*, p. 125-6.
(86) ESPÍNOLA FILHO, Eduardo. *Manual...* v. 3: das nulidades, *cit.*, p. 372.
(87) GONÇALVES, Luiz da Cunha. *Princípios de direito civil luso-brasileiro*, v. 1. São Paulo: Max Limonad, 1951. p. 201.
(88) GARCEZ, Martinho. *Das nulidades dos atos jurídicos*. 3. ed. rev. e anot. por Martinho Garcez Neto. Rio de Janeiro: Renovar, 1997. p. 69.

Em boa hora, pois, o inciso III do art. 3º do Código Civil abre espaço para uma via interpretativa que reconheça a incapacidade também nos estados transitórios de inconsciência, a despeito de referir-se apenas às causas que impedem o indivíduo de *exprimir sua vontade*. Com efeito, para *Zeno Veloso*, no mencionado dispositivo "enquadra-se a pessoa que, por uma causa duradoura, não pode exprimir a sua vontade, bem como a que, no momento da celebração do ato jurídico, esteja sob hipnose, delírio febril, obnubilada por traumatismos, sob efeito de estupefacientes, ou embriagada, ou em estado de coma, *sem possibilidade de saber e entender o que está fazendo* (motivo transitório)"[89] (sem grifos no original). Indicando o legislador o caminho, não mais se faz necessário improvisar uma solução, como ocorria anteriormente, quando a lei não oferecia um instrumento adequado para combater tais atos.

2.1.4. Capacidade do empregador

As regras acerca da capacidade do empregador não são diversas das relativas à capacidade civil em geral. O que ocorre são apenas algumas restrições em relação a determinadas pessoas, que são impedidas de explorar atividade comercial. Todavia, mesmo em relação a estas, se exercerem atividade empresarial, respondem pelas obrigações contraídas (CC, art. 973), não se transmitindo aos contratos de trabalho os vícios subjetivos do empregador no caso.

Da mesma forma, quando o empresário for uma pessoa jurídica, eventual irregularidade em sua constituição também não afeta os contratos de trabalho. Se a irregularidade da sociedade a impediu de adquirir personalidade jurídica, os sócios respondem de forma solidária e ilimitada pelas obrigações sociais, nos moldes previstos no art. 990 do Código Civil.

Afora isso, as irregularidades havidas na formação societária não podem ser opostas ao trabalhador (CPC, art. 12, § 2º), podendo este provar a existência da sociedade por todos os meios admitidos em Direito (CC, art. 987).

Em suma, pois, eventuais restrições subjetivas, possíveis irregularidades havidas na constituição ou funcionamento das pessoas jurídicas que atuam como empregadoras não podem servir de escudo para a fraude e o enriquecimento ilícito dos que promoveram a atividade empresária, em detrimento dos direitos dos trabalhadores.

2.2. Ilegitimidade

Enquanto a capacidade corresponde à aptidão genérica para contrair direitos e obrigações ou para praticar atos jurídicos em geral, a legitimidade (ou legitimação) diz respeito ao ato concreto que o sujeito se propõe a realizar (capacidade específica)[90].

---

(89) VELOSO, Zeno. *Op. cit.*, p. 58.

(90) Convém registrar que a falta de legitimação para determinados atos, conquanto reduza a esfera de ação da pessoa, não afeta sua capacidade jurídica.

Conforme observou *Antônio Chaves*, "coube a *Francesco Carnelutti* elaborar a doutrina da legitimação, levando em conta a posição da pessoa em relação a um determinado ato ou negócio jurídico, e fazendo ver que a capacidade 'depende de uma qualidade, *i. e.*, um modo de ser do sujeito em si, ao passo que a legitimação resulta de uma sua posição, *i. e.*, de um modo de ser para com os outros'"[91]. Embora a maior parte da doutrina a aceite, no âmbito do direito material a noção de legitimidade é ainda fluida[92].

Nas palavras de *Vicente Ráo*, "a legitimação indica a exigência legal, imposta a certas pessoas capazes, de preenchimento de especiais habilitações subjetivas ou objetivas para a celebração de determinados atos, segundo a natureza da relação de que se trate e segundo a situação, perante a mesma, de quem pretenda ser seu sujeito ativo ou passivo"[93].

Serpa Lopes distingue a capacidade da legitimidade nos seguintes termos:

Enquanto a capacidade é um pressuposto subjetivo do negócio jurídico, a legitimação é um pressuposto subjetivo-objetivo. Betti define-a, então, como sendo a *competência da parte para obter ou reconhecer os efeitos jurídicos da regulamentação dos interesses que teve em vista*: competência resultante de uma específica *posição do sujeito a respeito dos interesses que se trata de regular*. Portanto, um dos pontos nodais à legitimação consiste na indagação da relação existente entre o indivíduo e o negócio jurídico que pretende realizar[94].

Com efeito, para *Emílio Betti*, "a capacidade é a aptidão intrínseca da parte para dar vida a atos jurídicos", enquanto a legitimidade "é uma posição de competência, caracterizada quer pelo poder de realizar atos jurídicos que tenham um dado objeto, quer pela aptidão para lhes sentir os efeitos, em virtude de uma relação, em que a parte está, ou se coloca, com o objeto do ato"[95]. E, mais adiante, em complemento, acrescenta que "o negócio está, em particular, viciado quanto à legitimação, quando falte à parte — ainda que esta seja capaz de agir, de dispor e de se obrigar de um modo geral — a faculdade de estabelecer um regulamento vinculativo a respeito dos fatos e dos interesses contemplados no negócio"[96].

Para *Orlando Gomes*, a falta de legitimação seria uma espécie de "incapacidade *ad hoc*", ou "*incapacidade jurídica relativa*, que se verifica quando uma das partes, devido à posição particular em que se encontra em relação à outra, está proibida de realizar com esta o negócio, como ocorre na proibição legal da compra de bens do pupilo pelo tutor"[97].

Esclarecedora, ainda, a lição de *Sílvio Venosa*, ao destacar que "a legitimação é um *plus* que se agrega à capacidade em determinadas situações"[98]. Para a prática de determinados

---

(91) CHAVES, Antônio. Capacidade civil, cit., p. 8.
(92) TORRENTE, Andrea; SCHLESINGER, Piero. *Manuale di diritto privato*. 12. ed. Milano: Giuffrè, 1985.
(93) RÁO, Vicente. *Ato jurídico:* noção, pressupostos, elementos essenciais e acidentais; o problema do conflito entre os elementos volitivos e a declaração. 3. ed. anotada e atual. por Ovídio Rocha Barros Sandoval. São Paulo: Editora Revista dos Tribunais, 1994. p. 100.
(94) LOPES, Miguel Maria de Serpa. *Curso de direito civil*, v. 1, 2. ed. Rio de Janeiro: Freitas Bastos, 1957. p. 283.
(95) BETTI, Emílio. *Teoria geral do negócio jurídico*, t. 2. Trad. Ricardo Rodrigues Gama. Campinas: LZN, 2003. p. 4.
(96) *Ibidem*, p. 238.
(97) GOMES, Orlando. *Introdução ao direito civil*. 11. ed. Rio de Janeiro: Forense, 1995. p. 366.
(98) *Apud* GAGLIANO, Pablo Stolze; PAMPLONA FILHO, Rodolfo. *Op. cit.,* p. 96.

atos, o sistema jurídico não se contenta com a presença da capacidade de exercício, em sentido genérico, exigindo que, além dela, o agente reúna outros requisitos subjetivos. A falta de tais requisitos pode traduzir-se num *impedimento*, em que, dada a posição dos sujeitos diante do objeto do negócio, este lhes é vedado, como ocorre na compra e venda de ascendente a descendente (CC, art. 496), ou na necessidade de preencher certos requisitos específicos ou, ainda, na delimitação, legal ou convencional, das pessoas a quem cabe a prática de certos atos. Em suma, a ilegitimação importa a inabilitação do sujeito para a realização dos atos a que se refere.

Constituindo regra geral em direito privado que tudo o que não é proibido é permitido, em princípio, quem é capaz também tem legitimidade para realizar todos os negócios jurídicos de que seja sujeito ativo ou passivo. A regra fundamental em matéria de legitimidade, portanto, é a da identificação ou coincidência entre o sujeito do negócio (ou o sujeito para quem o negócio é efetuado) e o sujeito dos interesses jurídicos sobre os quais incide o negócio[99].

Todavia, pode o Direito proibir que determinadas pessoas pratiquem certos atos jurídicos, dada a condição ou posição que ocupam em relação ao objeto, ou ao vínculo que mantêm com os demais participantes do ato. Para certos atos, pode a lei exigir alguns requisitos subjetivos especiais, além da capacidade genérica, havendo a necessidade de *habilitação* específica para sua realização. Por fim, podem ser encontradas hipóteses em que o legislador ou os interessados reservam apenas a certas pessoas a autorização para a prática de determinados atos, como ocorre em relação à gestão da pessoa jurídica. Em relação a tais atos, os demais sujeitos a quem não se reconhece poderes não terão legitimação para praticar os atos especificados.

Em qualquer caso, faltará legitimidade sempre que, por algum motivo, apesar de se tratar de atividade objetivamente lícita, for proibida a determinadas pessoas. Conforme sintetizou *Gueiros Bernardes*, "se a prestação de trabalho prometida é objetivamente lícita, isto é, contemplada no direito vigente, a circunstância de ser subjetivamente ilícita para determinado empregado já não vicia o objeto do contrato e sim a capacidade específica (legitimação) do prestador de trabalho"[100].

Embora se apresente, exteriormente, como um obstáculo à prática de certos atos ou à realização de determinados negócios, a falta de legitimação não afeta a capacidade de fato senão de forma mediata, uma vez que incide diretamente sobre a capacidade de direito[101]. A ausência de capacidade de fato, em tais casos, é mera consequência da falta de capacidade de gozo em relação aos atos a que se refere. E essa é a razão pela qual a falta de legitimação

---

(99) BETTI, Emílio. *Op. cit.*, p. 20. "O negócio é instrumento de autonomia privada, precisamente no sentido de que é posto pela lei à disposição dos particulares, a fim de que possam servir-se dele, não para invadir a esfera alheia, mas para comandar a própria casa, isto é para dar uma organização básica aos interesses próprios de cada um, nas relações recíprocas" (*Ibidem*, t. 1, p. 74).

(100) BERNARDES, Hugo Gueiros. *Direito do trabalho*, v. 1. São Paulo: LTr, 1989. p. 140.

(101) A incapacidade de gozo tanto pode referir-se aos direitos em geral (incapacidade geral) como pode limitar-se a determinados direitos apenas (incapacidade especial), razão pela qual pode ser definida como sendo a ausência de aptidão para ser titular de um ou de vários direitos (CARVALHO, Francisco Pereira de Bulhões. Incapacidade (Classificação). In: *Repertório enciclopédico do direito brasileiro*, v. 25. Rio de Janeiro: Borsoi, [s.d.]. p. 290.

não pode ser vencida pelos recursos com que se supre a ausência de capacidade de fato (assistência ou representação). Afinal, enquanto as incapacidades são estabelecidas para a proteção dos interesses do próprio incapaz, a ilegitimidade, normalmente, tem por escopo tutelar interesses de terceiros. Diante disso, só a interveniência dos interessados é que poderia sanar o vício, caso isso seja possível, isto é, quando a ilegitimidade for vencível.

Não é esse o caso, por exemplo, em relação às atividades proibidas aos menores de 18 anos. Assim, será nulo, por falta de legitimação, o contrato pelo qual o trabalhador menor de 18 anos se compromete a trabalhar em horário noturno, em ambientes perigosos ou insalubres (CF, art. 7º, XXXIII), ou em serviços que exijam força muscular acima dos limites legais (CLT, art. 390 c/c art. 405, § 5º), a despeito de ter sido assistido na celebração do negócio[102]. Além disso, será nula a cláusula que preveja o labor do menor em sobrejornada, exceto em caso de força maior ou havendo compensação acordada mediante negociação coletiva (CLT, art. 413). A Lei n. 8.069/90 proíbe-lhe, ainda, o trabalho penoso (art. 67, II), embora não haja definição legal acerca do significado de tal vedação. Por outro lado, não poderá o menor ativar-se em serviços prejudiciais à sua moralidade, por exemplo, na comercialização de bebidas alcoólicas, entre outras hipóteses previstas no art. 405 da CLT.

Ainda que a ausência de capacidade genérica tenha sido suprida pela assistência do responsável legal, falta-lhe, contudo, capacidade específica para adimplir o contrato nas condições acima referidas, do que resulta a nulidade do pacto. Diante disso, o empregador não poderá exigir que o menor cumpra o contrato que se enquadra nas hipóteses mencionadas, mas ficará obrigado pela contraprestação relativa ao labor eventualmente prestado, uma vez que o escopo da norma é a proteção do menor, e o esforço despendido pelo obreiro não comporta restituição *in natura*[103]. Em outras palavras, conquanto a vedação legal impeça o prosseguimento do contrato, não elimina os efeitos resultantes do trabalho já executado[104]. Com efeito, seria imoral permitir que o empregador se locupletasse à custa do esforço alheio, mesmo porque também (ou principalmente) ele é infrator da norma, não se admitindo a desculpa de que ignorava a idade do trabalhador, já que tinha a obrigação de proceder às anotações do contrato na CTPS do obreiro. A única possibilidade é de ter sido o empregador enganado, por exemplo, por ter o obreiro apresentado documentação falsa. Há que se considerar, ainda, que, no caso, o trabalho, em si mesmo considerado,

---

(102) As atividades consideradas insalubres ou perigosas aos menores de 18 anos e nas quais seu trabalho é proibido são as elencadas no Anexo I da Portaria MTE/SIT n. 20, de 13.9.2001.
(103) "TRABALHO DO MENOR. EXIGÊNCIA DE ATIVIDADE INSALUBRE. INDENIZAÇÃO CABÍVEL. Viola frontalmente o art. 7º, XXXIII, da CF e o art. 405, I, da CLT exigir ou permitir trabalho do menor em condição de insalubridade, ainda que com o fornecimento de EPI's. A vedação legal é de ordem pública, com a finalidade de proteção orgânica do corpo humano em desenvolvimento, de sorte a proteger a capacidade laboral futura" (TRT 18ª Região, RO 00470-2005-181-18-00-0, Rel. Juiz Eugênio José Cesário Rosa. DJE 8.12.2005, p. 71).
(104) Nesse sentido, o Código Civil italiano contém norma expressa prevendo que, se o labor foi prestado com violação de normas destinadas à tutela do trabalhador, este terá sempre direito à retribuição. Mais que isso, só nega os efeitos do contrato, em relação ao labor já prestado, em caso de nulidade decorrente de ilicitude do objeto ou da causa (art. 2.126). No mesmo sentido, o Código do Trabalho português prevê que "o contrato de trabalho declarado nulo ou anulado produz efeitos como se fosse válido em relação ao tempo durante o qual esteve em execução" (art. 115, n. 1).

não é ilícito, tendo a vedação legal caráter relativo, visando a resguardar a higidez física e moral do menor. Destarte, considerando que a finalidade da norma é a tutela do trabalhador, não poderia ser interpretada em detrimento do destinatário da proteção legal. Releva salientar, por fim, que a proibição, no caso, toma em consideração a idade, não sendo afastada pelo fato de o trabalhador alcançar a plena capacidade civil por alguma das formas previstas no parágrafo único do art. 5º do Código Civil[105].

Em relação ao maior de idade que aceita proposta de emprego no qual deverá realizar tarefas para as quais não detém a habilitação legal exigida, normalmente a questão se resolve com base no vício do consentimento. Com efeito, ou bem houve erro substancial sobre o objeto da prestação laboral ou uma das partes foi iludida pela outra, caracterizando-se, assim, o dolo. Neste caso, cabe à parte enganada invocar o fato para anular o contrato, especialmente quando se tratar de profissão que exija habilitação específica, uma vez que seu exercício irregular constituiria, quando menos, uma contravenção penal. E, a partir do instante em que o empregador toma conhecimento da situação irregular do empregado, não só tem o direito, mas também o dever de denunciar o contrato, sob pena de passar à condição de partícipe do ilícito perpetrado pelo obreiro, quando for o caso. Somente nos casos em que as partes tinham plena ciência de que o obreiro não possuía a qualificação legal exigida e não houve erro acerca das tarefas a serem executadas é que caberá invocar a falta de legitimação como vício do pacto laboral. Normalmente, porém, as partes preferem invocar uma justa causa para a ruptura do contrato[106]. Por outro lado, tratando-se de profissão que exija formação específica, caso o trabalhador não esteja habilitado para exercê-la pode a autoridade administrativa intervir, fazendo cessar a relação de emprego[107].

Pode ocorrer, entretanto, de o empregado vir a perder a habilitação profissional no curso da relação laboral. Neste caso, impõe-se o rompimento do contrato, uma vez que não se poderia admitir que o trabalhador continuasse a exercer uma profissão para a qual não mais está habilitado[108]. Quanto aos efeitos da resolução, no caso, há que se observar se houve ou não culpa do trabalhador, aplicando-se assim o disposto no art. 248 do Código Civil[109]. De qualquer modo, caberá ao empregado promover a rescisão contratual, no caso, pois, do contrário, poderá até ser despedido por justa causa, em face do exercício irregular da profissão.

Convém ressaltar, por fim, que não há vedação à celebração de contrato de emprego entre pais e filhos ou entre cônjuges. Com efeito, como a lei veda apenas a compra e venda

---

(105) "Art. 5º *(omissis)*. Parágrafo único. Cessará, para os menores, a incapacidade: I – pela concessão dos pais, ou de um deles na falta do outro, mediante instrumento público, independentemente de homologação judicial, ou por sentença do juiz, ouvido o tutor, se o menor tiver dezesseis anos completos; II – pelo casamento; III – pelo exercício de emprego público efetivo; IV – pela colação de grau em curso de ensino superior; V – pelo estabelecimento civil ou comercial, ou pela existência de relação de emprego, desde que, em função deles, o menor com dezesseis anos completos tenha economia própria."
(106) "PROFESSOR. JUSTA CAUSA. Justa é a dispensa da professora que, contratada para lecionar inglês, deixa de apresentar a habilitação legal para esse mister, não obstante inúmeras solicitações do empregador" (TRT 1ª Região, RO 3.476/81, Ac. 2ª T., 09.12.81, Rel. Juiz Rubens Gonçalves Moreira Leite. DOE 27.1.81).
(107) SÜSSEKIND, Arnaldo. *Curso de direito do trabalho*. Rio de Janeiro: Renovar, 2002. p. 236.
(108) MARANHÃO, Délio; CARVALHO, Luiz Inácio Barbosa. *Op. cit.*, p. 52.
(109) "Art. 248. Se a prestação do fato tornar-se impossível sem culpa do devedor, resolver-se-á a obrigação; se por culpa dele, responderá por perdas e danos."

(CC, art. 496) e as permutas (art. 533, II) entre ascendentes e descendentes, prevendo, ainda, que os proventos do trabalho pessoal de cada cônjuge estão excluídos da comunhão (CC, arts. 1.659, VI, e 1.668, V), não subsiste razão para impedir tais contratos, devendo-se atentar apenas para que aqueles não se transformem em instrumento de fraude[110].

Não basta, porém, analisar a legitimação quanto aos sujeitos da relação jurídica. O mesmo pressuposto deve existir em relação a quem concluir o negócio jurídico em nome e por conta de terceiro. Neste caso, porém, a ilegitimidade não atuará como causa invalidante, mas como fator de ineficácia do ato jurídico levado a efeito por quem não tinha poderes para concluir o negócio em nome de outrem[111].

Quanto ao empregado, embora não possa delegar a terceiros o cumprimento das obrigações contratuais assumidas, nada impede que, no ato da contratação, se faça representar por procuradores. É em relação ao empregador, no entanto, que a questão tem maior relevância, uma vez que é muito comum fazer-se ele representar por prepostos inclusive durante a execução do contrato. Qual a consequência, por exemplo, do ato de um chefe que, sem ter poderes para tanto, ajusta com o trabalhador um aumento salarial ou altera sua função na empresa? Seria o empregador obrigado por tal ajuste?

Neste, como em qualquer outro caso, a representação do empregador em relação ao empregado deve reger-se pelo princípio da aparência[112]. Se pela sua conduta na empresa os que exercem o comando em nome do empregador dão mostras de que detêm determinados poderes, os atos que se inserem em tais poderes devem ser considerados eficazes em relação ao empregador. Assim, se um chefe combinou com determinado trabalhador um aumento salarial e este foi reconhecido pelo empregador, ao fazer o mesmo em relação a outro empregado, é justo que este espere receber idêntico tratamento. Por outro lado, se quem oferece o aumento é a pessoa que contratou o empregado, não se poderia negar eficácia à remuneração prometida. Cabe ao empregador fiscalizar o uso dos poderes que confere a seus prepostos dentro dos limites que lhes foram deferidos. Eventuais excessos cometidos pelos prepostos não podem prejudicar os que com eles contrataram de boa-fé, devendo-se registrar, ademais, que, se o empregador responde pelos atos de seus prepostos, ainda quando cometam algum ilícito (CC, art. 932, III), com muito maior razão deverá submeter-se às consequências dos atos que extrapolaram os poderes que lhes foram conferidos[113]. Permitir, sem mais, que o empregador se exima dos efeitos dos atos praticados por seus prepostos, sob a alegação de exorbitância dos poderes a eles atribuídos, seria abrir perigoso espaço à má-fé, ainda mais considerando que em muitos casos não há instrumento escrito delimitando precisamente o que os dirigentes empresariais podem ou não fazer na gerência do empreendimento.

---

(110) MARANHÃO, Délio; CARVALHO, Luiz Inácio Barbosa. *Op. cit.,* p. 52.
(111) AZEVEDO, Antônio Junqueira de. *Negócio jurídico:* existência, validade e eficácia. 3. ed. rev. São Paulo: Saraiva, 2000. p. 56-7.
(112) Para Demogue, a hipótese atrai a incidência do princípio *error communis facit jus,* que também é aplicado nos casos de irregularidades na nomeação de representantes de pessoas jurídicas (DEMOGUE, Réné. *Traité des obligations en général,* t. 1: sources des obligations. Paris: Librairie Arthur Rousseau, 1923. p. 462).
(113) A invocação do art. 47 do Código Civil, portanto, deve ser compatibilizado com o que dispõe o art. 932, III, do mesmo diploma, do que decorre que aquele dispositivo não afasta a aplicação da teoria da aparência (Enunciado n. 145 do Conselho da Justiça Federal).

No caso, portanto, há que se observar a boa-fé da outra parte, até porque não se poderia pretender que um trabalhador subordinado exigisse procuração escrita para cada ato emanado dos prepostos do empregador, principalmente diante de ordens recebidas no âmbito da empresa. Por vezes, inclusive, o trabalhador vira joguete, em meio a ordens contrapostas, originárias de diferentes superiores hierárquicos. Havendo boa-fé por parte do trabalhador, deve-se conferir plena eficácia aos atos jurídicos praticados por aqueles que aparentemente tinham poderes para agir em nome do empregador, desde que atendidos os requisitos legais de validade. Afinal, conforme bem sintetizaram *Antônio Leão* e *Gerson Rego*, "a vida nos coloca diante de eventos cotidianos em que a necessidade determina a crença naquilo que os outros representam. Criar-se-ia um estado de coisas caótico, de verdadeiro tumulto, se, a cada passo, reclamarmos a comprovação da qualidade da pessoa com a qual nos relacionamos"[114]. E isso tanto mais é verdade nas relações de trabalho, até porque qualquer exigência nesse sentido, por parte do empregado, poderia soar como insubordinação.

A relevância do princípio da aparência ainda mais se acentua quando quem dá as ordens na empresa são familiares dos sócios-proprietários, uma vez que, em tais circunstâncias, tem-se a nítida impressão de que sua conduta é autorizada pelo empregador. Logo, não poderia este eximir-se de responsabilidade pelos atos praticados por tais pessoas com sua aquiescência, ainda que tácita. Não fosse assim, o empregador confirmaria apenas os atos que lhe trouxessem benefícios, e não hesitaria em rechaçar a representação em relação aos atos geradores de novas obrigações. Não é demais insistir que o empregador responde pelos atos de seus prepostos ou empregados (CC, art. 932, III), independentemente de culpa de sua parte (CC, art. 933). Por exemplo, se um empregado, mesmo sem ter poderes para tanto, contrata novos trabalhadores, o empregador não se exime da responsabilidade pelas consequências de tais atos. Da mesma forma, se a pessoa a quem cabe admitir novos empregados não observar as normas internas do empregador, isto não torna nulos os contratos de trabalho firmados em dissonância com o regulamento da empresa ou seus estatutos.

Antes de ser admitido, o trabalhador é terceiro em relação ao que dispõem o estatuto social e o regulamento empresarial. Assim, mesmo que não tenham sido observadas as normas internas no ato da contratação, há que se entender que o obreiro contratado estava de boa-fé, até porque não se poderia presumir o contrário. Afinal, antes de sua admissão, não é razoável exigir dele que conheça a organização empresarial a fim de verificar a regularidade do ato que está sendo praticado. Eventual descumprimento das disposições estatutárias ou regulamentares por parte dos encarregados ou dirigentes da empresa não afeta a validade das relações jurídicas por eles estabelecidas, em nome da pessoa jurídica, com terceiros de boa-fé, embora os gestores respondam perante aquela pelas irregularidades cometidas em sua atuação extravagante.

A inobservância das regras estatutárias ou regulamentares na contratação de empregados, por configurar mera atuação *ultra vires*, em nada se assemelha ao disposto no art. 37, § 2º, da Constituição Federal, uma vez que só neste caso é que há interesse público envolvido.

---

(114) LEÃO, Antônio C. Amaral; REGO, Gerson F. do. A aplicabilidade da teoria da aparência nos negócios jurídicos. In: *Revista Forense*, v. 299, jul./set. 1987. p. 408.

Do mesmo modo, se a dispensa é comunicada ao trabalhador por quem não tinha poderes para decidir a respeito, deve-se presumir que o informante estava apenas transmitindo ordens superiores[115].

A *ultra vires doctrine* foi uma criação das cortes inglesas, em meados do século XIX, com o objetivo de evitar que as sociedades por ações se desviassem de seu objeto social, e com isso causassem prejuízos aos investidores. Em sua formulação original, propunha a nulidade dos atos que se afastassem do objeto societário. Essa teoria, entretanto, não foi acolhida pelo Direito brasileiro, sendo lembrada apenas para a responsabilização do dirigente que praticou o ato extravagante. Perante terceiros, os problemas relacionados à extrapolação dos limites do objeto social são examinados à luz da teoria da aparência, a fim de proteger a boa-fé de terceiros que contrataram com a sociedade, sem prejuízo da responsabilidade dos administradores[116].

Mas não é só na contratação de empregados que a atuação *ultra vires* não importa nulidade. Sempre que o administrador atuar em nome da pessoa jurídica, ainda que em desconformidade com o contrato ou estatuto social, perante terceiros de boa-fé, os atos daquele vincularão a sociedade:

> AÇÃO RESCISÓRIA. VIOLAÇÃO A LITERAL DISPOSIÇÃO DE LEI. DESCONSTITUIÇÃO DE ACORDO JUDICIAL. O direito societário brasileiro não adota a teoria do *"ultra vires"*, pela qual a sociedade não responde pelos atos de seus representantes legais praticados com extravagância do objeto social. A teor do art. 10 da Lei n. 3708, de 10 de janeiro de 1919, a sociedade responderá por todos os atos praticados pelo seu representante legal, ainda que com excesso de poderes, resguardando-se o seu direito de regresso contra aquele sócio que usar indevidamente da firma social ou que dela abusar, sem prejuízo da sua responsabilidade criminal (art. 11 da Lei n. 3708/19). Portanto, a circunstância de a representação da sociedade, por um dos sócios, somente poder ser exercida com a autorização dos demais, não elide a responsabilidade da sociedade pelas obrigações contraídas por um sócio perante terceiros, ainda que com excesso de poderes. Portanto, o acordo judicial celebrado nestas circunstâncias constitui ato jurídico válido, não se vislumbrando, na sentença que o homologou, qualquer violação a dispositivos legais (TRT 3ª Região, AR 145/99, Ac. SE 07.12.99, Rela. Juíza Alice Monteiro de Barros. DJE 28.1.2000, p. 4).

Mesmo tendo o atual Código Civil derrogado a Lei n. 3.708/19, não modificou o entendimento acerca da inaplicabilidade da teoria *ultra vires* no Direito brasileiro para efeito de isentar de responsabilidade a pessoa jurídica em nome da qual foi realizado o negócio jurídico, salvo em casos muito especiais (CC, art. 1.015, parágrafo único). Todavia, mesmo diante das exceções previstas pelo Código Civil, a melhor doutrina aponta no sentido de que as novas regras devem ser interpretadas razoavelmente e sempre tendo em vista a aplicação do princípio da boa-fé, para evitar a atuação fraudulenta em prejuízo de terceiros. Para alcançar tal objetivo, propõe *Arnoldo Wald* seja invocada a teoria da aparência

---

(115) "DISPENSA DE EMPREGADO REALIZADA POR APENAS UM DOS SÓCIOS. AUSÊNCIA DE NULIDADE. O fato de o contrato social prever que a representação da sociedade deve ser exercida pelos sócios em conjunto não autoriza a conclusão que na dispensa de empregados todos os sócios tenham de participar do ato, haja vista que a rescisão de contrato de trabalho é ato de gestão e não de representação" (TRT 18ª Região, RO 00019-2003-003-18-00-8, Rel. Juiz Platon Teixeira de Azevedo Filho. DJE 18.11.2003, p. 124/125).

(116) COELHO, Fábio Ulhoa. *Curso de direito comercial*, v. 2. São Paulo: Saraiva, 1999. p. 430-2.

e adotado um conceito ampliado do princípio constitucional da boa-fé objetiva, por ser este um princípio chave do Código Civil[117].

Quanto aos trabalhadores que já integram o quadro de pessoal da empresa, no entanto, presume-se que conheçam seu regulamento. E essa presunção acentua-se à medida que se eleva a posição do trabalhador na estrutura da empresa. Logo, em relação aos atos cuja competência tenha sido fixada em norma interna, caso não seja ela observada, não poderão os obreiros alegar boa-fé. Assim, se o regulamento empresarial prevê que cabe à diretoria conceder aumentos salariais, não obrigam o empregador os que tenham sido propostos pelo gerente sem autorização do órgão competente. Diante de tal ato, não podem os trabalhadores alegar a prevalência da boa-fé para que a promessa seja cumprida pela empresa, pois deveriam saber que o gerente não tinha poderes para tanto. Todavia, se a diretoria permite que a nova remuneração seja paga, não se opondo ao aumento num tempo relativamente breve, pode-se entender que houve ratificação tácita do ato da gerência, o qual passará a vincular o empregador.

Ressalta, porém, *Tostes Malta*, em cujas lições colhemos também o exemplo acima, que, "se o empregador (...) não dá ciência inequívoca a seus empregados dos poderes que concedeu a seus prepostos, aqueles podem razoavelmente presumir que os representantes patronais dispõem dos poderes geralmente concedidos à sua categoria e dentro dessa amplitude o empregador responderá pelos atos de seus mandatários, que serão válidos. Só o exame de cada caso particular, consideradas suas peculiaridades, poderá permitir conclusão segura sobre se o empregador ficou obrigado a honrar o compromisso assumido pelo representante"[118].

Da mesma forma, se o representante do empregador continua a atividade representativa após a revogação de seus poderes, admite-se a permanência da representação no interesse dos trabalhadores, quando estejam de boa-fé, por ignorarem estes, sem culpa sua, a extinção superveniente da representação. Trata-se de um risco assumido pelo representado ao constituir mandatários[119]. Por outro lado, embora os órgãos das pessoas jurídicas não sejam representantes destas, os atos por eles praticados devem ser imputados à pessoa que os constituiu. Afora isso, determina o Código Civil (art. 1.011, § 2º) que as disposições concernentes ao mandato também são aplicáveis aos administradores no que couber.

As restrições à prática de alguns atos pelo falido não o convertem em incapaz, uma vez que não perde ele a capacidade jurídica e os direitos inerentes à sua pessoa. Conforme observa *Carvalho Santos*, "ele é atingido apenas com uma limitação a seus direitos enquanto necessária para a ressalva dos direitos dos credores, impedindo-lhe que possa extraviar ou prejudicar as garantias que existirem para satisfazer integral ou parcialmente o passivo existente no dia de declaração da falência"[120]. Assim, a partir da quebra, o falido perde o direito de administração ou disposição de seus bens (Lei n. 11.101/05, art. 103), ficando,

---

(117) WALD, Arnoldo. *Comentários ao novo Código Civil*, v. 14: arts. 966 a 1.195. Rio de Janeiro: Forense, 2005. p. 187-8.
(118) MALTA, Christovão P. Tostes. *Op. cit.*, p. 38. Ao contrário, porém, do que sustenta Tostes Malta, se o mandatário age fora de seus poderes ou abusa deles, a hipótese não será de nulidade ou anulabilidade, mas de simples ineficácia do ato em relação ao mandante (CC, arts. 662 e 665, 667, § 3º).
(119) BETTI, Emílio. *Teoria geral do negócio jurídico*, t. 3. Trad. Ricardo Rodrigues Gama. Campinas: LZN, 2003. p. 182.
(120) SANTOS, J. M. de Carvalho. *Código Civil brasileiro interpretado*, v. 1, 12. ed. Rio de Janeiro: Freitas Bastos, 1980. p. 279.

ainda, inabilitado para exercer qualquer atividade empresarial até a extinção de suas obrigações (art. 102).

A inabilitação do falido, no entanto, alcança apenas o exercício de atividade empresarial (Lei n. 11.101/05, art. 102) e, em relação ao seu patrimônio, limita-se aos interesses, direitos e obrigações da massa falida[121]. Não poderá o falido contratar empregados, mas nada impede que ele próprio preste serviços a terceiros naquela condição, uma vez que o direito de trabalhar é inerente à pessoa. Se, entretanto, pactuar na qualidade de empregador, os contratos de trabalho firmados pelo falido não poderão sofrer as consequências das restrições impostas ao contratante. Afinal, os interesses dos credores da massa em favor de quem foi instituído o impedimento, no caso, não podem sobrepor-se aos direitos dos trabalhadores. Por outro lado, pelo contrato de trabalho o empregado vincula-se objetivamente ao empreendimento e não à pessoa do titular, conforme doutrina trabalhista assente. Logo, se a inserção do obreiro na atividade empresarial é conduzida por quem não tinha poderes para fazê-lo, isso não repercutirá na validade do contrato laboral, estando o trabalhador resguardado pela teoria da aparência. Cabe, portanto, a quem assume a administração da massa adotar as cautelas necessárias para que o falido não realize atos em prejuízo à boa-fé de terceiros. Não seria lógico nem razoável impor aos trabalhadores as consequências da omissão dos novos administradores. Eventuais contratações realizadas apenas com intuito fraudatório, com plena ciência do trabalhador, dada sua excepcionalidade, deverão ser analisadas à parte.

Considerando que a falência não acarreta a incapacidade do falido, a doutrina francesa (*Planiol, Ripert, Baudry-Lacantinerie, Demogue*) tende a reconhecer que os atos praticados por este não são nulos ou anuláveis, mas apenas inoponíveis aos credores da massa[122]. No mesmo sentido, sustentava *Carvalho de Mendonça* que "*no interesse da massa* é que os atos do falido são destituídos de eficácia. Procura-se colocar a massa ao abrigo das consequências de atos que tornariam possíveis a diminuição ou a dissipação do penhor comum dos credores. E tanto é assim que, encerrada a falência, não havendo motivos para essas restrições, cessam elas de todo"[123]. Embora houvesse restrições a tal entendimento entre nós, em face do disposto no art. 40, § 1º, do Decreto-lei n. 7.661, de 21.6.1945, perante a atual lei de recuperação de empresas e falências não mais persiste tal óbice, uma vez que não faz esta referência expressa à nulidade no caso (Lei n. 11.101, de 9.2.2005, art. 103).

De qualquer modo, segundo doutrina trabalhista assente, o vínculo laboral forma-se, de fato, com o empreendimento, independentemente de quem o esteja administrando ou seja seu titular. Logo, eventuais falhas relativas à condução da entidade empregadora em nada prejudicam os direitos dos trabalhadores. Assim, conforme já referido, cabe ao administrador da massa adotar as providências necessárias para que ex-dirigentes não tomem atitudes em prejuízo dos credores.

---

(121) BEVILAQUA, Clovis. *Theoria geral do direito civil*. 4. ed. atual. por Achilles Bevilaqua. Rio de Janeiro: Francisco Alves, 1949. p. 117.

(122) Conforme explica Planiol, a vedação a que o falido realize algum contrato em prejuízo de seus credores não decorre de uma incapacidade, mas do desapossamento que o atinge. Trata-se, pois, nas palavras de Baudry-Lacantinerie, de uma simples indisponibilidade patrimonial, estabelecida no interesse dos credores da massa, sem que isso afete a capacidade do falido (*Apud* CARVALHO, Francisco P. de Bulhões. Incapacidade de direito (Parte 3ª — Incapacidade de direito especial relativa). In: *Repertório enciclopédico do direito brasileiro*, v. 26. Rio de Janeiro: Borsoi, [s.d.]. p. 128.

(123) *Apud* CARVALHO, Francisco P. de Bulhões. *Incapacidade civil e restrições...*, cit., p. 569.

Em relação aos que sofreram condenação penal, desde que dela não decorra a inabilitação para o exercício profissional, isto não os impede de firmar contratos de trabalho para as funções que estejam aptos a exercer. Por outro lado, se os antecedentes criminais não obstam a que o trabalhador exerça sua profissão, também se torna abusiva a pesquisa da vida pregressa do candidato ao emprego em busca de possíveis ocorrências criminais. O Direito positivo pátrio só autoriza exigência de atestado de bons antecedentes em relação ao vigilante (Lei n. 7.102/83, art. 17, VI) e ao empregado doméstico (Lei n. 5.859, art. 2º, II). E tais exceções se justificam: no primeiro caso, pela natureza das funções a serem desempenhadas, e, no segundo, por se tratar de pessoa que vai trabalhar na própria residência do empregador. Razões de ordem pública ou coletiva, no entanto, podem ampliar as hipóteses em que é lícita a exigência de um *curriculum* ilibado como requisito para assumir certos postos de trabalho[124].

Sendo a ilegitimidade uma exceção, até mesmo para facilidade do comércio jurídico deve-se presumir que a pessoa que realiza o negócio tenha idoneidade para fazê-lo. Diante disso, a pessoa que esconde sua ilegitimidade (pela falta de habilitação ou impedimento) na conclusão de um negócio jurídico deve arcar com os prejuízos decorrentes de sua omissão dolosa. Por outro lado, seja qual for o fundamento da restrição legal, o exercício de atividade empresária pelo impedido não lhe servirá de escusa ao cumprimento das obrigações decorrentes dos contratos de trabalho que firmar (CC, art. 973).

Da parte do trabalhador haverá ilegitimidade nos casos em que a lei proíbe a prestação laboral na condição de empregado, como ocorre em relação aos policiais militares. Com efeito, nos termos do art. 22 do Decreto-lei n. 667/69, "ao pessoal das Polícias Militares, em serviço ativo, é vedado fazer parte de firmas comerciais de empresas industriais de qualquer natureza ou nelas exercer função ou emprego remunerados". Todavia, a jurisprudência construída antes do advento do Código Civil de 2002 entendeu por bem que tal vedação não impedia o reconhecimento do vínculo de emprego, nem prejudicava os direitos do trabalhador no caso (TST, Súmula n. 386). E as razões em que se fundou tal posicionamento deixam claro que seu objetivo foi o de evitar o enriquecimento ilícito do beneficiário dos serviços. Tal resultado, entretanto, pode hoje ser obtido por outros meios, conforme a previsão do art. 883, parágrafo único, do Código Civil. Assim, nada justifica que se reconheça a validade da relação jurídica, no caso, até porque isso é um estímulo ao desvio de tal categoria de sua função precípua, que é oferecer segurança pública, e não promover a defesa dos particulares que podem pagar por ela.

O que se deve exigir é que tais profissionais sejam devidamente remunerados pelo Estado, em atenção às suas responsabilidades e em valores suficientes para satisfazer suas necessidades pessoais e as de suas famílias, a fim de que vivam dignamente sem precisar de "bicos" para complementar sua renda. Ademais, a hipótese enquadra-se perfeitamente na previsão contida no art. 883 do Código Civil e seu parágrafo único, sendo cabível uma revisão jurisprudencial a respeito do tema. Esse dispositivo elimina a desculpa para a ampla tolerância com que essa e outras situações semelhantes eram tratadas antes do advento do atual Código Civil.

---

(124) MEIRELES, Edilton. *Abuso do direito na relação de emprego*. São Paulo: LTr, 2005. p. 191-3.

Diante de tudo o que até aqui expusemos, extrai-se, em primeiro lugar, que as vedações não podem ser interpretadas em detrimento dos destinatários da norma de proteção. Assim, sempre que a proibição legal tenha por escopo principal a proteção do trabalhador, este não poderá sofrer prejuízos em razão da inobservância da norma proibitiva. Quando, ao contrário, o fim imediato da norma impeditiva é a proteção dos interesses da coletividade, a regra a ser aplicada é a que consta do art. 883 do Código Civil e seu parágrafo único. De outro modo, as normas que tornam defesas certas atividades a determinadas pessoas tenderiam a cair no vazio, perdendo quase que completamente sua efetividade. Afinal, se o descumprimento da norma não acarreta sanção alguma ao infrator, por qual motivo iria ele curvar-se à restrição legal? Registre-se, ademais, que não contempla o legislador pátrio regra semelhante à prevista na *Ley de Contrato de Trabajo* argentina (Lei n. 20.744/76), segundo a qual a proibição do objeto do contrato dirige-se ao empregador, e não ao obreiro, sendo inoponível ao trabalhador (arts. 40, parte final, e 42). De outra parte, revela-se equivocado pensar que todo trabalho proibido tenha em vista a proteção do trabalhador em relação ao qual é imposta a vedação. Impõe-se, assim, tratar cada situação conforme suas peculiaridades, sob pena de subverter a ordem jurídica.

Apesar disso, reconhecemos que a simples previsão do art. 883 e seu parágrafo único do Código Civil, tal como se apresenta, não é perfeita, uma vez que só será aplicada quando a questão for submetida ao Judiciário, sendo que, para tanto, depende da iniciativa do prejudicado. Ora, se o trabalhador que se envolveu em tais contratos já sabe, de antemão, que nada receberá, não terá interesse algum em levar o empregador às barras da Justiça. Como consequência, a sanção prevista no dispositivo legal mencionado corre o risco de converter-se em letra morta, e o empregador acaba sendo, mais uma vez, o maior beneficiado. Tal situação, aliás, pode converter-se em incentivo às contratações irregulares, preferindo-as o empregador por lhe serem mais vantajosas, e sujeitando-se a elas os obreiros por força das necessidades econômicas. De qualquer modo, *legem habemus*!

2.2.1. Ilegitimidade absoluta e relativa

A ilegitimidade pode apresentar-se como obstáculo intransponível quando a norma legal desabilita certas pessoas a realizar determinados negócios jurídicos, independentemente das circunstâncias. Assim, nos casos em que a Constituição Federal prevê legitimação exclusiva do sindicato, o trabalhador, individualmente, não estará autorizado a praticar o ato. É o caso, por exemplo, da negociação para a redução salarial[125]. Ilustra ainda esta situação a vedação a que a categoria profissional imponha contribuição confederativa a trabalhadores que não estão filiados à respectiva entidade sindical. Da mesma forma, não pode o sindicato abrir mão de direitos já adquiridos pelos trabalhadores individualmente e já exigíveis, como créditos salariais referentes a labor já prestado. Trata-se de vedações incontornáveis, não sendo dado às pessoas às quais se dirige a restrição superar o obstáculo, suprir a falta de legitimidade.

---

(125) "ACORDO INDIVIDUAL PARA REDUÇÃO SALARIAL. NULIDADE. É nulo o acordo individual celebrado diretamente com a empregada para redução salarial, pois, na espécie, é imprescindível a participação do Sindicato, na forma do art. 7º, inc. VI, da Carta Magna" (TRT 18ª Região, RO 01387-2002-011-18-00-7, Rel. Juiz Octávio José de Magalhães Drummond Maldonado. DJE 2.12.2003, p. 126).

Em outros casos, embora, em princípio, determinados sujeitos não tenham legitimação, estejam proibidos de praticar certo ato jurídico, tal situação pode cessar, desde que atendidos os requisitos que a lei impõe no particular. Em tais hipóteses, a falta de legitimação importa tão somente uma inabilitação circunstancial à prática do ato. Trata-se, assim, de uma ilegitimidade relativa ou condicionada, uma vez que poderá ser superada pelos próprios interessados, desde que preenchidos determinados requisitos ou presentes certas condições.

A falta de legitimação, quando intransponível (absoluta), constitui uma limitação aos atributos da própria personalidade, afetando a capacidade de direito, e não a simples capacidade de fato. Quando apenas relativa (sanável), atinge tão somente a capacidade de exercício, enquanto não preenchidos os requisitos necessários para a aquisição da legitimidade.

Por vezes, o impedimento pode ser incontornável pela vontade dos interessados, mas sem ter caráter definitivo. Em tais hipóteses, enquanto presentes as condições nas quais vige a proibição, o contrato não poderá ser celebrado. É o caso, por exemplo, da pactuação de trabalho insalubre em relação ao menor de 18 anos: enquanto persistir a insalubridade do ambiente ou a menoridade, o trabalhador não poderá ser contratado para laborar naquele local. Todavia, eliminado qualquer dos obstáculos, desaparece o impedimento.

Considerando que o trabalho, na maior parte dos casos, é tudo do que dispõe o indivíduo para prover o sustento próprio e dos que dele dependem, quando a lei estabelece alguma restrição ao poder de contratar, em relação a certas pessoas, geralmente não tem ela caráter absoluto, ou, quando o tem, a limitação é apenas transitória. Dito de outro modo, em regra, a ilegitimidade manifesta-se sob a forma de ausência de algum requisito relativo aos sujeitos do negócio jurídico, mas que não os impede em absoluto de praticar o ato, senão apenas enquanto não atendidas as exigências que a lei especifica. Uma vez cumpridos os requisitos legais, a pessoa estará perfeitamente habilitada para firmar o contrato em questão.

É o que ocorre com o concurso para vincular-se à Administração Pública, direta ou indireta, mediante contrato de emprego (CF, art. 37, II), embora no caso não se trate de uma exigência dirigida ao trabalhador, mas à entidade contratante, a quem cabe promover o certame. Conquanto o concurso público se apresente como exigência para o trabalhador habilitar-se à prestação laboral à Administração Pública, integra ele o conjunto de requisitos formais para a validade da admissão, ou seja, faz parte do procedimento de contratação. Por conseguinte, não se pode dizer que o trabalho realizado pelos trabalhadores não submetidos ao concurso lhes seja proibido, mas apenas que não foi observada a forma legal de contratação[126]. Em outras palavras, a falta do concurso não implica um defeito propriamente (ou predominantemente) subjetivo, mas formal.

Em relação a alguns trabalhadores, no entanto, poderá haver efetivo impedimento de contratar com a Administração Pública, o qual poderá decorrer, por exemplo, da existência de outro vínculo laboral, trabalhista ou estatutário. Consoante o art. 37, inciso XVI, da

---

(126) E ainda que proibido fosse, a solução alvitrada pela Súmula n. 363 do TST não é apropriada, uma vez que permite o enriquecimento ilícito de quem se beneficiou do labor.

Constituição Federal, é vedada a acumulação remunerada de cargos públicos, a menos que haja compatibilidade de horários e se trate de dois cargos de professor, de um cargo de professor e outro técnico ou científico, ou de dois cargos privativos de profissionais de saúde cujas profissões sejam regulamentadas. E, para não deixar dúvidas, acentua a norma constitucional que a proibição de acumular se estende a empregos e funções e abrange autarquias, fundações, empresas públicas, sociedades de economia mista, suas subsidiárias e as sociedades controladas, direta ou indiretamente, pelo Poder Público (CF, art. 37, XVII). Nestes casos, efetivamente, a hipótese é de ilegitimação ou impedimento para contratar novamente com a Administração Pública, direta ou indireta. Por conseguinte, deve-se aplicar aqui o disposto no art. 883, parágrafo único, do Código Civil.

Por outro lado, embora a restrição não abranja todos os entes administrativos, em relação às pessoas jurídicas de direito público interno é vedada a participação em negociação coletiva, especialmente quando o objeto envolva reajustes salariais[127], embora já tenha sido aceita quando não implique aumento de despesas[128].

Convém salientar, por fim, que a legitimação, tal como os demais requisitos de validade, deve estar presente por ocasião da prática do ato, não restando sanado o vício pelo simples desaparecimento do obstáculo legal ou aquisição posterior da habilitação exigida. Em se tratando de situação que não acarrete nulidade absoluta, no entanto, pode o sujeito, uma vez legitimado, confirmar o ato desde seu início. Todavia, nesse caso, para que o ato estenda validamente seus efeitos ao período anterior à aquisição da legitimidade é preciso que, uma vez desaparecido o obstáculo, haja confirmação expressa. Quando, porém, a proibição se destinar à proteção do próprio sujeito ao qual se dirige a restrição, não sofrerá ele prejuízo algum se não a observar. Nem por isso, no entanto, adquirirá o direito de continuar a execução do ato em detrimento da vedação legal.

2.2.2. Legitimação sindical

A autorização legal conferida aos sindicatos para interferir nas relações trabalhistas assemelha-se à própria atuação das partes diretamente vinculadas pelo contrato laboral,

---

(127) "ENTIDADES DE DIREITO PÚBLICO. INAPLICABILIDADE DE NORMAS CONVENCIONAIS. AUMENTO DE DESPESAS COM PESSOAL. Emerge do disposto no § 3º do art. 39, combinado com o art. 7º, XXVI, da CF, que não se reconhece à Administração Pública a possibilidade de firmar convenção ou acordo coletivo de trabalho. Ainda por imposição da Constituição Federal, compete à lei, em sentido estrito, a fixação de limites do gasto com pessoal, sendo imprescindível a sua previsão em lei orçamentária (art. 169). Dessa forma, a fixação de reajustes salariais em norma coletiva por ente de direito público, afronta o disposto nos arts. 39, § 3º, e 169, *caput*, da CF, 1º, *caput* e inciso II, da LC n. 82/95, e 623 da CLT" (TST, RR 54040-2002-900-04-00- 3, Ac. 3ª T., 18.02.2004, Rela. Juíza Conv. Dora Maria da Costa. DJU 26.3.2004).

(128) "HORAS EXTRAS. REGIME DE COMPENSAÇÃO 12 X 36. ACORDO COLETIVO CELEBRADO POR ENTE MUNICIPAL. VALIDADE. I – Da leitura do art. 39, § 3º, da Constituição da República conclui-se não ser extensível aos servidores públicos o direito ao reconhecimento das convenções e acordos coletivos de trabalho, previsto aos trabalhadores no art. 7º, XXVI, também da Constituição. II – Entretanto, é preciso interpretar o referido preceito no cotejo com o art. 169, § 1º, I e II, da Carta Magna, pelo qual somente é possível conceder vantagem ou aumento de remuneração do pessoal ativo e inativo da União, Estados, Distrito Federal e Municípios mediante prévia dotação orçamentária e se houver autorização específica na lei de diretrizes orçamentárias. III – Equivale a dizer que a vedação de celebração de negociação coletiva diz respeito às hipóteses em que se estipulem novas condições de trabalho que envolvam despesas, sejam decorrentes de cláusulas econômicas ou sociais. IV Recurso desprovido" (TST, RR 1332-2003-073-03-00-6, Ac. 4ª T., 16.11.2005, Rel. Min. Barros Levenhagen. DJU 10.2.2006).

daí a conclusão de *Edilton Meireles* de que, por sua eficácia, os instrumentos normativos não passam de contratos individuais coletivamente celebrados[129]. Todavia, ao estabelecer normas a serem aplicadas às relações laborais, as entidades sindicais não estão regulando interesses restritos à autonomia privada dos intervenientes, mas exercitando uma autonomia de ordem superior: a competência normativa da associação profissional. Em tais casos, portanto, o sindicato funciona como simples legitimador da atuação dos próprios sujeitos da relação laboral[130], embora, em geral, os representantes das categorias estabeleçam regras diretamente aplicáveis aos contratos individuais.

Existem cláusulas que só podem ser inseridas no contrato individual de trabalho via negociação coletiva, especialmente as que importam alteração do pactuado ou redução dos níveis de proteção legalmente instituídos, nos casos em que isso é possível. Diante disso, quando as partes do contrato de trabalho pretendem flexibilizar as normas de proteção trabalhista, normalmente devem obter o aval das entidades sindicais via negociação coletiva. Os sindicatos, no entanto, só estão autorizados a flexibilizar as normas trabalhistas nas hipóteses expressamente previstas em lei ou na Constituição (art. 7º, incisos VI, XIII e XIV)[131]. Não lhe é dado, por exemplo, dispensar o pagamento de horas extras[132] ou reduzir/eliminar o valor do respectivo adicional[133] ou suprimir, ainda que parcialmente, o intervalo intrajornada mínimo[134].

---

(129) MEIRELES, Edilton. *Op. cit.*, p. 90. Conforme Amaral Neto, "elaboração doutrinária mais moderna, na linha positivista da Escola de Viena, tem defendido o ponto de vista que: 'não há verdadeiras razões para não adotar a tese de que o negócio jurídico seja fonte de normas jurídicas e de que a autonomia privada é, portanto, poder normativo' (Luigi Ferri, *L'autonomia privata*, Milano, Giuffrè, 1959, p. 6)" (AMARAL NETO, Francisco dos Santos. Negócio jurídico – I. In: *Enciclopédia Saraiva de Direito*, v. 54. São Paulo: Saraiva, 1977. p. 175). Consoante essa teoria, todos os negócios jurídicos têm conteúdo normativo. Diante disso, não apenas os instrumentos coletivos, mas o contrato individual também é fonte normativa.

(130) BETTI, Emílio. *Teoria...* t. 3, cit., p. 172.

(131) "ACORDO COLETIVO. GARANTIAS LEGAIS MÍNIMAS DE PROTEÇÃO AO TRABALHADOR. IMPOSSIBILIDADE DE PACTUAÇÃO EM SENTIDO CONTRÁRIO. ORIENTAÇÃO N. 31 DA SDC. À luz dos princípios que regem a hierarquia das fontes de Direito do Trabalho, as normas coletivas, salvo os casos constitucionalmente previstos, não podem dispor de forma contrária às garantias mínimas de proteção ao trabalhador asseguradas na legislação, que funcionam como um elemento limitador à autonomia da vontade das partes no âmbito da negociação coletiva" (TST, ROAA 741.381/2001, Ac. SDC 13.09.2001, Rel. Min. Milton de Moura França. DJU 28.9.2001, p. 528).

(132) "NORMA COLETIVA QUE EXIME O EMPREGADOR DO PAGAMENTO DE HORAS EXTRAS TRABALHADAS. Os direitos revestidos de indisponibilidade absoluta não podem ser transacionados nem mesmo mediante negociação coletiva. As parcelas imantadas por uma tutela de interesse público e que representam um patamar civilizatório mínimo são insuscetíveis de redução, sob pena de atentar contra a dignidade da pessoa humana e a valorização mínima deferível ao trabalhador, previstos nos arts. 1º, inciso III, e 170, *caput*, da Constituição Federal. Dentre essas parcelas de indisponibilidade absoluta, encontra-se o direito do trabalhador à delimitação de sua jornada de trabalho e à remuneração superior do serviço extraordinário, assegurados constitucionalmente no art. 7º, incisos XIII e XVI, da Constituição da República" (TST, RR 576.839/1999, Ac. 5ª T., 26.3.2003, Rel. Min. Rider de Brito. DJU 9.5.2003).

(133) "ADICIONAL DE HORAS EXTRAS (50%). PARCELA DEZESSEIS HORAS NORMAIS EM EXCESSO. Não se admite a flexibilização de direito garantido por preceito legal ou constitucional, quando da negociação coletiva, decorre a desregulamentação ou negativa do direito. A r. decisão por meio da qual se valida cláusula coletiva em que se estipula a não incidência do adicional de 50% sobre a verba intitulada dezesseis horas normais em excesso, afronta o art. 7º, XVI, da Constituição Federal de 1988. Recurso conhecido e provido" (TST, RR 1202-2001-006-12-00-0, Ac. 2ª T., 23.8.2006, Rel. Min. José Simpliciano Fernandes. DJU 22.6.2006).

(134) "INTERVALO INTRAJORNADA PARA REPOUSO E ALIMENTAÇÃO. NÃO CONCESSÃO OU REDUÇÃO. PREVISÃO EM NORMA COLETIVA. VALIDADE. É inválida cláusula de acordo ou convenção coletiva de trabalho contemplando a supressão ou redução do intervalo intrajornada porque este constitui medida de higiene, saúde e segurança do trabalho, garantido por norma de ordem pública (art. 71 da CLT e art. 7º, XXII, da CF/88), infenso à negociação coletiva" (TST/SDI-I, OJ n. 342).

O que se verifica na prática, entretanto, é uma inversão de princípios: tendo a Constituição autorizado os sindicatos a acordarem a redução da jornada de trabalho e dos salários (CF, art. 7º), segundo alguns, tudo o mais seria permitido, ao fundamento de que quem pode o mais pode o menos. Assim, para os que seguem essa linha de raciocínio, se a Constituição reconheceu aos sindicatos a legitimidade para interferir nas obrigações principais do contrato de trabalho — a prestação laboral e sua remuneração — não faria sentido limitá-la em outras matérias.

Ocorre, porém, que a concessão feita pelo legislador constituinte, nas hipóteses citadas, constitui uma exceção, e como tal deve ser interpretada. Consequência lógica é que a previsão constitucional não pode sofrer uma interpretação ampliativa nem passar por um processo de aplicação analógica.

Por outro lado, a simples invocação do disposto no art. 7º, XXVI, da Constituição Federal é insuficiente para legitimar entendimento diverso. Afinal de contas, não se poderia interpretar o preceito citado de forma autônoma, em descompasso com o contexto em que se insere. E o *caput* da mencionada norma constitucional prevê que "são direitos dos trabalhadores urbanos e rurais, além de outros que visem à melhoria de sua condição social", os indicados nos incisos que se seguem. Assim, o reconhecimento das convenções e acordos coletivos não pode significar uma renúncia por parte dos trabalhadores, mas uma forma de conquista de novos direitos, ou de ampliação dos direitos já alcançados, de modo a elevar o patamar mínimo de proteção que decorre de lei ou da própria Constituição. Fere, pois, as mais elementares regras de hermenêutica jurídica, sustentar que o reconhecimento das convenções e acordos coletivos pela Constituição Federal autorize os sindicatos a restringir, indiscriminadamente, os direitos dos trabalhadores.

Além disso, mesmo atuando dentro da permissão constitucional, o sindicato não poderá olvidar que a mesma Constituição contém normas de proteção inderrogáveis. Assim, não poderá, por exemplo, estabelecer um horário de trabalho que passe por cima das regras fundadas na proteção à saúde, higiene e segurança do trabalho (CF, art. 7º, XXII). A flexibilização só será possível em relação às regras cuja imperatividade decorre unicamente da necessidade de reforçar a posição individual do obreiro, vale dizer, em se tratando de normas que se destinam a tutelar a debilidade do empregado em face do empregador. Tratando-se, porém, de normas cujo objetivo seja a proteção dos direitos da personalidade do trabalhador, não há como afastar os patamares mínimos previstos em lei.

Ademais, na análise da atuação sindical, não se poderá olvidar do respeito à boa-fé da outra parte firmatária das normas coletivas. Por exemplo, se uma das partes do acordo ou convenção coletiva extrapolou os limites autorizados pela assembleia da categoria, a parte contrária e as pessoas que ela representa não poderão ser prejudicadas por eventuais abusos praticados por aquela. No caso, em respeito à boa-fé da parte contrária, o instrumento firmado será válido, cabendo aos prejudicados buscar as reparações devidas perante a entidade sindical que se portou abusivamente ou perante as pessoas que agiram em seu nome. Havendo, porém, cláusulas abusivas ou contrárias à lei, qualquer interessado poderá invocar sua nulidade[135]. Não têm sido consideradas contrárias à lei, no entanto, as cláusulas que se limitam a amoldar a lei às situações concretas, por exemplo, ao definir o

---

(135) MEIRELES, Edilton. *Op. cit.*, p. 159.

pagamento do adicional de periculosidade proporcionalmente ao tempo de exposição[136] ou a prefixação do tempo *in itinere* a ser pago[137], embora, em outros casos, a solução dos tribunais tenha prestigiado tese oposta[138]. O que se observa, aliás, é certa indefinição no que tange aos limites da negociação coletiva, sendo inúmeras as situações em que ora se admite a flexibilização e ora se a considera inaceitável.

Por fim, mas não menos importante, não se deve esquecer que a competência sindical tem caráter normativo, não podendo dispor sobre direitos subjetivos dos trabalhadores que já se incorporaram ao seu patrimônio[139]. Conforme acentua *Pontes de Miranda*, "o fim do contrato normativo é a uniformidade de *futuras* cláusulas contratuais..."[140] (grifo no original). Assim, não pode o sindicato acordar uma redução salarial, por exemplo, com efeitos retroativos, uma vez que, assim agindo, estaria promovendo uma renúncia a direito já constituído e integrado ao patrimônio do trabalhador.

Ainda que o valor do salário anteriormente devido não tenha sido efetivamente recebido pelo obreiro, trata-se de direito adquirido por ele, sobre o qual o sindicato não tem poder de disposição. Mesmo que haja divergências acerca do valor efetivamente devido, a sentença que solucionar a controvérsia não terá efeito *constitutivo* do crédito, limitando-se a declarar a sua existência, se for o caso. Do mesmo modo, a sentença que reconhece ter havido labor em condições perigosas, por exemplo, não constitui o direito ao adicional respectivo, mas apenas confirma (constata) que tal parcela é devida. Por conseguinte, o sindicato não tem legitimidade para negociar o percentual do adicional em questão em relação ao passado. E não é o fato de ter sido autorizado pela assembleia da categoria que sana o vício. Afinal, a assembleia não pode conferir mais poderes do que tem, e não lhe é dado decidir acerca de direitos individuais dos integrantes da categoria. Neste caso, somente o titular do direito é que pode decidir se irá exigi-lo e, se for o caso, quando o fará. A assembleia só pode decidir acerca de direitos que se apresentam como simples expectativas

---

(136) "A fixação do adicional de periculosidade, em percentual inferior ao legal e proporcional ao tempo de exposição ao risco, deve ser respeitada, desde que pactuada em acordos ou convenções coletivos" (TST, Súmula n. 364, II).

(137) "HORAS *IN ITINERE*. APLICABILIDADE DE NORMA COLETIVA QUE LIMITA O TEMPO A SER PAGO A TÍTULO DE HORAS *IN ITINERE*. É de se ter como válida a norma coletiva que delimita o tempo a ser remunerado a título de horas *in itinere*, independentemente do tempo real gasto no trajeto e isto porque deve prevalecer o ajuste coletivo prestigiado no art. 7º, inciso XXVI, da Constituição Federal" (TST, RR 11345-2002-900-09-00-3, Ac. 5ª T., 31.8.2005, Rel. Min. Aloysio Corrêa da Veiga. DJU 16.9.2005).

(138) "AGRAVO DE INSTRUMENTO. RECURSO DE REVISTA. HORAS *IN ITINERE*. LIMITAÇÃO DE PAGAMENTO PREVISTA EM NORMA COLETIVA. A limitação de pagamento de horas *in itinere* prevista em norma coletiva posterior à Lei n. 10.243/01, que acrescentou o § 2º ao art. 58 da CLT, é inválida. Anteriormente à existência de lei imperativa sobre o tema, mas simples entendimento jurisprudencial (Súmula n. 90 TST), a flexibilização era ampla, obviamente. Surgindo lei imperativa (n. 10.243, de 19.6.2001, acrescentando dispositivos ao art. 58 da CLT), não há como suprimir-se ou se diminuir direito laboratório fixado por norma jurídica heterônoma estatal. Não há tal permissivo elástico na Carta de 1988 (art. 7º, VI, XIII, XIV e XXVI, CF/88). Agravo de Instrumento desprovido" (TST, AIRR 00210-2005-271-06-40-6, Ac. 5ª T., 25.6.2008, Rel. Min. Mauricio Godinho Delgado. DJ 30.6.2008).

(139) "TURNOS ININTERRUPTOS DE REVEZAMENTO. CLÁUSULA CONVENCIONAL QUE FLEXIBILIZA A JORNADA DE TRABALHO. RETROATIVIDADE. O acórdão recorrido, ao considerar válida cláusula convencional que regulamenta situação consolidada anteriormente à sua vigência, violou a literalidade dos arts. 614, § 3º, da CLT e 6º da LICC, além de violar de forma direta e literal o art. 5º, XXXVI, da CF. Destarte, mister considerar a jornada de trabalho prevista no inciso XIV do art. 7º da CF, para o trabalho realizado em turnos ininterruptos de revezamento, nos períodos em que não haja norma convencional explícita prevendo jornada diversa" (TST, RR 702303/2000, Ac. 5ª T., 5.11.2003, Rel. Juiz Conv. João Carlos Ribeiro de Souza. DJU 21.11.2003).

(140) MIRANDA, F. C. Pontes de. *Tratado...*, t. 47, cit., p. 83.

para os membros da categoria, não tendo o condão de volver ao passado para, de lá, expurgar direitos definitivamente constituídos. Por conseguinte, não poderia o sindicato invocar poderes provenientes de quem não os detinha.

2.3. A condição de estrangeiro

Conforme já mencionado, em princípio, o fato de ser estrangeiro não limita a capacidade da pessoa no âmbito trabalhista. Todavia, diversas são as exigências para a admissão do trabalho de estrangeiros no Brasil. Por outro lado, o legislador também se preocupa com os brasileiros que vão trabalhar no exterior.

As restrições à contratação de trabalhadores estrangeiros fundam-se em razões de natureza política e de proteção aos interesses nacionais. As exigências formais, entre nós, decorrem também da necessidade de controle da imigração, mas, acima de tudo, visam a evitar uma concorrência desleal com os trabalhadores locais, mediante a contratação de profissionais de outros países sem garantia trabalhista alguma.

Tais trabalhadores, conforme lembra *Russomano*, a tudo se submetem no afã de conseguir a fortuna que não obtiveram em seu país natal. Nas palavras do ex-Ministro do TST, os trabalhadores estrangeiros "não medem sacrifícios, não rejeitam tarefas, não discutem remuneração. Fogem da terra de origem, onde não encontraram a felicidade. Tudo que se lhes ofereça é o essencial, é o primeiro passo, por onde, esperam, poderão caminhar até muito longe"[141]. O que querem, portanto, é apenas uma oportunidade de trabalho, para poderem perseguir os seus sonhos. E a situação se agrava quando os trabalhadores são provenientes de países menos desenvolvidos que o nosso.

Considerando tal realidade, a Resolução Administrativa n. 74/2007, do Conselho Nacional de Imigração, exige que a empresa interessada em contratar trabalhadores estrangeiros apresente termo de responsabilidade pelo qual ela assuma toda e qualquer despesa médica e hospitalar das pessoas chamadas, bem como as de seus dependentes, durante sua permanência em território nacional, e especifique os direitos que lhes são garantidos, não se admitindo a contratação quando isso importar redução salarial em relação ao último salário recebido no país de origem.

Por sua vez, a Consolidação das Leis do Trabalho estabelece que a contratação de trabalhadores estrangeiros está condicionada à apresentação da carteira de identidade de estrangeiro ou certidão passada pelo serviço competente do Registro de Estrangeiro comprovando que o empregado requereu sua permanência no País (CLT, arts. 359 e 366). Além disso, ao trabalhador estrangeiro deverá ser emitida Carteira de Trabalho e Previdência Social, para que nela seja anotado o contrato laboral, exigência que também se aplica aos fronteiriços (Lei n. 6.815/80, art. 21, § 1º).

Afora as exigências de documentação, estabelece a CLT, ainda, o requisito da proporcionalidade entre trabalhadores brasileiros e estrangeiros, devendo a mesma ser observada inclusive em relação à folha de salários (arts. 352/354). Parece-nos, entretanto, que tais

---
(141) RUSSOMANO, Mozart Victor. *Comentários à Consolidação das Leis do Trabalho*, v. 1, 16. ed. Rio de Janeiro: Forense, 1994. p. 317.

restrições não foram recepcionadas pela Constituição Federal de 1988, a qual reconhece a igualdade de todos perante a lei e garante, tanto aos brasileiros quanto aos estrangeiros, o livre exercício de qualquer trabalho, ofício ou profissão, atendidas as qualificações profissionais previstas em lei (art. 5º, XIII)[142]. Assim, não poderia a lei infraconstitucional estabelecer, ainda que de modo indireto, discriminações no particular, vigorando apenas as restrições com assento na própria Constituição, que, no particular, limita-se à ocupação de cargos, empregos ou funções públicas (art. 37, I).

As demais restrições à atuação de estrangeiros no Brasil não dizem respeito propriamente ao exercício profissional, limitando apenas a exploração de certas atividades na condição de titulares do empreendimento: pesquisa e lavra de recursos minerais ou aproveitamento de energia hidráulica (CF, art. 176, § 1º), transporte aquático no interior do país ou navegação de cabotagem (art. 178, parágrafo único) e propriedade de empresas jornalísticas e de radiodifusão (art. 222). Nada impede, porém, que trabalhadores estrangeiros sejam empregados em tais atividades. Por outro lado, o exercício irregular da atividade empresarial, nos ramos citados, não elide os direitos trabalhistas dos obreiros que venham a ser contratados pelos empreendedores estrangeiros.

A *regra dos dois terços*, acolhida pelo art. 354 da CLT, foi instituída, originariamente, pelo Decreto n. 19.482, de 12.12.1930, com o nítido objetivo de conter a imigração desordenada, apontada, à época, como uma das causas do desemprego e, principalmente, como a responsável pelos movimentos reivindicatórios que agitaram o início do século passado, especialmente na década de vinte. Hoje, porém, tal modo de controle imigratório não tem mais respaldo constitucional. Diante disso, também não mais subsistem as restrições ao exercício profissional privado referentes a corretagem de navios, fundos públicos, leiloeiros, despachantes aduaneiros, participação da administração de sindicatos ou de entidades de fiscalização do exercício profissional e prático de portos, previstas no art. 106 da Lei n. 6.815/80, e quanto à profissão de aeronauta, constantes da Lei n. 7.183/84 (art. 3º) e do Código Brasileiro de Aeronáutica (Lei n. 7.565/86, art. 156, § 1º)[143].

Importante notar que as Constituições anteriores autorizavam as disposições legislativas que limitavam as contratações de estrangeiros, sendo que no texto da Constituição de 1937 havia previsão expressa no sentido de que a lei ordinária poderia fixar o percentual mínimo de empregados nacionais que deveriam ser obrigatoriamente mantidos pelas empresas concessionárias de serviços públicos e nos estabelecimentos industriais e comerciais (art. 153). No mesmo sentido dispunha o art. 135 da Constituição de 1934, embora se referisse a determinados estabelecimentos de indústria e comércio, tal como ocorreu com a Constituição de 1946 (art. 157, XI). E o mesmo texto aparece na Constituição de 1967 (art. 158, XII) e na Emenda n. 1 de 1969 (art. 165, XII). A Constituição vigente, no entanto, não respalda a edição de norma infraconstitucional estabelecendo cotas máximas para estrangeiros e, por conseguinte, também não recepcionou as normas anteriores que as previam. Ao contrário, mesmo onde antes era originariamente prevista na Constituição

---

(142) No mesmo sentido se posicionou Valentin Carrion (CARRION, Valentin. *Comentários à Consolidação das Leis do Trabalho*. 25. ed. atual. e ampl. São Paulo: Saraiva, 2000. p. 235).
(143) CARRION, Valentin. *Op. cit.*, p. 352.

(art. 176, § 2º), a nacionalização do trabalho foi excluída pelo Constituinte reformador (Emenda Constitucional n. 7, de 15.8.1995).

Há quem admita, no entanto, que, mesmo perante a atual Carta Magna, possa haver um tratamento mais favorável aos brasileiros quanto aos salários, uma vez que o art. 7º, inciso XXX, não veda a diferença de salários em razão da nacionalidade. Diante disso, abriria espaço ao tratamento mais benéfico em relação aos nacionais, em detrimento dos estrangeiros. De nossa parte, porém, julgamos de duvidoso acerto tal leitura, uma vez que a mesma Constituição proclama que todos são iguais perante a lei, sem distinção de qualquer natureza (art. 5º, *caput*). Além disso, autorizar o tratamento discriminatório, seria estimular a perda de espaço para os trabalhadores nacionais. Obviamente que isso não dispensa a observância dos requisitos legais para que os estrangeiros possam trabalhar no Brasil. Todavia, os que legalmente aqui residem devem receber o mesmo tratamento que os nacionais, exceto para os fins que a própria Constituição prevê.

Convém ressaltar, por outro lado, que as exigências administrativas para a contratação de estrangeiros dirigem-se ao empregador, não sofrendo o empregado admitido sem sua observância os efeitos das irregularidades cometidas pelo outro contratante[144]. Nesse sentido, observa *Mauricio Godinho Delgado* que o trabalho executado por estrangeiro sem autorização administrativa para prestação de serviços não é um trabalho ilícito, mas apenas um trabalho irregular, razão pela qual não deixa aquele de ter direito às reparações legais[145]. Não fosse assim, estaria aberto o caminho da fraude, trazendo à mão de obra nacional um prejuízo maior ainda, uma vez que o empregador ainda sairia ganhando com as contratações irregulares, pois ficaria dispensado de respeitar os direitos trabalhistas dos contratados.

Neste sentido também decidiu o Tribunal Superior do Trabalho, por meio de sua 6ª Turma:

> AGRAVO DE INSTRUMENTO EM RECURSO DE REVISTA. CARÊNCIA DE AÇÃO. ILEGITIMIDADE PASSIVA. A eg. Turma, apreciando a prefacial de carência de ação, rejeitou-a ao lume dos seguintes fundamentos: O trabalho de estrangeiro irregular no país, sem possuir visto e CTPS, quando muito seria proibido, mas não ilícito. Portanto, não há impedimento para que seja reconhecido o vínculo empregatício e todas as vantagens trabalhistas, em razão da impossibilidade de restituição ao *status quo ante* (TST, AIRR 99469-2003-900-04-00-0, Ac. 6ª T., 5.4.2006, Rel. Juiz Conv. José Ronald Cavalcante Soares. DJU 28.4.2006).
>
> EMPREGADO ESTRANGEIRO IRREGULAR NO BRASIL. INEXISTÊNCIA DO DOCUMENTO DE IDENTIDADE DE QUE TRATAM OS ARTIGOS 359 DA CLT E 21, § 1º, DA LEI N. 6.815/80. NULIDADE DA CONTRATAÇÃO. INEXISTÊNCIA. ARTIGO 3º DO PROTOCOLO DE COOPERAÇÃO E ASSISTÊNCIA JURISDICIONAL EM MATÉRIA CIVIL, COMERCIAL, TRABALHISTA E ADMINISTRATIVA DO MERCOSUL, INCORPORADO AO ORDENAMENTO JURÍDICO BRASILEIRO NOS TERMOS DO DECRETO N. 2.067/1996. Trata-se a presente controvérsia de se saber se há ou não nulidade da contratação de

---

(144) A Lei n. 9.615/98, por exemplo, impõe à agremiação que se utilizar de atleta estrangeiro sem o devido visto de trabalho a perda dos pontos conquistados na competição, além de ter que regularizar o contrato, sob pena de ter que repatriar o jogador, sem prejuízo de outras sanções (art. 41, §§ 3º e 4º).

(145) DELGADO, Mauricio Godinho. *Op. cit.*, p. 489.

estrangeiro decorrente do fato de não ser ele portador de documento de identidade previsto pelos arts. 359 da CLT e 21, § 1º, da Lei n. 6.815/80. Com efeito, são fundamentos da República Federativa do Brasil, dentre outros, a dignidade da pessoa humana e os valores sociais do trabalho e da livre iniciativa (art. 1º, III e IV, da Constituição Federal de 1988), bem como consta dentre seus objetivos fundamentais promover o bem de todos, sem preconceitos de origem, raça, sexo, cor, idade e quaisquer outras formas de discriminação (art. 3º, IV), sendo ainda mais contundente a enunciação do princípio constitucional da isonomia, que se refere expressamente aos brasileiros e aos estrangeiros residentes no País (art. 5º, *caput*) e igualdade em direitos e obrigações, salvo expressa disposição em lei (incisos I e II daquele mesmo artigo). Feitas essas considerações, e tendo-se em vista que seria absolutamente inconcebível que um contrato de trabalho envolvendo trabalhador brasileiro pudesse vir a ser judicialmente declarado nulo por causa da mera inexistência de um documento de identidade, é inequívoca a conclusão de que assiste razão ao Reclamante. Acrescente-se que, conforme indicado com precisão na revista, o art. 3º do Protocolo de Cooperação e Assistência Jurisdicional em Matéria Civil, Comercial, Trabalhista e Administrativa, cujos signatários são os Governos da República Argentina, da República Federativa do Brasil, da República do Paraguai e da República Oriental do Uruguai, celebrado em 1992 na cidade de Las Leñas, província de Mendoza, Argentina, e incorporado ao ordenamento jurídico brasileiro por meio do Decreto Legislativo n. 55, promulgado, por sua vez, pelo anexo do Decreto n. 2.067, de 12.11.96, dispõe que os cidadãos e os residentes permanentes de um dos Estados Partes gozarão, NAS MESMAS CONDIÇÕES DOS CIDADÃOS e residentes permanentes do outro Estado Parte, do livre acesso à jurisdição desse Estado para a defesa de seus direitos e interesses (grifos não constantes do original). Esclareça-se que o excelso STF, desde sempre o órgão de cúpula do Poder Judiciário Brasileiro e guardião da Constituição, tem tradicionalmente demonstrado uma sensibilidade para com o cumprimento de atos normativos editados em razão da conjuntura internacional que tenham reflexos nas relações trabalhistas internas, motivo outro pelo qual há que se reformar o r. decisum ora recorrido. Nesse sentido, e a título de ilustração, precedente da e. 2ª Turma daquele Augusto Pretório que julgou improcedente o pedido de reintegração de empregado italiano dispensado em razão de sua nacionalidade por força do Decreto n. 4.638/42, que permitia a rescisão do contrato de trabalho dos empregados súditos das nações com as quais o Brasil rompeu relações diplomáticas ou se encontra em estado de beligerância (STF-RE-33.938/DF, 2ª Turma, Rel. Min. Álvaro Moutinho Ribeiro da Costa, DJU de 24.7.1957). Ainda como reforço de argumentação, tem-se que a eventual manutenção do v. acórdão do Regional implicaria uma dupla injustiça primeiro com os trabalhadores estrangeiros em situação irregular no País que, não obstante tenham colocado sua força de trabalho à disposição do empregador, ver-se-ão privados da devida remuneração em razão de informalidade de cuja ciência prévia o empregador estava obrigado pelo art. 359 da CLT; e segundo, com os próprios trabalhadores brasileiros, que poderiam vir a ser preteridos pela mão de obra de estrangeiros irregulares em razão do custo menor desses últimos, como tragicamente sói acontecer nas economias dos países do Hemisfério Norte. Finalmente, há que ser salientada a notória jurisprudência do excelso STF, segundo a qual os decretos que inserem tratados internacionais no ordenamento jurídico brasileiro têm a mesma hierarquia das leis ordinárias, o que afasta, no particular, o entendimento deste c. Tribunal no sentido de que normas infralegais não se enquadram na hipótese do art. 896, *c*, da CLT. Nesse sentido, a título de ilustração, arestos do Pleno do excelso STF, nos termos da Súmula n. 401 daquele c. Tribunal (STF-ADIn-MC-1480/DF, Medida Cautelar na Ação Direta de Inconstitucionalidade, Rel. Min. Celso de Mello, Tribunal Pleno, DJU de 18.5.2001, p. 429, e Ement. Vol. 2031-02, p. 213; STF-Ext-662/Peru, Extradição, Rel. Min. Celso de Mello, Tribunal Pleno, DJU de 30.5.97, p. 23.176, e Ement. Vol. 1871-01, p. 15). Recurso de revista provido (TST, RR 750.094/2001, Ac. 6ª T., 6.9.2006, Rel. Min. Horácio Senna Pires. DJU 29.6.2006).

É entendimento unânime na doutrina que a simples irregularidade na documentação de permanência no País não torna inválida a relação de emprego[146].

Em relação ao trabalho irregular de estrangeiros, convém registrar ainda, que, mesmo em relação às normas restritivas que não se destinem à proteção dos trabalhadores, não se poderia negar-lhes os direitos trabalhistas, pois, muitas vezes, não passam aqueles de vítimas das precárias condições econômicas em que se encontravam em seus países de origem. Assim, se buscaram um trabalho aqui, foi porque esse era o único meio honesto que lhes restava para proverem sua subsistência. E ninguém haverá de ser punido por lutar por sua sobrevivência de maneira digna. Por outro lado, se forem negados a tais trabalhadores os direitos advindos da prestação laboral realizada, ainda que acenando com a sanção prevista no parágrafo único do art. 883 do Código Civil, a solução acabaria estimulando novas contratações irregulares. Com efeito, sabendo que nada receberão, tais trabalhadores não se animariam a procurar a Justiça, uma vez que apenas estariam expondo sua condição de imigrantes clandestinos. Como consequência, o maior beneficiado acabaria sendo, mais uma vez, o empregador que os contratou irregularmente. Nessas circunstâncias não faltarão empresários inescrupulosos para, inclusive, importar mão de obra, para ser explorada aqui, em condições degradantes.

Conveniente registrar, nesse passo, que, a exemplo do que já ocorre na Europa, no âmbito do Mercosul também há previsão de livre circulação de trabalhadores. Tal proposta, entretanto, esbarra numa série de dificuldades, dentre elas, a ausência de uniformização legislativa acerca dos direitos sociais e previdenciários, bem assim de regras de proteção aos trabalhadores nacionais ou do trabalho internações, além da diversidade quanto aos currículos de formação profissional. Assim, enquanto não se chegar a um acordo que discipline a prestação de labor fora dos limites de cada nação, continuam válidas as normas internas de cada país.

Entre nós, a contratação de trabalhadores para atuar no exterior é regulada pela Lei n. 7.064/82[147]. Quanto ao trabalho de estrangeiros aqui, temos as regras previstas no Estatuto do Estrangeiro (Lei n. 6.815/80), bem assim o Decreto-lei n. 691/69, que disciplina a contratação de técnicos estrangeiros.

A Lei n. 7.064/82 condiciona a contratação de brasileiros para trabalhar no exterior à prévia autorização do Ministério do Trabalho e Emprego. No âmbito administrativo, a questão é regulada pela Portaria MTE n. 21/2006, na qual são previstas diversas exigências no sentido de preservar o respeito às condições de trabalho a que se submetem os brasileiros em tais situações, seja quanto à clareza das cláusulas contratuais, mediante imposição de contrato redigido em língua portuguesa, seja mediante requisitos para garantir o adimplemento

---

(146) NASCIMENTO, Amauri Mascaro. *Curso de direito do trabalho*. 10. ed. atual. São Paulo: Saraiva, 1992. p. 270.

(147) Embora, em sua redação original, a Lei n. 7.064/76 se referisse apenas aos "trabalhadores contratados no Brasil, ou transferidos por empresas prestadoras de serviços de engenharia, inclusive consultoria, projetos e obras, montagens, gerenciamento e congêneres, para prestar serviços no exterior" (art. 1º), a doutrina e jurisprudência ampliaram sua aplicação aos demais casos de contratação ou transferência de trabalhadores para o exterior. Tal entendimento foi encampado pelo legislador por meio da Lei n. 11.962/09, que, alterando a redação do art. 1º da Lei n. 7.064/76, determinou a aplicação deste último diploma a todas as hipóteses de obreiros aqui contratados e transferidos para trabalhar no exterior.

das obrigações contratuais: constituição regular, participação acionária de empresa brasileira, manutenção de representante no Brasil, inclusive com poderes para receber citação (Portaria n. 21/2006, art. 2º). E, para que o tempo não se encarregue de desfazer as garantias impostas pela lei, a validade máxima das autorizações será de três anos, só sendo prorrogadas se a documentação for atualizada e houver provas da contratação de seguro de vida e acidentes pessoais, da concessão de assistência médica e de que foi proporcionado ao empregado o gozo de férias anuais no Brasil.

Tratando-se de serviços de natureza transitória, isto é, não superior a noventa dias, a lei exige apenas que o empregado tenha ciência expressa da transitoriedade e o pagamento de diárias durante o período de estadia no exterior, além das passagens de ida e volta (Lei n. 7.064/82, art. 1º, parágrafo único).

O desrespeito às formalidades acima mencionadas, tal como ocorre em relação aos trabalhadores estrangeiros que vêm trabalhar no Brasil, não pode ser invocado pelo empregador para eximir-se das obrigações decorrentes do contrato laboral executado por trabalhador brasileiro no exterior. Por se destinarem à proteção dos trabalhadores, os requisitos exigidos pela legislação pátria não podem ser invocados para fraudar os direitos laborais do pessoal aqui contratado para trabalhar no exterior. Além de se sujeitar ao pagamento das reparações trabalhistas, em qualquer caso devidas, quem recruta trabalhadores mediante fraude, com o fim de levá-los para território estrangeiro, comete o crime de aliciamento, capitulado no art. 206 do Código Penal.

Quanto aos direitos assegurados a tais trabalhadores, são os previstos pelas normas vigentes no local da prestação dos serviços[148], devendo, ainda, o empregador assegurar-lhes o retorno ao Brasil ao final do contrato ou quando o estado de saúde do obreiro recomende tal medida (Lei n. 7.064/82, arts. 14 e 17)[149].

Se a condição de estrangeiro disser respeito ao empregador, devendo os serviços ser prestados no Brasil, sujeita-se aquele à observância da legislação nacional, exceto em relação aos trabalhadores estrangeiros que exerçam funções em missão diplomática ou em representação consular, ainda que a serviço particular dos respectivos agentes (Convenção de Viena sobre Relações Diplomáticas, art. 33; Convenção de Viena sobre Relações Consulares, arts. 47/48).

No âmbito do Direito Coletivo, instituindo a Constituição Federal vigente a liberdade sindical e vedando a interferência estatal na criação e organização das entidades representativas dos trabalhadores, perdeu eficácia a norma contida na alínea *c* do art. 515 da CLT, que vedava a participação de estrangeiros em órgãos de direção das associações profissionais, como de resto todo o teor do dispositivo citado.

---

(148) *"Conflitos de leis trabalhistas no espaço. Princípio da* 'lex loci executionis'. A relação jurídica trabalhista é regida pelas leis vigentes no país da prestação de serviço e não por aquelas do local da contratação" (TST, Súmula n. 207).

(149) Em relação aos trabalhadores apenas transferidos para o exterior, garante-se a aplicação da legislação trabalhista brasileira naquilo que for compatível com o disposto na Lei n. 7.064/82, desde que aquela seja mais favorável do que a legislação territorial no conjunto de normas em relação a cada matéria (Lei n. 7.064, art. 3º, II). Os casos de transferência são os previstos no art. 2º da Lei n. 7.064/82: a) remoção para o exterior de empregado cujo contrato estava sendo executado no território brasileiro; b) cessão de empregado para trabalhar no exterior, a empresa situada no estrangeiro, mantido o vínculo com empregador brasileiro; c) contratação de empregado, por empresa sediada no Brasil, para prestar-lhe serviços no exterior.

Capítulo III

IMPROPRIEDADES QUANTO AO OBJETO

O traço mais característico dos negócios jurídicos está no fato de ser reconhecido às partes o poder de regular seus interesses segundo as próprias conveniências. Todavia, a liberdade de escolher e disciplinar o conteúdo dos negócios jurídicos não é absoluta, nem se estende a toda e qualquer relação jurídica. Em primeiro lugar, os interessados terão que observar as normas gerais de Direito. Além disso, prevendo a lei regras específicas para o negócio jurídico escolhido, não poderiam as partes ignorá-las. Afinal, não faria sentido pretender que o sistema jurídico amparasse os atos que contrariam seus preceitos[1].

No presente capítulo, no entanto, não teceremos senão comentários acerca do objeto dos negócios jurídicos em geral, remetendo a análise das questões relativas ao conteúdo específico do contrato de trabalho, ou das obrigações que dele derivam, para o último capítulo deste livro. Por ora, nossa preocupação é apenas a de identificar as falhas do objeto capazes de invalidar os negócios jurídicos em geral, embora com especial ênfase às que mais repercutem no contrato de trabalho.

Convém advertir, por outro lado, que, na análise dos possíveis defeitos dos negócios jurídicos, quanto ao seu conteúdo, deve ser considerado não apenas o objeto do contrato propriamente dito, isto é, a operação jurídica visada, mas, acima de tudo, o objeto das obrigações resultantes do negócio, ou seja, as prestações pactuadas, pois é aqui que se situa a maior parte dos vícios relativos ao conteúdo dos negócios.

O objeto de um contrato, ensina a teoria geral das obrigações, é sua substância econômica, isto é, os bens e utilidades que as partes pretendem intercambiar mediante a celebração do negócio jurídico visado. Assim, no contrato de trabalho, o objeto é o labor humano, ou, mais precisamente, o trabalho retribuído[2].

Diante disso, em princípio, o objeto do contrato de trabalho será sempre lícito. Todavia, a atividade humana pode ter diferentes destinações, nem todas admitidas pelo Direito. Por outro lado, o trabalho humano não pode ser tratado como simples mercadoria, dado que constitui uma extensão da própria pessoa do obreiro, comportando, assim,

---
(1) LIMA, João Franzen de. *Curso de direito civil brasileiro*, v. 1, 5. ed. Rio de Janeiro: Forense, 1968. p. 362.
(2) Conforme ensina Montoya Melgar, no trabalho reside o interesse de apenas uma das partes — o empresário; a outra parte — o trabalhador — persegue outro bem ou utilidade — basicamente a obtenção de um salário — que, por conseguinte, também se integra no objeto do contrato (MONTOYA MELGAR, Alfredo. *Derecho del trabajo*. 14. ed. Madrid: Tecnos, 1993. p. 301).

uma dimensão ética e social. Por tal razão, as obrigações das partes, no âmbito do contrato de trabalho, não podem ser analisadas exclusivamente sob o ponto de vista econômico, mas também e principalmente pelo seu aspecto pessoal, visando à tutela da dignidade e à promoção social do trabalhador. Por fim, no contrato de emprego a prestação laboral é exercida sob as ordens do outro contratante, do que decorrem normas específicas, não encontráveis nos contratos que envolvam um fazer autônomo.

Há que se considerar, ademais, que, pelo contrato de trabalho, não assumem as partes uma obrigação única, senão um complexo de obrigações, as quais podem ter por objeto diversas prestações, ativas ou passivas. Todavia, quando se analisa a validade do contrato, normalmente têm-se em mente as obrigações principais das partes, quais sejam, a de prestar um trabalho pessoal, permanente e subordinado, pelo empregado, e a de remunerar o labor prestado, a cargo do empregador. Ao lado de tais obrigações genéricas, no entanto, existem outras não menos relevantes para aquele fim, as quais podem ter por objeto uma ação ou uma abstenção, sendo exemplos desta última a proibição ao empregador de impor ao obreiro restrições de índole política ou religiosa, ou de coarctar sua liberdade de associação, e a que assume o empregado, quando contratado com exclusividade, de não prestar serviços para outras empresas. Tais obrigações, apesar de secundárias, quando atentam contra a liberdade pessoal, a dignidade humana ou outros valores juridicamente tutelados, também podem conduzir à invalidade da relação contratual, no todo ou em parte.

3.1. Inadequação

Para a validade do negócio jurídico, em primeiro lugar é preciso que seu objeto seja apropriado ao fim a que se destina aquele. A adequação ou idoneidade do objeto, explica *Emílio Betti*, é a "aptidão dos interesses sobre os quais recai o negócio, para receberem o arranjo, ou regulamentação prática que o negócio tem em vista"[3].

Em razão de sua especificidade, certos negócios têm seu objeto limitado, não podendo, por exemplo, o comodato recair sobre coisas consumíveis (CC, art. 579), ou o penhor ser constituído sobre bens imóveis (CC, art. 1.431). Em alguns casos a inadequação do objeto não decorre de razões técnicas, mas de escolhas legislativas, como se dá na proibição de contratos relativos à herança de pessoa viva (CC, art. 426). Também é inidôneo o objeto do negócio que verse sobre coisas fora do comércio.

No campo do Direito do Trabalho, por exemplo, a prestação de serviços a pessoa jurídica não constitui objeto idôneo para um contrato de trabalho doméstico (Lei n. 5.859/72, art. 1º), assim como não pode ser objeto de contrato de trabalho voluntário a prestação de serviços a empresa comercial (Lei n. 9.608/98, art. 1º). Tais prestações não são adequadas aos negócios jurídicos em questão. De igual modo, é imprópria, para o fim de obter labor em sobrejornada, a celebração de um segundo contrato de trabalho, paralelo

---

(3) BETTI, Emílio. *Teoria geral do negócio jurídico*, t. 2. Trad. Ricardo Rodrigues Gama. Campinas: LZN, 2003. p. 36.

ao que já existe entre as partes. E assim poderíamos seguir, indicando como inapropriado ao contrato de prestação de serviços, regulado nos arts. 493 a 609 do Código Civil, o labor pessoal e subordinado ao tomador.

O requisito da adequação ou idoneidade do objeto outra coisa não é senão a exigência de objeto juridicamente possível. Com efeito, nas hipóteses acima referidas, entre outras, o objeto não é, propriamente, ilícito, mas, por ser inadequado ao negócio jurídico celebrado, não poderá este produzir os efeitos a que se dirigia. Reconhecemos, entretanto, que, na prática, nem sempre é fácil estabelecer os limites entre o juridicamente impossível e o ilícito, razão pela qual muitos autores preferem não fazer tal distinção. O próprio Código Civil só distingue a ilicitude da impossibilidade jurídica, quanto aos seus efeitos, ao tratar da condição (art. 123).

3.2. Ilicitude

O conceito de licitude não se confunde com o de legalidade, sendo aquele mais amplo que este, por envolver também o aspecto da moralidade. Conforme destaca *Bernardes de Mello*, "licitude é sinônimo de conformidade com o direito, portanto, não apenas com a lei, mas também com a moral, que está no cerne da juridicidade"[4]. Em suma, pois,"a licitude diz respeito à condição ética do objeto, que deve, ao mesmo tempo, estar de acordo com o *jus positum* e não afrontar a moral social"[5].

Diferentemente de outros Códigos, como o da Alemanha (BGB, § 138), Suíça (art. 20), Espanha (art. 1.275) e Portugal (art. 280, n. 2), o Código Civil pátrio não se refere expressamente à moralidade do objeto como requisito de validade dos negócios jurídicos. Apesar disso, explica *Humberto Theodoro Júnior*, "está assente na tradição do direito brasileiro que, para os fins de anulabilidade do negócio jurídico, *ilícito* é mais abrangente do que ilegal. Isto é, não só o que contraria o texto da lei que se considera ilícito. Tem-se também como negócio de objeto ilícito o que é contrário à moral e aos bons costumes"[6]. E prova disso é que, no art. 883 do Código Civil, a imoralidade é colocada no mesmo plano que a ilicitude[7].

De outra parte, a CLT autoriza o empregado a promover a rescisão contratual, por culpa do empregador, não apenas quando este lhe exigir serviços vedados por lei, mas também quando forem contrários aos bons costumes (art. 483, alínea *a*).

O legislador, entretanto, seja no Código Civil, seja na CLT, não precisou exatamente quais são os limites da moral ou dos bons costumes. E não seria de esperar que tivesse agido de outro modo, uma vez que se trata de conceitos de conteúdo variável, no tempo e no espaço. Cabe, pois, ao julgador, auscultando a cultura local de sua época, definir se o

---

(4) MELLO, Marcos Bernardes de. *Teoria do fato jurídico:* plano da validade. 4. ed. rev. São Paulo: Saraiva, 2000. p. 34.
(5) NADER, Paulo. *Curso de direito civil:* parte geral. Rio de Janeiro: Forense, 2003. p. 394.
(6) THEODORO JÚNIOR, Humberto. *Comentários ao novo Código Civil,* v. 3, t. 1: arts. 138 a 184. Rio de Janeiro: Forense, 2003. p. 441.
(7) "Art. 883. Não terá direito à repetição aquele que deu alguma coisa para obter fim ilícito, imoral ou proibido por lei."

objeto do negócio jurídico submetido à sua apreciação ajusta-se, ou não, às exigências da moral e dos bons costumes.

O significado de tais expressões, em qualquer caso, deve passar pelo crivo da socialidade, devendo, assim, harmonizar-se com a consciência pública, e não basear-se em concepções subjetivas ou sentimentos pessoais do juiz ou das partes. Diante disso, "para que se tenha um ato como contrário à moral é preciso que a contradição se dê com a opinião mais generalizada na sociedade. Não basta, para configuração da nulidade, que o negócio atrite com a moral de determinada religião, ou com a sensibilidade de pessoas de requintada exigência ética; nem cabe exigir-se que a moral seja apenas a de determinado grupo de pessoas. É possível levar-se em conta a moral de certos setores sociais apenas quando o negócio jurídico é restrito profissionalmente a grupos delimitados da atividade econômica, como se dá no direito comercial, ou quando as regras pertencem tipicamente a ramos do direito, como o de família ou de sucessões. O normal é detectar-se a moralidade nas concepções dominantes em toda a sociedade, não devendo o juiz 'dar valor à opinião individual dos interessados ou do interessado'"[8]. Em suma, portanto, os critérios morais não devem ser extraídos dos sentimentos individuais ou particulares de determinados indivíduos, mas do grupo social em que se insere o negócio jurídico analisado.

No mesmo sentido, registra *Eduardo Espínola* que "objetos contrários aos bons costumes, para os efeitos da lei, não são os que contrariam a moral religiosa ou filosófica, mas os que sejam ofensivos dos usos aprovados e do sentimento ético comum. Não será imoral o ato, como observa Coviello, se não for condenado pela consciência pública, ainda quando, em si mesmo, não seja digno de aprovação"[9]. Pode-se dizer, assim, que os bons costumes são o repositório da moral social, isto é, das regras de comportamento que, por força da experiência ou dos hábitos compartilhados por determinada sociedade, são consideradas obrigatórias.

E isso explica o caráter relativo dos conceitos de moral e bons costumes, de tal sorte que hoje podem ser consideradas imorais condutas que em outros tempos não o eram, e vice-versa. De igual modo, o que é tido como imoral num país pode não sê-lo em outro[10]. Conforme já observara *Pascal*, o que também se aplica ao caso em questão, "não se vê quase nada de justo ou injusto que não mude de qualidade ao mudar de clima. Três graus de elevação do polo derrubam toda a jurisprudência. Um meridiano decide da verdade. O direito tem suas épocas"[11].

Os parâmetros da moralidade, portanto, devem ser colhidos nos padrões adotados pelo ambiente social em que se insere o negócio, na experiência vivencial do respectivo grupo humano. Todavia, o só fato de certas práticas serem socialmente toleradas não é o

---

(8) THEODORO JÚNIOR, Humberto. *Op. cit.*, p. 441-2. Tais ensinamentos amparam-se nas lições de Pontes de Miranda (MIRANDA, Francisco Cavalcanti Pontes de. *Tratado de direito privado*, t. 4. Rio de Janeiro: Borsoi, 1954. p. 149-50).

(9) ESPÍNOLA, Eduardo. *Manual do Código Civil brasileiro*, v. 3: dos factos jurídicos, 4ª parte. Rio de Janeiro: Jacintho Ribeiro dos Santos, 1932. p. 459.

(10) MESSINEO, Francesco. *Manual de derecho civil y comercial*, v. 2. Trad. Santiago Sentís Melendo. Buenos Aires: Ediciones Juridicas Europa-America, 1979. p. 481.

(11) *Apud* CARVALHO, Francisco P. de Bulhões. Incapacidade de exercício relativa (Parte 7ª — Debilidade econômica e psíquica, e lesão. In: *Repertório enciclopédico do direito brasileiro*, v. 26. Rio de Janeiro: Borsoi, [s.d.]. p. 89.

bastante para que sejam consideradas lícitas, sob pena de se despojar a moral de seu caráter transcendente para convertê-la em mera indumentária sociológica. Conforme adverte *Ripert*, a moralidade não se adquire pela simples reiteração do ato imoral, e a indulgência da sociedade, em geral, não passa de hábito do vício. Não basta, pois, a simples consagração de uma prática, por uma opinião pública degenerada, para que aquela adquira foros de legitimidade. É por isso que os tribunais resistem à sugestão de basear os critérios de moralidade apenas no que ocorre no cotidiano. Sabem eles que são os censores das paixões humanas, e não seus servidores. Não acreditam que a moda faça a justiça[12]. No mesmo sentido, ressalta *Bulhões Carvalho* que, "na sua função de intérpretes supremos do bem comum e da equidade, não podem o juiz e os juristas ser os porta-vozes e os propagandistas duma opinião pública corrompida". Em contrapartida, no entanto, "também não se deverão erigir em Catões reformadores da sociedade segundo suas concepções rígidas (muitas vezes apenas destinadas a uso externo) nem sectárias"[13].

Existem, porém, certos negócios jurídicos cujo objeto é entre nós considerado imoral em qualquer circunstância, como aqueles que restringem os direitos da personalidade — tais como os relativos à vida, à liberdade, inclusive econômica e sexual, ao nome, à honra, à saúde — e os direitos de família[14]. No que pertine à liberdade, no entanto, convém registrar que todo negócio a limita de algum modo, infringindo as regras morais apenas os atos que lhe imponham restrições socialmente inaceitáveis segundo os padrões valorativos atuais. Essa, porém, é uma questão que não comporta uma resposta *a priori*, e uma fórmula estereotipada se revelaria inexata e insuficiente para abarcar todas as situações concretas. Algumas situações são de mais fácil solução, mas haverá sempre um limite a ser definido no caso concreto, segundo o prudente arbítrio do julgador[15].

Não se pode negar, por exemplo, que um contrato pelo qual alguém se obrigue a laborar para a mesma pessoa enquanto tiver forças para trabalhar seja atentatório à liberdade do obreiro. A ilicitude, no entanto, refere-se apenas à cláusula que suprime a liberdade de desvincular-se do contrato, e não à obrigação de prestar serviços em si mesma, a não ser que esta, por algum outro motivo, também seja contrária à lei ou aos bons costumes. Podem-se citar, ainda, como cláusulas inválidas por imoralidade do objeto, as que envolvem promessa de mudar de nacionalidade ou de religião; de não exercer certa profissão; de votar ou não votar em certo candidato; de casar-se com pessoa definida; de depor ou não depor em juízo; de praticar um ato perigoso para a vida ou a saúde, dentre outras[16].

Todavia, não é considerada ilícita a cláusula pela qual o empregado se obrigue, perante o empregador, a não exercer sua atividade profissional em favor de terceiros, desde que haja uma contraprestação e que não fira a dignidade do obreiro. Embora restrinja a liberdade do trabalhador, uma vez que não poderá prestar, simultaneamente,

---

(12) RIPERT, Georges. *A regra moral nas obrigações civis*. 2. ed. Trad. Osório de Oliveira. Campinas: Bookseller, 2002. p. 87-8.
(13) CARVALHO, Francisco Pereira de Bulhões. *Op. cit.*, p. 91.
(14) MELLO, Marcos Bernardes de. *Op. cit.*, p. 94-5.
(15) Conforme Enunciado n. 4 do Conselho da Justiça Federal, "o exercício dos direitos da personalidade pode sofrer limitação voluntária, desde que não seja permanente nem geral".
(16) RIZZARDO, Arnaldo. *Da ineficácia dos atos jurídicos e da lesão no direito*. Rio de Janeiro: Forense, 1983. p. 15.

serviços para outro tomador, a cláusula de exclusividade, em princípio, não constitui previsão imoral ou contrária à lei. O mesmo vale para as cláusulas de fidelidade relativamente ao período pós-contratual, desde que sejam limitadas quanto ao tempo, lugar e objeto. Em ambos os casos, o que as partes pactuam é uma conduta omissiva, cuja admissibilidade, em tese, decorre do disposto nos arts. 250 e 251 do Código Civil, que tratam "das obrigações de não fazer".

Após analisar diferentes posições doutrinárias e a legislação comparada, concluiu *Eduardo Espínola* que, "na falta de princípio legislativo que expressamente regule a matéria entre nós, deve admitir-se a cláusula, quer nos contratos de locação de serviços, quer nos de sociedade, quando limitada a tempo breve, circunscrita a uma ou algumas localidades e não compreenda toda a atividade econômica do obrigado. É o que decorre dos princípios gerais de direito em matéria de obrigações, combinados com o respeito ao direito de liberdade profissional assegurado pela Constituição"[17].

Transcreve o mesmo autor, ainda, as lições do escritor egípcio *Al Sanhoury*, no sentido de que, "nos contratos de locação de serviços, a maior necessidade do locador é conservar a liberdade de trabalho para ganhar a vida (...). O empregado, que, geralmente, tem o seu trabalho como recurso único, comprometeria gravemente o seu futuro, impondo-se uma cláusula restritiva muito ampla. No princípio de sua carreira, no momento preciso em que se prepara para a luta pela vida, teria alienado sua arma de defesa. Ao deixar a situação que ocupou e em cujo contrato havia consentido na cláusula de restrição à sua liberdade de trabalho, ele se veria impedido de ocupar precisamente o ramo de indústria no qual se especializara e em que tem a maior probabilidade de vencer". Diante de tais fundamentos, conclui *Espínola* que, no conflito entre a liberdade de contratar e a liberdade de trabalhar, esta última é que deve prevalecer[18].

Todavia, é hoje dominante o entendimento de que, desde que observados os limites da razoabilidade, pode o empregador contratar a limitação da atividade do empregado para o período subsequente à extinção do vínculo de emprego, ressalvadas apenas as hipóteses em que haja expressa previsão legal em sentido contrário, como ocorre em relação ao trabalhador temporário (Lei n. 6.019/74, art. 11, parágrafo único)[19]. Entretanto, apesar de admitida, em tese, a cláusula de não concorrência só se justifica quando necessária para preservar um interesse relevante e legítimo do empregador, devendo, ainda, observar os limites da razoabilidade. Não faz sentido, por exemplo, a adoção de tal cláusula em relação a um trabalhador braçal, que exerce apenas tarefas rotineiras, às quais não se agrega conhecimento especializado. Mas é admitida naquelas situações em que o trabalhador, valendo-se do conhecimento que tem da clientela, possa causar sensíveis prejuízos ao empregador, independentemente das funções que desempenha. De outra parte, para que possa ser aferida sua licitude, é preciso que a pactuação defina de modo claro as atividades

---

(17) ESPÍNOLA, Eduardo. *Manual do Código Civil brasileiro*, v. 3: dos factos jurídicos, 2ª parte. Rio de Janeiro: Jacintho Ribeiro dos Santos, 1926. p. 126.
(18) ESPÍNOLA, Eduardo. *Manual...*, v. 3: dos factos jurídicos, 4ª parte, cit., p. 510.
(19) MALLET, Estêvão. Cláusula de não concorrência em contrato individual de trabalho. In: *Revista LTr*, v. 69, n. 10, out. 2005. p. 1.161.

vedadas, não se admitindo que seu objeto seja genérico. Não basta, porém, a especificação da atividade, mas é necessário também que sejam delineados os contornos temporais e espaciais da restrição, os quais dependem de cada caso concreto. E, por importar uma limitação da atividade laboral do obreiro, deve este receber uma contraprestação equivalente para que se observe a comutatividade do pacto.

Quando os preceitos morais são sancionados pelo Direito, convertem-se em normas jurídicas. Em tais casos, sua infringência importará nulidade por ofensa à regra legal, e não aos princípios morais que constituem seu substrato. Quando se fala em imoralidade, portanto, supõe-se a inexistência de regras jurídicas que tratem da questão[20]. De outra parte, se houver norma jurídica vedando, direta ou indiretamente, determinada conduta, a moralidade desta não afasta a nulidade.

Além disso, não apenas haverá ilicitude quando o conteúdo do negócio contrariar a lei ou os bons costumes. As restrições ao objeto também podem ter origem em ato negocial. Haverá ilicitude, por exemplo, na venda ou doação de imóvel gravado por cláusula de inalienabilidade, ainda que esta seja proveniente de disposição negocial. Na relação de trabalho subordinado, conforme já referido, o empregador está proibido de exigir do empregado prestação de serviços superiores às suas forças, defesos por lei, contrários aos bons costumes, ou *alheios ao contrato* (CLT, art. 483, *a*). As exigências que excedem os limites do contrato, portanto, também se caracterizam como ilícitas, desautorizando a ordem patronal.

A ilicitude, no contrato de trabalho, pode situar-se tanto no objeto da prestação principal, como no conteúdo de qualquer das cláusulas acessórias ou complementares. Assim, serão nulas eventuais cláusulas que impeçam o trabalhador de usufruir livremente dos direitos e garantias fundamentais reconhecidas pela Constituição, por exemplo, de escolher seu estado civil, religião ou domicílio, de filiar-se ou não a partido político ou a sindicato etc. São igualmente ilícitas as cláusulas pelas quais o empregado concorda em assumir riscos passíveis de serem evitados ou renuncia à tutela jurisdicional, uma vez que isso também contraria direitos fundamentais garantidos constitucionalmente (CF, arts. 5º, XXXV, e 7º, XXII)[21]. A ilicitude do objeto pode manifestar-se, ainda, na negociação coletiva, entre outros casos, quando são fixadas cláusulas que infringem normas de tutela irrenunciáveis ou criam situações discriminatórias, por exemplo, em decorrência da idade[22].

Em se tratando de cláusulas normativas ou disposições regulamentares que imponham restrições abusivas ao exercício de direitos, a tendência é de anular apenas a parte da norma que limita indevidamente os direitos indisponíveis dos empregados, sem macular a previsão coletiva ou regulamentar como um todo, exceto se a contraprestação imposta ao trabalhador se apresentar como causa da vantagem que lhe é oferecida. Tal afastamento, em relação à disciplina legal relativa aos negócios jurídicos em geral, no caso, explica-se

---

(20) MELLO, Marcos Bernardes de. *Op. cit.*, p. 93-4, nota 168.
(21) "CLÁUSULA CONTRATUAL QUE FERE O DIREITO DE AÇÃO. NULIDADE. É nula a cláusula que teve o claro objetivo de obstacularizar o acesso dos empregados à via judiciária, ferindo princípio basilar do direito constitucional de ação e atentando contra a ordem jurídica" (TRT 20ª Região, RO 1.965/99, Ac. 2.439/99, 09.12.99, Rel. Juiz Eduardo Prado de Oliveira. DJE 31.1.2000).
(22) "Salário normativo. Menor empregado. Art. 7º, XXX, da CF/88. Violação. Os empregados menores não podem ser discriminados em cláusula que fixa salário mínimo profissional para a categoria" (TST/SDC, OJ n. 26).

pelo fato de as normas coletivas e regulamentares não terem sido estabelecidas pelo trabalhador. Diante disso, não se pode dizer que ele se tenha obrigado a uma prestação ilícita. Por conseguinte, se a convenção coletiva ou o regulamento empresarial lhe impõem alguma restrição ilícita ou fixam requisitos vedados por lei para obter as vantagens previstas naqueles instrumentos, a nulidade atinge apenas a parte que impõe ao empregado as obrigações ilícitas, sem prejudicar seu acesso aos benefícios instituídos por tais normas. É o caso, por exemplo, do regulamento empresarial que exige a renúncia ao exercício do direito de ação como requisito para poder aderir ao novo plano de cargos e salários[23]. A única ressalva, conforme já mencionado, é o caso de a obrigação (positiva ou negativa) ilícita ser a causa da vantagem coletiva ou regulamentar oferecida.

São ilícitas, ainda, as prestações contrárias ao exercício dos direitos naturais do ser humano[24]. Assim, não se poderia admitir cláusula contratual pela qual o empregado, direta ou indiretamente, alienasse a liberdade, a vida, a saúde ou a integridade pessoal. Isso, porém, não torna nulos os contratos que envolvem atividades de risco, devidamente regulamentadas. Todavia, como constitui obrigação do empregador oferecer condições adequadas de trabalho, não poderá submeter o trabalhador a riscos evitáveis, sob pena de responsabilidade.

A concordância do trabalhador em se submeter a determinadas atividades não elide a responsabilidade do empregador pelos atos que se tenham revelado ofensivos à sua higidez física ou dignidade moral, por se tratar de bens indisponíveis (CC, art. 11). Assim, ainda que o empregado tenha consentido em participar de práticas motivacionais realizadas no ambiente do trabalho, por exemplo, não se pode supor que tenha compactuado com eventuais agressões morais, advindas de "brincadeiras" depreciativas, inadequadas ou de mau gosto de que foi vítima.

Por outro lado, se a lei proíbe certo resultado jurídico, a violação do preceito ocorrerá tanto quando a parte diretamente o busca como quando o interessado vale-se de subterfúgios para alcançá-lo. Afinal, não poderia a lei chancelar um efeito por ela proibido simplesmente pelo fato de ser aquele obtido mediante fraude. Irrelevante, no caso, se houve, ou não, a intenção de praticar ato ilícito.

Conforme destaca *Theodoro Júnior*, "a nulidade por fraude à lei é objetiva, não depende da intenção de burlar o mandamento legal. As ilicitudes, diretas ou indiretas, independem da postura subjetiva do agente. Se a contrariedade à lei de fato ocorreu, pouco importa se o infrator teve ou não o propósito de fraudar o preceito legal"[25].

---

(23) "CAIXA ECONÔMICA FEDERAL. ADESÃO A NOVA ESTRUTURA SALARIAL PARA A CARREIRA PROFISSIONAL. INCONSTITUCIONALIDADE DA CLÁUSULA LIMITADORA DA ADESÃO. É nula a cláusula que impõe a renúncia ao direito de ajuizamento de ação ou a desistência das ações já ajuizadas como condição para aderir ao novo PCS da empresa. E embora a adesão seja uma opção, e não uma obrigação, aderindo ao PCS apenas aqueles que entenderem que lhe são oferecidas melhores condições do que a situação anterior, não se pode admitir que a renúncia a uma garantia constitucional seja a 'condição' para a efetiva adesão. É inconstitucional a restrição ao exercício do direito de ação da parte (art. 5º, XXXV e LV, CF)" (TRT 18ª Região, RO 02033-2007-010-18-00-8, Ac. 1ª T., 17.4.2008, Rela. Des. Kathia Maria Bomtempo de Albuquerque. DJE 5.5.2008, p. 18).
(24) SANTOS, J. M. de Carvalho. *Código Civil brasileiro interpretado*, v. 3, 11. ed. Rio de Janeiro: Freitas Bastos, 1980. p. 243.
(25) THEODORO JÚNIOR, Humberto. *Op. cit.*, p. 443.

Normalmente, os negócios jurídicos que não observam as determinações da lei recebem desta a sanção de nulidade. Pode o legislador, no entanto, atribuir à violação legal outro efeito que não a nulidade do ato. Todavia, não cominando a lei outra sanção, a inobservância de preceito legal imperativo importa a nulidade do ato jurídico proibido (CC, art. 166, VII). Mesmo que a conduta do agente não visasse à prática de um ato jurídico, quando menos, deverá aquele reparar os danos a que deu causa, sem prejuízo de outras sanções aplicáveis ao caso.

Consoante lição de *Pontes de Miranda*, embora o Código Civil se refira à ilicitude do *objeto*, não deve tal expressão ser tomada à risca, podendo haver nulidade ainda quando a ilicitude não esteja no negócio, mas nos fins a que serve[26]. Por sua vez, ensina *Francisco Amaral* que, na teoria geral do negócio jurídico, o objeto compreende tanto o *objeto jurídico*, isto é, as prestações ou os comportamentos a que se obrigam as partes (conteúdo do negócio), quanto o *objeto material*, vale dizer, o conteúdo de tais prestações ou condutas[27].

Trazendo tais ensinamentos para a seara trabalhista, observa *Rodrigues Pinto* que, em princípio, não haverá nulidade na contratação da força de trabalho do empregado mediante remuneração, uma vez que tal objeto, em si mesmo, não pode ser considerado ilícito. Todavia, a energia do trabalhador pode ser direcionada para um fim ilícito. Daí sua conclusão de que o *objeto imediato* do contrato de trabalho será sempre lícito, mas o *objeto mediato* (o objeto das prestações resultantes do contrato) nem sempre o será[28].

Distingue, porém, o jurista baiano as situações em que o empregado tem ciência da ilicitude e nela se empenha diretamente, daquelas que ignora ou para ela contribui apenas mediatamente. Se o trabalhador conhece a ilicitude da atividade patronal e nela emprega sua força de trabalho, não seria merecedor de tutela especial, visto que quis o resultado ilícito. Se estava ciente da ilicitude, mas para ela não contribuiu diretamente com seu trabalho, poderia exigir apenas os salários em sentido estrito. Finalmente, se o trabalhador, além de ignorar o caráter ilícito da atividade patronal, para ela não contribuiu diretamente, não participou de nenhuma ilicitude, portanto, não deveria sofrer prejuízo algum quanto a seus direitos[29].

Tal solução, entretanto, não nos parece a mais adequada, uma vez que contempla uma situação intermediária sem justificativa plausível. Com efeito, ou o labor prestado é lícito, ou não pode ser assim considerado[30]. E, sendo ilícito, ou o obreiro estava de boa-fé ou não estava. Assim, só há duas soluções possíveis em face da ilicitude do objeto. Não há como admitir meios-termos: é inconcebível uma quase ilicitude ou a boa-fé pela metade.

---

(26) MIRANDA, F. C. Pontes de. *Op. cit.*, p. 134.
(27) AMARAL, Francisco. *Direito civil:* introdução. 6. ed. rev. atual. e aum. Rio de Janeiro: Renovar, 2006. p. 403.
(28) PINTO, José Augusto Rodrigues. *Curso de direito individual do trabalho.* 2. ed. São Paulo: LTr, 1995. p. 200. A doutrina civilista segue no mesmo caminho, ao analisar a validade não apenas em relação ao objeto em sentido estrito do negócio jurídico (obrigações jurídicas), mas também sob o ponto de vista da prestação (objeto de obrigação decorrente do contrato). Nesse sentido é a posição de Pontes de Miranda, também referida por Bernardes de Mello (MELLO, Marcos Bernardes de. *Op. cit.*, p. 34).
(29) PINTO, José Augusto Rodrigues. *Op. cit.*, p. 201.
(30) Algumas tentativas de buscar soluções intermediárias, notadamente em relação ao caso do jogo do bicho, revelam-se artificiais e contrárias ao Direito. Diante do caso concreto, a indagação acerca da licitude só admite uma das seguintes respostas: sim ou não. Não há lugar para uma terceira via, nem há como sair pela tangente ou buscar uma solução salomônica.

Para a caracterização da ilicitude do objeto, é irrelevante o elemento anímico. A avaliação do que seja ou não ilícito não é da competência do agente, mas das normas de conduta e da regra jurídica que liga sanções à sua infração, e independe da boa ou má consciência do interessado e da maior ou menor latitude com que ele aprecia a sua conduta. Com efeito, "aceitar a valoração feita pelo interessado significaria assegurar um tratamento de favor precisamente àquelas pessoas que, mercê do seu complexo de superioridade, são menos assaltadas por escrúpulos de consciência e levadas a não se considerar nunca do lado errado"[31].

Assim, o fato de as partes entenderem que a atividade é lícita não é o bastante para elidir a nulidade: a ilicitude não é apagada pelo que as partes pensam a respeito[32]. Todavia, conquanto não evite a invalidade, o estado subjetivo da parte pode repercutir sobre os atos praticados em decorrência do contrato nulo se este já havia sido executado. Assim, mesmo que o objeto do contrato de trabalho seja ilícito, se o obreiro estava de boa-fé, terá direito à reparação pelo labor eventualmente prestado enquanto persistiu tal estado psicológico.

Como regra, a invalidade do negócio atrai a incidência do disposto no art. 182 do Código Civil, segundo o qual "anulado o negócio jurídico, restituir-se-ão as partes ao estado em que antes dele se achavam, e, não sendo possível restituí-las, serão indenizadas com o equivalente". No contrato de trabalho, como não é possível a devolução *in natura* da prestação laboral executada, o obreiro só poderá receber, em vez daquela, uma indenização pelo valor da correspondente contraprestação devida pelo empregador não fosse a nulidade.

Sendo a atividade ilícita, porém, o prestador não terá direito à restituição do que deu à outra parte (ou ao seu equivalente pecuniário) com o fim de promovê-la (CC, art. 883). Assim, quando contribui para uma atividade que a lei proíbe ou que é contrária à moral ou aos bons costumes, o trabalhador não terá direito à reparação pelo esforço despendido, da mesma forma que o empregador não poderá cobrar eventual adiantamento pela prestação contratada (*in pari turpitudinis causa cessat repetitio*)[33].

Todavia, também não seria justo premiar quem promoveu a atividade ilícita, impondo as consequências da ilicitude exclusivamente à parte que executou o contrato. É por isso que o parágrafo único do art. 883 do Código Civil prevê que o destinatário da prestação, no caso, deverá revertê-la em favor de estabelecimento local de beneficência, a critério do juiz. Afirma-se, com isso, a regra de que ninguém pode lucrar com a ilicitude.

Em consideração à boa-fé do prestador, por outro lado, mesmo que seu trabalho tenha sido direcionado à obtenção de fim ilícito, imoral ou proibido por lei, desde que tal circunstância fosse desconhecida pelo obreiro, é a este que devem ser destinadas as reparações resultantes do labor prestado, apesar da nulidade. Este é, também, o sentido do art. 606

---

(31) BETTI, Emílio. *Op. cit.*, p. 252.
(32) MIRANDA, F. C. Pontes de. *Tratado...* t. 4, cit., p. 150.
(33) Há, entretanto, quem não considere nulo o contrato de trabalho se o trabalho do obreiro não se traduza em cumplicidade, ocultação do ilícito ou atração de clientela (MIRANDA, Francisco Cavalcanti Pontes de. *Tratado de direito privado*, t. 47. 3. ed. Rio de Janeiro: Borsoi, 1972. p. 492).

do Código Civil[34]. Além disso, conforme prevê o art. 883 do mesmo diploma, o direito de repetição só deixa de existir quando a prestação for entregue "para obter fim ilícito, imoral, ou proibido por lei", e não pelo simples fato de a prestação ter sido usada com tal finalidade pela parte que a recebeu. Por sua vez, o art. 606 do Código Civil só afasta o direito à retribuição em caso de má-fé do prestador ou de afronta a vedação constante de lei de ordem pública. Assim, como ninguém pode escusar-se alegando desconhecimento da lei, a ignorância que beneficia o prestador diz respeito à destinação de sua atividade para fim ilícito, e não ao caráter ilícito do fim, quando este lhe é conhecido.

Conclui-se, assim, que só há duas situações possíveis diante de um contrato com objeto ilícito: ou o trabalhador desconhece a ilicitude, e então não sofre suas consequências no que pertine ao labor já prestado, ou tem ciência do ilícito e, neste caso, não pode tirar proveito dele. Cabe, pois, ao juiz, diante de cada caso concreto, analisando a situação que se apresenta, decidir, primeiro, se o objeto da prestação era ilícito e, em caso afirmativo, se o trabalhador tinha ou não ciência da ilicitude, para definir as consequências práticas desta. A diferença entre o trabalhador que se ocupou diretamente na atividade ilícita e o que executou apenas tarefas auxiliares em relação àquela vai influir apenas na convicção do julgador acerca da presunção de conhecimento, ou não, pelo obreiro, quanto à ilicitude da atividade patronal.

Não temos dúvidas de que a solução alvitrada pelo art. 883, parágrafo único, do Código Civil deve ser aplicada ao contrato de trabalho. Com efeito, se a prestação laboral foi dedicada a atividade contrária à lei ou aos bons costumes, o correto é cobrar o equivalente a todos os direitos trabalhistas decorrentes do labor prestado, mas, em vez de destinar tal valor ao obreiro que colaborou em atividade ilícita, o montante assim obtido deve ser canalizado a uma entidade beneficente ou a algum programa governamental de assistência social. Obviamente que o juiz só poderá condenar o empregador ao pagamento do valor correspondente às parcelas em relação às quais houve pedido do empregado, no intuito de recebê-las para si. O que fará o julgador, no caso, será apenas modificar o destinatário dos valores.

Se o obreiro estiver de boa-fé, como não houve torpeza de sua parte, não sofrerá as consequências da ilicitude, a não ser a impossibilidade de prosseguimento do contrato, por ser este nulo.

O fato de a devolução do labor prestado ser convertida em pecúnia, pelo valor correspondente às verbas trabalhistas que seriam devidas, caso a nulidade não decorresse de ilicitude do objeto, é irrelevante, não prejudicando a aplicação do disposto no art. 883 do Código Civil.

Pode ocorrer, entretanto, que o empregado tenha sido contratado para prestar atividades lícitas, mas, num dado momento, o empregador direciona seu trabalho para

---

(34) "*Art. 606.* Se o serviço for prestado por quem não possua título de habilitação, ou não satisfaça requisitos outros estabelecidos em lei, não poderá quem os prestou cobrar a retribuição normalmente correspondente ao trabalho executado. Mas se deste resultar benefício para a outra parte, o juiz atribuirá a quem o prestou uma compensação razoável, desde que tenha agido com boa-fé. *Parágrafo único.* Não se aplica a segunda parte deste artigo, quando a proibição da prestação de serviço resultar de lei de ordem pública."

fins contrários ao Direito. Diante de tal situação, o que o trabalhador deve fazer é rescindir o contrato com fundamento no art. 483, alínea *a*, da CLT. Caso contrário, se aceita trabalhar em atividade ilícita, a partir de então sujeita-se aos efeitos da nulidade contratual. Em relação ao período em que se ocupou em atividade lícita, porém, terá todos os seus direitos assegurados. Nada impede, ainda, que o empregado demonstre que somente a partir de determinado momento é que tomou ciência de que o resultado de seu trabalho foi canalizado para fins ilícitos, de forma a não macular os direitos relativos ao labor prestado até então.

Se apenas parte das tarefas executadas tiver fim ilícito e não for possível separá-la das demais atividades, que não padecem do mesmo vício, devem prevalecer estas últimas, e as verbas decorrentes do pacto laboral devem beneficiar o trabalhador, uma vez que, em face de sua condição no curso da relação laboral, não lhe é dado escolher o tipo de serviço que vai realizar ao longo da jornada. Assim, havendo, pelo menos, a expectativa de que o labor a ser prestado a cada dia poderia não ser ilícito, deve prevalecer a proteção ao trabalhador[35].

Observa *Pontes de Miranda*[36] que "o negócio jurídico não é nulo somente quando se *promete* ato tido como ilícito". Também haverá ilicitude se o ato serve apenas de meio ou condição para alcançar resultado que seja contrário à lei ou aos bons costumes. Assim, o oferecimento de uma gratificação para obter favores sexuais do empregado ou para que este tome conta de negócios ilícitos ou imorais do empregador vicia a promessa de acréscimo salarial. Se já houve pagamento, não cabe repetição (CC, art. 883), mas também não tem direito o empregado aos reflexos de tal gratificação em outras verbas trabalhistas. E se os cobrar, deverá o juiz aplicar o disposto no parágrafo único do art. 883 do Código Civil.

Tal solução assenta-se no tradicional princípio pelo qual ninguém pode ser atendido quando invoca a própria torpeza (*nemo auditur propriam turpitudinem allegans*). Conforme explica *Carvalho Santos*, "quando a lei nega efeito aos atos ilícitos, imorais ou contrários a ela, refere-se ao próprio contrato, a este é que tem em vista, e não ao pagamento". Se o pagamento já foi efetuado, prossegue, transcrevendo lição de *Giorgi*, "a disposição não teria mais sentido, porque a causa ilícita já produziu o seu efeito, e não se trata mais de impedi-lo, mas, sim, de destruí-lo, fazendo tudo voltar ao estado anterior, mediante a restituição. O pagamento não se apresenta como um efeito do contrato ilícito, de que ainda se pode impedir a verificação, mas como um fato já consumado, não obstante a proibição. Ora, para destruir esse fato e ordenar a restituição, a lei daria ensejo a um inconveniente muito mais grave, qual seria o de prestar o seu braço forte em apoio de

---

(35) "RELAÇÃO DE EMPREGO. LOJA LOTÉRICA. JOGO DE BICHO. Os empregados que trabalham nas lojas lotéricas, sob indisfarçável subordinação, vendendo bilhetes de loteria, telesena, toto-bola e, também, apostas de jogo de bicho, não podem ser alijados do amparo legal. A situação é por demais conhecida da doutrina e jurisprudência pátria, causando sempre inquietação a atividade primária e simples que exercem os simples vendedores balconistas, não se podendo deixar tal atividade desguarnecida de qualquer proteção legal, jurídica, social e previdenciária em benefício dos patrões que, a par de prática de contravenção, se escudam no próprio ato ilícito para se furtarem às obrigações trabalhistas, sociais e fiscais" (TRT 3ª Região, RO 01667-2001-004-03-00, Ac. 3ª T., 19.6.2002, Relª Juíza Maria Lúcia Cardoso de Magalhães. DJE 16.7.2002, p. 17).

(36) MIRANDA, F. C. Pontes de. *Tratado...* t. 4, cit., p. 158.

quem cometeu a torpeza ou o fato ilícito, deixando campo livre a investigações judiciárias vergonhosas e indecentes"[37]. Apesar disso, também não há razão para legitimar o enriquecimento indevido do beneficiário da prestação. Daí a solução ditada pelo art. 883, parágrafo único, do Código Civil.

Há, entretanto, quem sustente que a ilicitude da atividade patronal só se estende à prestação laboral se esta for intrinsecamente ilícita, por exemplo, se "consiste em atração de freguesia ou em ocultação ou cumplicidade"[38]. Embora essa orientação esteja mais preocupada com a proteção do trabalhador, parece-nos que só deve ser adotada nos casos em que as atividades promovidas pelo empregador misturam fins lícitos e ilícitos. Em tal caso, só seriam afetados pela ilicitude da atividade patronal os trabalhadores cujo trabalho fosse direcionado específica e exclusivamente aos fins não lícitos. Quanto aos demais, não sofreriam os efeitos da atividade paralela do empregador, ainda que exercida no mesmo estabelecimento.

A doutrina e jurisprudência, no entanto, reconhecem o que se denomina situações fronteiriças, como é o caso de garçons e cozinheiras que trabalhem em restaurante que serve de fachada para um cassino, da camareira que trabalha num prostíbulo, do vendedor de loja cujo dono comercializa produtos contrabandeados etc. Nos casos mencionados, e em outros semelhantes, a tendência é de reconhecer que o trabalho dos empregados é lícito, a despeito da ilicitude do empreendimento em que se ativaram[39].

Tal entendimento, no entanto, foi todo ele construído na vigência do Código Civil anterior, o qual não oferecia uma solução adequada para o problema. Hoje, porém, em face da norma contida no parágrafo único do art. 883 do Código Civil atual, não há justificativa para tamanha tolerância. As soluções anteriores explicavam-se pela necessidade de evitar que fossem conferidas mais vantagens aos empreendedores que promoviam atividades ilícitas, uma vez que, reconhecida a nulidade do contrato por ilicitude do objeto, eram eles premiados com a isenção das obrigações trabalhistas, enquanto o empregado, cuja conduta normalmente era bem menos censurável, acabava sendo o maior (não raro, o único) penalizado. Isso porque o Código Bevilaqua não continha norma equivalente ao parágrafo único do art. 883 do Código Civil atual. Em consequência disso, os tribunais tendiam a só excluir os direitos dos trabalhadores em casos extremos, em que a ilicitude do trabalho fosse manifesta.

Essa é a razão pela qual ainda podem ser encontradas inúmeras decisões reconhecendo aos empregados de casas de jogo do bicho todos os direitos trabalhistas, considerando que tal modalidade de jogo não tem recebido efetiva censura por parte do Estado[40]. A orientação dominante, no entanto, é de que, apesar da aparente frouxidão em reprimi-lo,

---

(37) SANTOS, J. M. de Carvalho. *Código Civil brasileiro interpretado*, v. 12, 10. ed. Rio de Janeiro: Freitas Bastos, 1977. p. 435.
(38) BARROS, Alice Monteiro de. *Curso de direito do trabalho*. São Paulo: LTr, 2005. p. 223-4.
(39) CAMINO, Carmen. *Direito individual do trabalho*. 4. ed. rev., ampl. e atual. Porto Alegre: Síntese, 2004. p. 267.
(40) Todavia, conforme assevera Alice Monteiro de Barros, a falta de infraestrutura policial no combate a essa prática não poderá induzir à conclusão de que o jogo desfruta do beneplácito do Estado. Ainda que insatisfatória, punição existe, conforme o demonstra a Súmula n. 51 do STJ (BARROS, Alice Monteiro de. *Op. cit.*, p. 495).

o jogo do bicho constitui atividade ilícita e, como tal, conduz à nulidade do contrato laboral (TST/SDI-I, OJ n. 199)[41]. Corolário lógico é a aplicação do art. 883 do Código Civil[42].

A resistência de alguns tribunais em reconhecer a nulidade do contrato, no caso, funda-se na repugnância em adotar uma solução que proporcione maiores vantagens ainda a quem promove a atividade ilícita, o verdadeiro contraventor, em detrimento do obreiro, incongruência que o Código Civil atual eliminou, ao determinar que se reverta a prestação entregue (no caso, seu equivalente) em favor de instituição de beneficência[43]. A maior parte da jurisprudência, no entanto, continua se debatendo em vão, por ignorar a norma inscrita no parágrafo único do art. 883 do Código Civil. Diante de tal norma, não subsiste razão para tamanhas concessões às práticas ilícitas, uma vez que, quando menos, o trabalhador se converte em cúmplice das atividades patronais, acobertando-as e contribuindo para elas, em vez de denunciá-las. Mesmo que as autoridades constituídas sejam complacentes com quem as explora, tal circunstância não retira das atividades ilícitas este seu caráter.

Quando, porém, a ilicitude do trabalho decorre da inobservância das normas de proteção ao próprio trabalhador, por exemplo, quanto à limitação da jornada, sem que haja ofensa aos bons costumes, não faria sentido deixar a descoberto exatamente o destinatário da proteção legal[44]. Afinal de contas, não se pode interpretar a norma legal em desprezo aos seus fins. Se o trabalhador se submete a certas situações, mesmo quando as normas legais lhe dariam respaldo para rebelar-se, normalmente o faz porque se vê forçado a isso, seja pela necessidade econômica, seja pelo estado de sujeição em que se encontra ante o empregador. Destarte, não se poderia punir o obreiro por haver trabalhado em condições proibidas por lei quando a vedação legal tinha por escopo justamente a sua proteção, pois, do contrário, o trabalhador estaria sendo duplamente penalizado: primeiro, pela ineficácia da norma jurídica instituída em sua defesa e, segundo, em face da ausência de reparação pelos prejuízos sofridos.

Por outro lado, se a ofensa à lei resulta apenas das condições em que o empregador explora a atividade empresarial, isto em nada prejudica os contratos de trabalho firmados com os empregados. O fato de o empregador não cumprir exigências administrativas ou não deter autorização legal para atuar no ramo de atividades que explora, agindo, assim, na clandestinidade, não contagia os contratos de trabalho[45].

---

(41) Com efeito, nos termos do art. 58 do Decreto-lei n. 3.688, de 3.10.1941, "explorar ou realizar a loteria denominada jogo do bicho, ou praticar qualquer ato relativo à sua realização ou exploração" constitui contravenção penal, sujeita a pena de prisão simples de quatro meses a um ano, mais multa.

(42) "*Art. 883*. Não terá direito à repetição aquele que deu alguma coisa para obter fim ilícito, imoral ou proibido por lei. *Parágrafo único*. No caso deste artigo, o que se deu reverterá em favor de estabelecimento local de beneficência, a critério do juiz."

(43) O Código Civil anterior também negava o direito de repetição em relação às prestações realizadas com intuito ilícito, imoral ou proibido por lei (art. 971), mas nada mais acrescentava, o que acabava beneficiando quem as havia recebido, que não sofria sanção alguma, mas, ao contrário, só obtinha vantagens.

(44) É pacífico o entendimento de que "a limitação legal da jornada suplementar a duas horas diárias não exime o empregador de pagar todas as horas trabalhadas", ainda que excedam aquele limite (TST, Súmula n. 376, I).

(45) Conforme ensina Pontes de Miranda, há casos em que a proibição visa apenas a evitar o resultado fático do ato. Assim, não é nula "a venda de mercadorias feita, com infração à lei, pelo comerciante, nas horas em que a casa deveria estar fechada; nem a compra de pedras a pedreira, para a qual seria mister a concessão, é nula" (*Tratado*..., t. 4, cit., p. 202).

A existência ou não de ilicitude é questão de direito (*quaestio juris*), e não de fato, razão pela qual a discussão a respeito pode servir de fundamento para recursos de natureza extraordinária[46]. Sua análise, porém, deve considerar o momento da conclusão do negócio, não desaparecendo a nulidade pela superveniência de norma jurídica que elimine a ilicitude, evitando-se, com isso, especulações sobre a mudança de legislação, o que se revelaria imoral[47]. Por outro lado, "quanto à invalidade sobrevinda, a lógica obriga a tê-la como *contradictio in terminis*"[48]. Ainda conforme Pontes de Miranda, "a nulidade ou anulabilidade somente pode sobrevir se sobrevém lei que a estatua: o suporte fático não era deficiente, e faz-se deficiente, *pela retroatividade de tal lei*. Mas, aí já se está no campo do Direito intertemporal..."[49].

Tais ensinamentos, contudo, não se aplicam inteiramente ao contrato de trabalho, uma vez que este se caracteriza pelo trato sucessivo[50]. Assim, é possível que uma atividade que era lícita deixe de sê-lo, de modo que só a partir de então o contrato de trabalho deixa de ser apto para atingir os fins a que se destina, não alcançando os efeitos anteriores. Diante disso, é como se o contrato de trabalho se renovasse a cada dia que o empregado cumpre a prestação assumida. Por outro lado, é possível que o empregado só venha a descobrir que seu trabalho está sendo utilizado para fim ilícito depois de certo tempo de execução do contrato. Neste caso, não se poderá dizer que comungava da destinação ilícita de seu trabalho enquanto desconhecia os seus fins. Embora a ignorância não afaste a nulidade, somente a partir da ciência do trabalhador é que este passa a sofrer os seus efeitos, uma vez que é a contar de então que se materializa a hipótese prevista no art. 166, III, do Código Civil.

Não poderíamos deixar de mencionar aqui, ainda, a distinção elaborada por *Guillermo Cabanellas* entre o trabalho ilícito e o apenas proibido[51]. Tal discrímen está hoje positivado na *Ley de Contrato de Trabajo* argentina (Lei n. 20.744), que considera ilícito o objeto que contraria a moral e os bons costumes (art. 39), e proibido o que for vedado a determinadas pessoas ou se referir a tarefas, períodos ou condições especificadas nas leis ou normas regulamentares (art. 40). Ressalta referida lei que a proibição dirige-se sempre ao empregador, não afetando os direitos do trabalhador, ao passo que a ilicitude do objeto também alcança o trabalhador, privando-o da proteção laboral.

Embora entre nós não haja norma semelhante, isto não impediu que a doutrina adotasse tal divisão. Assim, nas hipóteses em que a lei simplesmente exclui a legitimidade de certas pessoas para contratar determinadas modalidades de trabalho, tais formas de labor,

---

(46) MIRANDA, F. C. Pontes de. *Tratado...*, t. 4, cit., p. 152-3.
(47) *Ibidem*, p. 203.
(48) *Ibidem*, p. 221. "A invalidade tem causas coevas com o nascimento do negócio. Os vícios, as falhas, os defeitos hão de ser verificados no processo de sua *formação*. Portanto, são contemporâneos ao seu surgimento. Há simultaneidade do nascimento das razões da não validade. A invalidade é uma deficiência genética" (VELOSO, Zeno. *Invalidade do negócio jurídico*: nulidade e anulabilidade. 2. ed. Belo Horizonte: Del Rey, 2005. p. 29).
(49) MIRANDA, F. C. Pontes de. *Tratado...*, t. 4, cit., p. 222.
(50) A qualificação do pacto laboral como sendo de "trato sucessivo" é rica e muito expressiva, significando que, ao longo de sua execução, "a cada passo, se opera como que uma renovação das estipulações, que se ampliam e se retocam e se recriam, infundindo ao contrato uma dinâmica de organismo vivo" (ANDRADE, Vasco de. *Atos unilaterais no contrato de trabalho*. Ed. fac-sim. São Paulo: LTr, 1996. p. 6-7).
(51) CABANELLAS, Guillermo. *Tratado de derecho laboral*, t. 2, v. 1. Buenos Aires: Editorial Claridad, 1988. p. 137-8.

em relação àqueles indivíduos, representam apenas um trabalho proibido (ilicitude relativa), embora, objetivamente considerada, a atividade não seja propriamente ilícita. O trabalho em condições perigosas ou insalubres, por exemplo, não é ilícito, mas é proibido para os menores de 18 anos[52]. Neste caso, ainda que infringida a vedação legal, não se aplicará o disposto no art. 883 e seu parágrafo único do Código Civil pátrio, até porque o impedimento visa justamente a proteger o destinatário da restrição. Logo, não se poderia interpretá-lo em desfavor das pessoas a quem se dirige a tutela.

Por outro lado, também deve ser considerado como simplesmente proibido, e não ilícito, o labor prestado em desconformidade com as normas relativas à medicina e segurança do trabalho. Por conseguinte, ainda que não observadas tais regras, o trabalhador não poderá sofrer prejuízos outros, além dos que resultam da inobservância das medidas de proteção legalmente exigíveis. Afinal, há que se considerar, primeiro, que as normas em questão impõem obrigações principalmente ao empregador e, segundo, que visam, acima de tudo, à proteção dos trabalhadores. Logo, não poderiam ser interpretadas de modo a frustrar a razão principal de sua existência. É o caso do trabalhador que foi submetido a trabalho fatigante, supondo-se que tenha laborado transportando sobre os ombros objetos com mais de 60 quilogramas (CLT, art. 198). Em tal caso, e em todas as demais hipóteses de labor sem observância das regras de higiene, segurança e medicina do trabalho, privar o trabalhador das devidas reparações seria inverter o sentido da norma, e impor-lhe uma sanção em vez de conferir-lhe a proteção legal. Tal solução, como é evidente, seria absurda. Assim, a despeito de se tratar de trabalho proibido, o empregado fará jus a todos os direitos, como se não houvesse a restrição, negando-se apenas a possibilidade de dar prosseguimento ao contrato em tais condições.

Idêntico tratamento deve ser observado quando a proibição não se destine especificamente a proteger a pessoa à qual o trabalho é vedado, mas tem em conta outros interesses de ordem pública, sem que, no entanto, o trabalho prestado, em si mesmo, tenha caráter ilícito ou imoral. É o caso, por exemplo, do vigilante que não preenche os requisitos do art. 16 da Lei n. 7.102/83 ou do motorista com habilitação vencida[53]. Embora tais trabalhadores não possam continuar exercendo suas funções antes de regularizar sua situação, não perdem os direitos relativos ao trabalho já prestado. Assim também ocorre, entre outros casos, com o auxiliar de laboratório que não possui a habilitação necessária para o exercício da função[54].

E igual solução vem sendo aplicada ao estrangeiro que não tem autorização para trabalhar no País[55]. Em relação ao policial militar, no entanto, segundo o entendimento

---

(52) O Anexo I da Portaria MTE/SIT n. 20, de 13.9.2001, relaciona as atividades consideradas perigosas ou insalubres para menores de 18 anos, na forma do art. 405, I, da CLT.

(53) Se o motorista não é habilitado, incorre em conduta criminosa (Lei n. 9.503/97, art. 309), devendo prevalecer a tutela da coletividade, aplicando-se ao caso o disposto no art. 883, parágrafo único, do Código Civil.

(54) "AUXILIAR DE LABORATÓRIO. AUSÊNCIA DE DIPLOMA. EFEITOS. O fato de o empregado não possuir diploma de profissionalização de auxiliar de laboratório não afasta a observância das normas da Lei n. 3.999, de 15.12.1961, uma vez comprovada a prestação de serviços na atividade" (TST, Súmula n. 301).

(55) O art. 98 da Lei n. 6.815, de 19.8.1980, veda ao estrangeiro que se encontra no Brasil ao amparo de visto de turista, de trânsito ou na condição de estudante, bem como aos dependentes de titulares de quaisquer vistos temporários o exercício de atividade remunerada. Aos correspondentes de agências de notícias estrangeiras é vedado apenas o exercício de atividade remunerada por fonte brasileira.

da jurisprudência dominante, a vedação contida no art. 22 do Decreto-lei n. 667, de 2.7.1969, também não invalida o contrato de trabalho, nem inviabiliza seu prosseguimento (TST, Súmula n. 386)[56].

Quanto à situação do trabalhador que mantém contrato de exclusividade ou firmou cláusula de não concorrência, mas, em descumprimento às obrigações resultantes de tais pactos, candidata-se a um segundo emprego, nem ao menos se pode falar em trabalho proibido. No caso, o segundo contrato não é nulo, ainda que as obrigações nele assumidas sejam incompatíveis com as que derivam do pacto anterior. O novo empregador não poderá ser penalizado pelo fato de o obreiro, ao contratar, estar descumprindo obrigações assumidas perante terceiros por ser estranho a elas. Por se tratar de *res inter alios acta*, as estipulações do contrato que o obreiro firmara anteriormente com outrem, em princípio, não prejudicam nem beneficiam o novo empregador. Cabe ao antigo empregador, prejudicado pelo inadimplemento, buscar as reparações cabíveis, inclusive, se for o caso, postulando que o juiz condene o trabalhador a desligar-se do novo pacto laboral. Em suma, em face de restrições decorrentes de obrigações contratuais firmadas com terceiros não decorrem nulidades ou anulabilidades, cabendo aos prejudicados buscar as reparações cabíveis em caso de descumprimento do pactuado.

Todavia, se o novo empregador conhecia as restrições anteriores a que estava vinculado contratualmente o obreiro, pode ser chamado a responder juntamente com este pelos prejuízos decorrentes do contrato celebrado à revelia daquelas, uma vez que se torna cúmplice do trabalhador no descumprimento do pacto anterior[57]. A responsabilidade do novo empregador, no entanto, será sempre aquiliana, uma vez que não foi ele quem se obrigou perante o prejudicado. Se o novo empregador tomar conhecimento da restrição após a celebração do contrato com o obreiro, não tendo sido avisado dela antes, pode dispensar o obreiro por justa causa, uma vez que, ciente da vedação, passa a ter responsabilidade pelos prejuízos ocorridos a partir de então[58].

Em relação às profissões que exijam formação específica e/ou inscrição ou registro em Conselho ou órgão de classe, o trabalhador que as exerça sem preencher tais requisitos, quando menos, cometerá uma contravenção penal (Decreto-lei n. 3.688/41, art. 47), podendo o fato, dependendo do caso, ser tipificado como crime (ex.: CP, art. 282). Em tais casos, o exercício da profissão atenta contra os interesses de toda a coletividade, não se podendo admitir, pois, que o particular obtenha proveito de sua conduta delituosa. Todavia, o vício não estará no objeto, senão no sujeito, que não está habilitado para exercer a profissão a que se obrigou. E caso o obreiro venha a habilitar-se posteriormente, a partir de então desaparecerá o vício, formando-se, tacitamente, um novo pacto laboral, sem o impedimento anterior.

---

(56) Dispõe o Decreto-lei n. 667/69: "Art. 22. Ao pessoal das Polícias Militares, em serviço ativo, é vedado fazer parte de firmas comerciais de empresas industriais de qualquer natureza ou nelas exercer função ou emprego remunerados".
(57) No mesmo sentido dispõe o Código Civil em caso de aliciamento de prestadores de serviços vinculados a outro tomador mediante contrato escrito: "Art. 608. Aquele que aliciar pessoas obrigadas em contrato escrito a prestar serviço a outrem pagará a este a importância que ao prestador de serviços, pelo ajuste desfeito, houvesse de caber durante 2 (dois) anos."
(58) MALLET, Estêvão. *Op. cit.*, p. 1.169.

Também não haverá ilicitude quanto ao objeto pelo simples fato de o trabalho ter sido prestado por empregado público admitido sem concurso, quando esse requisito era exigido (CF, art. 37, II). O que se tem, no caso, é um défice subjetivo decorrente da inobservância de um requisito formal na celebração do contrato, não sendo o labor, em si mesmo considerado, só por isso ilícito. Não fosse assim, nem mesmo os regularmente admitidos poderiam exercê-lo. Nem se pode dizer que se trate de objeto proibido por lei, uma vez que o vício, no caso, conforme já mencionado, tem natureza subjetivo-formal.

Tratando-se de atividade vedada em caráter absoluto, se exercida, haverá labor ilícito, propriamente dito, aplicando-se, neste caso, o disposto no art. 883 e parágrafo único do Código Civil. Assim, o empregado não terá direito a reparação alguma pelo labor prestado e, se postular em juízo verbas trabalhistas, o valor correspondente às parcelas que eventualmente não tenham sido pagas ao obreiro deverá ser revertido em prol do estabelecimento de beneficência escolhido pelo juiz.

A tendência da doutrina e jurisprudência trabalhistas, no entanto, é de só considerar ilícita a prestação laboral quando esta contrarie a moral, os bons costumes ou a ordem pública. Assim, além das atividades imorais, em regra, só se considera ilícito o trabalho que corresponda a uma conduta delituosa, isto é, que seja tipificado como crime ou contravenção penal[59].

Quando a norma legal veda certas atividades apenas a determinadas pessoas, mas não qualifica sua inobservância como infração penal, a tendência é de admitir os efeitos trabalhistas pelo menos em relação ao labor já prestado. Considerada, porém, a atividade como ilícita (ilicitude absoluta), tal enquadramento não desaparece pelo fato de ser o obreiro relativa ou absolutamente incapaz. A gravidade da infração às normas jurídicas, no caso, sobrepõe-se à tutela dos incapazes. O fato de o trabalhador ser inimputável, por não ter consciência dos atos jurídicos e de seus efeitos, afasta apenas, em relação a ele, a incidência das demais sanções jurídicas normalmente cabíveis, sem, no entanto, descaracterizar a ilicitude do objeto e a consequente nulidade contratual. Assim, se houve prestação de trabalho, em face do caráter intrinsecamente ilícito de tal labor, mesmo o prestador incapaz sujeita-se ao disposto no art. 883 do Código Civil. A inimputabilidade do obreiro, no caso, é indiferente, uma vez que não se trata de aplicar-lhe uma sanção pessoal[60], mas de fazer prevalecer o princípio que visa a impedir que se obtenham vantagens com a prática de atos ilícitos.

Todavia, tal como ocorre em relação aos demais trabalhadores, também aqui a boa-fé quanto à destinação do trabalho afasta a incidência do art. 883 do Código Civil. No caso do trabalho prestado por incapaz, no entanto, a boa-fé não poderia ser analisada em relação ao trabalhador, uma vez que, em face de sua condição, presume-se que ele não tenha aptidão para compreender o caráter ilícito da atividade ou de conduzir-se de acordo

---

(59) CAMINO, Carmen. *Op. cit.*, p. 266.

(60) Note-se que, embora inimputáveis, a partir dos 12 anos os menores sujeitam-se a medidas socioeducativas quando realizarem condutas tipificadas como crime ou contravenção penal (Lei n. 8.069, de 13.7.1990, arts. 103 e seguintes). Tais medidas, no entanto, como o próprio nome indica, não têm o objetivo de punir o adolescente, mas visam a um efeito pedagógico.

com tal entendimento. Diante disso, a ausência de malícia não deve ser perquirida no incapaz, mas em relação a seus responsáveis legais.

Com efeito, não faria sentido indagar acerca da boa-fé em relação ao incapaz, uma vez que é justamente por lhe faltar o necessário discernimento para praticar atos jurídicos que a lei o coloca sob a responsabilidade de outrem. Assim, se não está em condições de realizar, por si só, atos jurídicos, por não deter a necessária compreensão da realidade, seu estado subjetivo não pode servir como critério para definir as consequências de sua conduta[61]. De outra parte, passar por cima do requisito da boa-fé implicaria permitir que o incapaz fosse usado como intermediário, nas mãos de representantes legais inescrupulosos, para a obtenção de fins escusos. Na prática, se do trabalho do incapaz, mesmo ilícito, se pudessem extrair todas as vantagens como se não padecesse de vício algum, quem deveria manter o incapaz teria aliviado o seu encargo à custa de uma atividade ilícita, o que atenta contra os princípios jurídicos, além de estimular o emprego de incapazes em atividades proscritas pelo Direito, resultado igualmente reprovável. Assim, como o ato do incapaz só pode ser realizado por intermédio do responsável legal (incapacidade absoluta) ou com a sua participação (incapacidade relativa), a existência ou não de boa-fé deve ser aferida em relação ao responsável legal, e não quanto ao incapaz.

Conforme já mencionado, normalmente, o caráter absoluto da ilicitude decorre do fato de ser o trabalho contrário à moral ou aos bons costumes, ou, ainda, por ter ele caráter delituoso. Já a ilicitude relativa (simples proibição) resulta do objetivo legal de conferir proteção especial a determinadas pessoas, em razão de sua particular condição de maior vulnerabilidade, seja a própria pessoa que participa do negócio, sejam terceiros afetados por ele. Apesar disso, tanto o trabalho simplesmente proibido (vedado para alguns) quanto o ilícito (proibido para todos) acarretam a nulidade do contrato. A distinção doutrinária entre trabalho proibido e trabalho ilícito, portanto, não implica negar a ocorrência de vício invalidante na primeira hipótese, mas visa apenas a evidenciar que, apesar da nulidade, os efeitos de um e de outro podem não ser os mesmos[62].

Necessário acentuar, por outro lado, que a ilicitude do objeto não constitui óbice à existência do contrato de trabalho, repercutindo apenas em sua validade. Assim, é incorreta a afirmação comumente encontrável de que, sendo o objeto ilícito, é impossível o reconhecimento do vínculo de emprego. Para que se estabeleça a relação empregatícia, basta que o labor avençado seja subordinado, pessoal, não eventual e oneroso. Presentes tais requisitos, a existência do vínculo de emprego não poderá ser negada, a não ser nos casos em que a lei o ressalve (por exemplo, em relação aos presidiários[63]). A ilicitude do objeto não inviabilizará a formação do vínculo de emprego, retirando apenas sua aptidão para

---

(61) Embora sob algumas circunstâncias a lei retire a proteção do incapaz, por exemplo quando agir com dolo ou malícia (CC, art. 180), ou quando simplesmente causar prejuízos a outrem (CC, art. 928), não nos parece que possamos alargar as exceções legais. As ressalvas referidas destinam-se a proteger outros valores que não se fazem presentes nos casos em que o incapaz é ocupado em atividades ilícitas.
(62) DALLEGRAVE NETO, José Affonso. *Contrato individual de trabalho:* uma visão estrutural. São Paulo: LTr, 1998. p. 110.
(63) Nos termos do art. 28, § 2º, da Lei n. 7.210, de 11.7.1984 (Lei de Execução Penal), "o trabalho do preso não está sujeito ao regime da Consolidação das Leis do Trabalho".

produzir os efeitos jurídicos que dele decorreriam se válido fosse. Logo, é a validade do contrato de trabalho que é afetada pela ilicitude do objeto, e não a existência da relação de emprego. Todavia, se, em razão do contrato, posto que nulo, houve prestação de trabalho, não há como negar que tal labor foi realizado nos moldes de uma relação empregatícia. No caso, embora o contrato não seja a causa jurídica da prestação laboral, sem dúvida que foi ele sua razão determinante sob o aspecto prático. E tal circunstância não pode ser ignorada quando do tratamento dos efeitos, não do contrato, por ser nulo, mas do labor prestado.

No campo do Direito Internacional Privado, segundo prevê o art. 178 do Código Bustamante, são territoriais as regras que proíbem que serviços contrários às leis e aos bons costumes sejam objeto de contratos. E no mesmo sentido aponta o *caput* do art. 9º da LICC, ao estipular que, para qualificar e reger as obrigações, aplicar-se-á a lei do país em que foram constituídas.

3.3. Impossibilidade

A impossibilidade do objeto pode ser analisada tanto sob o aspecto fático quanto jurídico. Neste último caso, têm-se em conta as restrições impostas pelas normas jurídicas, enquanto no primeiro consideram-se os limites físicos ou naturais.

Pontes de Miranda refere-se, ainda, às impossibilidades cognoscitiva, lógica e moral. Há impossibilidade cognoscitiva, segundo ele, quando o objeto não pode ser captado pela ciência ou mente humana, como um negócio que tivesse por objeto a reserva de um lugar no céu. A impossibilidade lógica caracteriza-se pela contradição que torna o objeto do negócio jurídico incompreensível. Por fim, a impossibilidade moral decorre de objeto moralmente não admitido[64].

Tais categorias de impossibilidade, no entanto, ou já estão abrangidas pela impossibilidade física ou jurídica, ou implicam a própria ausência de objeto. Assim, a impossibilidade cognoscitiva é uma forma de impossibilidade física, uma vez que, se o resultado nem sequer pode ser conhecido, também não será factível ou, quando menos, não será possível aferir sua ocorrência, o que dá no mesmo. Quanto à impossibilidade lógica, na verdade, o problema está na manifestação de vontade, podendo implicar, conforme o caso, a indeterminação ou a própria inexistência do objeto. Já a impossibilidade moral, se é que se pode conceber tal hipótese, estaria compreendida na ilicitude do objeto.

A impossibilidade resultante de restrições impostas pelo ordenamento jurídico, abrangidos aqui os princípios morais e os bons costumes, já foi analisada acima, quando tratamos da ilicitude do objeto ou de sua inadequação[65]. Embora, teoricamente, a impossibilidade jurídica e a ilicitude não se confundam, conforme bem observou *Eduardo Espínola*,

---

(64) *Apud* MELLO, Marcos Bernardes de. *Op. cit.*, p. 97.
(65) Seguimos, aqui, a posição adotada por Gagliano e Pamplona Filho, quando afirmam que "pondo-se de lado divagações teóricas infecundas, fixamos, de logo, a premissa de que há uma sinonímia entre a *licitude* e a *possibilidade jurídica do objeto*" (GAGLIANO, Pablo Stolze; PAMPLONA FILHO, Rodolfo. *Novo curso de direito civil*, v. 1: parte geral. 4. ed. rev. ampl. e atual. São Paulo: Saraiva, 2003. p. 350).

"praticamente, em face de nosso direito, não tem importância, em se tratando de objeto do ato jurídico, a distinção entre o que seja juridicamente impossível e o que tenha caráter de ilícito"[66]. Diante disso, não vemos razão para maiores delongas a respeito, uma vez que, conforme referido, nem a lei se preocupa em fazer tal distinção no caso.

Assim, considerando que a impossibilidade jurídica já foi versada acima, seja a título de inadequação ou de ilicitude do objeto, resta-nos agora analisar apenas a impossibilidade de fato, que corresponde aos obstáculos naturais. O objeto será fisicamente impossível quando esbarra nos limites das forças humanas ou não é factível segundo as leis da natureza (*id quod natura fieri non potest*).

Se o objeto do negócio jurídico extrapola as forças humanas, torna inválida a obrigação (*impossibilium nulla obligatio est*)[67]. Todavia, é necessário que o impedimento físico seja absoluto, isto é, deve apresentar-se como tal em relação a qualquer pessoa, e não apenas a quem tomou parte no negócio jurídico, pois, do contrário, a menos que se trate de obrigação personalíssima, a prestação poderá ser realizada por terceira pessoa, à custa do devedor.

Além disso, para invalidar o negócio jurídico, a impossibilidade deve ser originária, não havendo nulidade se a impossibilidade for apenas superveniente. Neste caso, como regra, não havendo culpa do obrigado, resolve-se a obrigação.

A impossibilidade restrita a quem assume a obrigação personalíssima (impossibilidade relativa), quando originária, não conduz à invalidação do contrato, uma vez que age de má-fé quem se obriga a uma prestação que, sabidamente, não tem condições de adimplir. Assim, a simples falta de condições de quem assumiu a obrigação, não sendo esta em si mesma impossível (impossibilidade absoluta), implica inadimplemento contratual, e não nulidade do negócio jurídico.

Se quem se obrigou incorreu em erro, pensando ser possível o que, em relação a ele, não o era, o negócio jurídico poderá ser anulado por vício de consentimento, mas não por impossibilidade do objeto. Se o empregador não esclareceu devidamente qual era o objeto do contrato, levando o obreiro a firmá-lo de boa-fé, a impossibilidade constatada posteriormente, quando da execução do contrato, revelará apenas a ocorrência de dolo por omissão, autorizando o empregado a postular a anulação do pacto, ou, conforme tem sido aceito pela doutrina e jurisprudência, a promover a rescisão contratual por culpa do empregador (CLT, art. 483, *a*). Convém registrar, ainda, que cabe ao empregador fornecer ao obreiro o treinamento necessário para que desempenhe com eficiência e segurança as tarefas que lhe são atribuídas. Assim, se o empregador não exigiu experiência na função, quando da admissão do obreiro, a falta de prática deste não implicará impossibilidade, ainda que relativa, do

---

(66) ESPÍNOLA, Eduardo. *Manual...* v. 3: dos factos jurídicos, 4ª parte, cit., p. 453. Convém ressalvar, como o faz *Eduardo Espínola*, que o mesmo não ocorre quanto às condições dos negócios jurídicos, conforme veremos no capítulo VII.

(67) "A solução das questões resultantes da ilicitude e da impossibilidade do objeto depende da orientação de cada sistema jurídico. Os romanos concebiam o nulo como inexistente. Hoje, com plena razão lógica, os sistemas jurídicos consideram o nulo existente, porém, com defeito. *De lege ferenda*, no entanto, nada impede que a licitude e a possibilidade do objeto sejam considerados elementos de suficiência do suporte fático, portanto, de existência do ato jurídico, ou, diferentemente, serem tidas como causa de eficiência, e, deste modo, como condição de validade" (MELLO, Marcos Bernardes de. *Teoria do fato jurídico:* plano da existência. 9. ed. São Paulo: Saraiva, 1999. p. 128).

objeto, devendo o empregador proporcionar ao empregado os meios e o tempo necessários para aprender a executar as atividades próprias da função. E não se pode dizer que houve má-fé do empregado por não revelar que não sabia operar determinada máquina, por exemplo, se não foi indagado sobre isso quando de sua admissão. Ademais, para verificação das habilidades do trabalhador existe a figura do contrato de experiência.

A impossibilidade de dar execução ao contrato de trabalho, pelo obreiro, em consequência de obstáculo temporário superveniente, em vez da resolução do pacto, normalmente, implica a suspensão, mais ou menos ampla, de seus efeitos, até que o obreiro recupere as condições de retomar a prestação laboral. Note-se que, além de impedir o desfazimento do vínculo, ante a ocorrência de algum fato que impossibilite o trabalhador de cumprir transitoriamente as obrigações decorrentes do pacto laboral, o Direito do Trabalho amplia o rol de hipóteses em que o empregado pode deixar de trabalhar sem prejuízo da manutenção do contrato. Com isso, a impossibilidade não é considerada apenas sob o aspecto físico, mas também humano, espiritual, familiar, social e cultural: protege-se o trabalhador que sofre acidente ou problema de saúde, bem assim os seus sentimentos por ocasião da morte de parentes próximos; tutela-se, ainda, a integração familiar, autorizando o empregado a ausentar-se do serviço em razão do casamento ou por ocasião do nascimento de seus filhos; estimula-se a solidariedade social, liberando do trabalho por um dia o doador de sangue; preserva-se a cidadania, não permitindo que a necessidade de sobrevivência impeça o trabalhador de ter acesso à Justiça, de exercer direitos ou atender às obrigações cívicas; fomenta-se a cultura, liberando o trabalhador para prestar vestibular; e assim por diante, para ficar apenas nas hipóteses previstas no art. 473 da CLT.

Como o contrato de trabalho tem por fim a obtenção de uma prestação laboral mediante contraprestação, em princípio seu objeto será sempre possível. Entretanto, não se pode perder de vista que, sob certas condições ou em determinadas circunstâncias, a prestação laboral pactuada poderá ser considerada inviável[68]. Assim, embora em princípio o transporte manual de objetos móveis de um local para o outro seja factível, dependendo do peso das peças a serem deslocadas ou do local em que se encontram, tal trabalho já não poderá ser executado individualmente ou sem a ajuda de equipamentos.

Do mesmo modo, é perfeitamente possível a prestação de serviços como motorista, mas não o será se for exigido do trabalhador que dirija veículos para seu empregador durante as vinte e quatro horas do dia, todos os dias da semana. Neste caso, embora a prestação em si, isto é, quanto à sua natureza, não seja impossível, passa a sê-lo a partir do instante em que, devido à sua extensão, excede os limites da resistência física do ser humano.

Um contrato que previsse semelhante cláusula seria, evidentemente, nulo. Se, entretanto, o contrato estiver em execução, a exigência de labor superior às forças do empregado autoriza-o a pleitear a rescisão, com base no art. 483, alínea *a*, da CLT. Nada impede, porém, que, em vez disso, pleiteie o trabalhador a redução da obrigação aos limites de

---

(68) É o elemento finalístico da prestação que penetra no objeto do contrato condicionando sua possibilidade de concreção. Em alguns casos, o condicionamento que torna inviável a prestação pode decorrer do tempo necessário para executá-la, noutros, do local em que deva ser realizada, ou ainda, em outras hipóteses, do fato de ser exigido o cumprimento individual (FERNANDES, António de Lemos Monteiro. *Direito do trabalho*, v. 1: introdução, relações individuais do trabalho. 6. ed. rev. e aum. Coimbra: Almedina, 1990. p. 256).

suas forças ou previstos em lei, sem romper o contrato laboral, uma vez que a impossibilidade, em tais casos, não decorre da natureza da prestação, mas de sua extensão ou do modo como deveria ser executada.

Convém notar, ainda, que o Direito do Trabalho tende a humanizar os conceitos civilistas. Assim, não é necessário que a atividade a ser exercida pelo empregado exceda suas forças para viciar o objeto contratual. Embora não seja absolutamente impossível a um trabalhador, por exemplo, carregar às costas algo que pese mais de 60 quilos, não poderá o empregador exigir-lhe que remova individualmente objetos que excedam tal limite de peso sem uso de aparelhos (CLT, art. 198). Destarte, na esfera das relações laborais, tendo em conta principalmente seu caráter continuado, há outros limites a serem observados, visando à tutela da dignidade do trabalhador e seu bem-estar físico e mental. E sempre que for possível adequar a prestação laboral aos limites da saúde, higiene e segurança, o Direito do Trabalho dá preferência a essa solução, em vez de simplesmente invalidar a relação contratual. Cabe, porém, ao interessado fazer a escolha entre adequar as condições contratuais aos limites aceitos pelas normas de proteção ou promover a rescisão do pacto.

A impossibilidade inerente à própria prestação dificilmente se apresentará na prática, a não ser que o contrato não seja sério, como na hipótese meramente figurativa de obrigar-se o trabalhador a carregar às costas barras de aço pesando uma tonelada. *Rodrigues Alves* e *Tostes Malta* sugerem o exemplo, também pouco provável na prática, da contratação de um "médium" para fazer previsões exatas sobre as oscilações do mercado de capitais[69]. Na prática, porém, nenhuma pessoa em sã consciência firmaria um contrato sério em tais termos, de modo que os exemplos citados são meramente fictícios[70]. Aliás, segundo *Fábio Ulhoa Coelho*, se a prestação é impossível, ao contrário do que consta do art. 104, II, do Código Civil, o caso não seria de nulidade, mas de inexistência de negócio jurídico, por ausência de objeto[71].

Pode ocorrer, no entanto, de firmarem as partes um contrato de trabalho cujo objeto sejam obrigações de resultados no seu todo inatingíveis, mas viáveis de serem alcançados em parte. A rigor, tal avença também padeceria de invalidade, uma vez que a obrigação assumida é impossível. Todavia, como a impossibilidade não diz respeito à natureza da obrigação, mas à sua extensão, caso o contrato tenha sido posto em execução, a tendência é afastar a alegação de nulidade, aferindo-se apenas se o trabalhador cumpriu a prestação que lhe cabia até onde sua capacidade laborativa o permitiu e consoante a boa-fé. Em caso positivo, tem-se por adimplido o contrato de sua parte, apesar de não haver alcançado os objetivos propostos. Quanto à contraprestação do empregador, poderá, ou não, haver uma adequação, conforme os termos em que foi pactuada. Se foi estabelecida retribuição fixa, haverá de ser paga pelo valor contratado, caso contrário, a remuneração será proporcional aos resultados auferidos.

---

(69) ALVES, Ivan D. Rodrigues; MALTA, Christovão P. Tostes. *Teoria e prática do direito do trabalho*. 9. ed. rev., atual. e aum. São Paulo: LTr, 1995. p. 328.

(70) Conforme observa Antonio Lamarca, "quando o objeto é *impossível*, há falta de seriedade ou perturbação mental do agente; assim, nenhuma vontade de praticar um ato jurídico para valer" (LAMARCA, Antonio. *Curso normativo de direito do trabalho*. 2. ed. rev. e atual. São Paulo: Revista dos Tribunais, 1993. p. 120).

(71) COELHO, Fábio Ulhoa. *Curso de direito civil*, v. 1. São Paulo: Saraiva, 2003. p. 311.

Tal solução assenta-se no caráter protetivo do Direito do Trabalho e na consideração de que os riscos do empreendimento devem ser assumidos pelo empregador. Assim, mesmo que o empregado não consiga alcançar os resultados a que se comprometeu, por motivos alheios à sua vontade, não haverá inadimplemento contratual de sua parte. Cabe ao trabalhador apenas dedicar-se de boa-fé ao trabalho a que se obrigou, não podendo ser punido porque os resultados esperados não se concretizaram.

Assim, desde que o labor exigido do empregado seja passível de ser executado, ainda que o fim a que se destinava a prestação não tenha sido alcançado, o contrato de trabalho não padecerá de vício algum. Afinal de contas, não cabe ao empregado garantir resultados, visto que os riscos recaem sobre o empregador, a quem incumbe organizar, dirigir e controlar a atividade empresarial e, por consequência, arcar com as despesas e assumir eventuais prejuízos[72]. A contraprestação devida ao empregado tem como causa a força de trabalho colocada à disposição do empregador, e não o resultado útil que este venha a colher da aplicação prática do esforço do obreiro. Destarte, qualquer tentativa de transferir os ônus da atividade empresarial ao empregado deve ser rechaçada, padecendo a cláusula que a prevê de insanável nulidade[73]. E embora se admita que o valor da remuneração possa estar vinculado à produção obtida pelo empregado, não poderá este receber menos do que o valor equivalente ao salário-mínimo, ainda que seu trabalho não gere resultado útil algum em prol do empregador (CF, art. 7º, VII).

A impossibilidade física somente vicia o negócio jurídico se for anterior e continuar presente no momento em que a prestação deveria ser adimplida. Assim, além de originária, é preciso que a impossibilidade não seja apenas transitória, mas que impeça definitivamente o cumprimento da obrigação. A impossibilidade superveniente, já o dissemos, não é causa de nulidade, mas de desfazimento do negócio jurídico mediante resolução[74].

No Direito do Trabalho, no entanto, conforme também já referido, a impossibilidade superveniente, sendo transitória, em regra, não é causa de resolução do contrato. Se o empregado perder a capacidade laborativa, prevê a lei a suspensão dos efeitos do contrato de trabalho, para fazer incidir as normas previdenciárias de proteção ao trabalhador. Recuperando este as condições que lhe permitam dar continuidade à prestação laboral, o contrato volta a produzir todos os seus efeitos. Por outro lado, inviabilizado em definitivo o prosseguimento da relação laboral, por incapacidade física ou mental do obreiro, o empregador não terá direito a uma indenização por isso. Mas, se a impossibilidade de

---

(72) "DESCONTOS SALARIAIS. ILICITUDE. VEDAÇÃO DA CLÁUSULA *DEL CREDERE*. Não passa pelo crivo do art. 9º da CLT a instituição de cláusula *del credere* — vedada até mesmo no contrato de representação comercial (art. 43 da Lei n. 4.886/65) — permitindo que o empregado efetue vendas a prazo mas, em contrapartida, responda pela solvência do cliente. Isto é, ou o empregador proíbe por completo a venda a crédito, respondendo o empregado pelos prejuízos que vier a causar por infringir a norma, ou a permite, assumindo nesse caso o risco da operação, que não pode ser transferido ao vendedor" (TRT 18ª Região, RO 00275-2006-191-18-00-9, Ac. 2ª T., Rel. Des. Platon Teixeira de Azevedo Filho. DJE 28.11.2006, p. 62).

(73) "DESCONTO SALARIAL. SEGURO DE VEÍCULO. ILEGALIDADE. É ilegal o desconto nos salários dos empregados, relativo a seguro de veículos por estes utilizados para exercício de atividades laborais, pois, verificado que o veículo era instrumento de trabalho fornecido pelo recorrido, este deve arcar com o pagamento do seguro feito por seu interesse, assumindo os riscos da atividade empresarial" (TRT 18ª Região, RO 4.220/98, Ac. 1.357/99, Rel. Juiz João Gonçalves de Pinho. DJE 23.4.99, p. 102).

(74) MELLO, Marcos Bernardes de. *Teoria...* plano da validade, cit., p. 34.

prosseguimento do contrato deveu-se à paralisação definitiva das atividades do empregador, este terá que indenizar o empregado, embora, quando a cessação das atividades tenha decorrido de força maior, reduza a lei o valor da indenização pela metade. E essa diferença de tratamento explica-se pelo fato de ser o empregador quem assume os riscos da atividade. Assim, ainda quando a impossibilidade de manter o contrato de trabalho não tenha dependido da vontade do empregador, se também não foi provocada pelo empregado, continuará este tendo direito a uma indenização, embora em valor reduzido. A falência, no entanto, não é considerada motivo de força maior, não isentando o empregador do pagamento da indenização integral.

Se a situação superveniente não acarreta a impossibilidade do prosseguimento do vínculo laboral, mas apenas importa onerosidade excessiva para uma das partes, tornando sua prestação economicamente impraticável, a hipótese não é de nulidade ou resolução, mas a revisão das cláusulas originariamente estabelecidas, a fim de restabelecer o equilíbrio inicial (Ver capítulo VII, item 7.8).

3.4. Indeterminação

Além da idoneidade, licitude e possibilidade, para a validade do negócio jurídico, quanto ao seu objeto, exige-se que seja este, pelo menos, determinável[75]. Compreende-se tal requisito, uma vez que, na prática, se o objeto não pode ser determinado, é como se não existisse. Com efeito, quando não é possível identificar ou definir qual é o objeto do negócio jurídico, a situação em tudo se equipara à sua ausência.

Estaria o contrato de trabalho dispensado do cumprimento de tal requisito? Antes de responder a essa indagação, vejamos o que diz a lei. Dispõe a CLT:

> Art. 447. Na falta de acordo ou prova sobre condição essencial ao contrato verbal, esta se presume existente, como se a tivessem estatuído os interessados, na conformidade dos preceitos jurídicos adequados à sua legitimidade.
>
> (...)
>
> Art. 456. (*Omissis*). Parágrafo único. À falta de prova ou inexistindo cláusula expressa a tal respeito, entender-se-á que o empregado se obrigou a todo e qualquer serviço compatível com sua condição pessoal.
>
> (...)
>
> Art. 460. Na falta de estipulação do salário ou não havendo prova sobre a importância ajustada, o empregado terá direito a perceber salário igual ao daquele que, na mesma empresa, fizer serviço equivalente, ou do que for habitualmente pago para serviço semelhante.

Da leitura dos dispositivos legais acima, aparentemente, a resposta à indagação que os precede seria afirmativa. Todavia, uma análise mais atenta revela que as normas transcritas, longe de eliminarem a exigência de que o objeto do contrato de trabalho seja determinável, confirmam-na. Com efeito, se fosse dispensável o requisito da determinação, não haveria

---

(75) É o que se extrai, *contrario sensu*, do disposto no art. 166, II, do Código Civil.

razão para que o legislador se preocupasse com ele. Se a lei complementa o ajuste das partes com disposições de caráter supletivo, é porque entende que as questões de que trata não poderiam ficar sem definição. Logo, se as partes não elegeram outro critério, incide a disposição legal[76]. O que não se admite é a ausência de regras a guiar a especificação das obrigações das partes.

Conforme lembra *Humberto Theodoro Júnior*, "em geral, (...) os autores estão acordes em que entre os requisitos do objeto do negócio jurídico válido há de figurar sua *determinação*, ou pelo menos sua *possível determinação*, atributos que jamais poderão ficar relegados ao arbítrio da parte ou de uma das partes do negócio"[77]. E isso também vale para a relação de emprego, a despeito de uma das partes exercer sobre a outra um poder de comando na execução do contrato, podendo, assim, definir o conteúdo da prestação *in concreto*.

Nem por isso, no entanto, pode-se dizer que os contratos de trabalho contenham obrigações de conteúdo indeterminado. Conforme observou o Min. *Carlos Alberto Reis de Paula*, "pelo contrato de trabalho, o empregado obriga-se a prestar trabalho a seu empregador que, em contraprestação, assume a obrigação de lhe pagar salário. A um a obrigação de fazer, a outro a de dar. Essas obrigações não são genéricas, indeterminadas. A obrigação é a determinado trabalho e a certo salário. São obrigações específicas, pois"[78]. No mesmo sentido, o Min. *Barata Silva* já havia observado que "o empregado deve saber que trabalho executará e o empregador deve deixar claro que salário pagará"[79]. Quanto ao salário, seu valor não precisa ser prefixado, desde que o contrato preveja os critérios para sua apuração.

Por sua vez, o professor *Monteiro Fernandes*, da Faculdade de Direito de Lisboa, destacou que seria socialmente inadmissível um contrato pelo qual o trabalhador se comprometesse a fazer *seja o que for*, isto é, que colocasse à disposição da outra parte *todas* as suas energias e aptidões, possibilitando a esta última as mais variadas e díspares aplicações. Com efeito, explica, "tal negócio repugnaria ao senso jurídico e à consciência moral, pois, se o trabalhador se obriga a realizar, em proveito (e sob a autoridade e a direcção) do dador de trabalho, *toda e qualquer actividade*, coloca-se numa situação praticamente servil, com perda total da sua autonomia pessoal. Precisamente porque lhe é exigível que, na execução da actividade prometida, aplique todas as suas energias e aptidões correspondentes, importa limitar ou definir, quantitativa e qualitativamente, o campo dessas aplicações: *é necessário que o trabalho subordinado ocupe, na vida do devedor, uma parte demarcada, de modo que o crédito laboral se não apresente como algo de semelhante a um direito sobre a sua pessoa*"[80].

---

(76) Consoante observou António Menezes Cordeiro, "perante um negócio jurídico, nem toda a liberdade de estipulação reconhecida pelo Direito tem, de modo necessário, de ser exercida: bastará que o declarante faça as opções fundamentais com consciência; o Direito tratará do resto. A vontade negocial *deve abranger os efeitos* — variáveis consoante o tipo de negócio considerado — *fundamentais*, podendo os demais ficar a cargo de regras supletivas" (CORDEIRO, António Menezes. *Teoria geral do direito civil*, v. 1, 2. ed. rev. e actual. Lisboa: Associação Académica da Faculdade de Direito, 1987/88. p. 495-6).

(77) THEODORO JÚNIOR, Humberto. *Op. cit.*, p. 455.

(78) PAULA, Carlos Alberto Reis de. Alteração contratual. In: GIORDANI, Francisco A. M. P. e outros, coord. *Fundamentos do direito do trabalho*. São Paulo: LTr, 2000. p. 474.

(79) SILVA, Carlos Alberto Barata. *Compêndio de direito do trabalho*. 4. ed. ampl. e atual. São Paulo: LTr, 1986. p. 220.

(80) FERNANDES, António de Lemos Monteiro. *Op. cit.*, p. 253.

Assim, se o objeto do contrato de trabalho pudesse ser indeterminado, além de alienar sua liberdade, o trabalhador se estaria demitindo da própria personalidade, o que é absolutamente inadmissível, principalmente pelo Direito do Trabalho, cujo escopo maior é justamente o de resgatar a dignidade humana do trabalhador. E é por isso que o sistema jurídico intervém, a fim de evitar que volvamos ao regime servil ou escravista. Em tais casos, conforme observou *Vasco de Andrade*, à vontade das partes, expressa no consenso, junta-se a vontade social, manifestada por meio das normas jurídicas, as quais exercem uma função supletiva, a fim de atender aos efeitos relegados à penumbra pelos contratantes[81]. Assim, diversamente do que ocorria no Direito pré-codificado[82], não mais se admite um contrato pelo qual o trabalhador fique adstrito a realizar toda e qualquer atividade que lhe for atribuída pelo tomador de seus serviços.

A principal diferença entre o contrato de trabalho e os demais negócios jurídicos, no particular, é que, naquele, reserva-se a uma das partes o poder de inserir variações no objeto, mas apenas dentro dos limites do pactuado. Além disso, a ausência de delimitação exata do objeto não invalida o contrato, uma vez que a lei tratou de suprir o silêncio das partes com as regras que elas omitiram. E a iniciativa do legislador se justifica ante o caráter protetivo do Direito laboral, preocupado sempre com a preservação do contrato de trabalho, ainda que o ajuste das partes padeça de alguma falha, passível de ser sanada sem prejuízo da manutenção da relação de emprego.

Não se pode negar que a prestação de trabalho a que se obriga o empregado, como regra, não é exaustivamente especificada, deixando sempre uma margem de liberdade ao poder diretivo do empregador. Isso, porém, não importa que seja completamente genérica ou ilimitada. Além dos parâmetros da licitude e possibilidade, já referidos, a prestação do trabalhador, tal como a contraprestação patronal, há de sujeitar-se a certos limites, mesmo quando não delineados com precisão no ato da contratação.

Todavia, estabelecido o objeto do contrato, ainda que com certa margem de generalidade ou imprecisão, não poderá o empregador descaracterizá-lo pelo só fato de ser detentor do poder diretivo durante a execução do pacto laboral. O poder diretivo deve, pois, acomodar-se aos contornos do contrato, não podendo alterar-lhe o objeto, mas apenas especificar o seu conteúdo, respeitados os limites do pactuado. Mediante o exercício do *jus variandi*, o empregador está autorizado apenas a explorar as potencialidades que já se encontravam ínsitas no objeto contratual, não podendo atribuir-lhe conteúdo diverso do que fora previamente estabelecido, a não ser nas situações expressamente previstas em lei (ex.: CLT, art. 61, § 1º).

Assim, a não ser nas hipóteses contempladas em lei, os atos do empregador tendentes a modificar, unilateralmente, o objeto do contrato laboral não poderão ser tratados como exercício do *jus variandi*, mas como abuso do poder diretivo que lhe é reconhecido, autorizando o empregado a postular o retorno do contrato às bases pactuadas ou o rompimento do vínculo por culpa do empregador.

---

(81) ANDRADE, Vasco de. *Op. cit.*, p. 61-2.
(82) Lembra Magano, por exemplo, que, no regime das Ordenações Filipinas, o escudeiro, o pajem, ou qualquer outro serviçal devia prestar-se a tudo que lhe mandasse o amo fazer (MAGANO, Octavio Bueno. Alterações do contrato de trabalho — II. In: *Enciclopédia Saraiva do Direito*, v. 6. São Paulo: Saraiva, 1978. p. 222-3).

Sobre o que não se admite indeterminação é a respeito da função a ser exercida. Todavia, para identificar a função basta que seja indicada a categoria profissional na qual a atividade do obreiro será inserida. Conforme observou *Monteiro Fernandes*, "a indeterminação da prestação de trabalho — enquanto *objecto de contracto* — resolve-se, com efeito, através da *atribuição de certo posto ou função na empresa*, isto é, mediante a opção por um dos tipos de *actividade* que se achem contidos no *género* de trabalho convencionado. Como é óbvio, a atribuição da função implica, por outro lado, a *descrição* das actividades que ela comporta, para conhecimento do trabalhador"[83]. Em regra, o trabalhador compromete-se a uma prestação genérica, a qual compreende diversas espécies de serviços, observados os limites da função. No contrato de emprego, portanto, o trabalhador põe à disposição da outra parte sua energia laboral *in genere*, delimitada apenas pela função, reservando-se ao empregador, como titular do poder diretivo, o direito de confiar ao obreiro as atribuições inclusas nos limites de sua qualificação[84].

A qualificação profissional (*qualifica professionale*) deve ser entendida aqui no sentido que lhe atribui o Direito italiano, que corresponde, entre nós, ao que a lei denomina "condição pessoal" (CLT, art. 456, parágrafo único). A qualificação representa, assim "o resultado da atribuição, tendo em conta o mais possível as atitudes e as aptidões profissionais de cada trabalhador, de determinadas incumbências e da correspondente situação jurídica, tal como é prevista, para aquelas incumbências, no quadro (*de empregados*) da empresa e pelo contrato coletivo a ela relativo", ou ainda "um complexo de direitos e deveres relativos à posição do trabalhador em relação à empresa, em vista da disciplina jurídica da relação individual de trabalho em que cada trabalhador é parte contratante"[85].

Se o contrato de trabalho prescindisse em absoluto da determinação do objeto, não faria sentido a previsão legal autorizando o trabalhador a promover a rescisão contratual, por exemplo, quando lhe forem exigidos serviços alheios ao pactuado (CLT, art. 483, alínea *a*, parte final). Afinal, não é possível decidir o que é alheio ao contrato sem antes definir o que faz parte dele. Assim, ainda que as prestações do empregado não sejam individualizadas, devem ser determinadas, quando menos, pelo gênero (cargo ou função). Não houvesse um mínimo de determinação, restaria inviabilizada, inclusive, a própria execução do contrato, sem contar que o trabalhador perderia sua identidade profissional, passando a uma condição de quase sujeição pessoal.

No que pertine à qualidade das prestações, deve ela ser aferida consoante os critérios da boa-fé contratual e levando em conta as circunstâncias de cada caso concreto, observados os parâmetros considerados normais na função.

Quanto aos limites quantitativos da prestação laboral, não fixados outros, ainda que por meio de negociação coletiva, o empregador não poderá exigir prestação de labor além da jornada legal, exceto em caso de necessidade imperiosa ou para reposição de dias não trabalhados (CLT, art. 61). A autorização de prorrogação da jornada, contudo, não

---

(83) FERNANDES, António de Lemos Monteiro. *Op. cit.*, p. 253-4.
(84) ANDRADE, Vasco de. *Op. cit.*, p. 90.
(85) RIVA-SANSEVERINO, Luisa. *Apud* CESARINO JÚNIOR, A. F.; CARDONE, Marly A. *Direito social*, v. 1, 2. ed. São Paulo: LTr, 1993. p. 227-8.

é dada ao empregador em termos absolutos, impondo a lei um limite ao labor suplementar, exceto em caso de força maior.

Quando o empregador não observa os parâmetros legais, o empregado pode promover a rescisão contratual, em função da conduta patronal abusiva, mas também pode pleitear apenas que o objeto do contrato, em seu aspecto quantitativo, seja reduzido aos limites da legalidade. O empregado, porém, não é obrigado a antes cumprir as determinações patronais para só depois postular a correção do desvio. Nem mesmo é preciso que busque o Judiciário para se contrapor às ordens que extrapolam os poderes legalmente reconhecidos ao empregador.

Em tais casos, reconhece-se ao trabalhador o chamado *direito de resistência* (*ius resistentiae*), em razão do qual pode ele simplesmente recusar o cumprimento das ordens patronais ilícitas ou abusivas. E o que excede os limites do contratado também é qualificado como exigência ilícita, portanto, nula.

Assim, considerando que os comandos patronais eivados de nulidade não dependem de reconhecimento judicial para serem privados de efeitos jurídicos, deparando-se com tal situação, pode o trabalhador simplesmente deixar de atender ao que lhe fora ordenado, sem que isso caracterize falta contratual de sua parte.

3.5. Inutilidade

Ao elencar os requisitos do negócio jurídico quanto ao seu objeto, *Jean Carbonnier* cita, em primeiro lugar, a utilidade, sem a qual o negócio não poderia ser considerado sério[86]. Com efeito, se a prestação não tem valor algum para quem a recebe, ainda que as partes queiram o negócio, certamente não o será sob a modalidade aparente, podendo aquele ser aproveitado segundo o tipo contratual que realmente se praticou. Adianta-se o professor francês para esclarecer que a utilidade não se mede apenas pelo valor monetário da prestação, uma vez que pode ter um valor moral para quem a recebe, tão ou mais importante do que uma quantia considerável em dinheiro.

E essa particularidade é importante nas relações de emprego, em que o trabalho prestado pelo empregado nem sempre se traduz numa vantagem econômica para quem o recebe, mas nem por isso deixa de ter uma utilidade ao fim a que se propõe o empresário. Nos vínculos domésticos, por outro lado, a ausência de projeção econômica imediata da prestação laboral constitui a regra.

Embora nosso legislador não se refira à utilidade do objeto, certamente que não se pode ignorar tal aspecto na análise dos negócios jurídicos. Com efeito, uma contraprestação irrisória, de insignificante expressão monetária e vazia repercussão moral, pode ser considerada como inexistente, descaracterizando a causa da prestação da outra parte.

No âmbito laboral, não é incomum a exigência pelo empregador de contraprestação simbólica, no intuito de descaracterizar a natureza salarial de certas vantagens concedidas

---

(86) CARBONNIER, Jean. *Droit civil,* t. 4: les obligations. 17. ed. Paris: Presses Universitaires de France, 1993. p. 118.

ao empregado. É o caso, por exemplo, de fornecimento de moradia, alimentação ou qualquer outra utilidade mediante cobrança de participação ínfima do trabalhador, tendo esta a finalidade exclusiva de encobrir o caráter salarial das prestações *in natura* entregues ao obreiro[87].

A contraprestação desprovida de utilidade evidencia, pois, que a causa da prestação da outra parte não é o que esta recebe em troca, mas outro fim, que ela nem sempre se dispõe a revelar. Vale dizer, uma contraprestação sem utilidade importa uma simulação quanto à causa da prestação e, em geral, quanto à natureza do negócio.

Conforme ressaltavam os antigos doutrinadores, além de ser certo e justo (*certum et justum*), o preço também deve ser verdadeiro (*verum*), uma vez que o preço irrisório ou fictício desvirtuaria o próprio contrato[88]. Embora tal ensinamento, como decorre de seus termos, se referisse apenas à compra e venda, aplica-se a todos os negócios comutativos, bastando que se substitua a palavra "preço" por "contraprestação". Com efeito, se a contraprestação de uma das partes é irrisória, não se pode dizer que ela seja séria. Diante disso, é como se não existisse, por não exprimir a causa real da celebração do negócio.

---

(87) "RECURSO DE REVISTA. SALÁRIO UTILIDADE. ALIMENTAÇÃO FORNECIDA PELO EMPREGADOR. DESCONTO SIMBÓLICO NO SALÁRIO. CARACTERIZAÇÃO. Muito embora se admita que a participação do empregado no custeio da alimentação descaracteriza o salário *in natura*, uma vez que aquela para assim ser considerada deve ser concedida a título gratuito, ou seja, como benefício do contrato de trabalho, não há como prevalecer tal entendimento se o custeio em questão é feito de forma simbólica como ocorreu no presente caso. O desconto sem qualquer representatividade equivale a concessão da alimentação de forma gratuita, implicando entendimento diverso em amparo ao ultraje da norma insculpida no art. 458 da CLT. Recurso de revista conhecido e provido" (TST, RR 01494-2005-444-02-00-9, Ac. 7ª T., 3.12.2008, Rel. Min. Guilherme Augusto Caputo Bastos. DEJT 4.12.2008).

(88) RIZZARDO, Arnaldo. *Op. cit.*, p. 99.

Capítulo IV
VÍCIOS RELATIVOS À VONTADE

Para ser válido, o ato jurídico reclama não apenas que a vontade declarada retrate o querer interno, mas também que este corresponda à realidade sobre a qual se reflete[1]. Assim, tanto a vontade declarada em dissídio com a real intenção quanto a vontade formada em desconformidade com a realidade externa podem viciar o ato jurídico. Não ignora, porém, o Direito que a vontade sofre as influências do meio e das condições em que se insere cada indivíduo. Diante disso, somente diante de circunstâncias excepcionais, devidamente demonstradas, é que se reconhece o defeito de vontade capaz de invalidar o negócio jurídico.

Conquanto seja fruto das circunstâncias, presume-se que a declaração coincida com a vontade e esta com a realidade exterior, razão pela qual, provada a declaração, considera-se que ela retrata a vontade efetiva do declarante. Por outro lado, para invalidar o negócio jurídico não basta provar que houve divergência entre a vontade declarada e o que seria a vontade real do declarante. Afinal, conforme acentua *Silvio Rodrigues*, a proteção reclamada pelo autor da declaração viciada concorre com outro interesse que a ordem jurídica também deve tutelar, qual seja, a segurança nas relações jurídicas. Assim, "se alguém, externando uma vontade, cria uma expectativa no meio social, vincula terceiras pessoas a essa declaração, que elas, razoavelmente, imaginaram válida, é perigoso e possivelmente injusto que o declarante se exima das obrigações decorrentes de sua declaração com o alegar que errou"[2].

Procurando administrar o conflito de interesses, sem negar a importância da vontade nos negócios jurídicos, o Direito busca um ponto de equilíbrio, a fim de não aniquilar o indivíduo nem sacrificar os interesses de toda a sociedade em favor de apenas um de seus membros[3]. Assim, em primeiro lugar, para que conduza à invalidação do negócio jurídico, é preciso que o defeito da vontade tenha sido, efetivamente, o fator determinante da

---

(1) A doutrina civilista decompõe a vontade interna em três subelementos: *vontade de ação* (consciência e liberdade da conduta), *vontade de declaração* (intenção de fazer a declaração) e *vontade negocial* (objetivo de obter os resultados do negócio). A falta de higidez de qualquer um desses aspectos da vontade pode viciar o negócio jurídico (GAINO, Itamar. *A simulação dos negócios jurídicos*. São Paulo: Saraiva, 2007. p. 2-3).
(2) RODRIGUES, Silvio. *Dos vícios do consentimento*. 3. ed. atual. São Paulo: Saraiva, 1989. p. 30.
(3) Conforme lembra Enneccerus, a questão da conformidade entre a vontade interna e a declaração, como requisito para a validade dos negócios jurídicos, ou sua dispensa, em caráter geral ou em certos casos, não se traduz num problema lógico, mas histórico, cuja solução tem variado ao longo dos tempos (ENNECCERUS, Ludwig; KIPP, Theodor; WOLFF, Martin. *Tratado de derecho civil*, t. 1, v. 2. Trad. Blas Pérez González e José Alguer. Buenos Aires: Bosch, 1948. p. 172).

prática do ato e, ao depois, que seja, ou possa ser, reconhecido pelo destinatário da declaração (CC, arts. 138, 148 e 154). A invalidação, portanto, "não virá apenas do plano íntimo ou subjetivo do declarante, mas sobretudo do comportamento de quem com ele contratou, de modo censurável, extraindo vantagens injustas, que poderiam ser evitadas caso o comportamento do beneficiário se pautasse pela diligência própria do contratante probo e leal"[4].

O destaque atribuído pelos jusnaturalistas à vontade individual explicava-se pelo fato de apresentar-se aquela como valioso instrumento de combate à prepotência dos príncipes e governantes da época. A construção jurídica centrada no indivíduo, portanto, não era uma simples questão científica, mas, acima de tudo, o resultado de uma opção política. Por outro lado, a ênfase atribuída pela legislação de nossos dias ao destinatário da declaração decorre da necessidade de impedir que a coletividade se torne refém dos interesses particulares, invertendo-se, assim, o enfoque do indivíduo para a sociedade. Conforme sentencia *Humberto Theodoro Júnior*, "as preocupações atuais se voltam, com preponderância, para a tutela dos interesses coletivos ou sociais, embora sem anular, é claro, o indivíduo, sua personalidade e seus interesses individuais, mas sempre fazendo prevalecer a segurança e a paz no relacionamento jurídico, com apoio em anseios que transcendem o puro resguardo da esfera individual"[5]. O critério orientador é a teoria da confiança, baseada na proteção da boa-fé e da segurança na circulação dos bens jurídicos. Assim, entre tutelar o autor da vontade viciada e a boa-fé do outro contratante ou de terceiros, a lei prefere esta última alternativa.

Nem por isso deixa de ter interesse o estudo dos vícios da vontade. O objeto do presente capítulo é precisamente a análise dos casos em que o descompasso entre o querer interno e a vontade manifestada ou entre esta e a realidade pode conduzir à invalidação dos negócios jurídicos[6]. Convém, no entanto, adiantar que a teoria dos vícios do consentimento não se exaure na análise psicológica da vontade, mas "foi admitida para permitir a proteção dum contratante que luta no contrato com armas inferiores e para impedir que a outra parte tire vantagem desta inferioridade reconhecida por ela e, muitas vezes, criada por ela"[7].

Importante, ainda, advertir que, consoante entendimento jurisprudencial dominante, para que conduzam à anulação dos negócios jurídicos em que se manifestam é preciso que os vícios do consentimento sejam resultantes de influências exógenas tão graves que retirem do agente as condições de avaliar as consequências do ato ou lhe suprimam a opção de resistir à sua prática (TJMG, Ap. 77.947-1. DJE 19.9.89). Com efeito, conforme já referido acima, toda manifestação de vontade é mais ou menos influenciada pelas condições do meio, bem assim pela situação do indivíduo. Assim, não é qualquer interferência no

---

(4) THEODORO JÚNIOR, Humberto. *Comentários ao novo Código Civil*, v. 3, t. 1: arts. 138 a 184. Rio de Janeiro: Forense, 2003. p. 623-4.
(5) *Ibidem*, p. 56.
(6) Limitamo-nos, aqui, ao estudo das normas internas, lembrando que, no âmbito do Direito Internacional Privado, as regras relativas aos vícios do consentimento seguem a lei territorial (Código Bustamante, art. 177), impondo-se às obrigações constituídas em solo brasileiro as normas vigentes em nosso País (LICC, art. 9º).
(7) RIPERT, Georges. *A regra moral nas obrigações civis*. 2. ed. Trad. Osório de Oliveira. Campinas: Bookseller, 2002. p. 92. "O juiz não mede cientificamente a força da vontade. Não se trata aqui dum problema de física, mas do respeito pela moral" (*Ibidem*, p. 103).

processo de formação ou manifestação da vontade que vicia o consentimento, sendo necessário que tenha havido um desvio grave de seu curso.

Por fim, seria equivocado pensar que, em razão de seu caráter protecionista, o Direito do Trabalho teria suprimido a autonomia privada dos contratos laborais. Ao contrário, conforme ressaltou *Orlando Gomes*, "a liberdade de contratar, propriamente dita, jamais foi ilimitada", uma vez que a ela sempre se impuseram os limites da ordem pública e dos bons costumes[8]. E nem por isso a vontade deixou de ter relevância enquanto elemento que dá vida aos negócios jurídicos[9]. Em vez disso, conforme salienta a doutrina trabalhista, o princípio da proteção destina-se a tornar efetiva a vontade do trabalhador, sem o que sua autonomia seria meramente formal.

Considerando assim que o Direito do Trabalho visa à promoção da pessoa do trabalhador, não seria razoável que eliminasse sua vontade, por ser ela um dos atributos mais característicos da personalidade[10]. Consequência lógica é que as normas trabalhistas, embora em sua maioria cogentes, não excluem a autonomia privada, mas, ao contrário, cercam-na de garantias para que seu exercício seja efetivo, e não meramente teórico[11]. Em outras palavras, as limitações à autonomia da vontade no âmbito trabalhista "representam o restabelecimento necessário dos pressupostos iniciais sobre os quais se deve assentar a possibilidade do contrato, isto é, o princípio da igualdade das partes. Porque é então, e unicamente então, que se pode exigir o respeito mútuo de uma parte às condições por ela mesma aceitas"[12].

E a prova maior de que o Direito do Trabalho não anula a autonomia da vontade é o disposto no art. 444 da CLT, segundo o qual as relações de trabalho *podem ser objeto de livre estipulação das partes interessadas*, mas com uma ressalva: desde que o negociado não contravenha às disposições de proteção ao trabalho, às normas coletivas aplicáveis e às decisões das autoridades competentes. Em outras palavras, a regra é a mesma dos demais ramos do Direito privado: tudo o que não é proibido é permitido. A diferença está no grau de intervenção heterônoma, e a particularidade é que a restrição, em regra, decorre da fixação de limites mínimos de proteção, acima dos quais tudo (ou quase tudo) é negociável.

Não é demais ressaltar que os patamares mínimos não são apenas os previstos em normas de caráter geral, uma vez que até mesmo as cláusulas de outro contrato individual

---

(8) GOMES, Orlando. *Contratos*. 16. ed. Rio de Janeiro: Forense, 1995. p. 24. Convém salientar, por outro lado, que a proteção legal à parte economicamente mais frágil nas relações jurídicas não constitui exclusividade do Direito do Trabalho, e a prova mais evidente disso é o Código de Defesa do Consumidor (Lei n. 8.078/90).
(9) "Superados os sucessivos regimes de trabalho obrigatório, o consentimento de quem trabalha é um dado irremovível da organização econômica" (GOMES, Orlando. Nulidades no direito contratual do trabalho. In: *Revista Forense*, v. 155, set./out. 1954. p. 43).
(10) GOTTSCHALK, Egon Felix. *Norma pública e privada no direito do trabalho*. Ed. fac-sim. São Paulo: LTr, 1995. p. 193.
(11) Entretanto, como observou Barbagelata, as leis trabalhistas normalmente não tratam do consentimento e seus defeitos, cuja disciplina deve ser buscada no Direito comum (BARBAGELATA, Hector-Hugo. *O direito do trabalho na América Latina*. Trad. Gilda Maciel Corrêa Meyer Russomano. Rio de Janeiro: Forense, 1985. p. 93). Em vez de tratar das falhas do consentimento, o Direito do Trabalho busca, na medida do possível, superá-las, fixando normas imperativas, embora isso não seja o bastante para evitar de vez a ocorrência de manifestações de vontade viciadas.
(12) GARCIA, Manuel Alonso. *Apud* PLÁ RODRIGUEZ, Américo. *Princípios de direito do trabalho*. São Paulo: LTr, 1993. p. 78-9.

podem servir de parâmetro para limitar a liberdade negocial do empregador. Com efeito, as condições ajustadas nos contratos mantidos pelo empregador ditam regras para os novos pactos, não podendo aquele conceder tratamento privilegiado a alguns trabalhadores em detrimento dos demais. Por exemplo, se o empregador combinou determinado salário com um obreiro, não pode estabelecer remuneração diversa para outro empregado que exerce a mesma função em idênticas condições, com igual produtividade e perfeição técnica, salvo diferença de tempo na função superior a dois anos (CLT, art. 461). Diante disso, em muitos casos, talvez na maioria deles, os pactos laborais assumem contornos típicos dos contratos de adesão, o que se explica, inclusive, pela necessidade de proteção do trabalhador em face da exigência de tratamento igualitário.

4.1. Erro ou ignorância

4.1.1. Conceito

Ignorância é o completo desconhecimento acerca de um objeto. *Erro* é noção falsa a respeito desse mesmo objeto ou de determinada pessoa. Na primeira, a mente está *in albis*; no segundo caso, o que nela está registrado é falso[13]. Em outras palavras, o erro caracteriza-se pela *falsa noção* da realidade, e a ignorância pela *falta de noção* acerca de alguma coisa. Quem ignora não sabe; quem erra acredita saber, mas se engana, pois crê verdadeiro o que é falso ou pensa ser falso o que é verdadeiro.

Apesar da diferença conceitual, o erro e a ignorância foram equiparados pelo legislador quanto aos seus efeitos: ambos induzem à anulabilidade do ato[14]. Em qualquer dos casos, o agente é levado a realizar um ato jurídico que, se estivesse devidamente esclarecido, por certo não concluiria ou só o faria em circunstâncias diversas. Em ambas as situações o desajuste entre o estado psíquico e a realidade deve ser fortuito, pois, se for provocado por outrem, estará caracterizado o vício do dolo. O que marca o erro, portanto, "é o fato de ser espontâneo, independente de influência externa, ou sem a influência interesseira de terceiros"[15].

O erro, ensina *Messineo*, opera como *motivo* (daí ser chamado de erro-*motivo* ou erro-*vício*), podendo exercer um papel coadjuvante ou principal: pode apenas *contribuir* ou atuar como motor exclusivo na determinação da vontade, sempre, porém, tirando do sujeito a clarividência no querer[16].

---

(13) MONTEIRO, Washington de Barros. *Curso de direito civil*, v. 1: parte geral. 29. ed. atual. São Paulo: Saraiva, 1990. p. 185.

(14) Para Cunha Gonçalves, a imperfeita representação da realidade ou o desconhecimento desta são apenas a causa do erro. Segundo sua definição, "erro é o juízo incorreto acerca de uma cousa, de um facto ou de uma pessoa, derivado da ignorância ou do imperfeito conhecimento da realidade das circunstâncias concretas ou dos princípios jurídicos aplicáveis" (GONÇALVES, Luiz da Cunha. *Princípios de direito civil luso-brasileiro*, v. 1. São Paulo: Max Limonad, 1951. p. 218).

(15) RODRIGUES, Silvio. *Op. cit.*, p. 5.

(16) MESSINEO, Francesco. *Manual de derecho civil y comercial*, v. 2. Trad. Santiago Sentís Melendo. Buenos Aires: Ediciones Juridicas Europa-America, 1979. p. 434.

Ressalta *Orlando Gomes* que "a palavra *erro* tem, na linguagem jurídica, um sentido amplo, compreendendo até o equívoco na declaração de vontade e na sua transmissão. Além do erro na motivação, considera-se o erro na declaração. Aos dois tipos dá-se modernamente igual trato"[17].

O erro não se confunde com o vício redibitório, uma vez que aquele "se passa no plano psíquico, por meio de uma equivocada percepção da realidade", ao passo que "o vício redibitório decorre objetivamente de um defeito oculto da coisa negociada, que lhe diminui o valor ou prejudica sua utilização"[18]. Neste caso, o adquirente não se equivoca quanto à coisa, mas esta é portadora de defeito que, por ser oculto, não poderia ser percebido antes. Diante disso, à investigação do vício redibitório, interessa o estado da coisa no instante da tradição, ao passo que, para o reconhecimento do erro, importa o momento da declaração da vontade[19].

Por outro lado, o fundamento das ações edilícias é a garantia que incumbe ao transmitente quanto ao estado não defeituoso da coisa alienada, quer do ponto de vista estritamente jurídico (garantia dos riscos da evicção), quer sob o aspecto econômico (garantia contra os vícios ou defeitos ocultos), ao passo que a teoria do erro se assenta na proteção ao contraente que manifestou seu consentimento baseado num equívoco[20].

No vício redibitório, esclarece *Silvio Rodrigues*, "a coisa apresenta uma imperfeição a ela peculiar, produto do uso, ou da má-fabricação ou de falha constitucional, mas não é encontrável na maioria de suas semelhantes". Ao concluírem o negócio, as partes têm em vista um objeto com as qualidades que todos esperam que ele possua. "Ocorre, entretanto, que, fugindo à pressuposição normal, a coisa onerosamente alienada apresenta um defeito oculto, um vício a ela peculiar e não comum às demais de sua espécie"[21].

Por fim, distingue-se o erro da simulação e da reserva mental, por haver nestas uma divergência intencional entre a vontade real e a manifestada, ao passo que no erro o desencontro é involuntário. No erro, a distorção da vontade não é proposital, mas meramente casual ou fortuita.

Embora tratada sob título diverso, não deixa de ser uma forma de erro, ou, quando menos, ter com este estreito parentesco a lesão decorrente de inexperiência do indivíduo, que concorda em assumir obrigação manifestamente desproporcional à prestação da parte oposta (CC, art. 157)[22]. Com efeito, se a desproporção entre as prestações era manifesta,

---

(17) GOMES, Orlando. *Introdução ao direito civil.* 11. ed. Rio de Janeiro: Forense, 1995. p. 417.
(18) THEODORO JÚNIOR, Humberto. *Op. cit.,* p. 38. Também são distintas as regras acerca dos prazos decadenciais para alegar um e outro vício do negócio (CC, arts. 178, II, e 445).
(19) Tais diferenças, contudo, reconhece Eduardo Espínola, não eliminam as dificuldades práticas que se apresentam, diante do caso concreto, para decidir se existe vício redibitório ou erro sobre alguma qualidade essencial (ESPÍNOLA, Eduardo. Erro ou ignorância. In: *Repertório enciclopédico do direito brasileiro,* v. 20. Rio de Janeiro: Borsoi, [s.d.]. p. 281.
(20) ESPÍNOLA, Eduardo. *Manual do Código Civil brasileiro,* v. 3: dos factos jurídicos, 1ª parte. Rio de Janeiro: Jacintho Ribeiro dos Santos, 1923. p. 248.
(21) RODRIGUES, Silvio. *Op. cit.,* p. 105-6.
(22) A comissão revisora do projeto que deu origem ao atual Código Civil, no entanto, em defesa do texto que veio a ser aprovado, sustentou que "a inexperiência não se confunde com erro, pois não se trata de desconhecimento ou

isso significa que a outra parte poderia ter percebido o equívoco (CC, art. 138), daí ser possível afirmar que a lesão por inexperiência e o erro constituem figuras da mesma natureza[23]. Ressalte-se que a inexperiência deve ser aferida em consideração ao negócio *in concreto*, podendo revelar-se tal défice em relação a qualquer pessoa que contrate fora de sua esfera habitual de comércio.

4.1.2. Espécies

a) Erro essencial: é o que incide sobre a substância do negócio jurídico, sendo decisivo na formação ou manifestação de vontade, que, sem aquele, não ocorreria. Por ser causa de anulabilidade do negócio jurídico, será objeto de análise detalhada, mais adiante.

b) Erro acidental: é aquele que recai sobre as qualidades secundárias ou acessórias da pessoa ou do objeto. O que o caracteriza é a circunstância de não ter sido decisivo para a *realização* do negócio, isto é, não foi ele que deu ensejo ao ato, repercutindo tão somente sobre as condições negociais. Pode incidir sobre a qualidade, a quantidade ou os motivos não determinantes (CC, arts. 140 e 142). Não conduz à anulação do negócio jurídico, mas pode ensejar o ressarcimento dos prejuízos. No caso, não é o negócio que está viciado, mas as condições negociais, bastando, assim, que estas sejam adequadas à efetiva vontade dos participantes do ato.

É o que ocorre, por exemplo, se houve erro na definição das funções ou na fixação salarial quando da contratação de determinado trabalhador, até porque perante o Direito do Trabalho prevalece o princípio da continuidade do vínculo de emprego, em função do que as normas jurídicas procuram, sempre que possível, preservar a relação laboral, por considerar que dela o trabalhador retira o seu sustento. Evidentemente que, mesmo aqui, cabe a quem alega o erro demonstrá-lo cabalmente, comprovando, inclusive, que poderia ter sido percebido pela outra parte, pois, do contrário, se colocaria em risco a boa-fé desta.

Há situações em que o erro sobre a quantidade pode ter sido determinante na conclusão do negócio jurídico. Suponha-se a hipótese de os litigantes pactuarem o pagamento de certo valor para pôr termo a uma demanda, ocorrendo, por parte de uma delas, erro quanto à real importância oferecida para tal fim. Em tal caso, a divergência entre o montante proposto e o que foi aceito pode determinar a invalidação do acordo. Digamos, por

---

falso conhecimento de uma realidade. O inexperiente conhece a desproporção, mas, por falta de experiência de vida, concorda com ela, sem atentar para as consequências maléficas" (*Apud* ALVES, José Carlos Moreira. *A parte geral do projeto de Código Civil brasileiro:* subsídios históricos para o novo Código Civil brasileiro. 2. ed. atual. São Paulo: Saraiva, 2003. p. 151). Todavia, não nos parece aceitável tal argumento, uma vez que, se o inexperiente conhece a desproporção e com ela concorda, haverá, quando menos, um erro de avaliação quanto às consequências do ato. De outra parte, nem sempre será possível concluir com certeza se o inexperiente tinha, ou não, ciência da desproporção. Aliás, é irrelevante indagar acerca de tal ciência, exigindo-se apenas que a desproporção seja manifesta (CC, art. 157).

[23] Ressalve-se apenas que, no caso da lesão por inexperiência, o defeito de vontade é incidental (afeto às condições negociais), ao passo que o erro, tal como previsto no Código Civil, para viciar o negócio jurídico deve ser principal (conducente à realização do negócio).

exemplo, que a pessoa que irá receber o valor em questão imagine tratar-se do montante líquido, ao passo que o proponente se tenha referido ao valor bruto, devendo o beneficiário arcar com os descontos previdenciários e fiscais incidentes. Em tal caso, a diferença de entendimento acerca da proposta pode ser a razão determinante da conclusão do acordo, hipótese em que o vício do consentimento será evidente, uma vez que, dependendo do valor, a diferença é significativa.

O que não se admite é a invocação de erro "para desfazer maus negócios, ou seja, aqueles que, depois de celebrados, não satisfazem em seus resultados. (...) O erro capaz de gerar anulação é o decorrente da distorção na vontade emitida pelo agente, sendo facultada a sua arguição como mecanismo de resguardo da regularidade do ato praticado. Tal quadro não se apresenta quando o sujeito simplesmente deixa de auferir o proveito esperado do ato, seja por má apreciação de suas peculiaridades, falta de cautela na tomada de decisões, ausência de vocação para as atividades negociais e assim por diante"[24]. Entretanto, se o erro resultou da conduta do outro contratante, que criou falsas expectativas, sendo este o motivo determinante da celebração do negócio, a situação muda de figura.

c) Erro-vício: é o que incide sobre o conteúdo da vontade, seu processo de formação ou determinação, tornando viciado o consentimento. É também chamado de erro-motivo, por recair sobre as razões que movem a parte a realizar o negócio jurídico. Todavia, por pertencerem os motivos à esfera íntima do indivíduo que declara sua vontade, para que o erro que determinou a realização do negócio seja apto a invalidar o ato praticado exige-se que possa ser reconhecido pela outra parte, atendendo-se, assim, ao princípio da socialidade, conforme veremos mais adiante.

d) Erro-obstáculo: é o que recai sobre a expressão da vontade[25], impedindo a formação do consenso (*in idem placitum*) sobre, por exemplo, a natureza do negócio ou a identidade do objeto[26]. Assim, se o alienante tem em mente a venda de certo automóvel, mas o adquirente espera recebê-lo por doação ou estar comprando outro veículo, a rigor, abstraindo-se da solução adotada pelo legislador, não haveria negócio jurídico algum entre as partes, uma vez que não houve encontro de vontades. É por isso que o erro obstativo é também denominado *erro impróprio.*

Enquanto no erro-vício a divergência havida dá-se entre o que o declarante quis e aquilo que teria querido, não fosse o erro, no erro-obstáculo a divergência está entre o que o agente quis e o que declarou querer. Neste último caso, não raro o erro resulta do uso de expressões inadequadas, que não refletem fielmente o pensamento do declarante[27].

---

(24) MATIELLO, Fabrício Zamprogna. *Defeitos do negócio jurídico.* São Paulo: LTr, 2005. p. 78.

(25) Como diz Manuel de Andrade, "o erro-obstáculo é o que ocorre no trânsito da vontade para a declaração, enquanto o erro vício intervém mais atrás, no processo psicológico da determinação da vontade, em qualquer dos variados motivos que impulsionaram essa determinação" (*Apud* MIRANDA, Custódio da Piedade Ubaldino. *Teoria geral do negócio jurídico.* São Paulo: Atlas, 1991. p. 88).

(26) No caso, segundo Capitant, não há, propriamente, vício de vontade, uma vez que cada uma das partes sabe exatamente o que quer. O que falta é a convergência da vontade de ambas sobre a mesma coisa, razão pela qual o negócio jurídico não chega a se formar (CAPITANT, Henri. *Introduction à l'étude du droit civil.* 4. ed. Paris: Pedone, 1921. p. 308).

(27) MIRANDA, Custódio da Piedade Ubaldino. *Op. cit.*, p. 88.

A exemplo do que ocorre em diversos outros países, o Código Civil pátrio (arts. 138 e seguintes) atribuiu ao erro que incide sobre a manifestação da vontade (erro-obstáculo) as mesmas consequências que o desacordo verificado na determinação do querer (erro-motivo)[28]. Assim, "pouco importa que num caso se possa falar em ausência de consentimento e no outro de vontade defeituosa ou viciada; o ato é, em qualquer hipótese, simplesmente anulável"[29].

e) Erro de fato (error facti): é aquele que recai sobre circunstâncias de fato; por exemplo, sobre as qualidades da pessoa ou da coisa.

f) Erro de direito (error juris): é aquele que incide sobre a existência de uma norma ou situação jurídica; por exemplo, a declaração feita na suposição de que determinada norma está em vigor quando, em verdade, foi revogada.

Admitir o erro de direito não significa negar validade ao princípio segundo o qual ninguém se escusa de cumprir a lei alegando que a ignora. Não se trata, aqui, de afastar a aplicação de norma de interesse público ou de subtrair-se à sua força imperativa[30]. O que se pretende preservar é a liberdade negocial. E este objetivo não é incompatível com a suposição de que todos sejamos juristas. Com efeito, conforme ensina *Orlando Gomes*, com apoio em *Messineo*, "o fato de ser inescusável a ignorância da lei não exclui que o erro de direito seja relevante, como coeficiente de determinação da vontade do sujeito, operando, desse modo, nas relações entre as partes"[31]. Assim, se a vontade que conduziu à realização do negócio formou-se a partir de elementos que não retratam a realidade, é justo que se admita a anulação daquele, ainda que o erro seja de direito. Todavia, em atenção ao princípio de que a ignorância da lei a ninguém aproveita, na demonstração do erro de direito deve-se exigir maior rigor do que na prova do erro de fato.

Por outro lado, ao contrário do que afirmam alguns doutrinadores, é irrelevante a natureza da norma legal ignorada pela parte, se de ordem pública ou privada. Conforme esclarece *Coviello*, "a única distinção a fazer-se é quanto ao fim que se tem em vista, invocando a ignorância ou erro de direito. Se o fim é suspender a eficácia obrigatória da lei, isto é, de subtrair-se às consequências da inobservância (pena, nulidade, decadência), não se toma em consideração a ignorância ou erro, nem a condição subjetiva de quem quer que seja. Se, porém, outro é o fim, isto é, demonstrar que falta ou existe o pressuposto querido pela lei, para o fato jurídico, é claro que, não havendo nada em contrário, cumpre admitir a regra de poder invocar-se erro ou ignorância de direito, como qualquer outra ignorância, ou erro"[32].

O erro de direito pode decorrer tanto da ignorância da norma como de seu falso conhecimento ou interpretação equivocada. De qualquer modo, para induzir anulação

---

(28) Esta é também a solução nos Direitos italiano e alemão, para ficar nos códigos que mais influenciaram o legislador pátrio.
(29) ESPÍNOLA, Eduardo. Erro ou ignorância, cit., p. 267
(30) Consoante o art. 3º da LICC, "ninguém se escusa de cumprir a lei, alegando que não a conhece". Essa regra visa à preservação da força imperativa das normas legais, e tal objetivo não é posto em risco quando se reconhece que o conhecimento imperfeito da lei afetou o processo de formação da vontade negocial.
(31) GOMES, Orlando. *Introdução...*, cit., p. 419.
(32) *Apud* ESPÍNOLA FILHO, Eduardo. Erro de direito e ignorância da lei. In: *Repertório enciclopédico do direito brasileiro*, v. 20. Rio de Janeiro: Borsoi, [s.d.]. p. 261.

do ato é necessário que o erro tenha sido a razão única ou principal a determinar a vontade (CC, art. 139, III) e que pudesse ter sido descoberto pela outra parte (art. 138, parte final).

Atualmente, a existência de disposição legal que admite expressamente o erro de direito como vício do consentimento (CC, art. 139, III) espanta qualquer dúvida acerca da possibilidade de invocá-lo. Ressalva, entretanto, *Orlando Gomes* que "com o erro de direito não deve ser confundido o erro sobre as consequências jurídicas do ato. Neste, o agente ignora certos efeitos que a lei atribui, por via geral, à sua declaração de vontade. O erro sobre as consequências jurídicas do ato não é relevante para viciar a vontade"[33]. Além disso, "o erro de direito não pode ser invocado na *transação*, na *confissão*, nem nos casos em que conduziria à violação de lei de ordem pública"[34]. Tais restrições foram objeto de previsão expressa no Código Civil francês, no art. 1.356, quanto à confissão, e no art. 2.052, no que se refere à transação. E não haveria de ser diferente entre nós, por se tratar de regras extraídas da lógica do sistema, embora o Código Civil pátrio só se refira à transação[35].

No âmbito trabalhista, as restrições à invocação do erro de direito têm especial relevância quanto aos efeitos da adesão aos planos de demissão incentivada. O desconhecimento de todas as consequências jurídicas advindas da adesão ao plano não invalida a aceitação da proposta patronal, pelo empregado, desde que as condições negociais tenham sido claras. Admitir uma extensão larga do erro de direito seria introduzir um perigoso elemento de insegurança jurídica. Não se pode perder de vista, ademais, que o erro de uma parte, como veremos logo adiante, só autoriza a invalidação do negócio jurídico se, pelas circunstâncias deste, puder ser conhecido pela outra parte (CC, art. 138).

Pode ocorrer erro de direito, ainda, quando o empregador fez incluir na remuneração do trabalhador determinada parcela apenas por mal conhecer ou interpretar equivocadamente a norma trabalhista que disciplina a matéria e, assim, pensou ser obrigado a um pagamento que, na situação concreta, não lhe era imposto. Neste caso, entretanto, é preciso uma rigorosa análise, uma vez que, se o próprio empregador se equivocou na aplicação da lei, dificilmente o trabalhador teria condições de perceber tal erro. E no caso, a boa-fé do obreiro faz com que não se possa anular a decisão que gerou tal pagamento. Quando muito, poder-se-ia admitir que a parcela paga por engano pudesse ser suprimida da remuneração do trabalhador a partir do instante em que o erro fosse detectado, desde que isso ocorra dentro do prazo previsto no art. 178 do Código Civil. Mesmo assim, é preciso que reste demonstrado de forma inequívoca que a razão determinante do pagamento foi o alegado erro[36].

---

(33) No mesmo sentido, TORRENTE, Andrea; SCHLESINGER, Piero. *Manuale di diritto privato*. 12. ed. Milano: Giuffrè, 1985. p. 200. Conforme explica E. Espínola, "no negócio jurídico, a vontade tem por objetivo os efeitos práticos que a ordem jurídica tutela com os meios mais idôneos" (ESPÍNOLA, Eduardo. Manual... v. 3: dos factos jurídicos, 1ª parte, cit., p. 150).
(34) GOMES, Orlando. *Introdução...*, cit., p. 420.
(35) "Art. 849. A transação só se anula por dolo, coação, ou erro essencial quanto à pessoa ou coisa controversa. Parágrafo único. A transação não se anula por erro de direito a respeito das questões que foram objeto de controvérsia entre as partes."
(36) Note-se, aqui, que o erro não incide sobre o pagamento, mas sobre a obrigação de pagar, mais precisamente sobre sua extensão.

Questão que pode suscitar dúvidas é a distinção entre o erro de fato e o erro de direito. Para solucioná-la, parte *Donello* da constatação de que os direitos, reais ou pessoais, assim como as ações ou exceções, têm sua origem em certas causas a que a lei atribuiu o efeito de fazer surgir determinadas relações jurídicas. Assim, explica, se a pessoa, mesmo sabendo que de certos fatos nasce o direito, ignora ou se equivoca acerca da realização de tais fatos, cuja existência é necessária para a formação da relação jurídica, teremos o erro de fato. Se, ao contrário, conhecendo a existência dos fatos, ignora ou se engana a respeito da eficácia que a lei lhes atribui, temos então o erro de direito[37].

4.1.3. Requisitos

a) Substancialidade

Para viciar a vontade e tornar anulável o negócio jurídico, o erro deve ser *essencial* ou *substancial*, isto é, deve incidir sobre os elementos constitutivos do negócio jurídico e ser determinante em sua realização. Não é necessário, porém, que o erro tenha sido a única causa da celebração do negócio. Basta que ele tenha atuado como *concausa*. Em outras palavras, é suficiente que o declarante tenha dado seu consentimento *também* por causa do erro, desde que, sem ele, o negócio não se realizaria[38].

Consoante ensina *Humberto Theodoro Júnior*, erro substancial é aquele que "por sua profundidade afeta a formação da vontade de tal maneira que, à sua falta, o negócio, com certeza, não teria sido realizado, pois o erro incidiu justamente sobre sua causa determinante. Conhecida a verdade, a declaração de vontade não teria sido dada, ou tê-lo-ia sido em sentido diverso"[39].

Não basta, porém, que o equívoco do declarante seja determinante, mas é preciso que sua relevância seja razoável, e não resultante de mero capricho. Com efeito, conforme ressalta *Pontes de Miranda*, "pressuposto objetivo do erro é o de que tal importância subjetiva não seja fora de justificação —, hão-se de apreciar as circunstâncias, de modo que ao pressuposto subjetivo se possa juntar importância transubjetiva, que aí funcione como pressuposto objetivo: a *razoabilidade* da importância é esse pressuposto. Se comprei o livro, encadernado em couro amarelo e tenho as obras do mesmo autor com encadernações em cor verde, e o livreiro-editor não tem ou não tem mais encadernação verde, não posso obter anulação. Obtê-la-ia se comprei o vol. I, que tenho, em vez do vol. III, que me falta"[40].

A dificuldade na aferição da relevância do erro é também ressaltada por *Caio Mário*, ao asseverar que "vigora franca relatividade na apreciação das circunstâncias que o envolvem, embora não se possa reduzir a uma apuração meramente subjetiva. Deve ser, em cada

---

(37) *Apud* ESPÍNOLA, Eduardo. *Manual...* v. 3: dos factos jurídicos, 1ª parte, cit., p. 282.
(38) ANDRADE, Manuel de. *Apud* MIRANDA, Custódio da Piedade Ubaldino. *Op. cit.*, p. 91.
(39) THEODORO JÚNIOR, Humberto. *Op. cit.*, p. 70.
(40) MIRANDA, Francisco Cavalcanti Pontes de. *Tratado de direito privado*, t. 4. Rio de Janeiro: Borsoi, 1954. p. 286.

caso, verificado que a declaração de vontade foi determinada pela falsa opinião relativamente às qualidades que, para o negócio jurídico em foco, são fundamentais, ainda que pudessem em outras circunstâncias de ordem pessoal, ou material, ser diferentes"[41].

Em tais casos, a investigação do juiz deve voltar-se sobre as razões que determinaram a realização do negócio, para aferir se a falsa noção da realidade foi, ou não, decisiva na prática do ato. No particular, a liberdade do julgador é ampla, aplicando-se aqui, em toda a sua extensão, o disposto no art. 335 do Código de Processo Civil[42]. Com efeito, a lei não define o que seja erro essencial, limitando-se a indicar sobre o que deve incidir para que possa ser assim qualificado. Consoante as situações casuisticamente arroladas pelo Código Civil (art. 139), o erro é substancial quando incide sobre a natureza do negócio, o objeto principal da declaração ou as qualidades a ele essenciais, a identidade ou qualidade essencial da pessoa, bem assim sobre os motivos do negócio, quando determinantes.

a) Erro sobre a natureza do negócio (error in negotio): ocorre quando o agente pensa realizar certo ato e, no entanto, realiza outro. Contudo, "se o erro sobre a natureza do ato jurídico é só sobre o tipo abstrato, o que há é *error in nomine*, que não invalida o ato jurídico: em concreto houve consenso"[43]. Assim, se o empregador denomina uma comissão por produção de participação nos resultados, isso em nada altera a verdadeira natureza da parcela nem caracteriza erro sobre a natureza do negócio. Da mesma forma, se o empresário imaginava e efetivamente celebrou um contrato de prestação de serviços autônomos, mas submeteu o prestador, pessoa física, a todas as condições inerentes à relação de emprego, não poderá invocar vício de consentimento para se eximir dos efeitos do contrato de trabalho formado tacitamente. Conforme ressalta *Emílio Betti*, compete às partes apenas determinar o resultado prático que pretendem atingir e escolher o caminho legal mais conveniente para alcançar tal objetivo. E embora possam, se quiserem, modificar o regulamento legal, as partes "não podem alterar a estrutura típica do negócio, nos termos que o direito o regulamenta, nem configurá-la, na sua imaginação, diversa daquilo que ela é."[44]

Haverá, porém, erro sobre a natureza do negócio, por exemplo, se o empregador fornece determinado bem para o trabalho mas o empregado o recebe como sendo pagamento pelo trabalho prestado (dação em pagamento), ou então quando o bem é entregue sob a forma de empréstimo (locação ou comodato) mas é recebido como se fosse uma doação[45]. Resta evidente, aqui, a ocorrência de erro obstativo.

Também é comum o empregado assinar aviso de demissão pensando tratar-se de ciência da dispensa. Não raro o empregado pede para ser dispensado porque tem interesse

---

(41) PEREIRA, Caio Mário da Silva. *Instituições de direito civil*, v. 1, 13. ed. Rio de Janeiro: Forense, 1992. p. 355.
(42) "Art. 335. Em falta de normas jurídicas particulares, o juiz aplicará as regras de experiência comum subministradas pela observação do que ordinariamente acontece e ainda as regras da experiência técnica, ressalvado, quanto a esta, o exame pericial."
(43) MIRANDA, F. C. Pontes de. *Op. cit.,* p. 282.
(44) BETTI, Emílio. *Teoria geral do negócio jurídico*, t. 2. Trad. Ricardo Rodrigues Gama. Campinas: LZN, 2003. p. 338.
(45) Com razão, afirma-se, pois, que o erro sobre a natureza do negócio caracteriza-se como um erro sobre a causa, entendida esta no seu sentido objetivo (causa final), isto é, a função econômico-social do negócio, a síntese dos seus efeitos jurídicos essenciais (MIRANDA, Custódio da Piedade Ubaldino. *Op. cit.,* p. 95).

no recebimento das verbas rescisórias, mas o empregador aproveita a oportunidade e lhe apresenta para assinar um "pedido de demissão". Neste caso, porém, pode-se configurar o dolo[46]. De qualquer modo, é preciso que o empregado demonstre que não tinha a intenção de demitir-se e que só assinou os documentos por erro (casual ou induzido).

b) Erro sobre o objeto principal da declaração (error in corpore): verifica-se quando o bem ou o direito a que se refere a manifestação de vontade não é o que estava na intenção do agente[47]. É o caso, por exemplo, do empregado que aceita uma promoção para o cargo X pensando que a oferta se referia ao cargo Y. Neste caso, porém, é preciso que o exercício de um e outro cargos contenha exigências bem distintas, por exemplo, por exigir um deles que o empregado mude de domicílio ou desenvolva suas funções em diversas localidades, enquanto o outro é exercido apenas no local em que o empregado já trabalha. Adaptando outra hipótese, sugerida por *Dallegrave Neto,* teríamos o caso da pessoa que se candidata a um emprego acreditando que iria exercer determinada função no centro de processamento de dados da empresa, mas, após a admissão, é colocada para exercer função diversa da esperada, que pouca ou quase nenhuma relação tem com a área de informática. Neste caso poderia invocar o vício de vontade para anular o contrato, ressaltando o jurista paranaense que o erro deve ser acusado desde logo, porque se o empregado continua exercendo a função, mesmo depois de detectado o engano, opera-se o consentimento tácito, ou seja, a confirmação do negócio[48].

Nos casos de erro acerca da natureza ou objeto da declaração, a rigor, não há vício de consentimento, uma vez que não houve convergência de vontades, obstando a formação do acordo. Por exemplo, se alguém transfere uma coisa a título de venda, mas é ela recebida como se fosse uma doação, não houve encontro de vontades: o alienante não pretendia dar, nem o adquirente queria comprar. O mesmo ocorre se o alienante ofereceu à venda uma coisa e o adquirente pensou estar comprando outra. É por isso que a doutrina classifica tais vícios como *erros obstativos,* por impedirem a convergência de vontades acerca do negócio ou de seu objeto. Todavia, mesmo os Códigos que distinguem o erro-vício (erro de formação da vontade) do erro-obstáculo (erro de declaração), como o italiano (art. 1.433) e o português (art. 247), atribuem-lhes os mesmos efeitos. Embora, logicamente, tal solução possa não ser a melhor, operacionalmente é a mais indicada, pela facilidade que oferece no tratamento jurídico das diversas situações. Compensa-se, assim, o que se perde em termos lógicos com os ganhos advindos da simplicidade e clareza[49].

---

(46) "PEDIDO DE DEMISSÃO. RENÚNCIA. FRAUDE. A extinção do contrato laboral representa renúncia de direitos por parte do empregado se este se exonerar espontaneamente do emprego; mas ainda que se trate de direito renunciável, é imprescindível para a validade do ato a inexistência de vício de consentimento. Caracteriza-se a fraude, no caso, quando, aproveitando-se da boa-fé e do semianalfabetismo, a empresa colhe o pedido de demissão do empregado, com o único intuito de se desincumbir dos encargos relativos ao período já trabalhado, readmitindo-o em outra empresa do mesmo grupo" (TRT 2ª Região, RO 02960319898, Ac. 8ª T. n. 02970434525, Relª Juíza Wilma Nogueira de Araújo Vaz da Silva. DOE 4.9.97).

(47) Refere-se o legislador aqui (CC, art. 139, I) ao objeto mediato do negócio, isto é, o *quid* sobre o qual incide o negócio, a coisa ou o serviço a ser prestado por uma das partes à outra (MIRANDA, Custódio da Piedade Ubaldino. *Op. cit.,* p. 95-6).

(48) DALLEGRAVE NETO, José Affonso. *Contrato individual de trabalho:* uma visão estrutural. São Paulo: LTr, 1998. p. 119.

(49) RODRIGUES, Silvio. *Op. cit.,* p. 26. Aplaude o autor a uniformização de tratamento, asseverando que, embora o abandono da posição lógica possa implicar uma ameaça ao dogma da vontade e cercear, de certo modo, uma

c) Erro sobre as qualidades essenciais do objeto principal da declaração (error in substantia): consiste na suposição de que o objeto se revista de determinada qualidade que, na verdade, não existe, tendo a falsa crença determinado a vontade. Em se tratando de negócios envolvendo coisas, o erro acerca das qualidades essenciais, a rigor, envolve erro sobre os motivos. Assim, quem paga um alto preço por uma obra de arte ou uma joia, implicitamente considera que se trate de um objeto autêntico, e não de réplicas. Neste caso, presume-se que os motivos integram o negócio, uma vez que representam os móveis próximos, gerais a todos os contratos em idênticas condições[50].

A definição dos elementos essenciais, no entanto, nem sempre deve ser buscada nas declarações das partes (*ex pacto*). Como faz ver *Eduardo Espínola*, "nos contratos em que certas qualidades do objeto se consideram essenciais, de acordo com a prática e os usos civis e comerciais, presumem-se queridas pelas partes, ainda que não expressamente enunciadas. É também o que acontece quando se tem em vista alguma qualidade que entre como elemento para a classificação do objeto, para sua inclusão em determinada espécie ou categoria. E não só os atributos naturais, mas igualmente os de ordem jurídica. Em regra, a distinção entre as qualidades essenciais e acidentais é feita de acordo com a natureza do objeto; só excepcionalmente a vontade das partes considera substanciais qualidades que, na compreensão comum, são tidas por acidentais"[51].

Em relação ao contrato de trabalho, o vício quanto às qualidades essenciais pode situar-se, por exemplo, no objeto mediato do contrato. O trabalhador imagina que o emprego oferecido envolve o exercício de funções diversas das que lhe são atribuídas, constituindo a natureza das funções elemento determinante da aceitação do posto de trabalho. *Eduardo Espínola* oferece-nos um exemplo que se enquadra nessa situação: "A" pretende contratar os serviços de "B" como professor de matemática, mas este aceita a oferta na persuasão de que irá atuar como professor de música[52]. *Magano* cita a hipótese do obreiro que supõe estar sendo admitido para trabalhar com ordenhadeira mecânica, ao passo que o empregador precisa de um laborista para a ordenha manual[53].

De outra parte, sendo o contrato de trabalho, para o empregado, *intuitu personae*, o erro sobre as qualidades essenciais do objeto da prestação, por parte do obreiro, não raro concorre com o erro do empregador acerca das qualidades da pessoa que deve prestar o labor, matéria de que trataremos logo a seguir.

d) Erro sobre a pessoa com quem se tem a intenção de contratar (error in persona): só é causa de anulabilidade do ato quando a consideração da mesma pessoa foi a causa determinante, a mola propulsora do negócio jurídico[54]. O *error in persona* pode dar-se sob a forma de erro de *identidade* (tomar uma pessoa por outra) como de erro de *qualidade* (atribuir a alguém qualidade que, na verdade, não possui). Em qualquer dos casos, desde

---

prerrogativa do indivíduo, em contrapartida, traduz-se em maior segurança para toda a sociedade, pela confiabilidade que proporciona ao comércio jurídico (*Ibidem*, p. 27-8).
(50) RODRIGUES, Silvio. *Op. cit.*, p. 86.
(51) ESPÍNOLA, Eduardo. *Manual...* v. 3: dos factos jurídicos, 1ª parte, cit., p. 245.
(52) *Ibidem*, p. 233.
(53) MAGANO, Octavio Bueno. *Manual de direito do trabalho*, v. 2, 2. ed. São Paulo: LTr, 1988. p. 157.
(54) MONTEIRO, Washington de Barros. *Op. cit.*, p. 186.

que a pessoa do outro contratante ou suas qualidades tenham influído de modo relevante na realização do negócio jurídico, tenham assumido o caráter de elementos constitutivos de seu conteúdo, havendo erro o ato será passível de anulação.

Alerta, entretanto, *Eduardo Espínola* que "o erro simplesmente sobre o nome é acidental, irrelevante, indiferente; não constitui *error in persona* ou *error in corpore*. Toda a vez que se fala no erro do nome, a identidade está fora de questão"[55].

Normalmente, o erro sobre a pessoa tem maior relevância nos negócios a título gratuito, uma vez que, em tais casos, a identidade ou as qualidades da pessoa beneficiada costumam ser a principal razão determinante do ato. Todavia, existem contratos onerosos nos quais o talento, a indústria, a reputação, o crédito do contratante adquirem especial relevo, de tal sorte que o erro sobre a pessoa ou suas qualidades autoriza a anulação do negócio. Em qualquer caso, porém, são as circunstâncias em que se realizou o ato que vão definir se a pessoa com a qual se contratou ou as qualidades nela esperadas foram ou não determinantes na conclusão do negócio[56].

No contrato de emprego, considerando que a prestação de trabalho é obrigação pessoal do empregado, o erro do empregador acerca da identidade ou das qualidades do trabalhador, em princípio, é o bastante para viciar a formação da vontade daquele, exceto nas funções em que a especialização do laborista tenha importância secundária, ou quase nenhuma. Quem contrata um trabalhador braçal ou para exercer atividades que não demandam qualificação especial não pode alegar erro sobre a pessoa, uma vez que, em tais circunstâncias, não são exigidas qualidades excepcionais que justifiquem a opção por este ou aquele trabalhador.

Em tais casos, o empregador apenas procura um trabalhador, isto é, define a outra parte pela espécie, sem se prender à identidade física de um ou outro obreiro individualmente considerado. Assim, basta que o indivíduo contratado apresente as características que o fazem pertencer à categoria de trabalhadores de que necessitava o contratante. À diferença das obrigações *intuitu personae* encontráveis em outros contratos, na relação de emprego o caráter personalíssimo normalmente não resulta da natureza das atividades a serem desempenhadas, mas da necessidade de proteção ao trabalhador que as executa. É por isso que o equívoco na escolha do empregado nem sempre tem a repercussão que produz em outros pactos com obrigações personalíssimas.

Se, todavia, as habilidades de determinado trabalhador fazem diferença e, por isso, ditaram sua escolha ou mesmo a decisão de contratá-lo, é possível admitir a anulação com base em erro acerca da identidade ou das qualidades do empregado. Cite-se a hipótese do empregador que contrata um obreiro para atividade especializada pensando tratar-se de um homônimo cujas habilidades dispensam apresentação. No meio artístico, por exemplo, em que os profissionais frequentemente são apresentados por pseudônimos, não se poderia descartar equívocos dessa natureza, o mesmo podendo ocorrer no campo desportivo, especialmente pelo fato de ser regra a celebração de contratos por intermédio de procuradores.

---

(55) ESPÍNOLA, Eduardo. *Manual...* v. 3: dos factos jurídicos, 1ª parte, cit., p. 290.
(56) CAPITANT, Henri. *Op. cit.*, p. 311.

Embora em todo negócio jurídico que tenha por objeto um fato, positivo ou negativo, que deva ser realizado exclusivamente pela própria parte a pessoa desta tenha especial relevância, na celebração do pacto laboral, nem sempre o empregador tem em vista a identidade ou as qualidades específicas de determinado trabalhador. É possível que esteja querendo apenas mais um empregado, dando-se por satisfeito com qualquer um que preencha os requisitos mínimos indispensáveis. Assim, a não ser nos casos em que o empregador procura um profissional que detenha habilidades, experiência ou conhecimentos específicos inerentes à função a ser desempenhada, a identidade do trabalhador no ato da contratação não tem a mesma importância que em outros contratos que envolvem obrigações infungíveis. Como regra, aliás, o empregador não contrata em consideração às qualidades do trabalhador, embora, nas mesmas condições, prefira os mais competentes[57]. Suponhamos o caso de uma empresa que necessita aumentar seu quadro de pessoal e, por intermédio de sua direção, aprova a contratação de determinado trabalhador, mas a pessoa responsável pela formalização do contrato, por equívoco, acaba admitindo outro empregado que não o selecionado pelos dirigentes, mas também em condições de exercer a função. No caso, mesmo em se tratando de negócio cuja execução tem caráter *intuitu personae*, o trabalhador contratado atende aos objetivos do empregador, embora não observada a preferência deste. É por isso que o Código Civil somente reconhece o erro quanto à identidade ou à qualidade essencial da pessoa quando tenha influído de modo relevante na declaração de vontade (art. 139, II).

Não basta, porém, demonstrar que a identidade do trabalhador ou suas qualidades foram determinantes na escolha e são essenciais ao exercício da função. Além disso, é indispensável que os critérios de que se valeu o contratante que invoca o erro passem pelo crivo da socialidade. Não faria sentido, por exemplo, acolher a alegação de erro apenas porque o empregado que acabou sendo contratado não tinha a mesma cor de pele ou aparência física semelhante à do trabalhador preferido pela direção da empresa, uma vez que se trata de critérios preconceituosos e arbitrários, que não merecem amparo jurídico. Em qualquer caso de erro sobre a identidade do outro contratante, é preciso que o critério que definiu a escolha da parte com quem se pretendia pactuar seja digno de proteção jurídica. Se o critério for daqueles que a lei condena ou a sociedade reprova, ainda que não haja dúvidas acerca do equívoco, não poderia a lei emprestar-lhe força suficiente para invalidar o contrato, sob pena de converter-se, ela própria, em instrumento de violação jurídica e discriminação social. No caso, ao aferir a relevância do erro, indiretamente, o julgador estará apreciando a legitimidade moral e jurídica, bem assim a aceitabilidade social dos parâmetros de que se serviu a parte no processo de formação da vontade.

Conforme observam *Alonso Olea* e *Casas Baamonde*, o erro acerca das qualidades pessoais só invalida o contrato de trabalho se aquelas se apresentam, razoavelmente, como requisitos do trabalho a ser executado. Por conseguinte, carecem de transcendência eventuais reticências ou mesmo a falta de verdade nas respostas a testes ou questionários quando as perguntas não tenham relevância para a função, principalmente quando invadem

---

[57] O erro sobre a pessoa só torna o negócio anulável "se quem se enganou declarar, ou pelas circunstâncias sabidas pela outra parte se provar que só por julgar que era *fulano* ou tinha determinada habilidade é que contratara" (GONÇALVES, Luiz da Cunha. *Op. cit.*, p. 224).

a intimidade do aspirante ao emprego. Entretanto, nas chamadas empresas *ideológicas* ou *de tendência* é relevante o erro concernente à ideologia ou às *circunstâncias* pessoais que constituem exigência estrita do trabalho a prestar ou guardam com ele conexão próxima[58].

O erro quanto à pessoa do outro contratante, todavia, não é exclusividade do empregador. Pelo que se extrai do disposto no art. 483, § 2º, da CLT, o empregado também pode incidir em erro quanto à identidade ou qualidades da outra parte (empregador). Pode ocorrer erro de identidade especialmente quando a contratação for realizada por prepostos e restar configurado que a aceitação do posto de trabalho pelo obreiro nas condições ofertadas decorreu justamente de quem foi apresentado como suposto empregador, por exemplo, por se tratar de instituição ou indivíduo pelos quais o trabalhador nutre especial admiração.

O erro de identidade também pode ocorrer no curso da relação contratual, por exemplo, quando o empregador concede uma promoção ou um aumento salarial a determinado empregado, em função dos relevantes serviços prestados ou pelo destaque em determinada atividade ou função e, mais tarde, vem a descobrir que o mérito não fora do trabalhador beneficiado, mas de outro empregado. Neste caso, o ato do empregador é passível de anulação com base no erro[59]. Em todo caso, sempre que invocado o erro quanto às qualidades essenciais do beneficiário de um ato gratuito, é preciso tomar muito cuidado para não acobertar um arrependimento tardio acerca de um ato que não padece de vício de vontade algum. Se, porém, o empregado simula resultados que não produziu e, em razão deles, vem a ser agraciado com alguma vantagem contratual, o vício será o dolo, pela captação fraudulenta da vontade do empregador.

Haverá erro acerca da qualidade essencial à pessoa na contratação de empregado para o exercício de função à qual não esteja legalmente habilitado. Embora, em geral, tal situação seja decorrente de dolo, nada impede a ocorrência de simples erro, por falhas de comunicação, por exemplo. Se o caso for de mera imperícia (falta de habilidade prática) do obreiro, apesar de tecnicamente habilitado, o empregador não pode alegar erro se assumiu o risco de admitir o empregado em caráter definitivo, sem prévio contrato de experiência[60].

De outra parte, conforme esclarece *Pontes de Miranda*, "para que haja falta de qualidade essencial à pessoa, é preciso que, sem ela, a pessoa saia da categoria que se teve em vista ao manifestar-se a vontade; *e. g.*, contrato de mobiliário com a pessoa, que é carpinteiro, e não marceneiro, ou contrato de trabalho de cozinheiro, se o contratado é apenas garçom, ou copeiro; contrato com tenor, que é ator dramático, e não tenor, ou vice-versa. Não é qualidade essencial ao carpinteiro ser bom carpinteiro, nem ao cozinheiro ser bom cozinheiro, nem ao tenor ser grande tenor. Seria o caso de denúncia do contrato, e não anulação por erro"[61].

---

(58) ALONSO OLEA, Manuel; CASAS BAAMONDE, María Emilia. *Derecho del trabajo*. 11. ed. rev. Madrid: Facultad de Derecho — Universidad Complutense, 1989. p. 182.

(59) Conforme lição de Giorgi, referida por Carvalho Santos, nos atos de beneficência, gratidão ou mérito, feita a abstração da pessoa do beneficiado, desaparece o motivo determinante do contrato. É por isso que, nos atos a título gratuito, o erro sobre a pessoa quase sempre vicia o consentimento (SANTOS, J. M. de Carvalho. *Código Civil brasileiro interpretado*, v. 2. 10. ed. Rio de Janeiro: Freitas Bastos, 1977. p. 313).

(60) Trata-se aqui de situação análoga à de quem compra sem verificar a qualidade, não sendo esta garantida pelo vendedor: "quem compra no escuro não erra, arrisca-se" (MIRANDA, F. C. Pontes de. *Op. cit.*, p. 299).

(61) MIRANDA, F. C. Pontes de. *Op. cit.*, p. 292.

Assim, se o trabalhador tem a habilitação correspondente à função que o empregador pretendia contratar, não poderá este alegar erro pelo fato de a pessoa admitida não corresponder às expectativas. Todavia, se o desempenho do empregado contratado ficar abaixo do que se poderia legitimamente dele esperar, por exemplo, por manifesto desinteresse pelo trabalho, é possível o rompimento do contrato por justa causa.

A simples desilusão pelo fato de o empregado não render o esperado não é o bastante para que o empregador se exima de cumprir o contrato ou fique liberado dos encargos da despedida imotivada, caso não tenha celebrado com o obreiro contrato de experiência. Afinal, é justamente para evitar erros dessa natureza que o legislador colocou à disposição das partes o contrato de prova. Se, porém, o erro do empregador, no ato da admissão, for provocado pelo próprio empregado, a conduta dolosa deste poderá autorizar sua dispensa por justa causa, além de sujeitá-lo à reparação de eventuais prejuízos causados à outra parte. Todavia, conforme ressalta *Ernesto Krotoschin*, para que o erro constitua justa causa para a dispensa, além de ser essencial, é preciso que continue produzindo efeitos quando de sua invocação pelo empregador. Se o empregador, depois de dar-se conta da falta das aptidões ou identidade do trabalhador, se houver conformado, por exemplo, ocupando-o em outros trabalhos que não exigem as qualidades pressupostas, não mais poderá invocar o erro como justa causa para a despedida[62].

Também não pode o empregador alegar erro invalidante, ou invocar o fato para dispensar o obreiro por justa causa, por não ter sido informado, quando da admissão, que o empregado é portador de uma moléstia que necessita de tratamento, que é casado ou divorciado, que pratica determinado esporte ou torce por certo time de futebol, é filiado ao partido político "x", segue a religião "y" ou tem outras preferências que só dizem respeito à sua vida pessoal. Tais circunstâncias em nada diminuem a essência da prestação laboral, não autorizando, por isso, a alegação de erro substancial. E o mesmo vale para o empregado, quanto às opções pessoais do empregador que não tenham relação com a execução do contrato.

e) Erro sobre o motivo único ou principal do negócio jurídico, desde que expresso como razão determinante do ato (CC, art. 140), não importando se o erro é de direito ou de fato.

A admissibilidade do erro de direito (CC, art. 139, III) de forma alguma invalida o princípio consoante o qual ninguém se escusa do cumprimento da lei sob a alegação de desconhecê-la. Conforme enfatiza *Humberto Theodoro Júnior*, "coisa muito diversa da obrigatoriedade geral da lei é o fato de alguém contratar na ignorância de certo dispositivo legal, ou de seu correto conteúdo e, por isso, contrair obrigações em seu próprio prejuízo, justamente pela equivocada noção da realidade normativa. Em semelhante conjuntura, é evidente que a parte não contrataria, como fez, caso conhecesse a verdadeira disposição legal pertinente ao negócio"[63].

Ressalta o mesmo autor, entretanto que "para ter-se o erro de direito como causa de anulabilidade é preciso que o declarante não tenha praticado o negócio para negar a

---

(62) KROTOSCHIN, Ernesto. *Tratado práctico de derecho del trabajo*, v. 1, 4. ed. Buenos Aires: Depalma, 1987. p. 200.
(63) THEODORO JÚNIOR, Humberto. *Op. cit.*, p. 84. "Em outras palavras, ignorar uma lei não é, por si, violá-la" (*Ibidem*, p. 85).

regra legal desconhecida ou mal-entendida, mas para extrair daí dados e consequências que, na esfera negocial, prejudicaram a ele mesmo, e não à ordem jurídica. Ou seja, porque não conhecia a norma legal o contratante contraiu obrigação ou dispôs de direito de forma a sofrer prejuízo desnecessário ou desarrazoado"[64]. Se o negócio contraria norma legal imperativa, ainda que os contraentes não saibam disso, a invalidade decorre da própria violação à lei, podendo ser declarada pelo juiz, mesmo contra a vontade das partes.

Em regra, o disposto no art. 139, III, do Código Civil não pode ser invocado pelo empregador quando concede a seus empregados vantagens mais amplas que as previstas em lei ou instrumento normativo, uma vez que eventual erro, no caso, normalmente não é perceptível pelos beneficiários, o que exclui a anulabilidade do ato. Com efeito, considerando que as disposições legais e normativas contêm apenas um patamar mínimo de direitos, o fato de o empregador proporcionar ao empregado melhores condições contratuais não implica, necessariamente, que haja incorrido em erro. Assim, não se poderia pressupor que o empregado beneficiado por maiores vantagens que as garantidas nas normas coletivas ou legais estivesse de má-fé. E sem que o trabalhador pudesse constatar o erro do empregador, não se configura o vício invalidante, conforme veremos a seguir. Caso, porém, o empregador demonstre cabalmente que a vantagem oferecida resultou de erro, perceptível pelo trabalhador, neste caso sim será legítimo o cancelamento da melhoria pela invalidação do ato que a concedeu.

b) Reconhecibilidade

Além de substancial, já o dissemos, para autorizar a invalidação do negócio o erro há de ser perceptível pela outra parte (CC, art. 138). A responsabilidade pelo erro reparte-se, assim, entre os contratantes. Ao introduzir o requisito da reconhecibilidade do erro, a exemplo do Código italiano (art. 1.428), o legislador pátrio pôs em evidência a teoria da confiança e o princípio da lealdade contratual. Em outras palavras, "abandonou-se o dogma da vontade real, para prestigiar a segurança do tráfico jurídico, concebendo-se o negócio como *fato social*"[65]. Operou-se, assim, uma "profunda mudança no tratamento legislativo do tema, pois o peso decisivo da anulabilidade deslocou-se da conduta do que pratica a declaração errônea para o comportamento de quem se beneficia dos respectivos efeitos"[66]. Tal solução é bem-vinda, pois quem, de boa-fé, acredita na declaração de vontade, ainda que viciada, não poderia merecer menor proteção do que aquele que incorreu em erro. Afinal, a declaração de vontade é dirigida a toda a sociedade, que poderá nela confiar e, por isso, aceitá-la. Diante disso, é mais relevante preservar a eficácia da declaração, fazendo-a válida, a despeito da vontade, do que frustrar a expectativa de quem, justificadamente, nela acreditou[67].

---

(64) THEODORO JÚNIOR, Humberto. *Op. cit.*, p. 84.
(65) GAINO, Itamar. *Op. cit.*, p. 10.
(66) THEODORO JÚNIOR, Humberto. *Op. cit.*, p. 41.
(67) RODRIGUES, Silvio. *Op. cit.*, p. 308.

Desse modo, coloca o legislador em segundo plano os aspectos subjetivos do comportamento do declarante. Conforme ressalta *Theodoro Júnior*, "pouco importa averiguar se o autor do erro teve culpa ou não por ele. O que releva é saber se a pessoa a quem se endereçou a declaração de vontade tinha condições ou não de detectar o erro e de advertir o declarante de sua ocorrência"[68]. Afinal, o negócio "já não é valorado como um fenômeno psíquico, mas como um fenômeno social"[69].

Devendo o negócio jurídico observar o princípio da boa-fé, nem mesmo o equívoco de uma das partes poderia afetar o equilíbrio das relações. Com efeito, "ambas as partes do negócio estão comprometidas com sua equitativa organização, motivo pelo qual a lealdade e a confiança são padrões indispensáveis de conduta nesse campo. Relevante não é, nessa ordem de ideias, o erro cometido por um dos contratantes, mas sua perceptibilidade pelo outro. Estabelece-se, nessa linha voltada para a segurança das relações jurídicas, um ônus para cada parte de verificar se a outra não está incorrendo em erro evidente; e desse ônus decorre a obrigação de, segundo a boa-fé, fazer-lhe a competente comunicação"[70].

Embora a vontade seja a alma ou matriz do negócio jurídico, nenhuma relação social, seja ela comercial, de amizade ou de qualquer outra natureza, seria possível se não se emprestasse crédito à palavra alheia. Por outro lado, seria igualmente antissocial aproveitar-se da distração ou equívoco alheios para obter vantagens indevidas. Assim, da mesma forma que a defesa irrestrita à pureza da vontade é socialmente inadequada, não é menos prejudicial aos interesses sociais a prevalência incondicional da palavra empenhada, mesmo quando o destinatário tivesse condições de perceber que estava viciada. Conforme sintetizou *Emílio Betti*, se o erro se mostra *reconhecível* pela contraparte nasce para esta uma obrigação de boa-fé, cuja inobservância exclui o surgimento, a seu favor, de uma legítima confiança[71].

Convém ressaltar que o Código não exige que o vício seja efetivamente conhecido pela outra parte, pois, se o fosse, a causa da rescindibilidade do ato deixaria de ser a prevista no art. 138 (erro ou ignorância), e passaria a ser o dolo por omissão (CC, art. 147). A invalidação do ato jurídico por erro pressupõe, assim, que a outra parte tenha agido apenas com culpa.

Consoante os princípios adotados pelo Código Civil vigente, "o problema da escusabilidade ou inescusabilidade do erro, por parte de quem o comete, perde totalmente o significado[72]. A causa de anulação é o *erro perceptível* em face do outro contratante[73].

---

(68) THEODORO JÚNIOR, Humberto. *Op. cit.*, p. 42.
(69) GAINO, Itamar. *Op. cit.*, p. 12.
(70) THEODORO JÚNIOR, Humberto. *Op. cit.*, p. 41.
(71) BETTI, Emílio. *Op. cit.*, p. 309.
(72) "Quem declara vontade sob falsa noção da realidade em torno de causa ou elemento essencial do negócio sempre cometerá erro substancial, tenha ou não culpa pelo evento" (THEODORO JÚNIOR, Humberto. *Op. cit.*, p. 46).
(73) Segundo Moreira Alves, a redação do art. 138 do Código é fruto de um erro de datilografia quando da publicação do Anteprojeto de 1973, que deveria ter mantido o texto do Anteprojeto de 1972, cuja redação era a seguinte: "*Art. 138. São anuláveis os negócios jurídicos, quando as declarações de vontade emanarem de erro substancial. Parágrafo único. Não se considera erro substancial o que poderia ser percebido por pessoa de diligência normal, em face das circunstâncias do negócio*". No texto publicado, no entanto, foi incorporado ao *caput* parte do parágrafo único, sem supressão deste, gerando uma contradição, que só foi percebida quando da revisão final, que deu origem ao Projeto de 1975. Todavia, em vez de suprimir a parte indevidamente acrescida ao *caput*, eliminou-se

Despreza-se no regime atual o requisito da escusabilidade do erro porque era dado vinculado à teoria voluntarista, que foi superada pela moderna preocupação com a segurança nas relações jurídicas e com a objetiva partilha dos riscos acaso ocorridos durante a formação do contrato. Daí por que em lugar da escusabilidade passou-se à cognoscibilidade do erro, como critério de aferição de sua relevância jurídica. Sem esta, não se anula negócio algum"[74].

Embora priorizassem a vontade real, ainda que em desarmonia com sua manifestação, os defensores da teoria da responsabilidade também reconheciam que, se o erro fosse fruto de culpa do declarante, ainda assim o ato deveria prevalecer. Foi com base nessa teoria que, na vigência do Código Civil anterior, a doutrina condicionou a anulabilidade do ato jurídico por erro substancial à sua *escusabilidade*, isto é, à ausência de culpa do declarante pelo equívoco.

A divergência de *Pontes de Miranda*, no particular, era mais de natureza lógica ou conceitual do que jurídica, por entender ele que todo erro seria intrinsecamente escusável. Para o insigne jurista alagoano,"se o erro foi essencial, não há inquirir-se de ter sido culpado em errar o figurante, ou em ser escusável, ou não, o erro. Tudo isso é completamente estranho ao direito brasileiro (...). Quem erra não tem culpa em errar, ou teve culpa em admitir o ato jurídico e, então, não errou; o que assina documento, sem o ler, não errou, porque não há divergência entre o que *quis* e o que *quereria*, se conhecesse o conteúdo — quis sem conhecer o conteúdo e se pôs em situação de não poder invocar o erro"[75].

Em posição vanguardeira, embora sem negar o requisito da escusabilidade, sustentava *Silvio Rodrigues*, a partir das lições colhidas na doutrina vitoriosa no Código Civil italiano de 1942, que o erro somente macularia o ato jurídico se pudesse ser conhecido pela outra parte:

> Se o erro, na opinião da média dos homens de normal diligência, não poderia ser reconhecível, então o ato vale, por que a sociedade tinha legítimas razões para acreditar no fato objetivo, representado pela declaração. Se o erro era conhecido pela outra parte, ou era suscetível de ser reconhecido pela outra parte, agindo esta com uma diligência normal, então, e só então, ele pode ser alegado com êxito. Na hipótese contrária não aproveita, e quem nele incidiu sofre os prejuízos decorrentes de seu ato, por se presumir culpado[76].

Em apoio à sua tese, invocava o escólio de *Emílio Betti*, segundo o qual um erro *não reconhecível* não poderia ser considerado socialmente um erro escusável *a priori* (*error probabilis*), devendo, por isso mesmo, ser imputado a quem nele incorreu, conforme o

---

o parágrafo único. Assim, embora fosse a intenção inicial exigir apenas o requisito da escusabilidade, ao final, o que acabou prevalecendo foi o da cognoscibilidade (ALVES, José Carlos Moreira. *Op. cit.*, p. 115-6).
(74) THEODORO JÚNIOR, Humberto. *Op. cit.*, p. 41-2.
(75) MIRANDA, F. C. Pontes de. *Op. cit.*, p. 275.
(76) RODRIGUES, Silvio. *Op. cit.*, p. 68. O autor sustentou essa ideia em fins de 1959, na dissertação destinada a concurso para a cátedra de Direito Civil da Faculdade de Direito da Universidade de São Paulo. Debruçando-se sobre as decisões dos tribunais, observou aquele jurista que, entre os acórdãos por ele analisados à época, não houve um sequer que tivesse acolhido a alegação de erro invalidante sem que este fosse, quando menos, passível de conhecimento pela outra parte (*Ibidem*, p. 77).

critério da autorresponsabilidade. A confiança da parte que de boa-fé acreditou na declaração de vontade não poderia ser abalada por um erro unilateral e incontrolável, sob pena de colocar em risco a estabilidade e a segurança das relações jurídicas[77].

Perante o Código Civil vigente, não há dúvida de que o requisito da escusabilidade, introduzido pela doutrina em face das limitações do diploma anterior, não tem mais lugar[78]. Assim, para invalidar o ato, a pessoa que negociou sob erro substancial há de provar apenas sua ocorrência e que a outra parte tinha condições de perceber o erro, bastando, para isso, que tivesse usado de normal diligência[79]. Isso por que, "diante da não percepção do erro cognoscível, o destinatário da declaração teria descumprido o dever de boa-fé, circunstância suficiente para afastar, no que lhe diz respeito, o princípio da confiança e, assim, tornar anulável o negócio"[80].

Nas palavras de *Paulo Nader*, "o legislador teve por mira não apenas a proteção do declarante, como o fizera o Código Bevilaqua, que se limitou a declarar a anulabilidade dos atos praticados com erro substancial. Como esta solução simples poderia representar uma punição para a outra parte, o legislador impôs um segundo requisito, o qual envolve a participação deste último. Se o erro era perceptível pelo *homem médio* e mesmo assim o negócio realizou-se, presume a lei que a outra parte agiu de má-fé, merecendo, destarte, sofrer os efeitos da anulação do ato. A solução foi sábia, mas a sua aplicação prática é de todo complexa, pois não bastará ao requerente desenvolver a prova de seu erro, devendo produzir uma outra, a fim de convencer ao juiz de que o *ex adverso* poderia ter impedido o seu erro e se omitiu"[81].

Na aferição da reconhecibilidade do erro, conforme já mencionado, o juiz deverá levar em conta o padrão do homem médio, da pessoa de diligência normal, bem assim as circunstâncias do negócio. Não poderá exigir uma excepcional agudeza de espírito, mas também não deve contentar-se com a falta total de atenção ou quase isso. Todavia, não poderá deixar de lado as condições das partes, sua experiência no segmento de atividades em que se insere o ato ou a prática em outros ramos de negócios. Assim, além do conteúdo do negócio e das circunstâncias que o envolvem, não pode o juiz desprezar a qualidade dos contraentes para decidir se era possível, ou não, ao destinatário da declaração descobrir a existência de erro por parte do declarante[82].

Quanto maior é o conhecimento da parte acerca da matéria tratada no negócio, menos provável é que se tenha enganado e, por conseguinte, menor o ônus da outra parte em perceber o erro. Em contrapartida, se é o destinatário da declaração quem conta com maior experiência ou conhecimento em relação ao objeto do negócio jurídico, acentua-se, para ele, o ônus de advertir o declarante acerca de possível erro. Conforme lição de *Emílio Betti*, "o ônus do conhecimento varia conforme a maior ou menor pertinência que a coisa

---

(77) Apud RODRIGUES, Silvio. *Op. cit.,* p. 44-5.
(78) Conforme ressalta Paulo Nader, diante da sistemática introduzida pelo art. 138 do Código Civil vigente, tal requisito se tornou irrelevante (NADER, Paulo. *Curso de direito civil:* parte geral. Rio de Janeiro: Forense, 2003. p. 477).
(79) A prova da essencialidade e da reconhecibilidade do erro está a cargo de quem o alegar (MESSINEO, Francesco. *Op. cit.,* p. 434).
(80) THEODORO JÚNIOR, Humberto. *Op. cit.,* p. 42.
(81) NADER, Paulo. *Op. cit.,* p. 476-7.
(82) RODRIGUES, Silvio. *Op. cit.,* p. 44.

ignorada tem com a matéria do negócio, e também de acordo com a índole do conhecimento de que se trata. É maior para as coisas do conhecimento comum, ou facilmente acessíveis, menor para aquelas que só são do conhecimento de um círculo restrito de pessoas (é o caso de uma noção técnica, acessível apenas a um pequeno grupo de iniciados). Quanto maior é o ônus do conhecimento, menos plausível é a ignorância, e menor é, portanto, na contraparte, o ônus de notar o erro por ela determinado e a correlativa obrigação de esclarecimento, imposta pela boa-fé"[83].

Se o destinatário da declaração não teria condições de detectar o erro (erro oculto), mesmo usando sua normal atenção, se tinha razões para acreditar que a manifestação de vontade que chegou até ele era normal, assim deverá esta ser considerada, em atenção à sua legítima expectativa[84].

Em contrapartida, se o erro poderia ter sido notado pelo destinatário da declaração, valendo-se de normal diligência, a invalidação do negócio não lhe dá direito a indenização, uma vez que também teve culpa em tal resultado, por não haver advertido o declarante de que estava incorrendo em erro. Conforme ressalta *Paulo Nader*, "à vista da inovação trazida ao nosso direito pelo art. 138 do Código Civil, tal indenização não teria qualquer cabimento, pois a anulação depende de culpa da parte que não incorreu em erro. E como é cediço em direito, ninguém pode tirar vantagem de sua própria torpeza"[85]. Por sua vez, quem incorreu em erro deve arcar com os prejuízos decorrentes de seu ato. A culpa da parte que poderia ter detectado a falha da outra e não o fez, no caso, proporciona à parte que errou tão somente o direito de impugnar o negócio[86].

A inexistência de direito a indenização entre as partes pelos prejuízos decorrentes da anulação do ato viciado é consectário lógico do requisito da reconhecibilidade para a caracterização do erro invalidante, estando prevista expressamente do Código Civil peruano (art. 207). No mesmo sentido prescreve o BGB: "Cessa o dever de reparação quando a vítima do dano conheça a causa da nulidade ou anulabilidade, ou deva a sua negligência o não conhecê-la" (§ 122, parte final). De outra parte, ainda na vigência do Código Bevilaqua, sustentava *Pontes de Miranda* que "não se indeniza se o que confiou houvesse podido, desde o início, reconhecer que se tratava de ato insuficiente à entrada no mundo jurídico, ou deficiente". Assim, "pressuposto necessário para que nasça a pretensão ao interesse negativo é o não conhecer, nem dever conhecer o figurante o erro que foi causa da anulabilidade"[87]. Assim, sendo atualmente a reconhecibilidade do erro um requisito para que se caracterize o vício invalidante, automaticamente está excluído o direito de indenização do declaratário que poderia ter detectado o erro mas não o percebeu.

Contudo, nada impede a indenização substitutiva, prevista no art. 182 do Código Civil pátrio, quando não for possível restituir as partes à situação anterior, uma vez que

---

(83) BETTI, Emílio. *Op. cit.*, p. 310-1.
(84) Mesmo perante o Código Civil francês, inspirado no voluntarismo, a jurisprudência tempera a interpretação subjetiva do erro com sua apreciação em abstrato, buscando conferir àquele vício uma *noção social* (MAZEAUD, Henri et Léon; MAZEAUD, Jean; CHABAS, François. *Leçons de droit civil*, t. 2, v. 1: *Obligations:* théorie générale. 8. ed. Paris: Montchrestien, 1991. p. 164).
(85) NADER, Paulo. *Op. cit.*, p. 480.
(86) MESSINEO, Francesco. *Op. cit.*, p. 441.
(87) MIRANDA, F. C. Pontes de. *Op. cit.*, p. 90-1.

esta não se confunde com a indenização dos prejuízos resultantes do erro em si, mas visa apenas a evitar o enriquecimento sem causa.

Para que o erro possa ser tido como reconhecível, é preciso que as circunstâncias em que se realizou o negócio contenham alguma anormalidade. Em situações comuns, nada tendo o negócio de extraordinário, não teria a outra parte condições de perceber o erro do declarante. Afinal, em condições normais, a outra parte não teria motivos para supor que a manifestação de vontade estivesse viciada. Assim, para que se possa atribuir ao erro força invalidante, é preciso que o negócio seja realizado em condições atípicas.

O requisito da reconhecibilidade exige uma revisão também acerca das consequências do erro comum ou bilateral. Comentando o Código Civil anterior, ensinava *Carvalho Santos* que, em se tratando de erro de direito, não se configurava o vício de consentimento se fosse comum às partes: *error communis facit jus*[88]. Tal escólio, entretanto, não pode hoje ser aceito. Conforme explica *Emílio Betti*, "a contraparte que compartilha o erro não pode, segundo a boa-fé, excepcionar não ter 'podido descobri-lo' (...) na outra parte: na verdade, a recognoscibilidade tem sentido relativamente a quem, estando imune ao erro, tem razões para o não considerar provável ou plausível; mas quem cai no mesmo erro, não pode aplicar à outra parte uma medida de valoração diferente daquela que emprega para si, e pelo próprio fato de condividi-lo, deve admitir-se a plausibilidade. Afastado, portanto, o requisito da recognoscibilidade, o erro que se mostre comum a ambas as partes determina a invalidação do negócio (...): invalidade que pode ser pedida por aquela parte que nisso tenha interesse. Este tratamento do erro comum é também conforme a tradição romana"[89].

Quanto à assinatura de documentos em branco, no campo trabalhista, revela-se uma conduta por si só abusiva. Assim, basta ao trabalhador provar que quando assinou o documento este estava em branco para que sua eficácia probatória seja completamente esvaziada.

Em relação aos documentos assinados sem ler, também deve-se tomar o devido cuidado, especialmente por ter-se transformado o contrato de trabalho em contrato de adesão. Assim, normalmente, o empregado é colocado diante das seguintes opções: assinar os documentos que lhe são apresentados ou não ser contratado. Conforme ressalta *Anelise Becker*, "partindo do pressuposto de que o contrato retira sua força obrigatória de um *acordo de vontades* e de que em um contrato prévia e unilateralmente redigido as vontades não são igualmente esclarecidas, os instrumentos com que essa teoria atua consistem fundamentalmente em *tentativas de garantir a ciência do contratante-aderente*, sem a qual não se concebe a livre expressão da vontade, antes da conclusão do contrato"[90]. Assim, essencial que se demonstre que o obreiro tinha ciência do que estava assinando.

Por outro lado, embora o só fato de ter assinado o documento sem o ler não signifique a existência de erro ou ignorância, é preciso indagar acerca do interesse do signatário em aderir aos termos do documento. E nesse campo revela-se muito amplo o poder de decisão

---

(88) SANTOS, J. M. de Carvalho. *Op. cit.*, p. 296.
(89) BETTI, Emílio. *Op. cit.*, p. 345. "O erro comum incide, antes, sobre aquela situação que, para ambas as partes, é a justificante do negócio: isto é, recai sobre o pressuposto objetivo que, por comum interesse e por concorde admissão, explica a sua causa" (*Ibidem*, p. 348).
(90) BECKER, Anelise. *Teoria geral da lesão nos contratos*. São Paulo: Saraiva, 2000. p. 68.

do juiz, devendo pautar-se pelo princípio da razoabilidade, bem como atentar para a boa-fé contratual[91].

Não se pode esquecer, ainda, que, como regra, as pessoas assinam documentos sem ler porque confiam na outra parte ou nas explicações que lhes são apresentadas. São raros os casos em que o signatário pode levar o documento para casa para analisá-lo com maior cuidado ou consultar uma pessoa de sua confiança a respeito de seus termos. A própria superioridade econômica do empregador importa certa pressão pela assinatura sem maiores delongas, pois solicitar um tempo para analisar os termos do documento poderia ser interpretado como sinal de desconfiança em relação ao predisponente.

Por fim, o grau de escolaridade da massa da população conduz à conclusão de que, mesmo que leia certos documentos, a maioria dos trabalhadores não seria capaz de compreender os seus termos. Assim, mesmo entre os que decodificam o texto, só uma minoria consegue assimilar efetivamente o seu conteúdo.

Diante disso, deve o julgador tomar todo o cuidado a fim de não chancelar uma injustiça. De outra parte, porém, o juiz também deve estar atento para os casos em que o trabalhador desfrutou os benefícios que o ato lhe proporcionou e, mais tarde, quando a situação não mais lhe interessa, por exemplo, porque perdeu o emprego, pretende ver desconstituído o negócio ou invalidada determinada cláusula invocando vício do consentimento. A alegação do erro, em tais circunstâncias, muitas vezes não passa de estratégia de certos causídicos para aumentar o valor da demanda.

Por outro lado, também devem ser analisadas com extrema cautela as alegações de erro por parte do empregador que concedeu vantagens além das previstas na lei, nas normas coletivas ou, mesmo, nos contratos individuais firmados com os trabalhadores. Além do caráter de trato sucessivo do pacto laboral, destaca *Camerlynck* o papel preponderante desempenhado pelo empregador nas relações de emprego, especialmente ao longo da execução do contrato. Diante disso e por serem os representantes da empresa presumidamente mais qualificados, cabe ao empregador velar para que não haja erros na interpretação do contrato ou das normas a ele aplicáveis[92]. Considerando, ainda, que a lei e os instrumentos normativos conferem aos trabalhadores apenas um patamar mínimo de proteção, nada impede que o empregador lhes ofereça condições mais benéficas. Assim, quando o empregador proporciona aos trabalhadores vantagens não previstas no contrato ou nas normas imperativas, deve-se presumir que esteja apenas pretendendo melhorar a situação de seus empregados. E os próprios trabalhadores são levados a contar com tais vantagens, de boa-fé auferidas. Nesse contexto, salvo prova de que os trabalhadores teriam condições de perceber que se tratava de um engano, não poderá o empregador suprimir vantagens espontaneamente concedidas, ainda que frutos de erro.

Convém acentuar que, mesmo que os representantes do empregador ajam em conflito com as determinações deste, só haverá anulabilidade se tal fato era ou devia ser do conhecimento

---

(91) Conforme ressalta Anelise Becker, há, inclusive, uma tendência em assimilar o abuso da posição de força na negociação — que conduz à adesão contratual — aos vícios do consentimento (*Ibidem*, p. 68, nota 258).
(92) CAMERLYNCK, Guillaume Hubert. *Droit du travail:* le contrat de travail, t. 1, 10. ed. Paris: Dalloz, 1982. p. 169.

dos empregados (CC, art. 119). Por outro lado, em face do poder diretivo reconhecido ao empregador na execução do contrato de trabalho, como regra, o empregado não tem condições de exigir que os representantes daquele provem qual é a extensão de seus poderes, devendo prevalecer, assim, a presunção de boa-fé, especialmente em se tratando de trabalhadores que exercem funções hierarquicamente mais afastadas da cúpula da administração empresarial.

4.2. Dolo

4.2.1. Conceito

O dolo pode ser abordado sob diferentes ângulos. Aqui, entretanto, interessa-nos apenas o que respeita à sua influência sobre a declaração de vontade e os consequentes reflexos na formação dos negócios jurídicos. Sob esse enfoque, nas palavras de *Clovis Bevilaqua*, "dolo é o artifício ou expediente astucioso empregado para induzir alguém à prática de um ato, que o prejudica, e aproveita ao autor do dolo ou a terceiro"[93]. Apesar do prestígio que desfruta tal ensinamento, pertinente a ressalva aposta por *Carvalho Santos*, ao observar que a definição acima só é aceitável se excluída a referência ao prejuízo, nem sempre verificado em muitos casos de dolo[94].

Essa orientação foi seguida pelo legislador português, quando dispôs que: "entende-se por dolo qualquer sugestão ou artifício que alguém empregue com a intenção ou consciência de induzir ou manter em erro o autor da declaração, bem como a dissimulação, pelo declaratário ou terceiro, do erro do declarante" (CC, art. 253, 1).

Entre nós, *Humberto Theodoro Júnior* descreve o dolo civil, sob o aspecto que ora nos interessa, como "a conduta de quem intencionalmente provoca, reforça ou deixa subsistir uma ideia errônea em outra pessoa, com a consciência de que esse erro terá valor determinante na emissão de sua declaração de vontade"[95]. Destarte, para que o dolo vicie o negócio jurídico, não é preciso que acarrete prejuízos, mas é indispensável que se revista de gravidade tal que constitua a causa determinante da declaração de vontade, de modo que, sem ele, o ato não se realizaria (CC, art. 145).

A propósito, também muito esclarecedora a lição de *Pontes de Miranda*, quando ensina que "quase sempre quem procede com dolo sabe que a outra pessoa é prejudicada, ou pode ser prejudicada; porém essa consciência do prejuízo não é pressuposto necessário do dolo. Portanto, à diferença do dolo, de que se fala a respeito dos atos ilícitos absolutos e dos atos ilícitos relativos, criadores de deveres e obrigações de indenizar, nem mesmo é preciso que haja dano, nem que haja propósito de o causar. O que é essencial é que se conheça a relação causal entre o ato, positivo ou negativo, de dolo e a manifestação de

---

(93) BEVILAQUA, Clovis. *Código Civil dos Estados Unidos do Brasil comentado*, v. 1. Rio de Janeiro: Livraria Francisco Alves, 1944. p. 359.
(94) SANTOS, J. M. de Carvalho. *Op. cit.*, p. 327.
(95) THEODORO JÚNIOR, Humberto. *Op. cit.*, p. 114.

vontade por parte de outro figurante. Quem engana, sem saber que está a enganar, não procede com dolo. Quem pensa estar enganando, e não consegue enganar, não dá ensejo à anulabilidade por dolo"[96].

Há muita semelhança entre o erro e o dolo, mas são figuras distintas. No primeiro, a ideia falsa é da própria vítima, espontânea, sem que a outra parte ou terceiro haja concorrido de alguma forma para aquele estado de alma. No dolo, o erro é deliberadamente provocado na vítima pela malícia alheia (dolo é o induzimento a erro). Havendo dolo, o erro resulta dele, daí afirmar *Humberto Theodoro Júnior* que o vício não está no dolo em si, mas no erro que ele produz:

> Em si mesmo o dolo é um ato ilícito, e sua consequência direta é a responsabilidade pela reparação dos prejuízos acarretados à vítima. É pela sua conexão com o erro substancial que venha a produzir no declarante que se atinge cumulativamente o vício de consentimento e se produz a anulabilidade do negócio. A lei mesma, em determinadas circunstâncias, reconhece o dolo, determina a responsabilidade civil do agente, mas não autoriza a anulação do negócio por não considerá-lo viciado em sua essência (art. 146)[97].

O vício de vontade, portanto, não é propriamente o dolo, mas o erro que ele provoca. O dolo produz apenas o erro, sendo este a causa imediata do desvirtuamento do querer. Quando, porém, o erro resulta do dolo, a repercussão social do vício é mais intensa, e a reação do Direito mais enérgica, possibilitando a anulação do negócio ainda quando o engano incida apenas sobre os motivos do ato. Tome-se a hipótese do empregador que convence o empregado a aceitar uma transferência, fazendo-o crer que, no novo local de trabalho, terá condições de obter maiores rendimentos, resultado que não vem a se concretizar. O simples equívoco espontâneo acerca da expectativa de uma melhor remuneração não autorizaria a anulação do ato. Todavia, como o engano foi provocado pelo empregador, poderá o obreiro pleitear com sucesso a invalidação da transferência. Convém registrar que, no caso, não é preciso que o motivo sobre o qual incidiu o erro tenha figurado expressamente como razão determinante do negócio[98].

Em suma, pois, a amplitude do erro invalidante em caso de dolo é muito maior. Muitos erros que, sendo fortuitos, não conduziriam à invalidação do negócio jurídico, por não se enquadrarem entre as hipóteses do art. 139 do Código Civil, poderão dar margem à anulação se ficar demonstrado que foram ocasionados por manobras dolosas do outro contraente[99]. Afora isso, a prova de que houve erro casual é muito mais difícil do que a demonstração de que a vítima foi enganada, o que justifica a disciplina legal específica em relação ao dolo invalidante.

Não se deve confundir dolo com a fraude. Embora tenham em comum o emprego de manobras insidiosas e desleais, no dolo os artifícios conduzem a própria vítima a concorrer para a formação do ato, ao passo que a fraude se consuma sem a intervenção pessoal do

---
(96) MIRANDA, F. C. Pontes de. *Op. cit.*, p. 330.
(97) THEODORO JÚNIOR, Humberto. *Op. cit.*, p. 116.
(98) RODRIGUES, Silvio. *Op. cit.*, p. 132.
(99) *Ibidem*, p. 133.

prejudicado e, normalmente, fora de sua presença[100]. Além disso, "a fraude visa sobretudo à execução do contrato, ao passo que o dolo à conclusão". E, "enquanto o dolo só pode ter consequências anulatórias se for determinante, se deu causa a um erro, a fraude, ao contrário, seja qual for o modo de sua prática, contra a lei ou contra uma pessoa, exige sempre repressão"[101].

4.2.2. Espécies

Embora o dolo possa ser classificado a partir de diversos critérios, a distinção que ora nos interessa é a que se baseia na influência da conduta dolosa sobre a vontade do declarante. Sob tal aspecto, divide-se o dolo em essencial e acidental.

a) Dolo essencial ou principal (dolus causam dans contractui): é o dolo determinante ou causal, isto é, a causa eficiente do ato, sua razão de ser; é o dolo que origina o ato, sem o qual ele não se teria concluído. Acarreta a anulabilidade do ato viciado.

Dependendo do caso, especialmente em face do caráter de trato sucessivo do contrato de trabalho, em vez de invocar a anulabilidade, poderá a parte preferir a rescisão contratual ou a anulação apenas da cláusula afetada pelo vício do querer. Por exemplo, quando o obreiro aceita uma proposta de emprego em razão de ter o empregador anunciado a possibilidade de obter ganhos em um valor determinado, sob a forma de comissões, constatando o empregado, após sua admissão, que o produto cuja venda lhe é atribuída não tem aceitação no mercado, e, mesmo valendo-se de todo seu esforço e habilidade, não conseguiria obter os resultados prometidos, em vez de invocar o vício do consentimento, pode optar pela rescisão indireta do contrato, por descumprimento do pactuado. À demonstração de que foi enganado basta a verificação de que nenhum dos empregados que se ativam na mesma função consegue os ganhos prometidos, cabendo ao empregador provar o contrário. Ressalte-se que, no caso, há de ser evidenciada diferença substancial entre a remuneração divulgada e a possível, podendo-se tomar por referência a previsão do art. 503 da CLT, adotada analogicamente também para os efeitos do art. 483, g, da CLT. Ou seja, se a diferença entre a remuneração anunciada e a alcançada pela média dos empregados foi maior de 25%, poderá ter-se por caracterizado o dolo do empregador.

Por outro lado, também haverá dolo essencial se o obreiro, no ato da admissão, apresentar certificados ou atestados falsos a fim de comprovar o preenchimento dos requisitos exigidos para o exercício da função à qual se candidatou. Em tal caso, pode o empregador postular a anulação do contrato, embora, normalmente, na prática, em situações tais se costume invocar a rescisão por justa causa, por quebra da boa-fé contratual. Na prática, os resultados quase que se equivalem. E deveriam ser idênticos, não fosse a incongruência do legislador ao considerar a dispensa por justa causa como um castigo ao trabalhador, suprimindo-lhe alguns direitos, como os salários trezenos e as férias

---

(100) MONTEIRO, Washington de Barros. *Op. cit.*, p. 195.
(101) LOPES, Miguel Maria de Serpa. *Curso de direito civil*, v. 1, 2. ed. Rio de Janeiro: Freitas Bastos, 1957. p. 438.

proporcionais, embora, quanto a estas, a negativa decorra da teimosia da jurisprudência, que insiste em não aplicar a Convenção n. 132 da OIT[102].

A apresentação de atestados médicos falsos para justificar as ausências ao trabalho caracteriza-se como fraude, e não propriamente dolo que vicia o consentimento da outra parte. Todavia, por se tratar de atitude incompatível com a confiança indispensável à manutenção do vínculo laboral, tal comportamento também autoriza o empregador a dispensar o obreiro por justa causa em face de sua desonestidade e mau procedimento.

b) Dolo acidental ou incidente (dolus incidens in contractum): é aquele que não recai sobre o motivo determinante da vontade, mas conduz a vítima a realizar o negócio — que de qualquer modo realizaria — em condições mais onerosas ou menos vantajosas. Não é causa de anulação, obrigando apenas à satisfação das perdas e danos (CC, art. 146).

Ao contrário do que parecem indicar as definições apresentadas, no entanto, os limites que separam o dolo principal do acidental, na prática, não são tão precisos assim. O jurista francês *Laurent* chega a dizer que tal classificação para nada serve, a não ser para dar nome à coisa, uma vez que isso em nada ajudará o juiz a distinguir o dolo que vicia o consentimento do que não o compromete. A caracterização de uma e outra modalidade de dolo, portanto, não pode ser feita *a priori*, mas deve ser confiada à apreciação do julgador, que, "com um pouco de bom senso, discernirá melhor do que o mais sutil jurisconsulto"[103].

No mesmo sentido é o escólio de *Caio Mário da Silva Pereira*, ao advertir que "a distinção entre o dolo principal e o dolo incidente é sutil, e às vezes difícil de se conseguir na prática. A questão deverá ser solvida assentando-se que é de ser deixado ao prudente arbítrio do juiz fixar quando ocorre o *dolo principal*, conducente à anulação do ato, ou quando *incidente* o dolo, impositivo de perdas e danos, a aplicá-los flexível e humanamente sob a inspiração de uma exigência de moralidade para os negócios"[104].

Assim, diante da alegação de dolo, é nas circunstâncias de cada caso concreto que os juízes e tribunais deverão investigar se a manobra, uma vez conhecida, teria impedido terminantemente a formação do ato ou se, a despeito dela, o negócio seria realizado, embora com outros contornos[105].

Diante disso, há que se admitir o pedido alternativo ou a fungibilidade das ações, até por medida de economia processual, uma vez que caberá ao juiz decidir, no caso concreto, se houve dolo principal ou incidente. Por outro lado, também parece-nos de todo acertada a posição de *Paulo Nader* ao sustentar que, a despeito do silêncio da lei, não se poderia negar ao *deceptus* a opção pela reparação das perdas e danos, mantendo-se o vínculo

---

(102) A esse respeito já nos pronunciamos em artigo doutrinário: As férias e a Convenção n. 132 da OIT, publicado na *Revista do Tribunal Regional do Trabalho da 18ª Região*, v. 5, n. 1, dez. 2002, p. 20-24. O texto encontra-se disponível também no seguinte endereço: <http://www.trt18.jus.br>.
(103) *Apud* ESPÍNOLA, Eduardo. *Manual...*, v. 3: dos factos jurídicos, 1ª parte, cit., p. 318.
(104) PEREIRA, Caio Mário da Silva. *Op. cit.*, p. 361. No mesmo sentido é a lição de Silvio Rodrigues (*Op. cit.*, p. 147), demonstrando, ainda, que esta é a solução defendida também pela doutrina francesa.
(105) ESPÍNOLA, Eduardo. *Manual...*, v. 3: dos factos jurídicos, 1ª parte, cit., p. 323.

existente, mesmo tendo havido dolo principal, uma vez que em alguns casos a anulação poderia apresentar efeitos penalizadores para a própria vítima do dolo[106].

O dolo pode, ainda, ser *positivo* ou *negativo*, segundo o artifício astucioso conste de ação ou omissão dolosa. O dolo positivo também se diz *comissivo*, por resultar de condutas que introduzem modificações do mundo exterior[107]. O dolo passivo traduz-se no silêncio malicioso, na sonegação de informações, na dissimulação do erro depois de conhecido[108].

O silêncio intencional de uma das partes a respeito de fato ou qualidade que a outra haja ignorado constitui omissão dolosa, provando-se que sem ela o negócio não se teria realizado (CC, art. 147). Tal fato é relevante, no âmbito trabalhista, em matéria de alterações contratuais, quando o empregado não sabe o que o espera na nova condição e o empregador vale-se disso para obter seu consentimento. Conforme ressalta *Ripert*, o dolo por omissão é muito mais grave nos contratos pelos quais se estabelecem vínculos de colaboração entre as partes, uma vez que se baseiam na confiança recíproca, pressupondo, por isso, o dever de esclarecimento[109]. Todavia, para que se possa anular o negócio jurídico, não basta que tenha havido silêncio intencional de uma das partes sobre fato relevante. Além disso, é necessário que tal comportamento tenha sido catalisador do negócio, isto é, que tenha atuado como elemento determinante para sua celebração[110]. Por outro lado, quando a informação omitida puder ser obtida mediante diligência regular, indispensável à realização de qualquer negócio, o prejudicado não poderá invocar o silêncio da outra parte para invalidar o negócio. Afinal, se o próprio agente descurou de seus interesses, não poderia esperar que o Direito viesse socorrê-lo, suprindo um vazio por ele mesmo criado. É preciso, porém, que tal informação estivesse facilmente acessível, podendo ser alcançada por meio de medidas normais. Caso sua descoberta exija esforço incomum ou conhecimento especializado, até por um princípio de boa-fé não se poderia tutelar quem traiu a confiança alheia, mantendo-se silente ou valendo-se de meias verdades. Às vezes, porém, a informação poderia até ser descoberta com alguma diligência, mas o declarante, por confiar na outra parte, não se preocupa em investigar a situação concreta. É o caso, por exemplo, da existência de ação trabalhista com sentença condenatória já transitada em julgado, e o empregador-reclamado, num determinado momento, acenando com a demora no desfecho da execução, faz uma proposta de acordo em valor bem abaixo do crédito reconhecido. Precisando do dinheiro, o trabalhador aceita a oferta de pronto, mas, depois, constata que já havia sido penhorada quantia suficiente para garantir toda a dívida ou parte significativa dela. Em tal caso, é perfeitamente cabível a invocação do dolo do reclamado para anular o negócio, podendo, inclusive, o juiz, percebendo o engodo, deixar de homologar a conciliação[111].

---

(106) NADER, Paulo. *Op. cit.*, p. 490.
(107) MIRANDA, Custódio da Piedade Ubaldino. *Op. cit.*, p. 102.
(108) GONÇALVES, Luiz da Cunha. *Op. cit.*, p. 224.
(109) RIPERT, Georges. *Op. cit.*, p. 101-3.
(110) MATIELLO, Fabrício Zamprogna. *Op. cit.*, p. 88.
(111) "PROPOSTA DE CONCILIAÇÃO. FASE EXECUTÓRIA. OMISSÃO DOLOSA DA EXECUTADA. NÃO HOMOLOGAÇÃO. Proposta de conciliação feita pela Executada, quando existente garantia da execução de valor muito maior e ignorada pela Exequente, torna viciado o acordo celebrado (art. 147 do Cód. Civil)" (TRT 18ª Região, AP 00168-2006-081-18-00-5, Rel. Juiz Marcelo Nogueira Pedra. DJE 9.8.2007, p. 4).

4.2.3. Elementos

a) Comportamento enganoso

A conduta do agente pode revestir-se de diferentes formas, desde que seja apta a iludir a vítima, de modo a induzi-la a participar de um negócio que, de outra forma, não realizaria (dolo principal) ou realizaria em condições diversas (dolo acidental). Desde que alcance esse objetivo, o *modus operandi* é o que menos importa.

O comportamento doloso caracteriza-se, pois, menos pelos meios de que se vale o agente do que pelos resultados alcançados. A gravidade da conduta dolosa, em geral, serve apenas como critério de aferição de sua efetiva influência sobre a vontade. Assim, é muito mais provável que tenha havido captação da vontade quando um dos contraentes valeu-se de artifício astucioso do que quando promoveu manobra quase infantil, facilmente desmascarável, com um mínimo de diligência. Diante desta última situação, a alegação de que houve vício de vontade é menos verossímil, exigindo prova robusta de que, pelas condições em que se encontrava a vítima, não poderia evitar o engano.

A repercussão do dolo, no entanto, não é aferida em tese, mas pelas consequências que, efetivamente, dele resultam. Se o agente não obtém êxito em seu intento, irrelevante o grau de sofisticação ou a engenhosidade do ardil empregado na tentativa de ilaquear o declarante. Em sentido inverso, ainda que o expediente seja relativamente rudimentar, se se mostrou eficiente para iludir a vítima configurada estará a conduta enganosa.

É certo que, em geral, a doutrina civilista admite certo exagero na apresentação das qualidades de um produto, a fim de despertar, junto ao público, o interesse em adquiri-lo, tido aquele como *dolus bonus*[112]. Todavia, ainda aqui, não se tem um dolo de natureza diversa, senão uma conduta que, por ser previsível, é tida como inocente, isto é, incapaz de induzir alguém em erro, desde que adotada a prudência normal do comércio jurídico. A proteção legal, assim, não dispensa a diligência ordinária nos negócios, nem poderia a lei "levar seus escrúpulos a ponto de defender a ingenuidade ou simplicidade das pessoas"[113]. A lei só intervém em favor de uma das partes em situações anormais a fim de corrigir distorções manifestas, e não para negar o valor da segurança jurídica em benefício de contratantes desatentos ou desidiosos. Por outro lado, conforme ressalta a doutrina francesa, "a indulgência do direito em relação ao *dolus bonus* pode, ainda, justificar-se pela consideração de que todo contratante deve ter um certo espírito crítico, em razão do qual saberá ignorar os exageros que são normais no comércio"[114].

Nesse contexto, a aceitação do *dolus bonus* não se resume à simples tolerância em relação a determinadas condutas, importando, em vez disso, a exigência de razoabilidade

---

[112] Também é denominado *dolus bonus* o que tem um fim "lícito, elogiável e nobre, por exemplo, quando se induz alguém a tomar remédio, que recusa ingerir, e que, no entanto, lhe é necessário" (MONTEIRO, Washington de Barros. *Op. cit.*, p. 194). Conforme Rodrigues Pinto, no entanto, a distinção entre *dolus malus* e *dolus bonus* não tem justificativa prática (PINTO, José Augusto Rodrigues. *Curso de direito individual do trabalho*. 2. ed. São Paulo: LTr, 1995. p. 177).
[113] SANTOS, J. M. de Carvalho. *Op. cit.*, p. 342.
[114] MAZEAUD, Henri et Léon; MAZEAUD, Jean; CHABAS, François. *Op. cit.*, p. 173.

na alegação de quem se diz enganado por elas. Em outras palavras, é preciso que haja uma demonstração efetiva de que a conduta da outra parte induziu o declarante em erro, sob pena de inserir-se nas relações jurídicas um perigoso fator de insegurança, uma vez que até um simples espasmo muscular poderia ser interpretado como conduta dolosa[115]. Destarte, a irrelevância do *dolus bonus* resulta menos do fato de que, quando ilude, isso decorre da culpa da vítima do que da presunção de que não tem o poder de iludir (*dolo inocente*). Vale dizer, considera-se que sua presença não provoca erro na outra parte, ainda que esta o alegue. Isso significa que a alegação de dolo deve fundar-se numa conduta que, razoavelmente, seria capaz de iludir a outra parte, consideradas as condições desta e as circunstâncias do negócio. É por isso que *Carvalho Santos*, embora repute carecedora de utilidade prática a distinção entre *dolus bonus* e *dolus malus*, sustenta que o dolo só se caracteriza como vício do consentimento se os artifícios empregados forem graves[116].

A admissibilidade do *dolus bonus*, no entanto, não significa que esteja franqueada toda sorte de inverdades, meias palavras ou excessos, principalmente se o outro contraente integra uma categoria de pessoas tidas pela lei como mais vulneráveis[117]. Em tais casos, a lei estreita a margem de manobra aceitável, tida como inocente. Nas relações de consumo, por exemplo, o legislador impõe severos limites ao afã do comerciante em conquistar a clientela. Pelo CDC, tem-se como conduta ilícita toda divulgação de caráter publicitário que contenha informação inteira ou parcialmente falsa, ou que, por qualquer outro modo, mesmo por omissão, seja capaz de induzir em erro o consumidor a respeito da natureza, características, qualidade, quantidade, propriedades, origem, preço e quaisquer outros dados sobre produtos e serviços, por ser considerada publicidade enganosa (art. 37, § 1º). Não bastasse a largueza do conceito, no entender de *Cláudia Lima Marques*, o "parâmetro para determinar se a publicidade é ou não enganosa deveria ser o *observador menos atento*, pois este representa uma parte não negligenciável dos consumidores e, principalmente, telespectadores"[118]. Vê-se, assim, que a figura do chamado *dolus bonus* teve sua aplicação sensivelmente reduzida nas relações de consumo. Em se tratando de publicidade, observa *Fabrício Matiello*, as normas do CDC simplesmente excluem a possibilidade de invocação do *dolus bonus* a fim de evitar a afetação do negócio jurídico[119]. E o mesmo deve ocorrer no âmbito laboral, uma vez que o estado de hipossuficiência do trabalhador, como regra, não lhe permite analisar com a devida atenção, ou conhecimento de causa, as informações que lhe são passadas. Isso tanto mais é verdade quanto menores forem as luzes do obreiro. Afora isso, considerando o vínculo de confiança existente entre as partes na relação de emprego, mais acentuado se mostra o dever de franqueza e boa-fé. Todavia, a necessidade

---

(115) "Uma simples mentira não é suficiente para provocar a anulação do contrato, quando o outro contraente, usando de normal diligência, poderia facilmente tomar conhecimento da real situação fática" (TORRENTE, Andrea; SCHLESINGER, Piero. *Op. cit.*, p. 206).
(116) SANTOS, J. M. de Carvalho. *Op. cit.*, p. 327 e 329.
(117) Convém registrar, ademais, que há quem considere que a distinção entre *dolus bonus* e *dolus malus*, atualmente, tem apenas interesse histórico, por ser aquele incompatível com a exigência de boa-fé dos contratantes posta em evidência pelo atual Código Civil. Essa é, por exemplo, a posição de Fábio Ulhoa Coelho (COELHO, Fábio Ulhoa. *Curso de direito civil*, v. 1. São Paulo: Saraiva, 2003. p. 336).
(118) MARQUES, Cláudia Lima. *Contratos no Código de Defesa do Consumidor*. 3. ed. rev., atual. e ampl. São Paulo: Revista dos Tribunais, 1999. p. 347-8.
(119) MATIELLO, Fabrício Zamprogna. *Op. cit.*, p. 85.

de segurança jurídica impõe que haja plausibilidade na alegação de vício do consentimento, no caso, para que não se anulem negócios jurídicos em razão de condutas completamente inócuas, incapazes de iludir a boa-fé de pessoa capaz, em sã consciência. O grau de esclarecimento das pessoas envolvidas, portanto, é de extrema importância na análise da situação concreta.

Para *Ubaldino Miranda*, é pelo critério ético que se deve traçar o divisor entre uma e outra forma de dolo, pois, "se a distinção entre *dolus bonus* e *dolus malus* assenta, como parece, na gravidade do dolo, na medida de sua intensidade (cf. Silvio Rodrigues, 1979:141), será *dolus malus* aquele que, de acordo com os padrões éticos de uma determinada comunidade, merecer um juízo de reprovação e de censura, consideradas todas as circunstâncias do caso concreto"[120]. O mesmo critério é indicado por *Emílio Betti* em relação aos negócios unilaterais, anotando que "também aqui há que se distinguir, de acordo com a ética social, os artifícios e os enredos dolosos das simples amabilidades e louvores que não ultrapassam os limites da correção, tendo também em conta as relações (...) que existam entre os interessados"[121].

Em qualquer caso, conforme bem observou *Carvalho Santos*, não é possível fixar uma regra que resolva satisfatoriamente todas as questões *a priori*. A solução há de ser entregue à percuciente análise do julgador, que deverá balizar a sua decisão pelo confronto das condições pessoais da vítima com a natureza dos artifícios empregados[122]. O limite que separa o *dolus bonus* do *dolus malus*, pois, é apenas uma questão de grau, e deverá ser demarcado caso a caso, conforme as circunstâncias.

A manobra dolosa, como já visto, também poderá manifestar-se mediante uma conduta negativa: o silêncio sobre fato relevante cujo desconhecimento foi decisivo para a realização do negócio jurídico. E aqui valem as mesmas observações acima: "da mesma forma que não constitui dolo positivo toda e qualquer alegação capaz de induzir uma pessoa a realizar determinado negócio, como a conhecida eloquência laudatória dos reclamistas, assim também não é qualquer omissão, todo o silêncio sobre circunstâncias do fato ou qualidades do objeto que formam o dolo negativo. Deve ser grave a circunstância ignorada e sobre a qual se guardou silêncio"[123].

Se, por exemplo, o empregador propõe ao empregado uma transferência de localidade, silenciando intencionalmente acerca de circunstâncias que seriam relevantes para a tomada de decisão pelo obreiro, a conduta patronal poderá caracterizar-se como omissão dolosa. Para tanto bastará que o empregado demonstre que, se tivesse tido ciência do fato sobre o qual o empregador guardou segredo, não teria concordado com a alteração contratual (CC, art. 147), principalmente se, para ele, era impossível ou muito difícil, por outros meios, alcançar o conhecimento das circunstâncias não reveladas.

---

(120) MIRANDA, Custódio da Piedade Ubaldino. *Op. cit.*, p. 101.
(121) BETTI, Emílio. *Op. cit.*, p. 360.
(122) SANTOS, J. M. de Carvalho. *Op. cit.*, p. 331. Nesse sentido orienta-se a melhor doutrina, conforme faz ver Eduardo Espínola, valendo-se, também, do ensinamento de Coviello (ESPÍNOLA, Eduardo. *Manual...*, v. 3: dos factos jurídicos, 1ª parte, cit., p. 212).
(123) ESPÍNOLA, Eduardo. *Manual...*, v. 3: dos factos jurídicos, 1ª parte, cit., p. 338.

Todavia, seja qual for a situação, o que confere relevância à conduta do agente doloso é a sua influência sobre a decisão de contratar. Só o dolo que constitui o móvel (causa) do negócio jurídico é que conduz à anulabilidade deste, não gerando o mesmo efeito o que apenas interferiu na fixação das condições negociais. Se só consegue fazer com que o declarante aceite condições mais onerosas (dolo acidental), mas não interfere sobre a vontade de contratar, não importa o quanto seja censurável a conduta do agente malicioso, o ato não será passível de anulação (CC, art. 146). Quando, porém, o autor da declaração é induzido a erro quanto ao motivo, ainda que este não seja expresso como razão determinante, o ato é passível de anulação em razão do dolo.

Convém ressaltar, ainda, que não é apenas a provocação do erro alheio que vicia o ato jurídico, mas também a atitude de quem, percebendo o erro da outra parte, dele se vale para obter vantagens para si ou para terceiro. Por outro lado, não é necessário que a conduta maliciosa tenha partido de quem toma parte do negócio jurídico, desde que dela tenha ou devesse ter conhecimento (CC, art. 148, primeira parte). Quem contrata com a vítima do embuste ciente do dolo de terceiro, de certo modo, torna-se cúmplice deste, não merecendo proteção jurídica. Além disso, a solução legal visa a impedir que o intuito malevolente seja levado a efeito por meio de pessoas interpostas e que isso sirva de subterfúgio para quem tirou proveito do ato. Todavia, "se o dolo de terceiro for ignorado pelo contratante a quem o contrato beneficia, seria injusto que se ludibriasse a sua boa-fé, anulando o contrato quando ele em nada concorreu para o engano, advindo do dolo alheio"[124]. Diante disso, a lei releva a existência do vício de vontade, a fim de prestigiar a boa-fé de quem contratou com a vítima do dolo sem saber da existência do ludíbrio. Entretanto, se o engano for substancial e puder ser percebido pelo contratante beneficiado, ainda que não o tenha sido, o negócio será passível de anulação com base na ocorrência de erro. Se assim ocorre quando o erro é espontâneo, com muito maior razão há de sê-lo em se tratando de erro provocado por terceiro.

Segundo *Fabrício Matiello*, por meio do mandamento contido no art. 148 do Código Civil, "o legislador criou uma presunção no sentido de que a conduta dolosa de terceiro importa na mancomunação deste com o agente beneficiado, ou ao menos na conivência deste para com o agir daquele, contanto que possam ser demonstrados pela vítima: a) a existência de dolo provindo de terceira pessoa não integrante de polo contratual, isoladamente ou em conluio com a parte beneficiada; b) que o comportamento doloso era ou deveria ser de conhecimento do beneficiário. Afora isso, não pode o prejudicado ter ciência prévia da atitude dolosa, pois do contrário poderia esquivar-se dela, e se assim não fez assumiu o risco de restar lesado"[125].

A conduta dolosa também pode ter sido praticada pelo representante legal ou convencional da parte. "Em qualquer caso, o dolo do representante será causa de anulabilidade do negócio oponível ao representado, mesmo que este não tenha conhecimento da manobra astuciosa. É que o ato do representante obriga o representado, como se fosse por este praticado. O mesmo, todavia, nem sempre se passa com relação às perdas e danos"[126].

---
(124) RODRIGUES, Silvio. *Op. cit.,* p. 150.
(125) MATIELLO, Fabrício Zamprogna. *Op. cit.,* p. 89.
(126) THEODORO JÚNIOR, Humberto. *Op. cit.,* p. 155. No mesmo sentido: BETTI, Emílio. *Teoria geral do negócio jurídico,* t. 3. Trad. Ricardo Rodrigues Gama. Campinas: LZN, 2003. p. 178.

Com efeito, pelas manobras maliciosas praticadas pelo representante legal, o representado só responderá até o limite do proveito que aquelas lhe proporcionaram, ao passo que pelos prejuízos causados pela conduta enganosa do representante convencional o representado responde solidariamente (CC, art. 149). Neste caso, entende-se que o representado escolheu mal (*culpa in eligendo*) ou não vigiou adequadamente (*culpa in vigilando*) a conduta do representante, além de criar, voluntariamente, um risco para as relações jurídicas. Tratando-se, porém, de representação legal, não seria justo que o representado fosse sobrecarregado com os prejuízos advindos da conduta ilícita de seu representante, uma vez que não o escolheu e, na maior parte dos casos, dada sua incapacidade, não tinha como vigiar seus atos. Todavia, se o representado auferiu lucros com a atuação maliciosa de seu tutor ou curador, é justo que os devolva, para que não haja enriquecimento ilícito[127].

Em relação à representação convencional, o mandante não pode eximir-se da responsabilidade, em face do risco criado[128]. E tal regra tem especial relevância para o Direito do Trabalho, dado que, na maioria das vezes, o empregador faz-se representar por prepostos, que são, em geral, economicamente inidôneos. Assim, se as consequências dos atos dolosos recaíssem apenas sobre os representantes, facilmente os prejuízos seriam transferidos para os trabalhadores. Conforme ressalta *Theodoro Júnior*, "a responsabilidade civil não limitada do mandante integra, na espécie, a política geral de segurança e confiança que deve prevalecer no tráfico do mercado. Serve também de advertência aos comitentes para agirem com mais cuidado na escolha de seus prepostos ou mandatários, evitando criar riscos desnecessários para o comércio jurídico"[129].

Todavia, se o mandatário extrapola os poderes que lhe foram conferidos, a responsabilidade é exclusiva sua, cabendo a quem com ele trata certificar-se dos poderes que lhe foram conferidos pelo comitente (CC, art. 118). Eventuais negócios que excederem os limites da outorga não vincularão o mandante (CC, art. 662).

Se, em vez de ser o autor da conduta enganosa, o representante foi envolvido por ela, os efeitos são os mesmos que o dolo exercido diretamente sobre a parte que realiza ela mesma o negócio jurídico. Assim, pouco importa que o dolo se tenha dirigido ao representante ou ao representado: em qualquer dos casos, poderá ser invocado para invalidar o negócio[130].

O dolo bilateral (*dolo recíproco*) não pode ser invocado por qualquer das partes (CC, art. 150). Como a anulabilidade ou a indenização decorrente da conduta enganosa visa a preservar a boa-fé, não poderia invocar tais benefícios quem também agiu com malícia, "de sorte que a lei, diante de dois trapaceiros, se desinteressa pela controvérsia, e não protege nenhum deles contra o outro"[131]. Convém ressaltar que "pouco importa que uma parte tenha procedido com dolo essencial e a outra apenas com o acidental. O

---

(127) RODRIGUES, Silvio. *Op. cit.*, p. 179.
(128) Embora a doutrina costume invocar, na hipótese, a chamada culpa *in eligendo* ou *in vigilando*, não é de culpa que se trata, mas de responsabilidade objetiva, uma vez que a suposta culpa resulta da própria existência do ato malicioso, praticado pelo representante.
(129) THEODORO JÚNIOR, Humberto. *Op. cit.*, p. 158.
(130) DEMOGUE, René. *Traité des obligations en général*, t. 1: sources des obligations. Paris: Librairie Arthur Rousseau, 1923. p. 580.
(131) THEODORO JÚNIOR, Humberto. *Op. cit.*, p. 161.

certo é que ambas procederam com dolo, não havendo boa-fé a defender"[132]. Em qualquer dos casos, portanto, o encontro das condutas dolosas faz com que haja uma compensação entre elas, neutralizando-se mutuamente[133].

Não se pode ver comportamento enganoso na atitude do candidato a um emprego que presta informações falsas a respeito de seu estado civil, preferência sexual, opinião política, opção religiosa ou qualquer outro fato pessoal que não diga respeito aos requisitos necessários para exercer o cargo pretendido. Diante de tal situação, não poderá o empregador alegar a ocorrência de dolo, uma vez que não deveria sequer ter formulado perguntas acerca de assuntos pessoais, alheios ao trabalho a ser desenvolvido pelo futuro empregado. Da mesma forma, não pode o empregador invocar vício de consentimento pelo fato de ter a obreira ocultado a gravidez no ato da admissão, uma vez que não tinha ela o dever de revelar tal fato, a menos que seu estado a impedisse absolutamente de exercer a função para a qual se candidatou. Fora disso, não poderia o empregador deixar de contratar a trabalhadora pela circunstância de estar grávida. E a só circunstância de haver inquirido a trabalhadora a respeito de eventual gestação, quando isso era irrelevante para o exercício da função postulada, apresenta-se como consistente indício da intenção discriminatória. Referindo-se à indagação acerca da raça, o que também se aplica ao estado de gravidez, quando não interfere nas funções a serem exercidas, pontifica *Edilton Meireles* que, ainda quando não se concretize a discriminação, tal pergunta, por si só, já é abusiva, até pela inutilidade da resposta[134].

Assim, ainda que tenha havido erro do empregador acerca das preferências ou condições pessoais do trabalhador, desde que elas não tenham pertinência com o objeto do contrato laboral, tal fato não caracterizará um vício invalidante, por dizer respeito a questão meramente acidental, não constituindo motivo legítimo para deixar de contratar. Mesmo o desconhecimento do estado gravídico não constitui fato bastante para autorizar a anulação do pacto laboral ou para imputar à trabalhadora que omitiu a gravidez uma falta de lealdade contratual, salvo se aquela condição a impede de cumprir as obrigações assumidas, conforme já referido.

Todavia, fora dos fatos que não podem ser levados em consideração por quem contrata, sob pena de contrariar os fins do negócio jurídico, o silêncio acerca de circunstâncias relevantes, que poderiam legitimamente interferir na disposição de contratar, caracteriza o dolo por omissão. Convém não esquecer que tanto quanto criar o erro, contribuir para sua persistência também constitui uma conduta dolosa. Da mesma forma, "as informações ambíguas, com expressões de duplo sentido, podem configurar dolo, se o erro do outro figurante delas resulta"[135].

Não se poderia, contudo, exigir que o candidato a um emprego revelasse fatos infamantes sobre seu passado capazes de gerar discriminação. Um deslize cometido no passado não justifica a exclusão do obreiro do mercado de trabalho para o resto de seus dias. Na mesma linha, vem-se entendendo que o empregador não pode prestar informações desabonadoras sobre o ex-empregado, a não ser em casos muito especiais, por exemplo,

---

(132) SANTOS, J. M. de Carvalho. *Op. cit.*, p. 352.
(133) GOMES, Orlando. *Introdução...*, cit., p. 424.
(134) MEIRELES, Edilton. *Abuso do poder na relação de emprego*. São Paulo: LTr, 2005. p. 188.
(135) MELLO, Marcos Bernardes de. *Teoria do fato jurídico*: plano da validade. 4. ed. rev. São Paulo: Saraiva, 2000. p. 133.

quando houver perigo para a integridade física ou psicológica do novo contratante, como no caso da babá que maltratou a criança, do professor que seviciou o aluno, da enfermeira que bateu na idosa, do enfermeiro que tentou praticar ato libidinoso com o paciente anestesiado, e assim por diante (TRT 18ª R., RO 00487-2007-013-18-00-3, Rel. Juiz Aldon do Vale Alves Taglialegna. DJE 4.9.2007).

Em relação ao estado de saúde, cabe ao empregador fazer os testes necessários para medir a aptidão do candidato ao emprego para o exercício da função proposta. Para isto é que a lei exige o exame admissional. Por conseguinte, não pode o empregador invocar vício de vontade se descobrir, posteriormente, que o trabalhador não tem condições físicas ou psíquicas para executar as tarefas para as quais foi contratado. Neste caso, cabe-lhe fazer o encaminhamento ao INSS, para que o obreiro se submeta ao necessário tratamento e readaptação, se for o caso.

Definitivamente, não se pode analisar o dever de informação no âmbito das relações de emprego nos mesmos moldes que a questão é tratada no Direito Civil. Acima de tudo, deve-se garantir ao trabalhador o direito de acesso ao mercado de trabalho sem discriminações. Assim, as omissões do trabalhador acerca de fatos relativos à sua condição pessoal, independentemente de sua natureza, desde que não guardem absoluta relação objetiva com o trabalho a ser prestado, não devem ser consideradas relevantes.

b) Intenção maliciosa

Não basta que a conduta do agente seja capaz de ludibriar o declarante. É preciso que tenha havido a intenção de agir sobre o ânimo da vítima, de modo a captar maliciosamente sua vontade. Conforme salienta *Norberto Carride*, "a substância do dolo é a má-fé, que transpira no artifício malicioso, na manobra fraudulenta, ou na omissão intencional"[136]. Há no dolo, assim, um elemento psicológico: "o ânimo de ludibriar o declarante, criando-lhe no espírito uma errônea noção da realidade dentro da qual o negócio será levado a efeito"[137]. Daí a observação de *Orlando Gomes*, no sentido de que "não há dolo sem intenção de enganar. O *animus decipiendi* é requisito indispensável desse vício do consentimento. Necessário que o autor da malícia tenha a intenção de induzir o *deceptus* em erro"[138].

Equipara-se, porém, ao intuito de enganar a consciência de enganar, podendo, assim, o dolo ser direto (revelado na intenção do resultado: o engano), ou eventual (traduzido no risco de produção do resultado)[139].

Não é necessário, por outro lado, que tenha havido a intenção de causar prejuízos econômicos à vítima ou o objetivo de obter, para si ou para outrem, vantagem patrimonial[140]. Basta a intenção de induzir à prática de um ato, consciente de que, sem o artifício ou a manobra, a vítima não o faria. A existência de prejuízo material repercutirá apenas

---

(136) CARRIDE, Norberto de Almeida. *Vícios do negócio jurídico*. São Paulo: Saraiva, 1997. p. 98.
(137) THEODORO JÚNIOR, Humberto. *Op. cit.*, p. 117.
(138) GOMES, Orlando. *Introdução...*, cit., p. 421.
(139) MIRANDA, Custódio da Piedade Ubaldino. *Op. cit.*, p. 106.
(140) MIRANDA, F. C. Pontes de. *Op. cit.*, p. 329 e 332. No mesmo sentido: SANTOS, J. M. de Carvalho. *Op. cit.*, p. 329.

no direito de pleitear as reparações correspondentes. O indispensável é que o engano tenha sido para a vítima causa *determinante* para a realização do negócio jurídico e que o autor do dolo tivesse ciência disso. Daí a afirmação de *Pontes de Miranda*, já referida anteriormente, de que aquele que engana, sem o saber, não procede com dolo; e o que pensa estar enganando, sem consegui-lo, não dá ensejo à anulabilidade por dolo[141].

Consoante antiga lição de *Carvalho Santos*, a melhor doutrina "afasta do conceito de dolo qualquer exigência do prejuízo que venha a sofrer o indivíduo enganado. Basta que o artifício tenha sido empregado para induzir a pessoa a efetuar um negócio jurídico, o que não seria conseguido, na convicção do agente do dolo, de outra maneira. O que se visa, afinal, não é um prejuízo, mas sim obter para si ou para outrem certa vantagem que, aliás, pode algumas vezes não redundar em prejuízo ou dano à pessoa iludida"[142]. No mesmo sentido, salienta *Serpa Lopes* que "a anulação é possível mesmo se o artifício ou a violência forem feitos com boa intenção e destinados a levar uma pessoa a concluir um negócio vantajoso, o qual, entretanto, não queria praticar. O prejuízo, por conseguinte, é igualmente de natureza moral"[143].

O pagamento de dívida vencida, no entanto, não poderá ser atacado sob a alegação de dolo do credor, salvo se este se manifestou na constituição do crédito. Sendo, porém, a obrigação isenta de vícios, eventuais artifícios usados pelo credor para receber a prestação a que tinha direito não tornam anulável o pagamento, por ser este mero ato-fato jurídico. A circunstância de o pagamento pressupor o *animus solvendi* não o converte em ato jurídico. De igual modo, a aquisição da posse de um achado pressupõe *animus possidendi*, e nem por isso se pode sustentar que a posse, no caso, possa estar viciada pela incapacidade do possuidor, por exemplo. Note-se que o Código Civil atual (art. 1.204) não mais repete o parágrafo único do art. 493 do diploma anterior, que mandava aplicar à aquisição da posse as disposições gerais relativas aos atos jurídicos (arts. 81 a 85).

A intenção de enganar (*animus decipiendi*) pode ser demonstrada pelos meios comuns de prova, podendo ser extraída das circunstâncias em que ocorreu o negócio jurídico, bastando que fique evidenciado que uma das partes sabia que a outra estava incorrendo em erro e se manteve calada. Se, conhecendo tal circunstância, a parte se omite, é irrelevante que o erro tenha sido fortuito, sendo bastante que o tenha percebido ou devesse conhecê-lo quem dele se beneficia. Para efeitos de caracterização do dolo, tanto faz produzir intencionalmente o erro quanto dele aproveitar-se conscientemente.

Diversamente dos casos de simples erro casual, entretanto, para que se configure o dolo não basta que a outra parte do negócio jurídico apenas *pudesse* perceber o engano (o que caracterizaria simples culpa), mas é preciso que, efetivamente, seja percebida aquela situação ou ao menos que, em face das circunstâncias, *devesse* ter ciência de que o declarante foi induzido a erro por outrem (conhecimento presumido). Detectando a outra parte o erro do declarante, é irrelevante a causa do engano, se foi a conduta própria ou de terceiro ou simples casualidade. Quando o artifício enganoso for levado a efeito por terceiro, basta que o beneficiário do ato dele *devesse* ter conhecimento, ainda que, efetivamente, não o conheça.

---

(141) MIRANDA, F. C. Pontes de. *Op. cit.*, p. 330.
(142) SANTOS, J. M. de Carvalho. *Op. cit.*, p. 329.
(143) LOPES, Miguel Maria de Serpa. *Op. cit.*, p. 439-40.

Não sendo este o caso (presunção de conhecimento), se o dolo de terceiro for completamente ignorado pela parte beneficiada, o ato é válido, respondendo aquele, e somente ele, isto é, o autor do dolo, pelas perdas e danos. Se o erro decorrente da conduta maliciosa de terceiro for apenas cognoscível pelo beneficiado, o ato poderá ser anulado com base no erro em si, independentemente de ter havido dolo de outrem.

Não caracteriza reticência dolosa o silêncio da trabalhadora acerca de seu estado gravídico, uma vez que tal fato não pode servir de fundamento para que o empregador não a contrate ou o faça em condições mais vantajosas para ele. Todavia, se o trabalhador é portador de uma doença que o impede de exercer a função para a qual foi contratado, a omissão de tal fato vicia o contrato. É o caso, por exemplo, de alguém que se candidata a motorista mas sofre de surdez acentuada, o que coloca em risco não apenas o patrimônio da empresa mas a própria vida do trabalhador e de terceiros.

Do que se extrai do art. 147 do Código Civil, conclui-se que nas relações jurídicas a parte tem o dever de esclarecer à outra as circunstâncias que esta poderia legitimamente levar em conta ao tomar a decisão de celebrar, ou não, determinado negócio jurídico.

c) Erro da vítima

O dolo só é considerado causa de anulabilidade quando produz na vítima a falsa impressão que a leva a realizar o negócio. Assim, a causa deste passa a ser um erro provocado pelos expedientes astuciosos de que se valeu a outra parte ou terceiro. Conforme ressalta *Clovis Bevilaqua*, assentado em lição de *Saleilles*, no caso, o erro é apenas "o meio pelo qual o autor do dolo atua sobre a vontade. No erro, a ideia falsa é do agente; no dolo, é uma elaboração da malícia alheia"[144].

Conforme já mencionado acima, a relevância da conduta maliciosa está nos resultados que produz. Se incapazes de enganar o declarante, de modo a obter dele uma declaração de vontade que, de outra forma, não expressaria, os artifícios voltados para tal objetivo resultam inócuos, não se caracterizando como causa invalidante. Se não constituem o motivo determinante do consentimento, mas interferem nas condições contratuais, as maquinações do agente acarretam apenas o dever de indenizar os prejuízos decorrentes do negócio.

Além disso, conforme adverte *Paulo Nader*, "para a plena caracterização do dolo como vício é essencial que o agente que incide em erro desconheça o fato no momento em que declara o seu consentimento. Se antes de assinar o termo de contrato o *deceptus* vem a se cientificar da ocorrência e, não obstante, manifesta sua vontade, descaracteriza-se o dolo como vício de consentimento"[145].

Na base do dolo, como causa de anulação dos negócios jurídicos, estará sempre o erro do declarante que levou a efeito um ato jurídico que, não fosse o comportamento enganoso, não realizaria. Em outras palavras, a causa determinante da prática do ato foi o erro resultante do dolo.

---

(144) BEVILAQUA, Clovis. *Op. cit.*, p. 359.
(145) NADER, Paulo. *Op. cit.*, p. 482.

Consoante lição de *Clovis Bevilaqua*, "as afirmações inexatas do agente, para dissimular os defeitos da coisa ou para exagerar-lhe as qualidades não constituem dolo, quando podem ser, facilmente, verificadas"[146]. Transportando tal ensinamento para a esfera do contrato de trabalho, pode-se dizer que não vicia o contrato de trabalho o fato de o empregado gabar-se de suas qualidades, ainda que seus autoelogios não correspondam à realidade, uma vez que o empregador tem meios de testá-los, mediante contrato de prova.

Nas relações de emprego, não pode ser aceita a alegação do empregador de que foi induzido a erro pelo silêncio ou declaração falsa do trabalhador acerca de sua idade. A situação prevista no art. 180 do Código Civil, portanto, não prevalece no âmbito do Direito do Trabalho, uma vez que cabe ao empregador, ao admitir o empregado, exigir a apresentação da CTPS para anotação. Em razão disso, não lhe aproveita a alegação de ignorância da real idade do trabalhador ou de que foi enganado por ele a respeito de sua idade.

Se o empregador contratou menor de 18 anos para trabalhar em atividade para este proibida, deve assumir as consequências da inviabilidade da execução do contrato para os fins pactuados, inclusive no que diz respeito ao pagamento das verbas rescisórias, se for o caso. Em outras palavras, não se aplica, no Direito do Trabalho, a regra segundo a qual a malícia supre a incapacidade relativa em razão da idade (*malitia supplet aetatem*), exceto nos casos em que o obreiro apresenta documentação falsa.

d) Nexo causal

Os artifícios fraudulentos devem ter sido a causa determinante do vício da vontade. Se o erro do declarante resulta de fato alheio à conduta da outra parte ou de terceiro, a despeito de todos os ardis empregados, estará descaracterizado o dolo como causa de invalidade do ato jurídico. No caso, o erro determinante da formação de vontade não resultou da conduta enganosa de outrem, mas decorreu de situação estranha à intenção de ludibriar. Contudo, conforme já mencionado, também configura dolo a omissão da parte que, percebendo o erro alheio, embora casual, dele se aproveita para auferir vantagens. Por outro lado, se a falha do processo volitivo, ainda que espontânea, era perceptível à outra parte, mesmo que esta não a tenha descoberto, a anulação poderá dar-se com base no simples erro, desde que substancial.

Nem por isso, deixa de ser relevante e necessária a distinção entre o erro e o dolo. Em primeiro lugar, por ser, em si mesmo, um ato ilícito, o dolo gera a obrigação de indenizar independentemente da anulação do ato viciado. Assim, nada impede que a vítima, em vez de postular a anulação do negócio jurídico, busque apenas a indenização pelos prejuízos advindos da conduta enganosa, deixando intacta a relação jurídica.

Por outro lado, em face de sua ilicitude intrínseca, reconhece a doutrina que o dolo vicia o ato "ainda quando se relacione com elementos não essenciais, e até mesmo com a motivação interna do declarante não expressa como condição integrante dos termos do negócio"[147],

---

(146) BEVILAQUA, Clovis. *Op. cit.*, p. 360.
(147) THEODORO JÚNIOR, Humberto. *Op. cit.*, p. 124. No mesmo sentido aponta a doutrina nacional, no magistério de Carvalho Santos, Lacerda de Almeida, Carvalho de Mendonça e Caio Mário da Silva Pereira; e o Direito estrangeiro, consoante as lições de Henri de Page (*Idem*).

desde que não se refira apenas às condições negociais (CC, art. 146), mas constitua a causa determinante do ato (art. 145).

Por fim, como regra, o erro é mais difícil de demonstrar do que o dolo. Conforme acentua *Silvio Rodrigues*, é bem mais fácil "evidenciar o embuste derivado do dolo, do que demonstrar que o consentimento se inspirou num pensamento secreto e errado"[148].

Para que possa ser considerado causa determinante do ato ou negócio jurídico, o dolo deve ser anterior ou concomitante ao consentimento. Se for superveniente à manifestação da vontade não pode ter sido a razão determinante desta, uma vez que a consequência não pode preceder à causa.

Acerca do tema, convém ressaltar, ainda, que o dolo pode ser provado pelos meios ordinários admitidos em Direito, cabendo à vítima demonstrá-lo. Embora não deva ser presumido, isso não significa que não possa ser provado com presunções: "apenas não se admite o *dolus re ipsa*, isto é, resultante do próprio ato"[149].

A possibilidade de provar o dolo por presunção é assim exposta por *Clovis Bevilaqua*:

Desde que dizemos que o dolo não se presume, mas prova-se por presunções parece que há uma contradição. Mas vejo que o princípio é assim estabelecido mesmo nos nossos clássicos; em *Coelho da Rocha*, por exemplo. No próprio Código Comercial, está ele assim consignado. Deve-se entender: o dolo não se presume de direito, não se presume por lei; mas, em todo caso, ele há de ser provado. As provas para o dolo são todas aquelas que o direito admite, inclusive a própria presunção. Assim, o art. deve ser entendido: do dolo enquanto não for provado, não se presume que exista, mas, para prová-lo, as próprias presunções servem[150].

É assente, portanto, que todas as provas podem ser invocadas para provar a ocorrência do dolo, não estando excluídas nem mesmo as presunções, desde que devidamente sopesadas. O que não se admite é que os indícios e presunções, de que resultam as provas, sejam degradados a meras conjecturas (STF, RE 71.862-PR, Ac. 1ª T., 11.11.1971, Rel. Min. Barros Monteiro. DJU 7.2.1972).

4.3. Coação

4.3.1. Conceito

Coagir significa constranger, forçar, impor, obrigar, violentar, tolher a liberdade do querer. Assim, enquanto vício do consentimento, coação é a pressão ou ameaça exercida sobre alguém para induzi-lo à prática de um ato jurídico[151]. Pode-se também conceituar a coação como sendo o constrangimento exercido sobre uma pessoa para forçá-la a consentir.

---

(148) RODRIGUES, Silvio. *Direito civil*, v. 1: parte geral. 21. ed. atual. São Paulo: Saraiva, 1990. p. 206.
(149) GOMES, Orlando. *Introdução...*, cit., p. 423.
(150) *Apud* GAMA, Affonso Dionysio. *Teoria e prática dos contratos por instrumento particular no direito brasileiro*, v. 1, 13. ed. rev. e atual. por J. Edvaldo Tavares. Rio de Janeiro: Freitas Bastos, 1961. p. 60.
(151) MONTEIRO, Washington de Barros. *Op. cit.*, p. 200.

O meio de que se vale o coator é irrelevante, desde que seja idôneo a incutir na vítima temor suficiente para afetar-lhe a liberdade negocial.

Lembra *Pontes de Miranda* que "a política legislativa, no tocante à coação invalidante, é a de proteger a vontade contra o impulso de outrem, contrário ao direito. Não é preciso que o coator, ou o figurante, que não foi o coator, haja tirado lucro do ato jurídico do coacto. Tão-pouco, é de exigir-se que tenha o coacto prejuízo no ato que praticou sob coação. O interesse, aí, está em que todo homem há de poder fazer, ou não fazer, dar ou não dar, o que entenda, *salvo lei que o vede*"[152]. Assim, toda imposição forçada que exceda tais limites, seja no conteúdo ou na forma, caracteriza-se como constrangimento ilegal.

Já sentenciava *Ulpiano* que *nihil consensui tam contrarium est quam vis atque metus,* isto é, nada mais contrário ao consentimento do que a violência e o temor (*Digesto*, L. 50, T. 17, fr. 116). *Norberto Carride*, por sua vez, acentua que a coação é mais grave do que o dolo, por incidir este sobre a inteligência da vítima, enquanto aquela cerceia sua liberdade[153]. Na mesmo sentido é a lição de *Orosimbo Nonato*, ao consignar que "entre os vícios do consentimento o que suscita maior repugnância é a violência, nele perdurando mais vivamente traços de barbaria, de rudeza, de primitividade. Querer lograr uma decisão pela força, intentar a obtenção de um ato pela ameaça são fatos reprovados por toda consciência humana"[154].

Analisando a coação do ponto de vista da vítima, observou *Giorgi* que, "quando um homem se obriga sob ameaça, ou impelido pelo perigo, não tem a intenção de obrigar-se, mas de achar um subterfúgio, para depois protestar contra uma resolução tomada a despeito de sua vontade"[155]. Todavia, sob pena de semear a insegurança jurídica, não se poderia acalentar o sonho de alcançar a vontade pura, isenta de influências do meio ou das condições pessoais de quem emite a declaração. Assim, o que nos cabe investigar aqui são os atos que constituem uma interferência indevida ou contrária à boa-fé, extrapolando os limites socialmente aceitáveis de influência sobre a vontade alheia na realização de negócios jurídicos.

4.3.2. Espécies

a) Coação física (vis absoluta): é o constrangimento corporal que reduz a vítima a mero instrumento passivo do ato (*non agit sed agitur*). Em tais circunstâncias, quem realiza o ato não é, propriamente, a vítima, mas aquele que a compele a agir: "o contraente age *invito*, como um corpo puramente físico, que obedece necessariamente ao impulso de um corpo mais forte"[156]. Quando uma pessoa assina porque outra, mais forte, toma a sua

---

(152) MIRANDA, F. C. Pontes de. *Op. cit.,* p. 350.
(153) CARRIDE, Norberto de Almeida. *Op. cit.,* p. 144.
(154) NONATO, Orosimbo. *Da coação como defeito do ato jurídico.* Rio de Janeiro: Revista Forense, 1957. p. 104-5.
(155) *Apud* ESPÍNOLA, Eduardo. *Manual do Código Civil brasileiro,* v. 3: das nulidades. Rio de Janeiro: Jacintho Ribeiro dos Santos, 1932. p. 372.
(156) ESPÍNOLA, Eduardo. *Manual...* v. 3: dos factos jurídicos, 1ª parte, cit., p. 388.

mão e lhe imprime os movimentos, não há manifestação de vontade, mas mera aparência, tal como ocorreria se um terceiro falsificasse a sua assinatura[157].

Conforme bem observou *Pontes de Miranda*, a "*vis absoluta* é ação; não é coação"[158]. A vítima figura apenas como o meio ou instrumento de que se serve o agente para obter o ato pretendido. Para que se caracterize, entretanto, é necessário que o coacto seja literalmente levado a praticar o ato sem qualquer participação de sua vontade, não se lhe oferecendo, ainda que em tese, outra saída. A prática do ato deixa de ser uma opção para se tornar uma imposição forçada, *manu militari*, à qual a vítima não tem como negar-se, ainda que o quisesse. Se alguma alternativa lhe resta, ainda que seja a tortura ou a morte, deixará de haver *vis absoluta*.

Assim, o que deve ser levado em consideração é se subsiste para a vítima a possibilidade de escolha. Em caso afirmativo, não se estará diante de uma hipótese de *vis ablativa*, que, aliás, é raríssima. Apesar disso, conforme observou *Silvio Rodrigues*, "alguns autores, por vezes impressionados com a violência da ameaça, enfileiram, entre os casos de *vis absoluta*, hipóteses que melhor se enquadrariam entre os vícios da vontade"[159]. É o caso, por exemplo, da vítima de um assalto que, sob a pontaria de uma arma de fogo, prefere entregar a carteira a ser alvejada. Em circunstâncias tais, embora viciado, consentimento houve.

Esclarece *Humberto Theodoro Júnior*, por outro lado, que "não é a circunstância de o coator agir materialmente sobre o corpo da vítima que faz com que a coação seja física e não moral". Assim, "por maiores que sejam os sofrimentos físicos, a coação não será absoluta, se ao coacto ainda resta a possibilidade de não declarar, nem aparentemente, sua vontade negocial. Sempre, pois, que alguma vontade acaba sendo declarada, seja para evitar a continuação da dor física, seja por medo da dor ameaçada, ou de outro mal qualquer acenado, a *vis* será *compulsiva* e não *absoluta*. Sendo moral e não física a coação, haverá consequentemente negócio passível de anulação (embora válido e eficaz enquanto não anulado)"[160].

Verificada a hipótese de total supressão da vontade, o negócio não chega a se aperfeiçoar, por não haver consentimento do interessado, elemento essencial à existência do ato jurídico. Conforme acentua *Limongi França*, "a coação absoluta é mais do que um simples *defeito* do ato jurídico. Incidindo ela, rigorosamente, *o ato inexiste*"[161]. Apesar de reconhecer que essa foi a solução preferida pelo legislador em relação à *vis absoluta*, contesta *Eduardo Espínola* seu acerto: "as mesmas razões de conveniência prática, que fizeram declarar anulável o ato, na hipótese de erro obstáculo, impõem que se julgue igualmente anulável o ato praticado por alguém mecanicamente, sob o impulso de força estranha, sem margem para qualquer movimento volitivo. Se o paciente, apesar de tudo, quiser que o ato prevaleça, por que permitir (...) que qualquer interessado o torne ineficaz? Por que obrigar o juiz a

---

(157) CAPITANT, Henri. *Op. cit.*, p. 319.
(158) MIRANDA, F. C. Pontes de. *Op. cit.*, p. 349.
(159) RODRIGUES, Silvio. *Dos vícios...*, cit., p. 230.
(160) THEODORO JÚNIOR, Humberto. *Op. cit.*, p. 168.
(161) FRANÇA, Rubens Limongi. *Instituições de direito civil*. 2. ed. São Paulo: Saraiva, 1991. p. 166.

inutilizá-lo (...), ainda quando outro seja o desejo manifesto das partes? Por que proceder assim na hipótese de violência, quando outra foi a orientação nas hipóteses de erro sobre a natureza do negócio e sobre a identidade física do objeto, em que, tanto como naquela, deixou de haver consentimento? Não se pode negar que muito mais coerentes foram *Teixeira de Freitas* e o legislador argentino, que o seguiu, do que todos os outros autores e legisladores"[162]. Em suma, o que questionava o emérito professor da Faculdade de Direito da Bahia e depois Ministro do STF não era o caráter lógico da solução legal, mas sua conveniência prática. Talvez aqui, no entanto, o legislador tenha sido mais rigoroso do que nos casos de erro-obstáculo justamente pelos meios violentos envolvidos na *vis ablativa*, modalidade de conduta que sempre despertou uma reação mais enérgica do Direito. O tratamento dispensado à questão pelo legislador, portanto, não teve em vista apenas o culto à lógica, mas, acima de tudo, a necessidade de combater, por todas as formas, o uso da força bruta. Se a vítima da violência quiser o ato, mesmo assim, nada impede que o realize depois, uma vez libertada do peso da coação, podendo, se for do interesse das partes, atribuir-lhe efeitos retroativos

A *vis absoluta* é mais comum nos casos em que a manifestação da vontade resulta da omissão de uma providência a cargo da vítima. Em tais casos, "tendo sido fisicamente impedido de praticar o ato, a declaração negativa de que se pretende prevalecer o coator corresponderá a coação absoluta (causa de inexistência da declaração) e não apenas a coação moral (causa de anulabilidade)"[163]. A coação exercida sobre o titular de um direito potestativo ou de uma pretensão para que deixe de exercê-los oportunamente e, assim, venha a perdê-los pela decadência ou prescrição, no entanto, não importa nulidade ou inexistência da omissão, por não ser esta um ato jurídico em sentido estrito, mas simples ato-fato jurídico, conforme definido no capítulo I do presente estudo[164]. Assim, a circunstância de a inércia não ser voluntária não evitará a perda da pretensão ou a caducidade do direito, acarretando apenas a responsabilidade do coator pelos prejuízos a que der causa.

b) Coação moral (vis compulsiva): é a ameaça de causar mal à vítima, a seus familiares ou a seus bens, caso aquela não consinta com o negócio pretendido pelo coator. No caso, a vontade não é completamente eliminada (*coactus voluit*), como sucede nas hipóteses de violência física (*vis absoluta*). Na *vis compulsiva* há verdadeira coação, uma vez que, embora haja uma pressão sobre a vítima, compelindo-a a praticar o ato, não prescinde este do consentimento do coacto. No caso, a vítima conserva relativa liberdade, podendo optar entre a realização do ato que se lhe exige e o dano com o qual é ameaçada, por mais grave que seja este. Embora podendo decidir, o coacto é colocado diante de um dilema, sendo premido a escolher uma das alternativas, embora não deseje nenhuma delas[165].

Conforme já referido, não é o fato de a ameaça incidir sobre o corpo do coator que faz com que a coação seja física e não moral. Segundo esclarece *Theodoro Júnior*, "a coação moral tanto pode provir de castigos físicos, como a tortura e o encarceramento, como de

---
(162) ESPÍNOLA, Eduardo. *Manual...*, v. 3: dos factos jurídicos, 1ª parte, cit., p. 392.
(163) THEODORO JÚNIOR, Humberto. *Op. cit.*, p. 168-9.
(164) Acerca da natureza jurídica da prescrição e da decadência, ver, também, de nossa autoria, a obra *A prescrição e a decadência na Justiça do Trabalho*, publicada pela LTr, em 2009.
(165) NADER, Paulo. *Op. cit.*, p. 492.

ameaça de sofrimentos físicos ou morais ainda não ocorrentes, mas já anunciados. O quadro haverá de ser de um agente que, sob intimidação, decide declarar a vontade que lhe exige o coator, para se livrar do medo de consumar-se um dano, ou de prosseguir um sofrimento já iniciado"[166].

O que importa para que se configure a coação moral é que o impulso que leva a vítima a emitir a declaração de vontade seja a ameaça ou a intimidação. Se o declarante nada decide, uma vez que é conduzido à força para expressar uma suposta vontade, desta haverá apenas aparência. Pode-se dizer, assim, que a *vis absoluta* é a coação pela força, enquanto a *vis compulsiva* é a coação baseada em ameaças ou intimidação[167].

Na coação absoluta, como não há vontade o negócio jurídico não chega a se constituir como tal. Já na coação moral, como não há supressão da vontade (*coacta voluntas tamen voluntas*) os atos ou negócios jurídicos praticados sob seus efeitos padecem apenas de um vício que os torna anuláveis.

No contrato de trabalho, a coação, como regra, tem natureza econômica, aproveitando-se o empregador do desequilíbrio entre a oferta e a procura de mão de obra para impor a sua vontade. Quando da admissão, conta o empresário com o temor do desemprego, que normalmente desaconselha o empregado a discutir a proposta de trabalho. Na vigência do pacto laboral, a ameaça, muitas vezes implícita, da dispensa imotivada atua como relevante instrumento de pressão, a fim de obter do empregado a aceitação de disposições contratuais de exclusivo interesse do empregador.

Considerando, porém, a existência de um patamar mínimo de direitos trabalhistas inafastáveis, a coação normalmente serve de instrumento para obter a anuência do empregado com o fim de burlar as normas imperativas. Como o empregador não pode prescindir da concordância do empregado, usa de seu prestígio econômico e poder de comando para obter do obreiro a declaração de que precisa para consumar seus intentos lesivos.

É o que ocorre, por exemplo, com os descontos salariais. Estando proibidos de promover descontos em seus salários ou de transferir para o empregado os riscos do empreendimento, alguns empregadores valem-se do expediente de simular empréstimos ou fingir adiantamentos salariais a fim de burlar a vedação legal. E para documentar supostos atos exigem dos empregados que assinem notas promissórias ou vales, sob pena de se sujeitarem a sanções disciplinares. Ou seja, utilizam-se de ameaças, por vezes veladas, para consumar a fraude. O intuito fraudulento, no entanto, faz com que as confissões de dívidas ou as declarações de pagamentos antecipados sejam não apenas anuláveis, mas nulas (CLT, art. 9º; CC, art. 166, VI).

Por outro lado, à medida que as relações sociais se tornam mais complexas, o uso da violência explícita vai cedendo lugar a uma geração de ameaças menos ostensivas, mas igualmente eficientes, manifestadas, por exemplo, em casos de assédio sexual ou moral. Nos dias que correm, são cada vez mais comuns essas formas de pressão que podem levar o trabalhador a demitir-se ou a tomar outras decisões que não adotaria caso não estivesse sob a influência do ambiente de trabalho hostil. No caso, mesmo tendo o assédio moral partido dos colegas de trabalho, sem participação direta do empregador, responde este

---
(166) THEODORO JÚNIOR, Humberto. *Op. cit.*, p. 170.
(167) LIMA, João Franzen de. *Curso de direito civil brasileiro*, v. 1, 5. ed. Rio de Janeiro: Forense, 1968. p. 305.

pelas consequências de tal prática, inclusive pelos danos que dela resultam, ante os termos do art. 932, III, do Código Civil. Registre-se que, no caso, é irrelevante a intenção que move os atos caracterizadores do assédio moral, ainda que não tenham como objetivo extorquir a prática do ato, mas apenas aumentar a produção, por exemplo.

Conforme ressalta a doutrina trabalhista, o empregado sujeita-se continuamente a uma coação sutil, especialmente em tempos de crise econômica e por estar desprovido de garantias de permanência no emprego. Nos dias de hoje, observa *Francisco Amaral*, em lugar da ameaça de infligir algum dano, que teve grande relevo no Direito Romano e medieval, desponta, como vício de vontade, a dependência econômica, podendo-se até vislumbrar nessa figura o motivo de condenação das cláusulas abusivas dos contratos de adesão[168]. Assim, além de afastar condutas de coação explícita, para que se reconheça a validade dos negócios jurídicos laborais é preciso analisar se havia realmente interesse do trabalhador na prática dos atos que realizou na vigência do contrato ou se sua anuência foi obtida por força de pressões diluídas ou difusas, mas perfeitamente identificáveis na relação de trabalho subordinado. Afinal, não há como negar que, normalmente, o trabalhador apenas adere às cláusulas propostas pela outra parte, e, embora atualmente a doutrina e a jurisprudência reconheçam que a adesão representa assentimento pleno, quando da interpretação do negócio jurídico não se podem ignorar as circunstâncias em que a vontade foi manifestada[169]. Além disso, conforme estabelece o Código Civil, às cláusulas ambíguas ou contraditórias porventura existentes nos contratos de adesão deve-se atribuir o sentido que mais favoreça ao aderente (art. 423).

Assim, conquanto o só fato de se basear numa adesão seja insuficiente para que se invalide o contrato de trabalho, tal particularidade não pode ser esquecida pelo julgador ao analisar suas cláusulas. De outra parte, a violência psicológica verificada na execução do contrato tem merecido cada vez mais atenção da doutrina e já vem repercutindo nos tribunais, tanto para impor as reparações cabíveis quanto para anular atos, como a rescisão do contrato por iniciativa do trabalhador:

> ASSÉDIO MORAL. VIOLÊNCIA PSICOLÓGICA. CARACTERIZAÇÃO. DANO MORAL PRATICADO. INDENIZAÇÃO DEVIDA. O assédio moral caracteriza-se pela prática de variados artifícios levados a efeitos no ambiente de trabalho pelo assediador, superior hierárquico ou não do assediado, que de forma deliberada e sistemática, repetitiva e/ou continuada, comete violência psicológica contra a vítima, com o objetivo de ir minando a sua autoestima, dignidade e reputação, até destruir, por completo, a capacidade de resistência dessa pessoa, que, humilhada, desestabilizada psicologicamente e totalmente impotente

---

(168) AMARAL, Francisco. *Direito civil:* introdução. 6. ed. rev., atual. e aum. Rio de Janeiro: Renovar, 2006. p. 500.
(169) Segundo Ripert, "adesão não quer dizer consentimento. Consentir num contrato é debater as suas cláusulas com a outra parte depois duma luta mais ou menos dura, cuja convenção traduzirá as alternativas. Aderir é submeter-se ao contrato estabelecido e submeter a sua vontade protestando no íntimo contra a dura lei que lhe é imposta. Num tal contrato há sempre uma espécie de vício permanente do consentimento, revelado pela própria natureza do contrato. Que há de contratual neste ato jurídico? É na realidade a expressão duma autoridade privada. O único ato de vontade do aderente consiste em colocar-se em situação tal que a lei da outra parte venha a se aplicar. O aderente entra neste círculo estreito em que a vontade da outra parte é soberana. E, quando pratica aquele ato de vontade, o aderente é levado a isso pela imperiosa necessidade de contratar. É uma graça de mau gosto dizer-lhe: tu quiseste. A não ser (...) que não trabalhe ao serviço de outrem, é-lhe impossível deixar de contratar" (RIPERT, Georges. *Op. cit.*, p. 112-3). Ressalva, porém, o mesmo autor que não é a desigualdade dos contratantes, só por si, que torna o contrato suspeito, mas o abuso que pode emergir dessa desigualdade (*Ibidem*, p. 115).

diante de tal situação, acaba por pedir dispensa do emprego. No caso dos autos, restou provado, de maneira, inequívoca, que o Reclamado, após ter tomado ciência do estado gravídico da obreira, passou a discriminá-la e a tratá-la com grosseria na frente dos outros empregados, pois, além de ter exigido que ela retirasse os seus pertences de dentro de um quarto onde até então podia descansar e até pernoitar, não mais permitiu que lhe fossem feitos adiantamentos salariais (vales), nem que retirasse produtos da loja do posto ou almoçasse no restaurante daquele estabelecimento para pagar mediante desconto em sua folha de pagamento, sendo certo que esses benefícios continuaram sendo oferecidos aos demais empregados. Dano moral perpetrado. Indenização devida (TRT 18ª Região, RO 00195-2003-191-18-00-0, Rel. Juiz Elvecio Moura dos Santos. DJE 23.7.2004, p. 48).

PEDIDO DE DEMISSÃO SOB COAÇÃO. NULIDADE DO ATO. Hipótese em que restou demonstrada a alegada coação. O constrangimento que a reclamante vinha sofrendo de suas colegas, obrigadas pelo empregador a dela se afastarem, quando ciente este de que aquela se encontrava grávida, caracteriza a coação (TRT 4ª Região, RO 96.022110-7, Ac. 6ª T., 11.12.97, Rela. Juíza Teresinha Maria Delfina Signori Correia. DJE 26.1.98).

DESPEDIDA INDIRETA. É inadmissível que um empregado contratado para cargo de chefia mediante concurso público tenha as suas funções minadas pelo empregador, que, impelido a tolerar ordem de reintegração judicial, insidiosamente orienta seus funcionários a agir de modo a prejudicar o trabalho do reintegrado, a tal ponto de inviabilizar, no caso em tela, o desempenho de suas funções técnico-hierárquicas. Configurada a pressão psicológica que impossibilita ao trabalhador outra atitude senão o pedido de demissão, este pedido é efetivamente maculado de nulidade, pois efetuado sob coação. Reconhece-se a despedida indireta (TRT 4ª Região, RO 96.026412-4, Ac. 2ª T., 3.3.98, Rel. Juiz Roberto Souza dos Reis. DJE 30.3.98).

É importante ressaltar que "a coação pode ser positiva ou negativa, consistindo, portanto, em palavras, gestos ou atos, ou em abstenção proposital para obter o efeito desejado"[170]. E no contexto do assédio moral, a hostilização pode perfeitamente decorrer de atos omissivos, como ignorar a presença do trabalhador no ambiente de trabalho, deixá-lo sem tarefas para executar, negar-se a cumprimentá-lo, não lhe dirigir a palavra, passar-lhe as ordens apenas por escrito ou por intermédio de outra pessoa, não dar ouvidos a suas sugestões ou comentários etc. O assédio moral, no entanto, também pode revelar-se mediante condutas comissivas, como a divulgação de boatos maldosos, os ataques à reputação do obreiro ou à sua família, as gozações sobre seus defeitos físicos, a imputação de erros inexistentes, a emissão de ordens ou instruções imprecisas ou contraditórias, as críticas ou advertências em público, a delegação de tarefas flagrantemente superiores ou inferiores à sua capacidade, a imposição de horários, tarefas ou volume de serviço que exijam esforços além do razoável, as cobranças de urgência desnecessária, a supressão de documentos ou informações importantes para a realização de seu trabalho, a ridicularização das convicções religiosas ou políticas, ou dos gostos do trabalhador, dentre várias outras[171]. Com práticas dessa estirpe o empregador vai minando a resistência do obreiro até dobrar sua vontade para a prática de atos que não eram de seu interesse, como um "pedido de demissão", uma renúncia a uma promoção, a aceitação de uma transferência de localidade e assim por diante. As condutas referidas, evidentemente, afetam a livre manifestação da vontade, tornando anuláveis os atos a que derem ensejo.

---

(170) GOMES, Orlando. *Introdução...*, cit., p. 425.
(171) FONSECA, Rodrigo Dias da. Assédio moral: uma perversidade a ser combatida. Disponível em: <http://www.dm.com.br/80/impresso.php?id= 175849&edicao=7058&cck=3> Acesso em: 6 mar. 2007.

Entre os vícios da vontade, no âmbito trabalhista, observa *Dallegrave Neto*, a coação é o mais frequente. Consoante o mestre paranaense, "infelizmente é comum a conduta abusiva do empregador que, extrapolando os limites de seu poder disciplinar e diretivo, acaba coagindo o empregado a aceitar inúmeras imposições, tais como assinar documentos e recibos em branco, autorizar descontos salariais e, em alguns casos, subscrever documentos intitulados 'pedido de demissão'"[172]. E as dificuldades da prova, não raro, acabam por tornar definitivos os atos assim praticados.

c) Coação principal: é a que atua como causa determinante da declaração de vontade. Sem sua concorrência, o ato jurídico não seria realizado.

d) Coação incidental: é a que interfere apenas no conteúdo da declaração. Não é a causa do ato, uma vez que, mesmo ausente, o ato se realizaria, porém em condições diversas. Por conseguinte, não gera a anulabilidade do negócio afetado, mas apenas o direito de pleitear a reparação das perdas e danos[173]. Nem sempre, porém, será fácil distinguir quando é que a coação interferiu apenas nas condições negociais e em quais casos apresentou-se como a causa determinante do negócio. Aplica-se, aqui, portanto, o que dissemos acima acerca do dolo acidental (item 4.2.2), devendo a questão ser confiada à prudente análise do julgador.

4.3.3. Requisitos

a) Essencialidade

Para que seja reconhecida como defeito invalidante, a coação deve ter sido indispensável à realização do negócio jurídico, apresentando-se como causa determinante do consentimento. Se o constrangimento não influenciou a vontade de praticar o ato, não se pode dizer que este tenha sido viciado por aquele. Necessário, portanto, que a ameaça tenha sido o impulso que levou a vítima a dar o seu consentimento. Se a coação interfere apenas na definição das condições negociais (coação incidente), a vítima não tem direito à anulação do ato, fazendo jus tão somente à reparação dos danos sofridos.

Não é necessário, porém, que a ameaça tenha sido a causa exclusiva do consentimento; basta que, sem ela, não se houvesse praticado o ato[174]. Assim, ainda que hajam concorrido outras causas, se suprimida a intimidação o ato não se realizaria, é o quanto basta para que se configure o vício invalidante.

É indiferente que a coação seja proveniente da outra parte ou de terceiro. Todavia, para viciar o negócio jurídico a coação exercida por terceiro deverá ser conhecida pela

---

(172) DALLEGRAVE NETO, José Affonso. *Op. cit.*, p. 123.
(173) VENOSA, Sílvio de Salvo. *Direito civil*, v. 1: parte geral. 2. ed. São Paulo: Atlas, 2002. p. 436. Sustenta Paulo Nader, no entanto, que o Direito pátrio não faz a distinção entre a coação principal e a incidental, razão pela qual ambas induzem à anulabilidade do ato (NADER, Paulo. *Op. cit.*, p. 492).
(174) CARRIDE, Norberto de Almeida. *Op. cit.*, p. 145.

parte a quem aproveita, ainda que se trate de conhecimento presumido (CC, art. 154)[175]. Se a ameaça de terceiros não é conhecida pelo outro contratante, nem deveria sê-lo, prefere a lei a proteção dos interesses deste, uma vez que representa a sociedade, desejosa de preservar a segurança das relações jurídicas. No caso, o prejuízo sofrido pelo coato em relação ao destinatário da declaração pode ser comparado ao que decorre do evento fortuito ou da força maior[176].

Quanto ao autor da ameaça, será sempre responsável pelas perdas e danos causados à vítima, seja em conjunto com o contratante que se aproveitou dela (CC, art. 154), seja exclusivamente em caso de boa-fé do beneficiário da coação (art. 155).

No âmbito da relação de emprego, a coação proveniente de colegas de trabalho presume-se conhecida pelo empregador, sendo causa de anulabilidade dos atos jurídicos praticados sob ameaça, respondendo o empregador inclusive pelas indenizações cabíveis (CC, art. 932, III). Além disso, se permite hostilidades provenientes de colegas de trabalho, o empregador incorre em descumprimento de obrigação contratual (CLT, art. 483, *d*) por não proporcionar à vítima de tais condutas ambiente de trabalho saudável. Convém salientar, por outro lado, que não é necessário que haja intenção deliberada de extorquir do trabalhador a prática de determinado ato, como rescindir o contrato, por exemplo. Basta a consciência de que a pressão exercida sobre ele seja apta a produzir tal resultado.

A rigor, a coação oriunda dos colegas de trabalho não pode ser equiparada à ameaça de terceiro, uma vez que o empregador responde pelos atos de seus empregados, mesmo que não tenha ele agido com culpa. Afora isso, se admitida a alegação do empregador de que não havia tomado ciência da coação, a fim de manter o ato viciado (CC, art. 154), estar-se-ia sustentando que é alheio a ela no que tange ao vício de vontade, mas responde pelas perdas e danos que produz (CC, art. 932, III), o que se revela ilógico. Assim, considerando que cabe ao empregador a direção da atividade dos empregados, devendo, ainda, propiciar--lhes um ambiente de trabalho sadio, não poderia ele pretender alhear-se às consequências dos atos de seus subordinados alegando que os desconhecia.

Destarte, toda forma de coação sofrida no ambiente de trabalho deve ser imputada ao empregador, ainda quando oriunda de colegas da vítima, em caráter sorrateiro e na ausência do patrão. Impondo a lei a responsabilidade pela conduta dos empregados ao empregador (CC, art. 932, III), independentemente de culpa de sua parte (CC, art. 933), de nada lhe aproveita alegar ignorância acerca dos fatos lesivos praticados por seus subordinados. Assim, sempre que a coação essencial partir de outros empregados ou de prepostos no exercício do trabalho que lhes competir, ou em razão dele, sujeitar-se-á o empregador não apenas à composição das perdas e danos, mas também aos efeitos da anulação do ato arrancado da vítima à custa de ameaças, constrangimentos ou agressões, ainda que subliminares.

---

(175) Perante o CC-1916, a coação de terceiro viciava o ato jurídico mesmo que desconhecida pela outra parte (art. 101, *caput*), diversamente do que ocorria em relação ao dolo (art. 95). A diferença de tratamento era explicada pelo caráter mais reprovável da coação. Tal justificativa, entretanto, não era de aceitação pacífica pela doutrina, uma vez que não levava em conta a boa-fé da parte inocente (DEMOGUE, Réné. *Op. cit.*, p. 556-7). Acertada, pois, a unificação de critérios adotada pelo atual Código Civil (arts. 148 e 154/155).

(176) RODRIGUES, Silvio. *Dos vícios...*, cit., p. 310.

A atuação dos empregados e prepostos, em relação ao empregador, equipara-se à conduta do representante convencional diante do representado. E se este responde pelos atos do representante que colocou em seu lugar, quando maculados pelo dolo (CC, art. 149), com muito maior razão devem-se impor-lhe as consequências da coação levada a efeito pelos dirigentes que escolheu[177]. Em suma, o empresário que se vale do auxílio de prepostos e empregados deve responder tanto pela conduta dolosa quanto pela coação exercida por estes sobre terceiros, inclusive em relação aos colegas de trabalho, ainda que não colha proveito algum de tais atos.

b) Gravidade da ameaça

O mal com que se ameaça o paciente deve ser grave, isto é, deve ser capaz de intimidá-lo a ponto de vergar-lhe a vontade[178]. O dano insignificante ou de consumação impossível, assim como a ameaça que não se reveste de seriedade, não podem ser tidos como suficientes para infundir temor. Todavia, se o declarante tomou como sério um gracejo do ameaçante, coação existiu e a ação de outrem se inseriu como causa, a despeito da pilhéria[179]. Irrelevante, pois, que o agente tivesse apenas a intenção de brincar; se sua conduta causou comoção na vítima, levando-a a crer que a ameaça era real, tal circunstância não descaracteriza a *vis compulsiva*, e o ato assim praticado torna-se passível de anulação[180]. Do mesmo modo, configura-se a coação na ameaça feita com arma de brinquedo ou descarregada sem que a vítima tenha condições de perceber tal circunstância[181].

A ameaça é grave quando é razoável supor que, nas circunstâncias, a vítima efetivamente foi levada a submeter-se às exigências do coator. Assim, não basta um constrangimento qualquer para que se tenha o ato como viciado. Como preleciona *Demogue*, são raros os atos humanos que se praticam com espontaneidade, desgrilhetados de qualquer causa extrínseca. Todos vivemos sob o império de circunstâncias mais ou menos opressivas. Para que ocorra, porém, coação, mister se faz que se atinja o limite da anormalidade[182]. Daí exigirem os romanos, para a configuração do vício, que a coação fosse contrária aos bons costumes.

Não se podem invocar, pois, como causa de anulação os temores quiméricos ou insensatos, que não passam de uma desorientação, de uma fraqueza imperdoável em quem se encontra no pleno exercício de suas faculdades mentais. Isso exige, por outro lado, que a ameaça tenha potencial ofensivo e que seja realizável, não gerando invalidade a promessa de mal inverossímil ou fantástico, como a ameaça de destruir uma colheita por meio de sortilégios ou feitiçarias, de rogar uma praga para que alguém seja vítima da

---

(177) "Aplica-se aqui a culpa *in eligendo*, vez que o empregador, ao eleger os chefes e gerentes de sua empresa, o faz por livre alvedrio, assumindo o risco de seus atos" (DALLEGRAVE NETO, José Affonso. *Op. cit.*, p. 125).
(178) Como escreveu Celso: *Vani timoris justa excusatio non est* (*Digesto*, L. 4, T. 17, fr. 184).
(179) MIRANDA, F. C. Pontes de. *Op. cit.*, p. 355.
(180) NADER, Paulo. *Op. cit.*, p. 496.
(181) MELLO, Marcos Bernardes de. *Op. cit.*, p. 146.
(182) DEMOGUE, René. *Apud* CARRIDE, Norberto de Almeida. *Op. cit.*, p. 168.

má sorte ou desejar-lhe algum infortúnio, caso se recuse a participar de determinado negócio jurídico. Em outras palavras, é preciso que ao destinatário da ameaça esta se apresente como séria e possível.

Não é preciso, porém, que o mal com que se ameaça seja tão ou mais grave do que aquele que decorreria do ato que se pretende extorquir (*majus malum*), uma vez que o objeto da tutela, no caso, não é o patrimônio do paciente, mas a sua liberdade negocial[183]. É possível, além disso, que o mal prometido se volte contra bens jurídicos desprovidos, em princípio, de valor econômico, em relação aos quais é muito difícil estabelecer comparações. Por fim, cabe à vítima decidir qual é o prejuízo mais fácil de ser revertido judicialmente: o que resulta da concretização da ameaça ou o oriundo da anuência forçada. É por isso que o Código Civil atual, a exemplo da legislação de outros países, refere-se apenas a dano *considerável*, isto é, que justifique o temor, não mais exigindo que o mal prometido deva ser pelo menos igual ao que decorreria do ato extorquido[184]. Conferem-se, assim, ao juiz amplos poderes para aferir em cada caso concreto se houve influência da ameaça sobre o ânimo do declarante e se foi efetivamente ela a causa determinante do seu consentimento.

A gravidade da ameaça não se mede apenas pela análise objetiva do mal prometido, mas também pelas condições do coacto. Assim, para verificar se a ameaça é suficiente para produzir justo receio de dano devem ser levados em conta, além da natureza do dano, o sexo, a idade, as condições de saúde, o temperamento do paciente e as demais circunstâncias que possam afetar sua resistência à pressão sofrida (CC, art. 152). E a condição de empregado é uma dessas circunstâncias que não pode ser ignorada.

Conforme já propunha *Felício dos Santos*, justificando disposição de seu Projeto de Código Civil, "não é possível determinar *a priori* quando a coação deve ou não ser atendida; é questão de fato, que fica à apreciação do juiz, conforme as circunstâncias (*Proj. do Cód. Civ., Com.*, vol. I, p. 178)"[185]. No mesmo sentido, anotou *Vicente Faria Coelho* que há ameaças que não deixarão mossas no espírito de um homem, mas atemorizarão uma mulher, ou poderão não abalar o ânimo de uma mulher já feita e experimentada na vida. A juventude, a velhice, a posição social, o sexo, o temperamento impressionável, nervoso ou histérico, entre outros fatores, devem ser levados em conta na apreciação de cada caso[186].

Por sua vez, ao comentar o Código Civil de 1916, anotou *Clovis Bevilaqua* que "a ameaça, que seria vã, para um ânimo varonil, pode ser grave para uma alma tímida, para uma criança, para um doente. Onde o socorro é impossível, ou difícil, a depressão moral do medo se faz sentir mais fortemente. A surpresa é desconcertante, e pode levar à prática de atos, que se evitariam, se fosse possível enfrentar a situação de ânimo prevenido"[187].

---

(183) "Embora o dano ameaçado possa ser de valor inferior ao do ato extorquido, seria uma iniquidade e uma imoralidade prevalecer o ato pela simples razão da diferença de valores" (LIMA, João Franzen de. *Op. cit.*, p. 310).
(184) O código francês, por exemplo, refere-se a *mal considérable* (art. 1.112), o italiano a *male notevole* (art. 1.436), o espanhol (art. 1.267) e o suíço (art. 30) a *mal grave*.
(185) *Apud* NONATO, Orosimbo. *Op. cit.*, p. 136.
(186) *Apud* RIZZARDO, Arnaldo. *Da ineficácia dos atos jurídicos e da lesão no direito*. Rio de Janeiro: Forense, 1983. p. 43.
(187) BEVILAQUA, Clovis. *Op. cit.*, p. 367.

No âmbito trabalhista, conforme observa *Silvio Rodrigues*, a ameaça que seria inócua se dirigida contra uma pessoa economicamente independente, pode conduzir o empregado, dada sua condição de dependência do patrão, a consentir em negócio que não realizaria não fosse a promessa do empregador de piorar-lhe a situação caso resista[188].

Continua atual, portanto, a lição de *Virgílio Sá Pereira*, segundo a qual não há nem pode haver um tipo oficial, padrão registrado de impavidez pessoal por onde nos regularmos para aferir a coação[189]. Não mais prevalecem, pois, os critérios do Direito Romano, no qual elegeu-se como paradigma a resistência de um homem forte, só sendo admitido o vício se a ameaça fosse capaz de intimidar um *vir constantissimus*. Em vez disso, o direito moderno abandonou o estoicismo romano e humanizou o rigor no reconhecimento da coação[190].

Comentando o Código Civil vigente, ressaltou *Theodoro Júnior* o acerto do legislador ao confiar a definição da gravidade da ameaça à percuciência do julgador:

> Pode-se concluir que o direito moderno é bem mais humano que o velho direito romano, que exigia de todos a conduta dos corajosos; e o direito brasileiro é mais sensível ainda que os Códigos que se reportam, na matéria, à conduta do *homo medius*, já que evidentemente não se pode, em termos psicológicos, padronizar pessoas[191].

Assim, hoje, conforme assinalou *Eduardo Espínola*, amparado nas lições de *Giorgi*, "quem queira avaliar se uma ameaça injusta diminui a faculdade de eleição da pessoa que se obrigou, não vai examinar se ela seria capaz de amedrontar um homem intrépido e de ânimo viril; mas se impressionou a pessoa contra quem se dirigiu. A não ser assim, falhará a proteção da lei, quando mais necessária se faz, convertendo-se em culpa a falta de coragem"[192].

Com efeito, quanto menor for a capacidade de resistência da vítima, maior é a proteção que a lei deve proporcionar-lhe. Assim, a adoção de um critério puramente objetivo, baseado num padrão médio de resistência, prejudicaria os fins perseguidos pela norma, uma vez que privaria de proteção legal os mais fracos, que mais necessitam dela, e a outorgaria aos mais fortes, mesmo quando tivessem recursos próprios para se defender.

O critério subjetivo, no entanto, não pode ser invocado para acobertar a covardia mórbida ou a pusilanimidade exagerada. Há que se estabelecer um limite além do qual não se pode reconhecer a coação. Esse limite é alcançado quando o paciente se deixa

---

(188) RODRIGUES, Silvio. *Vícios...*, cit., p. 255.
(189) *Apud* CARRIDE, Norberto de Almeida. *Op. cit.*, p. 174.
(190) "Em Roma, o Jus Civile não considerava a coação um vício de consentimento, partindo da presunção de que se o coato praticou o negócio foi porque assim o quis, do contrário teria resistido (*quamvis si liberum essea noluissem, tambem coactus voluit*), daí o entendimento generalizado de que os negócios jurídicos assim realizados não seriam suscetíveis de anulação. A coação, tanto quanto o dolo, não teria relevância na formação dos atos negociais. Foi o Direito pretoriano quem reconheceu a invalidade dos atos praticados em tais condições" (NADER, Paulo. *Op. cit.*, p. 491-2). Nesse contexto, é perfeitamente compreensível a adoção de critérios rígidos no reconhecimento do vício.
(191) THEODORO JÚNIOR, Humberto. *Op. cit.*, p. 189.
(192) ESPÍNOLA, Eduardo. *Manual...*, v. 3: dos factos jurídicos, 1ª parte, cit., p. 408.

assustar por vã ameaça, pois o temor excessivo, incapaz de afetar pessoa sensata, não pode infirmar o negócio jurídico. Ainda que devam ser consideradas as condições pessoais da vítima, o temor há de ser fundado, não podendo ser levadas em conta as ameaças que só apavoram o excessivamente poltrão. Assim, da mesma forma que a lei tolera o erro imperceptível ou fecha os olhos para o dolo inocente, não dá abrigo a quem cede a uma ameaça ridícula, incapaz de assustar a quem não seja desmedidamente covarde[193].

Assim como a suscetibilidade do coagido, o perfil do coator também deve ser levado em conta na avaliação da seriedade da ameaça, uma vez que os antecedentes deste último são a prova mais evidente do que é capaz. É muito mais provável que cumpra uma promessa de violência física quem já deu mostras de agressividade do que alguém que sempre manteve conduta cordial e pacífica.

O dano anunciado pode ser moral ou patrimonial e referir-se à pessoa da vítima, a seus familiares ou a seus bens. A título de exemplo, cita *Washington de Barros Monteiro*, como conteúdo da ameaça, a morte, mutilação, dor física, sequestro, cárcere privado, prisão, fome, sede, desonra, exposição ao ridículo, desconsideração pública e escândalo, entre outras promessas de dano que podem incutir fundado temor na vítima da coação[194]. Dependendo do grau de afeição, pode caracterizar-se como coação a ameaça de produzir mal a pessoa que não seja da família do coacto, o que deverá ser analisado em cada caso pelo juiz segundo as circunstâncias (CC, art. 151, parágrafo único). O que não se pode é excluir, *a priori*, tal possibilidade, uma vez que "há vínculos afetivos de amizade e solidariedade que às vezes são maiores que os nascidos da família ou do parentesco. Entre professores e alunos, entre médicos e pacientes, entre patrões e empregados, entre sócios e entre amigos estabelecem-se com frequência, liames afetivos profundos, que podem ser explorados pelo coator"[195].

Por outro lado, conforme ressalta *Theodoro Júnior*, dependendo das circunstâncias, pode até ocorrer que entre o coacto e a pessoa sobre quem recairia o mal não haja relação afetiva alguma, mas aquele cede por simples razão de solidariedade humana, para evitar um mal maior:

> Pode acontecer, e não se trata de hipótese rara nos tempos atuais, que o coator faça refém uma pessoa totalmente desconhecida do coacto, no meio do trânsito, no interior de um banco, dentro de um avião ou em qualquer lugar onde estejam próximos o agente da ameaça, a vítima e aquele de quem se intenta extorquir a declaração negocial (a assinatura de um cheque, por exemplo). Para evitar o assassínio iminente do refém, a pessoa acede à extorsão. Não importa que entre a vítima da extorsão e a vítima da ameaça não existisse liame algum, familiar, social ou afetivo. A solidariedade humana é suficiente para justificar a sucumbência do coacto às exigências do coator[196].

---

(193) RODRIGUES, Silvio. *Dos vícios...*, cit., p. 250-3.
(194) MONTEIRO, Washington de Barros. *Op. cit.*, p. 203-3.
(195) THEODORO JÚNIOR, Humberto. *Op. cit.*, p. 178.
(196) *Ibidem*, p. 178-9.

Afora isso, não se pode desconsiderar a hipótese de haver apenas uma relação indireta entre o indivíduo ao qual se ameaça fazer mal e a vítima da extorsão. É o caso de a ameaça ser dirigida contra um familiar de um amigo. Em tal caso, pode ocorrer até que o coacto não tenha nenhuma vinculação com a pessoa que vivia a sofrer as consequências diretas do mal anunciado, podendo, inclusive, não conhecê-la, mas cederá para que, indiretamente, o ato de violência não repercuta na esfera de outrem, por quem nutre especial afeto.

Em qualquer caso, muito pertinente a observação de *Orosimbo Nonato*, segundo a qual não seria coerente admitir a excludente da legítima defesa de terceiro e não aceitar possa a ameaça de causar mal a terceiro influir na vontade do agente[197]. Do que não se pode prescindir é apenas da demonstração do nexo causal entre a ameaça que põe em risco a situação de terceira pessoa e a manifestação da vontade.

A fim de permitir o tratamento específico de cada situação, segundo as suas circunstâncias particulares, o legislador disciplinou a questão de forma genérica, possibilitando assim ao julgador, diante do caso concreto, decidir se há ou não relação de causa e efeito entre a ameaça e a declaração de vontade.

Em se tratando de ameaças dirigidas contra pessoas que integram o círculo familiar do declarante, há de ser presumida a relação de afeição e a consequente eficácia da coação sobre sua vontade. Quando, porém, o mal prometido volta-se contra terceiros, sem vínculo de parentesco com o declarante, caberá a este demonstrar que seu consentimento foi determinado por aquela ameaça para que possa obter a anulação do negócio.

Cabe, pois, a quem invoca a violência contra terceiro, como suporte do vício de consentimento, evidenciar que as relações entre o pactuante e o destinatário da ameaça sejam tais que o mal feito a este se repute feito àquele, vale dizer, é preciso que a vinculação entre ambos chegue ao ponto de a coação empregada contra este último influir decisivamente sobre o primeiro.

c) **Injuridicidade da ameaça**

Só se configura a coação se o sujeito ativo da intimidação atuar fora da licitude, pois, se agir no exercício regular de um direito, não lesa ninguém (CC, art. 188, I). É por isso que se diz que o mal anunciado deve ser injusto. Todavia, a ameaça é injusta ainda que em troca seja oferecido o silêncio a respeito de um crime praticado pelo coacto. O fato de ser culpado não impede que seu consentimento tenha sido extorquido pela ameaça da revelação com que foi chantageado. Quem cometeu o crime deve sofrer apenas as sanções previstas em lei para o caso, e seria, quando menos, imoral que alguém se aproveitasse do delito praticado por terceiro para auferir vantagens indevidas. Se o fato com que se ameaça constituir, em si mesmo, um ilícito penal, como é evidente, a hipótese não poderá ser considerada exercício regular de direito.

---

(197) NONATO, Orosimbo. *Op. cit.*, p. 196.

Não constitui coação a ameaça de cobrar judicialmente uma obrigação vencida. Todavia, mesmo em tal caso, se o objetivo não for o recebimento da dívida, mas a obtenção de outras vantagens, a ameaça será ilegítima. Conforme observou *Giorgi*, "a ameaça dos meios legais é injusta em relação ao *fim*, quando empregada, não para o *fim direto* a que as leis os destinam, mas para um *segundo fim* — o de extorquir convenções vantajosas ou melhorar os pactos anteriores. Assim, quando o credor ameaça de execução, não para ser pago mas para aumentar os juros, comete um abuso, concordam todos os escritores"[198].

Em tais casos, ensina *Humberto Theodoro Júnior*, "a injustiça da ameaça não está no mal anunciado, mas no proveito indevido que o agente quer extrair do seu direito (art. 153). Não se pode deixar de considerar injusta a ameaça de exercer um direito quando o que se exige do coacto é algo antijurídico, imoral ou contrário aos bons costumes. Em tais circunstâncias, a coação não está naquilo que se ameaça fazer, mas no usá-lo como meio de alcançar proveitos ilícitos. A injustiça, na espécie, não está no meio, mas no fim colimado pelo coator"[199].

E isso tem particular importância perante o Direito do Trabalho, uma vez que não raro o obreiro é levado a aceitar certas condições por receio de perder o emprego, ainda que tal ameaça seja apenas sutil. Conquanto, em regra, a dispensa do empregado seja um direito potestativo do empregador, a simples possibilidade de sua ocorrência é o bastante para inibir a resistência dos trabalhadores, levando-os a curvar-se às exigências patronais. Essa é a razão pela qual a CLT veda as alterações contratuais prejudiciais aos trabalhadores (art. 468). Da mesma forma, quando de sua admissão, o trabalhador pode ser induzido a aceitar determinadas cláusulas contratuais, pois, do contrário não seria contratado. Eis aí o fundamento para o princípio da irrenunciabilidade dos direitos trabalhistas. Por fim, não deixa de haver coação ilícita quando o empregador submete o empregado à escolha entre demitir-se ou ser apontado perante as autoridades policiais como autor de um crime, mesmo que o tenha cometido. Se o caso for de dispensa por justa causa, esta é a medida a ser tomada, não tendo o empregador o direito de forçar o empregado a se demitir mediante chantagens. A opção por esta última alternativa poderá implicar a anulação da demissão, tendo o empregador que pagar as verbas rescisórias, como se tivesse havido dispensa sem justa causa, além de responder pelos danos resultantes da coação em si. Ressalve-se, entretanto, que cabe ao trabalhador que a alega fazer a prova da coação, uma vez que, por si só, a demissão durante as investigações que poderiam desaguar na dispensa motivada nada tem de anormal. Com efeito, sabedor de que sua conduta autoriza o empregador a despedi-lo por justa causa, pode o empregado optar pela demissão[200]. O que não se admite é que seja coagido a fazê-lo.

---

(198) *Apud* ESPÍNOLA, Eduardo. *Manual...*, v. 3: dos factos jurídicos, 1ª parte, cit., p. 442.
(199) THEODORO JÚNIOR, Humberto. *Op. cit.*, p. 175.
(200) O empregado não é obrigado a esperar a dispensa por justa causa, nem se pode dizer que haja deslealdade de sua parte ao se demitir em tais circunstâncias, um vez que, nos pactos laborais sem duração determinada, esse é um direito do trabalhador, que pode ser exercido a qualquer momento, independentemente da concordância do empregador. E isso em nada prejudica o direito deste de postular a reparação pelos danos que eventualmente tenha sofrido. Os que não admitem que o trabalhador possa demitir-se, no caso, confundem a natureza da dispensa por justa causa, transformando-a em sanção pessoal em vez de contratual, como deve ser.

Configura coação, também, a ameaça de dispensa imotivada a fim de pressionar o obreiro a se demitir do emprego para que possa continuar trabalhando na empresa sob nova modalidade contratual. Isso é frequente nos casos em que a empresa decide terceirizar algumas atividades e, para livrar-se dos custos do desligamento dos empregados que as executavam, condiciona a sua permanência no trabalho, como terceirizados, a um "pedido de demissão", o que se revela uma forma de violentar a vontade dos trabalhadores[201].

A promessa de revelar um segredo que, se conhecido, prejudica o ameaçado, em qualquer caso, é violência injusta, independentemente do fato a que se refere[202].

A ilicitude da ameaça pode revelar-se, ainda, pelo meio de que se vale o agente. O empregador tem direito de ser ressarcido pelos prejuízos causados pelo empregado, desde que haja previsão contratual ou em caso de dolo (CLT, art. 462, § 1º). Todavia, nem por isso lhe é dado forçar o empregado a transferir-lhe, por exemplo, sua casa ou veículo em pagamento da dívida. Se o empregador coage o empregado com o intuito de receber tal dívida, o fim não é ilícito, mas o meio sim. Forma de coação muito comum de que se vale o empregador consiste na ameaça de dispensa por justa causa com divulgação de informações desabonadoras sobre o empregado a fim de dificultar-lhe nova colocação no mercado. No caso, ainda quando o fim pretendido seja legítimo, a manifestação de vontade obtida desse modo estará viciada pelos meios de que se valeu o empregador para obtê-la. Irrelevante se as informações são verdadeiras ou se se trata de meros boatos infundados, bastando que sua publicação seja infamante.

Do mesmo modo, haverá injuridicidade no meio se o empregado, fazendo uso de arma de fogo, por exemplo, força o empregador a dar-lhe algum bem em pagamento às verbas trabalhistas a que tem direito. O fim, isto é, a satisfação dos créditos trabalhistas, é uma pretensão legítima, mas o meio de que se vale não. Se, entretanto, o empregado, de algum modo, constrange o empregador a entregar-lhe a prestação devida, a coação, no caso, não invalida o adimplemento, por não ser este um negócio jurídico nem, ao menos, um ato jurídico *stricto sensu*, mas apenas um ato-fato jurídico[203]. Assim, não será nulo ou anulável o pagamento efetuado sob coação, uma vez que a nulidade não se aplica aos atos-fatos jurídicos[204]. Todavia, o autor das ameaças poderá incorrer em sanção penal

---

(201) "NULIDADE DO PEDIDO DE DEMISSÃO. COAÇÃO. O procedimento imposto ao obreiro e a outros empregados da primeira reclamada, forçando-os a demitirem-se e filiarem-se a uma cooperativa, sob pena de não continuar trabalhando, não só foi suficiente para alterar a livre manifestação do ora recorrido, como também aterrorizá-lo das consequências funestas decorrentes da perda do emprego, mormente no momento de desemprego que assola o Brasil, restando, assim, configurado *in casu* o instituto da coação previsto no art. 151 do Código Civil" (TRT 18ª Região, RO 01487-2003-009-18-00-8, Relª Juíza Antônia Helena Gomes Borges Taveira.DJE 2.3.2004, p. 155).

(202) MESSINEO, Francesco. *Op. cit.*, p. 443.

(203) MELLO, Marcos Bernardes de. *Teoria do fato jurídico*: plano da existência. 9. ed. São Paulo: Saraiva, 1999. p. 106. Em relação ao pagamento, portanto, não há falar em *validade* ou *invalidade*, mas apenas em *eficácia* ou *ineficácia*, a despeito da falta de técnica do legislador (CC, arts. 308, 310, 312).

(204) Conforme assinala Silvio Rodrigues, "a despeito da exorbitância no procedimento do credor e do reconhecimento da existência da coação, o ato de pagamento sobrevive intocado. Isto porque a vítima não pode, alegando pressão injusta, pleitear a repetição de um pagamento que, de todo modo, devia efetuar" (*Dos vícios...*, cit., p. 279). No mesmo sentido parece orientar-se Demogue, quando sustenta que o que se ataca na coação é menos a violência (que todo direito contém em germe) do que o resultado injusto ou antissocial perseguido (DEMOGUE, Réné. *Op. cit.*, p. 489). Tal entendimento, no entanto, não é totalmente pacífico (ENNECCERUS, Ludwig; KIPP, Theodor; WOLFF, Martin. *Op. cit.*, p. 213).

(CP, art. 147), além de responder pelos danos morais decorrentes da coação em si mesma. Por outro lado, se a dívida já estava prescrita, seu pagamento contém implícita uma renúncia aos efeitos da prescrição, e o uso da violência, no caso, macula o ato dispositivo, tornando cabível a repetição.

Convém registrar, outrossim, que a injuridicidade da ameaça não se mede pela existência de prejuízo no negócio extorquido. Em determinados casos, é possível até que o ato a que se visava seja vantajoso para o coacto, o que não o impede de promover sua anulação. Tal como ocorre em relação ao dolo, na coação a anulabilidade do negócio jurídico destina-se à proteção da liberdade, e não a evitar a ocorrência de prejuízos materiais à vítima.

A injuridicidade da ameaça não depende de ter seu autor capacidade delitual. Conforme registra *Norberto Carride*, "a ameaça pertence ao mundo fático"[205]. Assim, ainda que a intimidação tenha sido provocada por um incapaz, se objetivou extorquir da vítima a prática de um ato, será este anulável. De igual modo, irrelevante que o autor da ameaça se tenha equivocado quanto à licitude de seu ato. O fato de o coator achar que está agindo no uso regular de seu direito não afasta a injuridicidade da ameaça, se for este o caso.

d) Iminência do dano

Dano iminente é um mal que está prestes a ocorrer, que irá se consumar em breve, embora não se possa fixar, *a priori*, dentro de quanto tempo, uma vez que isso depende das circunstâncias de cada caso concreto[206]. Segundo *Carvalho Santos*, o mal com que se ameaça a vítima deve "realizar-se em um futuro mais ou menos próximo, embora seja fora de dúvida que deve faltar materialmente o tempo suficiente para invocar a proteção da autoridade pública". E completa: "ameaças vagas, cujos efeitos são incertos e distantes, tornam-se insuficientes para constituir coação"[207].

A ameaça ou, mais precisamente, o medo que ela infunda deve ser atual, embora o dano possa ser futuro, desde que não seja remoto. O que vicia o consentimento, ponderam *Aubry et Rau*, não é a violência em si mesma, mas o receio que ela inspira[208]. Diante disso, ao contrário do que prevê o Código Civil francês (art. 1.112), observa *Demolombe* que *presente* não deve ser o mal em si mesmo, senão o *temor* que ele inspira[209]. Daí a conclusão de *Demogue* de que o termo *iminente* traduziria melhor o pensamento da lei francesa, em vez da expressão *atual*, utilizada no Código Napoleônico para qualificar o dano no caso[210].

O mal com que se ameaça, portanto, deve ser próximo, iminente e invencível, de modo a efetivamente causar temor ao paciente. Ameaça de mal remoto, longínquo, impossível ou evitável não constitui coação apta a viciar o consentimento. A iminência do dano,

---

(205) CARRIDE, Norberto de Almeida. *Op. cit.*, p. 165.
(206) ABREU FILHO, José. *O negócio jurídico e sua teoria geral*. 5. ed. atual. São Paulo: Saraiva, 2003. p. 288.
(207) SANTOS, J. M. de Carvalho. *Op. cit.*, p. 358.
(208) *Apud* ESPÍNOLA, Eduardo. *Manual...* v. 3: dos factos jurídicos, 1ª parte, cit., p. 404.
(209) *Apud* NONATO, Orosimbo. *Op. cit.*, p. 150.
(210) DEMOGUE, Réné. *Op. cit.*, p. 509.

segundo o parecer de *Silvio Rodrigues*, é um elemento a compor a gravidade da coação; se a ameaça refere-se a um mal distante, não será grave e, por conseguinte, não se configurará o vício do querer[211]. Considera-se o mal iminente sempre que a vítima não tenha meios para furtar-se ao dano ameaçado, quer com os próprios recursos, quer mediante auxílio de outrem ou da autoridade pública. Daí a exigência de que o mal seja *irremediável*, ou seja, invencível[212].

A noção de inevitabilidade, no entanto, não pode ser considerada em abstrato, mas segundo a análise de cada caso, uma vez que "a ameaça de um mal futuro e realmente evitável pode, alquando, perturbar a livre determinação de uma pessoa. Por outro lado, o que a uns pode parecer facilmente evitável, a outros se afigurará inevitável"[213].

Quanto à possibilidade de recorrer ao auxílio da autoridade pública, também há de ser considerada consoante as circunstâncias de cada caso concreto. Conforme assevera *Orosimbo Nonato*, "em princípio, numa sociedade civilizada, entre povos policiados, aquela possibilidade existe, uma vez ocorra certo intervalo entre a ameaça e o dano. Mas, na prática, nem sempre é assim e, demais disso, ao agente pode parecer o contrário, por demasia de timidez, excesso de ignorância, descrença, nem sempre infundada, na eficácia do socorro ou por outra qualquer circunstância para (ser) examinada em cada caso"[214].

E conclui o insigne ministro do STF lembrando que "ao versar o requisito da iminência não se pode relegar ao oblívio o domínio do critério subjetivo do instituto, cuja harmonia orgânica repele fórmulas apriorísticas"[215]. As condições sociais, físicas e psíquicas do paciente devem ser levadas em conta em todos os aspectos da aplicação do instituto, e não apenas na análise de algum de seus elementos. O critério traçado pelo art. 152 do Código Civil, pois, penetra em todos os quadrantes da coação, conferindo-lhe um perfil predominantemente subjetivo.

4.3.4. Efeitos

Assim como o dolo, a coação é, antes de tudo, um ato ilícito. Assim, além da anulabilidade do ato, acarreta a obrigação de indenizar as perdas e danos sofridos pelo coacto.

Observa *Humberto Theodoro Júnior*, com apoio nas lições de *Karl Larenz*, que é irrelevante a culpa do que intimida e o conhecimento da antijuridicidade da ameaça: "com ou sem culpa, o dano imposto ao coacto haverá de ser ressarcido. Se não houver prejuízos materiais, haverá sempre o dano moral por ofensa à liberdade, que integra a esfera dos direitos da personalidade e cuja lesão justifica a responsabilidade civil, a par de anular o contrato"[216].

---

(211) RODRIGUES, Silvio. *Dos vícios...*, cit., p. 260.
(212) MONTEIRO, Washington de Barros. *Op. cit.*, p. 203.
(213) NONATO, Orosimbo. *Op. cit.*, p. 154.
(214) *Idem*.
(215) *Ibidem*, p. 155.
(216) THEODORO JÚNIOR, Humberto. *Op. cit.*, p. 182.

A invalidação do negócio jurídico e a reparação pelos danos decorrentes da coação são direitos independentes, embora oriundos do mesmo fato:

> Mesmo que não se intente a ação de anulação, não estará inibido o ofendido de pleitear as perdas e danos que a coação lhe tenha acarretado. Embora cumuláveis por conexão, as duas ações têm objeto próprio e são independentes, inexistindo prejudicialidade entre elas. Pode, outrossim, a ação de anulação ser intentada contra uma pessoa e a de indenização contra outra, em caso de a coação ter sido praticada por quem não foi parte do contrato[217].

Por serem direitos inconfundíveis, a renúncia à pretensão indenizatória não prejudica o direito de anular o ato, e vice-versa. Todavia, se o coacto confirmar o ato anulável, também desaparece a pretensão indenizatória, uma vez que, com isso, elimina o vício que o inquinava[218].

Assim como a renúncia, a decadência da ação anulatória não interfere no direito de postular a reparação dos danos resultantes da coação. De igual modo, a prescrição da ação indenizatória não afeta o exercício da ação anulatória.

Ressalte-se, ainda, que a prescrição da ação indenizatória não prejudica as pretensões oriundas da própria anulação (*restauração do estado anterior*), uma vez que, quanto a estas, a prescrição só fluirá a contar da invalidação, dado que, antes dela, nem sequer existiam[219]. Assim, na esfera cível, mesmo que se tenham passado mais de três anos a contar da realização do negócio quando do exercício da ação anulatória, o autor desta terá direito de reaver as prestações entregues em razão do ato viciado. Todavia, vencido o triênio, a vítima não mais poderá exigir do coator indenização pelos danos resultantes da coação em si (CC, art. 206, § 3º, V), exceto se tiver ocorrido algum óbice à consumação do prazo prescricional.

À restituição das partes ao estado anterior, mesmo quando convertida no equivalente pecuniário, por não ter natureza indenizatória, não se aplica o prazo trienal previsto no art. 206, § 3º, V do Código Civil.

> Quando se restituir o equivalente, por ser impossível a devolução da própria coisa negociada, o contratante cumpre uma *dívida de valor*. Não se trata de reparar um ilícito, mas de realizar a restituição pelo equivalente. Na sistemática da anulabilidade, a restituição não é, propriamente, uma reparação; não constitui, por si própria, a indenização de um prejuízo, "mas a consequência natural da anulação".
>
> Anulado o contrato sinalagmático, é como se se estabelecesse um sinalagma invertido, isto é, se implantasse um negócio sinalagmático em posições contrárias àquelas do negócio invalidado[220].

---

(217) *Idem*.
(218) MIRANDA, F. C. Pontes de. *Op. cit.*, p. 371. No mesmo sentido é o ensinamento de Carvalho Santos no que tange ao dolo (SANTOS, J. M. de Carvalho. *Op. cit.*, p. 334-5).
(219) A propósito escreveu Pontes de Miranda: "A obrigação de restituir, que nasceu àqueles que cumpriram o ato jurídico anulado, nasce com a sentença de anulação" (*Op. cit.*, p. 367). "O prazo de prescrição somente começa a correr da data do trânsito em julgado, porque, até então, se procedia à desconstituição do ato jurídico" (*Ibidem*, p. 224).
(220) THEODORO JÚNIOR, Humberto. *Op. cit.*, p. 610-1.

A questão tem especial importância na esfera trabalhista, uma vez que, dada a natureza do contrato laboral, as prestações entregues pelo trabalhador não podem ser objeto de restituição *in natura*, e a contraprestação devida pelo empregador normalmente é efetuada em pecúnia. A matéria ganha ainda mais relevância pelo fato de a prescrição trabalhista, após a rescisão contratual, ser inferior ao prazo decadencial para anular o ato. Suponha-se, assim, o caso de um empregado que, mediante coação, é levado a demitir-se do emprego no qual detinha estabilidade.

Por se tratar de ato viciado por coação, o trabalhador tem o prazo previsto no art. 178, inciso I, do Código Civil (quatro anos a contar da cessação da coação) para invalidar o ato. Todavia, uma vez rompido o contrato, o prazo prescricional é de apenas dois anos.

A solução desse aparente conflito, no entanto, deve levar em conta que, nos casos de anulabilidade, a pretensão de retorno ao *statu quo ante* só passa a sofrer os influxos da prescrição a partir da cassação do ato viciado, sem o que seria inviável o pleito de reversão ao estado anterior. Enquanto não promovida a anulação do ato que fez cessar a relação jurídica, não se pode falar em prescrição no que tange à pretensão de receber as prestações que deixaram de ser satisfeitas em razão daquele.

Somente com o restabelecimento do vínculo contratual é que o trabalhador poderá exigir o pagamento relativo das verbas suprimidas em decorrência da rescisão viciada. Além disso, em face da invalidação da rescisão, não se poderá falar, ainda, em prescrição bienal, mas apenas quinquenal. Com isso, mesmo eventual pleito de indenização por danos morais, decorrentes da coação em si, desde que veiculado dentro do prazo quinquenal a contar da demissão anulada estará a salvo da prescrição.

Restabelecido o vínculo, a parte que não mais tiver interesse em manter a relação jurídica deve proceder à rescisão contratual, assumindo os ônus que dela decorrem. Logo, caso o empregador se negue a receber de volta o trabalhador ou o juiz entenda que o prosseguimento do contrato seja desaconselhável, o empregado terá direito às verbas rescisórias relativas à dispensa sem justa causa. Do contrário, o empregado deverá retornar ao trabalho ou pré-avisar o empregador de que não mais tem interesse em dar continuidade à relação contratual. Na prática, entretanto, entende-se que o patrão que pressionou o empregado a demitir-se, na verdade, promoveu sua despedida. Assim, juntamente com a anulação da demissão, geralmente postulam-se verbas rescisórias relativas à despedida patronal. E, em relação a tais parcelas, por dependerem da anulação da demissão, a prescrição só tem início com o trânsito em julgado da sentença anulatória.

E o mesmo ocorre nas situações em que a cobrança de parcelas não satisfeitas durante a vigência do vínculo laboral depende da anulação do ato em que se fundamentou o inadimplemento por parte do empregador. Imaginemos que, também por obra de coação exercida sobre o empregado, seu empregador obtenha dele a concordância para elevar a jornada contratual de 30 para 40 horas semanais.

Em tal caso, o direito do empregado a obter as dez horas extras semanais que deixaram de ser pagas depende da anulação da alteração contratual, uma vez que, enquanto mantida a cláusula contratual que prevê jornada de 40 horas semanais, o trabalhador não pode exigir o pagamento como extras das horas que não excedam aquele limite.

Suponhamos, ainda, que o contrato de trabalho do empregado em questão tenha sido rescindido um ano após a alteração. No caso, mesmo que vencido o limite de dois anos após a extinção do pacto sem que tenha havido qualquer causa suspensiva ou interruptiva, o direito de obter as horas extras não pagas não sofre perda alguma, podendo ser exercitado até dois anos após a invalidação da cláusula viciada. Assim, ainda que o trabalhador busque a anulação da cláusula no último dia do prazo decadencial, não sofrerá qualquer prejuízo em relação às parcelas que só passaram a ser exigíveis com a anulação do ato, pois estas integram o que a lei denomina como restituição das partes ao estado em que antes se achavam (CC, art. 182).

Conclui-se, assim, que não há razão para a pressa de alguns em ver, a qualquer custo, consumada a prescrição trabalhista em relação a todo e qualquer direito laboral assim que completados dois anos a contar do término do contrato de trabalho.

4.3.5. Casos de exclusão

a) Exercício normal de direito

Para haver coação é preciso que a ameaça seja injusta (*qui suo jure utitur neminem laedit*). Todavia, ainda que o exercício do direito fosse legítimo, quando transmutado em instrumento para obter vantagens indevidas converte-se em ilícito, por ser utilizado de modo abusivo (CC, art. 187).

Humberto Theodoro Júnior sintetiza a questão do desvio de função no exercício do direito nos seguintes termos:

> De maneira geral, tem-se como abusiva a ameaça de exercer um direito e, portanto, como configurável a coação, sempre que o credor, com o anúncio da execução, persiga o objetivo de obter compromisso ou vantagem que não tenha vínculo com a obrigação primitiva ou que seja desproporcional em relação a ela. Haverá coação não apenas quando o credor forçar o devedor a assumir outros vínculos jurídicos estranhos à relação em que se deu a mora, como ainda no caso de impor encargos desproporcionais à força da relação existente entre as partes[221].

Tome-se o exemplo do empregador que, no silêncio do contrato, impõe ao empregado descontos por prejuízos por este causados culposamente, sob a ameaça de promover sua despedida, ainda que sem justa causa. Não sendo o empregado portador de estabilidade, a dispensa é ato potestativo do empregador. Todavia, ao valer-se desse direito para obter concessões que a outra parte não se dispunha a fazer, o empregador estará praticando ato abusivo[222].

---

(221) THEODORO JÚNIOR, Humberto. *Op. cit.*, p. 193-4.
(222) Considerando que cabe ao empregador assumir os riscos da atividade (CLT, art. 2º), prevê a Consolidação das Leis do Trabalho que os prejuízos causados pelo trabalhador só poderão ser descontados de sua remuneração se tal possibilidade houver sido acordada ou na ocorrência de dolo do empregado (art. 462, § 1º).

César Machado Júnior[223] traz outro exemplo de exercício abusivo do direito de despedir como forma de coação. Cita o autor um caso concreto em que o empregador valeu-se da possibilidade de despedir o marido sem justa causa para arrancar da esposa, que também era sua empregada, a renúncia à estabilidade. No caso em questão, o gerente conversou com o casal de empregados, comunicando-lhes que, em face da intenção de fechar o estabelecimento, um dos dois seria dispensado sem justa causa, e que cabia a eles escolher quem perderia o emprego. Como a remuneração de seu esposo era bem superior, visando a preservar o emprego do marido a mulher renunciou ao cargo de diretoria do sindicato, vindo a ser desligada da empresa logo em seguida. No caso, ficou evidenciado que a esposa só abriu mão da estabilidade para que a dispensa não recaísse sobre o marido, que era quem tinha salário mais elevado.

Embora a empresa tivesse o direito de dispensar o marido, no caso, não poderia ter usado tal poder para obter da mulher a renúncia à garantia de emprego. A despedida do esposo era um direito, mas, ao valer-se dele para arrancar a renúncia da mulher, o empregador agiu de forma abusiva.

A conduta abusiva, como forma de coação, entretanto, também pode ser perpetrada pelos empregados. É o caso, por exemplo, de uma greve surpresa, que tem o objetivo de conseguir alguma melhoria, organizada sem prévia comunicação ao empregador e justamente quando este mais necessita da prestação laboral[224]. O que for pactuado em semelhantes condições será passível de anulação pelo empregador, uma vez que sua anuência foi fruto da ameaça de prejuízos injustos. A jurisprudência francesa traz um caso muito ilustrativo dessa situação: momentos antes do início do espetáculo, os músicos comunicaram ao diretor do teatro que não se apresentariam naquele dia se não lhes fosse concedido um aumento salarial. O diretor cedeu à pressão, mas obteve no tribunal a anulação das vantagens concedidas. Conforme ressalta *Silvio Rodrigues*, de onde extraímos o exemplo, "os músicos têm o direito de não trabalhar; têm-no de pleitear aumento de salários e têm-no, igualmente, de fazer greve para conseguir a melhoria. Mas o fato de recorrerem à greve, na hora do espetáculo, constitui exercício abusivo do direito, capaz de configurar a violência injusta e, assim, infirmar o ato jurídico"[225].

Quando não se tratar de greve abusiva, no entanto, o movimento paredista é uma forma legítima de atuar sobre a vontade do empregador. Assim, o empregador que faz concessões pelo simples temor de que os trabalhadores entrem em greve não pode alegar constrangimento ilegal[226].

O só fato, porém, de a greve ser considerada abusiva sob o aspecto formal não é o bastante para invalidar as concessões feitas pelo empregador. O vício do consentimento só deverá ser reconhecido quando o intento dos grevistas for exatamente o de não permitir ao empregador outra opção senão atender às suas reivindicações, sob pena de sofrer prejuízos

---
(223) MACHADO JÚNIOR, César P. S. *Direito do trabalho*. São Paulo: LTr, 1999. p. 206.
(224) A Lei n. 7.783/89 exige que o empregador ou a entidade patronal correspondente sejam notificados da paralisação, no mínimo, 48 horas antes de seu início (art. 3º, parágrafo único), ampliando-se esse prazo para 72 horas nas atividades essenciais (art. 13).
(225) RODRIGUES, Silvio. *Dos vícios...*, cit., p. 280.
(226) MAZEAUD, Henri et Léon; MAZEAUD, Jean; CHABAS, François. *Op. cit.*, p. 183.

graves, por vezes irreversíveis. É o caso, por exemplo, das ameaças de greves-surpresa, das quais o empregador não é avisado com a antecedência exigida por lei. Todavia, mesmo nesses casos, se a greve acontece e o empregador resiste pelo tempo legal de pré-aviso, não poderá, depois, invocar a ausência de comunicação prévia como razão para haver cedido. Afinal, do início do movimento paredista até o instante em que atendeu às reivindicações dos trabalhadores teve o tempo suficiente para adotar as providências que tomaria caso tivesse sido pré-avisado no prazo legal. No particular o julgador tem de ser extremamente criterioso, sob pena de alimentar a malícia dos empregadores, principalmente ante a facilidade com que os tribunais vêm declarando a abusividade dos movimentos paredistas.

Nos casos de abuso, explica *Humberto Theodoro Júnior*, "a antijuridicidade não está (...) no ato em si, já que veicula a notícia de que o agente está disposto a exercer um direito que realmente lhe cabe. Está no modo com que o titular do direito ameaça utilizá-lo, transformando-o em meio de pressão para alcançar resultado objetivamente contrário ao direito ou à moral. O desvio do direito de sua natural função torna o seu exercício irregular e anormal e, assim, a ameaça feita ao devedor, fora dos parâmetros de sua obrigação, se apresenta, sem dúvida, como 'ilícita' ou 'contra direito'"[227].

Em suma, pois, a ameaça de exercício de um direito só será legítima quando com ela seu titular pretende obter exatamente os mesmos resultados a que se destinava o exercício de tal direito. Fora daí, haverá abuso. No caso da greve, portanto, desde que voltada para a melhoria da condição social dos trabalhadores, não se poderá qualificá-la como abusiva pelo só fato de não terem sido cumpridas algumas exigências legais, especialmente no que tange à quantidade mínima de trabalhadores para manter os serviços essenciais à população ou garantir a retomada das atividades assim que encerrada a paralisação, questões que deverão ser solucionadas à luz da Lei n. 7.783/89. Não raro, no entanto, o abuso parte do empregador, que impõe condições descabidas e, diante do impasse, os tribunais, sem analisar os motivos, qualificam a greve como abusiva, não observando que, em muitos casos, a causa do não atendimento às exigências legais foi a intransigência patronal.

b) Temor reverencial

Temor reverencial é o receio de desgostar pai, mãe, superior hierárquico ou outra pessoa a quem se deve respeito e obediência. E, por serem tais relações sociais reconhecidas pelo Direito, não se poderia delas extrair a existência de coação, ainda que não houvesse lei expressa a respeito.

Consoante lição de *Orosimbo Nonato*, "coação é constrangimento anormal e antissocial deturpador da espontaneidade (...), e a prática de ato ao fito de comprazer pessoa benemérita de afeto ou respeito obedece a determinação normal, inspira-se em motivo que nada encerra de antissocial. Não importa haja o *metus reverentialis* pesado decisivamente na vontade do agente. A vontade determina-se sempre por motivos e só a anormalidade de

---

(227) THEODORO JÚNIOR, Humberto. *Op. cit.*, p. 193.

tais motivos, suscitados por violência do coator, origina vício do consentimento, defeito do ato jurídico"[228].

O simples temor reverencial, portanto, em si mesmo considerado, é incapaz de viciar o ato, não se podendo equipará-lo à coação, por ser esta resultado de ato injusto e imoral, enquanto aquele deriva de sentimentos nobres, merecedores de acoroçoamento e estímulo. Afora isso, sua influência sobre a vontade do agente normalmente refoge-se ao imponderável, não sendo dado ao pesquisador aferi-la de forma concludente[229].

Diversa, no entanto, é a situação se o *metus reverentialis* vem acompanhado de violência ou ameaças irresistíveis. Neste caso, isto é, se a ele se ajuntam ameaças intimidatórias, o temor reverencial será considerado uma circunstância agravante, uma vez que enfraquece a resistência da vítima. Assim, uma ameaça que poderia não ser tão grave se oriunda de outras fontes, pode tornar-se suficiente para viciar o consentimento se proveniente do superior hierárquico ou de qualquer outra pessoa por quem a vítima nutre especial admiração ou deferência.

O que não vicia, portanto, é o *simples* temor reverencial, conforme prevê o art. 153 do Código Civil pátrio, o que equivale a temor reverencial "sem que haja ocorrido violência", a que se referem códigos francês e italiano.

Humberto Theodoro Júnior apresenta uma situação que tem inteira aplicação no âmbito das relações trabalhistas:

> Haverá vício de consentimento, por exemplo, quando o superior hierárquico fizer ver ao subordinado o propósito de rebaixá-lo, ou não promovê-lo, ou de prejudicá-lo de qualquer maneira. Já, então, o temor reverencial se torna uma *agravante* da ameaça e serve, *in concreto*, para defini-la e dimensioná-la. Em casos dessa espécie, nem precisa que as ameaças sejam graves, como de costume se exige: a presença do temor reverencial já as torna graves, por si só.[230]

E tais ameaças não precisam ser ostensivas, bastando que o empregador dê a entender ao empregado quais seriam as consequências de sua recusa.

4.3.6. Prova

A coação, tal como o dolo, não é desses vícios dos quais o agente passa recibo em cartório. Embora deva ser demonstrada, nem sempre se pode exigir prova direta. Ao contrário, normalmente a prova há de ser extraída das circunstâncias em que se realizou o negócio jurídico.

A propósito, ponderou *Pedro Batista Martins*:

> Para demonstração da eiva que inquina o consentimento, todos os meios indiretos de prova devem ser admitidos. A preocupação de quem age com dolo, violência ou fraude, assim como a dos que realizam negócio simulado, é apagar os vestígios materiais da má-fé, de modo tal que impossível se torne a sua identificação pelos meios normais que a ciência da prova civil põe à disposição do intérprete. Se a lei não admitisse

---

(228) NONATO, Orosimbo. *Op. cit.*, p. 165.
(229) *Ibidem*, p. 166.
(230) THEODORO JÚNIOR, Humberto. *Op. cit.*, p. 196-7.

como específica das maquinações dolosas e dos concílios fraudulentos a prova exclusivamente circunstancial ou indiciária, isto é, se a lei lhe atribuísse mero valor subsidiário, é evidente que escapariam à ação repressora da justiça precisamente aqueles casos que, pela sua gravidade, exigem mais eficaz e enérgica repressão.[231]

Ressalva, entretanto, *Egon Felix Gottschalk* que "é de se exigir do Juiz do Trabalho, na apreciação de circunstâncias, alegadas para invalidar um ato jurídico, a máxima prudência, a fim de não abrir uma brecha perigosa na própria ordem jurídica, facilitando o posterior arrependimento"[232]. Assim, quando o ato praticado deixou de lhe ser interessante, o empregado invocaria a existência de coação para não assumir as suas consequências, livremente aceitas ao tempo que lhe eram convenientes. É necessário, pois, todo o cuidado, para que não se atribua a simples possibilidades o *status* de indício ou presunção de coação.

Não é incomum, por exemplo, o empregado demitir-se e depois vir a juízo alegando que foi coagido ou que assinou a demissão sem ler. Em tais casos, ainda que por meio de indícios, é preciso que fique evidenciado que foi enganado ou coagido a assinar o documento[233]. Todavia, em se tratando de trabalhador com mais de um ano de serviço, a falta de assistência sindical no ato da demissão ou, quando menos, no acerto rescisório, dispensa a prova do vício de vontade (CLT, art. 477, § 1º), presumindo-se que a iniciativa da rescisão foi do empregador. Essa presunção, no entanto, não é absoluta, podendo ser elidida por outras provas, desde que robustas. Impende salientar que não constitui prova de que foi do obreiro a iniciativa rescisória, no caso, o só fato de o empregador juntar aos autos um aviso prévio supostamente emitido pelo empregado, pois a validade da demissão, em relação ao trabalhador com mais de um ano de serviço, não prescinde da assistência sindical. Assim, ainda que o empregador apresente aviso de demissão, tal documento, por si só, nada prova.

Em relação às alterações contratuais que lhe tragam prejuízos, o empregado também não precisa demonstrar que foi coagido para obter sua invalidação (CLT, art. 468). Todavia, mesmo nesse caso pode ele ter interesse em provar que houve coação, a fim de poder desfrutar de maior proteção em relação ao fluxo do prazo decadencial, por exemplo, além de poder invocar a reparação dos danos decorrentes da violação de sua vontade.

Convém ressaltar, por fim, que a prova circunstancial nem sempre resulta de uma cadeia de indícios. Conforme bem observado por *Pedro Batista Martins*, "um só indício, desde que preciso e grave, pode revestir-se de tal autoridade probante que ao juiz seja lícito repousar nele, tranquilamente, a sua convicção"[234]. Evidentemente que, havendo

---

(231) MARTINS, Pedro Batista. *Comentários ao Código de Processo Civil*, v. 3: arts. 216 a 297. Rio de Janeiro: Revista Forense, 1942. p. 142-3.
(232) GOTTSCHALK, Egon Felix. *Op. cit.*, p. 235.
(233) "PEDIDO DE DEMISSÃO. ASSINATURA APOSTA PELO EMPREGADO SEM PRÉVIA LEITURA DO DOCUMENTO. ALEGAÇÃO DE COAÇÃO MORAL. NÃO CONFIGURAÇÃO. É do Reclamante o ônus de provar a ocorrência da coação que alegou como fato constitutivo do direito à declaração de nulidade do pedido de demissão que requer (art. 333, I do CPC e art. 818 da CLT). A afirmação do Reclamante de que realmente assinou o pedido de demissão, mas que o teria feito sem ler seu conteúdo, não o socorre, pois se assim procedeu, deve arcar com a sua incúria. Não havendo provas de vício de consentimento na assinatura do pedido de demissão, impõe-se considerá-lo válido" (TRT 18ª Região, ROS 01159-2005-082-18-00-7, Rel. Juiz Elvecio Moura dos Santos. DJE 7.2.2006, p. 53).
(234) MARTINS, Pedro Batista. *Op. cit.*, p. 143.

diversos indícios, deverão eles convergir no sentido de evidenciar a ocorrência do fato que se busca provar.

4.4. Coação circunstancial

Embora sob denominação diversa, o atual Código Civil previu novas figuras que muito se aproximam dos vícios da vontade, elencando duas situações em que as circunstâncias nas quais o sujeito pratica o ato podem viciar o conteúdo de seu querer[235]. Vale dizer, conquanto a causa de invalidade seja a desproporção entre prestações pactuadas, seu fundamento é a pressão exercida sobre o indivíduo pelas circunstâncias externas, pela necessidade premente resultante de fato que, embora estranho à outra parte, não a autoriza a valer-se dele para colher proveito desproporcional[236].

De qualquer modo, a vontade do agente é afetada, levando-o a concluir um negócio que, em outras circunstâncias, não realizaria[237]. Conforme a lição de *Giorgi*, já referida anteriormente, "quando um homem se obriga sob ameaça ou impelido pelo perigo, não tem a intenção de obrigar-se, mas de achar um subterfúgio, para depois protestar contra uma resolução tomada a despeito de sua vontade"[238]. Por sua vez, adverte *Planiol* que, se a parte prejudicada pela iniquidade negocial conhecia tal situação, não se poderia supor que seu consentimento tenha sido livre. Se não tinha ciência dela, a situação confunde-se com o erro[239]. Assim, conquanto a questão seja, em regra, tratada sob o enfoque da moralidade da conduta de quem se aproveita da ocasião de fraqueza do prejudicado, analisada sob a ótica da parte prejudicada, não deixa de retratar um vício de consentimento[240]. A invalidade, no entanto, não é imposta aqui em consideração à vontade, mas

---

[235] A proximidade da lesão e do estado de perigo com os vícios de manifestação de vontade, especificamente com o dolo e a coação, é reconhecida por *Barbosa Moreira*, justificando, inclusive, a atribuição de iguais efeitos (anulabilidade) a uns e outros (ALVES, José Carlos Moreira. *Op. cit.*, p. 65).

[236] A situação não era desconhecida do Direito anterior, sendo clássico, na doutrina, o exemplo da promessa do náufrago ao salvador, que é uma situação típica de coação circunstancial, tanto que Orosimbo Nonato, associando-se ao entendimento de respeitáveis juristas, defendia a aplicação ao caso dos princípios da coação, sem prejuízo da remuneração pelo socorro efetivamente prestado: "a anulabilidade deve, assim, incidir no exagero da prestação, que será reduzida equitativamente" (NONATO, Orosimbo. *Op. cit.*, p. 143).

[237] Segundo Mazeaud e Chabas, a lesão supõe necessariamente o erro, o dolo ou a coação, uma vez que, do contrário, se o consentimento não for viciado, o que ocorreu foi uma liberalidade indireta, não havendo lugar para a rescisão (MAZEAUD, Henri et Léon; MAZEAUD, Jean; CHABAS, François. *Op. cit.*, p. 207). Apesar de adotarem a tese subjetiva, reconhecem os juristas citados que a vítima da lesão não tem necessidade de demonstrar que seu consentimento foi viciado (*Ibidem*, p. 208).

[238] Apud ESPÍNOLA, Eduardo. *Manual do Código Civil brasileiro*, v. 3: dos factos jurídicos, 4ª parte. Rio de Janeiro: Jacintho Ribeiro dos Santos, 1932. p. 372-3.

[239] Apud CARVALHO, Francisco Pereira de Bulhões. Ineficácia. In: *Repertório Enciclopédico do Direito Brasileiro*, v. 27. Rio de Janeiro: Borsoi, [s.d.]. p. 30.

[240] Para Capitant, a lesão constitui um vício de vontade, uma vez que sem o erro ou a pressão das circunstâncias exteriores o ato não teria sido concluído (CAPITANT, Henri. *Op. cit.*, p. 323). E, conforme registram Mazeaud e Chabas, a jurisprudência francesa tem ampliado o alcance da lesão justamente por assimilá-la à coação e ao dolo. É o caso, por exemplo, do estado de necessidade: quando, por força de circunstâncias imperiosas, um contratante é levado a aceitar condições visivelmente desvantajosas, poderá ele invocar a ocorrência de coação, embora não tenha havido constrangimento ou ameaça da outra parte ou de terceiro (MAZEAUD, Henri et Léon; MAZEAUD, Jean; CHABAS, François. *Op. cit.*, p. 202).

por motivos de justiça. E é por isso que, no caso, a lei admite a preservação do negócio, desde que sejam reduzidas as vantagens exageradas (CC, art. 157, § 2º).

Em primeiro lugar, previu o Código a figura do estado de perigo, em que o fato determinante da vontade, nos termos em que foi declarada, é a necessidade de enfrentar uma situação que poderia causar ao agente ou a sua família grave dano e, para evitá-lo, aceita fazer um negócio jurídico em que assume obrigação excessivamente onerosa (CC, art. 156)[241]. Em tais casos, o agente não manifesta sua vontade livremente, mas pressionado pelas circunstâncias, equiparando-se tal situação às hipóteses de coação exercida por terceiro. Só que, neste caso, não há uma pessoa intencionalmente ameaçando a vítima a fim de forçá-la a emitir uma declaração de vontade com determinado conteúdo, mas são as circunstâncias em que se encontra o declarante que o impedem de deliberar livremente acerca das condições do negócio[242]. Contudo, do mesmo modo que ocorre em relação à coação exercida por terceiro, para viciar o ato o estado de perigo depende da ciência pela outra parte da situação do prejudicado. Daí asseverar *Humberto Theodoro Júnior* que, "na essência, o mecanismo de que se vale o contratante beneficiário para obter da vítima do perigo a vantagem que jamais alcançaria sem este, não é diverso do que se passa quando o contratante faz uso da coação moral"[243].

Importante ressaltar que é irrelevante quem tomou a iniciativa na realização do negócio, se foi quem se achava sob a ameaça do perigo ou o outro contraente. O fato de ter sido a vítima quem fez a oferta em nada modifica as consequências jurídicas do negócio concluído naquela situação. De qualquer modo, só houve convenção por ter havido concordância com uma proposta, sendo indiferente se a ameaça derivada do perigo interferiu na propositura ou na aceitação do negócio. Assim, não importa se quem agiu sob a ameaça foi o policitante ou o oblato, devendo-se considerar apenas se o estado de perigo foi determinante do consenso, nos termos em que se formou[244].

Por outro lado, não é necessário que se trate de perigo real ou de resultado inevitável. Conforme esclarece *Theodoro Júnior*, "o que importa não é justificar objetivamente a conduta do declarante, mas constatar a influência que o perigo exerceu, de fato, sobre sua vontade. Em suma, o que cumpre verificar é se o agente não estava em condições, no momento da declaração, de negociar equitativamente o conteúdo do contrato"[245].

A segunda figura de coação circunstancial é a que decorre da lesão, quando esta resulta da premente necessidade da vítima, que concorda em assumir obrigação desproporcional no negócio jurídico[246]. Note-se que tal figura muito se aproxima do estado de

---

(241) "Tende-se com o instituto do estado de perigo à garantia não somente do equilíbrio nas relações contratuais, mas à garantia mesma da liberdade de contratar..." (ALVES, Vilson Rodrigues. *Da prescrição e da decadência no novo Código Civil*. Campinas: Bookseller, 2003. p. 196-7).

(242) Nada impede, porém, que a situação da qual emana a coação circunstancial seja resultado de ato de terceiros, desde que estes não tenham agido a mando do beneficiário do negócio objetivando sua realização. Normalmente, porém, o estado de perigo ou necessidade é produto do imponderável ou de fato das coisas.

(243) THEODORO JÚNIOR, Humberto. *Op. cit.*, p. 209.

(244) ESPÍNOLA, Eduardo. *Manual...*, v. 3: dos factos jurídicos, 1ª parte, cit., p. 401.

(245) THEODORO JÚNIOR, Humberto. *Op. cit.*, p. 214-5.

(246) No mesmo sentido posicionou-se Silvio Rodrigues, ao fazer incluir, em sua monografia sobre os vícios do consentimento, o estudo da lesão, situando-a entre o dolo e a coação (RODRIGUES, Silvio. *Dos vícios...*, cit., p. 208-9).

perigo, distinguindo-se deste basicamente por seu caráter genérico. Enquanto no estado de perigo a necessidade é de salvar a si próprio ou a pessoa da família, na lesão por premente necessidade, esta pode decorrer de qualquer outro fato que não seja a salvação da vítima ou de seus familiares.

Outro traço que distingue a lesão do estado de perigo é o caráter objetivo daquela em relação à parte que colhe a vantagem desproporcional. Para a configuração da lesão não se exige a demonstração de que a parte beneficiada tivesse conhecimento da situação da outra parte, presumindo a lei tal ciência em face dos termos anormais em que se realiza o negócio. Cabe à vítima demonstrar apenas a desproporção entre as prestações assumidas pelas partes e sua vulnerabilidade, além de evidenciar o nexo causal entre tais elementos[247].

Todavia, mesmo em relação ao estado de perigo, para a demonstração da ciência do fato pelo outro contratante não se há de exigir prova outra que não a que resulta das condições contratuais. Com efeito, quem concorda em assumir um contrato em manifesta desvantagem, ou está incorrendo em erro ou está pressionado por alguma necessidade. Em qualquer dos casos, cabia à outra parte, em atenção ao princípio da boa-fé, que deve reger as relações negociais, advertir o que assume obrigação excessivamente onerosa acerca do desequilíbrio contratual. Se não o fez, não pode colher os resultados do que plantou com má-fé.

Além da origem, as formas de pressão ora tratadas distinguem-se da coação a que se refere o Código Civil sob tal denominação, pelo fato de que, naquelas, o defeito invalidante incide sobre as condições contratuais, e não, propriamente, sobre a vontade de contratar[248]. Somente haverá vício por coação circunstancial se a parte que se encontrava em estado de perigo ou sob premente necessidade assumir obrigação excessivamente onerosa ou manifestamente desproporcional. Como a mácula se situa na economia do contrato, sendo possível equilibrar a relação jurídica não há razão para invalidar o negócio jurídico[249]. Já nas hipóteses de coação essencial, exercida pela outra parte ou desta conhecida, por incidir a ameaça diretamente sobre a vontade de contratar, ainda que o pacto não traga prejuízo algum ao declarante, e mesmo que lhe seja vantajoso, a correção do vício só pode ser alcançada mediante anulação do negócio. E assim ocorre porque neste caso o objeto da tutela é a liberdade negocial, enquanto os institutos da lesão e estado de perigo visam a preservar principalmente a boa-fé que deve presidir as relações jurídicas em geral. E, para alcançar esse último objetivo, em regra, é suficiente a redução das prestações a níveis equitativos, sendo esta a solução preferível, no caso, em vez da anulação do negócio jurídico. Aliás, é o que ocorre toda vez que a coação é apenas incidental, sendo esta a natureza da coação circunstancial.

---

(247) O Código de Defesa do Consumidor contém regra semelhante, cominando de nulidade as cláusulas que coloquem o consumidor em desvantagem exagerada ou sejam incompatíveis com a boa-fé ou a equidade (CDC, art. 51, IV).

(248) Obviamente que, se a necessidade premente ou o estado de perigo resultarem de ato intencional do outro contratante, haverá vício essencial em decorrência do dolo deste.

(249) Diante disso, alguns autores retiram a lesão da categoria dos vícios do consentimento para enquadrá-la como causa de rescisão do contrato (CABANELLAS, Guillermo. *Tratado de derecho laboral*, t. 2, v. 1, 3. ed. Buenos Aires: Editorial Claridad, 1988. p. 116).

As modalidades de coação circunstancial referidas repercutem muito intensamente nas relações laborais, uma vez que, quando busca uma colocação no mercado, normalmente o trabalhador está aflito para fugir à situação de desemprego e, depois, sente-se ameaçado pela possibilidade de voltar àquela condição. A dependência econômica em relação ao vínculo laboral exerce sobre o empregado uma pressão psicológica que limita sua liberdade negocial, levando-o a aceitar pactos que prevejam obrigações desproporcionais ou a concordar com alterações contratuais que lhe imponham condições mais gravosas. Por tal razão, estabelece a CLT a obrigatoriedade das normas de proteção ao trabalho, inclusive as estabelecidas mediante negociação coletiva (art. 444), e veda as alterações contratuais prejudiciais ao empregado, ainda que tenham contado com a sua concordância (art. 468). Muito mais próximas ficam as figuras de coação circunstancial no Código Civil e no Direito do Trabalho quando, por obra da jurisprudência, as alterações contratuais prejudiciais ao trabalhador são tratadas como atos anuláveis (TST, Súmula n. 294), em vez de nulos, como diz a lei (CLT, art. 468).

A vulnerabilidade do trabalhador às pressões do poder econômico remonta aos primórdios da Revolução Industrial, mas, entre nós, deu origem a uma prática peculiar, muito bem lembrada por *Gagliano* e *Pamplona Filho*:

> Na época da imigração italiana, por exemplo, muitos coronéis induziam os lavradores a comprar mantimentos nos armazéns da própria fazenda, a preços e juros absurdos, exorbitantes. Além de atuarem com má-fé, o contrato não guardava equilíbrio econômico entre as prestações, caracterizando velada forma de extorsão[250].

Como tal procedimento não se limitou ao momento histórico referido, o legislador sentiu a necessidade de editar norma proibindo-o expressamente. Assim, por meio do Decreto-lei n. 229, de 28.2.1967, foram inseridos, no art. 462 da CLT, três parágrafos, nos seguintes termos:

> § 2º – É vedado à empresa que mantiver armazém para venda de mercadorias aos empregados ou serviços destinados a proporcionar-lhes prestações *in natura* exercer qualquer coação ou induzimento no sentido de que os empregados se utilizem do armazém ou dos serviços.
>
> § 3º – Sempre que não for possível o acesso dos empregados aos armazéns ou serviços não mantidos pela empresa, é lícito à autoridade competente determinar a adoção de medidas adequadas, visando a que as mercadorias sejam vendidas e os serviços prestados a preços razoáveis, sem intuito de lucro e sempre em benefício dos empregados.
>
> § 4º – Observado o disposto neste Capítulo, é vedado às empresas limitar, por qualquer forma, a liberdade dos empregados de dispor do seu salário.

A prática que os dispositivos legais citados visam a evitar é conhecida como *truck system* e consiste no pagamento de salários exclusivamente por meio de produtos e serviços fornecidos pelo empregador ou mediante vales de circulação interna, que só podem ser usados nos armazéns ou postos de serviços da empresa.

---

(250) GAGLIANO, Pablo Stolze; PAMPLONA FILHO, Rodolfo. *Novo curso de direito civil*, v. 1: parte geral. 4. ed. rev. ampl. e atual. São Paulo: Saraiva, 2003. p. 370.

Por outro lado, dependendo da situação, o assédio moral pode também ser caracterizado como coação circunstancial, uma vez que nem sempre é produto da conduta de uma pessoa especificada, podendo resultar dos diversos elementos presentes no ambiente de trabalho que o tornam insuportável. Todavia, quando a violência moral decorrente do assédio não é a causa determinante da conclusão do negócio jurídico, mas apenas influi nas condições em que ele se realiza, a coação é apenas incidente, não acarretando a anulabilidade do ato, mas apenas o direito à indenização pelos prejuízos causados à vítima.

Normalmente, porém, como a pressão sofrida pelo trabalhador, em decorrência de sua condição econômica, é fato notório e constitui a regra, antes que o empregador se aproveitasse da situação para obter vantagens desproporcionais o legislador já previu um patamar mínimo de proteção. Isso não significa que não possa ocorrer a lesão ou até mesmo o estado de perigo no âmbito do contrato de trabalho, mas, em seus aspectos essenciais as normas legais ou coletivas constituem óbice a que o empregador imponha cláusulas contratuais com manifesto desequilíbrio em seu favor. Isso, entretanto, não inibe que em cláusulas específicas do pacto laboral sejam estabelecidas obrigações recíprocas com evidente desproporção.

4.5. Reserva mental

A reserva mental não consiste exatamente num vício de vontade, mas na ocultação intencional de vontade contrária à declarada (CC, art. 110). Nas palavras de *Vicente Ráo*, "a reserva mental é uma particular espécie de vontade não declarada, por não querer, o agente, declará-la. É uma vontade que o agente intencionalmente oculta, assim procedendo para sua declaração ser entendida pela outra parte, ou pelo destinatário (como seria pelo comum dos homens), tal qual exteriormente se apresenta, embora ele, o declarante, vise a alcançar não os efeitos de sua declaração efetivamente produzida, mas os que possam resultar de sua reserva"[251].

Todavia, coerente com o princípio da boa-fé que orientou sua elaboração, o atual Código Civil, confirmando a voz corrente na doutrina e jurisprudência anteriores, foi expresso em negar eficácia à reserva mental[252]. Desse modo, o consentimento exteriorizado é tido como retrato verdadeiro da vontade do declarante, em nada lhe aproveitando a intenção oculta de não cumprir a obrigação avençada. Por conseguinte, a menos que a outra parte esteja a par da reserva mental, aquele que emite a declaração não pode subtrair-se ao professado.

A reserva mental não poderia ter eficácia jurídica justamente porque, conforme fez notar *Messineo*, consiste num fato puramente psíquico, com o qual o declarante se propõe a não querer algo que, apesar disso, declara: quer a declaração, mas não o seu conteúdo,

---

(251) RÁO, Vicente. *Ato jurídico*. 3. ed. atual. por Ovídio Rocha B. Sandoval. São Paulo: Revista dos Tribunais, 1994. p. 178.
(252) Registre-se que inclusive os partidários da teoria voluntarista curvam-se à mesma solução, seja por razões de ordem moral, seja por necessidade do comércio jurídico. Somente no Direito Canônico é que se reconheceu alguma eficácia à reserva mental e, ainda assim, apenas em relação ao matrimônio.

no todo ou em parte. A restrição mental, assim, somente deverá ser levada em conta se for conhecida ou, pelo menos, reconhecível pela outra parte[253].

Como bem ressalta *Humberto Theodoro Júnior*, "de nada vale, para o negócio declarado, a vontade verdadeira do agente, se esta não chegou a ser declarada, por algum motivo, que só à parte diz respeito"[254]. Assim, desde que emitida livremente de vícios, a declaração de vontade produzirá todos os seus efeitos, ainda que tenha havido reserva mental.

Quando, porém, a outra parte tinha conhecimento de que a vontade declarada não correspondia à real, não se terá por concluído o negócio jurídico, uma vez que, no caso, estará ausente um de seus elementos essenciais, qual seja, o acordo de vontades acerca de sua real conclusão. Neste caso, porém, sendo declaração aparentemente séria, estará configurada a simulação. Esta, afinal, outra coisa não é senão uma reserva mental compartilhada, isto é, uma impostura bilateral, urdida por ambos os contratantes[255]. Tratando-se de gracejo, reconhecido como tal pelo destinatário da declaração, não haverá negócio jurídico algum.

O objetivo de quem esconde seu efetivo querer é irrelevante, ainda que a intenção de enganar seja inocente, isto é, não vise a prejudicar o declaratário ou até seja destinada a beneficiá-lo. É o caso de quem celebra um contrato de mútuo com a intenção de doar o valor emprestado. Em qualquer caso, o que ficou guardado no recôndito da alma não produz efeitos jurídicos.

A reserva mental não está excluída das relações trabalhistas, podendo ocorrer, por exemplo, quando uma empresa anuncia, pela imprensa ou por meio de panfletos distribuídos na rua, que está recrutando pessoal para determinada função mediante certa remuneração, mas, quando da formalização do contrato, faz constar salários inferiores aos que havia prometido. Nesse caso, a oferta ao público equivale a uma proposta, nos termos do art. 429 do Código Civil, vinculando-se o empregador ao que fez anunciar.

O mesmo ocorre ainda que a oferta de empregos não tenha sido precisa, por exemplo, por abranger diversas funções, sem que tenha havido discriminação da remuneração correspondente a cada uma delas, estando especificada apenas a faixa salarial válida para os diferentes cargos. No caso, desde que a divulgação crie uma situação de oferta implícita de empregos, gerando uma expectativa nos pretensos candidatos, não poderá eximir-se a empresa de cumprir os valores anunciados[256]. Não fosse assim, quando menos, haveria abuso de direito por parte do anunciante, uma vez que estaria usando de um artifício

---

(253) MESSINEO, Francesco. *Op. cit.*, p. 366. Perante o Direito pátrio, no entanto, não basta que seja reconhecível, sendo necessário, ainda, que seja efetivamente conhecida (CC, art. 110).

(254) THEODORO JÚNIOR, Humberto. *Op. cit.*, p. 478.

(255) A reserva mental, por sua vez, seria uma simulação unilateral, conforme anotou Carlos Roberto Gonçalves (*Apud* GAGLIANO, Pablo Stolze; PAMPLONA FILHO, Rodolfo. *Op. cit.*, p. 386). Não deve ser confundida, porém, a reserva mental compartilhada com a reserva mental recíproca, em que ambas as partes emitem declaração com reserva mental, sem que a parte contrária conheça a intenção ocultada pela outra.

(256) "SALÁRIO. DIVULGAÇÃO PELA IMPRENSA. PROMESSA CONFIGURADA. O reclamado divulgou, pela imprensa, os empregos disponíveis e a faixa salarial. Embora não precisa a divulgação, a publicação deixou clara a vontade do reclamado de se vincular perante os interessados dentro dos limites salariais anunciados. Criou, assim, uma situação de oferta implícita de empregos, que o obriga nos termos do art. 429 do Cód. Civil e dos arts. 9º e 442, *caput*, da CLT" (TRT 18ª Região, RO 01256-2004-011-18-00-1, Rel. Juiz Luiz Francisco Guedes de Amorim. DJE 29.4.2005, p. 58).

enganoso para atrair pessoal com maior qualificação, mediante promessa mentirosa de salários mais elevados, sem qualquer compromisso com sua proposta[257].

Registre-se que, a partir do momento em que o candidato ao emprego se apresenta e preenche os requisitos para assumir a função anunciada, sendo aceito estará formado o contrato de trabalho entre as partes, nas bases divulgadas. A contar de então, de nada adianta fazer constar do instrumento contratual salário diverso do prometido, uma vez que referido documento destina-se apenas a fazer prova da avença, não mais sendo possível a retratação do proponente (CC, art. 428, IV). Eventual tentativa de modificação do que havia sido proposto, após a aceitação pelo trabalhador, sujeitar-se-á às regras inscritas no art. 468 da CLT, uma vez que, a partir de então, não haverá apenas uma proposta de contrato, mas uma relação contratual já estabelecida.

Outra situação de reserva mental é a que ocorre quando o empregador oferece uma vantagem apenas para obter maior empenho de seus empregados, mas sem a intenção de cumprir o prometido. Conforme ensina *Arnoldo Wald*, "se alguém promete uma recompensa e ao mesmo tempo, em si mesmo, decide não dá-la ou frustrar de qualquer modo a possibilidade dos candidatos a esta recompensa, a vontade íntima, interna do agente é necessariamente irrelevante, é um *propositum in mente retentum* que não chega a exteriorizar-se"[258].

Não se pode, contudo, confundir a reserva mental com o ato condicionado ao puro arbítrio de uma das partes (CC, art. 122). Essa condição invalida o negócio jurídico (CC, art. 123, II), enquanto aquela não interfere em sua validade, a não ser que conhecida da outra parte (CC, art. 110). Assim, por exemplo, se o regulamento empresarial prevê promoções horizontais por tempo de serviço, com prazo certo para serem concedidas, embora dependentes de ato da Diretoria, tais vantagens não podem ser consideradas como estando sujeitas a condição suspensiva, podendo o empregador ser obrigado a praticar os atos a que se obrigara a fim de tornar possível a concessão das promoções aos empregados que preencherem os requisitos exigidos pelo regulamento.

É preciso distinguir, pois, as hipóteses de atos sujeitos a condição suspensiva, cujos efeitos ficam na dependência de fato futuro e incerto, das previsões normativas que só são aplicáveis uma vez preenchidos determinados requisitos, não sujeitos a álea. Se o regulamento prevê que, para fins de promoção por merecimento, o empregador deve fazer avaliações periódicas, a omissão desse procedimento não importa ausência de condição para a aquisição do direito à promoção. Embora antes da avaliação não se possa ter certeza acerca de quem fará jus à promoção, o empregador não pode se recusar a cumprir o regulamento a fim de apurar quais os empregados preenchem os requisitos para obterem a progressão funcional prometida. Na estipulação dos requisitos a que se submetem determinados

---

(257) "ANÚNCIO JORNALÍSTICO. CONTRATAÇÃO DE TRABALHADORES. INDICAÇÃO SALARIAL. Verificando-se que a demandada tornou público as linhas estruturais do contrato de trabalho, precisando, inclusive, seus parâmetros salariais, mister reconhecer a vinculação da proposta, mormente porque não houve sua revogação pela proponente. Dessa forma, anunciando que a remuneração dos trabalhadores variaria de R$ 410,00 a R$ 1.300,00, a empresa não poderia conceder um salário inferior (inteligência do art. 427 e segs. do Código Civil)" (TRT 18ª Região, RO 01259-2004-008-18-00-2, Rela. Juíza Ialba-Luza Guimarães de Mello. DJE 24.6.2005, p. 55-6).
(258) WALD, Arnoldo. *Curso de direito civil brasileiro,* v. 1: introdução e parte geral. 6. ed. rev. e atual. São Paulo: Revista dos Tribunais, 1989. p. 173.

direitos regulamentares não se pode admitir reserva mental, nem se pode tratar como condição suspensiva os atos do empregador necessários apenas para tornar efetivo o benefício.

A reserva mental não deve ser confundida com a reticência dolosa. Nesta, o declarante silencia acerca do que deveria declarar. O que declara, no entanto, corresponde ao seu querer. Na reserva mental, ao contrário, conforme já referido, o declarante não quer o que declara: ele quer a declaração, mas não o seu conteúdo[259].

4.6. Declarações não sérias

Fora da reserva mental, há outras situações em que a vontade manifestada tem finalidade diversa que não a de realizar um negócio jurídico. Enquadram-se nessa situação as declarações feitas por ironia ou gracejo (*ludendi gratia*), as que objetivam a demonstração, o ensino (*demonstrandi intellectus causa*) ou as que têm caráter meramente cênico. Em tais casos, não há a intenção do resultado, isto é, não existe vontade negocial[260].

Como consequência, tais atos não chegam, ao menos, a penetrar na órbita jurídica. Como bem ressaltou *Orlando Gomes*, "os negócios aos quais falta vontade sequer têm existência jurídica. Não se justifica, assim, sua identificação aos atos defeituosos por vício da vontade, como fez a legislação pátria em relação ao *erro obstativo*. Neste, como em outros casos, falta elemento essencial à validade dos negócios jurídicos, o consentimento. A consequência inequívoca há de ser a recusa de qualquer efeito por ser o ato juridicamente inexistente"[261].

Conforme ensina *Vicente Ráo*, "as declarações feitas para fins de reclame ou propaganda, ou no calor de um debate, ou de uma disputa, ou por jactância, não equivalem à exteriorização de uma vontade negocial, ou seja, de uma vontade produtora de efeitos tutelados pelo direito, outro tanto sucedendo com a declaração feita por gracejo, pois em todos esses casos falta o requisito da *seriedade jurídica*. Por sua vez, as declarações produzidas para fins didáticos, ou durante representações teatrais (ou formas equivalentes de representação), tanto quanto as anteriormente mencionadas, não são, por sua natureza, *declarações jurídicas*, nenhuma *vontade jurídica* exteriorizam, nem querem exteriorizar"[262].

Em suma, pois, a vontade "há de se externar em manifestação que não seja um *quid* puramente físico e nem simule intento inexistente". Em outras palavras, "a vontade vinculativa

---

(259) MESSINEO, Francesco. *Op. cit.*, p. 445.
(260) GOMES, Orlando. *Introdução...*, cit., p. 415. Para Bulhões Carvalho, na mesma condição se encontra a aparente vontade externada por menor de tenra idade que não compreende o que faz, embora observe que o legislador pátrio enquadra tal situação como hipótese de incapacidade absoluta, reconhecendo, pois, a existência de vontade no caso (CARVALHO, Francisco Pereira de Bulhões. Incapacidade de exercício absoluta. In: *Repertório enciclopédico do direito brasileiro, v. 25*. Rio de Janeiro: Borsoi, [s.d.]. p. 307 e seguintes).
(261) GOMES, Orlando, *Introdução...*, cit., p. 416.
(262) RÁO, Vicente. *Op. cit.*, p. 177. Ressalta Pontes de Miranda (*Op. cit.*, p. 220): "O ato jurídico não sério, que se compôs na expectativa de que se lhe visse a falta de seriedade, não entra no mundo jurídico (exemplos didáticos, peças teatrais, pilhérias, etc.)".

é a despedida com *intenção de se obrigar* e de pessoa capaz ou devidamente assistida ou representada"[263].

As declarações não sérias, explica *Beleza dos Santos*, "quase sempre logo revelam de *per si*, pela maneira como se manifestam ou pelo ambiente em que se produzem, que não houve o menor intuito de com elas se realizar um ato jurídico verdadeiro. E, porque os interessados a quem tais declarações se dirigem constatam facilmente ou podem constatar a sua falta de seriedade, essas declarações são, em regra, ineficazes"[264].

Todavia, mesmo uma declaração graciosa, proferida sem intenção de se vincular, pode produzir efeitos jurídicos, desde que recebida pelo seu destinatário, de boa-fé, como revestida de seriedade. Essa situação é particularmente relevante, por exemplo, em caso de rompimentos contratuais. Por vezes, mesmo sem a intenção de dispensar o empregado, o empregador dirige-se a ele de uma forma que revela o contrário. Diante dessa situação, se ao empregado, como a qualquer outra pessoa no mesmo contexto, parecer claro que está sendo despedido, a manifestação do empregador produz tal efeito, mesmo que não tivesse a intenção de romper o contrato. Em alguns casos, o empregador faz questão até de não ser explícito, exatamente para, depois, invocar o abandono do emprego como causa da rescisão contratual.

Por vezes, são os termos pelos quais se expressa a declaração que deixam dúvidas acerca de sua seriedade. Todavia, desde que, no contexto, a conduta do declarante evidencie a existência de uma vontade real, esta deverá prevalecer. Tomemos o caso do trabalhador que, no curso de uma discussão, afirma, por exemplo, "desse jeito eu não trabalho mais aqui", e se retira do ambiente de trabalho para lá não mais retornar. Em casos tais não caberá alegação de abandono do emprego, uma vez que o empregado afirmou categoricamente que não pretendia continuar vinculado ao empregador, confirmando a seriedade da declaração pela sua saída do local de trabalho em definitivo. Diante de tais circunstâncias, fica evidenciado que o trabalhador exerceu seu direito potestativo de rescindir o contrato.

Assim, se o destinatário da declaração poderia ou deveria, de boa-fé, levá-la a sério, produzirá ela efeitos como manifestação de vontade eficaz[265]. Caso contrário, se o modo ou o contexto como é feita a declaração não deixa dúvidas de que o emitente não quis vincular-se aos seus efeitos jurídicos, é como se aquela nunca tivesse existido. Na verdade, juridicamente nunca existiu mesmo declaração de vontade, uma vez que o que houve foi apenas uma encenação.

Como se pode verificar, a ausência de *animus* negocial reconhecível pelo destinatário da declaração gera o mesmo efeito que a reserva mental também conhecida (CC, art. 100, parte final). A declaração desprovida de seriedade e a reserva mental, aliás, são figuras muito próximas, separando-as apenas os objetivos do declarante. No primeiro caso, não pretende ele vincular-se a efeito jurídico algum, nem mesmo aparente, enquanto no segundo

---

(263) NONATO, Orosimbo. *Op. cit.*, p. 100.
(264) SANTOS, José Beleza dos. *A simulação em direito civil*. 2. ed. São Paulo: Lejus, 1999. p. 48.
(265) Tal conclusão, em relação ao destinatário, assenta-se na teoria da confiança e, quanto ao emitente, no princípio da responsabilidade. Se produziu uma declaração capaz de enganar quem a recebe, deve assumir as consequências.

busca efeitos diversos daqueles que resultariam da vontade declarada. Se, porém, a declaração de vontade desprovida de seriedade foi emitida para enganar ou se apresenta em termos tais que possa ser tomada a sério pelo destinatário, o emitente obriga-se pelo que declarou, sendo irrelevante sua real intenção.

4.7. Vontade presumida

Por vezes, a lei contenta-se com a presença de determinada situação para concluir que houve manifestação de vontade, dispensando a prova de que os envolvidos tinham a intenção de alcançar determinados efeitos. No âmbito do Direito Civil, citam-se os casos do penhor legal (CC, art. 1.467) e do depósito necessário (art. 1.282).

Assim explica *Vicente Ráo* o que ocorre nas situações referidas:

> De certa relação, nesses e mais casos congêneres, resulta, necessariamente, uma relação nova, acessória ou não, que independe de declaração específica de vontade e não comporta qualquer investigação da existência, ou não, da vontade real de criá-la.[266]

Nem sempre, porém, a presunção de manifestação de vontade é estabelecida com caráter absoluto. Em se tratando de normas de caráter supletivo, quando a lei dispõe sobre situações acerca das quais as partes silenciaram, normalmente institui cláusulas que só incidem "salvo previsão em contrário". Em tais casos, pois, a presunção é de que as partes dispuseram na forma prevista em lei. Se alguma delas alegar que não foi isso o que ocorreu, cabe-lhe demonstrar a convenção excludente.

Por outro lado, considerando que no Direito do Trabalho a realidade tem primazia sobre as convenções formais, a vontade das partes é extraída de sua conduta, e não do que elas declararam formalmente. Assim, havendo conflito entre manifestações formais e o modo como o contrato vem sendo executado, este é que prevalece.

Se o empregador paga com regularidade determinada gratificação, ainda que faça constar do recibo que se trata de mera liberalidade, o Direito do Trabalho recusa-lhe tal qualificação, fazendo prevalecer o caráter salarial da mesma (TST, Súmula n. 152). Por outro lado, havendo pagamentos regulares de determinada verba, é o quanto basta para que a conduta do empregador seja interpretada como resultante de um ajuste tácito[267].

Registre-se que a vontade presumida, em alguns casos, pode sobrepor-se à vontade expressa, ainda que validamente declarada. E o exemplo mais evidente disso é o que ocorre com o contrato de trabalho por aplicação da teoria do contrato-realidade. Assim, ainda que as partes tenham formalizado contrato diverso, se estiverem presentes todos os elementos

---

(266) RÁO, Vicente. *Op. cit.*, p. 186.
(267) "CONTRATO DE TRABALHO. ALTERAÇÃO UNILATERAL. IMPOSSIBILIDADE. Se a reclamada continua pagando um benefício, mesmo após ter a convenção coletiva da categoria deixado de prevê-lo, a parcela passa a integrar definitivamente o contrato de trabalho do empregado, e a supressão da mesma, posteriormente, constitui alteração unilateral do contrato de trabalho e fere o princípio constitucional da irredutibilidade do salário" (TRT 18ª Região, RO 3.796/98, Ac. 9.065/98, Rel. Juiz Octávio José de Magalhães Drummond Maldonado. DJE 22.1.99, p. 55).

que caracterizam a relação de emprego, esta prevalecerá sobre o expressamente pactuado. E o mesmo vale para a contraprestação paga ao obreiro, independentemente do caráter que as partes pretendam conferir-lhe, ainda que o façam por escrito.

Com isso, não nega o Direito tutela à vontade negocial, mas apenas confere-lhe os efeitos jurídicos que lhe são próprios. Isso porque, conforme assinalou *Orlando Gomes*, "inclinou-se a doutrina para a teoria da direção da vontade aos fins práticos do negócio. O intento das partes não é suscitar os efeitos jurídicos predeterminados na lei, mas obter a satisfação de interesses. Se o escopo prático em mira é tutelado pelo ordenamento jurídico, o negócio produz os efeitos próprios, aos quais se conforma. O que querem, realmente, as partes é seu resultado econômico social, sendo irrelevante que a vontade se tenha dirigido, especificamente, à produção dos efeitos jurídicos do negócio estipulado. Importa somente que o intento se endereça à realização de interesses dignos de proteção. Manifestado, a lei o tutela, atribuindo ao negócio os efeitos correlatos. Ignora-o, se intranscendente; combate-o, se ilícito"[268].

4.8. Consentimento imposto

Fora das figuras de coação, acima analisadas como vícios do consentimento, encontramos casos em que o Estado exige de determinadas pessoas que realizem certos negócios jurídicos a fim de alcançar resultados socialmente desejáveis, como forma de obter o equilíbrio entre oferta e procura de certas mercadorias, assegurar o acesso a bens de primeira necessidade, proporcionar trabalho a certos grupos de pessoas, prevenir usuários de serviços contra os riscos a que se expõem, remediar a crise da habitação etc. Em tais casos e em outros mais, o consentimento é imposto pelo Estado, embora as pessoas obrigadas a realizar os negócios jurídicos em questão não tivessem interesse em seus resultados práticos. O dever de contratar, nos casos previstos em lei, é consequência da função social do contrato, ou, antes, um corolário da função social da propriedade[269].

Limitando-nos à órbita trabalhista, temos o exemplo da contratação obrigatória de certo número de portadores de necessidades especiais ou reabilitados profissionalmente, imposta pelo art. 93 da Lei n. 8.213/91. Ainda que o empregador não tenha interesse em incluir em seu quadro de pessoal trabalhadores portadores de alguma limitação física ou mental, não se pode furtar de observar a exigência legal que lhe impõe a contratação de um percentual mínimo de pessoas reabilitadas profissionalmente ou deficientes habilitados para o trabalho.

No caso, embora caiba ao empregador escolher com quem irá contratar, não poderá negar-se a fazê-lo dentro dos parâmetros indicados pelo legislador. Assim, conquanto possa definir as condições contratuais e tenha certa margem de liberdade na escolha do outro contraente, não tem o empregador o poder de decidir entre a realização ou não do contrato, uma vez que este constitui obrigação legal.

---

(268) GOMES, Orlando. *Introdução...*, cit., p. 281-2.
(269) GODOY, Claudio Luiz Bueno de. *Função social do contrato:* os novos princípios contratuais. 3. ed. São Paulo: Saraiva, 2009. p. 161.

Embora, segundo alguns, nos casos de contratação forçada em que não haja propriamente um contrato[270], na hipótese acima caberá ao empregador escolher, entre os que preenchem os requisitos legais, alguns trabalhadores para com eles estabelecer relações de trabalho. Na verdade, tudo não passa de mais uma restrição à liberdade contratual.

Além disso, a legislação laboral impõe a todo e qualquer contrato de trabalho patamares mínimos de proteção. Assim, ainda que, como regra, as partes desfrutem de liberdade para decidir acerca da conclusão ou não do contrato, caso optem por sua realização não poderão ignorar as limitações decorrentes de lei ou das normas coletivas. Em qualquer caso, as partes são obrigadas a acatar os direitos laborais garantidos pelas normas legais e profissionais. Dispensável, pois, a menção expressa a outras cláusulas que não as que conferem ao trabalhador maior proteção do que a já garantida pelas normas aplicáveis à espécie. Quanto a estas, sua incidência é obrigatória, independentemente da vontade das partes.

Por outro lado, mesmo quando seja dado ao particular escolher as pessoas com quem vai contratar, não pode fazê-lo com base em critérios que contrariam os princípios jurídicos. Se, por exemplo, o empregador se nega a admitir um trabalhador só porque é filiado a certo sindicato, em razão de sua aparência ou por qualquer outro motivo que se afigure discriminatório, embora não seja obrigado a voltar atrás e contratar o obreiro preterido, poderá ser obrigado a indenizar os prejuízos eventualmente causados por sua recusa.

Não deixa de ser, também, uma forma de consentimento imposto a vedação legal a que o empregador dispense o empregado sem justa causa. Afinal, onde exista tal proibição o empregador é forçado a dar prosseguimento ao contrato, mesmo contra sua vontade. Vale dizer, impõe-se ao empregador que concorde com a manutenção do contrato, quando, não houvesse a restrição à dispensa, poderia negar-se a dar-lhe continuidade.

---

(270) Consoante observa António Cordeiro, "em termos dogmáticos, fica claro que a contratação é, por definição, livre; assim, obrigar alguém a contratar é tão só adstringi-la às prestações derivadas do 'contrato' obrigatório" (CORDEIRO, António Menezes. *Manual de direito do trabalho*. Coimbra: Almedina, 1991. p. 569). Nas relações laborais, entretanto, mesmo nas hipóteses em que o empregador é obrigado a celebrar certos contratos, não bastará que pague salários, devendo, além disso, praticar todos os atos inerentes à condição de empregador, mesmo os que não tenham cunho estritamente patrimonial.

Capítulo V

IRREGULARIDADES QUANTO À FORMA

5.1. Importância da forma

A forma, já o dissemos anteriormente, é o modo pelo qual se exterioriza a vontade ou, em outras palavras, é o meio de revelação do querer interno[1]. A simples existência de uma vontade, desacompanhada de elementos que a tornem perceptível, não tem valor jurídico algum, por se tratar de fato puramente interno, socialmente irrelevante[2]. Para que a vontade atue na esfera jurídica é preciso que, de algum modo, seja desvelada, e os meios pelos quais a vontade se externa constituem a sua forma[3]. Consiste a forma, pois, nos sinais exteriores que dão corpo à vontade, tornando-a conhecida. A forma mantém com a vontade uma relação de continente e conteúdo. A função da forma é apenas a de trazer a lume o querer interno, apresentando-se, assim, como o *aspecto exterior da vontade*[4].

Essa é a razão pela qual, na interpretação das declarações de vontade, deve-se conferir maior relevância à intenção nelas consubstanciada do que ao sentido literal da linguagem (CC, art. 112).

Nem sempre, porém, a forma foi tratada como simples hospedeira ou veículo da vontade. Nas sociedades primitivas, em geral, a forma tinha a função de distinguir os atos jurídicos dos não jurídicos, razão pela qual não se concebiam negócios importantes que não fossem formais[5]. Nos primórdios do Direito Romano imperava o formalismo, havendo algumas formas que valiam por si mesmas, independentemente de seu conteúdo volitivo: o que importava era a cerimônia, o ritual, não raro assegurados por sanções extrajurídicas[6].

---

(1) Na prática, a forma confere visibilidade não apenas à vontade, mas ao próprio ato jurídico resultante de sua manifestação, ou, como prefere Emílio Betti, ao *conteúdo preceptivo da autonomia privada*.

(2) Conforme destaca Emílio Betti, somente na medida em que a vontade se torna reconhecível no ambiente social, quer por declarações, quer por comportamentos, ela passa a ser um fato social susceptível de interpretação e de valoração por parte dos demais indivíduos (BETTI, Emílio. *Teoria geral do negócio jurídico*, t. 1. Trad. Ricardo Rodrigues Gama. Campinas: LZN, 2003. p. 80).

(3) "Se não há exteriorização da vontade, mesmo que internamente, psicologicamente, se queira, vontade não há no plano jurídico" (MELLO, Marcos Bernardes de. *Teoria do fato jurídico:* plano da validade. 4. ed. rev. São Paulo: Saraiva, 2000. p. 115).

(4) MESSINEO, Francesco. *Manual de derecho civil y comercial,* v. 2. Trad. Santiago Sentís Melendo. Buenos Aires: Ediciones Juridicas Europa-America, 1979. p. 381.

(5) BETTI, Emílio, *Teoria geral do negócio jurídico,* t. 2. Trad. Ricardo Rodrigues Gama. Campinas: LZN, 2003. p. 106.

(6) Para o declínio das formas, em favor da vontade manifestada, foi decisiva a influência dos canonistas, que atribuíam à *palavra empenhada* e à *fé jurada* especial relevância, sendo a vontade considerada a própria fonte das

Só no início da época clássica é que começaram a surgir os primeiros contratos consensuais, que já não dependiam de forma especial. O Direito Germânico, por sua vez, só abandonou a predominância formalista em razão da influência do cristianismo, que pregava o respeito à palavra dada, e em atenção às necessidades do intenso movimento comercial da Idade Média[7]. Além disso, a decadência do formalismo ajustava-se perfeitamente à doutrina liberal, sendo considerada por *Martinho Garcez* como "uma das conquistas da evolução jurídica a favor da autonomia da vontade dos particulares", por ter conseguido "arredar o Estado e colocá-lo no seu papel de simples superintendente e não de tutor ou curador da sociedade"[8]. Assim, seja por imposição das exigências econômicas, seja por força das convicções religiosas ou conveniências políticas, o certo é que o Direito evoluiu do formalismo para a liberdade de forma, pelo menos como regra. Ainda hoje, porém, existem certos atos em que, independentemente da certeza acerca da vontade das partes, deve esta ser exteriorizada por meio de determinada forma, sob pena de não ser reconhecida juridicamente. Mesmo em tais casos, no entanto, o que se busca, em regra, é a proteção do elemento volitivo.

Com efeito, especialmente nos negócios em que o conteúdo da vontade declarada pode gerar controvérsias futuras, é conveniente que o elemento volitivo seja retratado em algum instrumento capaz de preservá-lo. Caso contrário, isto é, se a declaração de vontade não for fixada em algum meio capaz de recuperar sua existência ou conteúdo, depois de emitida tudo desaparecerá, exceto a lembrança que restou no espírito de quem haja presenciado o ato, dificultando, e muito, a sua prova. É por isso que, mesmo afirmando a lei a regra do consensualismo (CC, art. 107), verifica-se, na prática, a adoção cada vez mais frequente da forma escrita, por opção dos próprios interessados, em razão da necessidade de conferir maior segurança aos negócios jurídicos. Não se trata, assim, de apego à forma em si mesma, mas de escolha dos meios que conferem maior praticidade, segurança e agilidade nas relações jurídicas.

Ainda, porém, que não esteja estampada em algum meio capaz de perpetuar a declaração, por ser instrumento desta, a forma estará presente em todo e qualquer negócio jurídico, já que este não poderá existir sem uma vontade manifestada[9]. Nesse sentido, pode-se dizer que todos os negócios jurídicos têm a sua forma, por mais simples ou elementar que ela se apresente. Quando, porém, a doutrina se refere a *negócio formal*, tem em vista "não o que tenha certa forma — pois todos a têm — mas o que requeira uma forma especial"[10].

---

obrigações. E, apesar de sua posição racionalista, os jusnaturalistas adotaram a ideia canônica (DALLEGRAVE NETO, José Affonso. *Contrato individual de trabalho*: uma visão estrutural. São Paulo: LTr, 1998. p. 30).

(7) AMARAL, Francisco. *Direito civil*: introdução. 6. rev. atual. e aum. Rio de Janeiro: Renovar, 2006. p. 407.

(8) GARCEZ, Martinho. *Das nulidades dos atos jurídicos*. 3. ed. rev. e anot. por Martinho Garcez Neto. Rio de Janeiro: Renovar, 1997. p. 89.

(9) "Não se pense que pode existir negócio jurídico sem forma. Alguma forma é necessária, imprescindível, no plano da existência, para que o negócio, inclusive, ingresse no mundo jurídico. Não há negócio *sem* forma" (VELOSO, Zeno. *Invalidade do negócio jurídico*: nulidade e anulabilidade. 2. ed. Belo Horizonte: Del Rey, 2005. p. 80).

(10) CORDEIRO, António Menezes. *Teoria geral do direito civil*, v. 1, 2. ed. rev. e actual. Lisboa: Associação Académica da Faculdade de Direito, 1987/88. p. 647-8. Em contraposição, desde a pandectística, fala-se em "declaração sem forma" para referir-se a uma declaração para a qual não se exija forma especial (*Ibidem*, p. 648, nota 3).

Em princípio, porém, a manifestação de vontade pode resultar de qualquer conduta que seja capaz de revelar o querer interno[11]. Somente nos casos em que a lei exigir determinada forma é que esta deve ser observada, sob pena de nulidade. E, por mais numerosas que sejam as exceções em que a lei só admite determinado meio como o único capaz de exteriorizar validamente a vontade, continua valendo o princípio de que as partes são livres para adotar a forma que mais lhes convier. Diante disso, só se poderá falar em defeito de forma nos negócios em que a lei excepcionar tal regra.

No Direito do Trabalho, mais do que em qualquer outro ramo jurídico, a simplicidade formal constitui corolário dos princípios da proteção e da primazia da realidade. Conforme bem destacou *Russomano*, no firmamento das relações jurídicas nenhum outro contrato se constitui com tamanha facilidade, tão sem pompas ou formalismos, quanto o contrato individual de trabalho. Por ser um ato cotidiano, se lhe fossem impostas exigências formais rigorosas, os embaraços seriam enormes, principalmente considerando que o trabalhador é, em geral, uma pessoa de pouca cultura. Em contrapartida, a fim de evitar prejuízos ao empregado, o legislador trata dos principais aspectos da prestação laboral, suprindo assim as omissões dos pactuantes. Esse esquema legal é o arcabouço de todos os contratos de trabalho, sejam quais forem as intenções das partes celebrantes. Tais normas, ditadas pelo interesse público, entram no jogo dos problemas trabalhistas e, sendo irrecusáveis, dispensam que os contratantes desçam, no ato da celebração do contrato, a pormenores e sutilezas[12]. Nesse contexto, como não poderia deixar de ser, até mesmo o contrato tácito é permitido. E ainda quando as partes disponham em sentido diverso, prevalece o modo de execução do contrato sobre o que foi formalmente pactuado.

5.1.1. Manifestação tácita

Embora essencial à formação dos atos jurídicos, nem sempre se exige que a vontade seja externada por meio de gestos ou palavras, contentando-se o Direito que possa ser identificada de modo inequívoco. Assim, dependendo das circunstâncias, até mesmo o silêncio pode ser interpretado como manifestação de vontade.

A manifestação tácita tanto pode ser extraída de uma conduta positiva quanto negativa, desde que se trate de um comportamento incompatível com uma vontade oposta, embora realizado sem o objetivo de exteriorizar um elemento volitivo. Todavia, poderá o agente afastar a caracterização da vontade tácita, desde que ressalve expressamente que sua conduta não retrata a manifestação de um querer que poderia ser inferido de seus atos. Por outro lado, se o comportamento é dirigido precipuamente à exteriorização de uma vontade, ainda que se traduza em simples gestos, como o ato de ficar em pé ou de levantar o braço,

---

(11) Embora questione Eduardo Espínola a prevalência do princípio do consensualismo no Direito Civil, dado o número de casos em que a lei contém exigências relativas à forma (ESPÍNOLA, Eduardo. *Manual do Código Civil brasileiro*, v. 3: dos factos jurídicos, 3ª parte. Rio de Janeiro: Jacintho Ribeiro dos Santos, 1929. p. 39-40), o mesmo não ocorre no Direito do Trabalho, em que a forma, efetivamente, tem papel secundário, só sendo especificada por lei em escassas situações.
(12) RUSSOMANO, Mozart Victor. *O empregado e o empregador no direito brasileiro*, v. 1, 2. ed. ac. e atual. Rio de Janeiro: José Konfino, 1954. p. 214.

fazer um aceno ou dar um aperto de mãos, em sinal de assentimento, não haverá apenas vontade tácita, mas expressa. Daí a observação de *Ruggiero* de que a manifestação de vontade é tácita "quando se praticam atos ou fatos que não se destinam propriamente a exteriorizar uma vontade, mas esta se deduz do comportamento da pessoa"[13].

Conforme resume *Vicente Ráo*, a manifestação tácita é a que resulta de certos atos, atitudes ou comportamentos incompatíveis, segundo os casos, com certa concordância ou discordância. Assim, de um modo de proceder, revelado como fato exterior, a experiência infere (*facta concludentia*) que aquele que o pratica manifesta uma vontade inconciliável, por força do princípio de contradição, com uma vontade em sentido contrário[14].

Quanto ao simples silêncio, em princípio apresenta-se como uma conduta incolor, não revelando intenção alguma. Todavia, dependendo das circunstâncias, pode aquele converter-se em instrumento de exteriorização de uma vontade[15]. Em regra, porém, o silêncio é a ausência de manifestação e, como tal, não produz efeitos jurídicos. O silêncio só pode ser interpretado como aquiescência nos casos em que havia o dever de objeção, imposto por lei, previsto em contrato ou extraído dos usos ou circunstâncias do negócio (CC, art. 111). Assim, nas situações em que o sujeito deveria manifestar sua oposição, se não o faz, interpreta-se sua omissão como anuência: "quem cala consente" (*qui tacet consentire videtur*)[16]. Já nos casos em que a pessoa não estava obrigada a se manifestar, seja contra ou a favor, seu silêncio não terá aquele significado, mas será indiferente: "quem cala não diz nada" (*qui tacet neque negat, neque utique fatetur*). E esta última hipótese, isto é, o silêncio infecundo, constitui a regra[17].

A obrigatoriedade de recusa não pode ser imposição unilateral, de forma a onerar a posição de terceiros em contraposição à sua vontade[18]. Assim é que, nas relações laborais, tal como ocorre nas de consumo, não se admite proposta nos moldes do art. 432 do Código Civil, em que o destinatário se obriga pelo simples fato de o proponente haver dispensado aceitação expressa. Mesmo nas demais relações privadas, tal previsão, que também constava do Código de 1916 (art. 1.084), deve ser aplicada com reservas. Para evitar soluções injustas, "deve o intérprete e o aplicador do texto atender às circunstâncias e à natureza especial do negócio, à uma porque o *princípio geral* do nosso Código, em face

---

(13) RUGGIERO, Roberto de. *Instituições de direito civil*, v. 1. Trad. Ary dos Santos. São Paulo: Livraria Acadêmica, 1935. p. 250.

(14) RÁO, Vicente. *Ato jurídico*: noção, pressupostos, elementos essenciais e acidentais; o problema do conflito entre os elementos volitivos e a declaração. 3. ed. anotada e atual. por Ovídio Rocha Barros Sandoval. São Paulo: Revista dos Tribunais, 1994. p. 117.

(15) "Se a forma da manifestação de vontade não integra o suporte fático do ato jurídico, é possível exteriorizar-se a vontade de modo silente, por omissão, ou qualquer outro meio" (MELLO, Marcos Bernardes de. *Op. cit.*, p. 115).

(16) Assim, somente o silêncio *circunstanciado* ou *qualificado* é que pode ser interpretado como consentimento (MAGALHÃES, Tereza Ancona Lopes de. Silêncio (direito civil). In: *Enciclopédia Saraiva do direito*, v. 69. São Paulo: Saraiva, 1977. p. 37).

(17) Embora conectado com o tema das declarações negociais, "o silêncio, por definição, implica a *ausência de qualquer declaração, expressa ou tácita*; ele corresponde à ausência de acção, e logo à inexistência de um fim e de meios desencadeados para o prosseguir" (CORDEIRO, António Menezes. *Op. cit.*, p. 579).

(18) "Se, por exemplo, alguém me propõe um contrato e declara que considera o meu silêncio como consentimento, isso não me obriga, porque não tem ele o direito de obrigar-me a dar-lhe uma resposta negativa" (ESPÍNOLA, Eduardo. *Op. cit.*, p. 60).

do art. 1.081, é o de equivaler o silêncio à recusa (vede Espínola, *Man.* cit., III, P. 3ª, p. 65), à outra porque as fontes do preceito discutido encontram-se no Código de Obrigações suíço (art. 6º) e no BGB (art. 151) que desautorizam, às completas, o extremo vitando"[19].

Adverte *Carvalho Santos* que o querer extraído do silêncio não passa, em verdade, de uma manifestação tácita de vontade, resultante das circunstâncias, dos usos, etc.[20] E, invocando a lição de *René Popesco*, sustenta que, para explicar os efeitos jurídicos do silêncio, é preciso recorrer à teoria do abuso do direito. Baseado no mesmo doutrinador, conclui que não se deve falar de silêncio como manifestação de vontade, mas apenas aceitar o silêncio como criador de obrigações[21].

Não se pode negar, contudo, que o silêncio seja apto a retratar uma vontade, uma vez que a falta de oposição, onde seria de se esperar uma reação, induz concordância. Suponha-se o caso de um empregado que, aprovado no vestibular, pede ao empregador autorização para sair do trabalho meia hora mais cedo a fim de frequentar a faculdade, mas não obtém resposta alguma. Caso o trabalhador passe a sair no horário solicitado e o empregador não se insurja contra tal situação num prazo razoável, há que se presumir que tenha acolhido o pleito do obreiro.

Em alguns casos, nem mesmo é necessário que se trate de conduta reiterada. Digamos que, num determinado dia, o empregado comunica que precisa deixar o trabalho mais cedo para ir ao médico e o empregador não se manifesta, seja autorizando, seja proibindo a saída antecipada. Em tais circunstâncias, como não houve oposição, entende-se que o empregador consentiu em que o obreiro encerrasse sua jornada antes do horário normal. Afinal de contas, a boa-fé objetiva impõe que cada uma das partes informe à outra acerca dos fatos relevantes à formação ou à execução do contrato. Diante disso, tanto o empregado deve avisar quando não pode comparecer ao trabalho, quanto o empregador tem o dever de responder às solicitações do obreiro[22]. Em face do poder de comando de que dispõe, por outro lado, cabe ao empregador quando não aceita certos comportamentos, contrários aos seus interesses, deixar clara sua oposição, sob pena de se entender que os admite[23]. E onde há o dever de responder, como é o caso, o silêncio equivale à concordância. Solução

---

(19) NONATO, Orosimbo. *Da coação como defeito do ato jurídico*. Rio de Janeiro: Revista Forense, 1957. p. 91-2. O art. 1.081 citado refere-se ao CC-1916 e corresponde ao art. 428 do Código Civil vigente.

(20) "Para Bonnecase, a vontade tácita, em oposição à vontade expressa, é a que resulta de escritos, palavras ou fatos que, não tendo por objetivo direto, positivo ou exclusivo, manifestar a vontade de produzir um ato jurídico determinado, encontram sua melhor explicação na existência dessa vontade" (ESPÍNOLA, Eduardo. *Op. cit.*, p. 54).

(21) SANTOS, J. M. de Carvalho. *Código Civil brasileiro interpretado*, v. 3. 11. ed. Rio de Janeiro: Freitas Bastos, 1980. p. 121. No mesmo sentido é a lição de Coviello, quando assenta que o silêncio que contraria obrigação legal de falar é fato ilícito, do qual decorre apenas a obrigação de ressarcir eventuais danos: "quem cala, quando tinha o dever jurídico de falar, não consente, mas está em culpa; não realiza um negócio jurídico, mas pratica um ato ilícito" (*Apud* ESPÍNOLA, Eduardo. *Op. cit.*, p. 75).

(22) Em relação ao empregado, após trinta dias de ausência injustificada ao trabalho, entende a jurisprudência que se configura o abandono do emprego (TST, Súmula n. 32). Mesmo que o obreiro tenha motivos relevantes para faltar ao trabalho, em respeito à boa-fé deve informar ao empregador as razões de sua ausência, sob pena de, após 30 dias, sua conduta ser interpretada como abandono, apesar de serem as faltas justificáveis.

(23) Conforme bem observou Barassi, não há dúvidas de que o silêncio poderá valer como uma manifestação de vontade, desde que razoavelmente possa ser interpretado como tal pelos interessados na declaração (BARASSI, Lodovico. *Instituciones de derecho civil*, v. 1. Trad. Ramon Garcia de Haro de Goytisolo. Barcelona: Bosch, 1955. p. 170).

diversa caracterizaria o abuso a que se referiu *Carvalho Santos*, conforme ensinamento antes mencionado, uma vez que surpreenderia o trabalhador com uma reação inesperada, quando este contava que sua conduta era aceita pela outra parte. No mesmo sentido interpreta a doutrina a omissão do empregador em valer-se do chamado poder disciplinar, ante condutas que poderiam desafiar uma penalidade. Em suma, se, consideradas as circunstâncias do caso concreto, o silêncio for apto a criar a convicção de que houve anuência, como tal deverá ser considerado[24].

De acordo com *Pacchioni*, ao admitir que o silêncio, em algumas situações, possa equivaler ao consentimento, "abre-se o caminho para uma casuística fecunda de resultados, preparando-se o terreno para uma fórmula de conciliação entre os interesses individuais e as exigências de uma vida social como a nossa, compenetrada do espírito de solidariedade humana". Solução contrária poderia implicar até uma simplificação prática, mas acarretaria, em contrapartida, o sacrifício de interesses igualmente dignos de proteção[25].

Quando as partes se omitem acerca de certos aspectos da disciplina contratual, havendo norma supletiva, entende-se o silêncio dos interessados como acolhimento das regras legais. É o caso, por exemplo, do silêncio acerca da função a ser desempenhada pelo empregado (CLT, art. 456, parágrafo único) ou do valor do salário a que terá direito (CLT, art. 460).

A conduta omissiva pode, ainda, traduzir uma manifestação expressa de vontade, quando, numa assembleia, por exemplo, seja a forma adotada para externar voto favorável a determinada proposição, com o seguinte encaminhamento: "os que são favoráveis à proposta permaneçam como estão". Obviamente que, no caso, a inércia passa a ser reconhecida como concordância expressa com a proposta submetida a votação mediante declaração silenciosa ou linguagem muda, e não como simples assentimento tácito.

Para *Coviello*, independentemente da situação, não é o silêncio, mas as circunstâncias que o acompanham que revelam uma vontade[26]. Daí sua conclusão de que "salvo os casos expressamente contemplados em lei, o silêncio não equivale a manifestação tácita de vontade; e que nesses mesmos casos bem se pode afirmar, com maior exatidão, que há uma presunção de vontade, e não uma vontade efetiva"[27]. Na prática, porém, já anotara *Enneccerus* que a expressão "declarar tacitamente" é empregada em diferentes sentidos, designando, por exemplo, a vontade evidenciada a partir da interpretação, a vontade presumida, a que se deduz das circunstâncias (indícios), a vontade que resulta do costume negocial, a que advém de uma conduta real ou mesmo a chamada vontade indireta ou implícita[28].

---

(24) OLIVEIRA, Eduardo Ribeiro de. *Comentários ao novo Código Civil*. v. 2: arts. 79 a 137. Rio de Janeiro: Forense, 2008. p. 240.
(25) *Apud* ESPÍNOLA, Eduardo. *Op. cit.*, p. 79.
(26) "Diferentemente do silêncio puro e simples, admite-se que o *silêncio circunstanciado* possa valer, conforme o caso, como aceitação tácita" (CARBONNIER, Jean. *Droit civil*, v. 4: les obligations. 17. ed. Paris: Presses Universitaires de France, 1993. p. 85).
(27) *Apud* ESPÍNOLA, Eduardo. *Op. cit.*, p. 75-6.
(28) ENNECCERUS, Ludwig; KIPP, Theodor; WOLFF, Martin. *Tratado de derecho civil*, t. 1, v. 2. Trad. B. P. González e J. Alguer. Buenos Aires, Bosch, 1948. p. 111, nota 3.

E sobre o silêncio, assenta o seguinte princípio: o silêncio implica assentimento quando aquele que se cala sabia que seu silêncio poderia ser e foi interpretado como assentimento. Neste caso, a intenção contrária de quem silenciou caracteriza-se como reserva mental, carecendo, pois, de transcendência[29]. De qualquer modo, o que importa é se há ou não no silêncio, ou nas atitudes que o acompanham, uma manifestação de vontade. Afirmar, no caso, que a manifestação de vontade é extraída do simples silêncio ou de suas circunstâncias é uma questão puramente teórica, de escasso interesse prático.

O que convém ter presente é a advertência de *Ruggiero*: "para que a vontade se deduza dos fatos e comportamentos, é necessário que eles sejam concludentes e unívocos, não admitindo a possibilidade de interpretações diversas ou opostas"[30]. E essa observação reveste-se de especial relevância nas relações de trabalho, em que o silêncio do trabalhador, como regra, deve-se muito mais a um temor de represálias do que à concordância com o que lhe é proposto ou determinado. Não se deve, pois, confundir a postura de simples obediência com a manifestação de concordância. Conquanto em algumas situações o empregado possa valer-se inclusive do *jus resistentiae*, nem sempre é recomendável que o faça, podendo deixar para insurgir-se mais tarde, por exemplo, após a cessação do vínculo, quando o risco de eventual retaliação praticamente desaparece.

Em outras palavras, deve-se aplicar ao silêncio a mesma regra que a doutrina adota em relação às demais condutas, qual seja, só haverá manifestação tácita quando, segundo o modo comum de pensar e de agir, os atos ou omissões resultem incompatíveis com uma vontade contrária, exigindo-se, portanto, um *comportamento concludente*. Trata-se, assim, de investigar se o silêncio traz implícita uma vontade (manifestação indireta), a qual somente é constatada mediante dedução lógica. E, para tanto, analisa-se o contexto da conduta omissiva, considerando as circunstâncias que a cercam e os demais comportamentos do sujeito. Em suma, ao atribuir força vinculante ao silêncio, busca-se evitar as condutas contraditórias, uma vez que estas atentam contra a boa-fé que deve presidir as relações jurídicas.

Por outro lado, independentemente da intenção de quem se cala, pode a lei impor certos efeitos jurídicos ao silêncio. Assim, quando a lei contém norma supletiva, não havendo cláusula em contrário prevalece a previsão legal. Se o credor se mantém inerte na cobrança da dívida, sofre os efeitos da prescrição. O titular do direito potestativo que não o exerce no prazo legal perde o direito de implementá-lo, em face da decadência. Se as partes do contrato de trabalho não estabelecem cláusulas mais benéficas ao obreiro, presume-se que adotaram os patamares mínimos de proteção trabalhista. Em tais casos, independentemente dos motivos pelos quais os interessados se omitiram, não poderão eles esquivar-se aos efeitos de sua conduta, uma vez que decorrem de lei. Não se trata aqui, portanto, de investigar a vontade das partes, por ser esta irrelevante, mas de definir qual é a vontade da lei na situação concreta.

Em relação a alguns atos, no entanto, exige-se que a manifestação de vontade seja expressa, como é o caso da demissão do empregado. Se este simplesmente se afasta do trabalho e não mais retorna ao serviço, sua ausência continuada pode caracterizar abandono

---
(29) *Ibidem*, p. 112.
(30) RUGGIERO, Roberto de. *Op. cit.*, p. 250.

do emprego, mas disso não decorre a rescisão automática do vínculo laboral. Segundo a disciplina adotada pela CLT (art. 482, alínea *i*), o abandono do emprego não se caracteriza como demissão tácita, mas é tratado como falta contratual, a qual autoriza o empregador a dispensar o empregado por justa causa. Assim, ainda que não haja exigência quanto à forma, é indispensável que a vontade de se demitir seja comunicada ao empregador pelo empregado[31]. Em relação à dispensa do empregado pelo empregador, no entanto, pode ela ser tácita, como ocorre quando este baixa as portas do estabelecimento e desaparece, sem dar satisfação aos trabalhadores.

5.2. Inobservância da forma exigida

Há situações em que, seja para garantir que houve uma declaração de vontade, seja para resguardar o conteúdo desta contra eventuais dúvidas ou distorções, exige a lei que a manifestação volitiva seja expressa sob determinada forma, isto é, seja retratada em meio específico. E quando a lei vincula a eficácia da manifestação de vontade à condição de que se revista de determinada forma, esta passa a ser requisito indispensável à regularidade do ato jurídico, vale dizer, converte-se em elemento do suporte fático.

Embora, em regra, o simples consenso, independentemente de sua forma, seja suficiente para o aperfeiçoamento do negócio jurídico, quando a lei elege determinado meio como o único apto a operar a exteriorização do querer, em tais casos os demais modos não se constituem em instrumentos eficazes de expressão da vontade. Todavia, por estabelecer a lei, como regra, a liberdade da forma, as exceções, isto é, as normas legais que exigem forma específica devem ser interpretadas restritivamente[32].

Consoante já referido, apesar de todo negócio jurídico ser formal, no sentido de que não prescinde de uma manifestação de vontade por algum meio, por mais rudimentar que seja, a doutrina dominante classifica como formais apenas os negócios jurídicos em relação aos quais a lei impõe determinada forma como a única apta a traduzir a vontade do declarante. Assim, mais adequado seria classificar os negócios jurídicos, quanto à forma, em negócios de forma livre e negócios de forma obrigatória ou vinculada[33].

Como regra, as exigências formais se apresentam como um requisito para a *validade* do ato (*ad substantiam* ou *ad solemnitatem*), e não para a sua *prova* (*ad probationem tantum*). Somente quando a lei consagra outra sanção para o caso de preterição da forma exigida é que sua inobservância não acarreta a nulidade do ato[34]. Lembra *Caio Mário*, por exemplo, as situações em que a exigência de determinada forma tem por objetivo apenas a divulgação

---

(31) A exigência de manifestação expressa, observa Demogue, é uma espécie de formalismo abrandado a meio caminho do ato solene (DEMOGUE, Réné. *Traité des obligations en general*, v. 1: sources des obligations. Paris: Librairie Arthur Rousseau, 1923. p. 280). No caso, a função da exigência é justamente a de proteger o trabalhador contra falsas interpretações que poderiam ser extraídas de sua conduta.
(32) MESSINEO, Francesco. *Op. cit.*, p. 381.
(33) ABREU FILHO, José. *O negócio jurídico e sua teoria geral*. 5. ed. atual. São Paulo: Saraiva, 2003. p. 101-2.
(34) BEVILAQUA, Clovis. *Código Civil dos Estados Unidos do Brasil comentado*, v. 1, 7. ed. Rio de Janeiro: Livraria Francisco Alves, 1944. p. 408-9.

do ato em relação a terceiros para que dele tenham ciência. É o chamado *formalismo de publicidade*, cuja omissão não afeta a validade do negócio jurídico, mas apenas a sua oponibilidade a quem dele não tenha participado[35].

Nas relações trabalhistas, ao contrário do que ocorre no Direito Civil em geral, quando a lei estabelece exigências formais, normalmente tem em vista o objetivo de pré-constituir uma prova das condições laborais pactuadas[36]. Conforme ressalta *Néstor de Buen*, a ausência da forma prevista em lei não invalida o negócio laboral, garantindo-se ao trabalhador todos os direitos decorrentes do trabalho prestado, em consonância com as normas jurídicas aplicáveis ao caso, sem prejuízo da responsabilidade do empregador pela omissão. Tal responsabilidade manifesta-se tanto no campo administrativo, mediante a imposição de sanções pelas autoridades competentes, quanto na esfera processual, em que a falta do documento impõe ao empregador o encargo de provar as condições laborais. Se não se desincumbir de tal ônus, consideram-se verdadeiras as condições alegadas pelo obreiro[37].

Afora isso, no Direito do Trabalho, mais do que em qualquer outro ramo jurídico, impera efetivamente o princípio da liberdade de forma, sendo admitida, como regra, a formação de vínculo empregatício inclusive por ajuste tácito. Por conseguinte, a prova da existência do contrato de trabalho e das condições de sua execução pode dar-se, em geral, por todos os meios em Direito admitidos[38]. E nos raros casos em que se fazem exigências formais, em regra, como dissemos, sua finalidade é apenas probatória, sem, no entanto, excluir os demais meios de prova.

Assim, as anotações da CTPS, embora obrigatórias, traduzem-se apenas em um dos meios de prova da relação de emprego, conquanto o mais importante deles, mas não se revestem de caráter essencial ao reconhecimento daquele vínculo jurídico ou à sua validade (CLT, art. 456). De igual modo, os registros acerca das condições contratuais, feitos pelo empregador naquele documento, geram apenas presunção de veracidade, podendo ser infirmados por prova em contrário. Assim, nada impede, por exemplo, que se reconheça um contrato a prazo, mesmo que tal cláusula não tenha sido anotada na CTPS do obreiro, desde que tenha sido efetivamente pactuada[39].

---

(35) PEREIRA, Caio Mário da Silva. *Instituições de direito civil*, v. 1. 13. ed. Rio de Janeiro: Forense, 1992. p. 411.
(36) No mesmo sentido: KROTOSCHIN, Ernesto. *Tratado práctico de derecho del trabajo*, v. 1, 4. ed. Buenos Aires: Depalma, 1987. p. 189-90. Somente quando alguma norma exigir a forma escrita como elemento constitutivo do contrato, ou isso houver sido convencionado pelas partes, o contrato seria nulo caso aquela não fosse observada. Todavia, ainda assim, a falta de forma não seria oponível ao trabalhador, nem o privaria dos direitos que decorrem do trabalho prestado (*Ibidem*, p. 191).
(37) BUEN LOZANO, Néstor de. *Derecho del trabajo*, t. 1: conceptos generales. 7. ed. México: Porrúa, 1989. p. 522.
(38) Perante o Direito do Trabalho, a natureza jurídica do pacto laboral e suas condições extraem-se mais do comportamento das partes na execução do contrato do que das manifestações formais de vontade (princípio da primazia da realidade).
(39) "CONTRATO DE EXPERIÊNCIA. ANOTAÇÃO NA CTPS. Inexiste norma legal condicionando a validade do contrato de experiência à sua anotação na CTPS. Não obstante o art. 29, *caput*, da CLT, determine o registro das condições especiais do contrato de trabalho, sua inobservância gera tão somente sanções de natureza administrativa, a teor do disposto no seu § 3º. Conclui-se, portanto, que a falta de anotação na CTPS do contrato de experiência não importa na nulidade do ajuste, mormente quando, no caso vertente, o empregado teve ciência inequívoca da transitoriedade da relação de emprego, ante a formalização por escrito do contrato, com vigência definida. Recurso de revista parcialmente conhecido, mas a que se nega provimento" (TST, RR 467.202/98, Ac. 5ª T., 30.4.2002, Rel. Min. Rider Nogueira de Brito. DJU 24.5.2002, p. 333).

Todavia, como constitui obrigação legal do empregador promover tais registros (CLT, art. 29), se não o fizer atrai para si o ônus da prova em caso de eventual divergência entre as alegações das partes em juízo. Com efeito, o dever de documentação do empregador, mais do que uma exigência de forma, serve à prova do contrato de trabalho. Consequentemente, pelas mesmas razões pelas quais o empregador que não permite os devidos registros da jornada laborada pelo obreiro atrai para si o ônus da prova em relação ao horário de trabalho deste (TST, Súmula n. 338), se não anota a CTPS do empregado deve assumir o encargo da prova em caso de controvérsia acerca dos demais elementos do contrato: data de admissão, função, salário etc. Além disso, o empresário incorrerá nas sanções administrativas previstas em lei.

Por outro lado, havendo contrato escrito, a jurisprudência tende a rejeitar as alegações do empregador de que haveria outras cláusulas, não inscritas naquele, quando prejudiciais ao obreiro. Assim, se o empregador adotou contrato de experiência escrito, não seria razoável que não tivesse feito o mesmo em relação a eventual prorrogação. Em tais casos, a menos que o trabalhador confesse que o pacto de prova foi realmente prorrogado, os tribunais não costumam acolher a ocorrência de tal fato, mesmo que testemunhas o afirmem.

Excepcionalmente, a lei exige que determinadas condições laborais constem de contrato escrito, sob pena de considerar inexistentes as cláusulas contratuais a respeito. Todavia, na maior parte dos casos, há apenas uma conveniência de se fazer um registro escrito a fim de pré-constituir a prova acerca de determinadas estipulações contratuais. Assim ocorre com todas as cláusulas excepcionais relativas ao contrato de trabalho, como a predeterminação de sua duração, a prorrogação do pacto a termo, a ausência do controle de jornada ou a existência de qualquer outra condição especial. A falta de documentação de tais condições não implica a nulidade da estipulação, prejudicando apenas sua demonstração em juízo, se necessário. Assim, é de todo recomendável que, sempre que possível, o contrato seja escrito, a fim de afastar dúvidas e evitar fraudes, além de dirimir controvérsias menos graves e servir de ponto de apoio ao julgador, quando é chamado a dirimir eventuais litígios entre as partes[40].

Há determinadas estipulações, no entretanto, que devem constar obrigatoriamente da CTPS do empregado, sob pena de não serem reconhecidas, como é o caso da aprendizagem (CLT, art. 428, § 1º). Todavia, ao contrário da orientação seguida pelo Direito Civil, quando a lei não estabelece os efeitos da inobservância da forma, na esfera trabalhista entende-se que sua finalidade é apenas probatória. Como quer que seja, toda formalidade especial exigida *ad solemnitatem* também constitui o meio de prova por excelência do negócio jurídico. Em contrapartida, quando a lei elege determinada forma como único meio de prova, sem ela é como se o ato não existisse, uma vez que, em tais circunstâncias, o interessado não contará com os instrumentos necessários à demonstração de que o ato jurídico foi realizado. Todavia, quando a lei permite a prova do fato por outros meios, ainda que muito especiais, como a confissão, fica evidente que a finalidade da forma é apenas *ad probationem tantum*.

---

(40) RUSSOMANO, Mozart Victor. *Op. cit.*, p. 214.

Tal como ocorre no caso da aprendizagem, suprarreferida, em qualquer outra hipótese em que as partes tenham preterido a forma essencial de determinado negócio jurídico é possível o aproveitamento do acordo de vontades, desde que a forma adotada se mostre compatível com outra figura negocial (CC, art. 170). No exemplo citado, verificada a falta de anotação na CTPS do trabalhador de que o contrato era de aprendizagem, o pacto converte-se automaticamente em sua figura tradicional de simples contrato de emprego.

Como regra, entretanto, a imprestabilidade do instrumento não invalida o negócio jurídico, desde que este possa ser provado por outros meios (CC, art. 183).

No Direito do Trabalho, as exigências de forma normalmente visam à proteção do trabalhador, a fim de que os negócios ou as cláusulas que desfavoreçam aos obreiros fiquem provados de modo inequívoco. Em relação ao trabalho temporário (Lei n. 6.019/74), a falta de anotação na CTPS do obreiro de que a prestação laboral opera-se sob aquela modalidade contratual implica o reconhecimento do vínculo de emprego, nos moldes celetistas, diretamente com a empresa cliente à qual o trabalhador esteve subordinado durante a prestação laboral.

Embora não exija anotação na CTPS, a CLT impõe, para a validade dos acordos de prorrogação de jornada ou compensação de horários, a adoção da forma escrita (art. 59, *caput* e § 2º). A inobservância de tal requisito, no primeiro caso, embora não prejudique o direito à remuneração do labor extraordinário prestado, autoriza o obreiro a não atender à ordem de prestar labor em sobrejornada, sem cometer infração contratual, exceto nas hipóteses do art. 61 da CLT. Quanto à segunda hipótese, a falta de acordo escrito importa a obrigação de pagamento do labor que excedeu a jornada normal como extra (TST, Súmula n. 85, III).

Em qualquer caso é de todo conveniente que os fatos mais relevantes do contrato sejam documentados, a fim de que sua ocorrência não venha a ser questionada depois. É o caso da concessão do aviso prévio, na demissão ou dispensa, e do pagamento das verbas trabalhistas e rescisórias, que devem ser discriminadas especificamente nos recibos, a fim de que não pairem dúvidas acerca do que foi efetivamente pago (CLT, art. 477, § 2º; TST, Súmula n. 91).

Mesmo no âmbito do Direito Civil há situações em que a forma, apesar de não ser essencial, deverá, ainda assim, ser observada, para fins de prova do ato jurídico. É o caso, por exemplo, dos contratos cujo valor exceder o décuplo do salário-mínimo vigente ao tempo de sua celebração em relação aos quais não se admite prova exclusivamente testemunhal (CPC, art. 401; CC, art. 227). No Direito do Trabalho, também tem finalidade exclusivamente probatória a exigência de que os salários sejam pagos contra recibo (CLT, art. 464). Assim, se o empregado nega o recebimento dos salários, não se admite que o empregador demonstre o contrário a não ser mediante prova escrita, conquanto sejam aceitos outros documentos, e não apenas recibos assinados pelo obreiro ou comprovantes de depósito bancário. A quitação salarial, portanto, submete-se à forma escrita tão somente para fins probatórios, admitida, também, a confissão do obreiro, até porque o pagamento não é, propriamente, um ato jurídico, mas simples ato-fato jurídico.

Embora para a tutela do empregado não se costume estabelecer exigências formais, em alguns casos o uso da escrita é condição de eficácia das normas de proteção trabalhista. Assim, a comunicação escrita ao empregador da candidatura do empregado ou de sua eleição e posse para o cargo de direção sindical (CLT, art. 543, § 5º) tem sido considerada indispensável à aquisição da estabilidade (TST, Súmula n. 369, I). No caso, porém, a falta de comunicação escrita ou a inobservância do prazo legal não importa nulidade ou anulabilidade, mas simples ineficácia.

Como regra, porém, o Direito do Trabalho é avesso a exigências formais, tendo entre seus princípios fundamentais a primazia da realidade. Em razão disso, identifica-se a vontade das partes muito mais pela sua conduta concreta do que pelas cláusulas que eventualmente hajam pactuado por escrito. Assim, a forma escrita cede lugar à análise do comportamento prático das partes na execução do contrato[41]. Como consequência, no âmbito das relações laborais, em regra, também não se podem invocar nulidades com fundamento em defeitos formais.

Apesar disso, a complexidade das relações jurídicas atuais tem exigido que as partes documentem os termos do ajuste ou os passos da execução do contrato, a fim de se precaverem contra possíveis distorções resultantes do passar do tempo, facilitando, assim, a prova em juízo quando necessária. A escrita perpetua os atos documentados, de modo a dispensar sua reconstituição por outros meios, normalmente precários e, por isso mesmo, falíveis, como a prova testemunhal[42]. Situação paradigmática é a da prova da jornada de trabalho. Com relação ao tema, conforme já referido, firmou-se a jurisprudência no sentido de que o empregador que frustra a verificação da real extensão do labor prestado pelo empregado, deixando de apresentar em juízo os controles de jornada, quando obrigado a mantê-los, ou não permitindo que o empregado, ao longo do contrato, faça os registros corretos, atrai para si o ônus da prova, presumindo-se verdadeira a jornada alegada pelo obreiro (TST, Súmula n. 338, itens I e III).

Por outro lado, o grau de desenvolvimento cultural da sociedade e a ampliação do leque das relações jurídicas, não raro envolvendo pessoas antes desconhecidas, têm sido fatores que contribuem para a documentação das situações jurídicas, independentemente de imposição legal. Assiste-se, assim, a um esforço das partes em revestir as declarações de vontade da forma escrita, o que facilita sobremaneira a prova em caso de eventual conflito.

Do mesmo modo que a forma pode ser exigência legal, no âmbito trabalhista pode ser imposição decorrente das normas coletivas. Assim, podem os instrumentos coletivos estabelecer certos requisitos formais para o implemento de suas cláusulas, sem o que sua aplicação concreta padecerá de nulidade. É o caso, por exemplo, da exigência normativa de que a falta grave imputada ao empregado, em caso of dispensa por justa causa, lhe seja

---

(41) Todavia, em relação ao empregado, deve ser analisada com maior cuidado a omissão ante os atos lesivos praticados pelo empregador, não se podendo concluir que haja concordância pelo simples fato de aquele não reagir contra as ações que lhe são prejudiciais, principalmente considerando que, como regra, o trabalhador não desfruta de proteção alguma contra a perda do emprego.

(42) Conforme salientou Bevilaqua: "O Código proclama o princípio liberal de que a validade do ato não depende da forma, senão nos casos em que a lei, expressamente o declara. Todavia, a segurança das relações exige que as partes se acautelem, dando aos seus atos a consistência necessária, para que a má-fé alheia ou as vicissitudes da existência as não façam periclitar ou desaparecer" (BEVILAQUA, Clovis. *Op. cit.*, p. 407).

comunicada por escrito. A inobservância de tal exigência, no caso, implica o afastamento da justa causa invocada pelo empregador por não ter cumprido este o requisito normativo.

Pode, ainda, a forma ser um requisito estabelecido pelo consenso das próprias partes, a fim de não deixar dúvidas acerca do ato ou negócio jurídico que pretendiam realizar. Conforme observa *Betti*, quando as partes se obrigam a observar uma forma, na verdade pretendem deixam claro que não se consideram ainda vinculadas por eventuais declarações que tenham feito sem respeitar a forma convencionada[43]. Tais estipulações, todavia, só são admissíveis nos casos em que a lei não estabeleça regra imperativa acerca da forma. A lei exige forma escrita, por exemplo, para a pactuação de labor em sobrejornada, mas nada estabelece acerca da forma do distrato (CLT, art. 59). Assim, podem as partes convencionar que a denúncia da cláusula em questão só seja válida se observada a mesma forma prevista para a sua estipulação. Embora, em Direito Civil, a orientação seja de que as exigências formais relativas à celebração do negócio jurídico também se apliquem ao distrato, em sede trabalhista tal regra não prevalece, cedendo espaço a outro princípio, específico do Direito do Trabalho, que é o da primazia da realidade. Assim, por exemplo, ainda que tenha sido pactuada a prestação de labor em sobrejornada, se o trabalhador nunca prestou horas extras, pode recusar-se a prestá-las se, repentinamente e só muito tempo depois da admissão, lhe forem exigidas, uma vez que, em tais circunstâncias, o empregado já contava com a revogação tácita da cláusula que as previa.

Convém registrar por fim que, nos casos em que a escritura é essencial à validade do ato, basta que tal requisito tenha sido observado quando aquele foi praticado, não sendo necessário que o documento continue existindo após a conclusão do negócio[44]. Assim, se o trabalhador reconhece que assinou acordo de compensação de jornada, por exemplo, não é necessário que o instrumento de tal avença seja juntado aos autos para que o juiz lhe reconheça validade.

5.3. Preterição de solenidade essencial

Por vezes, não se contenta a lei em prescrever determinada forma, mas a ela impõe regras específicas, a fim de conferir maior segurança ao ato ou negócio jurídico e chamar atenção para sua importância, além de garantir a seriedade e a maturidade da declaração de vontade. Tais acréscimos formais são as solenidades impostas por lei para a prática de determinados atos, a fim de validar a manifestação de vontade ou servir à sua prova[45].

O significado das solenidades é assim exposto por *De Plácido e Silva*:

SOLENIDADE. Do latim *solemnitas* (fórmula, formalidade), entende-se propriamente a *formalidade exterior*, ou a *formalidade extrínseca*, necessária à validade de um ato jurídico. É, praticamente, o *ritual*, a *forma solene*, a *cerimônia*[46].

---

(43) BETTI, Emílio. *Teoria geral...* t. 2, cit., p. 120.
(44) MESSINEO, Francesco. *Op. cit.*, p. 383.
(45) Embora atribua a ambas as condutas idêntica sanção, o Código Civil trata em separado da inobservância da forma prescrita em lei e da preterição de solenidade essencial enquanto vícios do negócio jurídico (art. 166, incisos IV e V).
(46) SILVA, De Plácido e. *Vocabulário jurídico*, v. 3 e 4, 2. ed. Rio de Janeiro: Forense, 1990. p. 265.

Distinguem-se, assim, as noções de forma e de formalidade: "enquanto a *forma* dá sempre corpo a uma exteriorização da vontade — ela é a própria exteriorização — a *formalidade* analisa-se em determinados desempenhos que, embora não revelando, em si, qualquer vontade, são, no entanto, exigidos para o surgimento válido de certos negócios jurídicos"[47]. Convém registrar que, em alguns casos, as formalidades não são exigidas para a existência ou validade do negócio, mas para sua eficácia, como ocorre com o registro da escritura de compra e venda na aquisição de bem imóvel.

Analisando o art. 145 (incisos III e IV) do Código Civil anterior, que corresponde ao art. 166 (incisos IV e V) do Diploma Civil vigente[48], observou *Clovis Bevilaqua*:

> Ferreira Coelho entende com razão que o n. IV, como está redigido, "parece dizer o mesmo que o n. III, por isso que solenidade que a lei considera essencial para a validade do ato é forma prescrita em lei, sem a qual o ato não vale". E acrescenta: "Há aqui desejo de fazer antagônicas as expressões *forma* e *solenidade*". Na técnica do direito, a palavra solenidade se aplica à forma intrínseca. Não podemos, assim, aplaudir a redação do Código neste ponto. Mas é necessário dar um sentido ao número IV, que não torne inútil o seu dispositivo. Parece-nos que a solenidade que a lei considera essencial para a validade do ato é a que, posto não expressa, se subentende como substancial para a existência do contrato e fim da lei, *v. g.*, ser feita por oficial competente, ter data e designação do lugar, conter a assinatura das partes e testemunhas, ser lido às partes antes de assinado, etc.[49]

Concorda com essa interpretação *Eduardo Espínola*, observando que, "ainda quando o ato obedeça à forma prescrita em lei, como seja a escritura pública, ou o instrumento particular, será nulo se a forma prescrita não estiver revestida das formalidades que a lei considera essenciais". E, a par dos exemplos mencionados em relação à escritura pública, lembra uma solenidade aplicável ao instrumento particular, qual seja, o reconhecimento da firma nos casos em que a lei o exigir[50].

Fora a hipótese do casamento, em que há solenidade quanto à manifestação da vontade perante o oficial público, nos demais casos, a solenidade é uma exigência que se acresce à forma escrita, vale dizer, um *rito de escritura*[51].

Diversas são as razões pelas quais o legislador estabelece formalidades especiais para a prática de determinados atos, seja a conveniência ou necessidade de conferir autenticidade ou preservar a manifestação volitiva contra eventuais vícios ou até mesmo prevenir a precipitação, seja no intuito de constituir uma prova mais convincente ou, ainda, de

---

(47) CORDEIRO, António Menezes. *Op. cit.*, p. 648-9.
(48) "Art. 166. É nulo o negócio jurídico quando: (...) IV – não se revestir da forma prescrita em lei; V – for preterida alguma solenidade que a lei considere essencial para a sua validade..."
(49) BEVILAQUA, Clovis. Apud ESPÍNOLA, Eduardo. *Manual do Código Civil brasileiro*, v. 3: dos factos jurídicos, 4ª parte. Rio de Janeiro: Jacintho Ribeiro dos Santos, 1932. p. 566.
(50) ESPÍNOLA, Eduardo. *Manual...*, v. 3: dos factos jurídicos, 4ª parte, cit., p. 567. Para José Abreu Filho, o traço fundamental na qualificação do negócio jurídico como solene está na exigência de intervenção da autoridade pública (ABREU FILHO, José. *Op. cit.*, p. 102).
(51) CARBONNIER, Jean. *Op. cit.*, p. 178.

permitir o controle estatal sobre determinados atos[52]. Normalmente é a especial relevância jurídica do ato ou o grau de sua repercussão social ou na esfera das pessoas envolvidas que leva o legislador a submetê-lo a formalidades específicas, revestindo-o, assim, de maior solenidade, a fim de evitar, o quanto possível, as dúvidas a respeito[53]. Todavia, há outras razões, conforme bem observou *Cunha Gonçalves*:

> Essas formalidades são destinadas, umas à perpétua demonstração do acordo de vontades, outras a acautelar os direitos e interesses de terceiros, que possam ficar lesados, outras à garantia prévia da capacidade ou legitimidade dos contraentes, outras à criação de receitas para o insaciável fisco[54].

Seja qual for o fundamento, sempre que a lei estabelece determinadas formalidades para a prática de certos atos busca a segurança jurídica, seja em relação à conclusão do negócio (e sua distinção dos atos preparatórios) ou ao seu conteúdo (conferindo-lhe clareza), seja no que pertine à sua prova (visando à certeza) ou, ainda, para que possa ser conhecido por terceiros (interesse na publicidade). Apesar das vantagens citadas, as solenidades também acarretam inconvenientes, apresentando-se, em alguns casos, como entraves à presteza na formação das relações jurídicas, além de acarretar a nulidade de negócios jurídicos efetivamente queridos pelas partes por questões puramente formais. Diante disso, cabe ao legislador, ponderando acerca do que é melhor para a sociedade, estabelecer as solenidades e os atos em que elas devem ser observadas.

Em regra, a solenidade caracteriza-se pela colaboração ou assistência da autoridade pública na prática do ato, embora tal intervenção possa ser delegada a um particular. Na celebração do matrimônio, por exemplo, pode exercer aquele papel o dirigente religioso (Lei n. 6.015/73, arts. 71-75; CC, art. 1.515). De igual modo, na relação entre as partes, no contrato de trabalho, quem faz as vezes da autoridade pública é o sindicato da categoria, intervindo aquela apenas na ausência deste (CLT, arts. 477, § 1º, e 500).

Embora toda vez que a lei exija determinada formalidade, independentemente do propósito perseguido pelo legislador, sua observância seja obrigatória, nem sempre a preterição da forma legal acarretará a invalidade do ato ou negócio jurídico. Ao contrário, indispensáveis à validade do ato são apenas as solenidades essenciais (CC, art. 166, V). Na evolução histórica das exigências formais, conforme registra *Caio Mário da Silva Pereira*, o Direito caminha da sacramentalidade para o consensualismo, manifestando uma tendência para a "libertação cada vez maior do ato relativamente às solenidades envolventes, o que

---

(52) CORDEIRO, António Menezes. *Op. cit.*, p. 653. Em face da gravidade que, para os celebrantes, podem ter certos negócios jurídicos, eles não devem ser produzidos de ânimo ligeiro. A exigência de forma, até porque normalmente conectada com certa morosidade, por ela provocada, proporcionaria o tempo necessário para uma melhor reflexão sobre o ato e seus efeitos (*Ibidem*, p. 654). Todavia, para o citado autor, as exigências formais explicam-se mais por razões históricas do que pelos fundamentos indicados pela doutrina (p. 656-8), razão pela qual, quando impostas por lei não comportam redução teleológica (p. 667).

(53) "Para evitar as dúvidas e equívocos que nasciam das uniões privadas e secretas, a autoridade social quis assistir à realização deste ato, controlando assim as suas condições de existência, e impor, sob pena de nulidade, a celebração do ato perante o oficial encarregado do estado civil" (FERRARA, Francisco. *A simulação dos negócios jurídicos*. Trad. A. Bossa. São Paulo: Livraria Acadêmica, 1939. p. 128).

(54) GONÇALVES, Luiz da Cunha. *Princípios de direito civil luso-brasileiro*, v. 1. São Paulo: Max Limonad, 1951. p. 198.

não significa que o direito moderno se tenha delas desprendido totalmente"[55]. A distinção entre formalidades substanciais e não substanciais, no entanto, fica mais evidente no campo do Direito Processual. Neste, o desatendimento a certas formalidades pode ser relevado caso o ato tenha atingido sua finalidade sem prejuízo para as partes. A despeito disso, existem situações em que, mesmo no Direito material, podem ser divisadas as duas espécies de formalidades.

Conquanto o Direito do Trabalho não seja dado a rigorismos formais, não deixa de prever situações em que a garantia da livre manifestação de vontade ou seu registro exige formalidades especiais a fim de retratar o que efetivamente ocorreu. Tomemos o exemplo da negociação coletiva, em que, a par da forma escrita e observância de determinado procedimento, exige a lei o depósito do instrumento normativo no Ministério do Trabalho e Emprego a fim de que a norma em questão adquira eficácia (CLT, art. 614, § 3º). Tal exigência prende-se à necessidade de dar publicidade ao que foi negociado, evitando, assim, possíveis dúvidas acerca da existência ou do conteúdo das normas coletivas.

A par das formalidades ditas *extrínsecas*, que dizem respeito à exteriorização do ato, isto é, relativas à sua celebração ou exigidas para a prova daquele, refere-se a doutrina às chamadas formalidades *intrínsecas*, assim denominados os requisitos exigidos do agente para a validade do ato. Todavia, somente as primeiras constituem verdadeiramente exigências de *forma*, ao passo que as chamadas *formalidades intrínsecas* não passam de requisitos substanciais outros, previstos especificamente para determinados atos jurídicos[56].

Assim, as chamadas *solenidades substanciais*, por não integrarem a forma, isto é, o ritual, embora indispensáveis à realização do ato em si não devem ser confundidas com as exigências formais propriamente ditas. *Bernardes de Mello* cita diversos exemplos de tais requisitos na esfera civil: autorização do juiz para que o pai, tutor ou curador alienem bens do filho incapaz, do tutelado ou do curatelado; consentimento dos demais descendentes na venda de ascendente a descendente; competência do juiz para realizar o casamento civil; capacidade das testemunhas do testamento; competência do oficial para subscrever o instrumento público e regularidade do exercício das funções inerentes ao cargo[57]. Como se pode verificar, são todas exigências relativas à capacitação ou legitimação dos sujeitos, nada tendo a ver com a exteriorização do ato.

A seguir, passamos a analisar algumas solenidades exigidas no âmbito trabalhista, no campo do Direito Individual.

5.3.1. Admissão do empregado

Entre as solenidades substanciais exigidas na formação do contrato de trabalho, a mais comum é a exigência de realização de concurso público, dirigida às entidades estatais

---

(55) PEREIRA, Caio Mário da Silva. *Op. cit.*, p. 409.
(56) BEVILAQUA, Clovis. *Theoria geral do direito civil*. 4. ed. atual. Rio de Janeiro: Francisco Alves, 1949. p. 311.
(57) MELLO, Marcos Bernardes de. *Op. cit.*, p. 39.

(CF, art. 37, II). E, embora se trate de solenidade substancial[58], sua inobservância se apresenta mais como um défice formal do que subjetivo, uma vez que a realização do concurso é ato integrante do procedimento a ser observado na contratação de pessoal pelas entidades estatais. A realização do concurso é obrigação dirigida à entidade contratante, uma vez que, de outro modo, não apenas não poderia admitir os trabalhadores contratados, mas não poderia contratar empregado algum.

A finalidade do concurso público é a preservação da moralidade e da impessoalidade no âmbito da Administração Pública, além de repercutir sobre a eficiência administrativa. Com efeito, a seleção dos servidores mediante concurso é ainda o modo mais democrático e imparcial de acesso aos cargos e empregos públicos, evitando que estes sejam usados para favorecer os parentes e amigos dos administradores em detrimento dos candidatos mais preparados para o exercício das funções.

Convém salientar que a exigência em questão, assim como os demais requisitos para a validade do negócio jurídico, deve ser observada por ocasião da celebração do negócio jurídico. Assim, a aprovação em concurso após a admissão no serviço público não convalida o contrato celebrado sem a observância de tal formalidade. Ainda que, posteriormente à contratação, o trabalhador venha a ser aprovado em concurso e continue exercendo o mesmo cargo que vinha ocupando desde o início, somente a partir de então é que se poderá considerar válida sua contratação, embora, a rigor, isso não deveria repercutir sobre os direitos do trabalhador, conforme veremos mais adiante (Capítulo IX, item 9.5).

Da mesma forma, a privatização da empresa pública ou sociedade de economia mista que contratou o trabalhador sem concurso também não é suficiente para convalidar o negócio desde sua origem[59]. Conforme sentenciou *Pontes de Miranda*, a "nulidade é défice para sempre"[60]. Todavia, como o contrato de trabalho é de trato sucessivo e a privatização importa alteração de um dos sujeitos da relação de emprego, desaparece, a partir de então, o óbice à constituição válida de relação empregatícia, persistindo a nulidade tão somente em relação ao período anterior. Assim, a partir da privatização, considera-se que sobreveio novo contrato de trabalho, firmado tacitamente[61].

A solução para tais casos deve, pois, ser a mesma adotada pela jurisprudência em relação aos contratos firmados nos períodos eleitorais, quando o vínculo estendeu-se para além do limite da vedação legal:

---

(58) As solenidades substanciais são também chamadas de formas habilitantes (ESPÍNOLA, Eduardo. *Manual...* v. 3: dos factos jurídicos, 3ª parte, cit., p. 511).

(59) "PRIVATIZAÇÃO. IMPOSSIBILIDADE DE CONVALIDAÇÃO DE CONTRATO NULO. É certo que a privatização da sociedade de economia mista não mais sujeita a empresa à observância do disposto no art. 37, II da CF/88. Contudo, se a privatização ocorre na vigência de contrato de trabalho eivado de nulidade, em razão da ausência de submissão a concurso público, tal fato não tem o condão de convalidar o vício preexistente" (TRT 18ª Região, RO 2.596/2002, Red. desig. Juíza Dora Maria da Costa. DJE 26.11.2002, p. 132).

(60) MIRANDA, Francisco Cavalcanti Pontes de. *Tratado de direito privado*, t. 4. Rio de Janeiro: Borsoi, 1954. p. 71. O mesmo vale em caso de cessação da incapacidade: "se o louco sara, ou se o menor absolutamente incapaz atinge a maioridade, a nulidade não desaparece" (*Idem*).

(61) Não há, entre nós, norma semelhante ao art. 118 do Código do Trabalho português, segundo o qual a cessação da causa da invalidade, durante a execução do contrato laboral, opera sua convalidação desde o princípio. Como consequência, perante o Direito pátrio, só se considera válido o período contratual posterior ao desaparecimento da causa invalidante. A questão, entretanto, só tem interesse em face do entendimento consagrado pela Súmula n. 363 do TST. Conforme a posição que aqui defendemos, a impossibilidade de convalidação desde o início não tem maior relevância.

CONTRATAÇÃO EM PERÍODO PRÉ-ELEITORAL. NULIDADE. EFEITOS. LEI N. 7.493/86. A nulidade de contrato de trabalho realizado em período pré-eleitoral não tem o condão de anular a relação empregatícia que se forma no período subsequente. A atividade laboral, embora iniciada quando havia proibição, prosseguiu de forma ininterrupta, configurando nova relação jurídica. O contrato de trabalho deve atender ao princípio da primazia da realidade, sendo renovado dia a dia. Cabe ressaltar que inexistia, então, a exigência geral do concurso público, porque ainda vigente a Constituição Federal de 1967 com a Emenda n. 1. Recurso de Revista não conhecido (TST, RR 796759/2001, Ac. 3ª T., 29.10.2003, Rela. Min. Maria Cristina Irigoyen Peduzzi. DJU 21.11.2003).

Assim também se posicionou o TRT da 18ª Região, com pleno acerto:

NULIDADE CONTRATUAL. ART. 37, II, DA CF/88. VÍCIO INSANÁVEL POR MEIO DE PRIVATIZAÇÃO. SURGIMENTO DE UM NOVO CONTRATO DE EMPREGO. A privatização ocorrida no curso de um contrato de trabalho nulo não tem o condão de convalidar a ausência de prévia aprovação em concurso público (art. 37, II, da CF/88), por se tratar de vício insanável. Todavia, surge uma nova relação jurídica entre o obreiro e o sucessor, isenta de qualquer vício, haja vista a transferência interempresarial, acompanhada de prestação laborativa para o novo titular (TRT 18ª Região, RO 01211-2004-111-18-00-5. Rel. Juiz Elvecio Moura dos Santos. DJE 11.7.2005, p. 41).

Questão que tem suscitado controvérsias é, ainda, a que respeita às consequências da anulação do concurso. Entende o TST que, neste caso, a situação equivale à inexistência do certame (TST/SDI-II, OJ n. 128), o que nos parece de todo equivocado, uma vez que não faz sentido equiparar situações totalmente distintas. Quem se submeteu a concurso público e, de boa-fé, foi admitido pela Administração não poderia receber o mesmo tratamento daquele que simplesmente ingressou no serviço público sem concurso quando exigido[62]. Nesta última situação, o trabalhador não pode alegar boa-fé, devendo-se, ao contrário, presumir que sabia da irregularidade de sua contratação (LICC, art. 3º), o que não ocorre com aquele outro que não deu causa à anulação e confiou na validade do certame, embora, em qualquer caso, a indenização decorra da impossibilidade de restituição da força de trabalho despendida, razão pela qual não há indagar da boa-fé do prestador, por não se tratar de trabalho ilícito.

Convém registrar, ainda, que constitui princípio da Administração Pública a presunção de legalidade de seus atos. Que tal presunção não prevaleça em favor de quem não se submeteu a concurso público seria até compreensível, mas o mesmo não se pode dizer em relação a quem foi aprovado em concurso que, posteriormente e por fato alheio à sua vontade, vem a ser anulado. Não bastasse isso, conforme veremos mais adiante (Capítulo IX, item 9.5), o simples pagamento dos salários em sentido estrito, ainda que acrescidos

---

[62] "ÓRGÃO PÚBLICO. NULIDADE DE CONCURSO PÚBLICO POR IRREGULARIDADES PRATICADAS PELA ADMINISTRAÇÃO. BOA-FÉ DA RECLAMANTE. TÍTULOS SALARIAIS E INDENIZATÓRIOS DEVIDOS. Tendo o ente público anulado concurso público pela existência de diversas irregularidades por ele praticadas e não tendo a reclamante, aprovada no certame, concorrido para nenhum dos vícios, agindo assim de boa-fé são-lhe devidos os títulos salariais e indenizatórios pleiteados e cujos pagamentos não foram comprovados evitando-se com isso locupletamento pela administração pública municipal que deu causa à nulidade e por princípio de direito dela não pode se beneficiar. Recurso da reclamante parcialmente provido" (TRT 21ª Região, RO 00036-2002-023-21-00-2, Ac. 20.5.2003, Rel. Juiz José Barbosa Filho. DJE 4.6.2003).

do FGTS (TST, Súmula n. 363), no caso, é solução que não atende aos ditames da Justiça, além de ser contrária à lei.

Afora a questão do concurso, como regra a celebração do contrato de trabalho não depende de formalidades especiais. As exigências formais são mais comuns quando as partes se propõem a firmar contrato laboral de natureza diversa da de emprego. É o que ocorre, por exemplo, com o estágio. Conquanto presentes, de fato, os mesmos elementos que identificam a relação de emprego a adoção das formalidades previstas na Lei n. 11.788/08 impede a superveniência daquele vínculo jurídico. É certo que, a despeito disso, pode vir a ser reconhecido o vínculo de emprego, quando houver desvio de finalidade. Neste caso, porém, é o uso fraudulento das formas legais que inviabiliza o efeito desejado pelas partes.

Só excepcionalmente a lei exige certas formalidades extrínsecas para a validade do contrato de trabalho. Assim, em relação aos radialistas, caso sejam admitidos por prazo determinado, além de especificar o seu conteúdo, prevê a lei que o contrato deve ser registrado no Ministério do Trabalho (Lei n. 6.615/78, art. 8º). A exigência de registro também é prevista em lei para os contratos de trabalho dos artistas (Lei n. 6.533/78, art. 9º, § 1º).

Por outro lado, constitui formalidade essencial à validade do contrato de trabalho do menor, em atividades que a lei presume, em tese, prejudiciais à sua formação moral, a autorização do Juiz da Infância e da Juventude, condicionada esta à demonstração, *in concreto*, da ausência de prejuízos à moralidade do menor (CLT, art. 406).

5.3.2. Alterações contratuais

Em princípio, admitem-se apenas alterações contratuais que visem à melhoria da condição do trabalhador, conforme regra inscrita no art. 468 da CLT. Para tanto, não há rigor formal algum, podendo-se estabelecer condições mais benéficas aos trabalhadores inclusive tacitamente.

Admite-se, entretanto, nos casos expressamente previstos em lei, a flexibilização das normas trabalhistas em desfavor dos empregados. Em tais casos, para a validade da alteração contratual, além de observar a matéria a que se refere a autorização legal, quando a fixação de condições menos favoráveis ao trabalhador exigir negociação coletiva, esta também deverá obedecer aos rituais que lhe são impostos pelo Direito pátrio.

Em tais casos, a autorização mediante negociação coletiva também traduz-se em requisito de validade para as alterações contratuais. Assim, não havendo norma coletiva que o autorize, o negócio jurídico firmado pelo empregador diretamente com seus empregados visando, por exemplo, a reduzir os salários destes, padece de nulidade, por contrariar expressa disposição constitucional (CF, art. 7º, VI).

Por outro lado, dependendo da alteração contratual, pode ela estar condicionada aos mesmos requisitos que a contratação. Assim, se a Administração Pública não pode admitir empregados sem concurso, também não lhe é dado alterar suas funções sem o preenchimento de tal formalidade.

5.3.3. Terminação do contrato

Do mesmo modo que a admissão, como regra a cessação contratual também não se sujeita a formalidades especiais. Considerando, porém, o estado de subordinação em que se encontra o trabalhador, bem como o princípio da continuidade do vínculo de emprego, ao fundamento de que é dele que o trabalhador normalmente retira os meios de sustento próprio e de sua família, a CLT prevê que a demissão do empregado com mais de um ano de serviço só é válida se a manifestação de vontade contar com a assistência sindical ou da autoridade do Ministério do Trabalho (art. 477, § 1º).

A inobservância de tal formalidade, no entanto, apesar da dicção legal, não invalida a demissão, afetando apenas a sua prova[63]. Assim, se não houve assistência sindical, negando o empregado que se tenha demitido, presume-se que a ruptura foi provocada pelo empregador, embora possa este, por outros meios, inclusive pela confissão do obreiro, provar o contrário. Caso o empregador não se desincumba de tal ônus, considera-se que a demissão não resultou de ato espontâneo do obreiro, mas da pressão sobre ele exercida, para que deixasse o emprego, ou, não havendo documento que prove a demissão, que o trabalhador foi dispensado sem justa causa, cujos efeitos se equivalem à demissão forçada[64]. Convém salientar que o aviso prévio assinado pelo trabalhador sem assistência, nos casos em que esta é exigida, não constitui, por si só, prova da demissão quando o obreiro nega que tivesse interesse em deixar o emprego, pois, do contrário, a formalidade exigida pelo art. 477, § 1º, da CLT de nada lhe serviria. Ainda que o trabalhador reconheça que assinou o aviso, se alega que foi coagido a fazê-lo, incumbe ao empregador provar o contrário, uma vez que a presunção é de que não agiu livremente, em face da omissão da medida de proteção prevista no dispositivo legal supracitado.

A dispensa pelo empregador, entre nós, também não está condicionada a formalidades especiais. Sendo, porém, o empregado portador de estabilidade, nas hipóteses em que é exigida a prova judicial prévia da falta grave, é indispensável a propositura do inquérito com tal finalidade. Em tais casos, se a dispensa ocorrer antes do reconhecimento judicial do motivo justificador, a rescisão contratual será irremediavelmente nula. Ainda que o empregado tenha confessado a prática de falta grave, não poderá o empregador promover a dispensa sem ajuizamento do inquérito para apuração da falta grave nos casos em que a lei o exige. E se o empregador procede à despedida sem observar tal requisito, de nada lhe adianta invocar a falta em eventual ação proposta pelo empregado visando a reconhecer a

---

(63) "PEDIDO DE DEMISSÃO. INOBSERVÂNCIA DE FORMALIDADE LEGAL. RECONHECIMENTO JUDICIAL DO FATO. VALIDADE. O art. 477, § 1º, da CLT dispõe, como requisito essencial de validade do pedido de demissão, a assistência do respectivo sindicato ou da autoridade do Ministério do Trabalho. Tal exigência visa preservar a autenticidade da manifestação de vontade do empregado. Se o empregado confessa em Juízo que pediu demissão, a não observância da formalidade exigida pelo citado artigo não invalida o pedido de demissão" (TRT 18ª Região, RO 00399-2003-001-18-00-8, Rel. Juiz Elvecio Moura dos Santos. DJE 10.10.2003, p. 120).

(64) "RESCISÃO CONTRATUAL. PEDIDO DE DEMISSÃO. AUSÊNCIA DE HOMOLOGAÇÃO PELO SINDICATO DE CLASSE OU DRT. INVALIDADE. ART. 477, § 1º, DA CLT. A falta de homologação pelo sindicato de classe, ou pela DRT, no pedido de demissão, invalida o ato jurídico, na medida em que o § 1º do art. 477 da CLT teve por escopo proteger o empregado de eventual pressão que poderia sofrer por parte de seu empregador para que deixasse o emprego" (TST RR 52992-2002-900-02-00-3, Ac. 4ª T., 20.11.2002. Rel. Min. Ives Gandra Martins Filho. DJU 13.12.2002).

nulidade da despedida. Neste caso, aliás, nem mesmo deverá ser admitida a prova da alegação do empregador, uma vez que, a essa altura, a demonstração da falta grave não elidirá a nulidade da dispensa.

Nada impede, por outro lado, que, mediante negociação coletiva ou via regulamento interno, o empregador imponha a si mesmo requisitos procedimentais para promover a dispensa motivada de seus empregados. Em tais casos, as formalidades regulamentares ou normativas passam a ser consideradas requisitos de validade da dispensa por justa causa ou da aplicação de qualquer outra punição sujeita àqueles procedimentos (TST, Súmula n. 77)[65].

5.3.4. Acerto rescisório

A falta de assistência no acerto rescisório, nos casos em que ela é exigida, torna inválida a quitação conferida pelo empregado ao empregador (CLT, art. 477, § 1º). Diante disso, a assinatura do empregado no termo de rescisão do contrato de trabalho (TRCT) não constitui prova bastante do pagamento das verbas rescisórias descritas naquele documento, continuando com o empregador o ônus de demonstrar em juízo que as pagou caso o empregado negue o recebimento dos haveres rescisórios. Em outras palavras, eventual pagamento efetuado pelo empregador sem tal formalidade não tem eficácia jurídica, caso não reconhecido pelo empregado nem comprovado por outros meios. A assistência, portanto, nos casos previstos em lei, constitui requisito de validade da quitação passada pelo empregado ao assinar o TRCT. Sem tal formalidade a quitação não tem valor, isto é, não libera o devedor da obrigação.

Considerando que a quitação é a prova do pagamento, a "homologação"[66], no caso, visa tão somente a atestar o efetivo recebimento das verbas rescisórias descritas no TRCT pelo trabalhador. Assim, se o empregado confessa que recebeu tais valores, mesmo preterida a solenidade da homologação, considera-se ter havido pagamento e, por consequinte, quitação, isto é, liberação do devedor; caso contrário, não. Como se pode ver, portanto, a homologação apresenta-se apenas como requisito de prova do pagamento.

Inaceitáveis, assim, as consequências que o Col. Tribunal Superior do Trabalho pretende extrair da homologação sindical, conforme entendimento constante da Súmula n. 330:

> QUITAÇÃO. VALIDADE. A quitação passada pelo empregado, com assistência de entidade sindical de sua categoria, ao empregador, com observância dos requisitos exigidos nos

---

(65) Embora, tecnicamente, entendamos que a dispensa por justa causa não constitui penalidade disciplinar, uma vez que se trata de mera invocação do pacto comissório, também permitida ao empregado, a doutrina e a jurisprudência assim a têm considerado.

(66) Considerando que já está consagrado pelo uso, parece-nos irreversível o emprego do termo "homologação" no caso. Todavia, conforme adverte Arnaldo Süssekind, a assistência a que alude o art. 477, § 1º, da CLT não significa "homologação", nem corresponde apenas a um "visto" do sindicato da categoria ou das autoridades referidas. Assistir, esclarece, significa estar presente e orientar o assistido, assinando com ele o documento. E conclui: "a lei se refere a 'assistência', e não a 'visto' ou a '*referendum*', precisamente porque considerou indispensável a presença e a orientação do sindicato ou das autoridades mencionadas" (SÜSSEKIND, Arnaldo; MARANHÃO, Délio; VIANNA, Segadas. *Instituições de direito do trabalho*, v. 1. 14. ed. São Paulo: LTr, 1994. p. 216).

parágrafos do art. 477 da CLT, tem eficácia liberatória em relação às parcelas expressamente consignadas no recibo, salvo se oposta ressalva expressa e especificada ao valor dado à parcela ou parcelas impugnadas.

I – A quitação não abrange parcelas não consignadas no recibo de quitação e, consequentemente, seus reflexos em outras parcelas, ainda que essas constem desse recibo.

II – Quanto a direitos que deveriam ter sido satisfeitos durante a vigência do contrato de trabalho, a quitação é válida em relação ao período expressamente consignado no recibo de quitação.

Embora não explique o TST qual é o fundamento pelo qual entende que o empregador tenha obtido quitação de todas as obrigações rescisórias pelo fato de constarem do TRCT devidamente homologado, no caso, só poderíamos supor três hipóteses entre as modalidades de extinção das obrigações previstas no Código Civil: pagamento, transação ou renúncia.

Quanto à primeira alternativa (pagamento), para que seja acolhida exige-se prova do cumprimento integral da obrigação[67]. Por conseguinte, se o empregador nega ter havido outros créditos em favor do empregado além dos que foram pagos, não poderia pretender que os tivesse satisfeito. Inconcebível, pois, que invoque a quitação de uma dívida que nega existir ou ter existido algum dia. Afinal, não é lógico nem razoável alegar que a dívida jamais existiu e, ao mesmo tempo, sustentar que foi paga, exceto quando se invoca pagamento indevido, o que não é o caso.

Por outro lado, se o empregador nega a existência da dívida, também não pode dizer que foi beneficiado pela renúncia, uma vez que nem ao menos reconhece que a dívida existiu. Assim, não pode estar alegando renúncia, até porque, se o obreiro está exigindo as parcelas em juízo, deve-se presumir que renúncia não houve. Ademais, se o ex-empregador afirma que não havia dívida, a renúncia se revelaria impossível, por falta de objeto.

Afora isso, para que se caracterize a renúncia, é preciso que haja ato inequívoco do credor manifestando sua vontade de abdicar do direito, o que não se pode extrair da simples homologação sindical. E não é razoável pensar que a lei houvesse exigido a assistência com a finalidade de placitar a renúncia de créditos trabalhistas. Aliás, se o fizesse, estaria contrariando os princípios constitucionais que têm aqueles direitos como especialmente protegidos. Assim, uma interpretação que atribua à homologação efeito de renúncia aos créditos não pagos estaria em desacordo com os princípios constitucionais vigentes. Conquanto a norma seja anterior, a interpretação sob análise desenvolveu-se na vigência da atual Constituição.

É possível, ainda, obter a quitação de um débito sem seu integral pagamento mediante transação. Todavia, também não se pode supor que tenha a homologação sindical tal finalidade. E, por ser ato dispositivo de direitos, a transação também exige manifestação de vontade inequívoca, não podendo ser presumida. Ademais, para a composição das

---

(67) O pagamento deve consistir em prestação que corresponde integral e precisamente ao objeto do direito de crédito. Mesmo que o credor tenha aceitado o pagamento, supondo-o perfeito, tal fato não o impede de exigir a complementação ou correção, caso venha a constatar que foi incompleto ou inexato (GOMES, Orlando. *Obrigações*. 8. ed. Rio de Janeiro: Forense, 1992. p. 136).

partes foi prevista pelo legislador a criação de Comissões de Conciliação Prévia, diante do que resta evidenciado, de modo ainda mais contundente, que a homologação sindical não tem por objetivo a transação ou renúncia, mas apenas a certificação de que os valores que constam do TRCT foram efetivamente pagos ao trabalhador, nada mais que isso, pelo menos em relação ao empregador.

Mesmo em sua atual versão, a ideia em que se assenta a Súmula n. 330 do TST é inaceitável. Nem ao tempo da edição da CLT, em que o sindicato atuava como uma espécie de *longa manus* do Estado, pensou-se em conferir-lhe um papel que suplantasse ou substituísse a atividade do Poder Judiciário. Assim, se nem mesmo a coisa julgada é imune a ataques, desde que adotada a via própria e observado o devido tempo, não se poderia atribuir a uma simples homologação sindical, ainda que sem ressalvas, eficácia superior a uma sentença com trânsito em julgado.

A homologação, na verdade, não cria mais do que uma prova do pagamento, sujeita à valoração judicial, como qualquer outra prova. Mais precisamente, a homologação é um dos requisitos da quitação passada pelo empregado ao empregador. Todavia, como qualquer outra prova documental, o TRCT homologado não pode ter seu alcance estendido para além do que nele consta. A assistência sindical é apenas uma formalidade exigida pelo legislador para tornar eficaz o pagamento, sem precisar o empregador de outras provas, nada mais do que isso. Vale dizer: TRCT sem homologação, nas situações em que esta é exigida, não tem força de prova do pagamento das verbas rescisórias. A homologação, portanto, não tem outra finalidade que não a de conferir eficácia ao pagamento, constituindo uma prova válida dele.

Todavia, ninguém, senão o Poder Judiciário, analisando cada caso concreto, em relação a cada parcela, pode definir se o pagamento efetuado abrange, ou não, o total devido a cada título. Essa tarefa não pode ser transferida a quem quer que seja, em face do princípio da indelegabilidade da jurisdição.

É certo que quem se apresenta em juízo como credor deverá demonstrar o seu direito. Todavia, isso só será possível mediante a análise do mérito da demanda. E caso verifique o julgador que o pagamento não satisfaz a integralidade da dívida, não poderia concluir que a quitação compreende até o que não foi pago. Foge a qualquer critério interpretativo aceitável o entendimento de que o art. 477, § 1º, da CLT estaria elevando o recibo homologado pelo sindicato à presunção *juris et de jure* de pagamento integral das parcelas que nele figuram, e não apenas dos valores a elas correspondentes, desde que efetivamente pagos.

Afinal, nenhum recibo pode ser interpretado como prova da quitação de parcelas ou valores além dos que nele foram inscritos. Tal ficção não pode encontrar abrigo no Direito, salvo quando a ordem jurídica pretende conferir especial proteção a determinada classe de indivíduos, estabelecendo-a expressamente. Ora, o Direito do Trabalho tem por escopo maior a tutela dos trabalhadores, e não se poderia interpretar suas normas em sentido inverso, extraindo-se delas um fator de desproteção precisamente àqueles a quem a ordem jurídica preocupou-se em conferir maior segurança.

Conforme salientaram os autores do projeto da CLT, "só por uma expressão clara e nunca por uma interpretação sutil e dúbia pode ser aplicada uma lei de proteção, como o é a lei trabalhista, em detrimento daquele a que, primeiro que tudo, visa proteger"[68].

E a interpretação histórico-teleológica do dispositivo legal em questão não deixa dúvidas de que o objetivo de tal norma não foi o de passar um recibo de quitação geral ao empregador, mas de proteger os obreiros contra a prática de alguns empregadores, que vinham exigindo, no ato da admissão, que os empregados assinassem um "pedido de demissão" e um recibo de plena e geral quitação, a fim de se exonerarem do pagamento da indenização por despedida sem justa causa e da concessão do aviso prévio caso desejassem dispensar o trabalhador. Essa foi a situação que motivou a edição da Lei n. 4.066/62, pela qual passou a ser exigida a assistência, tanto na demissão quanto na quitação das verbas rescisórias[69]. E a limitação da exigência aos contratos com mais de um ano de vigência explica-se pelo fato de que, antes disso, o trabalhador não tinha direito à indenização (CLT, art. 478, § 1º)[70].

Assim, desde que provado em juízo que os valores pagos no TRCT são insuficientes para saldar os direitos do trabalhador, não correspondendo aqueles à totalidade dos créditos a que este faz jus, deve prevalecer a realidade. Do contrário, estar-se-ia criando uma ficção para negar ao trabalhador o efetivo acesso ao Judiciário, porquanto admitir a demanda para, *a priori*, fazer prevalecer a presunção, em qualquer caso, não passa de engodo formal.

Destarte, toda vez que o empregado alega em juízo que tem direito a valores superiores aos que constam do TRCT, impõe-se analisar a quitação que o empregador obteve, para ver se abrange, ou não, a integralidade das verbas a que o trabalhador diz ter direito. E se o empregador nega serem ou terem sido devidas as parcelas postuladas, a conclusão obrigatória é de que não houve pagamento dos direitos invocados pelo trabalhador em juízo. Corolário lógico é que não poderá o juiz fugir à apreciação do mérito propriamente dito da demanda.

Aliás, é possível até que nem mesmo os valores descritos no TRCT homologado tenham sido pagos ao trabalhador. E isso não é apenas uma hipótese ilustrativa, uma vez que já tivemos oportunidade de julgar casos em que restou demonstrado cabalmente (tendo havido, inclusive, flagrante do MPT juntamente com a Polícia Federal) que havia um conluio entre os representantes do empregador e do sindicato, os quais se uniram para lesar os trabalhadores.

Acerca de outras questões relativas a formalidades exigidas no âmbito do Direito Individual do Trabalho voltaremos a tratar no último capítulo da presente obra.

---

(68) SÜSSEKIND, Arnaldo; LACERDA, Durval de; VIANNA, J. de Segadas. *Direito brasileiro do trabalho*, v. 2. Rio de Janeiro: Livraria Jacinto, 1943. p. 27-8.

(69) Posteriormente, lembra Arnaldo Süssekind, a Lei n. 5.472/68, consolidando jurisprudência do TST, restringiu o alcance da quitação às parcelas especificadas no termo de rescisão (SÜSSEKIND, Arnaldo; MARANHÃO, Délio; VIANNA, Segadas. *Op. cit.*, p. 214). E a Lei n. 5.562, de 12.12.1968, trouxe tais regras para a CLT (art. 477, §§ 1º e 2º), revogando as Leis ns. 4.066/62 e 5.472/68.

(70) A Lei n. 5.562, de 12.12.1968, que introduziu o requisito da assistência rescisória na CLT, foi ainda mais rigorosa, passando a exigi-la desde que a duração do contrato tivesse sido superior a 90 dias. Pouco tempo depois, no entanto, o Decreto-lei n. 766, de 15.8.1969, restabeleceu o prazo de um ano, como inicialmente previsto pela Lei n. 4.066/62, limite que ainda hoje prevalece (CLT, art. 477, § 1º).

Capítulo VI

IMPERFEIÇÕES RELACIONADAS À CAUSA

Embora não possa haver dúvidas de que todo ato jurídico, enquanto conduta humana, tenha, necessariamente, uma causa (ou mais de uma), são inúmeras as divergências acerca de sua natureza e relevância para a teoria dos atos jurídicos[1]. Para alguns juristas, trata-se de noção estranha ao negócio, enquanto, para outros, confunde-se com o próprio objeto ou com o consentimento, mas não são poucos os que sustentam que a causa constitui elemento integrante do suporte fático, inconfundível com os demais. Por outro lado, há os que entendem que a noção de causa deve ser analisada sob o enfoque funcional. Conforme resume *Gilberto Canto*, "em nenhum setor de suas investigações os jusperitos tanto se digladiam, variando matizes doutrinárias, desde a negação formal da causa como tema jurídico, até os mais preciosos e sutis conceitos e explicações do que ela seja"[2].

Para o objetivo do presente estudo, no entanto, basta a constatação de que, em alguns casos, o défice do negócio jurídico encontra-se na sua *causa*. Embora o Código Civil procure evitar o uso de tal expressão, prevê a invalidação do negócio jurídico quando o motivo determinante for falso (art. 140 c/c art. 171, II) ou ilícito (art. 166, III). Afora isso, faz menção expressa à causa ao tratar do dolo (art. 145) e na disciplina do contrato de prestação de serviços (art. 598) e de seguro (art. 791), sem contar as inúmeras referências à justa causa. A CLT, por sua vez, também reporta-se à justa causa na dispensa do empregado (art. 482), além de restringir a validade da mudança de local de trabalho aos fundamentos de fato que especifica (art. 469), o que vincula tais atos à sinceridade dos motivos invocados. Em relação aos atos administrativos, de outra parte, a motivação constitui a regra[3].

---

(1) Segundo Clovis Bevilaqua, a noção de causa entrou para o Código Napoleão em virtude de um verdadeiro quiproquó filológico: "Já no século XIII, Beaumanoir, querendo dizer que não se constitui obrigação sem objeto, ou sem que este fosse lícito, empregara o termo *coze*, do francês anterior ao de Racine, no sentido comum de coisa material, de *res*. Este termo, nas expressões *sans coze*, *sur une fausse coze* ou *sur coze illicite*, juristas posteriores teriam-no traduzido por *causa*, ensejando a Domat oportunidade e elementos para a complicada teoria que então construiu, tivesse embora, por isso, que torturar e deformar os textos romanos" (*Apud* MIRANDA, Custódio da Piedade Ubaldino. *Teoria geral do negócio jurídico*. São Paulo: Atlas, 1991. p. 158).

(2) CANTO, Gilberto de Ulhoa. Causa das obrigações fiscais. In: *Repertório enciclopédico do direito brasileiro*, v. 8. Rio de Janeiro: Borsoi, [s.d.]. p. 2.

(3) MEIRELLES, Hely Lopes. *Direito administrativo brasileiro*. 17. ed. São Paulo: Malheiros, 1992. p. 136-7. Nem se diga que os atos administrativos não servem como exemplo por não se enquadrarem no conceito de negócios jurídicos. Conforme salienta Silvio de Macedo, a dogmática jurídica é única, abrangendo tanto o direito privado quanto o direito público. E o Direito Administrativo, "mantém inteiriça a arquitetura do direito civil, apenas substituindo um dos sujeitos pelo Estado. O que há de criatividade original no direito administrativo — conclui — são pequenas ilhas esparsas no grande arquipélago da dogmática jurídica, quase toda ela civilística nos seus suportes e na sua linguagem" (MACEDO, Silvio de. Negócio jurídico – II. In: *Enciclopédia Saraiva do Direito*, v. 54. São Paulo: Saraiva, 1977. p. 181).

Tem-se, portanto, que, pelo menos em tais casos, a causa, tomada no sentido de razão determinante, incorpora-se ao suporte fático do ato jurídico, podendo conduzi-lo à invalidação, caso seja falsa ou ilícita.

6.1. Os motivos e a causa

Na linguagem jurídica são distintos os conceitos de motivo e causa. O motivo é subjetivo, íntimo, psicológico, flexível e mutável de indivíduo para indivíduo, consoante seus interesses, expectativas ou necessidades particulares. A causa, ao inverso, é objetiva, externa, rígida e inalterável em todos os atos jurídicos da mesma natureza.

O motivo constitui a causa impulsiva, apresentando-se como uma razão ocasional ou acidental do negócio. A causa, juridicamente falando, é a causa final. A causa, portanto, não é senão o fim visado pelo agente, o ponto de apoio em que se fundamenta a obrigação voluntária. É o resultado objetivo que cada participante busca obter ao servir-se de determinado negócio jurídico[4]. O vocábulo *causa* poderia, assim, com vantagem, ser substituído pela palavra *fim* ou *propósito*[5].

Ao contrário do que poderia parecer, não há incompatibilidade lógica alguma na afirmação de que os fins são a causa dos negócios jurídicos. Conforme explica o professor da Faculdade de Direito de Lisboa Dr. *António Menezes Cordeiro*, "o que distingue a acção humana de qualquer *outra* é a sua estrutura interna: a *acção* não humana traduz-se na sucessão mecânica de causa-fim, sendo este determinado por aquela; na acção humana, há uma prefiguração do fim que determina o movimento para o alcançar e os meios para tanto seleccionados: o próprio fim é a *causa*. Assim se compreende que actuações humanas naturalisticamente idênticas possam ter conteúdos e efeitos muito diferentes, consoante os fins que as animem e justifiquem. Num exemplo clássico, a pessoa que se levanta, num recinto, pode expressar alguém que vai saudar um amigo, pode equivaler ao participante que faz um lance num leilão ou pode traduzir um deputado, no curso de uma votação no Parlamento"[6].

No mesmo sentido, observou *Carnelutti* que "a causa do ato *é o interesse que o agente procura com seu ato realizar*. Tal interesse estimula a vontade por um mecanismo psíquico que pode assimilar-se à projeção da situação final em que o ato se resolve no mecanismo mental antes de realizar-se"[7].

Conforme ensina *Gilberto Canto*, a despeito da evolução subsequente, o conceito de causa transplantado para o Direito foi o tomístico, o que se explica não somente por força

---

(4) "Causa constitui a atribuição jurídica do negócio, relacionada ao fim prático que se obtém como decorrência dele" (MELLO, Marcos Bernardes de. *Teoria do fato jurídico:* plano da validade. 4. ed. rev. São Paulo: Saraiva, 2000. p. 127). Pode-se dizer, ainda, que a causa constitui o *interesse* do declarante na realização do negócio jurídico (CARBONNIER, Jean. *Droit civil*, t. 4: les obligations. 17. ed. Paris: Presses Universitaires de France, 1993. p. 124).
(5) CAPITANT, Henri. *De la cause des obligations*. 3. ed. Paris: Dalloz, 1927. p. 21.
(6) CORDEIRO, António Menezes. *Teoria geral do direito civil*, v. 1, 2. ed. rev. e actual. Lisboa: Associação Académica da Faculdade de Direito, 1987/88. p. 471-2.
(7) *Apud* PINTO, José Augusto Rodrigues. *Curso de direito individual do trabalho*. 2. ed. São Paulo: LTr, 1995. p. 175.

da grande envergadura que lhe emprestou o Direito Canônico, como também pela circunstância de que a causa final, a preponderante para aquela escola filosófica, é a que diz de perto com a vontade. Para *São Tomás de Aquino*, explica o mesmo autor, a causa final é a determinante necessária (*agens non movet nisi intentionem finis*). A finalidade é que sempre determina a ação. A causa final é a que importa, porque universal e informativa do elemento volitivo humano[8]. Destarte, diversamente da Física, que se preocupa com o *porquê* (causa eficiente ou causa mecânica) da ocorrência de determinados eventos (por que a pedra rola), ao Direito interessa, antes de tudo, *para que* o negócio foi realizado, isto é, qual foi o propósito ou o fim perseguido pela vontade criadora das obrigações jurídicas (causa final).

A causa, assim, vem a ser o *elemento teleológico* do negócio jurídico, sendo este o meio para a obtenção dos fins que as partes têm em vista alcançar. Nem por isso, no entanto, a causa deixa de ser um elemento objetivo, sendo típica e constante para cada modalidade negocial, independentemente de quais sejam os sujeitos concretos que participam do negócio. Os motivos, ao contrário, variam ao sabor dos interesses particulares de cada participante do negócio e de acordo com as diferentes situações, atuando apenas sobre a formação da vontade negocial[9].

Ainda que fazendo alusão apenas à causa, é muito esclarecedora a distinção traçada por *Giorgio Giorgi* entre a causa do contrato, que constitui os motivos, e a causa da obrigação. Segundo o ilustre jurista italiano, a *causa contractus* representa os motivos que determinaram o contraente, motivos que lhe são pessoais e não assumem caráter objetivo nos elementos do contrato; a *causa obligandi* é a razão determinante, a que a lei empresta caráter objetivo, constituindo fundamento jurídico da própria obrigação. A *causa obligandi* eleva-se, assim, à categoria de requisito essencial do contrato[10].

Conforme aponta *Dionysio Gama*, "a causa é a razão determinante da obrigação que a parte toma no contrato, ou, segundo ensina *Teixeira de Freitas* (*Consolidação das Leis Civis*, nota 13 ao art. 419), é a razão, o motivo do ato ou contrato que, nos gratuitos ou benéficos, é o sentimento de bem-fazer, e, nos onerosos ou lucrativos, é o que se recebe pelo que se dá". Prossegue o mesmo autor citando a lição de *Lacerda de Almeida*, segundo a qual "não se deve confundir a causa da obrigação — *causa debendi, causa obligandi* — com a causa do contrato. A primeira constitui o *porquê*, a segunda o *para que*, causa final do contrato"[11].

Para *Humberto Theodoro Júnior*, "a causa do negócio entrelaça-se com a economia do contrato, seus sujeitos, sua base estrutural, e tudo o que condiciona, como razão determinante, o efeito jurídico programado". E completa o jurista mineiro: "mas, antes e fora do negócio jurídico, o agente sempre tem seus motivos pessoais, isto é, as razões

---

(8) CANTO, Gilberto de Ulhoa. *Op. cit.*, p. 2-3.
(9) MESSINEO, Francesco. *Manual de derecho civil y comercial*, v. 2. Trad. Santiago Sentís Melendo. Buenos Aires: Ediciones Juridicas Europa-America, 1979. p. 371-2 e 378.
(10) Apud ESPÍNOLA, Eduardo. *Manual do Código Civil brasileiro*, v. 3: dos factos jurídicos, 1ª parte. Rio de Janeiro: Jacintho Ribeiro dos Santos, 1923. p. 275.
(11) GAMA, Affonso Dionysio. *Teoria e prática dos contratos por instrumento particular no direito brasileiro*, v. 1, 13. ed. rev. e atual. por J. Edvaldo Tavares. Rio de Janeiro: Freitas Bastos, 1961. p. 64.

particulares que atuaram sob seu psiquismo provocando sua deliberação de contratar, sem entretanto figurar nos termos da convenção"[12]. São os motivos, assim, quando muito, a causa remota do negócio jurídico (causa impulsiva).

A propósito, salienta *Barassi* que, para ser séria, a vontade requer sempre um motivo. E mesmo que haja, como normalmente ocorre, uma série de motivos sucessivos que determinam a vontade, dada a necessidade de estabilidade externa do negócio jurídico, a lei tem em conta apenas o motivo final, o mais próximo, que é a causa. Nem por isso, conclui, a causa se confunde com uma simples intenção, mas representa um elemento externo: o conteúdo objetivo da intenção[13].

Na mesma linha, ressalta *Ruggiero* a necessidade de se distinguir a representação psíquica que atua como motivo determinante da ação ante os motivos que a antecederam. Entre os motivos que precedem o ato, o Direito atende apenas ao último, o mais próximo da ação, o que a determina e que, objetiva e juridicamente, justifica o ato ou a promessa, não se importando com os mais remotos, que, apesar de terem influenciado a vontade, por si sós não bastam para justificar sua manifestação. Tais motivos são, em regra, irrelevantes para o Direito, salvo se foram incorporados à própria declaração de vontade, sob a forma de condição, modo ou pressuposição, de maneira a constituir parte integrante da própria declaração. O motivo próximo é a *causa*, vale dizer, a razão determinante da vontade; os estímulos remotos são os motivos, isto é, as causas impulsivas, individuais e subjetivas; o primeiro é condição essencial da existência do negócio jurídico, sem a qual a vontade não seria, por si só, capaz de produzir o efeito que pretende; os segundos, a razão ocasional e acidental do negócio, a qual, posto que nunca falte como impulso primordial da vontade, não tem para o Direito importância alguma[14].

Os motivos do negócio jurídico, lembra igualmente *Clovis Bevilaqua*, "são do domínio da Psicologia e da moral. O Direito os não investiga, nem lhes sofre a influência, exceto quando fazem parte integrante do ato, quer apareçam como razão dele, quer como condição de que ele dependa"[15].

Outro não é o ensinamento de *Cunha Gonçalves*, quando observa que "um acto jurídico pode ser originado por diversos motivos; e nem todos terão a categoria de *causa*, nem todos terão igual valor determinante. Os motivos-causa não têm todos a mesma natureza e força. Uns são *específicos, imediatos, essenciais*, e por isso, constituem causa *final* ou *próxima*; outros são *mediatos, secundários, acidentais* e, por isso, constituem a causa *ocasional* ou *remota*, a causa da causa, o porquê do porquê". Para aferir a validade do ato, "em princípio, só há que tomar em consideração a *causa próxima* e não a *causa remota*,

---

(12) THEODORO JÚNIOR, Humberto. *Comentários ao novo Código Civil*, v. 3, t. 1: arts. 138 a 184. Rio de Janeiro: Forense, 2003. p. 88.
(13) BARASSI, Lodovico. *Instituciones de derecho civil*, v. 1. Trad. Ramon Garcia de Haro de Goytisolo. Barcelona: Bosch, 1955. p. 182.
(14) RUGGIERO, Roberto de. *Instituições de direito civil*, v. 1. Trad. Ary dos Santos. São Paulo: Livraria Acadêmica, 1935. p. 278.
(15) BEVILAQUA, Clovis. *Código Civil dos Estados Unidos do Brasil comentado*, v. 1, 7. ed. Rio de Janeiro: Livraria Francisco Alves, 1944. p. 356.

salvo quando as partes ponderaram também esta, durante suas negociações preliminares, caso em que também ela terá valor"[16].

Esclarecedora, mais uma vez, a exposição de *Humberto Theodoro Júnior*:

> Em termos gerais e, principalmente, em termos psicológicos, tudo que influi na formação da vontade negocial é causa; mas causa jurídica só pode ser o *motivo determinante* do negócio, dentro do consenso estabelecido entre os sujeitos. O motivo, como tal, permanece no âmbito do psiquismo individual do declarante; já o motivo determinante (a causa) é o que deixa de ser fato particular de um dos sujeitos e torna-se elemento comum a ambos os agentes do contrato. Opera-se, dessa maneira, o consenso sobre a relevância do motivo na economia do negócio e, portanto, sua essencialidade diante dos fins contratuais[17].

Destarte, quando os motivos forem elevados à condição de razão determinante do negócio jurídico, convertem-se, eles também, em causa, expressão que o novo Código Civil tentou evitar. Com toda razão, pois, *Gagliano* e *Pamplona Filho*, ao observarem que, "se por um lado o tratamento dispensado à causa é ainda tímido, por outro não se pode dizer que a nova lei codificada deixa de admiti-la". E, a partir do enunciado do inciso III do art. 166 do Código Civil, concluem:

> Ora, considerando que as razões interiores (motivos de ordem psicológica) pouco interessam ao direito, senão à moral, é correto afirmar-se que a expressão *"motivo determinante"* diz respeito à causa, segundo a noção subjetivista de *"motivação típica do ato"*, consoante acima se mencionou[18].

Como regra, as razões particulares das partes não interferem na validade do negócio jurídico, atuando como mera causa remota do mesmo. Todavia, quando o motivo extrapola a esfera íntima do declarante e figura como razão determinante do negócio jurídico, deixa de ser simples impulso psicológico para converter-se em condição ou elemento da declaração de vontade, essencial a esta. "Essa essencialidade, porém, não decorre da posição unilateral do contratante (...), mas do reconhecimento de ambas as partes acerca da influência do motivo na economia do contrato"[19]. Em tais casos, o motivo assume a qualidade de causa do negócio jurídico.

Entretanto, não basta que o motivo seja conhecido pela outra parte. Conforme explica *Capitant*, o contrato é essencialmente um acordo de vontades pelo qual se delimita o seu conteúdo. Assim, somente o que foi convencionado entre os interessados, vale dizer, aquilo sobre o que eles se colocaram de acordo, é que se converte em elemento constitutivo do contrato, repercutindo neste. Já o que não foi objeto de acordo, exceto as disposições legais aplicáveis ao caso, não faz parte do contrato. Assim, somente podem influir na vida

---

(16) GONÇALVES, Luiz da Cunha. *Princípios de direito civil luso-brasileiro*, v. 1. São Paulo: Max Limonad, 1951. p. 221.
(17) THEODORO JÚNIOR, Humberto. *Op. cit.*, p. 89.
(18) GAGLIANO, Paulo Stolze; PAMPLONA FILHO, Rodolfo. *Novo curso de direito civil*, v. 1: parte geral. 4. ed. rev., ampl. e atual. São Paulo: Saraiva, 2003. p. 335.
(19) THEODORO JÚNIOR, Humberto. *Op. cit.*, p. 90.

do contrato os motivos psicológicos eventualmente abarcados pelo acordo de vontades, e não os que permaneceram na esfera íntima de algum dos contratantes ou que, embora conhecidos pela outra parte, não foram integrados ao contrato pela anuência mútua[20].

Existem algumas situações em que é imprescindível a investigação da causa para definir a natureza do negócio jurídico de que se trata. Um exemplo esclarecedor é o caso de alguém que recebe de outrem um bem imóvel, podendo explorá-lo em benefício próprio. Tal situação pode decorrer tanto de um contrato de comodato como de uma relação de emprego, tudo dependendo da razão determinante do negócio. Se a finalidade do contrato era tão somente proporcionar uma vantagem à parte que recebeu o bem, sem que houvesse interesse outro do proprietário que não o de oferecer àquele um benefício gratuito, a natureza da relação jurídica será de comodato. Se, ao contrário, o bem foi colocado em poder de outrem para que dele tomasse conta, a fim de que o vigiasse, o valor obtido com a exploração do mesmo nada mais será do que uma forma de pagamento pelo labor prestado. Assim, em vez de exigir que o dinheiro lhe fosse entregue, para depois retornar ao trabalhador sob a forma de salários pagos, o empregador permite que os salários sejam pagos mediante os valores recebidos de terceiros que, a rigor, lhe pertencem. Em tais casos, portanto, é preciso investigar a causa da presença de alguém na propriedade alheia. Já tivemos conhecimento de um caso concreto em que o proprietário de uma chácara, próxima à cidade, necessitando de alguém para vigiá-la, em vez de remunerar o trabalhador diretamente, permitiu que este alugasse um campo de futebol que havia no imóvel e ficasse com o valor cobrado dos locatários. Em razão disso, pretendia que a relação jurídica fosse de comodato, e não de emprego, como foi reconhecido em sentença. No caso, o que definiu a convicção do julgador foi a indagação acerca da razão determinante (causa) da mudança do autor da ação para o imóvel, tendo concluído que lá foi morar a fim de vigiá-lo, e não para colher uma vantagem que supostamente lhe teria sido ofertada gratuitamente pela outra parte.

E a mesma questão se levanta quando se indaga se determinada prestação fornecida pelo empregador ao empregado tem natureza remuneratória (salário *in natura*) ou se visa a tornar possível a execução do trabalho pelo obreiro. O que define a natureza da utilidade, em tais casos, é se o bem foi concedido *para* trabalho, isto é, se sua finalidade é servir de instrumento à prestação laboral, ou *pelo* trabalho, vale dizer, se a razão determinante de seu fornecimento é o trabalho obtido pelo empregador. É, mais uma vez, a causa que soluciona a controvérsia.

Segundo *Carbonnier*, nos contratos sinalagmáticos há duas causas em jogo, sendo que a causa das obrigações de cada contratante é a obrigação do outro, ou, mais precisamente, sua execução pela outra parte[21]. Já nos contratos unilaterais, a causa da obrigação única, normalmente, não se revelará pela simples análise do contrato em si mesmo, mas será

---

(20) CAPITANT, Henri. *Op. cit.*, p. 23.
(21) Assim também entende Capitant, observando que, "nos contratos sinalagmáticos, a causa que determina cada parte a se obrigar é a vontade de obter a execução da prestação que lhe é prometida em retorno" (CAPITANT, Henri. *Op. cit.*, p. 43). Todavia, o desejo de obter a contraprestação da outra parte é apenas a *causa normal* de tais contratos, isto é, o quanto basta para que se lhes reconheça uma causa, podendo ainda o acordo das partes inserir neles *causas secundárias*, quais sejam os motivos determinantes (*Ibidem*, p. 56).

preciso procurá-la fora dele, em geral nas relações que o precederam. Sendo o negócio a título gratuito, a causa estará na *intenção liberal*, no pensamento de beneficência em favor de outrem, interesse moral de satisfação psicológica que o Direito ampara, por ser aprovado socialmente[22].

Para *Emílio Betti*, no entanto, o entendimento acima destrói a unidade do negócio e incorre em absurdo lógico, por conceber aquilo que não passa de um *simples elemento de um todo* como sendo a razão justificativa de um outro elemento do mesmo todo, em vez de reconhecer a mútua interdependência e a comum subordinação de um e outro elemento à totalidade e à *unidade funcional* do todo de que fazem parte[23].

Pensamos, entretanto, que, assim como o negócio jurídico pode ser fracionado em diversos elementos sem prejuízo de sua unidade, a causa também pode ser analisada sob diferentes ângulos, conforme os sujeitos que participam do negócio, sem que com isso se perca a noção do todo[24]. A divergência quanto à identificação da causa, na verdade, decorre da diversidade conceitual, uma vez que parte da doutrina a considera como *razão determinante* do negócio (enfoque estrutural: a causa como elemento do negócio), enquanto para outros ela retrata a *função econômico-social do negócio* (enfoque funcional: a causa enquanto atributo do negócio).

E enquanto razão determinante, nada impede que a causa seja analisada sob mais de um ângulo, podendo-se dizer que, nos atos bilaterais, há uma *concausa*, unificada pelo encontro das vontades que formam o consenso. E, do mesmo modo que este pode nascer defeituoso, afetando todo o negócio pelo defeito da vontade de uma das partes apenas, assim também pode ocorrer com a causa quando restrita à obrigação de uma das partes.

6.2. Falsidade da causa

Na investigação da conformidade dos atos jurídicos com o Direito, não interessa tanto a causa objetiva e abstrata, estereotipada para cada modalidade negocial, mas o propósito das partes ao praticarem o ato. Todavia, conforme já referido acima, as razões pessoais só são levadas em conta pelo sistema jurídico quando se integrarem ao negócio jurídico, como causas deste, uma vez que só neste caso é que passam a ser juridicamente apreciáveis.

Destarte, nos casos em que o motivo é expresso como razão determinante, convertendo--se, assim, em causa do negócio jurídico, será este anulável por erro se apurada a falsidade

---

(22) CARBONNIER, Jean. *Droit civil*, t. 4: les obligations. 17. ed. Paris: Presses Universitaires de France, 1993. p. 125-7. Distingue Capitant as doações puramente graciosas, em que a causa é unicamente a intenção do disponente de enriquecer gratuitamente o donatário, das doações feitas em vista de um objetivo determinado, em que a doação não tem um fim em si mesma, em que a intenção de gratificar se acha jungida a outro fim do qual não pode ser separada (CAPITANT, Henri. *Op. cit.*, p. 84).
(23) BETTI, Emílio. *Teoria geral do negócio jurídico*, t. 1. Trad. Ricardo Rodrigues Gama. Campinas: LZN, 2003. p. 259.
(24) Não é outra coisa o que ocorre em relação ao objeto, o qual nos contratos sinalagmáticos comporta obrigações recíprocas.

daquele[25]. Entretanto, conforme dito antes, para que se possa anular o negócio jurídico não basta que a outra parte tenha tido ciência do motivo que levou o declarante a concluir o negócio. Além de conhecê-lo, é indispensável que o outro contratante aceite o motivo "como razão essencial do negócio, gerando, assim, um acordo a seu respeito. Não se exige, porém, que dito acordo seja sempre por escrito. Tem de ser *expresso*, isto é, manifesto, real, mas pode ser verbal e até constar de declarações receptícias tácitas[26]. Por outro lado, o acordo em torno do motivo tanto pode ser encontrado em cláusula do contrato, como pode ter sido objeto de negociações preparatórias ou laterais do negócio. O importante é que, para ambas as partes, o motivo daquele que incorreu em erro tenha sido tratado e admitido como 'razão determinante' da contratação"[27].

Conforme ressaltou *Eduardo Espínola*, "o legislador brasileiro inspirou-se, nesse ponto, na teoria de Leonhard, que parte do princípio que o erro do declarante só deve ser atendido quando a outra parte reconheça ou deva reconhecer que para aquele a ausência de tal erro se apresenta, por assim dizer, como condição do negócio jurídico"[28]. E isso é ainda mais evidente perante o Código Civil vigente (art. 138) do que em relação ao diploma anterior, que não exigia a reconhecibilidade do erro pelo declaratário.

Existem, porém, atos que só podem ser praticados ante a presença de determinadas circunstâncias que os justifiquem, a exemplo do que ocorre com os atos vinculados no Direito Administrativo. A transferência do empregado para outra localidade, por exemplo, somente é admitida por necessidade do serviço[29]. Neste caso, a ocorrência do motivo justificador constitui-se em requisito de validade do ato, sem o qual este será nulo[30]. Se o trabalhador ainda não se mudou para o novo estabelecimento, pode inclusive postular a tutela jurisdicional para que se declare não existir a necessidade alegada, infirmando, assim, a determinação do empregador antes mesmo que produza efeitos práticos. Todavia, se o empregado se submete à ordem patronal, só invocando a ilegalidade após o término do pacto laboral, restará ao trabalhador apenas o direito à indenização pelos prejuízos sofridos.

Qual seria, porém, o valor dessa indenização? Alguém poderia sugerir que a própria lei o estabelece, ao prever que, em caso de transferência, o empregado faz jus a um adicional de 25% (CLT, art. 469, § 3º). Todavia, como ficaria a situação do empregado que já

---

(25) Trata-se de princípio proveniente do Direito Romano: *"Falsa causa non nocet. Sed si conditionaliter enunciata fuerit causa, aliud iuris est"* (*Institutas*, Livro II, Título XX, § 31).

(26) Embora os simples motivos individuais sejam irrelevantes e não haja norma legal acolhendo a figura da *pressuposição* (condição não declarada, não desenvolvida ou implícita), o respeito à boa-fé exige que seja deferida tutela à parte cujo consentimento fundou-se em pressuposto conhecido pela parte contrária, mas que, depois, verifica-se ausente (TORRENTE, Andrea; SCHLESINGER, Piero. *Manuale di diritto privato*. 12. ed. Milano: Giuffrè, 1985. p. 247-8).

(27) THEODORO JÚNIOR, Humberto. *Op. cit.*, p. 92.

(28) ESPÍNOLA, Eduardo. *Op. cit.*, p. 275.

(29) "EMPREGADO PÚBLICO. TRANSFERÊNCIA. É abusiva a transferência de empregado público sujeito ao regime da CLT por ato do empregador que o colocou à disposição, em local diverso daquele em que originariamente exercia suas atividades, sem que esteja comprovada a real necessidade do serviço" (TRT 18ª Região, RO 00132-2005-201-18-00-9, Rel. Juiz Gentil Pio de Oliveira. DJE 2.9.2005, p. 60).

(30) Ao contrário do que poderia parecer, a hipótese não é de inexistência jurídica do ato, uma vez que, embora ausente a causa exigida por lei, outra causa haverá, ainda que não revelada pelo empregador.

recebeu referido adicional? É possível até que se adote a previsão legal referida como analogia nos casos em que o empregado não teria direito ao adicional por ser a transferência definitiva. Todavia, não nos parece justo entender que quem recebeu o adicional em questão não mereça reparação alguma pelos prejuízos advindos da transferência abusiva.

A dispensa do empregado estável, igualmente, é ato vinculado à ocorrência de uma das hipóteses que a autorizam. Assim, se o empregado negar a falta, caberá ao empregador demonstrá-la, sob pena de nulidade da dispensa. Todavia, em se tratando de empregado que não seja portador de estabilidade, prevalece a dispensa, uma vez que esta não precisa ser justificada, mas o empregador deverá pagar as verbas rescisórias correspondentes à dispensa imotivada. Em outras palavras, altera-se a causa, ou razão determinante da ruptura do vínculo, deixando de ser a conduta do empregado para ser a simples vontade do empregador em pôr termo ao contrato. Isso, porém, só é possível quando o ato admite outra causa que não a invocada pelo agente.

As razões pessoais de cada um dos figurantes, ainda que conhecidas pela outra parte, não repercutem na validade do negócio jurídico se não fizeram parte do acordo. Mesmo sabendo o empregador que a intenção do empregado é utilizar a antecipação salarial solicitada para praticar atos ilícitos ou imorais, isto não torna nulo o adiantamento realizado, até porque o pagamento é ato-fato jurídico, e o fato de ser antecipado não lhe altera a natureza.

Em última análise, no erro sobre as qualidades essenciais da pessoa ou da coisa também há erro sobre o motivo, aqui convertido em causa, dado que, em tais casos, aquelas qualidades foram determinantes para a realização do negócio, presumindo-se que, se inexistissem, o negócio não se realizaria. O motivo determinante do negócio, portanto, foram as qualidades que o declarante esperava encontrar na pessoa ou coisa, o que pode ser extraído das circunstâncias em que se realizou o negócio. O Código Civil, no entanto, "eleva esse erro no motivo à categoria de erro quanto à identidade, incluindo-o nessa classe"[31]. O acerto da observação acima foi evidenciado pelo atual Código, ao estabelecer que só se considera essencial o erro em relação à identidade da pessoa quando tenha influído de modo relevante na declaração de vontade (art. 139, II).

A simples frustração de expectativas, no entanto, ainda que conhecidas da outra parte, não autoriza a anulação do ato jurídico. Se o empregador concede algum benefício esperando que, com isso, o empregado pague uma dívida, não fazendo tal expectativa parte do negócio não poderá ela ser considerada razão determinante capaz de gerar nulidade. E o mesmo ocorre nas expectativas sobre produção ou resultados não alcançados quando não integrem o pactuado. Consoante lição de *Humberto Theodoro Júnior*, "o erro, por natureza, pressupõe a possibilidade do exato conhecimento da realidade, e, então, não pode incidir senão sobre o que já existe, ou já existiu e nunca sobre simples previsões ou expectativas de problemáticos resultados econômicos do negócio. Residem fora, portanto, do âmbito do erro substancial os equívocos de previsão econômica"[32].

---

(31) MIRANDA, Francisco Cavalcanti Pontes de. *Tratado de direito privado*, t. 4. Rio de Janeiro: Borsoi, 1954. p. 296-7.
(32) THEODORO JÚNIOR, Humberto. *Op. cit.*, p. 60.

Ressalva, todavia, o mesmo autor que, quando o evento futuro for elevado ao *status* de razão determinante do negócio, segundo os termos do ajuste ou as circunstâncias ostensivas da contratação, pode constituir-se em base para a anulabilidade em caso de erro. Destarte, "para que se admita como erro substancial, a projeção futura tem de ultrapassar o limite do 'falso motivo', para tornar-se, nos termos do negócio, 'razão determinante'"[33].

Convém, entretanto, não confundir o falso motivo com a condição resolutiva do negócio jurídico. No falso motivo, verifica-se o erro do declarante que enunciou as razões psicológicas pelas quais empreendeu o negócio jurídico. E essa hipótese não equivale ao negócio jurídico sujeito a condição resolutiva. Se o declarante não tem certeza acerca da existência do motivo invocado ou de sua ocorrência futura e quer se resguardar, deve fazer incluir no negócio uma cláusula resolutiva. Se não o faz e invoca como motivo evento futuro e incerto, assume os riscos de aquela previsão não vir a se concretizar, não podendo, depois, invocar a ocorrência de erro onde existiu apenas um risco, assumido livremente.

Assim, por questão de segurança jurídica, só se deve admitir que a expectativa de fato futuro se converta em causa de desfazimento do negócio jurídico quando àquela for conferido o *status* de condição resolutiva, isto é, quando houver previsão contratual no sentido de que a frustração da expectativa implicará o retorno das partes ao *statu quo ante*. E tal cláusula há de ser expressa no negócio jurídico, sob pena de semear-se a intranquilidade e a instabilidade nas relações negociais.

Quando o motivo, ainda que declarado como razão determinante, for um fato a ser praticado por terceiro, o descumprimento da promessa por parte deste não justifica o pleito de anulação do ato. No caso, não se pode alegar a ocorrência de erro. O desfazimento do negócio só será possível se o inadimplemento do terceiro for estabelecido como condição resolutiva. Assim, se o empregado se demite por ter sido convidado a trabalhar em outra empresa, retirando esta a oferta, não tem o obreiro direito de exigir o retorno ao emprego anterior, mesmo que tivesse cientificado o antigo empregador das razões da ruptura contratual e fosse portador de estabilidade, devendo postular eventuais reparações tão somente junto a quem não cumpriu o prometido. É preciso, assim, que, acerca do motivo, tenha ocorrido um equívoco, e não uma simples frustração de uma expectativa, para que se configure a hipótese do art. 140 do Código Civil.

O falso motivo pode estar presente no contrato de trabalho, por exemplo, quando o empregador concede um prêmio ou promoção a determinados empregados, em razão de seu desempenho e, mais tarde, percebe que os resultados apresentados não foram produzidos por eles, mas por outra equipe. No caso, ficando evidenciado que a concessão da promoção ou do prêmio tinha como motivo determinante o desempenho alcançado, a constatação de que tal fato era irreal torna o reconhecimento carecedor de causa. Diante disso, o empregador tem direito, conforme o caso, à devolução do prêmio concedido ou à recondução dos empregados indevidamente promovidos ao *statu quo ante*.

---

(33) *Ibidem*, p. 61.

Como o falso motivo vicia a declaração de vontade, o negócio jurídico que nele se assenta padece apenas de invalidade relativa (anulabilidade). Assim, em princípio, para desfazer os efeitos do ato eivado pela motivação equivocada, o empregador dependeria de decisão judicial, não podendo ele próprio invalidar o ato. Todavia, em face do poder diretivo patronal, a jurisprudência tem reconhecido ao empregador a faculdade de restabelecer a situação pretérita sem necessidade de apelo jurisdicional.

Por outro lado, se os trabalhadores a quem se atribuiu o prêmio ou promoção indevida concordarem com o retorno à situação anterior (devolução do prêmio e desfazimento da promoção), o acordo nesse sentido não encontra óbice no disposto no art. 468 da CLT. A anuência à repetição do que foi pago ou ao retorno das partes ao *statu quo ante*, no caso, não traz prejuízos aos trabalhadores, visto que as vantagens obtidas anteriormente não lhes eram devidas.

Se o empregador concede um aumento salarial sem vinculá-lo a qualquer conduta dos trabalhadores, não poderá, posteriormente, anulá-lo sob a alegação de que pretendia apenas gratificá-los pela fidelidade demonstrada, ou beneficiá-los com parte dos resultados obtidos no empreendimento. Se tais motivos não ingressaram no suporte fático do ato que proporcionou a melhoria salarial, ainda que, de fato, tenham sido o móvel que conduziu o empregador a praticar o ato, juridicamente são irrelevantes.

Normalmente, aliás, a tendência do Direito do Trabalho é de desconsiderar os motivos pelos quais o empregador concede algum benefício ao empregado. Ainda que o tenha feito por mera liberalidade, e que isso seja expressamente declarado no ato da concessão, se o empregador continua proporcionando ao empregado a mesma vantagem com habitualidade, entende-se que a tanto se obrigou em razão da prestação laboral, adquirindo aquela natureza remuneratória.

Prevendo a legislação laboral os limites mínimos da tutela trabalhista, a presunção é de que tudo o mais que o empregador fornece ao empregado tem natureza salarial (causa remuneratória), à exceção dos casos expressamente ressalvados pela lei.

Todavia, nada impede que o contrato de trabalho seja utilizado para outros fins que não para obter dele seus naturais efeitos: prestação de trabalho, em relação ao empregador, e recebimento de salário, por parte do empregado. Em *Dallegrave Neto* colhemos os seguintes casos de anomalia causal, na esfera trabalhista:

a) contratação de empregado para abster-se do trabalho (ex.: empregador que descobre que o empregado contratado é um dirigente sindical e que, por tal motivo prefere deixá-lo sem trabalho, mesmo que auferindo salários);

b) empregado e empregador que ajustam a ausência de salário em troca de um futuro emprego público ou de recebimento de um proveito pessoal extracontratual.

Conforme explica o jurista paranaense, "tanto na primeira, quanto na segunda *fattispecie*, haverá nulidade da cláusula do contrato de trabalho ou, em caso de dissimulação do próprio contrato, nulidade negocial. O motivo é o mesmo: desvirtuamento da *causa típica* do contrato de trabalho"[34].

---

(34) DALLEGRAVE NETO, José Affonso. *Contrato individual de trabalho:* uma visão estrutural. São Paulo: LTr, 1998. p. 174-5.

Em tais circunstâncias, o tipo negocial adotado serve apenas de anteparo para alcançar fins práticos que as partes não podem ou não têm interesse em revelar. A hipótese, portanto, se equipara à simulação, pois as partes se valem do contrato para obter resultados divorciados de seus fins específicos e contrários aos interesses sociais. Aliás, conforme lembra *Francisco Amaral*, há uma corrente doutrinária, que ele denomina mais moderna, no âmbito da teoria objetiva do negócio jurídico que apresenta a simulação exatamente como um vício na causa do negócio, em face da incompatibilidade entre esta e a finalidade prática pretendida pelas partes[35].

6.3. Ilicitude da causa

O ordenamento jurídico não reconhece nem tutela a autonomia privada quando esta se dirige à produção de resultados ofensivos à lei ou às concepções morais. Assim, quando a causa contraria normas imperativas, a ordem pública ou os bons costumes, a ilicitude daquela acarreta a nulidade do negócio jurídico[36].

De igual modo, os motivos determinantes, comuns a ambas as partes, quando ilícitos, também geram a nulidade do negócio jurídico (CC, art. 166, III), uma vez que, em tal caso, convertem-se em causa do ato. Embora isso traga alguma insegurança à vida dos contratos, não há como admitir que a autonomia da vontade se volte contra os interesses sociais e a ordem pública, os quais não podem se sujeitar ao jogo das convenções particulares.

O caráter moralizador da referida disposição legal impõe que o sentido de ilicitude, no caso, não seja limitado apenas aos motivos que contrariem as normas legais. Conforme acentua *Junqueira de Azevedo*, "na expressão causa ilícita, se compreendem tanto o motivo determinante ilícito em sentido restrito, isto é, o motivo contrário à lei — causa ilícita em sentido restrito —, quanto o motivo determinante imoral, isto é, contrário à ordem pública e aos bons costumes — causa imoral"[37].

Mesmo na vigência do Código Civil anterior, quando a lei não continha regra genérica acerca da causa subjetiva ilícita, a doutrina e a jurisprudência apanhavam o motivo determinante ilícito por meio do objeto. Para tanto, alargou-se o sentido do objeto, para abranger tudo aquilo a que o agente visava obter com a prática do ato. Assim, se o resultado pretendido fosse contrário à lei, à moral ou aos bons costumes, dizia-se que o objeto do negócio jurídico era ilícito. Daí a lição de *Pontes de Miranda*, já mencionada acima, segundo a qual, embora a lei se refira à nulidade por ilicitude do objeto, aí deve-se inserir também

---

(35) AMARAL, Francisco. *Direito civil:* introdução. 6. ed. rev. atual. e aum. Rio de Janeiro: Renovar, 2006. p. 521.

(36) Sob o aspecto moral, valem aqui as mesmas observações relativas ao objeto ilícito. Conforme salienta Emílio Betti, a avaliação da *ilicitude moral* de uma dada causa não pode se fundar em pontos de vista teóricos de uma ética religiosa ou filosófica particular, senão nas exigências éticas da consciência social coletiva da época do negócio, na opinião pública da sociedade historicamente determinada que se toma em consideração. São essas as exigências que constituem propriamente o *ethos* ou o "bom costume" (*boni mores*), que determinam o valor social dos interesses que se procura satisfazer através do ato (BETTI, Emílio. *Teoria geral do negócio jurídico*, t. 2. Trad. Ricardo Rodrigues Gama. Campinas: LZN, 2003. p. 247).

(37) AZEVEDO, Antônio Junqueira de. *Negócio jurídico:* existência, validade e eficácia. 3. ed. rev. São Paulo: Saraiva, 2000. p. 103.

a nulidade dos fins a que serve o negócio jurídico[38]. Todavia, com a precisão que lhe é peculiar, também esclareceu que o motivo e o fim podem tisnar de ilícito o negócio jurídico sem que se confundam com o seu objeto, desde que se façam relevantes, isto é, desde que atuem como causa ou condição, ou que haja fraude à lei[39].

O Código Civil atual, além de prever expressamente a nulidade em razão da ilicitude da causa (art. 166, III), distingue-a dos casos em que há apenas falsidade da causa, equiparando tal situação ao erro, desde que aquela tenha sido expressa como razão determinante (CC, art. 140).

Conforme já visto acima (Capítulo III, item 3.1), quando a força de trabalho contratada é dirigida à consecução de atividade ilícita ou imoral, segundo *Rodrigues Pinto*, o negócio jurídico padece de vício em seu objeto mediato. Assim, consoante a lição do citado jurista, se o trabalhador está ciente do caráter ilícito da atividade patronal e, ainda assim, aceita dela participar diretamente, como empregado, comunga da ilicitude, embora o objeto imediato do contrato, a prestação laboral contra remuneração, seja sempre lícito.

Na verdade, no caso, não é propriamente o objeto que é ilícito, uma vez que o contrato de trabalho tem por objeto uma obrigação de fazer (prestar trabalho) a que corresponde uma obrigação de dar (remuneração), que, em si mesmas consideradas, são sempre lícitas. A ilicitude situa-se no motivo determinante da contratação[40]. Da mesma forma, embora o objeto do contrato de compra e venda de um automóvel seja lícito, o motivo determinante de tal aquisição pode ser ilícito, por exemplo, se o veículo se destinar à prática de um crime. O que é ilícito, portanto, não são os efeitos do ato considerado abstratamente, mas o interesse subjacente em conexão ou concatenação psicológica com o escopo prático visado, em concreto, pelas partes[41].

Assim, quando o fim perseguido pelos contratantes for ilícito, desde que ambas as partes comunguem de tal motivação o ato será nulo. Convém registrar que a lei civil empresta especial relevância ao princípio da confiança. Assim, ainda que a prestação laboral do empregado seja direcionada para obter resultados ilícitos, para que estes alcancem o trabalhador é preciso que o mesmo tenha ciência de que seu labor está servindo àqueles fins. Se o trabalhador ignora o destino a que se presta seu trabalho, não sendo este em si mesmo ilícito, não pode sofrer as consequências do direcionamento que lhe imprime o empregador. Assim, se o empregado, por exemplo, maneja aparelhos de análise meteorológica e repassa as previsões do tempo ao empregador, não pode sofrer sanção alguma pelo fato de seu patrão servir-se de tais informações para o cultivo de drogas psicotrópicas em sua fazenda. No caso, a ilicitude do motivo que levou o empregador a contratar o empregado não vicia o contrato, uma vez que se manteve restrito à esfera pessoal do primeiro. Vale dizer, dada a unilateralidade do motivo no exemplo citado, não

---

(38) MIRANDA, F. C. Pontes de. *Op. cit.*, p. 134.
(39) *Ibidem*, p. 153.
(40) É lícito contratar um trabalhador para fazer pesquisas de mercado, descobrir novos talentos ou buscar informações úteis para as atividades do empregador. Todavia, seria lícito assalariar um detetive para obter informações sobre a vida privada de outra pessoa? A diferença entre uma e outra hipótese são os motivos determinantes que se inserem na causa de cada um dos negócios jurídicos.
(41) BETTI, Emílio. *Teoria geral...*, t. 2, cit., p. 246.

pode ser considerado como razão determinante do contrato como um todo, e, em consequência, enquanto permanecer como tal, não constitui causa invalidante do contrato. Se, mais tarde, o empregado vier a descobrir que a finalidade do serviço prestado é ilícita e prosseguir na relação contratual, o vício passa a afetar o contrato, mas só a partir do momento em que o empregado tomou ciência da atividade ilícita, passando a participar conscientemente dela. E tal possibilidade decorre do caráter sucessivo do contrato de trabalho.

Também haverá motivação ilícita na ordem emanada do empregador com efeito punitivo. Todavia, neste caso, o que acarretará a nulidade do ato será o abuso de direito[42]. O abuso, no caso, tanto pode ser enfocado sob o aspecto funcional como sob a ótica da ilicitude da causa, uma vez que, nos termos do art. 83 do Código Civil, o abuso é equiparado ao ato ilícito. É por isso que a Justiça do Trabalho tem acolhido alegações de nulidade de dispensa quando determinada por razões de discriminação fundada em gênero, estado civil, opção sexual, posição política etc. Em tais casos, o caráter abusivo e, portanto, ilícito situa-se nas razões que determinaram a despedida, ou seja, na causa do ato jurídico.

Haverá ilicitude na causa, ainda, quando o empregador "compra" o silêncio do empregado acerca de algum fato ilícito, ou vice-versa. Eventuais obrigações assumidas no sentido de não revelar condutas antijurídicas da outra parte não têm validade, uma vez que padecem de causa ilícita. Outra, porém, será a solução se o objetivo do contrato for a preservação de segredos comerciais, fim obtido, por exemplo, mediante pactos de não concorrência ou de fidelidade após o término do vínculo de emprego.

Quando se investigam as razões determinantes dos atos ou negócios jurídicos, é preciso ter sempre presente a advertência de *Zeno Veloso* de que não se deve esperar que as partes enunciem expressamente o motivo determinante ilícito que as levou à conclusão do negócio. Em tais casos, "as circunstâncias, os indícios, os testemunhos, todos os meios de prova são admitidos para demonstrar que os agentes concluíram o negócio por motivação ilícita"[43].

Por outro lado, não se pode ceder à tentação de justificar certas condutas simplesmente por se terem convertido em prática comum. Conforme bem observou *Ripert*, a moralidade não pode se assentar em critérios meramente sociológicos. Daí a sua constatação de que "é um caso maravilhoso ver como, numa sociedade em que o deboche, o jogo, a corrupção, a especulação, o enriquecimento injusto são olhados com indulgência pela opinião pública, os tribunais não toleram que semelhantes razões possam inspirar convenções válidas"[44].

6.4. Ausência de causa

No sentido subjetivo, conforme já o dissemos, todo negócio jurídico terá a sua causa ou razão determinante. Mesmo que tomada em seu sentido objetivo, o negócio jurídico não poderá sobreviver sem causa:

---

(42) Por ser a determinação do empregador ato unilateral, evidentemente a causa ilícita (abuso) também deve ser investigada em relação àquele, e não na postura do empregado diante da ordem.
(43) VELOSO, Zeno. *Invalidade do negócio jurídico*: nulidade e anulabilidade. 2. ed. Belo Horizonte: Del Rey, 2005. p. 77.
(44) RIPERT, Georges. *A regra moral nas obrigações civis*. 2. ed. Trad. Osório de Oliveira. Campinas: Bookseller, 2002. p. 88.

A causa não pode faltar *in abstrato* nos contratos nominados, justamente por ser o elemento que os tipifica, distinguindo uns dos outros. Pode, entretanto, inexistir em determinado e concreto negócio típico, assim como nos negócios atípicos, seja na sua formação, seja sucessivamente. Falta *causa* num contrato nominado, por exemplo, quando, em face das circunstâncias nas quais deve atuar, é, ou se torna, impossível o desempenho de sua *função*; o seguro, por exemplo, é um contrato destinado a cobrir um risco de sorte que, se risco não há, seguro não pode haver, por lhe faltar precisamente a *causa*.

Já nos contratos atípicos a falta de causa observa-se sempre que não seja digno de proteção legal o interesse que as partes quiseram autoanular. É como diz Santoro Passarelli: se a *causa* é a justificação da *autonomia privada*, não tem cabimento a criação de vínculos jurídicos para fins fúteis, socialmente indiferentes, ou que podem ser deixados à tutela de outras regras de conduta. A doutrina moderna considera *vício da causa* a sua falta *em parte*, tendo construído o princípio da adequação do sacrifício patrimonial ao sacrifício da outra parte, aplicável tanto às desproporções surgidas originalmente como supervenientemente nos contratos sinalagmáticos[45].

Nas palavras de *Ruggiero*, a causa é "o fim econômico e social reconhecido e garantido pelo direito; é a própria função do negócio objetivamente considerado, a condição que justifica a aquisição excluindo o fato de ser lesiva do direito alheio e que, de certo modo, representa a vontade da lei face à vontade privada. Do que se diz resulta claramente que (exceto os negócios abstratos, que por si não exprimem uma causa e por isso podem acolher várias e diversas) todo o tipo de negócio tem uma causa própria, correspondente à sua função específica, uma causa que lhe dá feição e caráter e justifica o seu reconhecimento"[46].

Em si mesmo considerado, o contrato não poderá ser privado de uma causa, uma vez que as partes sempre perseguem um objetivo. O mesmo, entretanto, pode não ocorrer em relação às obrigações decorrentes dos contratos. E é especialmente aqui que a noção de causa é invocada com maior frequência. Sem essa noção de causa, num contrato sinalagmático, a nulidade da obrigação de um dos contraentes não geraria a nulidade das obrigações do outro. É em virtude da noção de causa que se estabelece a interdependência entre as obrigações das partes, no caso[47].

O elemento causal introduz, assim, nos contratos sinalagmáticos a noção de equidade. Conforme acentua *Orlando Gomes*, "o recrudescimento do interesse pelo problema da *causa* explica-se diante das novas direções do pensamento jurídico e da tendência moralizadora do Direito contemporâneo. Generaliza-se a preocupação de submeter a controle as manifestações da *autonomia privada*, no sentido de conformá-las às novas exigências sociais. Considera-se superada a concepção individualista do Direito que, para estimular a iniciativa

---

(45) GOMES, Orlando. *Introdução ao direito civil*. 11. ed. Rio de Janeiro: Forense, 1995. p. 377-8.
(46) RUGGIERO, Roberto de. *Op. cit.,* p. 280.
(47) MAZEAUD, Henri et Léon; MAZEAUD, Jean; CHABAS, François. *Leçons de droit civil,* t. 2, v. 1: Obligations: théorie générale. 8. ed. Paris: Montchrestien, 1991. p. 251-2. A causa das obrigações decorrentes do contrato é também causa deste, embora as causas do contrato possam ser mais abrangentes do que a causa das obrigações nele assumidas.

privada, despreocupava-se com o conteúdo das relações contratuais e do fim a que visavam as partes. Importava, apenas, que as obrigações fossem livremente contraídas. Substituídos esses pressupostos culturais, passou-se a justificar a necessidade de subordinar o exercício da autonomia privada a critérios restritivos, no entendimento de que o poder de atuar na esfera jurídica é concedido para ser utilizado em limites traçados por uma concepção política e moral desapegada da ideologia liberal. Nos seus termos modernos a noção de *causa* responde a essa nova concepção, seja qual for a sua inspiração política. Em suma: a lei exige uma *justificação* para a criação, por um negócio jurídico, de um vínculo digno de proteção. A *justificação* encontra-se na *relevância social do interesse* que se quer tutelar e no *fim* que se pretende alcançar. É a *causa*"[48].

O mesmo sentimento é expresso por *Silvio Rodrigues* quando ressalta o aspecto moralizador da causa, sugerindo que "o juiz deveria inspirar-se, para bem julgar, ao menos dentro da órbita dos contratos comutativos, na ideia de equivalência das prestações, servindo-se como instrumento da noção de causa". E conclui que "a ideia de causa legitima e justifica o exame do ato jurídico pelo juiz, para que ele verifique, na espécie em questão, até onde o consentimento está viciado, temperando, assim, a rigidez da norma positiva"[49].

Como os atos jurídicos não são um fim em si mesmos, pelo menos exteriormente, sempre haverá uma causa. E isso é o quanto basta para que o ato adquira existência jurídica. Destarte, tal como ocorre com o elemento vontade, ainda que externada por equívoco ou extraída à força, uma vez manifestada, é o bastante para a formação do negócio jurídico. Embora não retrate o querer do declarante, houve uma aparência de vontade, e isso já é suficiente para ensejar o ingresso do negócio no mundo jurídico. Especificamente em relação à causa, quando se fala em falsidade ou inexistência, tem-se em mente a causa real ou efetiva, uma vez que só esta pode ser falsa ou inexistir. No fundo, sempre haverá uma causa, ainda que esta não retrate a realidade ou não seja a que foi exteriorizada. Assim, quando se diz que a causa é falsa ou aparente, isso não significa que não haja uma causa, mas apenas que a causa verdadeira não é a indicada ostensivamente pelas partes, senão outra, que elas, muitas vezes, preferiram não revelar. Por conseguinte, não se terá um negócio inexistente, mas apenas inválido.

A invalidação decorrente da ausência ou falsidade da causa, no âmbito trabalhista, incide com maior frequência em relação aos atos unilaterais do empregador, em especial na aplicação de sanções contratuais. Em relação às penalidades, a indicação da causa é fundamental, sem o que a sanção perde seu caráter pedagógico, que constitui sua razão de ser. Além disso, sem a demonstração da causa que a justifique, a aplicação de sanções ao trabalhador constitui uma forma de abuso de direito[50]. Todavia, a falsidade da causa também não é incomum em certos contratos com características especiais, quando adotados

---

(48) GOMES, Orlando. *Op. cit.*, p. 378-9.
(49) RODRIGUES, Silvio. *Dos vícios do consentimento*. 3. ed. atual. São Paulo: Saraiva, 1989. p. 16.
(50) "DA PENA DE ADVERTÊNCIA. NULIDADE. É nula a pena de advertência que não informa com precisão os motivos que a determinaram. As penas disciplinares maculam a reputação profissional do empregado, devendo o empregador, ao aplicá-las, informar precisamente as causas que ensejaram o ato" (TRT 17ª Região, RO 5.823/98, Ac. 10191-1999, Rel. Juiz Hélio Mário de Arruda).

para burlar os fins a que estes se destinam, como ocorre em relação aos contratos por prazo determinado ou de trabalho temporário[51].

Padece de vício de causa, ainda, a dispensa de empregado público concursado, mesmo que não estável, durante o período do estágio probatório, quando não motivada[52].

Convém registrar, ademais, que, em face da amplitude de seu significado, a expressão "causa" é comumente empregada para indicar outras situações jurídicas. Assim, fala-se comumente em ausência de causa para indicar meras falhas na execução de um negócio jurídico validamente celebrado ou para referir-se aos efeitos jurídicos extraídos de atos que não tinham aptidão para produzi-los.

Exemplo da primeira aplicação é a *exceptio non adimpleti contractus*. Nos contratos sinalagmáticos, como regra, a parte que não executou a obrigação que lhe cabia não pode exigir que a outra satisfaça a sua, e se o fizer pode ser repelido mediante aquela exceção (CC, arts. 476 e 477). Isso, entretanto, não diz respeito à validade do negócio, mas à boa-fé e equidade em sua execução. De igual modo, se, por motivo de força maior ou caso fortuito, o cumprimento da obrigação assumida por um dos contratantes se tornar impossível, resolve-se a obrigação do outro[53]. Pelo mesmo fundamento, em caso de descumprimento parcial, a outra parte poderá reduzir proporcionalmente a prestação que lhe cabe. Assim, se o obreiro falta injustificadamente ao trabalho (inexecução parcial do contrato), seu empregador poderá abater do salário contratado os dias em que não houve labor. Isso, entretanto, não afeta a validade do negócio e a referência à causa, em tais situações, não diz respeito à formação do negócio jurídico, mas à sua execução e obrigações decorrentes.

A segunda hipótese acima apontada diz respeito ao chamado enriquecimento ilícito. No caso, invoca-se a inexistência de causa para desfazer certas situações jurídicas, embora não se pretenda, com isso, invalidar um negócio jurídico, mas apenas indicar que todo efeito jurídico deve resultar de um fato jurídico que o justifique[54]. Assim, para que se reconheça a licitude de um aumento patrimonial, é preciso que esse efeito decorra de uma causa jurídica, isto é, que seja consequência de um fato jurídico ou de um ato jurídico

---

(51) "CONTRATO PROVISÓRIO. PREENCHIMENTO DOS REQUISITOS DA LEI N. 6.019/74. Ao apontar, como fato impeditivo ao direito às verbas trabalhistas postuladas na exordial, a existência de contrato temporário, a reclamada atrai o ônus de comprovar sua alegação, na forma dos arts. 818 da CLT e 333, II, do CPC. A mera juntada de contrato formalizado entre as partes, no qual consta a 'necessidade transitória de acréscimo extraordinário de serviços', como causa da contratação temporária, sem especificação do fato gerador desse acréscimo, não satisfaz o referido encargo processual. Para se desincumbir de seu ônus da prova, a parte deve identificar na defesa qual o motivo do acréscimo alegado e demonstrar sua existência" (TRT 18ª Região, ROS 00292-2004-121-18-00-3, Rel. Juiz Geraldo Rodrigues do Nascimento. DJE 13.7.2004, p. 57).

(52) "SERVIDOR PÚBLICO CELETISTA CONCURSADO. ESTÁGIO PROBATÓRIO. DISPENSA IMOTIVADA. O servidor público concursado, regido pela CLT e que esteja em estágio probatório, pode ser dispensado. Todavia, o ato da Administração Pública deve ser motivado. Considera-se ilegal e arbitrária, e, em consequência, nula a exoneração de servidores do Município em decorrência de motivação político-partidária, cabendo a reintegração no emprego, além do recebimento dos salários relativos ao tempo de afastamento indevido" (TRT 18ª Região, RO 00261-2005-201-18-00-7, Rel. Juiz Gentil Pio de Oliveira. DJE 29.11.2005, p. 59).

(53) Nesse particular, no entanto, o Direito do Trabalho introduziu alterações na teoria geral aplicável aos demais contratos, prevendo a suspensão dos efeitos do contrato nos casos da impossibilidade de adimplemento por motivos alheios à vontade do obreiro.

(54) Nas palavras de Messineo, a causa aparece aqui como justificação ou fundamento da atribuição patrimonial (MESSINEO, Francesco. *Op. cit.*, p. 373).

válido. Em outras palavras, não pode haver efeito jurídico sem causa jurídica (fato jurídico *lato sensu*)[55]. No caso, pois, a "causa" que falta não é um dos elementos do negócio jurídico (causa final), mas o próprio fato jurídico *lato sensu* ou uma norma jurídica aptos a desencadear o efeito impugnado. O enriquecimento sem causa, portanto, é o que decorre de evento ou norma aos quais o Direito não reconhece eficácia jurídica[56].

Diante disso, sempre que for constatada a inexistência ou a invalidade do negócio jurídico, devem as partes ser restituídas à situação anterior, uma vez que os resultados extraídos de referido ato não podem subsistir ante a constatação de que tal fato era incapaz de produzi-los. Com efeito, invalidado o negócio ou declarada sua inexistência ou invalidade, resta inequívoco que aquele não tem aptidão para produzir efeitos jurídicos, vale dizer, não serve de justificativa para uma atribuição patrimonial. De igual modo, se alguém, não sendo credor, recebe uma prestação a título de resgate de uma dívida, não pode incorporar o bem ou o valor recebidos ao seu patrimônio, pois haveria enriquecimento sem causa, tornando o incremento patrimonial ilícito.

Também haverá enriquecimento sem causa se houver antecipação do pagamento de uma dívida sujeita a condição suspensiva vindo esta a faltar. E o exemplo clássico, no Direito do Trabalho, é o do 13º salário. Conquanto preveja a Lei n. 4.749/65 que o empregador deva antecipar 50% de tal verba até 30 de novembro do ano correspondente (art. 2º), podendo, inclusive, ser exigida por ocasião das férias (art. 2º, § 2º), o direito só se torna integral e efetivamente adquirido caso o empregado não seja dispensado por justa causa antes de 20 de dezembro. Se houver demissão ou dispensa, não sendo esta por justa causa, antes da referida data o 13º salário é devido proporcionalmente ao tempo trabalhado naquele ano, deduzidos eventuais períodos em que o empregado tenha permanecido afastado do trabalho, em gozo de benefício previdenciário, proporcionalmente ao tempo da suspensão contratual.

Haverá pagamento sem causa, ainda, quando o que já não é mais devedor entrega ao ex-credor a prestação correspondente à obrigação extinta (*conditio indebiti*). É o caso de duplo pagamento de determinada parcela trabalhista, por exemplo. Faltará causa, ainda, quando algum trabalhador receber determinada verba trabalhista ou vantagem por engano do empregador. Tivemos oportunidade de apreciar um caso em que, por erro, foi anotado na CTPS do empregado um reajuste salarial e pago o valor correspondente. Detectado o equívoco, o empregador cancelou o reajuste e procedeu ao desconto dos valores pagos indevidamente. O empregado ajuizou ação trabalhista alegando que houve redução salarial. Indagado, porém, acerca das razões pelas quais teria obtido o incremento salarial, não soube o obreiro justificá-lo, sendo ele o único beneficiado na empresa, apesar de continuar exercendo as mesmas funções que antes, sem mudança de estabelecimento ou variação de produtividade, mantido, ainda, o mesmo grau de responsabilidade.

---

(55) E o mesmo deve ocorrer quando, apesar de haver uma causa, esta é falsa, já que a situação não é diversa. Com efeito, se a causa não é verdadeira, é como se não existisse, o que significa dizer que a noção de ausência de causa abrange as hipóteses de falsa causa (MAZEAUD, Henri et Léon; MAZEAUD, Jean; CHABAS, François. *Op. cit.*, p. 265).

(56) A ausência, neste caso, é de *causa eficiente*, sob o enfoque jurídico, que teria dado ensejo ao enriquecimento, e não a causa final, que revelaria o fim perseguido pela prática de um ato jurídico.

A falta de uma razão jurídica que tivesse determinado o reajuste salarial que lhe havia sido atribuído foi o bastante para concluir que o mesmo foi resultado de simples engano da empresa que gerenciava os recursos humanos do empregador.

Importante destacar, entretanto, que existem atos jurídicos cuja causa é o cumprimento de um dever moral ou um ato de solidariedade. Assim, quem age em benefício de terceiros, movido exclusivamente por um sentimento de assistência religiosa ou solidariedade social, não poderá cobrar pagamento algum pelo ato que praticou espontaneamente. Reconhece, entretanto, a doutrina o direito a uma reparação pelo que despendeu para prestar a assistência. A propósito ensina *Orosimbo Nonato*:

> Pode ocorrer, entretanto, haja o socorro sido prestado espontaneamente, e até contra a vontade do socorrido. Neste caso, nenhum pagamento será devido; apenas, indenização do despendido, segundo os princípios da *negotiorum gestio*. O que intervém espontaneamente em socorro do próximo cumpre um dever de assistência que a moral louva e os homens aplaudimos; mas desse cumprimento nenhum direito a pagamento[57].

Na esfera laboral temos situação semelhante, prevista na Lei n. 9.608/98, que trata do chamado serviço voluntário. Por ser movido por razões cívicas, culturais, educacionais, científicas, recreativas ou de assistência social, o trabalho prestado na forma prevista na referida lei não dá direito a remuneração alguma, embora o prestador possa obter a reparação das despesas que teve para executá-lo, desde que isso tenha sido ajustado. A causa da prestação laboral, no caso, foi o propósito filantrópico, e não a obtenção de uma contraprestação. Em razão disso, o proveito colhido pelas entidades beneficiadas é juridicamente tutelado.

Em caso de enriquecimento sem causa, o prazo para o prejudicado pleitear o ressarcimento cabível, segundo o Código Civil, é de três anos (art. 206, § 3º, IV). No âmbito trabalhista, no entanto, devem-se observar os prazos previstos no art. 7º, XXIX, da Constituição Federal. Da mesma forma que o empregado tem cinco ou dois anos, conforme o caso, para cobrar as prestações não satisfeitas pelo empregador, caso este promova algum pagamento indevido terá os mesmos prazos para ressarcir-se. Conquanto a Constituição Federal só se refira aos direitos dos trabalhadores, a CLT (art. 11) estabelece os mesmos prazos para "os créditos resultantes das relações de trabalho", sem definir os respectivos titulares, razão pela qual tanto podem ser os empregados quanto os empregadores. Embora os incisos da referida norma se reportem apenas aos trabalhadores, tal particularidade há de ser interpretada como mera consequência da diferença de tratamento vigente à época conforme se tratasse de relações trabalhistas urbanas ou rurais.

---

(57) NONATO, Orosimbo. *Da coação como defeito do ato jurídico*. Rio de Janeiro: Revista Forense, 1957. p. 144.

Capítulo VII

ANOMALIAS VINCULADAS AOS ELEMENTOS ACIDENTAIS

No exercício da autonomia da vontade, podem as partes inserir nos negócios jurídicos elementos outros, além dos que são indispensáveis à sua constituição, a fim de modificar-lhes a eficácia. Tais elementos são, por isso mesmo, denominados acidentais, uma vez que só aparecem quando as partes decidirem adotá-los. Nem por isso, no entanto, são indiferentes ao negócio jurídico, uma vez que sua inclusão deve observar os limites legais, sob pena de contaminar a validade do próprio negócio ou da parte dele a que se referem. O que é irrelevante é sua ausência, uma vez que, mesmo não estando presentes, não obstam a constituição válida do negócio jurídico. Todavia, uma vez inseridos no negócio, adquirem a mesma importância que os demais elementos

Conforme já referido, os elementos acidentais afetam apenas a eficácia do negócio jurídico, fazendo com que seus efeitos, ainda que apenas em parte, deixem de ser necessários, imediatos e/ou definitivos. Por meio de tais cláusulas, "a vontade limita-se a si mesma, introduzindo elementos novos no tipo abstrato do negócio, que o modificam mais ou menos profundamente; tais elementos são acidentais quanto ao tipo normal, quando a vontade é pura, mas que se tornam essenciais quanto ao negócio concreto, dando-lhe uma feição especial"[1].

Embora sejam ilimitados, uma vez que dependem exclusivamente da vontade das partes, os elementos acidentais mais comuns são a condição, o termo e o encargo. Tais cláusulas eram reguladas pelo Código Civil anterior sob a denominação de "modalidades dos atos jurídicos" (arts. 114 a 128). Tal expressão, no entanto, era alvo de críticas, uma vez que seu significado não abrangia, efetivamente, todas as hipóteses de autolimitação a que se referia a lei (condição, termo e encargo), só sendo apropriada para uma delas (o encargo)[2]. A dificuldade de encontrar um vocábulo mais adequado levou o legislador do Código Civil atual a banir o uso da expressão "modalidades", nomeando o capítulo que trata das cláusulas modificadoras da eficácia natural dos negócios jurídicos como "da condição, do termo e do encargo" (arts. 121 a 137)[3].

---

(1) RUGGIERO, Roberto de. *Instituições de direito civil*, v. 1. Trad. Ary dos Santos. São Paulo: Livraria Acadêmica, 1935. p. 285.

(2) O vocábulo *modo* deriva do latim, no qual tinha o sentido de *medida, moderação, limitação*, acepções mais adequadas ao encargo, pelo qual se atribui um ônus ao beneficiário de uma liberalidade, restringindo, assim, o proveito da vantagem patrimonial auferida.

(3) Não acolheu o Código Civil pátrio, a exemplo do que ocorreu nos demais países, a doutrina da *pressuposição*. Segundo Windscheid, a quem se deve o conceito, a pressuposição apresenta-se como um embrião de condição que

Conquanto a adoção de elementos acidentais seja facultativa, uma vez incluídos no negócio jurídico agregam-se à estrutura deste e dela não podem ser destacados, sob pena de invalidação do próprio ato ou da cláusula a que aderem. Todavia, caso se contenham nos limites legais, os elementos acidentais interferem apenas na eficácia do negócio.

Por outro lado, conforme já referido, nem sempre o vício relativo ao elemento acidental implicará a invalidade de todo o negócio em que figurou. Assim, se as partes firmaram contrato de trabalho a termo, fora das hipóteses autorizadas em lei, a nulidade afetará apenas a cláusula que limitava a duração, como se não tivesse sido prevista. Além disso, considerando que o contrato de trabalho prevê um feixe de obrigações para cada uma das partes, a ineficácia de alguma das cláusulas pactuadas nem sempre importa a nulidade de todo o contrato, substituindo-se, quando for o caso, as regras contratuais inválidas pelas disposições legais ou coletivas aplicáveis à espécie.

Urge que se desfaça aqui, ainda, uma confusão entre as condições suspensivas e a promessa de contratar. Quem promete um emprego para determinada data ou sob determinada condição não celebra, ainda, um contrato de trabalho, mas apenas obriga-se a firmar tal pacto uma vez atingido o termo ou verificada a condição. Se a parte obrigada não cumpre aquilo a que se comprometeu ou frustra a ocorrência da condição, não estará havendo nulidade ou inadimplemento do contrato de emprego, uma vez que este ainda não existe. O que foi inviabilizado, no caso, não é a execução do contrato de emprego, mas a obrigação de firmar tal contrato. O que fora pactuado, no caso em tela, era justamente a obrigação de celebrar um contrato de emprego, e era esta a obrigação que estava sob condição suspensiva ou sujeita a termo. Assim, descumprida tal obrigação, não há falar em nulidade do contrato de emprego, uma vez que este não chegou a existir, tendo a parte prejudicada apenas o direito a uma indenização pelos danos sofridos. Não é cabível, porém, a condenação da parte inadimplente a concluir forçadamente o contrato, nem pode o juiz substituí-la na declaração de vontade que não emitiu[4]. A situação não é diversa da que ocorre quando um dos pré-contratantes, injustificadamente, frustra uma expectativa legítima da outra parte em relação a futuro contrato[5].

Tratando-se, porém, de contrato sujeito a condição suspensiva, a parte que pretende desligar-se do contrato deverá avisar a outra e aguardar o transcurso dos 30 dias relativos

---

não se desenvolveu. Na prática, retrata as circunstâncias de fato e de direito levadas em conta pelo declarante ao emitir sua vontade: é o contexto da declaração de vontade. Há situações, entretanto, em que o Direito toma em consideração tais aspectos, como na declaração de caducidade do testamento feito na convicção de não ter ou não poder ter filhos o testador, na resolução da venda pela existência de vícios redibitórios ou na aplicação da regra *rebus sic stantibus*, entre outros casos. Assim, conforme previu o próprio Windscheid, expulsa pela porta, a pressuposição entra pela janela, para iluminar certas situações jurídicas (GOMES, Orlando. *Introdução ao direito civil*. 11. ed. Rio de Janeiro: Forense, 1995. p. 409-11).

(4) Nesse sentido, o Código do Trabalho português é expresso (art. 94, n. 3), exigindo ainda para a validade da promessa de contrato de trabalho a forma escrita (art. 94, n. 1), ao contrário do que ocorre em relação ao contrato de trabalho em si, em que a manifestação de vontade, como regra, não está sujeita a forma especial (art. 95).

(5) "CONTRATO DE TRABALHO. PREJUÍZO PARA A TRABALHADORA NA FASE PRÉ-CONTRATUAL. CABIMENTO DE INDENIZAÇÃO. A reclamante deixou o emprego motivada pela possibilidade concreta de ser admitida pelo reclamado. A contratação não se consumou, porque o banco que negociava com ela foi sucedido pelo reclamado e este não concordou com o salário combinado. Como sucessor, o reclamado responde pelo dano causado à demandante (art. 186 do Cód. Civil atual)" (TRT 18ª Região, RO 00421-2004-007-18-00-9, Rel. Juiz Luiz Francisco Guedes de Amorim. DJE 26.10.2004, p. 52).

ao aviso prévio. Neste caso, como regra, o contrato não gerará efeitos pecuniários, a menos que sobrevenha a condição antes do término do período do aviso ou haja abuso de direito na rescisão. É possível, por exemplo, que, em face da probabilidade do adimplemento da condição, uma das partes tenha efetuado despesas com vistas à futura execução do contrato, não sendo legítima a frustração de suas expectativas por simples capricho da outra parte. Por outro lado, embora ainda não houvesse o direito à execução do contrato, se este era por prazo determinado, sem previsão de rescisão antecipada, uma vez implementada a condição a obrigação seria de manter o contrato pelo período pactuado. Neste caso, portanto, não havendo justa causa para a denúncia antecipada, a reparação deverá observar o disposto no art. 479 da CLT. Todavia, como os efeitos do contrato estavam suspensos, em qualquer caso, para que haja direito à indenização, é preciso que a condição tenha sido implementada, ainda que após a ruptura contratual, ou que esta tenha frustrado sua ocorrência (CC, art. 129).

Não é demais ressaltar, por outro lado, que, enquanto cláusulas acidentais, a condição, o termo e o encargo demandam prova inequívoca, não podendo ser presumidos[6]. Daí por que é conveniente que sejam pactuados por escrito, embora nossa lei não imponha tal forma, ao contrário do Código do Trabalho português, por exemplo (art. 127). Apesar disso, não havendo prova documental, normalmente não têm sido reconhecidas tais cláusulas, a menos que sejam confessadas pelo obreiro.

7.1. Condição ilícita

O Código Civil define a condição como sendo a "cláusula que, derivando exclusivamente da vontade das partes, subordina o efeito do negócio jurídico a evento futuro e incerto" (art. 121). Também se costuma designar como condição o próprio evento futuro do qual dependa a eficácia da declaração de vontade[7]. Conforme a definição legal acima transcrita, o legislador deixa claro que não se aplica a disciplina relativa às condições a eventuais cláusulas que subordinem a eficácia de um negócio jurídico a eventos já realizados, conquanto as partes ainda não tenham ciência disso (*conditiones in praesens vel praeteritum collatae*)[8].

Por outro lado, existem as condições que não são instituídas pela vontade das partes, mas que decorrem da natureza do negócio, tais como a realização do casamento em relação ao pacto antenupcial, ou a superveniência do dano nos contratos de seguro. Por serem disposições inerentes a determinados atos ou negócios jurídicos, são denominadas

---

(6) Em alguns casos, porém, é a lei que exige a fixação de um termo final, estabelecendo, ainda, os limites dentro dos quais deve conter-se. É o que ocorre, por exemplo, em relação ao contrato dos jogadores de futebol (Lei n. 9.615/98, art. 30).

(7) E o próprio legislador serve-se do vocábulo condição tanto para indicar a cláusula acessória (condição em sentido subjetivo) quanto o evento a que aquela se refere (condição em sentido objetivo). A tentativa de eliminar essa duplicidade de sentidos foi rejeitada pela comissão revisora do projeto que se transformou no atual Código Civil, ao argumento de que o uso da mesma palavra para indicar as duas acepções também se verifica em outras legislações, sem, no entanto, gerar confusão (*Apud* ALVES, José Carlos Moreira. *A parte geral do projeto de Código Civil brasileiro:* subsídios históricos para o novo Código Civil brasileiro. 2. ed. aum. São Paulo: Saraiva, 2003. p. 146).

(8) A incerteza, portanto, deve ser objetiva, não bastando a meramente subjetiva (ignorância do declarante acerca da ocorrência do evento).

conditiones juris, não se caracterizando como *accidentale negotii* (*conditiones facti*). Somente são elementos acidentais as condições que resultam de manifestação da autonomia privada. Assim, além da *futuridade* e *incerteza*, as condições devem apresentar o caráter da *arbitrariedade*, isto é, devem ser produto exclusivo da vontade das partes.

A condição propriamente dita pode ser *suspensiva*, também chamada de *condição inicial*, ou *resolutiva*, conhecida ainda como *condição final*. Estipulada a primeira, enquanto não ocorrer o fato subordinante o negócio não produz os efeitos que lhe são próprios. Prevista a segunda, uma vez verificado o evento cessa a eficácia do negócio jurídico. Tanto uma como a outra podem referir-se a todo o negócio ou a parte dele apenas.

Todavia, mesmo sob condição suspensiva, o negócio "pode produzir outros efeitos, provisórios ou prodrômicos, destinados a tornar possível o estabelecido regulamento de interesses, uma vez verificada a condição"[9]. Neste sentido dispõe o art. 130 do Código Civil pátrio que o titular do direito eventual, sujeito a condição, poderá praticar os atos destinados a conservá-lo. E isso decorre do fato de que o "direito condicional não é uma simples esperança, é um direito imperfeito, e como tal figura no patrimônio do credor, que dele pode dispor a título gratuito ou oneroso, transmitindo-se aos herdeiros e podendo ser garantido por fiança, penhor ou hipoteca, enquanto pender a condição"[10].

Embora a fixação de condições dependa apenas da vontade das partes, não têm estas inteira liberdade para estipulá-las. Com efeito, apesar de afetarem apenas a eficácia dos negócios jurídicos, algumas condições não podem ser admitidas, uma vez que, dependendo de seu conteúdo, podem representar um atentado contra o sistema jurídico, especialmente quando se assentam sobre fatos contrários à lei ou aos bons costumes.

Ainda que incerto, deve-se supor que o evento futuro a que se subordina a eficácia do negócio jurídico seja passível de ocorrer e seja desejado pelas partes, especialmente em se tratando de condição suspensiva, uma vez que a presunção é de que as pessoas não realizam negócios cujos efeitos jurídicos não queiram. Caso contrário, a condição privaria o negócio de todos os seus efeitos, conduzindo-o à nulidade em face da insanável contradição entre as declarações das partes. Da mesma forma, se estabelecerem uma condição resolutiva, supõe-se que, efetivamente, as partes quiseram limitar a eficácia do negócio jurídico a que foi acrescida tal cláusula. Tem-se, portanto, que, quando as partes condicionam a eficácia do negócio jurídico a fato ilícito, realmente esperam que este se realize, a fim de que o negócio produza os efeitos programados (condição suspensiva) ou deixe de produzi-los (condição resolutiva). Por conseguinte, se o sistema jurídico emprestar validade a tal tipo de negócio, estaria estimulando ou, quando menos, compactuando com a ocorrência de fatos colidentes com seus princípios, o que implicaria uma contradição interna.

Esta é a razão pela qual o art. 123, II, do Código Civil prevê a nulidade dos negócios jurídicos cuja eficácia esteja sujeita a acontecimento contrário ao Direito (condição ilícita ou de fazer coisa ilícita). Com efeito, se as partes estabelecerem condição contrária ao

---

(9) BETTI, Emílio. *Teoria geral do negócio jurídico*, t. 3. Trad. Ricardo Rodrigues Gama. Campinas: LZN, 2003. p. 94.
(10) CARVALHO, Francisco Pereira de Bulhões. Ineficácia. In: *Repertório enciclopédico do direito brasileiro*, v. 27. Rio de Janeiro: Borsoi, [s.d.], p. 9.

Direito, subversiva da ordem jurídica, não poderiam invocar o prestígio da lei para fazer valer o que pactuaram. Por isso e em punição à intenção malévola evidenciada, a lei declara nula não somente a condição, mas ainda o ato a que ela adere e ao qual transmite a sua imoralidade[11].

Distingue, porém, o Código Civil as condições ilícitas ou de fazer coisa ilícita das condições juridicamente impossíveis[12]. Nos termos do art. 123 do Diploma Civil, as condições ilícitas ou de fazer coisa ilícita sempre invalidam o negócio jurídico, ao passo que as condições juridicamente impossíveis somente viciam o ato se forem suspensivas.

Considerando, assim, que a "condição ilícita" e a "condição juridicamente impossível" geram consequências distintas, impõe-se identificar o significado de cada uma delas, a fim de traçar os limites que as separam, do que já cuidou a doutrina, conforme lição referida por *Clovis Bevilaqua*:

> *Bartin* distingue a condição juridicamente impossível da ilícita e da contrária aos bons costumes. A primeira não se pode executar, porque, consistindo em um ato jurídico, este não se pode realizar senão de acordo com as prescrições do direito. Exemplo: a condição de contrair casamento antes da puberdade. A ilícita pode executar-se, porque não consiste num ato jurídico e sim num ato imoral. Exemplo: prometeis-me cem, se eu cometer um crime? A contrária aos bons costumes é ofensiva da moral, à qual o direito socorre, ferindo-a com a nulidade[13].

Quanto às condições contrárias aos bons costumes, pelo que se extrai, *contrario sensu*, do disposto no art. 122 do Código Civil, a elas devem-se aplicar as mesmas regras relativas às condições ilícitas. No que respeita à definição do que sejam os bons costumes, reportamo-nos aqui ao que dissemos quando tratamos do tema relativamente ao objeto do negócio jurídico (Capítulo III, item 3.1). Conforme tivemos ocasião de salientar então, o legislador deixou ao juiz a incumbência de circunscrever, em cada caso, as restrições impostas pelos bons costumes.

De um modo geral, não é a natureza do negócio jurídico que acarreta a nulidade da condição, embora seja ela incompatível com determinados negócios:

> Sua presença normal é nos atos que reflitam um interesse econômico, pois os que dizem respeito ao estado das pessoas, os direitos de família puros, e outros, são insuscetíveis de sofrer modalidades. Ninguém admite a legitimação de um filho, o reconhecimento de paternidade, a celebração do matrimônio, subordinados a condição ou termo. Os negócios jurídicos patrimoniais, às vezes, são também incompatíveis com a imposição de elementos acidentais, como é o caso da aceitação ou renúncia de

---

(11) BEVILAQUA, Clovis. *Apud* ESPÍNOLA, Eduardo. *Manual do Código Civil brasileiro*, v. 3: dos factos jurídicos, 2ª parte. Rio de Janeiro: Jacintho Ribeiro dos Santos, 1926. p. 199.
(12) O ilícito, escreveu Ferrara, é um possível proibido ou reprovado, mas nunca um impossível (*Apud* SANTOS, J. M. de Carvalho. *Código Civil brasileiro interpretado*, v. 3. 11. ed. Rio de Janeiro: Freitas Bastos, 1980. p. 17).
(13) *Apud* BEVILAQUA, Clovis. *Theoria geral do direito civil*. 4. ed. atual. por Achilles Bevilaqua. Rio de Janeiro: Francisco Alves, 1949. p. 299-300.

uma herança, mas afora esses excepcionais, seja no campo dos direitos de crédito, seja na órbita dos *iura in re*, tranquilamente aceitam os negócios jurídicos determinações acessórias[14].

Em síntese, consideram-se ilícitas todas as condições proibidas por lei, conquanto apenas implicitamente, ainda quando a vedação não tenha substrato exclusivamente moral. O Direito atual não se apoia apenas na moral, mas tem em vista, também, a promoção de outros valores, tanto individuais quanto coletivos.

Todavia, quando se volta para a tutela de valores sociais, normalmente o Direito estabelece apenas patamares mínimos de proteção, de forma que o vício só afeta o que fica aquém de tais limites. Admite-se, por exemplo, que o valor do salário fique vinculado à produção do trabalhador, mas desde que lhe seja garantida uma remuneração mínima (CF, art. VII).

Entre as condições ilícitas estão, também, as puramente potestativas (CC, art. 122) e as que restringem a liberdade individual ou atentam contra a dignidade da pessoa. Em síntese, "as condições são ilícitas não somente quando contrárias a uma prescrição de lei, mas ainda quando tendem a restringir ou entravar o exercício dos direitos ou as faculdades inerentes à liberdade natural ou civil do homem"[15]. Isso não impede, porém, que se estabeleça determinado benefício enquanto persistir certa situação, ainda que a manutenção desta dependa apenas da vontade do beneficiário. A licitude de tal condição decorre do fato de que, no caso, o concedente não atenta contra a liberdade do beneficiário, mas apenas tem em vista proporcionar-lhe uma vantagem em razão da circunstância prevista[16].

Convém salientar, ainda, que "a interdição atinge o fato ilícito ou imoral quando emanado de ou praticado por uma das partes, porque se realizado por um terceiro nada tem de proibida a condição, como, aliás, se verifica, e é corrente, no seguro contra fatos ilícitos cometidos por terceiros etc."[17] Assim ocorre porque, no caso, os negócios jurídicos têm justamente a finalidade de precaver-se contra o ilícito. A doutrina, no entanto, tende a excluir a ilicitude mesmo que o objetivo do negócio não seja o de evitar o dano, desde que não haja o escopo de estimular o terceiro a praticar um ato ilícito ou imoral, considerando que um fato de tal natureza é evento passível de ocorrer[18]. Todavia, se a conduta ilícita for perseguida pelas partes, ainda que seja perpetrada por terceiros, a condição também viciará o negócio jurídico, por revelar-se ela, no caso, quando menos, imoral.

Por vezes, a condição, em si mesma neutra, tem por objetivo garantir um resultado ilícito. Tome-se o caso fictício de uma cláusula que previsse a isenção do empregador de todas as obrigações rescisórias ou mesmo do pagamento de salários relativos ao período de labor prestado, caso sobrevenha determinado fato[19]. No caso, mesmo que o evento

---

(14) PEREIRA, Caio Mário da Silva. *Instituições de direito civil*, v. 1. 13. ed. Rio de Janeiro: Forense, 1992. p. 383.
(15) SANTOS, J. M. de Carvalho. *Op. cit.*, p. 33.
(16) PEREIRA, Caio Mário da Silva. *Op. cit.*, p. 396.
(17) *Idem.*
(18) ESPÍNOLA, Eduardo. *Op. cit.*, p. 100, nota 13.
(19) Ainda que o trabalhador receba remuneração variável, ser-lhe-á garantido, pelo menos, o valor do salário-mínimo mensal (CF, art. 7º, VII).

futuro e incerto nada tenha de ilícito ou imoral, seus efeitos é que o são, uma vez que ensejaria um resultado contrário à lei. Assim, a ilicitude tanto pode referir-se ao evento quanto às consequências que dele se pretende extrair. Em outras palavras, o fato de estar sujeito a condição não sana a ilicitude do objeto do contrato. É o caso, também, da hipótese de norma coletiva que exima o empregador do pagamento do saldo positivo do banco de horas caso o empregado se demita ou seja despedido por justa causa. Como, porém, tal disposição não retira toda a eficácia do contrato, a mácula que a afeta não acarreta a nulidade do pacto laboral por inteiro, senão apenas da cláusula abusiva, até porque, no exemplo citado, não resultou de acordo individual entre as partes envolvidas. Todavia, mesmo que originária de ajuste entre as partes, as consequências seriam as mesmas.

Por outro lado, também não poderá ser aceita como lícita a condição que não poderia ser validamente pactuada como obrigação contratual, isto é, que seria ilícita se constituísse o objeto de um negócio jurídico. Conforme bem esclarece *Eduardo Espínola*, "se o resultado prático da declaração de vontade for, mediante a vantagem conferida, obter a realização de um ato infenso à lei ou à moral, pouco importa que se tenha estabelecido esse ato como contraprestação, ou como condição suspensiva; a declaração de vontade é nula por ter, direta ou indiretamente, objeto ilícito. Está no mesmo caso o que se prometa a alguém para que falte ao cumprimento de um dever ou para que não exerça um direito de ordem pública"[20]. Essa última hipótese retrata perfeitamente os casos em que empregador e empregado celebram transação, cuja eficácia fica sujeita à condição de o trabalhador não propor ação judicial visando a discutir os direitos sobre os quais versou o acordo ou mesmo para questionar a validade ou alcance deste. Em tais casos, indiretamente, o que se busca é impedir que o trabalhador exercite o direito constitucional de acorrer ao judiciário. Como, porém, tal cláusula atende exclusivamente aos interesses do empregador, considerando, ainda, que o trabalhador só a aceita dada sua condição de hipossuficiência, os tribunais não têm reconhecido a nulidade do acordo como um todo, mas apenas da restrição ao exercício do direito de ação, por revelar-se abusiva.

A doutrina também repudia, por considerá-las imorais, as condições pelas quais se estabeleçam prêmios ou recompensas pelo simples cumprimento de um dever ou pela abstenção da prática de um ilícito. Conforme sentencia *Eduardo Espínola*, "contratar (...) o cumprimento do próprio dever ou a abstenção de atos ilícitos mediante certas vantagens, é não só grosseiramente imoral, como pode levar às mais vergonhosas especulações, às mais desabusadas chantagens". Entretanto, "afastada a ideia de especulação, imposição, transação imoral, pode admitir-se, na opinião do maior número de autores, a realidade da condição consistente em deixar de realizar o credor uma ação reprovada"[21].

Diante disso, não se podem considerar imorais os prêmios oferecidos ao trabalhador para que se apresente ao trabalho com assiduidade e pontualidade. Apesar de se tratar de obrigações contratuais, dado o caráter continuativo da relação, é possível que, com o tempo, o trabalhador se sinta desmotivado, sendo, assim, conveniente que se lhe dê um estímulo para que persista cumprindo suas obrigações com maior diligência. Por outro lado, trata-se de uma cláusula que incentiva o fiel cumprimento do contrato, não se

---

(20) ESPÍNOLA, Eduardo. *Op. cit.*, p. 103-4.
(21) *Ibidem*, p. 107.

limitando a conferir uma vantagem em troca da prática de um ato estranho à relação jurídica existente entre as partes. Em certo sentido, no caso, o prêmio cumpre a mesma função que o desconto concedido pelo credor ao devedor que satisfaz a obrigação no prazo previsto, o que nada mais representa do que uma cláusula penal já embutida no valor da dívida.

Por fim, são ilícitas as condições que limitem injustificadamente o exercício das liberdades individuais. É o caso de eventual condição que vincule a eficácia do contrato à permanência ou conversão para determinado credo, à manutenção ou adoção de um estado civil especificado, à fixação de domicílio exclusivo em certo lugar, à filiação, ou não, ao sindicato da categoria, entidade de classe, partido político etc. Obviamente que, se houve prestação de labor, considera-se como nula apenas a cláusula acessória, mantendo-se a validade do contrato para todos os demais efeitos.

Conforme salienta *Henri Capitant*[22], existem direitos essenciais, que são necessários ao desenvolvimento da atividade humana, e que, por isso, devem ficar intactos nas mãos do respectivo titular. Tais são os direitos políticos, os direitos públicos, que garantem as diversas manifestações da liberdade da pessoa, e certos direitos privados, em particular os direitos de família, o direito de alienar os seus bens etc. Não é admissível, assim, que os participantes de um ato jurídico restrinjam o livre exercício de tais direitos em relação a terceiros, embora possam, até certo ponto, estabelecer limites a si próprios, desde que não haja abuso nem seja a ressalva contrária à lei, à moral ou aos bons costumes.

A ilicitude da condição conduz à invalidade do negócio condicionado, aplicando-se aqui o *princípio da incindibilidade* do negócio jurídico de natureza condicional, segundo o qual o negócio e a condição formariam uma unidade indivisível[23]. Conforme ensina *Francisco Amaral*, "a doutrina dominante é no sentido de que não existem duas vontades, nem o caráter atribuído à condição lhe tira a influência decisiva sobre a relação jurídica constituída pela declaração de vontade. A condição (...) não funciona como declaração distinta da que se diz principal. Há uma só vontade". Vale dizer, "a condição não é negócio acessório do principal, mas parte incindível de um único negócio. Na declaração negocial, a manifestação de vontade já nasce sujeita à condição, dela inseparável"[24]. Como consequência, a ilicitude da condição contamina o negócio inteiro[25]. No mesmo sentido, observa *Emílio Betti* que, "se a condição é um elemento do conteúdo preceptivo do negócio, integrador e incindível dos demais elementos, não é, logicamente, possível um tratamento diverso"[26]. E idêntica solução deve ser adotada em relação aos negócios que, por natureza ou por determinação legal, são incondicionáveis. Todavia, neste caso pode a lei dispor de maneira diversa, relativamente a certos atos jurídicos, havendo situações, ainda, em que

---

(22) CAPITANT, Henri. *Introduction à l'étude du droit civil*. 4. ed. Paris: Pedone, 1921. p. 379.
(23) A vontade negocial condicionada é unitária, no sentido de que a parte, ou as partes perseguem certo efeito contratual, subordinando-o, porém, à verificação de determinado evento (MESSINEO, Francesco. *Manual de derecho civil y comercial*, v. 2. Trad. Santiago Sentís Melendo. Buenos Aires: Ediciones Juridicas Europa-America, 1979. p. 461).
(24) AMARAL, Francisco. *Direito civil*: introdução. 6. ed. rev. atual. e aum. Rio de Janeiro: Renovar, 2006. p. 463.
(25) Ao contrário do que ocorre, por exemplo, no Código Civil francês (arts. 900 e 1.172), o Código Civil pátrio, no particular, não faz distinção entre atos gratuitos e onerosos. Em qualquer caso, a ilicitude da condição acarreta a nulidade não apenas da cláusula acessória, mas de todo o negócio.
(26) BETTI, Emílio. *Op. cit.*, p. 84.

a natureza do ato impõe seja excepcionado o princípio acima, tendo-se por inválida apenas a condição, como ocorre em relação ao matrimônio[27].

Nas relações de emprego, a condição resolutiva só será válida nos casos em que a lei autoriza a contratação por prazo determinado. Nada impede, porém, que seja estabelecida apenas em relação a determinadas cláusulas contratuais, como a que prevê a prestação de labor em sobrejornada. De qualquer modo, ainda que abranja todo o pacto laboral, a nulidade não alcança o contrato por inteiro, mas apenas a cláusula que limita sua duração. Não seria válida, por exemplo, uma cláusula que previsse a cessação automática da relação empregatícia caso o lucro da empresa não atingisse determinada cifra ao final de certo período. Eventual previsão nesse sentido, no entanto, não invalidaria todo o contrato, senão apenas a cláusula viciada.

7.2. Condição impossível

Pelo Código Civil anterior, somente as condições juridicamente impossíveis invalidavam o negócio jurídico. As condições fisicamente impossíveis eram simplesmente desconsideradas, como se não tivessem sido estipuladas (CC-1916, art. 116). Para tentar justificar tal critério, o autor do projeto argumentou que ele "parte de um princípio superior: só há condição quando há uma cláusula subordinativa do ato jurídico a um acontecimento incerto. As condições fisicamente impossíveis não têm incerteza absolutamente alguma; e, conseguintemente, elas não determinam a condicionalidade do ato. E, sendo assim, é como se não existissem. Por isso o projeto determinou que fossem consideradas não existentes. Agora, as que são impossíveis em face do direito estão em outra categoria, porque o ato é possível, e tanto é possível praticar um ato contra o direito que existem crimes. Há possibilidade, mas o direito deve intervir com a sua sanção e declarar que essas condições anulam o ato, porque a condição submete o ato a um molde especial, e esse molde sendo injurídico, sendo contrário à moral, sendo ilícito, deve tornar ilícito o ato"[28].

Como se pode constatar, a justificativa acima incorre em confusão entre a impossibilidade jurídica e a ilicitude da condição, situações perfeitamente distintas, consoante visto anteriormente. Conforme bem observou *Eduardo Espínola*, "*o juridicamente impossível é tão impossível, como o materialmente impossível.* Tão impossível é realizar-se a condição — se meu sobrinho se tornar maior aos 15 anos — como est'outra — se os rios correrem da foz para as cabeceiras. O *ilícito*, o *imoral*, é que, apesar de proibidos pela lei ou pelos bons costumes, podem ser praticados; não assim o *impossível juridicamente*, não há meio de realizá-lo"[29]. (grifos no original)

É por isso que, perante o Código atual, sendo a condição suspensiva, tanto a impossibilidade física quanto a jurídica importam a nulidade do ato[30]. Com efeito, se a eficácia

---

(27) ABREU FILHO, José. *O negócio jurídico e sua teoria geral*. 5. ed. atual. São Paulo: Saraiva, 2003. p. 191-2.
(28) BEVILAQUA, Clovis. *Apud* ESPÍNOLA, Eduardo. *Op. cit.*, p. 197-8.
(29) ESPÍNOLA, Eduardo. *Op. cit.*, p. 200.
(30) "Entre as condições fisicamente impossíveis se compreendem as *falsas*, isto é, as que pressupõem um fato que não existe. Tal seria a condição que apusesse o disponente — se meu irmão voltar da América — quando nenhum irmão do testador houvesse deixado a Europa" (LOSANA, *Apud* ESPÍNOLA, Eduardo. *Op. cit.*, p. 220).

do ato estiver sujeita a condição impossível, jamais produzirá os efeitos esperados, daí a incidência da nulidade (CC, art. 122). Com isso, não há violação à vontade das partes nem estímulo à tentativa de praticar atos contrários ao Direito. Quem estabelece uma condição suspensiva física ou juridicamente impossível deixa evidenciado que não pretende que o negócio se torne eficaz algum dia, uma vez que tal condição jamais poderá ser implementada. Com isso, ou não está formulando uma proposta séria, ou está tentando esquivar seus bens de alguma responsabilidade, não podendo o Direito emprestar validade ao ato, seja qual for o seu objetivo.

Tal solução é coerente com a previsão do art. 122, quando veda a introdução de condições que privem o negócio jurídico de todo efeito (condições perplexas). Uma condição de tal natureza resvalaria para a simulação, uma vez que as partes, efetivamente, não estariam objetivando os resultados que normalmente adviriam do negócio jurídico realizado.

A impossibilidade física da condição suspensiva, para tornar o negócio jurídico nulo, tem de ser incontornável, não bastando que se revista de extrema dificuldade (*conditio quasi impossibilis*). A dificuldade não impede que a condição prevaleça, e isto porque ela não é propriamente impossível[31].

Não se exige, porém, que a impossibilidade seja absoluta, isto é, que se estenda a qualquer pessoa. Conforme ensina *Eduardo Espínola*, "a impossibilidade de praticar certos atos pode ser objetiva, porque existe em relação a toda e qualquer pessoa, ou subjetiva, se procede da situação ou condições especiais em que se encontra determinada pessoa"[32]. Por outro lado, "no caso de prestação impossível, como objeto de um contrato, só a impossibilidade objetiva impede que se constitua a obrigação. Quando se trate, porém, de condição impossível, é equiparada à impossibilidade objetiva a que se apresenta de tal maneira em relação à pessoa que tem de realizar o fato previsto como condição, que este seja verdadeiramente inexequível"[33]. No mesmo sentido, observou *Caio Mário Pereira* que, "quando a impossibilidade diz respeito apenas a uma pessoa (impossibilidade relativa), deve ser tratada como se fosse absoluta, pois é claro que o agente subordinou a declaração de vontade a uma determinação acessória que se poderia cumprir relativamente a outrem, mas que quanto a determinado indivíduo, não tem suscetibilidade de realização". Assim, "seu efeito equipara-se, naquele negócio jurídico, e quanto àquele indivíduo, à condição absolutamente impossível"[34]. Sendo a impossibilidade apenas parcial, a melhor solução é buscar, em cada caso concreto, atender à vontade de quem estabeleceu a condição[35].

Consoante o escólio de *Eduardo Espínola*, "quando seja o caso de impossibilidade meramente transitória, que deva ou possa previsivelmente cessar, dizem os autores que a condição não será impossível, mas verdadeira e própria, desde que o disponente ou as partes tenham previsto a possibilidade futura"[36]. Parece-nos, entretanto, que isso deve

---
(31) SANTOS, J. M. de Carvalho. *Op. cit.*, p. 47.
(32) ESPÍNOLA, Eduardo. *Op. cit.*, p. 222.
(33) *Ibidem*, p. 224.
(34) PEREIRA, Caio Mário da Silva. *Op. cit.*, p. 397.
(35) BEVILAQUA, Clovis. *Código Civil dos Estados Unidos do Brasil comentado*, v. 1. 7. ed. Rio de Janeiro: Francisco Alves, 1944. p. 391.
(36) ESPÍNOLA, Eduardo. *Op. cit.*, p. 222.

ser presumido, pois não se poderia partir do princípio de que a declaração de vontade tivesse como objetivo produzir um mero *flatus vocis*. A questão, obviamente, deverá ser analisada em seu contexto, não se podendo supor que as partes estabeleçam condições que poderiam ser adimplidas mais de um século depois. Assim, o exemplo de *Savigny* — "se Tício se abstiver de subir à lua" —, ao tempo em que foi apresentado, era, efetivamente, uma condição necessária negativa em relação a qualquer indivíduo. E assim também foi apresentada por *Eduardo Espínola*[37].

Se o empregador estabelece metas de produção inatingíveis, oferecendo um prêmio a quem as alcançar, a cláusula será nula. Assim, mesmo o empregado que obteve a maior produção, como não cumpriu a meta estipulada, não fará jus ao prêmio. Por conseguinte, de nada aproveita ao trabalhador alegar que a meta era impossível de ser batida. O que poderá ocorrer é de a conduta do empregador ser tida como exigência de labor acima das forças do empregado (CLT, art. 483, *a*), especialmente se houver cobranças para que o empregado chegue àquele patamar de rendimento. É irrelevante, no caso, que a impossibilidade diga respeito apenas à pessoa a quem competia preencher a condição, uma vez que, conforme pontuou *Giorgi*, "se o fato é impossível para quem tenha de realizá-lo, a condição certamente se não verificará, é, portanto, uma condição impossível. Que importa que outros possam praticá-lo?"[38].

Caso a impossibilidade (física ou jurídica) diga respeito a condição resolutiva, à toda evidência não pretendiam as partes sujeitar os efeitos do negócio jurídico a condição alguma, uma vez que aquela não poderá se realizar. Diante disso, acertadamente, o legislador determinou que as condições impossíveis, quando resolutivas, sejam tidas por inexistentes. De outra parte, se a eficácia do negócio jurídico estiver vinculada à inocorrência de um evento impossível, também não haverá condição alguma, pois, como é óbvio, o que é impossível jamais poderá ocorrer, o que significa dizer que a superveniência do evento subordinante é infalível[39]. Em qualquer dos casos referidos, o negócio jurídico não sofrerá restrição alguma em sua eficácia (CC, art. 124). Como resume *Eduardo Espínola*, "na hipótese de condição de *não fazer uma coisa impossível*, a solução lógica é a que o ato prevalece como puro, porque semelhante condição é uma *condição necessária*, que fatalmente se dará; assim, a realidade do ato corresponde à vontade do declarante e atende ao princípio da unidade do negócio condicionado"[40]. Tais condições, portanto, são encaradas pelo Código como ociosas, frívolas, extravagantes ou ineptas, deixando subsistir o negócio a que aderem sem limitação alguma[41].

Em síntese, diante de condições inevitáveis, podem-se estabelecer os seguintes princípios: "se a condição é necessária, a declaração de vontade é incondicionada, quer dependa da

---

(37) *Ibidem*, p. 226.
(38) GIORGI, Giorgio. *Apud* ESPÍNOLA, Eduardo. *Op. cit.*, p. 223.
(39) Tais condições são, por isso, classificadas por Savigny como *condições necessárias negativas:* "a essência das condições impossíveis consiste em que falta nelas inteiramente o caráter fundamental de verdadeiras condições, a incerteza do êxito, isto é, que nada existe nelas que possa depender da liberdade humana ou do acaso" (*Apud* ESPÍNOLA, Eduardo. *Op. cit.*, p. 98).
(40) ESPÍNOLA, Eduardo. *Op. cit.*, p. 202.
(41) MONTEIRO, Washington de Barros. *Curso de direito civil*, v. 1: parte geral. 29. ed. São Paulo: Saraiva, 1990. p. 227.

realização do acontecimento necessário, quer do não se verificar o impossível; se, porém, a condição é impossível, porque se refere à ocorrência de um ato impossível ou à omissão dum fato necessário, a solução é outra: 'quem declara querer sob uma condição impossível declara não querer, e a sua declaração em regra não pode produzir efeito'"[42]. Perante o Código Civil atual, no entanto, conforme já exposto, a previsão de condição resolutiva impossível indica que as partes simplesmente não quiseram fixar limitação alguma à eficácia do negócio, havendo-se por não escrita apenas a cláusula em questão (CC, art. 124).

A mesma solução não se aplica, entretanto, às condições de não fazer coisa ilícita, uma vez que tal condição pode não ser implementada, isto é, o ilícito, embora proibido, pode ocorrer. Apesar disso, entende a doutrina civilista que seria imoral que alguém recebesse certa vantagem especulando ou tirando proveito daquilo que era mais do que seu dever deixar de praticar[43]. Tal entendimento, contudo, não prevalece quando as vantagens são oferecidas para que a parte beneficiada seja mais diligente no cumprimento de suas obrigações contratuais ou tenha maior cuidado no sentido de evitar prejuízos que poderiam resultar para a outra parte. É o caso, por exemplo, do empregador que paga um prêmio ao empregado que é pontual e não falta ao serviço ou que não desperdiça material, não se envolve em acidentes de trânsito e assim por diante. No caso, há um estímulo para que o trabalhador cumpra suas obrigações contratuais com uma dedicação ou zelo acima do que seria comum esperar, o que exclui a imoralidade da cláusula. O trabalhador só receberá um *plus* salarial se o cumprimento de suas obrigações estiver acima dos padrões de presteza, diligência ou qualidade considerados normais. Note-se, por exemplo, que a existência de faltas injustificadas é tida como uma hipótese, se não desejável, pelo menos previsível, tanto que a lei considera que a ocorrência de até cinco ausências anuais não chega a interferir na duração das férias (CLT, art. 130). Assim, é lícito que o empregador ofereça um estímulo para evitá-las.

7.3. Condição incompreensível ou contraditória

Quando as partes realizam um negócio jurídico, pressupõe-se que tenham em vista os resultados que dele decorrem. Se, entretanto, os efeitos do negócio ficam na dependência de uma condição cujo implemento não possa ser verificado, o ato fica prejudicado, uma vez que não será possível compreender qual foi a vontade das partes, isto é, sob que condições pretendiam que o negócio passasse a emanar efeitos jurídicos ou deixasse de produzi-los.

---

(42) ESPÍNOLA, Eduardo. *Op. cit.*, p. 205-6. Lembra, ainda, Espínola que "o civilista inglês sir Frederick Pollock, aproveitando a lição de Savigny e dos pandectistas alemães, indica perfeitamente a diferença entre as condições necessárias e as impossíveis, nas seguintes palavras: 'A condição pode ser ou que um acontecimento se verifique (condição positiva), ou que se não verifique (condição negativa). Esse acontecimento, em vez de *contingente*, pode ser *necessário* ou *impossível* (*em si mesmo, ou por força da lei*). Mas *a negação de um acontecimento necessário é impossível*, e *a negação de um acontecimento impossível é necessária*. Depende, portanto, do caráter positivo ou negativo da contingência ser a condição necessária ou impossível'" (*Ibidem*, p. 202). Assim, tanto é necessária a afirmação de uma necessidade quanto a negação de uma impossibilidade; por outro lado, a impossibilidade tanto pode decorrer da afirmação de um evento impossível quanto da negação de uma evento necessário.
(43) SANTOS, J. M. de Carvalho. *Op. cit.*, p. 44.

Assim, quando pelos meios usualmente adotados para a interpretação da vontade das partes não for possível identificar a eficácia que as partes pretendiam conferir ao negócio jurídico, a lei considera-o inválido. Por outro lado, equipara-se à condição incompreensível a que for conflitante com o conteúdo do negócio ou os seus fins, revelando uma impossibilidade lógica em sua interpretação.

Fácil perceber que uma condição dessa natureza dificilmente se aplicaria ao contrato de trabalho, desde que tenha havido execução, uma vez que, neste caso, a vontade das partes seria extraída a partir do que ocorreu na prática (princípio da primazia da realidade). Isso, porém, não exclui, terminantemente, a possibilidade de alguma cláusula estar vinculada a condição não compreensível e, por isso, padecer de nulidade. Há de se observar, no entanto, que, seja por se tratar de contrato em que o trabalhador simplesmente adere às cláusulas propostas pelo empregador em bloco, seja em face do princípio da proteção, na dúvida os termos do pacto laboral devem ser interpretados de modo que produzam algum sentido e, sendo eles passíveis de várias interpretações, deve prevalecer a que for mais favorável ao obreiro. Assim, mesmo que as disposições negociais não sejam claras, considerando que quem as elaborou foi o empregador, desde que seja possível extrair delas algum efeito, deve prevalecer o sentido mais favorável ao trabalhador (CC, art. 423).

Se, entretanto, há uma efetiva contradição entre a vontade manifestada no negócio e a que vem expressa na condição, uma elimina a outra, demonstrando que os agentes não querem o que declararam, ou aparentam, simuladamente, querer o que, na realidade, não querem[44].

7.4. Condição puramente potestativa

Segundo a índole do evento, as condições podem ser casuais, potestativas ou mistas. As primeiras dependem do acaso, de fato alheio e inteiramente estranho à vontade humana. Condição potestativa é a que sujeita a eficácia do negócio jurídico ao arbítrio de uma das partes ou de terceiro. Quando, porém, para o implemento da condição há de concorrer, além da vontade do agente, fato que lhe é externo, conquanto vinculado ao esforço ou ao trabalho do interessado, a condição é chamada de potestativa simples ou mista. Se sua realização depende exclusivamente do arbítrio de uma das partes, tem-se a chamada condição *puramente* potestativa. É o caráter abusivo desta última que a lei combate (CC, art. 122)[45]. Na medida em que submetem a eficácia do negócio jurídico à vontade arbitrária do interessado, as condições meramente potestativas, no dizer de *Orlando Gomes*, não constituem propriamente condições: "se alguém contrai uma obrigação nessas circunstâncias, em verdade não se obriga"[46].

---

(44) BEVILAQUA, Clovis. *Apud* CHAVES, Antônio. *Tratado de direito civil*, v. 1, 3. ed. ref. São Paulo: Revista dos Tribunais, 1982. p. 1.303.

(45) Admite-se, porém, como condição, o fato voluntário, quando a parte tenha interesse em praticar o ato, não se tratando de simples conduta arbitrária, mas que, normalmente, se pratica ou se omite por motivos plausíveis e apreciáveis. É o que ocorre, por exemplo, na venda a contento ou sujeita a prova (CC, arts. 509/510) e em outros tipos de negócios sob a reserva de agradar (BETTI, Emílio. *Op. cit.*, p. 97-8).

(46) GOMES, Orlando. *Op. cit.*, p. 392. No mesmo sentido: COLIN, A.; CAPITANT, H. *Curso elemental de derecho civil*, v. 1. Trad. RGLJ. Madrid: Editorial Reus, 1975. p. 238.

Conforme explica *Dernburg*, "a declaração de entrar, no futuro, em um negócio proposto, se o declarante o quiser, frequentemente significa que, por enquanto, não deseja efetuá-lo, apenas considera, sem qualquer vínculo jurídico, uma eventual conclusão futura do mesmo negócio. Assim, quando alguém declare a um comerciante que lhe comprará no próximo Natal a coisa oferecida, se tiver necessidade, dinheiro etc. Ainda quando o comerciante se declare com isso satisfeito, nada se adiantou quanto à conclusão do negócio"[47].

Convém acentuar que somente se caracteriza como condição *puramente* potestativa a que fica à exclusiva disposição da vontade da parte. Assim, se o evento se prende a um ato exterior do obrigado, ainda que dependente de sua própria vontade, não pode ser qualificada como condição puramente potestativa[48]. Conforme assinala *Arnoldo Wald*, o que o legislador procurou evitar foi que a eficácia dos negócios jurídicos ficasse na dependência exclusiva do capricho de alguma das partes. Assim, sempre que a condição envolver algum fator objetivo, um esforço a fazer, um trabalho a realizar ou uma dificuldade a vencer, a cláusula é considerada válida[49]. É o que ocorre, por exemplo, na oferta de prêmios aos empregados que alcancem as metas fixadas pelo empregador, uma vez que, no caso, o preenchimento da condição não depende exclusivamente da vontade do trabalhador, mas de fatores que fogem ao seu controle.

Exemplo de condição que poderia ser considerada como puramente potestativa, no âmbito do contrato de trabalho, é a norma regulamentar que prevê a concessão de promoções por tempo de serviço ou mérito a critério da diretoria da empresa, sem vinculação a qualquer evento que as torne exigíveis, ficando, assim, na dependência da exclusiva vontade do empregador. Registre-se que, consoante lecionam *Gagliano* e *Pamplona Filho*, também constitui cláusula potestativa a que submete a eficácia da obrigação ao fato de estar o declarante em condições de prestar o que já foi pactuado, sem estabelecer critérios para aferição de tais condições[50].

Apesar disso, no primeiro exemplo acima, não evidenciado que a intenção do empregador não era séria (note-se que este não poderá alegar em seu favor a própria malícia), deve-se entender, consoante os princípios da boa-fé e do aproveitamento eficaz das declarações de vontade, que o declarante efetivamente se comprometeu a conceder as progressões, podendo, assim, ser compelido judicialmente a promover os atos necessários para que tal resultado seja alcançado, segundo critérios razoáveis ou observados os demais requisitos acaso previstos[51].

---

(47) *Apud* ESPÍNOLA, Eduardo. *Op. cit.*, p. 172.
(48) LOPES, Miguel Maria de Serpa. *Curso de direito civil*, v. 1, 2. ed. Rio de Janeiro: Freitas Bastos, 1957. p. 495.
(49) WALD, Arnoldo. *Curso de direito civil brasileiro*, v. 1: introdução e parte geral. 6. ed. rev. e atual. São Paulo: Revista dos Tribunais, 1989. p. 166-7.
(50) GAGLIANO, Pablo Stolze; PAMPLONA FILHO, Rodolfo. *Novo curso de direito civil*, v. 1: parte geral. 4. ed. rev., ampl. e atual. São Paulo: Saraiva, 2003. p. 425.
(51) "PLANO DE CARREIRA, CARGOS E SALÁRIOS. CONDIÇÃO MERAMENTE POTESTATIVA PARA IMPLEMENTAÇÃO DE CLÁUSULA CONCESSIVA DE PROGRESSÃO. NULIDADE. O PCCS da Reclamada estabelece três requisitos para a concessão de progressão horizontal por antiguidade: lapso temporal, lucratividade e deliberação da diretoria da empresa. Esse último requisito apresenta-se como condição meramente potestativa, portanto ilegal, vez que deixa ao inteiro arbítrio do empregador conceder ou não a progressão horizontal e no momento que bem lhe aprouver" (TRT 18ª Região, RO 01427-2003-005-18-00-0, Rel. Juiz Elvecio Moura dos Santos. DJE 27.4.2004, p. 151).

Pertinente, também, o exemplo trazido por *Carvalho Santos*: "Suponhamos que alguém prometa, além de ordenado, uma gratificação ao empregado *se estiver contente*. Será válida tal condição? Opinam alguns pela validade, porque se presume verificada a condição, quando não se possa justificar qualquer causa justa de descontentamento (Larombière, ob. cit.). Outros já são de opinião diferente. Entendem que esta condição anula o contrato, porque o contentamento visado é o da pessoa que fez a declaração, não estando, portanto, sujeito à apreciação dos juízes (Demolombe, ob. cit.). A última opinião parece mais acertada, pois não atinamos como se possa penetrar no íntimo de alguém para descobrir a justa causa de descontentamento. A causa de descontentamento é toda relativa, razão tendo, portanto, o Dr. Jair Lins, quando diz que a diferença notável de caráter entre os diversos indivíduos justifica a doutrina de Demolombe, pois o fato que, para uns, é insignificante e tolerável ou, mesmo, nada tem de extraordinário, pode ser para outros irritantíssimo, tocando mesmo às raias do intolerável (*Rev. Forense*, cit., p. 422). A presunção de que o empregado serve a contento não se pode deduzir do fato de ter sido mantido no emprego, ainda mesmo que não houvesse contrato escrito que obrigasse o patrão a tê-lo a seu serviço até o vencimento do prazo estipulado no contrato, por isso que motivos outros poderiam conservar o empregado, mesmo que com ele não estivesse satisfeito, como *v. g.* se não encontrou outro para substituí-lo e não podia ficar sem um empregado, de forma alguma"[52].

Todavia, ainda que considerada nula a cláusula relativa ao acréscimo salarial, tal fato não seria suficiente para invalidar todo o contrato, mas apenas a parte viciada. Por outro lado, considerando que houve um compromisso sério de um incremento remuneratório, estando tal fato provado ou sendo incontroverso, impõe-se a inversão do ônus da prova para que o empregador demonstre os motivos de seu descontentamento, que deverão ser juridicamente relevantes, sob pena de ser devida a gratificação prometida. Caso contrário, haveria um enriquecimento abusivo do empregador, uma vez que é de presumir que o trabalhador tenha feito um esforço além do que dedicaria na execução normal do contrato sem a devida contraprestação, apesar de ter sido prevista. De registrar-se que quem fixa regras obscuras, mesmo podendo ser claro, não pode beneficiar-se da própria imprecisão, constituindo, ademais, princípio do Direito do Trabalho que, na dúvida, devem as normas ser interpretadas em favor do empregado. Como se pode verificar, portanto, os argumentos desfilados pelos civilistas acima referidos, o que é perfeitamente compreensível, ignoram os princípios do Direito do Trabalho, não podendo, assim, ser aproveitados aqui.

Observa *Caio Mário da Silva Pereira* que "tem o mesmo sentido e o mesmo efeito frustratório, podendo ser capitulada como condição potestativa pura, a *indeterminação potestativa da prestação*, por ver que, neste caso, a potestatividade do ato se desloca da sua realização para a estimativa da *res debita*, equivalendo nos seus efeitos ao *si volam*. (...) Na verdade, 'pagarei quanto quiser' é o mesmo que 'pagarei se quiser', pois o arbítrio do devedor poderá restringir a soma devida a proporções tão irrisórias que a solução da obrigação ficaria no limite do quase nada (*sestertio nummo uno*)"[53]. Não por outro

---

(52) SANTOS, J. M. de Carvalho. *Op. cit.*, p. 37-8.
(53) PEREIRA, Caio Mário da Silva. *Op. cit.*, p. 397-8.

motivo, exige a lei que o objeto do negócio jurídico seja, ao menos, determinável, conforme visto acima (Capítulo III, item 3.1). Todavia, nos negócios bilaterais, se apenas a prestação de uma das partes estiver sujeita à condição acima, isso não afetará o negócio em si, definindo apenas sua natureza. Assim, se alguém promete entregar uma coisa (obrigação pura) e a outra parte a pagar quanto quiser, a questão que fica pendente é apenas a natureza do negócio, se o caso é de compra e venda ou de doação (ainda que parcial).

Importante lembrar, ainda, que, da mesma forma que a lei veda a previsão de condição puramente potestativa, não admite que uma das partes obste o implemento da condição ou o promova mediante fraude. Assim, nos termos do art. 129 do Código Civil, considera-se realizada a condição cujo implemento for maliciosamente obstado pela parte a quem desfavorecer, da mesma forma que não se reputa implementada a condição levada a efeito maliciosamente por quem se beneficiaria com a sua superveniência.

Por fim, há que se ressalvar que parte da doutrina admite a condição puramente potestativa em relação aos contratos sinalagmáticos, uma vez que, nestes, conforme explica *Demogue*, a cláusula subordina à vontade de um dos contraentes o fato de se tornar ao mesmo tempo credor e devedor, e não apenas o fato de se tornar devedor. Diante disso, "se aquele de cuja vontade depende o implemento da condição quiser exigir a prestação da outra parte, há de se constituir definitivamente devedor, porque a condição foi aposta a todo o contrato"[54]. Para *Messineo*, o mesmo tratamento deve ser reconhecido à condição suspensiva subordinada exclusivamente à vontade do adquirente[55]. Em alguns casos, no entanto, um negócio "concluído" nos termos expostos pode gerar dúvidas quanto à sua efetiva consumação, isto é, se houve realmente negócio jurídico ou simples expectativa de sua ocorrência. É o que ocorre, por exemplo, na situação seguinte: um empresário encontra um obreiro na praça e lhe oferece um salário "x" se este último for trabalhar para ele a partir do dia seguinte, obtendo como resposta: "irei se estiver disposto". É evidente que, na situação descrita, não se pode dizer que o trabalhador se obrigou a aceitar a proposta que lhe foi apresentada, pois é como se dissesse: "vou pensar a respeito". E, às vezes, realmente era essa sua intenção.

Todavia, o Direito do Trabalho comporta outras situações em que não há dúvidas acerca da formação contratual. É o que ocorre, por exemplo, na conversão do contrato de experiência em contrato por prazo indeterminado. Neste caso, embora tenha havido pacto laboral, seu prosseguimento fica ao inteiro alvedrio de cada uma das partes, desde que nenhuma delas manifeste vontade em sentido contrário. Em outras palavras, o contrato de experiência vem acompanhado de uma cláusula implícita segundo a qual, se ninguém expressar intenção diversa, ao seu termo, a relação prosseguirá normalmente. Por outro lado, o contrato de trabalho por prazo indeterminado convive normalmente com a possibilidade de resolução unilateral, puramente potestativa, salvo nos casos excepcionais em que o trabalhador é amparado por alguma forma de garantia de emprego. E a mesma cláusula poderá ser inserida nos contratos a termo, embora, neste caso, deva ser expressa (CLT, art. 481).

---

(54) ESPÍNOLA, Eduardo. *Op. cit.*, p. 173-4.
(55) MESSINEO, Francesco. *Op. cit.*, p. 462.

Conquanto os códigos estrangeiros, como o nosso, proíbam a condição puramente potestativa sem fazer distinções, observa *Espínola* que seus comentadores restringem o princípio à condição suspensiva, ficando fora de seu alcance a condição resolutiva. E neste sentido aponta lições dos escritores franceses e italianos (*Laurent, Baudry-Lacantinerie et Barde, Demolombe, Capitant, Coviello, Giorgi*)[56]. No caso, explica *Messineo*, a condição meramente potestativa não é nula, nem torna nulo o negócio, uma vez que não põe em dúvida a eficácia do negócio, tornando problemática apenas sua persistência[57].

Veja-se, a propósito, o que ocorre em relação ao contrato de trabalho por prazo indeterminado, conforme já referido acima. Embora a duração do contrato fique na dependência exclusiva da vontade de qualquer uma das partes, isso não afeta a validade do pacto, uma vez que seus efeitos são imediatos, ficando na dependência dos interessados tão somente sua duração no tempo. Ademais, na hipótese, e a qualificação do contrato de trabalho, no caso, bem o expressa, não temos, propriamente, uma condição, mas um negócio a termo, embora incerto (*certus an, sed incertus quando*).

7.5. Encargo ilícito ou impossível

Na definição de *Clovis Bevilaqua* "encargo (*modus*) é a determinação em virtude da qual se restringe a vantagem criada pelo ato jurídico, estabelecendo o fim a que deve ser aplicada a coisa adquirida ou impondo certa prestação"[58]. Conforme esclarece *Washington de Barros Monteiro*, o modo ou encargo é estipulação peculiar aos atos a título gratuito, em virtude da qual impõe-se uma obrigação ao beneficiário da liberalidade, reduzindo seu proveito. Caso seja inserido em ato a título oneroso, o encargo será parte integrante da contraprestação devida pela parte a que é atribuído[59].

A obrigação imposta ao favorecido pode ter como beneficiário quem lhe concedeu a vantagem, as pessoas que ele indicou ou a coletividade anônima. Apesar disso, não se confunde com uma contraprestação: "não é e nem pode ser uma *contrapartida* da prestação recebida, e, quando se institui em um contrato bilateral, e a obrigação se configura como correlata da prestação devida pela outra parte, não está caracterizado o *modus*"[60]. Este geralmente é identificado pelas expressões "para que", "com a obrigação de", "com o encargo de"[61].

Lembra, ainda, *Bevilaqua* que o encargo difere da condição por ser coercitivo[62]. Com efeito, conforme ensina *Barassi*, o ato previsto como condição não está *in obligatione*, mas *in conditione*, vale dizer, não pode ser exigido da pessoa a quem couber realizá-lo. Se o

---

(56) ESPÍNOLA, Eduardo. *Op. cit.*, p. 181.
(57) MESSINEO, Francesco. *Op. cit.*, p. 462.
(58) BEVILAQUA, Clovis. *Theoria...*, cit., p. 306.
(59) MONTEIRO, Washington de Barros. *Op. cit.*, p. 239.
(60) PEREIRA, Caio Mário da Silva. *Op. cit.*, p. 402.
(61) Consoante observa Eduardo Ribeiro de Oliveira, embora não se possa dizer que o encargo seja uma manifestação da teoria pandectista da pressuposição, é inegável que guarda com ela pontos de contato (OLIVEIRA, Eduardo Ribeiro de. *Comentários ao novo Código Civil*, v. 2: arts. 79 a 137. Rio de Janeiro: Forense, 2008. p. 408).
(62) BEVILAQUA, Clovis. *Theoria...*, cit., p. 306.

ato for estabelecido como encargo, no entanto, o *accipiens* está obrigado a cumpri-lo[63]. Em suma, "o encargo obriga, mas não suspende, e a condição suspende mas não obriga"[64]. Contudo, pois, o encargo pode ter a forma de condição suspensiva, e, neste caso, valerá como tal, se essa for a vontade do estipulante. Na dúvida se o caso é de condição ou encargo, de preferência deve-se supor que a cláusula em questão impôs um encargo[65].

A menos que seja fixado como condição, o encargo não suspende a eficácia do negócio jurídico (CC, art. 136). No contrato de trabalho, é exemplo de condição a fixação de metas para que o trabalhador faça jus ao recebimento de prêmios, e o encargo poderia ser retratado na hipótese do empregado que recebe uma vantagem (um imóvel, um veículo, um computador etc.) para que aceite uma promoção ou um cargo comissionado que implique a mudança de residência, por exemplo. O valor pago pelo exercício da nova função ou do cargo de confiança, no entanto, ainda que seja denominado gratificação, reveste-se de nítido caráter salarial, por ostentar a feição de contraprestação, e não de simples liberalidade[66]. E, por ter natureza salarial, essa gratificação poderá ser exigida pelo obreiro enquanto continuar no exercício da função e, em alguns casos, incorpora-se definitivamente à sua remuneração[67].

Ao contrário das condições, o encargo ilícito ou impossível considera-se não previsto. Todavia, quando constituir o motivo determinante da liberalidade, invalida o negócio jurídico (CC, art. 137). Nesta última situação enquadra-se, por exemplo, a situação do empregado que, embora exerça atividade lícita, passa a receber uma verba extra para que acresça às suas funções normais atribuições ilícitas, estranhas às obrigações contratuais. Como a causa geradora da parcela adicional, no caso, é uma atividade ilícita, a nulidade do encargo estende-se à vantagem recebida em razão daquele. Assim, não poderá o empregado exigir a parcela não paga pelo empregador, nem este terá direito à restituição, caso o obreiro não se tenha desincumbido da atribuição ilícita (CC, art. 883).

Sendo válido o encargo, sua inexecução torna anulável a liberalidade, cabendo a ação de anulação ao estipulante ou a seus herdeiros. Todavia, em vez de pedir a anulação do negócio, podem os interessados cobrar judicialmente o cumprimento do encargo.

No âmbito trabalhista, pode-se considerar como encargo a obrigação assumida pelo trabalhador de permanecer determinado período na empresa quando esta lhe custeia, por exemplo, um curso de aperfeiçoamento profissional, podendo, ainda, para tanto,

---

(63) BARASSI, Lodovico. *Instituciones de derecho civil*, v. 1. Trad. Ramon Garcia de Haro de Goytisolo. Barcelona: Bosch, 1955. p. 193.
(64) NADER, Paulo. *Curso de direito civil:* parte geral. Rio de Janeiro: Forense, 2003. p. 462.
(65) BEVILAQUA, Clovis. *Theoria...*, cit., p. 306-7.
(66) Conforme observou Pontes de Miranda, "a política de integração, no salário, de recebimento pelo empregado suscitou certa discrepância entre o sentido de algumas palavras, antes da integração, e o sentido posterior, quando a prestação do empregado já se integrou no salário. A palavra 'gratificação' dá exemplo disso. Quem gratifica presta espontaneamente, sem ter dever de prestar. No entanto, no art. 457, § 1º, da Consolidação das Leis do Trabalho (Decreto-lei n. 5.452, de 1º de maio de 1943), as gratificações ajustadas são salário, prestação devida ao empregado" (MIRANDA, Francisco Cavalcanti Pontes de. *Tratado de direito privado*, t. 47. 3. ed. Rio de Janeiro: Borsoi, 1972. p. 33).
(67) "GRATIFICAÇÃO DE FUNÇÃO. SUPRESSÃO OU REDUÇÃO. LIMITES. I – Percebida a gratificação de função por dez ou mais anos pelo empregado, se o empregador, sem justo motivo, revertê-lo a seu cargo efetivo, não poderá retirar-lhe a gratificação tendo em vista o princípio da estabilidade financeira. II – Mantido o empregado no exercício da função comissionada, não pode o empregador reduzir o valor da gratificação" (TST, Súmula n. 372).

proporcionar-lhe uma licença remunerada[68]. É comum, especialmente nos estabelecimentos de ensino superior, a concessão de licença remunerada a professores para que participem de cursos de pós-graduação acadêmica, comprometendo-se os docentes beneficiados a permanecer na instituição por determinado período após a conclusão do curso. Em tais casos, o oferecimento do curso de qualificação profissional pode ser considerado uma liberalidade do empregador, em razão da qual o beneficiário assume o encargo de permanecer na empresa após a conclusão do curso. Não observando o obreiro a cláusula de permanência, pode o empregador exigir que aquele cumpra o prometido ou que o indenize pelos gastos que teve para proporcionar ao empregado a melhoria profissional[69].

Se o encargo decorrente da liberalidade for impossível ou contrário à lei ou aos bons costumes, não pode ser tolerado. Em tais casos, tem-se como não escrito, exceto se constituir o motivo determinante da liberalidade, caso em que se invalida o negócio jurídico (CC, art. 137). Apesar disso, quem fez a liberalidade não pode exigir para si o que deu com o objetivo de obter o fim ilícito (CC, art. 883). Situação delicada é, por exemplo, a hipótese de o empregador fazer uma doação à empregada, sujeitando-se esta, em razão da vantagem, a prestar àquele favores sexuais. Caso a trabalhadora tenha cedido aos caprichos do empregador, as partes devem ser mantidas na situação em que se encontram. Caso contrário, incide o disposto no art. 883, parágrafo único, do Código Civil.

É evidente que se a exigência do empregador só é revelada após a concessão da vantagem, a recusa do beneficiário não é o bastante para revogar a liberalidade, uma vez que implicaria alterar a eficácia (ou até mesmo a causa) da vantagem já obtida. Assim, mesmo que o encargo que se pretenda impor ao destinatário da liberalidade não seja, em tese, ilícito nem impossível, não pode ser estabelecido após a aceitação da liberalidade pura. Se, além de a exigência ser posterior à conclusão do ato, o encargo for ilícito, afora a recusa do beneficiário ser legítima, uma vez que a vantagem já foi alcançada gratuitamente, terá ele direito à reparação pelos danos decorrentes da impostura do autor da liberalidade.

7.6. As condições no contrato de trabalho

Normalmente as condições, enquanto cláusulas acessórias, são analisadas sob a ótica das obrigações de realização instantânea. Assim, a presença de determinada condição suspensiva importa a ineficácia do negócio por inteiro, até que aquela se realize. No

---

(68) "SOCIEDADE DE ECONOMIA MISTA. CURSO PAGO PARA EMPREGADO. CONTRAPRESTAÇÃO APÓS O TÉRMINO. PERMANÊNCIA NA EMPRESA DURANTE LAPSO TEMPORAL MÍNIMO OU INDENIZAÇÃO SUBSTITUTIVA. POSSIBILIDADE. A sociedade de economia mista tem — por suas próprias características constitutivas e de atuação — destacadas responsabilidades gerenciais e de apresentação de resultados perante a sociedade e os acionistas, não sendo abusiva nem ilegal a exigência de contraprestação a empregado seu no sentido de que, desejando submeter-se a curso de pós-graduação de valor considerável com duração de 1 ano, de interesse tanto funcional — ligado a suas atividades — quanto de aperfeiçoamento profissional pessoal, comprometa-se — com assinatura do respectivo termo — a, ao final da aprendizagem, não se desligar da empresa antes de um lapso temporal mínimo estabelecido, quando deverá aplicar ali os conhecimentos que adquiriu, sob a cominação de, no caso de uma precoce resilição contratual, ressarcir os respectivos gastos" (TRT 18ª Região, ROS 01862-2005-007-18-00-9, Rel. Juiz Gentil Pio de Oliveira. DJE 17.3.2006, p. 58).
(69) "CURSO DE ESPECIALIZAÇÃO. OBRIGATORIEDADE DE PERMANÊNCIA NO EMPREGO OU DE REEMBOLSAR AS DESPESAS. É harmônica com a legislação vigente e com os princípios de Direito do Trabalho — da realidade e da boa-fé

âmbito das relações laborais, no entanto, dado seu caráter continuativo, podem-se estabelecer condições que se renovam a cada dia, a cada um ou mais meses ou até mesmo anualmente. Assim, o direito à remuneração dos repousos hebdomadários ou o gozo de férias, por exemplo, dependem de certas condições que se realizam ao longo da semana ou do ano contratual, respectivamente.

Como se pode perceber, em tais casos, as condições estão muito próximas às obrigações contratuais, praticamente confundindo-se com elas. Não por acaso, pois, costuma-se falar em condições contratuais como sinônimo de cláusulas contratuais, ou estipulações do contrato. E, efetivamente, nos contratos sinalagmáticos em geral, o cumprimento da obrigação assumida por uma das partes é condição ou pressuposto de exigibilidade da prestação que ela tem direito de obter da parte adversa. Assim, pelo menos nos contratos sinalagmáticos complexos, que envolvem uma série de obrigações recíprocas, considerada a relação das prestações que cabem a cada uma das partes, o tema das condições situa-se numa zona muito próxima às estipulações ou ao objeto contratual.

É certo que pode haver condições que paralisem a eficácia de todo o contrato, o que, entretanto, não é comum, especialmente em se tratando de contratos de trabalho. Cite-se o exemplo da recuperação da capacidade laborativa do trabalhador aposentado por invalidez em relação ao contrato do empregado que foi admitido para substituí-lo (CLT, art. 475, § 2º). No caso, desde que pactuada tal condição, uma vez restabelecida a saúde do trabalhador substituído, cessa automaticamente a eficácia do contrato do substituto. Embora de difícil ocorrência, não estão descartadas, também, as condições suspensivas, como no caso de candidato político que firma contrato de trabalho com seu cabo eleitoral, cuja execução, no entanto, fica condicionada ao êxito do contratante no próximo pleito[70]. Também poderíamos figurar a hipótese de uma empresa que, no curso de uma licitação pública para prestação de serviços ou execução de obras, antevendo sua possível escolha, admite desde logo os trabalhadores de que irá precisar para executar o futuro contrato, condicionando a eficácia dos pactos laborais à confirmação de sua vitória naquele certame. Se, na prática, isso dificilmente ocorre, é porque a mão de obra normalmente é abundante. Todavia, em se tratando de determinadas funções que exigem conhecimento especial, a admissão prévia, em vez de uma simples seleção, é perfeitamente previsível, a fim de evitar que o trabalhador firme contrato com outra empresa, embora as partes também possam valer-se da simples promessa de contratar, ficando a celebração do pacto laboral sujeita a condição suspensiva.

— a cláusula consubstanciando a obrigação de o empregado permanecer na empresa, por período limitado de tempo, após feitura de curso custeado por esta, ou de reembolsá-la das despesas realizadas, caso, em retornando à prestação de serviços, venha a decidir pela resilição do contrato de trabalho. O ato é jurídico e perfeito, valendo notar que interpretação diversa implica verdadeiro desestímulo aos avanços patronais no campo social" (TST, RR 103913/94, Ac. 1ª T. 6.194/94, 24.11.94, Rel. Min. Ursulino Santos. DJU 10.2.95, p. 2.083).

(70) Esse exemplo foi inspirado em outro muito semelhante, sugerido por Dallegrave Neto (DALLEGRAVE NETO, José Affonso. *Contrato individual de trabalho*: uma visão estrutural. São Paulo: LTr, 1998. p. 130). O professor paranaense apresenta como exemplo de condições resolutivas as faltas graves cometidas pelo empregado. De nossa parte, no entanto, entendemos que a ocorrência de falta grave não constitui condição resolutiva, uma vez que esta opera automaticamente, ao passo que a simples ocorrência de alguma falta grave não importa a ruptura automática do contrato de trabalho, podendo o empregador relevá-la.

No âmbito trabalhista, por outro lado, principalmente em função do caráter potestativo de que se reveste a rescisão contratual, ganham relevância aquelas condições implícitas, que comumente resvalam para a subjetividade e não raro se prestam ao abuso. Com efeito, não havendo, como regra, garantia alguma contra a despedida arbitrária, o requisito básico para manter-se no emprego é não desagradar o patrão. E tal obrigação negativa apresenta-se como requisito de manutenção do vínculo de emprego, vale dizer, se ocorrer um ato que contrarie o empregador, este rompe o contrato. Embora, no caso, a exigência também funcione como uma espécie de cláusula comissória implícita, nem sempre provoca, pelo menos de imediato, a rescisão contratual, podendo acarretar, ainda, outras consequências no âmbito laboral, como a preterição em processos de promoção e o maior rigor nas reprimendas, entre várias outras formas de discriminação ou perseguição.

O caráter subjetivo e velado de tal condição, como consequência da faculdade de romper o contrato ou impor outras sanções, confere ao empregador uma ampla liberdade de ação e poder, já que não é obrigado a justificar os seus atos. E ainda quando deva fazê-lo, por exemplo, para aplicar sanções contratuais, desfruta de considerável grau de discricionariedade. Com efeito, a severidade da punição depende de uma série de fatores ligados à idiossincrasia ou ao humor de quem a aplica, sem que o empregador tenha necessidade de se explicar. Somente se demandado é que terá de indicar o fundamento da sanção infligida, e, mesmo assim, nem sempre será possível medir objetivamente as razões que determinaram a escolha de determinada sanção em vez de outra, ou o rigor com que foi aplicada.

Por outro lado, como detentor do poder diretivo, o empregador desfruta de uma ampla margem de manobra para retaliar os que não lhe agradam. E a reação do empregador pode ser manifestada na severidade das avaliações, nas transferências sem real necessidade, no cerceio das oportunidades de crescimento profissional (cursos de aperfeiçoamento ou promoções), na vigilância implacável ou na intolerância aos menores deslizes, dentre outras formas de perseguição, a fim de provocar, ainda que indiretamente, uma rescisão contratual.

Isso exige do julgador redobrada atenção na busca da verdadeira motivação dos atos do empregador no âmbito das relações trabalhistas. Por trás de um ato que se apresenta externamente como exercício impoluto de um direito potestativo pode esconder-se o revide a determinadas atitudes do empregado que, apesar de legítimas, contrariaram os interesses do empregador. Assim, conquanto o trabalhador tenha liberdade para fazer suas opções, não está imune às represálias do empregador, mesmo que o fato nada tenha a ver com a relação de emprego. Uma hora é vítima de sua preferência política, outra da corrente ideológica ou crença religiosa que abraça, num caso é discriminado em razão do estado civil, noutro pela preferência sexual, aqui a implicância é com a aparência física, acolá com a cor da pele, um é perseguido por haver recusado uma proposta sexual, outro é excluído em razão da idade, e por aí vai.

Note-se que tais fatores começam a atuar antes mesmo da execução do contrato, desde a fase de sua formação, quando da seleção dos candidatos. Em outras palavras, conquanto não explicitadas, são restrições que operam à margem do vínculo jurídico. Todavia, como este não se realiza apartado da vida social, sofre naturalmente os seus influxos.

Em suma, pois, podemos dizer que algumas condições na esfera trabalhista são mais de natureza parajurídica ou sociológica do que de caráter estritamente jurídico, uma vez que não integram formalmente o contrato, mas decorrem de imposições unilaterais. E esse é um fator que dificulta sua identificação, até mesmo por se tratar de condicionantes que normalmente vivem às sombras.

O que é relevante destacar, entretanto, é que tais fatores, apesar de seu caráter espúrio, por interferirem nas relações contratuais, adquirem conotação jurídica. Como consequência, quando importam um desvirtuamento da função social do contrato, devem sofrer a censura da ordem jurídica.

7.7. Pacto comissório

Pacto comissório é a cláusula pela qual as partes convencionam que o contrato poderá ser resolvido se uma delas não satisfizer a prestação que lhe cabe. Embora tal cláusula se assemelhe à condição resolutiva, com ela não se confunde. Com efeito, as condições resolutivas operam a cessação automática dos efeitos do contrato, enquanto o pacto comissório só acarreta a resolução contratual se a parte interessada a promover. Em outras palavras, o pacto comissório, ao contrário da condição resolutiva, não passa de uma autorização a que a parte interessada, ante o inadimplemento da contraparte, resolva o contrato. Não se trata, assim, de uma condição de eficácia do negócio jurídico (elemento acessório), mas de sanção à parte que não cumpriu suas obrigações contratuais, fazendo cessar a vigência do contrato. Em outras palavras, a condição resolutiva está afeta ao plano da eficácia, ao passo que o pacto comissório atua no plano da existência do negócio jurídico.

A origem do instituto remonta ao Direito Romano, o qual admitia a *lex comissoria*, pela qual o vendedor poderia resolver a venda caso o comprador não pagasse o preço no prazo combinado. Criação do Direito moderno é apenas o pacto comissório tácito.

O codificador francês acolheu o instituto, regulando-o no art. 1.184 do Código Napoleão, no qual estabeleceu que a cláusula resolutória seria sempre subentendida nos contratos sinalagmáticos, conferindo à parte que não recebeu a prestação que lhe cabia, em vez de executar o contrato, a faculdade de postular judicialmente a sua resolução, mais perdas e danos.

O Código Civil brasileiro de 1916 não fazia distinção entre condição resolutiva e pacto comissório, disciplinando ambos os institutos conjuntamente no parágrafo único do art. 119, o qual dispunha que "a condição resolutiva da obrigação pode ser expressa ou tácita; operando, no primeiro caso, de pleno direito, e por interpelação judicial no segundo". Todavia, conforme explicou *Moreira Alves*, "a denominada condição resolutiva tácita não é condição, pois esta, tecnicamente, só existe se aposta ao negócio jurídico; ademais, a chamada condição resolutiva expressa — que é propriamente, a condição resolutiva — opera, como qualquer outra condição em sentido técnico, *ipso iure*"[71]. Constatado o

---

[71] ALVES, José Carlos Moreira. *Op. cit.*, p. 92.

equívoco do diploma anterior, o Código Civil atual retirou a regra acima do meio das cláusulas acessórias, transpondo-a para o capítulo que trata da extinção do contrato, com a seguinte redação: "A cláusula resolutiva expressa opera de pleno direito; a tácita depende de interpelação judicial" (art. 474). Todavia, apesar de referir-se corretamente a "cláusula resolutiva", e não mais a "condição resolutiva", não observou o legislador que os efeitos decorrentes de uma e de outra são distintos, daí o desnecessário acréscimo de que "a parte lesada pelo inadimplemento pode pedir a resolução do contrato, se não preferir exigir-lhe o cumprimento, cabendo, em qualquer dos casos, indenização por perdas e danos" (CC-2002, art. 475). Ora, como estava tratando de "cláusula resolutiva", e não mais de "condição resolutiva", desnecessária tal previsão, uma vez que resulta da própria natureza do pacto comissório que a parte prejudicada pelo inadimplemento possa escolher entre a resolução do negócio ou a exigência de seu cumprimento. E a obrigação de reparar os prejuízos decorre da regra geral contida no art. 927 do mesmo diploma.

A natureza do pacto comissório tácito é assim explicada por *Espínola*:

> O que parece fora de dúvida é que se trata de uma daquelas normas supletivas da vontade dos declarantes, a qual recebe aplicação sempre que em outro sentido não tenha essa vontade manifestado; ou, como dizem Baudry-Lacantinerie et Barde, de uma interpretação legislativa da vontade das partes contratantes, de onde resulta que, sem o texto legislativo, o pacto comissório não se poderia considerar subentendido nos contratos sinalagmáticos[72].

É por isso que a lei pode restringir essa regra, como ocorre, por exemplo, em certos casos de estabilidade no emprego, em que o empregador, para poder despedir o empregado, deverá demonstrar em juízo a ocorrência de falta grave, ainda quando as partes tenham previsto no contrato a cláusula resolutória. Todavia, como regra, dado seu caráter continuativo, mesmo não havendo ajuste a respeito, entende-se que o pacto comissório é inerente ao contrato de trabalho, produzindo neste os mesmos efeitos que o pacto expresso.

Assim, ante o inadimplemento das obrigações por qualquer das partes da relação de emprego, pode a parte prejudicada considerar resolvido o contrato, independentemente de interpelação judicial, ressalvadas as disposições legais em contrário. Afinal, se as partes podem, unilateralmente, dar por encerrada a relação contratual mediante denúncia vazia, não haveria razão para proibi-las de fazê-lo quando a parte adversa deu motivos para tanto. A intervenção judicial fica por conta de provocação da parte interessada, apenas para compor eventuais dissídios decorrentes, seja quanto à causa da rescisão, seja no que pertine às indenizações cabíveis.

Todavia, mesmo expresso o pacto comissório não opera a resolução automática do contrato de trabalho, dependendo, ao contrário, de manifestação de vontade do interessado na ruptura do vínculo. Com efeito, o art. 475 do Código Civil prevê que "a parte lesada pode pedir a resolução do contrato, *se não preferir exigir-lhe o cumprimento*". Em outras

---

(72) ESPÍNOLA, Eduardo. *Op. cit.*, p. 446.

palavras, mesmo havendo cláusula resolutiva expressa, não se pode entender que a parte prejudicada, caso isso lhe interesse, não possa preferir a execução do contrato[73].

Trazendo tais regras para as relações trabalhistas, tem-se, por exemplo, que a resolução do vínculo de emprego não é consequência necessária da prática de alguma falta contratual grave pelo empregado ou pelo empregador. Ao contrário, é preciso que a parte prejudicada manifeste à outra a vontade de resolver o contrato. Se não o fizer, juridicamente o contrato continua vigente, ainda que, concretamente, as partes não lhe deem execução.

Veja-se, por exemplo, o caso do abandono do emprego. Segundo a CLT, o caso não é de rescisão tácita do vínculo de emprego, mas de falta grave praticada pelo empregado (art. 482, *i*). Disso decorre que, verificado o fato, caso julgue não ser conveniente a manutenção do vínculo contratual, deve o empregador comunicar ao empregado sua dispensa. Do contrário, o pacto laboral continua vigendo. Se, entretanto, é o empregador quem fecha as portas do estabelecimento e desaparece, considera-se que houve dispensa tácita.

Outra particularidade do contrato de trabalho diz respeito à causa determinante do inadimplemento. Enquanto, no Direito Civil, em princípio, a cláusula resolutiva independe das circunstâncias em que se deu o descumprimento contratual[74], perante o Direito do Trabalho, ainda que tenha sido expressamente prevista, só autorizará a resolução do contrato se a hipótese se enquadrar em alguma das situações previstas em lei. É bom que se diga, no entanto, que a lei não contemplou tipos fechados, mas hipóteses abrangentes, nas quais podem ser inseridas todas as condutas que, de alguma forma, tornem inviável o prosseguimento da relação contratual. Afora situações particulares (ex.: CLT, art. 508), as previsões contidas na CLT (arts. 482 e 483) são bem genéricas, de forma que qualquer falta contratual pode ser enquadrada num dos casos mencionados. Por outro lado, enquanto o Direito Civil prevê expressamente as hipóteses de exclusão da cláusula resolutória, o Direito do Trabalho trilha caminho inverso, disciplinando apenas os casos em que ela tem cabimento.

E essa é a razão pela qual, perante o Direito do Trabalho, ainda que silente o contrato, qualquer das partes pode invocar o pacto comissório implícito, justamente porque tal possibilidade decorre de lei. Assim, ainda que não tenha havido expressa previsão contratual a respeito, qualquer das partes pode invocar o inadimplemento das obrigações contratuais da outra para resolver o contrato. Mais do que isso, como as hipóteses em que pode ser invocado o pacto comissório estão previstas na lei, as condutas opostas apresentam-se como deveres contratuais.

Em se tratando de pacto comissório expresso, não poderão ser admitidas cláusulas que impliquem discriminação do trabalhador ou atentem contra seus direitos fundamentais; por exemplo, a previsão de rescisão contratual caso o empregado venha a contrair núpcias, se converta a determinada religião ou adote qualquer outra conduta que constitua expressão de sua personalidade, tutelada pelo Direito.

---

(73) Consoante lição de Baudry-Lacantinerie et Barde, adotada por Eduardo Espínola, mesmo que haja cláusula resolutória expressa prevendo a resolução de pleno direito em caso de inadimplemento das obrigações contratuais, não se deve entender que o credor renunciou à faculdade de exigir-lhes o cumprimento, a menos que a própria cláusula dispense qualquer declaração ou interpelação (ESPÍNOLA, Eduardo. *Op. cit.*, p. 473-4).

(74) Ressalva a lei apenas a perda da coisa antes da tradição ou a impossibilidade da prestação do fato sem culpa do devedor (CC, arts. 234 e 248).

7.8. Cláusula rebus sic stantibus

Conforme adverte *Oliveira Ascensão*, todo negócio jurídico é uma entidade histórica, interagindo com as circunstâncias que o cercam. Diante disso, cada negócio retrata a realidade (tempo, espaço, cultura, valores etc.) que o envolve. E seria diverso se outra fosse a conjuntura em que se formou[75].

Assim, havendo o negócio de ser executado, no todo ou em parte, no futuro, pode ocorrer que, entre o instante em que foi concluído o pacto e o momento destinado ao cumprimento das obrigações contraídas, sobrevenham alterações que tornem extremamente onerosa a posição de uma das partes, em detrimento do equilíbrio inicial. Se tais modificações eram previsíveis, entende-se que as partes assumiram os riscos inerentes a elas e, assim, estavam implícitas nas estipulações contratuais[76].

É possível, todavia, que a base negocial seja alterada em decorrência de eventos totalmente imprevisíveis e extraordinários. Caso tais fatos introduzam variações anormais na relação negocial, de forma a tornar insustentável a posição de uma das partes, se mantidas as mesmas bases do ajuste inicial, a parte prejudicada poderá invocar a chamada *teoria da imprevisão*, pela qual se busca combater a onerosidade excessiva decorrente de fato inesperado superveniente. Pode ocorrer, ainda, que o fato superveniente seja até previsível ou comum, mas as suas consequências não o sejam. Diante disso, também pode ser invocado o princípio em questão quando a imprevisibilidade ou extraordinariedade não disser respeito aos fatos dos quais decorre o desequilíbrio, mas às consequências que tais fatos produzem no caso concreto[77].

Todavia, para que o devedor possa invocar a imprevisão, é preciso que a onerosidade não seja consequência da mora no cumprimento de sua obrigação. Além disso, se já cumpriu a obrigação, também não poderá invocar onerosidade excessiva da prestação que lhe coube.

Em suma, pois, são requisitos para a invocação da teoria da imprevisão: a) existência de contrato de execução continuada ou diferida; b) pendência de obrigação a ser cumprida; c) superveniência, antes do vencimento da obrigação, de evento extraordinário e imprevisto; d) onerosidade excessiva para o devedor; e) enriquecimento injustificado do credor, caso cumprida a obrigação nos moldes em que foi pactuada; f) nexo causal entre os três últimos requisitos acima.

A aplicação da teoria da imprevisão independe de estipulação expressa pelas partes, uma vez que a cláusula *rebus sic stantibus* é inerente aos contratos de execução continuada ou diferida[78]. Em tais situações, é como se os contratos comportassem uma espécie de

---

(75) ASCENSÃO, José de Oliveira. Alteração das circunstâncias e justiça contratual no novo Código Civil. In: DELGADO, Mário Luiz; ALVES, Jones Figueiredo, coord. *Questões controvertidas no novo Código Civil*, v. 2. São Paulo: Método, 2004. p. 168.
(76) Se as partes se baseiam numa situação que não é real, quando da celebração, tal situação há de ser analisada sob o enfoque do erro, matéria já tratada anteriormente (Capítulo IV).
(77) Nesse sentido é o Enunciado n. 175 do Conselho da Justiça Federal.
(78) A cláusula em questão é uma abreviação da velha máxima, segundo a qual *"contractus qui habent tractum successivum et dependentiam de futuro rebus sic stantibus intelliguntur"*.

condição resolutiva tácita, em razão da qual as estipulações contratuais deixariam de ser obrigatórias em caso de comprometimento grave do equilíbrio inicial, decorrente de fatos supervenientes anômalos[79].

Diversamente, porém, da condição resolutiva, a aplicação da cláusula *rebus sic stantibus* não é automática. Ao contrário, neste caso, a resolução depende da iniciativa do prejudicado pela onerosidade excessiva e só ocorrerá se a outra parte não se dispuser a corrigir a distorção superveniente, eliminando a iniquidade contratual (CC, art. 479). E o princípio da conservação dos negócios jurídicos recomenda que, quando for possível, se dê preferência à revisão do contrato, em vez de sua resolução[80].

A aplicação da cláusula *rebus sic stantibus*, em vez de afrontar a autonomia da vontade, visa justamente a garanti-la no caso concreto. Com efeito, se as partes haviam estabelecido, originariamente, uma situação de proporção e equilíbrio negocial, é essa equação que, por ser determinante, deve ser preservada, não havendo razão para tutelar uma autonomia em abstrato, vazia de conteúdo. Com isso, conclui *Oliveira Ascensão*, respeita-se o que as partes quiseram, nas circunstâncias em que se encontravam, e, assim, longe de ser diminuída, a autonomia privada ganha relevância: os pactos devem ser observados (princípio fundamental da autonomia) *rebus sic stantibus* (princípio fundamental de justiça e de respeito da vinculação realmente assumida)[81]. Importante ressaltar, no entanto, que a resolução por alteração das circunstâncias não decorre de uma simples frustração das expectativas das partes, mas de um desequilíbrio objetivo, que quebra a equivalência estabelecida inicialmente. Em outras palavras, a base do negócio que se leva em conta, no caso, não tem caráter subjetivo, sendo, ao contrário, apenas as variações objetivas que autorizam a invocação da regra em questão. Daí a aproximação traçada pelo jurista argentino *Carlos Cossio* entre a teoria da imprevisão e a força maior, concluindo que a diferença entre elas, se é que existe, é apenas uma questão de grau[82].

A teoria da imprevisão remonta aos canonistas e bartolistas, tendo sido reconstruída modernamente por *Windscheid*, como "pressuposição". Segundo essa doutrina, na celebração dos negócios jurídicos, as partes sempre se baseiam num estado de fato que pode, eventualmente, vir a faltar ou ter-se modificado quando da execução do ajuste. Embora a doutrina da pressuposição não tenha sido acolhida na resolução por onerosidade excessiva, o que se invoca é justamente a alteração das circunstâncias que serviram de base para a realização do negócio[83]. Foi, porém, a partir de 1914 que o estudo da teoria da imprevisão recebeu

---

(79) Segundo Arnoldo Medeiros da Fonseca, a cláusula *rebus sic stantibus* é uma "condição implícita" em razão da qual, "em certa categoria de contratos, o vínculo contratual se deve considerar subordinado à continuação daquele estado de fato existente ao tempo de sua formação..." (FONSECA, Arnoldo Medeiros da. Cláusula *rebus sic stantibus*. In: *Repertório enciclopédico do direito brasileiro*, v. 9. Rio de Janeiro: Borsoi [s.d.]. p. 6).

(80) Nesse sentido, também, o Enunciado n. 176 do Conselho da Justiça Federal.

(81) ASCENSÃO, José de Oliveira. *Op. cit.*, p. 190.

(82) *Apud* CAVALCANTI, Francisco de Queiroz Bezerra. A teoria da imprevisão. In: *Revista Forense*, v. 73, n. 260. Rio de Janeiro: Forense, out./nov. 1977. p. 114.

(83) Para Windscheid, sendo a pressuposição conhecida ou cognoscível pelo outro contraente, caso não se verificasse, poderia a parte que nela se fundou postular a revogação do negócio jurídico realizado. Note-se que a teoria da pressuposição revela-se, ainda, uma explicação subjetivista para a necessidade de adequar as condições contratuais à nova realidade, ao passo que a doutrina moderna procura justificar a cláusula *rebus sic stantibus* sob

novo impulso, em face da desorganização política e econômica resultante da Primeira Guerra Mundial, especialmente nos países da Europa[84]. A partir de então, foi consagrada em diversos diplomas legislativos, como na Lei Faillot (1918), na França, no Código das Obrigações polonês (1933) e no Código Civil italiano (1942), para ficar nos textos legais que vieram a lume ainda na primeira metade do século passado.

Entre nós, a teoria só foi adotada expressamente pelo legislador há pouco tempo, primeiro pelo Código de Defesa do Consumidor (Lei n. 8.078/90) e, depois, pelo Código Civil de 2002 (arts. 478/480)[85]. Convém salientar, todavia, que, perante aquele diploma (CDC, art. 6º, V), ao contrário do que ocorre no regime do Código Civil (art. 478), não se exige que os fatos geradores da onerosidade excessiva sejam extraordinários e imprevisíveis, sendo suficiente que sejam supervenientes. E tal situação se explica pela relativa fraqueza do consumidor diante do fornecedor. Sendo também esta a situação do empregado em relação ao empregador, idêntica perspectiva deve orientar a aplicação da cláusula *rebus sic stantibus* no âmbito trabalhista, uma vez que os riscos da atividade devem ser suportados pelo empreendedor (CLT, art. 2º). Assim, uma mudança no ambiente de trabalho ou a alteração legal que passe a considerá-lo insalubre ou perigoso, por exemplo, é o quanto basta para que o empregado possa exigir o adicional cabível e o fornecimento dos meios de proteção indispensáveis ao exercício de suas funções.

Por outro lado, alterações econômicas bruscas, como a elevação repentina da taxa de inflação, autorizam os trabalhadores a postularem uma revisão dos salários, ainda que estipulados em norma coletiva. Em tais circunstâncias, inclusive a greve é permitida, a despeito da existência de sentença normativa, convenção ou acordo coletivo vigentes (Lei n. 7.783/89, art. 14, parágrafo único, inciso II). A CLT prevê, ainda, a possibilidade de revisão das decisões normativas vigentes há mais de um ano quando as circunstâncias que as ditaram se tenham modificado a ponto de tornar injustas ou inaplicáveis as condições fixadas (art. 873). Pensamos, porém, que a limitação temporal prevista na CLT não mais prevalece ante a regra inscrita no art. 14, parágrafo único, II, da Lei n. 7.783/89. Além disso, tal como ocorre no âmbito das relações de consumo, para que os trabalhadores possam exigir a revisão das cláusulas normativas, não é necessário que estejam presentes os requisitos da extraordinariedade e imprevisibilidade, exigidos pelo art. 478 do Código Civil.

Afora os casos mencionados, considerando que não é possível aferir com precisão quanto vale a prestação laboral, normalmente é o empregador quem invoca a teoria da imprevisão. Todavia, o só fato de a atividade empresarial ter-se tornado menos rentável não é o bastante para que o empregador esteja autorizado, por exemplo, a reduzir o percentual das comissões ou suprimi-las. Além disso, há que se ter em conta que não é

---

outro enfoque, a partir da função social do contrato, levando em conta as exigências de equidade, boa-fé e equilíbrio nas relações contratuais.

(84) Ganhou notoriedade o caso envolvendo a Companhia de Gás de Bordeaux e aquela municipalidade, em que o Conselho de Estado reconheceu que a alta do preço do carvão utilizado na fabricação do gás não apenas era excepcional, mas ultrapassou os limites do que se poderia prever quando da conclusão do contrato.

(85) No Direito Administrativo, no entanto, as Constituições de 1934 (art. 137), 1937 (art. 147) e 1946 (art. 151, parágrafo único) previam a revisão das tarifas públicas dos serviços explorados por concessão, a fim de garantir a justa remuneração do capital investido pelos concessionários. Posteriormente, regra semelhante passou a ser prevista pelas normas reguladoras das licitações e contratos administrativos.

extraordinário o que está dentro dos riscos normais da atividade ou as situações resultantes da imprevidência do empregador. De outra parte, a imprevisibilidade deve ser apurada objetivamente, não dependendo da análise psíquica das partes. Imprevisível, portanto, é o fato anômalo, e não aquele que simplesmente não foi previsto pelas partes. Em relação aos fatos normais, eventual imprevidência do empregador afasta, inclusive, a possibilidade de invocar motivo de força maior (CLT, art. 501). De qualquer sorte, para que possa haver alterações contratuais em detrimento do trabalhador, ainda que inesperado, é preciso que o evento afete ou seja suscetível de afetar "substancialmente" a situação econômica e financeira da empresa (CLT, art. 501, § 2º).

Não poderá o empregador, por exemplo, invocar a cláusula *rebus sic stantibus* pelo fato de o trabalhador diminuir sua produtividade em consequência de acidente do trabalho, embora, ao término do período estabilitário previsto no art. 118 da Lei n. 8.213/91, possa denunciar o pacto, mesmo sem justa causa. Afora isso, as normas trabalhistas contemplam um conjunto de regras protetivas que limitam a invocação da teoria da imprevisão no âmbito do contrato de trabalho, justamente com o objetivo de resguardar a condição do empregado, seja em razão de sua debilidade diante do empregador, seja por reconhecer que o vínculo de emprego, para a classe trabalhadora, é sinônimo de subsistência.

Apesar disso, a jurisprudência trabalhista tem admitido a aplicação da teoria da imprevisão para alterar a periodicidade dos reajustes das complementações de aposentadoria devidas pelos empregadores aos empregados jubilados. Conforme a orientação jurisprudencial dominante, "a partir da vigência da Medida Provisória n. 542/94, convalidada pela Lei n. 9.069/95, o critério de reajuste da complementação de aposentadoria passou a ser anual e não semestral, aplicando-se o princípio *rebus sic stantibus*, diante da nova ordem econômica" (TST/SDI-I, OJ n. 224).

O fundamento da teoria da imprevisão não é a impossibilidade de execução do contrato, mas a onerosidade excessiva da obrigação a ser cumprida por uma das partes, acarretando o desequilíbrio contratual[86]. Não fosse a aplicação da cláusula *rebus sic stantibus*, em consequência de fato superveniente e imprevisível deixaria de haver equivalência entre as prestações, e uma das partes se locupletaria à custa da outra, dela auferindo um lucro imoderado que, segundo *Bulhões Carvalho*, poderia ser considerado uma lesão posterior ao contrato[87]. Para *Ripert*, ao exigir vantagem excessiva, que não podia normalmente prever quando da celebração do contrato e que significaria a ruína do devedor, o credor estaria abusando dos direitos que sua situação jurídica lhe confere[88].

De certo modo, a cláusula *rebus sic stantibus* também guarda afinidades com o princípio que veda o enriquecimento sem causa[89]. Com efeito, se não resolvido o contrato ou

---

(86) Não se confunde, portanto, com a força maior ou o caso fortuito que tornam impossível a prestação pactuada. Se a prestação se tornar impossível, resolve-se a obrigação, subsistindo, ou não, a obrigação de reparar os prejuízos sofridos pela outra parte, conforme haja ou não culpa do devedor no fato. Quando se invoca a teoria da imprevisão o adimplemento não é impossível, mas excessivamente oneroso.
(87) CARVALHO, Francisco P. de Bulhões. *Incapacidade civil e restrições de direito*. Rio de Janeiro: Borsoi, 1957. p. 369.
(88) RIPERT, Georges. *A regra moral nas obrigações civis*. 2. ed. Trad. Osório de Oliveira. Campinas: Bookseller, 2002. p. 163-4.
(89) ASCENSÃO, José de Oliveira. *Op. cit.*, p. 172.

restabelecida a proporcionalidade entre as prestações (CC, art. 479), a parte beneficiada pelo desequilíbrio contratual estaria auferindo um ganho injustificado, com o consequente empobrecimento da contraparte. Se, porém, a onerosidade excessiva se manifesta durante o período de mora, não poderá o devedor inadimplente invocar tal fato para eximir-se de entregar a prestação pactuada.

Convém ressaltar, ainda, que a invocação da teoria da imprevisão exige uma situação de injustiça manifesta, não podendo aquela ser aplicada a toda e qualquer modificação de circunstâncias negociais, pois, do contrário, a segurança jurídica é que estaria ameaçada. No mesmo sentido, o Código Civil não deixa dúvidas quando trata da lesão (art. 157), do abuso de direito (art. 187), da redução da prestação pela inflação (art. 317) e da redução da cláusula penal (art. 413). Assim, conquanto não se refira o art. 478 do Código Civil ao caráter manifesto da onerosidade ou desproporção, nesse sentido é que a lei deve ser interpretada. Conforme destaca *Oliveira Ascensão*, o instituto só funciona em *casos clamorosos*, uma vez que é uma concessão à segurança que se apresenta igualmente como princípio geral, daí a referência legal a prestação "excessivamente onerosa" e a "extrema vantagem" para a outra parte[90].

Observe-se, por fim, que a aplicação da cláusula *rebus sic stantibus* prescinde de decisão judicial, podendo as partes elas mesmas restabelecer a justiça do contrato ou rescindi-lo por se haver tornado insuportável para uma delas. Conforme sublinha *Oliveira Ascensão*, apesar da roupagem judicial dos preceitos, nada impede que a solução seja definida e aplicada pelos próprios interessados. A intervenção judicial só se torna necessária quando as partes não se entendem e decidem levar o caso ao Judiciário, hipótese em que caberá ao juiz dar-lhe a solução[91].

7.9. Termo final proibido

Ao contrário das condições, que se assentam em fatos futuros de ocorrência incerta, o termo vincula-se a fato futuro de ocorrência certa, embora possa estar indefinida a data em que sobrevirá. Quando depende de evento que tem data certa para ocorrer, previamente conhecida, diz-se que o termo é certo, isto é, com data definida (*certus an et certus quando*). Já nos casos em que, embora sua ocorrência seja certa, não se sabe quando o evento ocorrerá, tem-se o termo incerto (*certus an, sed incertus quando*)[92].

No Direito do Trabalho, não há limitações quanto ao termo inicial do contrato, podendo as partes estabelecê-lo para o futuro. O empregador pode contratar o obreiro para dar início às atividades daí a quinze dias ou um mês, ou quando chegar o carregamento, quando iniciarem ou cessarem as chuvas, e assim por diante, conforme as necessidades de cada caso. Nos exemplos citados, o contrato só produzirá os efeitos que lhe são próprios a partir das datas aprazadas.

---

(90) *Ibidem*, p. 183.
(91) *Ibidem*, p. 188.
(92) Embora haja quem considere inapropriada a referência a termo incerto, uma vez que o termo, por definição, refere-se a acontecimento certo, a praxe já consagrou aquela expressão para indicar o termo cuja superveniência não tem um momento certo para ocorrer.

Quanto ao termo final, no entanto, em face da presunção de que o emprego é a fonte de sustento do trabalhador e de sua família, como regra, não poderá ser prefixado. Com efeito, as necessidades de subsistência não se limitam no tempo. Por conseguinte, o contrato de trabalho, que visa a supri-las, também deve ser permanente, pelo menos como regra.

É por isso que o contrato de trabalho com prazo predeterminado só é admitido em caráter excepcional, nas hipóteses previstas em lei. Além do pacto de experiência, autoriza a CLT a contratação por prazo determinado quando as atividades empresariais sejam de caráter temporário ou em se tratando de serviços cuja natureza ou transitoriedade justifiquem a limitação prévia à extensão do pacto (art. 443, § 2º). Caso haja contratação a prazo fora de tais hipóteses, no entanto, a nulidade não se estenderá a todo o contrato, mas atingirá apenas a cláusula que limita a duração deste. Em tais circunstâncias, deve ser desconsiderada apenas a cláusula que fixa previamente a data do término da relação laboral.

Por outro lado, mesmo nas situações em que a contratação a prazo é permitida, se não forem observados os limites de duração previstos em lei, o contrato será automaticamente convertido em contrato por tempo indeterminado. Não há razão para sustentar que, no caso, devesse prevalecer o limite máximo de duração previsto em lei, a pretexto de atender à suposta vontade das partes, uma vez que o que estas pretendiam era exatamente o contrário, isto é, que a vigência do pacto se estendesse por período superior ao autorizado pelo legislador, e, para tanto, só poderiam valer-se do contrato por tempo indeterminado.

De qualquer modo, ainda que válida a cláusula que estabelece o termo final, se foi ajustada a possibilidade de resilição antecipada, caso venha a ser exercida tal faculdade o contrato será tratado como se ajustado por tempo indeterminado, mesmo que a duração inicialmente prevista tenha se conformado aos limites legais (CLT, art. 481).

Afora os casos previstos na CLT, no entanto, há outras hipóteses em que a lei autoriza e, às vezes, até impõe a contratação a termo. São exemplos desta última situação o caso dos atletas profissionais de futebol (Lei n. 9.615/98, art. 30) e os contratos precários de trabalho, regulados pela Lei n. 9.601/98. Ilustram o primeiro caso o contrato por obra certa (Lei n. 2.959/56), o contrato de safra (Lei n. 5.889/73, art. 14, parágrafo único) e o contrato de técnicos estrangeiros (Decreto-lei n. 691, de 18.7.1969, art. 1º). Em relação aos artistas, a Lei n. 6.533/78 prevê que do contrato deverá constar, obrigatoriamente, o prazo de vigência (art. 10, inciso II), mas também abre espaço para o contrato por prazo indeterminado (parágrafo único). Em melhor técnica, a Lei n. 6.615/78 autoriza o contrato a prazo em relação aos radialistas, desde que atendidas certas formalidades (art. 8º), sem, no entanto, excluir a possibilidade do contrato por prazo indeterminado.

Quanto ao contrato por obra certa, previsto na Lei n. 2.959, de 17.11.1956, na verdade, ou se enquadra na previsão do § 2º do art. 443 da CLT (que lhe é posterior), havendo previsão específica de que se trata de contrato a termo, ainda que incerta a data do término do contrato (*certus an, sed incertus quando*), ou sujeita-se às regras normais do contrato por tempo indeterminado. Assim, não se poderia admitir, por exemplo, que uma construtora só contratasse trabalhadores por obra certa, por não ser sua atividade ou os serviços que executa de caráter transitório. Só eventualmente, em face do caráter excepcional de determinada obra, pode adotar tal modalidade de contratação, desde que se trate efetivamente de situação extraordinária.

Convém observar, por outro lado, que o contrato por obra certa, tal como previsto na Lei n. 2.959/56, só tinha como particularidade a redução da indenização por tempo de serviço. Como tal verba foi substituída pelo FGTS, não prevendo a Lei n. 8.036/90 regras específicas para tal modalidade contratual, tem-se que devem ser aplicadas a ele as regras dos demais contratos, conforme tenham ou não prazo predeterminado e segundo a modalidade de rescisão ocorrida.

Fora dos casos em que a contratação a termo é prevista em lei, autorizando-a ou impondo-a, eventual cláusula limitativa da vigência do pacto laboral, previamente estabelecida pelas partes, não terá eficácia jurídica. Mesmo que a prestação laboral tenha cessado na data prevista, tem o empregado o direito de postular as verbas rescisórias como se houvesse sido dispensado sem justa causa. Por outro lado, demitindo-se antes do termo estipulado, não ficará obrigado pela indenização prevista no art. 480 da CLT, mas apenas à concessão do aviso prévio (CLT, art. 487, § 2º), caso o empregador não tenha provocado o rompimento do pacto laboral (rescisão indireta).

Convém registrar que, nas hipóteses em que a lei não admite a prefixação do prazo, não podem as partes obter o mesmo efeito mediante o emprego de uma condição resolutiva, uma vez que, em qualquer caso, estará havendo infração à regra que impõe que o contrato seja firmado por prazo indeterminado. Com efeito, a condição resolutiva também restringe a duração do pacto laboral e, assim sendo, só pode ser admitida nos casos em que é possível a prévia estipulação de um limite à vigência ao contrato. Daí a afirmação de *Orlando Gomes* e *Elson Gottschalk* de que "os contratos de trabalho por tempo determinado são subordinados a uma condição resolutiva ou a um termo final"[93]. Assim, perante o Direito do Trabalho, só pode ser admitida condição resolutiva onde também possa ser fixado previamente o termo final do pacto laboral. Mais, ainda que sujeito a condição resolutiva, caso esta não seja implementada em até dois anos, contados do início da vigência do pacto, tal cláusula deixa de ter eficácia, passando o contrato a viger por tempo indeterminado. Desse modo, se o evento não ocorrer dentro do período de duração máxima do contrato a termo, resolve-se a condição e mantém-se o contrato[94].

Quando se fala em contrato por prazo indeterminado, tem-se em mente aquele pacto cuja eficácia não sofre restrições quanto ao término de sua vigência, nada havendo, no ato da pactuação, que a limite. Havendo alguma cláusula que preveja a cessação da eficácia do contrato, ainda que vinculada à superveniência de fato futuro e incerto, o contrato não poderá ser considerado por tempo indeterminado. Diante disso, não importa se a cláusula acessória que predetermina a extinção do contrato tem natureza de termo ou de condição: a limitação à vigência do contrato, quanto ao seu término, só será permitida

---

(93) GOMES, Orlando; GOTTSCHALK, Elson. *Curso de direito do trabalho*. 4. ed. rev. e atual. Rio de Janeiro: Forense, 1995. p. 166.
(94) CAMINO, Carmen. *Direito individual do trabalho*. 4. ed. rev. ampl. e atual. Porto Alegre: Síntese, 2004. p. 286.

nas hipóteses que a lei a autoriza. Não seria válida, assim, uma cláusula que desse por findo automaticamente o contrato se o trabalhador não atingisse determinada produção mensal ou não alcançasse uma cota prevista ao longo de um ano de trabalho.

A hipótese referida no art. 475, § 2º, da CLT, conquanto contemple uma condição resolutiva, também apresenta-se como um limite temporal à eficácia do contrato. O fato de o empregador não dever ao empregado indenização, uma vez implementada a condição, não significa que a condição resolutiva do pacto laboral tenha tratamento diverso do termo final. O implemento da condição, no primeiro caso, equivale ao vencimento do prazo neste último. É por isso que o art. 475, § 2º, prevê a ausência de indenização, uma vez que foi implementada a condição resolutiva. E o mesmo ocorre nos casos em que o contrato chega ao seu termo final: o vínculo laboral dissolve-se automaticamente, sem direito a indenização rescisória.

Ora, se tanto o termo final quanto a condição resolutiva são formas de limitar a duração da eficácia do negócio jurídico, é natural que, uma vez ocorrido o evento subordinante, as consequências sejam as mesmas. A diferença está no modo como se dá a limitação da eficácia, mas o resultado final, isto é, a cessação do vínculo, é efeito comum tanto ao termo final quanto à condição resolutiva. Quanto às suas consequências, portanto, não há que distinguir tais cláusulas, podendo-se, inclusive, prever simultaneamente um prazo e uma condição resolutiva, perdendo o contrato a eficácia assim que o primeiro dos eventos ocorrer (ex.: admissão de um substituto para um empregado acidentado pelo prazo de um ano ou até que o substituído recupere sua capacidade laboral).

Como suas consequências sobre a eficácia do contrato são as mesmas, a rescisão do contrato sujeito a condição resolutiva, antes de implementada a condição, e a rescisão antecipada do contrato a termo devem, também, submeter-se a idêntico tratamento. Quando não for possível definir a data em que o evento subordinante, na condição resolutiva, poderia vir a ocorrer, há que ser adotado o mesmo critério aplicável aos casos de termo incerto, devendo, em qualquer caso, o valor da indenização, por descumprimento do contrato, ser fixado por arbitramento. Havendo previsão de rescisão *ante tempus* ou antes do implemento da condição, o parâmetro indenizatório será o tempo de serviço já prestado.

Diversamente do que ocorre nos contratos sem prazo determinado, em que a rescisão unilateral é um direito potestativo das partes, nos pactos a termo ou sujeitos a condição resolutiva, as partes se obrigam a manter o contrato vigente até o término do prazo previsto ou até o implemento da condição. Assim, a rescisão antecipada, salvo cláusula que a autorize expressamente (CLT, art. 481), constitui descumprimento contratual, e aí reside o fundamento da obrigação de indenizar a parte contrária pelos prejuízos que venha a sofrer quando não deu causa à ruptura do pacto. Apesar disso, a lei limita o montante da indenização a um valor tarifado.

Geralmente, a fixação de um limite temporal à eficácia do contrato, quando autorizada, somente é admitida se observada a duração mínima ou máxima fixada em lei. Como regra, o legislador fixa apenas o período máximo de duração, como ocorre nas hipóteses previstas na CLT, mas, em alguns casos, também exige a observância de limites mínimos, como ocorre com o contrato do atleta profissional do futebol, em que o prazo do contrato não pode ser inferior a três meses (Lei n. 9.615/98, art. 30). Neste caso, porém, a inobservância do limite legal implica a vigência do pacto pela duração mínima. Embora não fosse essa a vontade das partes, não poderiam elas negar eficácia ao imperativo legal.

Assim, se o clube de futebol firma com o atleta profissional contrato por prazo inferior a três meses, o pacto automaticamente passará a viger por tal período mínimo[95]. Por outro lado, se as partes firmarem contrato de experiência por prazo superior a 90 dias, a duração do período de prova fica limitada àquele limite. Se for além dele, converte-se em contrato por prazo indeterminado. O mesmo vale em relação aos demais contratos a termo quando ultrapassarem os limites permitidos em lei para a pactuação por tempo certo.

Além da vigência do contrato, o termo pode ser estabelecido, ainda, para o cumprimento de certas obrigações pelas partes. O empregador, por exemplo, obriga-se a pagar os salários em determinado dia do mês. No caso, conforme o art. 459, § 1º, da CLT, o pagamento não poderá ser fixado em prazo superior a um mês, devendo ser realizado até o quinto dia útil do mês subsequente ao vencido. A única exceção fica por conta das comissões, cujo prazo, no entanto, não pode ser pactuado em módulos superiores a três meses (Lei n. 3.207, de 18.7.1957, art. 4º, parágrafo único). Eventual cláusula em sentido diverso, por contrariar norma imperativa, será nula, embora não prejudique a validade do contrato como um todo.

Afora isso, a legislação trabalhista estabelece outros prazos, como o previsto na Lei n. 4.749/65 (arts. 1º e 2º) para pagamento do 13º salário, ou no art. 134 da CLT para concessão das férias. Em todos esses casos, as partes não poderão alterar os limites definidos pelo legislador, sujeitando-se às sanções legais caso os prazos previstos na lei não sejam observados. Nada impede, porém, que as partes estipulem prazos mais exíguos, uma vez que o que a lei estabelece é apenas o termo final como patamar mínimo de proteção ao trabalhador.

Há, ainda, as hipóteses em que os prazos são fixados como limites de eficácia de direitos potestativos (prazos de caducidade), de que são exemplos os previstos para requerer a conversão de 1/3 das férias em pecúnia (CLT, art. 143, § 1º) ou o adiantamento do 13º salário por ocasião das férias (Lei n. 4.749/65, art. 2º, § 2º). Não observados os prazos previstos para o exercício de tais direitos, o empregador fica desobrigado de atender ao requerimento do trabalhador por decair este de seu direito.

Vencido o termo final regularmente pactuado, a vigência do contrato cessa automaticamente. Todavia, se as partes lhe dão continuidade, tem-se que, de fato, tornaram sem efeito a cláusula que estipulava seu término na data prefixada. É o mesmo que ocorre em relação ao aviso prévio, quando as partes dão sequência ao contrato após o cumprimento do prazo correspondente àquele. Não há razão para se entender que, em tais casos, tenha-se formado um novo contrato, pois as partes tão somente deram prosseguimento ao que

---

(95) "CONTRATO DE TRABALHO. ATLETA PROFISSIONAL. A rescisão antecipada do contrato por prazo determinado, mesmo que prevista por cláusula contratual, deve observar a duração mínima estabelecida na lei que regulamenta a atividade do atleta profissional" (TRT 18ª Região, RO/AI 00101-2005-053-18-00-0. Rel. Juiz Gentil Pio de Oliveira. DJE 22.9.2005, p. 55).

haviam pactuado originariamente. É possível, porém, que o contrato a termo seja prorrogado e, neste caso, desde que, computando-se o período anterior, seja observada a duração máxima prevista em lei, o pacto mantém os mesmos atributos. Se ultrapassado o limite legal, no entanto, considera-se que desde o início houve contrato por prazo indeterminado, visto tratar-se de contrato único. A prorrogação, no entanto, exige ato expresso, uma vez que, conforme ensina *Délio Maranhão*, a presunção que resulta do simples prosseguimento da prestação de trabalho, além do termo ajustado, é de que o contrato passou a viger por tempo indeterminado[96].

A vedação à prefixação de um termo final também pode decorrer de contrato anterior já findo. Com efeito, consoante previsão do art. 452 da CLT, o contrato celebrado entre as mesmas partes, nos seis meses que se seguem à expiração de contrato a termo, será considerado por prazo indeterminado, salvo se a duração do pacto anterior estava vinculada à execução de serviços especificados ou a acontecimentos certos.

---

(96) SÜSSEKIND, Arnaldo; MARANHÃO, Délio; VIANNA, Segadas. *Instituições de direito do trabalho,* v. 1, 14. ed. atual. São Paulo: LTr, 1994. p. 252.

Capítulo VIII

DESVIRTUAMENTO FUNCIONAL

Embora irretocáveis em sua estrutura, certos negócios jurídicos poderiam produzir resultados que o Direito reprova. Em tais casos, diz-se que os negócios padecem de vício funcional, uma vez que a causa da invalidação é a destinação do ato ou os fins a que ele se presta. São vícios funcionais, portanto, os eventos que não afetam a estrutura do ato jurídico, mas desviam-no dos fins para os quais foi previsto pelo legislador ou praticado pela parte. Em outras palavras, os vícios funcionais caracterizam-se pela dissonância entre os fins buscados pelos sujeitos do ato jurídico concreto e o escopo das normas aplicáveis ao ato em tese. Como regra, assentam-se em ofensas à moral, à equidade ou à boa-fé que devem permear as relações jurídicas[1].

O desvio funcional manifesta-se, pois, pelo afastamento dos objetivos sociais para os quais foi projetado o negócio jurídico, daí a referência de *Clovis Bevilaqua* à simulação e à fraude contra terceiros como *vícios sociais*[2]. E como vícios sociais também devem ser consideradas todas as demais formas de desvirtuamento funcional dos negócios jurídicos em que haja ofensas à boa-fé objetiva, isto é, ao dever de lealdade e correção que deve inspirar a conduta jurídica[3]. Em tais casos, a invalidade tem fundamento ético, e não estrutural, uma vez que o ato pode ser juridicamente perfeito, mas moralmente repugnante[4].

E, conforme bem sintetizou *Edilton Meireles*, "sempre que ocorrer a violação dos direitos sociais dos trabalhadores, enquanto direitos humanos fundamentais, também estaremos diante da violação da função social do ato ou negócio jurídico"[5]. Embora a liberdade contratual também seja um princípio fundamental, nem por isso se poderia pretender que fosse absoluta ou ilimitada. Aliás, seria ilógico se o sistema jurídico tutelasse

---

(1) Segundo Wendt, a boa-fé é considerada uma válvula de segurança para a conveniente aplicação do Direito ao caso concreto, pela impossibilidade em que se encontra o legislador de prever todas as particularidades que possam surgir na prática, sendo tratada por Szladits como a "estrela polar do direito" (*Apud* FONSECA, Arnoldo Medeiros da. Cláusula *rebus sic stantibus*. In: *Repertório enciclopédico do direito brasileiro*, v. 9. Rio de Janeiro: Borsoi, [s.d.]. p. 9.

(2) BEVILAQUA, Clovis. *Theoria geral do direito civil*. 4. ed. atual. por Achilles Bevilaqua. Rio de Janeiro: Francisco Alves, 1949. p. 276.

(3) Conforme a define Francisco Amaral, a boa-fé objetiva "significa a consideração, pelo agente, dos interesses alheios, ou a *imposição de consideração pelos interesses legítimos da contraparte*, o que é próprio de um comportamento leal, probo, honesto, que traduza um dever de lisura, correção e lealdade, a que o Direito italiano chama de *correttezza*" (AMARAL, Francisco. *Direito civil:* introdução. 6. ed. rev. atual. e aum. Rio de Janeiro: Renovar, 2006. p. 420).

(4) PEREIRA, Caio Mário da Silva. *Lesão nos contratos*. 5. ed. Rio de Janeiro: Forense, 1993. p. IX.

(5) MEIRELES, Edilton. *Abuso do direito na relação de emprego*. São Paulo: LTr, 2005. p. 79.

a liberdade contratual sem vinculá-la aos valores sociais que a justificam. Consoante explica *Bueno de Godoy*, a proteção conferida pelo ordenamento jurídico ao poder das partes de autorregulamentar seus interesses econômicos decorre do reconhecimento de que tal iniciativa exprime um conteúdo valorativo sintonizado com as escolhas axiológicas do sistema[6]. Assim, o exercício da liberdade negocial não pode ser visto como mero instrumento de realização dos interesses individuais, mas como meio de alcançar os valores sociais em que se baseia a ordem jurídica. Em outras palavras, "a ordem jurídica recebe o ato individual e garante a realização de seus fins — garante-lhe eficácia — não para satisfazer a qualquer propósito, mas apenas àqueles que o sistema escolheu e protege no interesse comum"[7]. Eis por que se diz que todo negócio jurídico deve adequar-se à sua função social.

8.1. Abuso

8.1.1. Caracterização

Para que o direito de alguém prevaleça, é preciso que os demais membros da coletividade o reconheçam enquanto tal e a ele se curvem. Como consequência, a cada direito subjetivo que surge, novas restrições são impostas à sociedade. E esta tolera tais limitações por entendê-las necessárias à convivência social. Assim, quando o Direito dá abrigo às restrições decorrentes do reconhecimento de direitos subjetivos, não o faz apenas para atender às necessidades ou interesses particulares do destinatário, mas, acima de tudo, visando a promover o equilíbrio social. Disso decorre que o titular de um direito subjetivo, ao exercê-lo, deve conformar-se aos valores que a sociedade programou alcançar por meio dele[8]. Em outras palavras, o reconhecimento de um direito subjetivo equivale a uma autorização para que seu titular alcance o resultado a que ele se destina, nada mais que isso[9]. E quando o exercício de tal direito se desgarra dos fins ideais para os quais foi concebido, configura-se o abuso do direito[10]. Caracteriza-se o abuso, pois, pelo exercício de um direito em descompasso com suas bases axiológicas e funcionais, isto é, apartado de seus fins econômicos e sociais, da razoabilidade, da boa-fé e dos padrões morais indispensáveis à vida em sociedade[11].

---

(6) GODOY, Cláudio Luiz Bueno de. *Função social do contrato:* os novos princípios contratuais. 3. ed. São Paulo: Saraiva, 2009. p. 123.
(7) AGUIAR JÚNIOR, Rui Rosado de. *Apud* GODOY, Claudio Luiz Bueno de. *Op. cit.*, p. 124.
(8) E a lei expressa muito bem esse princípio quando prevê que, em sua aplicação, deve o juiz atender aos fins sociais a que ela se dirige e às exigências do bem comum (LICC, art. 5º), e a invocação de fontes supletivas deve dar-se "de maneira que nenhum interesse de classe ou particular prevaleça sobre o interesse público" (CLT, art. 8º, *caput*, parte final).
(9) "Como se sabe, os direitos subjetivos são eminentemente funcionais. Os direitos subjetivos são atribuídos pelo ordenamento com uma finalidade específica. Têm todos eles uma função econômico-social, que se lhes apresenta como sua razão de existência, como causa justificadora da respectiva atribuição ao sujeito. Os direitos visam à satisfação de determinados interesses e seu exercício só é legítimo enquanto tiver em mira o atendimento destes" (DUARTE, Ronnie Preuss. A cláusula geral da boa-fé no novo Código Civil brasileiro. In: DELGADO, Mário Luiz; ALVES, Jones Figueiredo (Coord.). *Questões controvertidas no novo Código Civil*, v. 2. São Paulo: Método, 2004. p. 421).
(10) O próprio sentido etimológico da palavra abuso aponta nesse sentido. Abuso (do latim *abusus*) significa mau uso, isto é, utilização exagerada, desproposital ou excessiva de alguma coisa.
(11) Conforme ressalta Antônio Chaves, "o direito destina-se a alcançar o bem geral e, ao mesmo tempo, a proteger os interesses individuais. Não é, pois, um fim, mas um meio para realizá-lo, e se o seu exercício tende a extravasar-se

Ressalta *Clovis Bevilaqua* que "a evolução do direito se tem operado no sentido do maior desenvolvimento e acentuação de seus intuitos éticos, e correspondente redução dos seus elementos egoísticos. A sociologia, compreendendo-o como força moral destinada a manter o equilíbrio das energias sociais em ação, contribuiu fortemente para a solução do problema do abuso do direito. Se a função do direito é manter em equilíbrio os elementos sociais colidentes, devirtuar-se-á, mentirá ao seu destino, quando se exagerar, no seu exercício, a ponto de se tornar um princípio de desarmonia"[12].

Já entre os romanos, embora ainda prevalecesse a concepção de que ninguém poderia ser acusado de causar prejuízos a outrem por exercitar seus direitos (D. 50, 17, fr. 55: *neminem laedit qui suo iure utitur*), havia um sentimento de que os direitos não poderiam ser absolutos: "Cícero exprime esse estado de consciência, quando nos diz — *summum jus summa injuria* (*De officiis*, I, 10). Papiano ensina que a utilidade pública prevalece sobre a pura lógica: *propter publicam utilitatem... strictam rationem insuper habemus* (D. 11, 7, 43). *Neque malitiis indulgendum est*, observa Celso (D. 6, 1, fr. 38). E Paulo acrescenta *non omne quod licet honestum est* (D. 50, 17, 114). Muitas regras do direito romano deixam perceber essa orientação"[13]. Todavia, o princípio matriz era de que o exercício de um direito não poderia causar mal a terceiros.

No Direito medieval, as concepções individualistas ainda eram dominantes, mas coibiam-se os atos emulativos, assim considerados os que eram praticados com a intenção de causar prejuízos a terceiros. Todavia, conforme lembra *Serpa Lopes*, "a ilicitude dos atos de emulação fundava-se, não num dano simplesmente material e de fato, senão porque e principalmente haviam sido perpetrados com espírito de maldade, prejudicando a outrem, sem qualquer utilidade própria"[14]. Assim, embora o ato fosse inútil para quem o praticou e trouxesse prejuízos aos interesses de terceiros, só se caracterizava a emulação se houvesse a intenção de provocar tal resultado. A necessidade de se investigar o estado psicológico de quem praticara o ato, no entanto, dificultava a demonstração da atitude abusiva, razão pela qual o instituto medieval sofreu críticas dos juristas modernos.

Construído sob a influência das ideias democráticas, o Direito moderno conferiu prevalência a outro princípio que, embora estivesse presente no Direito Romano, neste não desfrutou do merecido destaque. Trata-se da regra de justiça, universalmente aceita, segundo a qual *ninguém deve se locupletar com a jactura alheia* (D. 50, 17, fr. 206; lei de 9 de setembro de 1789, § 26), que, segundo *Clovis Bevilaqua*, constitui o fundamento da teoria do abuso de direito. Foi a partir desse princípio, inscrito no art. 1.382 do Código Civil francês, que a jurisprudência tirou os elementos instrutivos da teoria[15].

---

desse fim, torna-se condenável, por contrário à sua própria finalidade" (CHAVES, Antônio. *Tratado de direito civil*, v. 1. 3. ed. ref. São Paulo: Revista dos Tribunais, 1982. p. 1.515).

(12) BEVILAQUA, Clovis. *Código Civil dos Estados Unidos do Brasil comentado*, v. 1, 7. ed. Rio de Janeiro: Livraria Francisco Alves, 1944. p. 455.

(13) BEVILAQUA, Clovis. *Theoria...*, cit., p. 368. Lembra, ainda, Antônio Chaves, entre outros casos, a proibição de uso de fontes e águas correntes para o fim de prejudicar o vizinho, sem proveito próprio, a *actio injuriarum*, quando o confinante lançava sobre o telhado alheio resíduos de seu consumo, ou produzia fumaça para incomodar o prédio mais alto (CHAVES, Antônio. *Op. cit.*, p. 1.511).

(14) LOPES, Miguel Maria de Serpa. *Curso de direito civil*, v. 1, 2. ed. Rio de Janeiro: Freitas Bastos, 1957. p. 531.

(15) BEVILAQUA, Clovis. *Código...*, cit., p. 369.

A reação ao caráter absoluto dos direitos, no entanto, somente foi desencadeada no início do século XIX[16]. Conforme ressalta *Orlando Gomes*, "embora aparentada à doutrina medieval dos atos de *emulação*, a *teoria do abuso de direito* é construção doutrinária nova. As semelhanças com brocardos do Direito Romano (*summus jus, summa injuria; malitus non est indulgendum; male enim nostro jure uti non debemus*) são acentuadas sem razão de ser. É construção do pensamento jurídico de nossos dias"[17].

No mesmo sentido, observa *Alvino Lima* que, entre nós, "coube à jurisprudência rebelar-se contra a rigidez dos princípios individualistas do Código Civil, insurgindo-se rapidamente contra o exercício intencionalmente malicioso, anormal, contra a finalidade dos direitos subjetivos, tomando assim o caminho abandonado pelo legislador"[18]. Com isso, os direitos subjetivos, mesmo que consagrados em lei, deixaram de ser tratados como entidades isoladas para adquirir contornos sociais.

A despeito de ser hoje triunfante também na doutrina, a teoria do abuso de direito ainda não se cristalizou, havendo inúmeras questões sobre as quais pairam controvérsias. Conforme resume *Clovis Bevilaqua*, em doutrina há os que exigem como condição para o seu reconhecimento a intenção de prejudicar alguém (*Bufnoir, Sourdat, Charmont*); para outros, ele se caracteriza pela ausência de motivos legítimos (*Josserand, Gény*); para *Capitant* o abuso resulta da associação da negligência ou imprudência à intenção de prejudicar; *Saleilles* conceitua o abuso como uso anormal do direito; já *Bardesco* pensa que não há um critério único e que as diversas fórmulas propostas se complementam entre si[19].

Orlando Gomes agrupa as posições dos diversos escritores a respeito em duas correntes: a subjetivista e a objetivista:

Os subjetivistas vacilam entre dois critérios: o *intencional* e o *técnico*. Pelo primeiro, o abuso de direito pressupõe *ânimo de prejudicar*. Pelo segundo, *exercício culposo*. Os objetivistas dividem a preferência, também, entre dois critérios: o *econômico* e o *teleológico*. Pelo primeiro, o abuso existe sempre que o direito é exercido sem legítimo interesse. Pelo segundo, quando não se exerce conforme sua destinação econômica ou social[20].

Grassam divergências doutrinárias, ainda, quanto à sua melhor posição dentro do sistema jurídico, se constitui uma modalidade de ato ilícito, como sustentaram *Mazeaud*

---

(16) Segundo Ronnie Preuss Duarte, a expressão "abuso de direito" é atribuída ao autor belga Laurent, e sua origem deu-se na França, logo em seguida à promulgação do Código Napoleão, tendo-a aplicado os tribunais, em 1808, a um industrial cuja fábrica de chapéus expelia vapores desagradáveis para a vizinhança, o que foi considerado abuso do direito de propriedade e do exercício profissional (DUARTE, Ronnie Preuss. *Op. cit.*, p. 419). São famosos, ainda, os casos Colmar (1855) e Clément-Bayard (1913). No primeiro, o proprietário de um prédio construiu sobre sua casa uma falsa chaminé, muito alta, apenas para fazer sombra ao prédio vizinho. No segundo, um proprietário rural, vizinho de um hangar, onde um fabricante de dirigíveis guardava seus aparelhos, construiu uma espécie de torre de madeira com hastes de ferro na parte superior, a fim de criar dificuldades aos dirigíveis.
(17) GOMES, Orlando. *Introdução ao direito civil*. 11. ed. Rio de Janeiro: Forense, 1995. p. 131.
(18) LIMA, Alvino. *Culpa e risco*. 2. ed. rev. e atual. São Paulo: Revista dos Tribunais, 1999. p. 212.
(19) BEVILAQUA, Clovis. *Código...*, cit., p. 456. À mesma conclusão chegou *Caio Mário*, ao observar que "mesmo quando se alcança uma zona de certa tranquilidade na repressão ao exercício abusivo dos direitos, ainda perdura algo *vexata* a questão do alicerce doutrinário da sua dogmática" (PEREIRA, Caio Mário da Silva. *Instituições de direito civil*, v. 1, 13. ed. Rio de Janeiro: Forense, 1992. p. 467).
(20) GOMES, Orlando. *Op. cit.*, p. 132.

e *Demogue*, ou se tem fisionomia própria, embora sem excluir a ideia de culpa[21]. De qualquer modo, ainda que, seguindo os passos de *Marcel Planiol*, se considere ilógica a noção de abuso de direito, isso não impediu sua adequada operacionalização na superação dos conflitos de interesses[22].

Ao considerar o abuso de direito como ato ilícito (CC, art. 187), o legislador pátrio apenas equiparou-o a este, uma vez que não se podem confundir os atos que violam os limites objetivos da lei com aqueles que, a pretexto de aplicá-la, distorcem os seus fins. Para *Limongi França*, o abuso de direito situa-se numa zona intermediária entre o ato lícito e o ilícito, definindo-o como o ato jurídico de objeto lícito, mas cujo exercício, levado a efeito sem a devida regularidade, acarreta um resultado que se considera ilícito[23]. A teoria do abuso do direito assenta-se, assim, no princípio de que nem tudo o que é conforme a lei é legítimo (*non omne quod licet honestum est*). Trata-se da prevalência dos princípios éticos sobre os interesses egoísticos, já referida por *Bevilaqua*, como tendência evolutiva do Direito.

Embora possamos nos servir da noção de culpa também para identificar o abuso de direito, neste caso não se trata da culpa segundo seu conceito clássico, mas de culpa social, ou seja, desvio da missão social do Direito. Nas palavras de *Alvino Lima*, "a ação ou omissão negligente ou imprudente, caracterizadora da culpa, é a violação dos limites objetivos da lei, porque é a violação da obrigação legal preexistente; a ação ou omissão abusiva é apenas a violação da finalidade do direito, de seu espírito, sem que o agente transgrida aqueles limites objetivos"[24].

E a positivação da teoria do abuso, ao contrário do que poderia parecer a alguns, em quase nada modifica tal quadro, uma vez que a preocupação do legislador voltou-se, acima de tudo, para a definição dos efeitos do abuso, sem, contudo, alterar sua configuração básica, conforme vinha sendo reconhecida pela doutrina. Afinal, a definição legal, no caso, só poderia traduzir-se numa norma em aberto, cujo real conteúdo depende do confronto das normas com seus fins sociais e econômicos, com a boa-fé e os bons costumes.

O que importa reter é que, "além dos limites objetivos fixados em lei, possui o direito limites de *ordem teleológica ou social*, que antepõe aos poderes objetivamente conferidos ao titular do direito preceitos que vão além da legalidade expressa, que orientam o comércio jurídico entre os homens, sob a influência da *equidade*, da *boa-fé* e do *bem da coletividade*. A teoria do abuso de direito ou da relatividade dos direitos é a *manifestação concreta destas ideias*; é a reação contra a *amoralidade e certos resultados antissociais* que decorrem da doutrina clássica dos direitos absolutos. Ao invés do *direito-poder*, como prerrogativa

---

(21) Não faltaram, inclusive, opositores, considerando Planiol que a expressão *abuso de direito* contém uma *contradictio in adiectio*, uma vez que a ideia de abuso é a própria negação do direito (PEREIRA, Caio Mário da Silva. *Instituições...*, cit., p. 465-6).

(22) COELHO, Fábio Ulhoa. *Curso de direito civil*, v. 1. São Paulo: Saraiva, 2003. p. 362.

(23) FRANÇA, Rubens Limongi. *Instituições de direito civil*. 2. ed. São Paulo: Saraiva, 1991. p. 889. "Em verdade, quando se fala em abuso do direito se quer mencionar o uso ilegítimo de uma faculdade jurídica" (MEIRELES, Edilton. *Op. cit.*, p. 23). Não, há, pois, na expressão "abuso de direito", o que Planiol denomina *logomaquia*, uma vez que o abuso não está no direito em si, mas no modo como é exercido.

(24) LIMA, Alvino. *Op. cit.*, p. 215.

soberana concedida ao indivíduo, o *direito-função* como prerrogativa concedida ao homem, para auferir todos os proventos que a lei lhe confere, sem ofensa aos interesses da comunhão social"[25] (grifos no original).

Vem a propósito, ainda, a lição de *Bardesco*, quando ensina que "o direito destina-se a alcançar o bem geral, ao mesmo tempo que a satisfação dos interesses individuais; o abuso do direito, que é o exercício antissocial de um direito, gera a responsabilidade. Os direitos não são fins em si, porém meios de realizar um fim, que lhes é exterior. Por outros termos, os direitos não são absolutos, quanto ao seu exercício, porém limitados pelo seu próprio fim. Abusar do direito é tomar o meio pelo fim, é exercê-lo de modo contrário ao interesse geral e à noção de equidade, tal como se apresenta num dado momento da evolução jurídica. Abusar do direito é servir-se dele, egoisticamente, e não socialmente, em um estado jurídico em que a justiça e a equidade tendem, como atualmente, à socialização do direito, o seu abuso compromete a responsabilidade de quem o pratica (*L'abus du droit*, p. 226)"[26].

Enquanto os atos ilícitos voltam-se diretamente contra a lei, os atos abusivos, aparentemente, com ela não colidem. O ato ilícito importa transgressão aos limites objetivos impostos pela própria lei, enquanto no abuso de direito não há ofensa à letra da lei, mas aos limites sociais da norma. Mesmo investido de direitos reconhecidos pela lei, não pode seu titular dar-lhes destinação contrária às finalidades econômicas e sociais que motivam sua previsão normativa. Esses limites, no entanto, normalmente não estão expressamente estabelecidos na lei, mas decorrem da vedação a que o Direito seja utilizado para produzir o desequilíbrio social.

Daí, também, a advertência de *Daniel Boulos* de que, embora o Código Civil (art. 187) inclua o abuso de direito entre os atos ilícitos, não participa aquele da mesma realidade normativa que os demais ilícitos (art. 186)[27]. E, no mesmo sentido, observa *Edilton Meireles* que a verdadeira intenção do legislador, ao incluir o abuso de direito na classe dos atos ilícitos, foi a de atribuir-lhe igual tratamento quanto às consequências, mas isso não impede que se reconheça duas espécies de atos antijurídicos, os que decorrem de abuso e os atos ilícitos propriamente ditos[28].

Consoante a previsão do art. 187 do Código Civil, manifesta-se o abuso do direito quando seu titular, ao exercê-lo, excede manifestamente os limites impostos pela boa-fé ou pelos bons costumes (limites gerais, aplicáveis a todos os direitos), ou, ainda, pelo seu fim econômico ou social (limites específicos de cada direito). Segundo se extrai da própria dicção legal, não é necessário, para a configuração do abuso do direito, que o agente tivesse a consciência do excesso ou a intenção de prejudicar terceiros[29]. O que a lei exige é apenas o mau uso, ou seja, o desvirtuamento do Direito, filiando-se, assim, à concepção objetivista.

---

(25) *Ibidem*, p. 217.
(26) *Apud* BEVILAQUA, Clovis. *Código...*, cit., p. 456.
(27) BOULOS, Daniel M. *Abuso do direito no novo Código Civil*. São Paulo: Método, 2006. p. 46.
(28) MEIRELES, Edilton. *Op. cit.*, p. 27.
(29) GAGLIANO, Pablo Stolze; PAMPLONA FILHO, Rodolfo. *Novo curso de direito civil*, v. 1: parte geral. 4. ed. rev., ampl. e atual. São Paulo: Saraiva, 2003. p. 467.

Não discrepa de tal entendimento *Daniel Boulos*, ao ressaltar que a caracterização do abuso de direito ou, mais amplamente, do "exercício abusivo das posições jurídicas subjetivas" prescinde da comprovação de que o agente tinha a intenção ou mesmo a consciência de que estava ultrapassando os limites impostos pela lei. Irrelevante, aqui, indagar acerca do dolo ou da culpa *stricto sensu* (negligência, imprudência e imperícia). Se, objetivamente analisada, a conduta do agente transpôs as fronteiras da boa-fé, dos bons costumes ou do fim social e econômico do Direito, o abuso estará configurado[30].

No mesmo sentido, se posiciona *Ronnie Duarte*, ressaltando que, na dicção do art. 187 do Código Civil, a caracterização do abuso "prescinde da consciência do agente de estar causando prejuízo a outrem (ou) de agir excedendo os limites impostos pelos fins econômicos ou sociais do direito em causa. Basta o efetivo e manifesto ultrapassar desses limites para se ter a situação de ilicitude do exercício". Ressalva, entretanto, o mesmo autor, a necessidade de que alguém seja prejudicado pelo exercício anormal do Direito, embora não se exija que os prejudicados sejam determinados. Destarte, completa, o exercício abusivo pode lesar toda uma coletividade[31]. Todavia, para que o ato seja qualificado como abusivo, não é necessário que se materialize o dano, bastando que este seja potencial, em decorrência da violação de direito alheio[32]. Em muitos casos, o dano não sobrevém imediatamente, mas só se concretiza se for mantido o ato abusivo.

De qualquer modo, a reação do sistema jurídico ao abuso de certas posições subjetivas funda-se justamente no prejuízo que tais atos trazem ou poderiam trazer à sociedade como um todo ou a alguns indivíduos em particular. Não fosse por isso, não se caracterizariam como atos abusivos, mas deveriam ser reconhecidos como exercício regular de direitos[33]. Afinal, conforme sintetizou *Orlando Gomes*, o exercício de direito que não cause dano, ainda que apenas de natureza moral, não pode ser considerado abusivo[34]. Vale dizer, se alguém exerce seu direito sem violar ou, pelo menos, pôr em risco os direitos de terceiros pelos excessos descritos no art. 187 do Código Civil, não pode ser acusado de ter agido abusivamente.

Ao inserir na valoração das condutas elementos funcionais, a boa-fé e os bons costumes, a norma contida no art. 187 do Código Civil veio confirmar a avaliação de *Orlando Gomes* de que o direito contemporâneo caminha no sentido de "realizar melhor equilíbrio social, imbuídos seus preceitos não somente da preocupação moral de impedir a exploração do fraco pelo forte, senão, também, de sobrepor o interesse coletivo aos interesses individuais

---

(30) BOULOS, Daniel M. *Op. cit.*, p. 138-9.
(31) DUARTE, Ronnie Preuss. *Op. cit.*, p. 422.
(32) A efetiva ocorrência do *dano* só é requisito da responsabilidade civil, isto é, do *dever de indenizar*, não sendo condição para que determinado ato jurídico se caracterize como *ilícito* (BOULOS, Daniel M. *Op. cit.*, p. 114). Todavia, se o Direito combate o abuso, é principalmente por seu potencial lesivo, uma vez que importa a violação do direito de outrem. E este é o traço que caracteriza os atos ilícitos em geral, sem o que não teriam relevância jurídica.
(33) É certo que, por vezes, especialmente no âmbito do direito das coisas, fica difícil de identificar o prejudicado. Todavia, isso não significa que não haja prejuízo, ainda que seja à sociedade como um todo. No âmbito do Direito Obrigacional, no entanto, como regra, o prejudicado pelo abuso é a outra parte da relação jurídica, embora também possa ser um terceiro.
(34) GOMES, Orlando. *Op. cit.*, p. 135.

de cunho meramente egoístico"[35]. E a mesma orientação vem expressa com todas as letras também no art. 421 do Código Civil, que abre o capítulo das disposições gerais relativas aos contratos, ao estatuir: "*a liberdade de contratar será exercida em razão e nos limites da função social do contrato*". Vale dizer, a função social não apenas limita a liberdade contratual (efeito adjetivo ou condicionante), mas se apresenta, antes, como o fim a ser perseguido em todos os contratos (efeito substantivo)[36]. Em outras palavras, a função social é um verdadeiro *standart* jurídico, a diretiva, mais ou menos flexível, para o exercício dos direitos subjetivos de modo mais consentâneo com o bem comum e a justiça social[37].

Diante disso, para que se configure o ilícito, conforme resulta do próprio texto legal (CC, art. 187), é preciso que o desvio funcional seja manifesto, isto é, flagrante, clamoroso, patente, notório. A exigência de que o abuso seja evidente, explica *Ronnie Duarte*, decorre do princípio da segurança jurídica, a fim de evitar um controle extremado do exercício dos direitos, o que seria igualmente contrário aos interesses sociais. Com efeito, um patrulhamento excessivamente rigoroso implicaria uma insuportável insegurança para o titular do direito quanto aos limites de seu exercício, em detrimento de toda a coletividade[38]. Destarte, o termo *manifestamente*, inserido no texto legal, serve de termômetro para indicar se o exercício do direito foi lícito ou não[39].

Observa, por outro lado, *Elcir Castello Branco* que o exercício irregular pode coonestar-se pelo consentimento do prejudicado, desde que não haja norma de interesse público determinando-lhe a nulidade. Ressalva, no entanto, o mesmo autor que, perante o Direito do Trabalho, em razão de seu caráter protecionista, o consentimento do trabalhador não é suficiente para validar os atos abusivos do empregador, especialmente porque, não raro, o obreiro simplesmente se curva aos desígnios patronais mais para defender sua precária condição de empregado do que por concordar com os propósitos da outra parte. Assim, não se aplica aqui a parêmia *volenti non fit injuria*[40].

Deparando-se o juiz com abuso evidente, não há dúvidas de que poderá reconhecê-lo de ofício, mesmo que não tenha sido alegado pelos interessados[41]. E se isso é possível no âmbito das relações civis em geral, não haveria razão para negar igual poder ao juiz trabalhista. Afinal, não faria sentido emprestar validade a atos marcados por abuso clamoroso só porque a parte, por algum motivo, não alegou tal vício. O que não poderá o juiz é inovar o pedido, julgando fora ou para além dele, mas nada impede que invoque o abuso do direito para atender ou rejeitar as pretensões deduzidas em juízo pela parte[42].

---

(35) *Apud* DALLEGRAVE NETO, José Affonso. *Contrato individual de trabalho:* uma visão estrutural. São Paulo: LTr, 1998. p. 36-7.

(36) Embora o texto legal mencione a "liberdade de contratar", na verdade, quer referir-se à "liberdade contratual", expressão mais ampla, por abranger, além da liberdade de contratar propriamente dita, isto é, de firmar, ou não, o contrato (*liberdade de celebração*), a *liberdade de seleção* (escolha do tipo contratual mais adequado) e a *liberdade de estipulação* (fixação do conteúdo contratual).

(37) AMARAL, Francisco. *Op. cit.*, p. 365.

(38) DUARTE, Ronnie Preuss. *Op. cit.*, p. 424.

(39) BOULOS, Daniel. M. *Op. cit.*, p. 169.

(40) CASTELLO BRANCO, Elcir. Abuso. In: *Enciclopédia Saraiva do Direito*, v. 2. São Paulo: Saraiva, 1977. p. 29.

(41) DUARTE, Ronnie Preuss. *Op. cit.*, p. 425.

(42) BOULOS, Daniel M. *Op. cit.*, p. 170-1.

No campo das relações laborais, consideram-se abusivos, por exemplo, os atos do empregador que revelem sentimentos menores, como discriminação, represália ou preconceito, bem como os que decorram de mero capricho. Assim, conquanto, em princípio, o empregador possa dispensar livremente qualquer empregado que não seja portador de estabilidade, não pode fazê-lo por motivos fúteis, degradantes ou ofensivos à dignidade do trabalhador. É o caso, entre outros, da dispensa por motivo de idade, de sexo, estado civil, cor da pele, deficiência física, condição de saúde, opção religiosa, opinião política ou, ainda, por vingança, perseguição ou outra intenção maldosa. E o mesmo ocorre quando o empregador adota tais circunstâncias como critérios de admissão, embora aqui a lesão seja pré-contratual, não sendo, por isso, causa de invalidade, mas apenas de responsabilidade pelos danos causados. Quando motivada por alguma das situações acima ou, ainda, quando utilizada como forma de retaliação ou punição pela conduta do trabalhador, também é abusiva a sua transferência para outra localidade[43]. O abuso pode referir-se, ainda, ao período pós-contratual, quando a restrição à liberdade do trabalhador, após o término do contrato, não se fundar em razões legítimas que a justifiquem ou exceder os limites da razoabilidade.

Atos abusivos podem ser praticados pelo empregador inclusive durante os períodos de suspensão contratual, como ocorre na exclusão do empregado do plano de saúde empresarial durante licença médica, exatamente quando o obreiro mais necessita do benefício[44].

Não sem antes advertir que a casuística relacionada é apenas exemplificativa, apresenta *Edilton Meireles*[45], ainda, como cláusulas abusivas, entre outras, as que importem: restrições ao namoro entre empregados fora do ambiente de trabalho, ou a exigência de autorização ou comunicação ao superior hierárquico para tanto; as que autorizem o empregador a proceder à revista pessoal do empregado, a qual só poderá ser realizada por autoridade policial ou oficial de justiça, em caso de fundada suspeita (CPP, arts. 243 a 245); a exigência que o empregado utilize veículo próprio no exercício de suas funções, na medida em que transfere para o obreiro parte do risco da atividade econômica[46]; a imposição de uso de roupas indecentes, inadequadas ou inconvenientes; restrições ao exercício profissional fora da empresa, durante ou após o término do contrato de trabalho, sem limites ou compensação adequada; autorização a que o empregador mude o horário ou a localidade da prestação laboral a seu bel-prazer. A par disso, relaciona o autor citado um conjunto de práticas que, embora não se traduzam em cláusulas contratuais, podem conduzir à prática

---

(43) "O abuso de direito é figura de incidência frequente em direito do trabalho. Comete-o o empregador que usa injuridicamente do poder de transferir, com evidente intuito punitivo" (TST, ERR 1.775/77, Ac. TP 1.654/80, 18.6.80, Rel. Min. Coqueijo Costa. DJU 19.9.80).
(44) "CONTRATO DE TRABALHO. SUSPENSÃO. AUXÍLIO-DOENÇA. PLANO DE SAÚDE. Durante a suspensão do contrato de trabalho em razão da concessão do auxílio-doença, há de ser mantido o plano de saúde fornecido pela empresa ao empregado, por se tratar de obrigação acessória e em face do princípio protetivo que norteia o Direito do Trabalho. O período em que o laborista recebe o benefício é justamente aquele em que ele mais necessita da cobertura do plano de saúde, já que acometido de enfermidade e impossibilitado de trabalhar. A supressão desse benefício constitui alteração unilateral e lesiva ao autor" (TRT 18ª Região, 2ª T., RO 00717-2006-141-18-00-0, Rel. Des. Gentil de Oliveira. DJE 6.12.2006, p. 96).
(45) MEIRELES, Edilton. *Op. cit.*, p. 113 e seguintes.
(46) Ressalta o mesmo autor que, ainda que o empregador pague ao empregado, além do combustível, um valor determinado pelo desgaste do veículo, sempre haverá o risco de o bem sofrer danos extraordinários, como um abalroamento, por exemplo (MEIRELES, Edilton. *Op. cit.*, p. 129).

de atos ou negócios jurídicos viciados de nulidade, como a adesão a seguro que se apresentou como condição para a admissão[47].

Outra forma de abuso, além de se traduzir em descumprimento das obrigações contratuais, consiste em submeter o trabalhador ao ócio forçado, dentro da empresa, como forma de punição ou retaliação contra alguma conduta indesejada[48].

O rol de práticas abusivas é muito amplo, resultando, no mais das vezes, dos excessos do poder diretivo. É o caso das revistas íntimas ou outras formas de intromissão na privacidade do trabalhador, como a violação do sigilo de correspondência[49], a investigação ou controle de seus atos fora do ambiente de trabalho e sem relação com este, a instalação de câmeras filmadoras em banheiros ou vestiários, a limitação excessiva do tempo ou frequência de uso do sanitário[50], a divulgação de segredos sobre a saúde, vida funcional ou preferências pessoais do trabalhador, e assim por diante. Revela-se, ainda, abusiva a conduta do empregador que se excede no poder diretivo, impondo tratamento grosseiro ao empregado, agredindo-o moralmente, tratando-o com rigor excessivo, impondo-lhe punições desproporcionais às suas faltas etc. E, por serem tais práticas ilícitas, os atos jurídicos motivados por tais atos nascem marcados pela invalidade, além de obrigar os que as adotam a reparar os danos que delas emergem.

Inválida, também, por francamente divorciada dos fins legais, a contratação de empregado a título de experiência, nos casos em que o obreiro já laborou na empresa anteriormente, ainda que na condição de trabalhador temporário, em idêntica função. Em tais casos, fica evidente que a contratação a título de prova visa apenas a valer-se dos efeitos do contrato a prazo, em divórcio com a finalidade legal, e não a aferir as habilidades e/ou adaptação do obreiro às funções para as quais é admitido[51].

---

(47) MEIRELES, Edilton. *Op. cit.*, p. 164.
(48) Tais atos ocasionam sempre um dano certo, uma vez que o empregador que descumpre a obrigação de conceder trabalho "priva o empregado do meio de realizar-se na sociedade onde lhe incumbe agir, além do aspecto aviltante de condenar ao ócio uma pessoa que está em condições de efetuar uma contribuição positiva à comunidade" (PLÁ RODRIGUEZ, Américo. *Princípios de direito do trabalho*. São Paulo: LTr, 1993. p. 165).
(49) Acerca da questão, posiciona-se *Edilton Meireles* no sentido de que, em relação aos meios de comunicação postos à disposição do empregado, a questão do sigilo deve ser resolvida com base na existência, ou não, de permissão do empregador para que o obreiro faça uso pessoal deles. Se houver proibição de uso para fins pessoais, o empregador poderá verificar o conteúdo das comunicações sem violar a intimidade do trabalhador. Caso contrário, se o uso pessoal foi autorizado, o empregador não poderá vasculhar o que por meio deles foi transmitido. Neste caso, só se admitirá a quebra do sigilo mediante autorização judicial e se houver fundada suspeita de uso criminoso dos meios de comunicação, por exemplo, pedofilia, fraudes eletrônicas, assédio sexual etc. (MEIRELES, Edilton. *Op. cit.*, p. 178).
(50) "USO ABUSIVO DO COMANDO PATRONAL. A limitação e o controle excessivos do tempo que o empregado dispõe para o atendimento a suas necessidades fisiológicas constituem ofensa à dignidade do trabalhador, podendo gerar medida judicial capaz de fazer cessar a arbitrariedade patronal, além da aplicação das cominações pertinentes. O direito do empregador de punir abusos praticados eventualmente por empregado pode ser exercido moderadamente, de acordo com a falta, sem criar constrangimentos no local de trabalho" (TRT 18ª Região, RO 00891-2005-001-18-00-5, Rel. Juiz Gentil Pio de Oliveira. DJE 26.10.2005, p. 41).
(51) "CONTRATO DE EXPERIÊNCIA. NULIDADE. CONTRATAÇÃO ANTERIOR, NA MESMA FUNÇÃO, POR EMPRESA DO MESMO RAMO E PERTENCENTE AOS MESMOS PROPRIETÁRIOS. É nulo o contrato de experiência quando o Reclamante já foi empregado de empresa do mesmo ramo, pertencente aos mesmos proprietários, visto que a finalidade dessa modalidade contratual já tinha sido alcançada na contratação anterior" (TRT 18ª Região, RO 01499-2004-005-18-00-8, Rel. Juiz Elvecio Moura dos Santos. DJE 13.5.2005, p. 54).

Pelo lado do empregado, tem-se considerado como conduta abusiva, entre outros casos, os excessos praticados durante movimentos paredistas e a demora em pleitear a reintegração no emprego, quando dispensado indevidamente, por evidenciar um interesse exclusivo pelas vantagens econômicas, e não pela permanência no emprego, e a criação de cargos de direção sindical acima dos limites previstos no art. 522 da CLT. De outra parte, a inobservância das formalidades legais para o exercício de greve tem resultado quase que invariavelmente no reconhecimento de sua abusividade pelos tribunais, ainda quando não tenham sido violados os limites impostos pela boa-fé, pelos bons costumes ou pela função social e econômica do instituto. Em contrapartida, a discriminação dos trabalhadores que participaram da greve ou a sua punição por tal motivo configuram atos abusivos do empregador.

Como regra, segundo *Edilton Meireles*, caracterizam-se como abusivos os atos ou as cláusulas contratuais que: a) restrinjam direitos e garantias fundamentais, individuais ou coletivas; b) imponham prestações desproporcionais ou as tornem excessivamente onerosas para qualquer das partes; c) prevejam obrigações incompatíveis com a boa-fé, a equidade, com as funções econômicas e sociais e com os bons costumes; d) limitem ou permitam a violação de normas ambientais, de segurança e de higiene do trabalho; ou e) imponham cobrança de multas pecuniárias, salvo expressa permissão legal, decorrentes do inadimplemento de obrigações por parte do empregado[52].

Ciente de que o desnível econômico entre as partes poderia gerar, nas relações individuais de trabalho, diversas formas de abuso, tratou o legislador de restringir, nos mais variados aspectos, a liberdade contratual do empregador. Assim, muitas condutas que, em outras modalidades contratuais, seriam analisadas sob a ótica do abuso de direito, na esfera trabalhista enquadram-se como hipóteses de ofensa direta à lei, de que são exemplos a contratação com salário inferior ao mínimo (CF, art. 7º, IV), a pactuação de jornada superior à legal, sem pagamento de horas extras (CF, art. 7º, XIII), a pluralidade de prorrogações ou a sucessividade de contratos a termo (CLT, arts. 451 e 452), a exigência de trabalho que excede as condições físicas do trabalhador ou extrapola os limites do contrato (CLT, art. 483, *a*), as transferências de localidade sem necessidade do serviço (TST, Súmula n. 43), a aplicação de sanções excessivamente rigorosas (CLT, art. 474) e as restrições à mulher trabalhadora, seja em razão do sexo (CLT, art. 373-A), seja em razão de casamento ou gravidez (CLT, art. 391, parágrafo único), entre outros casos.

Evidente que alguns dos exemplos acima não dispensam a análise valorativa do julgador, a fim de verificar se foram, ou não, transpostas as fronteiras demarcadas pelo legislador. Todavia, havendo previsão legal, a principal tarefa consistirá em decidir acerca da incidência da norma no caso concreto, e não em investigar se foram excedidos os limites autorizados pela boa-fé e os bons costumes ou pela função social e econômica do contrato.

Fora, porém, das hipóteses em que há ofensa direta a norma legal ou coletiva, ainda que se trate de normas em aberto, será necessário demonstrar o abuso, o que constitui um obstáculo considerável. Conforme anotou *Carvalho Santos*, "não é possível encobrir a

---

(52) MEIRELES, Edilton. *Op. cit.*, p. 112.

delicadeza de que se reveste, na maior parte das vezes, tal prova, pois, como muito bem adverte *Cunha Gonçalves*, terá ela de ser constituída em muitos casos por simples presunções, demonstrando-se, pelos fatos e pelas suas consequências, que o exercício do direito não se justifica por nenhum fim confessável, antes é anormal, antissocial ou antieconômico, ou inspirado no mero intuito de lesar o direito de outrem. A intenção do réu ficará revelada pelas suas palavras e pelos seus atos anteriores ou simultâneos do abuso praticado (Cunha Gonçalves, ob. cit., p. 431)"[53].

E completa: "O interesse legítimo é sempre excludente de qualquer responsabilidade. De sorte que deve ser permitido a quem exerce um direito provar que teve interesse legítimo em proceder pela forma por que procedeu. E se isso conseguir provar desaparece a ideia de abuso do exercício de direito, ainda que a pessoa que o exerceu tivesse a consciência de que ia prejudicar os interesses de outrem"[54].

Indaga, ainda, *Carvalho Santos*, se poderá haver abuso de direito no silêncio ou omissão, e, com base na opinião de *Demogue*, responde afirmativamente, acrescentando que "a ninguém é lícito calar quando evidentemente desse silêncio resulta prejuízo a outrem"[55]. No âmbito do Direito do Trabalho, poderíamos exemplificar essa situação com a conduta do empregador que se omite na utilização de seu poder de comando e permite que os empregados pratiquem atos ofensivos aos colegas de trabalho. Também constitui silêncio abusivo a omissão do empregador em responder às solicitações do empregado, por exemplo, para sair mais cedo do trabalho a fim de ir ao médico, especialmente quando seguida de punição ao trabalhador que se retirou assim mesmo, embora não tenha havido autorização expressa[56].

Conforme sintetiza *Carvalho Santos*: "é evidente que toda pessoa tem o direito de calar e de não responder senão quando bem lhe convenha, mas isto só é verdade enquanto não há abuso, enquanto, em se calando, não prejudica inutilmente um terceiro, contra quem nada se tem a arguir"[57]. De outra parte, também é abusiva a conduta do empregador que tolera reiteradamente a inobservância de suas normas internas e, de uma hora para outra, decide punir os que as violaram[58]. Não é incomum, ainda, verificar-se a seguinte situação: deparando-se com procedimentos de segurança que tornam o trabalho menos produtivo, a fim de apresentar melhores resultados, os obreiros, com a conivência de seus superiores, passam a ignorar aquelas exigências, e, enquanto tal conduta lhe é vantajosa, o empregador fecha os olhos para a inobservância das normas. Todavia, sobrevindo um revés, um acidente do trabalho, por exemplo, a reação do empregador é de lançar toda a

---

(53) SANTOS, J. M. de Carvalho. *Código Civil brasileiro interpretado*, v. 3. 11. ed. Rio de Janeiro: Freitas Bastos, 1980. p. 356.
(54) *Ibidem*, p. 356-7.
(55) *Ibidem*, p. 368.
(56) Conforme já referido anteriormente (Capítulo V, item 5.1), no caso, o silêncio do empregador há de ser interpretado como autorização tácita.
(57) SANTOS, J. M. de Carvalho. *Op. cit.*, p. 370.
(58) Essa conduta é abusiva porque a omissão no exercício do direito de sancionar a conduta do obreiro induz neste a confiança de que não será punido pelo ato contrário ao regulamento. E a boa-fé contratual não permite que o poder de punir seja invocado quando a outra parte contava que aquele não seria exercido, importando o que a doutrina denomina de *suppressio* (Cf. MEIRELES, Edilton. *Op. cit.*, p. 72).

responsabilidade sobre os ombros das vítimas. Convém registrar, ainda, que também constitui abuso, na modalidade omissiva, a falta de informações aos trabalhadores acerca dos riscos ambientais e a ausência de medidas visando a prevenir possíveis danos à sua saúde.

Cabe ressaltar, por outro lado, que a flexibilização das normas trabalhistas, fenômeno que a cada dia vem ampliando o raio de ação das partes, ainda que atuando coletivamente, também dá margem a toda sorte de abusos, que o julgador deve ter o cuidado de separar do exercício legítimo de um espaço reconhecido aos atores sociais, para se adequarem às respectivas realidades.

Diante de tais situações, deve ter o julgador sempre presente a advertência de *Judith Martins-Costa* de que "o direito subjetivo de contratar e a forma de seu exercício também são afetados pela funcionalização, que indica a atribuição de um poder tendo em vista certa finalidade ou a atribuição de um poder que se desdobra como dever, posto concedido para a satisfação de interesses não meramente próprios ou individuais, podendo atingir também a esfera dos interesses alheios"[59].

Por fim, convém registrar que o abuso de direito não apenas se manifesta na esfera negocial, sendo seu campo de aplicação tão vasto quanto o próprio direito, podendo revelar-se sob a forma de abuso de confiança, abuso de liberdade, abuso de poder, abuso de autoridade etc.[60]

8.1.2. Efeitos

A ilicitude, no abuso, não decorre da natureza do ato praticado, mas da finalidade ou do modo pelo qual se o pratica. Reconhece-se ao titular do direito a faculdade de exercê-lo, essa sua razão de ser, mas coíbe-se a sua utilização para fins antissociais.

Convivem, assim, no abuso, o exercício de um direito que a lei tutela e um excesso ou desvio que o Direito condena. Conforme a prevalência de um ou de outro, teremos a nulidade do ato abusivo ou apenas a obrigação de indenizar os prejuízos decorrentes do desvio de finalidade, sendo que esta última sanção constitui a regra.

A dispensa do empregado não estável, sem justa causa, é uma faculdade do empregador (direito potestativo). Todavia, se o empregador se vale daquele poder para humilhar o obreiro ou submetê-lo a situações vexatórias, estará cometendo um ato abusivo. A despeito disso, a decretação da nulidade do ato, com o consequente retorno do empregado ao trabalho, como regra, não se mostra uma medida producente, caso não haja alguma garantia de permanência no emprego. Assim, conquanto praticada de forma abusiva, como regra, não se considera nula ou ineficaz a rescisão, mas apenas coíbem-se os excessos, determinando a reparação dos danos injustamente causados ao empregado.

Quando, porém, o empregador se valer abusivamente do direito de transferir o empregado ou de aplicar-lhe sanções contratuais, corrige-se o abuso mediante a invalidação

---

(59) *Apud* MEIRELES, Edilton. *Op. cit.*, p. 80.
(60) CHAVES, Antônio. *Op. cit.*, p. 1.516-8.

do ato lesivo. Assim, cassa-se a ordem de transferência e desfazem-se as consequências do ato punitivo, determinando ao empregador que repare os prejuízos causados ao empregado. Se o empregador foi excessivamente rigoroso na aplicação da justa causa, afastam-se apenas os efeitos desta, mas permanece a dispensa, por ser esta um direito potestativo, a menos que o empregado goze de estabilidade ou que, por qualquer outro motivo, não pudesse ser dispensado, por exemplo, em face da suspensão contratual por motivo de saúde.

Em relação aos atos do empregado, o abuso pode ensejar uma sanção contratual por parte do empregador, motivando sua dispensa. Em outros casos, pode implicar simples ineficácia, por exemplo, quando os empregados elegem um quantitativo de dirigentes sindicais desproporcional ao número dos integrantes da respectiva categoria na base territorial da entidade sindical, a fim de beneficiar tais trabalhadores com a estabilidade provisória no emprego[61]. Na demora para pleitear a reintegração no emprego, caracterizado o abuso, desobriga-se o empregador de responder pelo período que o empregado deixou transcorrer antes de invocar seu direito de retornar ao trabalho.

Por fim, nas hipóteses em que a conduta abusiva é prevista expressamente em lei, a sanção pode variar desde a substituição da cláusula contratual pela incidência das regras de proteção mínima até o reconhecimento de falta contratual autorizadora da rescisão por justa causa.

8.2. Fraude

Na expressão fraude (derivada do latim *fraus, fraudis*) comumente se encontram a ideia de disfarce, astúcia ou velhacaria, que revela os meios, e o sentido de perda, dano ou prejuízo, que, em geral, se reflete em seus objetivos ou resultados. Há casos, entretanto, em que, para a configuração da fraude, basta a verificação de uma conduta maliciosa, sendo dispensada a prova do dano ou prejuízo. Preocupado com o caráter ético das relações jurídicas, o direito atual nem sempre indaga acerca dos resultados, reconhecendo a fraude pela simples constatação de atitudes contrárias à boa-fé. Em outras situações, ao reverso, para a configuração da fraude contenta-se o Direito com a ocorrência do dano, sem perquirir a intenção das partes.

A fraude tanto pode ser levada a cabo para enganar terceiros como para burlar a lei. Quando a fraude é direcionada a iludir a outra parte do negócio jurídico, tem-se o dolo, que vicia a vontade e acarreta a anulabilidade do ato[62]. Quando a manobra visa a elidir a

---

[61] "ESTABILIDADE SINDICAL. NÚMERO DE EMPREGADOS BENEFICIADOS. Andou bem a c. Turma julgadora quando, para conhecer e dar provimento ao Recurso de Revista Patronal, afastou a existência de mácula aos arts. 5º, II, 7º, XXXII e 8º, I e VIII, todos da Carta Magna, bem assim do art. 543, da CLT, por entender que, embora a Constituição Federal tenha consagrado o princípio da liberdade sindical, a indicação de cerca de 126 (cento e vinte e seis) membros para compor a administração do sindical e a pretensão de que todos estes estejam albergados pela garantia estabilitária, ultrapassa os limites do razoável, sendo, ao certo, nítido abuso de direito que, à toda evidência, não se coaduna com o verdadeiro intuito do constituinte de 1988. Embargos da Reclamante não conhecidos" (TST, ERR 280702/96, Ac. SDI-I, 28.6.99, Rel. Min. José Luiz Vasconcellos. DJU 6.8.99, p. 56).

[62] No intuito de separar os dois institutos, observou *Demogue* que a fraude nada mais é do que o dolo voltado às pessoas estranhas ao ato (DEMOGUE, Réné. *Traité des obligations en général*, t. 1: sources des obligations. Paris: Librairie Arthur Rousseau, 1923. p. 542).

vontade da lei, esta lhe cassa os efeitos, considerando o ato assim praticado absolutamente nulo. Se a conduta desleal se destina a lesar terceiros, estranhos ao ato, este é tido por ineficaz em relação a quem teria de suportar-lhe os prejuízos[63].

Da fraude que vicia a vontade do outro sujeito do negócio jurídico (dolo) já tratamos anteriormente, por afetar o elemento volitivo do negócio jurídico. Quando, porém, a artimanha volta-se contra o direito de terceiros, os elementos constitutivos do negócio jurídico não são afetados, mas, na medida em que o ato contraria seus fins ideais, a lei nega-lhe amparo.

O dever de não prejudicar a outrem não se destina apenas à proteção dos credores de importâncias pecuniárias, mas deve ser igualmente observado para com as pessoas que têm direitos inconciliáveis com aqueles que se pretende exercer. É o caso, por exemplo, daquele que sabe que determinado imóvel foi objeto de uma venda ou promessa de venda anterior a terceiro e, ainda assim, adquire o bem para si, uma vez que, no caso, tem ciência de que estará ajudando o alienante a violar o contrato anterior. Embora o adquirente não esteja vinculado a tal pacto, por não haver participado dele, também não deve associar-se ao alienante para fraudar o direito do terceiro. E o mesmo ocorre quando o empresário, embora ciente de que o trabalhador está vinculado a uma cláusula de não concorrência, ainda assim contrata os seus serviços, em afronta às obrigações que este último havia assumido em contrato anterior. Assim, quando o ato é praticado na intenção de prejudicar alguém ou, pelo menos, quando a consciência de tal efeito entrou na vontade de uma das partes, estará configurado, quando menos, o abuso[64].

8.2.1. Fraude à lei imperativa

Desde o Direito Romano distinguia-se o negócio em fraude do negócio contrário à lei. Na lição de *Paulo, contra legem facit qui id facit quod lex prohibet; in fraudem vero qui, salvis legis verbis, sententiam eius circumvenit* (*Digesto*, L. 29: *De Legibus*), isto é, opera contra a lei quem faz o que a lei proíbe, e em fraude à lei aquele que preserva suas palavras, mas contorna seu sentido[65].

Conforme ressalta *Fernando Cunha de Sá*, a fraude à lei consiste numa violação efetiva do conteúdo preceptivo de certa norma jurídica, por uma atuação direta sobre o pressuposto factual da aplicação de seu comando; o autor da fraude não contraria a letra da lei imperativa, respeita-a aparentemente, mas vem a realizar o interesse que esta diretamente proíbe, isto é, vem a obter, por outro caminho, o mesmo resultado que ela não permite alcançar. Em outras palavras, como sintetizou *Juan Martínez Neto*, configura-se a fraude

---

(63) O Código Civil, no entanto, insiste em considerar a hipótese como causa de anulabilidade do negócio jurídico (art. 171, II).
(64) RIPERT, Georges. *A regra moral nas obrigações civis*. 2. ed. Trad. Osório de Oliveira. Campinas: Bookseller, 2002. p. 313-4.
(65) Analisada sob a ótica da causa, a fraude à lei representa um abuso da função instrumental típica do negócio: este é utilizado para um fim que contrasta com a função social (causa) que lhe é própria (TORRENTE, Andrea; SCHLESINGER, Piero. *Manuale di diritto privato*. 12. ed. Milano: Giuffrè, 1985. p. 224).

à lei quando alguém age com amparo em uma lei (lei de cobertura), procurando iludir a aplicação de outra lei, de natureza imperativa[66].

A fraude à lei consiste, assim, no uso de um disfarce ou de outra categoria jurídica para alcançar um resultado que a lei proíbe ou para aparentar o cumprimento das exigências que a norma cogente impõe, sem, no fundo, observá-las. Conforme explica *Pontes de Miranda*, "o *agere contra legem* não se confunde com o *agere in fraudem legis:* um infringe a lei, fere-a, viola-a diretamente; o outro, respeitando-a, usa de maquinação, para que ela não incida; transgride a lei com a própria lei"[67]. Somente as leis imperativas são passíveis de fraude, uma vez que as normas de caráter supletivo só atuam no silêncio das partes, tendo estas liberdade para dispor em sentido diverso.

Tratando-se, porém, de norma cogente, a nulidade alcança tanto os atos que a ela se opõem diretamente (*agere contra legem*), como aqueles que a violam de modo reflexo (*agere in fraudem legis*). Assim, infringir diretamente os preceitos legais imperativos ou burlar os comandos por eles impostos por vias transversas dá no mesmo. A lei não é apenas a letra, senão também e principalmente o seu espírito. Assim, como explica *Coviello*, a norma resulta tanto da letra quanto do espírito da lei[68].

A *mens legis*, por sinal, é mais importante do que suas palavras, uma vez que estas nem sempre são capazes de traduzir o espírito da lei. Já o apóstolo *Paulo*, em sua segunda epístola à comunidade de Coríntios, lembrava que "a letra mata, e o espírito é que dá vida" (2Cor 3,6).

E a razão de ser da lei, isto é, o seu espírito, condensa-se nos valores e princípios em que se assenta a norma jurídica. Por conseguinte, conforme adverte *Celso Antônio Bandeira de Mello*, violar o espírito da lei, consubstanciado em seus princípios é muito mais grave do que transgredir a letra da norma legal. Isso porque "a desatenção ao princípio implica ofensa não apenas a um específico mandamento obrigatório, mas a todo o sistema de comandos. É a mais grave forma de ilegalidade ou inconstitucionalidade, conforme o escalão do princípio atingido, porque representa insurgência contra todo o sistema, subversão de seus valores fundamentais, contumélia irremissível a seu arcabouço lógico e corrosão de sua estrutura mestra"[69]. Em outras palavras, a ofensa ao princípio potencializa a lesão ao sistema jurídico, tornando a conduta ainda mais reprovável.

Destarte, sempre que, a despeito de observada a letra da lei ou a pretexto de cumpri-la, ofende-se seu espírito, haverá fraude à lei e, sendo esta imperativa, o negócio jurídico sofrerá o mesmo efeito que a violação direta da norma. Os modos como a fraude se manifesta na realidade podem ser os mais diversos, uma vez que o que importa é o resultado (violação legal) e não os meios empregados. Apenas para exemplificar, podemos citar o caso

---

(66) *Apud* MEIRELES, Edilton. *Op. cit.*, p. 29.
(67) MIRANDA, Francisco Cavalcanti Pontes de. *Tratado de direito privado*, t. 4. Rio de Janeiro: Borsoi, 1954. p. 200.
(68) COVIELLO, Nicola. *Apud* ESPÍNOLA, Eduardo. *Manual do Código Civil brasileiro*, v. 3: dos factos jurídicos, 4ª parte. Rio de Janeiro: Jacintho Ribeiro dos Santos, 1932. p. 455.
(69) MELLO, Celso Antônio Bandeira de. *Curso de direito administrativo*. 6. ed. rev. atual. e ampl. São Paulo: Malheiros, 1995. p. 477.

do empregador que cria uma função de gerência, embora sem as atribuições correspondentes, e, em razão dela, nega-se a remunerar o labor prestado em sobrejornada[70].

Do mesmo modo que não importam os meios, não é necessário que se indague acerca da intenção fraudulenta. Constatada a violação à lei, ainda que de forma indireta, não tem relevância alguma a intencionalidade do agente. Se a lei não foi observada, é indiferente que não tenha havido o propósito de burlá-la, uma vez que isso não elide a infração. Também não aproveita a quem praticou o ato contrário à lei a alegação de que não tinha ciência da proibição ou imposição legal, uma vez que o conhecimento da lei constitui presunção *juris et de jure* (LICC, art. 3º). É por isso que, embora de uso corrente, alguns autores criticam o emprego da expressão "fraude" para indicar a infração indireta da lei[71]. Ainda que não se recuse a utilização da expressão "fraude à lei", no entanto, é preciso ter presente que ela "há de ser examinada objetivamente, abstraídos os aspectos psicológicos que possam estar envolvidos, como simples infração à norma jurídica"[72].

Em outras palavras, o que importa é a constatação de que houve infração à lei. Como faz ver *Nicola Coviello*, "o elemento intencional não produz a nulidade do ato em fraude à lei, como também não na produz em se tratando de ato contrário à lei. Basta o fato da contrariedade à lei para que o negócio seja nulo, ainda quando o autor esteja errado sobre a existência ou alcance da norma proibitiva e tenha acreditado obedecer a um preceito moral ou jurídico. Em sentido oposto, a suposição de praticar um ato contrário à lei não torna nulo o ato que, por si mesmo, não o seja"[73].

Assim, ao contrário do que possa parecer aos mais desavisados, a previsão do art. 9º da CLT, quando estabelece que "são nulos de pleno direito os atos *praticados com o objetivo de desvirtuar, impedir ou fraudar*" os direitos trabalhistas, não está a exigir que se indague a respeito do elemento subjetivo, ou dos motivos que animam tais atos. Conforme bem ressaltou *Carvalho Santos*, "para a existência da nulidade, é ponto que merece atenção, não se exige que haja a intenção de fraudar a lei. Não pode haver divergência razoável sobre o assunto"[74]. Afinal, não é demais insistir, tanto infringe a lei quem age com o manifesto propósito de fazê-lo como aquele que, mesmo sem o intuito de transgredir norma jurídica alguma, pratica ato em desconformidade com as prescrições legais.

O elemento psicológico só tem relevância quando o agente procura envolver a violação legal com uma aparência de ato lícito. Em tais casos, cria-se uma licitude formal para esconder a violação substancial. E o modo mais comum de alcançar o resultado contrário à lei é a simulação.

---

(70) "CARGO DE CONFIANÇA. GERENTE. 1. A caracterização de cargo de confiança pressupõe atribuir-se ao empregado funções cujo exercício possa colocar em risco o próprio empreendimento e a própria existência da empresa, seus interesses fundamentais, sua segurança e a ordem essencial ao desenvolvimento de sua atividade (Mário de La Cueva). Não se confunde, pois, com a mera chefia. 2. A mera circunstância de cuidar-se de gerente de estabelecimento comercial, sem controle de horário, desacompanhada de outros elementos que traduzam fidúcia especial, não permite qualificar o empregado como exercente de cargo de confiança, para os efeitos do art. 62, II, da CLT" (TST, RR 590.637/99, Ac. 1ª T., 11.2.2004, Rel. Min. João Oreste Dalazen. DJU 12.3.2004).
(71) É o caso de Pontes de Miranda, referido por Bernardes de Mello, que adota igual entendimento (MELLO, Marcos Bernardes de. *Teoria do fato jurídico:* plano da validade. 4. ed. rev. São Paulo: Saraiva, 2000. p. 82-3).
(72) MELLO, Marcos Bernardes de. *Op. cit.*, p. 85-6.
(73) *Apud* ESPÍNOLA, Eduardo. *Op. cit.*, p. 456.
(74) SANTOS, J. M. de Carvalho. *Op. cit.*, p. 239.

Ainda que a *fraus legis* se desdobre numa série de atos, formalmente autônomos, sua análise há de ser feita em conjunto, como se formassem um ato "conceptualmente unitário". Conforme bem esclarece o professor *Bernardes de Mello*, "os diversos atos que são praticados para alcançar o fim proibido ou evitar o resultado imposto têm uma única finalidade. Devem, portanto, ser considerados unitariamente, jamais isoladamente"[75].

Consoante observa *Rodrigues Pinto*, a fraude à lei "é um expediente largamente usado pelos empregadores como reação de defesa, embora ilegítima, contra o conteúdo protecionista do empregado na legislação laboral, daí a radical preocupação da CLT (art. 9º) em cortar-lhe toda possibilidade de produzir efeitos contra o tutelado"[76]. E os meios de praticar a fraude são os mais variados, como no caso do empregador que troca o pagamento em dinheiro por concessão de outras vantagens, ou denomina parte do salário como indenização[77] a fim de evitar os reflexos em outras verbas trabalhistas e rescisórias ou fugir às incidências previdenciárias e fiscais. Por vezes, o próprio trabalhador tem interesse em mascarar sua remuneração, como no exemplo citado por *Bernardes de Mello:* "o executivo de empresa que, ao invés de receber alta remuneração direta por seus serviços, para furtar-se ao imposto de renda, tem salário reduzido, mas a empresa lhe dá automóvel para uso pessoal, paga-lhe as despesas pessoais feitas através de cartão de crédito, paga-lhe os empregados domésticos, planos de saúde, viagens e outras despesas, como se fossem relacionadas a seu serviço ou dela própria"[78]. Para obter o mesmo resultado, atualmente, muitos desses profissionais, não raro com o incentivo do empregador, constituem pessoas jurídicas, em nome das quais recebem a remuneração, embora os serviços sejam prestados mediante subordinação, nos moldes trabalhistas.

Não é incomum, também, o uso do chamado "caixa dois", pelo qual o empregador faz constar dos recibos de salários apenas parte da remuneração paga aos trabalhadores, registrando o restante do pagamento em outro recibo, o qual não é contabilizado, mas serve apenas para regular as relações entre as partes. A parcela da remuneração que não ingressa na contabilidade da empresa é também conhecida como pagamento "por fora". O objetivo principal dessa prática é a sonegação das contribuições previdenciárias, embora quase sempre se reflita também sobre os demais direitos dos trabalhadores (férias, 13º salário, FGTS etc.).

Por vezes a fraude é mais elaborada, valendo-se o empregador de artifícios legais para disfarçar o valor do salário. Para fugir aos encargos trabalhistas e previdenciários, não é incomum, por exemplo, o pagamento de parte dos salários sob o título de reembolso de despesas. Isso tanto pode ocorrer pela atribuição de uma ajuda de custo a empregado que não efetuou despesa alguma, como na adoção de critérios de cálculo que elevam

---

(75) MELLO, Marcos Bernardes de. *Op. cit.*, p. 87.
(76) PINTO, José Augusto. *Curso de direito individual do trabalho.* 2. ed. São Paulo: LTr, 1995. p. 178.
(77) "AJUDA DE CUSTO. SIMULAÇÃO DE EFETIVA PARCELA SALARIAL. Quando a parcela denominada ajuda de custo não traduz, na essência, ressarcimento de despesas feitas ou a se fazer em função do estrito cumprimento do contrato empregatício, tendo função contraprestativa do trabalho, pode-se dizer que é salário dissimulado" (TRT 18ª Região, RO 01681-2004-008-18-00-8, Rel. Juiz Luiz Francisco Guedes de Amorim. DJE 13.5.2005, p. 54-5).
(78) MELLO, Marcos Bernardes de. *Op. cit.*, p. 89.

consideravelmente o valor do reembolso, se confrontado com as quantias efetivamente gastas na execução do contrato. Não é incomum, por exemplo, o reembolso de despesas com combustível com base na quilometragem rodada, mas de modo a permitir que o empregado aufira um rendimento significativamente superior ao que gastou para aquele fim. Em tais casos, ainda que em parte, o que se pretende é dissimular o valor do salário pago.

Para combater os casos de fraude amplamente utilizados em épocas passadas, a própria Consolidação das Leis do Trabalho, em seu texto original ou mediante alterações posteriores, cuidou de prescrever regras especiais. Assim, para fazer prevalecer o princípio da continuidade da relação laboral, atribui à sucessão de contratos de trabalho a termo efeitos de contrato por tempo indeterminado (CLT, art. 452); para evitar que o empregador confira natureza diversa aos salários pagos, limitou o valor das diárias enquanto parcela indenizatória (CLT, art. 457, § 3º); para evitar que a data da dispensa seja programada de forma a prejudicar o direito do trabalhador às férias, previu o pagamento proporcional em caso de rescisão (CLT, arts. 146 e 147)[79]. Em outros casos, para inibir eventuais fraudes, a lei exige certos requisitos formais, como ocorre em relação ao contrato de trabalho temporário (Lei n. 6.019/74). Assim, não observadas as regras legais, considera-se que houve fraude na modalidade contratual escolhida, incidindo, sem restrições, as normas gerais de proteção aos empregados.

A verdade é que, nos dias que correm, as relações de trabalho têm-se revelado um espaço propício para inúmeras fraudes, desde as mais rudimentares às mais sofisticadas, seja no intuito de fugir dos encargos trabalhistas, seja pelo desejo desmesurado de aumentar os lucros. Não é incomum, além disso, vir a fraude associada à simulação, a fim de contornar os ditames legais, em prejuízo de terceiros.

Importante ressaltar, no entanto, que, para que se caracterize a fraude à lei não é necessário que haja prejuízos a direitos de outrem: "se direitos subjetivados forem violados, isso em nada modifica a fraude à lei, por se tratar de questão que lhe é estranha"[80]. No âmbito trabalhista, no entanto, dado seu caráter protetivo dos trabalhadores, estes são as principais vítimas dos atos fraudulentos.

O estudo do tema suscita, ainda, a controvérsia acerca da possibilidade de ocorrer fraude à lei durante sua vacância. Parece-nos que, no particular, razão assiste a *Orosimbo Nonato*, quando afirma que, naquele período, o comando legislativo ainda não constitui lei e, portanto, não pode ser objeto de violação, ainda que mediante fraude[81]. Com efeito, a norma legal só poderá ser violada, direta ou indiretamente, quando se revestir de força obrigatória, situação somente alcançada uma vez transcorrida a *vacatio legis*. Não se pode entender que haja fraude no uso de uma vantagem oferecida pela norma vigente, mesmo sabendo que tal situação está com os dias contados.

---

(79) SÜSSEKIND, Arnaldo; MARANHÃO, Délio; VIANNA, Segadas. *Instituições de direito do trabalho*, v. 1, 14. ed. atual. São Paulo: LTr, 1994. p. 220.
(80) MELLO, Marcos Bernardes de. *Op. cit.*, p. 90.
(81) NONATO, Orosimbo. *Fraude contra credores* (da ação pauliana). Rio de Janeiro: Jurídica e Universitária, 1969. p. 13.

8.2.2. Fraude contra credores

A partir do instante em que a responsabilidade pelo cumprimento das obrigações deixou de ser pessoal para incidir apenas sobre o patrimônio do devedor, surgiu a necessidade de instituir formas de neutralizar as manobras prejudiciais aos credores que começaram a ocorrer desde então[82]. E a principal maneira de proteger os credores é não permitir que o devedor, direta ou indiretamente, se desfaça de seus bens em prejuízo daqueles. Assim, conquanto a dívida não constitua, para o devedor, uma *capitis deminutio*, não ficando ele impedido de alienar ou gravar os seus bens, não seria razoável que pudesse frustrar a confiança dos que lhe concederam crédito. Assim, embora o devedor conserve o poder de disposição sobre seus bens, só poderá exercê-lo dentro de certos limites, uma vez que seu patrimônio constitui a garantia comum dos credores.

Conquanto não se deva chegar ao ponto de reduzir o devedor a um simples administrador de bens alheios, o que representaria evidente exagero, não deixa de ser expressiva a figura usada por *Alcides Mendonça Lima*, quando observou que, "ficticiamente, quem deve (usado o termo em sentido amplo) tem em seu patrimônio bem (acepção lata) de terceiro; logo não pode agir no sentido de, em última análise, dispor até do que não é seu"[83].

Como as normas que coíbem a fraude, no caso, visam apenas a evitar que, de outro modo, restem os credores insatisfeitos, obtendo estes a prestação a que têm direito, a lei não se interessa pelo desfazimento do ato. Assim, a despeito de o Código Civil considerar a fraude contra credores como causa de anulabilidade do negócio jurídico, na verdade, trata-se apenas de uma hipótese especial de ineficácia. Sem dúvida, ao promoverem a ação pauliana, os credores defraudados não exercitam um direito real sobre a coisa alienada, objetivando apenas a preservação das garantias patrimoniais indispensáveis à satisfação de seus direitos. Assim, uma vez paga a dívida, perde aquela ação sua razão de ser.

a) Caracterização

O Direito pré-codificado indicava, como pressupostos da fraude, o prejuízo do credor *(eventus damni)* e a intenção fraudulenta *(consilium fraudis)*. Contra tal entendimento levantou-se *Clovis Bevilaqua*, sustentando que a má-fé *(consilium fraudis)* não é requisito da fraude. E, segundo sua análise, tal posição sagrou-se vitoriosa, tendo sido acolhida pelo art. 106 do Código Civil de 1916. Para *Clóvis*, tal dispositivo promoveu uma "simplificação na teoria da fraude contra credores, pois os civilistas pátrios, sem divergência, consideravam a má-fé elemento constitutivo da fraude contra credores, ainda que essa doutrina nem sempre se acomodasse aos casos da vida real"[84].

---

(82) Foi a *Lex Poetelia* (326 a.C.) que substituiu a execução pessoal *(manus injectio)* pela patrimonial *(bonorum venditio)*. Para coibir os atos atentatórios aos direitos dos credores, concederam-se a estes o *interdictum fraudatorum* e a *restitutio in integrum*. Esta última recebeu, no caso, o nome de ação revogatória, popularizando-se, porém, com a denominação de *ação pauliana*, em homenagem ao pretor Paulus, a quem se atribuiu a origem do instituto, embora a esse respeito haja divergências entre os romanistas.
(83) LIMA, Alcides Mendonça. *Comentários ao Código de Processo Civil*, v. 6: arts. 566 a 645. 6. ed. Rio de Janeiro: Forense, 1990. p. 436.
(84) BEVILAQUA, Clovis. *Código...*, cit., p. 377.

Tal manifestação, no entanto, precisa ser bem entendida, uma vez que a fraude contra credores, como o próprio nome indica, deve ser analisada sob a ótica do devedor, presumindo-se que ele conheça sua situação patrimonial. Diante disso, a má-fé em que se assenta a fraude contra credores não é do terceiro que negocia com o devedor, senão deste. A boa-fé do terceiro, eventualmente, pode ter relevância quanto aos efeitos da fraude, mas não repercute em sua caracterização. Ainda que o terceiro ignorasse a situação de insolvência do devedor, e não tivesse condições de conhecê-la, nem por isso deixaria de haver fraude. A diferença é que, em se tratando de atos onerosos, no caso, o terceiro não sofreria os efeitos da fraude. Nem por isso, no entanto, se poderia afirmar que não houve fraude. Afinal, não se pode confundir a caracterização da fraude, com os efeitos que dela decorrem. E é exclusivamente em relação a estes que a boa ou má-fé do terceiro interessa. De outro modo, vale dizer, se a má-fé do terceiro fosse requisito da fraude contra credores, também haveria de ser exigida em relação aos atos gratuitos, mas não é isso o que ocorre (CC, art. 158).

O terceiro que negocia com o devedor, ciente de que o ato é prejudicial aos credores deste, torna-se participante da fraude e, por isso, sofre seus efeitos mesmo que o ato seja oneroso. Afinal, conforme esclarece *Orosimbo Nonato*, adotando as lições de *Antonio Butera*, quem tem ciência de que o negócio jurídico é prejudicial aos credores e ainda assim o quer, também quer aquele efeito[85]. De qualquer modo, a ciência da parte que negocia com o devedor de que o ato trará prejuízos a terceiros é questão que interessa aos efeitos da fraude, não se apresentando como requisito para a sua configuração. E, em relação ao devedor, que é o que tem relevância para a configuração da fraude, presume-se que esteja de má-fé, exceto em relação aos negócios ordinários, indispensáveis à manutenção de estabelecimento mercantil, rural ou industrial, ou à subsistência do devedor e de sua família, em que a presunção se inverte (CC, art. 164). Observe-se que, ao dizer que se presume a boa-fé, no caso, e que, por isso, os negócios valem, resta evidente que o legislador levou em conta a má-fé do devedor, ainda que presumida, para a configuração da fraude contra credores.

Ainda assim, conforme observou o ilustre jurista *Washington de Barros Monteiro*, "houve (...) apreciável simplificação na teoria da fraude contra credores. O Direito Romano só concedia ação revocatória (ou pauliana) quando se comprovasse concorrentemente o intento de prejudicar. O Direito pátrio contenta-se com o *eventus damni*"[86]. Com efeito, em princípio, uma vez demonstrado que os negócios de alguém trouxeram prejuízos aos seus credores, isso é o quanto basta para que se conclua que houve fraude. O que pode ocorrer é que, não tendo a parte que negocia com o devedor ciência de que o ato produziria tal resultado, não sofra as consequências da fraude, em razão de sua boa-fé. Nem por isso, no entanto, se pode dizer que, no caso, não houve fraude, uma vez que esta é intrínseca aos atos de oneração, alienação ou disposição em detrimento dos credores (em face da presunção de má-fé do devedor), exceto nos casos expressamente ressalvados pelo legislador (CC, art. 164).

---

(85) NONATO, Orosimbo. *Op. cit.*, p. 130.
(86) MONTEIRO, Washington de Barros. *Curso de direito civil*, v. 1: parte geral. 29. ed. São Paulo: Saraiva, 1990. p. 216-7.

Todavia, só poderá alegar prejuízo o credor cujo direito seja anterior ao ato impugnado, ainda que a obrigação não seja ainda exigível ou líquida[87]. Os credores posteriores não poderão alegar fraude contra seus direitos, uma vez que, "quando lhes nasceu o crédito, o patrimônio já estava diminuído; quando se deu o fato jurídico (não só o negócio jurídico), já o défice existia"[88]. Quando se fizeram credores, os bens alienados ou onerados já não constituíam garantia de seus direitos. Convém ressaltar, entretanto, que não deixa de haver anterioridade do crédito pelo fato de seu reconhecimento judicial só ter ocorrido após o ato de disposição, uma vez que a sentença apenas constata o que já existia, aferindo-se a precedência pela data em que ocorreu o fato gerador ou constitutivo do direito[89].

Afora isso, doutrina e jurisprudência também reconhecem a fraude quando a oneração ou alienação são praticadas com dolo específico, isto é, com a intenção preordenada de frustrar a satisfação de créditos futuros em vias de constituição[90]. No que diz respeito especificamente aos créditos trabalhistas, tal solução decorre de lei (CLT, art. 9º). Assim, se o empregador transfere seus bens a terceiros a fim de frustrar a satisfação dos créditos de seus empregados, caracteriza-se a fraude mesmo em relação aos direitos constituídos posteriormente à transmissão patrimonial[91]. O que deverá ser apurado, portanto, é se havia uma justificativa para a alienação dos bens ou se o motivo determinante foi apenas livrá-los de uma futura execução.

Não haverá prejuízo para os credores se a alienação ou oneração atingir apenas bens insuscetíveis de penhora, uma vez que a alteração patrimonial, no caso, não afeta as garantias com que aqueles contavam para a satisfação de seus direitos[92].

O prejuízo ao credor, para autorizar o reconhecimento da fraude, terá que guardar nexo causal com a alienação ou oneração praticadas pelo devedor. Conforme acentua *Eduardo Espínola*, "o *eventus damni* só se verifica se o ato do devedor lhe determinou ou agravou o estado de insolvência"[93]. Se a insolvência é posterior à alienação ou oneração, não guardando com aquela nexo imediato, não se caracterizará a fraude. Em suma, só haverá fraude nos casos em que o prejuízo aos credores derivar *incontinenti* do ato do devedor.

---

(87) "O crédito — não a pretensão, ou a ação — precisa ter nascido antes do ato de disposição" (MIRANDA, F. C. Pontes de. *Op. cit.*, p. 436). Assim, ainda quando a eficácia do crédito esteja sujeita a condição ou termo, isso não afastará a possibilidade de fraude contra os credores. Para o exercício da ação pauliana, no entanto, o titular de direito submetido a condição suspensiva deverá aguardar o implemento desta.
(88) MIRANDA, F. C. Pontes de. *Op. cit.*, p. 429.
(89) NONATO, Orosimbo. *Op. cit.*, p. 166.
(90) Nesse sentido, o Código Civil italiano contém previsão expressa no art. 2.901, inciso 1, 2ª parte. Os que são contrários a tal conclusão, em regra, limitam-se a sustentar que a ação a ser manejada, no caso, não é a pauliana, o que, por si só, não é suficiente para descaracterizar a fraude.
(91) "EXECUÇÃO. ATOS QUE VISAM ESVAZIAR O PATRIMÔNIO DO RECLAMADO A FIM DE IMPEDIR FUTURA EXPROPRIAÇÃO. O art. 9º da CLT, interpretado à luz dos preceitos constitucionais que consagram a valorização do trabalho (arts. 1º, IV, 170, *caput*, e 193 da CF), permite que se reputem ineficazes, perante a execução trabalhista, atos que visam esvaziar o patrimônio do empregador, a fim de evitar futura expropriação, ainda que não se enquadrem propriamente como fraude de execução ou contra credores" (TRT 18ª Região, AP 00899-2008-191-18-00-8, Ac. 2ª T., 19.11.2008, Rel. Des. Platon Teixeira de Azevedo Filho. DJE 15.12.2008, p. 8).
(92) ESPÍNOLA, Eduardo. *Manual do Código Civil brasileiro*, v. 3: dos factos jurídicos, 1ª parte. Rio de Janeiro: Jacintho Ribeiro dos Santos, 1923. p. 587.
(93) *Ibidem*, p. 581.

Questão que divide a doutrina é se o ato convalesce pelo reequilíbrio da situação patrimonial do devedor. Para *Pontes de Miranda*, "se, após a prática do ato, ou dos atos em fraude dos credores, o devedor adquire bens que o tirem da insolvência (*e. g.*, recebe herança), mas recai em insolvência, dentro do prazo para anulação, continua anulável o ato, porque foi o ato causa de insatisfação e continua a ser"[94].

Assim não entende *Humberto Theodoro Júnior*, para quem, ainda que ao tempo da alienação o devedor fosse ou tenha se tornado insolvente, se, depois disso, recompôs sua condição patrimonial, desaparecerá a fraude contra credores, mesmo que à época da exigência do crédito tenha recaído em situação de insuficiência econômica. Assim, além de ser contemporânea ao ato de disposição, a insolvência tem de persistir ao tempo em que é invocada pelo credor prejudicado[95].

Pensamos ser essa última a solução mais adequada, até mesmo para fins de estabilidade nas relações jurídicas. Afinal, a insolvência que inviabilizou a satisfação do credor não foi a que existiu algum dia do passado, a contar do surgimento do crédito, mas a atual[96]. A partir do momento em que o devedor deixa de ser insolvente, os atos de oneração ou alienação praticados até então não repercutem mais na situação de seus credores. Apaga-se o *eventus damni*, que só ressurge com os negócios futuros que reconduzem o devedor à insolvência. Todavia, essa nova situação não pode ser considerada como sendo consequência dos atos anteriores. A insolvência que inviabilizou a satisfação dos credores, no caso, foi a superveniente, sendo a pretérita irrelevante.

Convém ressaltar, por outro lado, que não é só desfalque patrimonial que importa prejuízo para os credores. É possível detectar a fraude pauliana em atos que, sem reduzir o devedor à insolvência, tornem a execução contra ele mais difícil, demorada ou dispendiosa[97]. Conforme acentua *Giorgio Giorgi*, ainda que não cause a insolvência do devedor, o ato será considerado fraudulento se diminuir a *facilitas conveniendi*, por serem de difícil execução os bens conservados por ele[98]. As dificuldades adicionais, no entanto, deverão ser consideráveis, não bastando que o negócio jurídico realizado pelo devedor cause algum transtorno ou maior incômodo aos credores[99].

Em relação aos atos gratuitos que o beneficiariam, a não aceitação, pelo devedor, não importa fraude contra seus credores. Conforme acentua *Carvalho Santos*, a partir da lição de *Planiol*, a ação pauliana visa à proteção dos credores contra o empobrecimento do devedor, não sendo cabível em relação aos atos pelos quais este deixa passar uma oportunidade de enriquecimento[100]. Neste caso, desde que prevista pelo ordenamento

---

(94) MIRANDA, F. C. Pontes de. *Op. cit.*, p. 430.
(95) THEODORO JÚNIOR, Humberto. *Comentários ao novo Código Civil*, v. 3, t. 1: arts. 138 a 184. Rio de Janeiro: Forense, 2003. p. 340.
(96) "O prejuízo resultante do ato, vale dizer, a insolvência deve ser verificável quando da propositura da ação (pauliana). Assim, não basta seja hipotético ou futuro nem anterior, passado e superado, como no caso de aquisições posteriores, como por exemplo, o recebimento de herança" (NONATO, Orosimbo. *Op. cit.*, p. 117).
(97) THEODORO JÚNIOR, Humberto. *Op. cit.*, p. 353-4
(98) *Apud* ESPÍNOLA, Eduardo. *Manual...*, cit., p. 582-3.
(99) NONATO, Orosimbo. *Op. cit.*, p. 116-7.
(100) SANTOS, J. M. de Carvalho. *Código Civil brasileiro interpretado*, v. 2, 10. ed. Rio de Janeiro: Freitas Bastos, 1977. p. 413.

jurídico, a ação dos credores não seria a revocatória, mas a *sub-rogatória, oblíqua* ou *indireta*, uma vez que não se volta contra os atos do devedor, mas visa a suprir suas omissões (ex.: CC, art. 1.813). Lembra, ainda, o professor parisiense, que a ação pauliana tem natureza revogatória, cuja finalidade é restituir os credores à situação em que se achavam antes do ato fraudulento; seu objetivo é, pois, reconstituir um patrimônio empobrecido, não aumentá-lo[101]. Assim, se o devedor recusa uma doação que lhe é ofertada, não poderão os credores anular tal ato sob o fundamento de que lhes trouxe prejuízos[102]. Pelo mesmo fundamento, não poderão os credores alegar fraude se o devedor receber uma doação com cláusula de inalienabilidade, uma vez que esta também não importa diminuição de seu patrimônio, devendo, assim, ser respeitada.

A fraude nem sempre se revela em atos formais de alienação ou oneração, podendo decorrer de condutas em que aparentemente não há alienação nem oneração, mas que claramente visam a preservar o patrimônio do devedor ou responsável. Cite-se, por exemplo, a partilha desigual dos bens comuns na dissolução do casamento ou união estável. Para esse fim, não é incomum valerem-se os interessados da simulação, amparados, por exemplo, na sobrevalorização do patrimônio de um dos cônjuges, anterior ao conúbio, ou na subavaliação dos bens destinados ao cônjuge beneficiado (*aestimatio donationis causa*). Em relação aos créditos trabalhistas, entretanto, a presunção é de que o trabalho do empregado contribuiu para a formação do patrimônio comum, não sendo a simples divisão dos bens suficiente para excluir a responsabilidade de um dos cônjuges ou companheiros pelo seu pagamento.

Não constitui fraude contra os demais credores o fato de o devedor comum efetuar o pagamento a algum deles, desde que se trate de dívidas exigíveis. Para esse fim, pode, inclusive, valer-se da dação em pagamento, desde que aos bens seja atribuído preço justo. Contudo, se o valor dos bens dados em pagamento for maior do que a dívida resgatada mediante a *datio in solutum*, o excesso será considerado liberalidade, podendo ser objeto de impugnação pelos credores prejudicados.

Há, entretanto, quem não aceite a *datio in solutum*, no caso, por ser ela um meio anormal de extinção das obrigações, uma vez que o devedor não entrega exatamente a prestação a que se obrigou, isto é, não realiza, propriamente, um pagamento, mas dá vida a um novo contrato, o qual exige o consentimento do credor. Realmente, perante a lei falimentar (Lei n. 11.101/05, art. 129, II), a dação em pagamento (como qualquer outra forma de pagamento que não seja a prevista no contrato) ocorrida no termo legal da falência, ainda que incida sobre dívida vencida e exigível, não produz efeitos relativamente à massa. O mesmo entendimento, porém, não se aplica em Direito Civil, uma vez que "na verdadeira, real e desviciada *datio in solutum* ocorre — sem traços de liberalidade e favor — simples cumprimento de obrigação"[103].

---

(101) *Apud* ESPÍNOLA, Eduardo. *Manual...*, cit., p. 583.
(102) Quanto à herança, no entanto, a renúncia do devedor não poderá dar-se em prejuízo dos credores, que poderão aceitá-la em nome do renunciante com a autorização do juiz (CC, art. 1.813). Juridicamente, porém, não se trata de uma exceção à regra, uma vez que, em face do *droit de saisine*, consagrado pelo art. 1.784 do Código Civil, a renúncia à herança implica diminuição patrimonial. Conforme explica Orosimbo Nonato, "a renúncia de herança e de legado, em face de preceitos legais consagrados no Código Civil brasileiro, é *desintegrativa do patrimônio*, atinge direito já constituído em favor do herdeiro ou do legatário" (NONATO, Orosimbo. *Op. cit.*, p. 83).
(103) NONATO, Orosimbo. *Op. cit.*, p. 103.

Tratando-se de dívidas prescritas, embora o pagamento não se transforme em liberalidade nem signifique enriquecimento indevido do credor, tanto que não é passível de repetição (CC, art. 882), pondera *Eduardo Espínola* que pode configurar-se a fraude se aquele que o recebe conhece a insolvência do devedor, ou esta é notória. E conclui: "se o pagamento da obrigação natural não é simples liberalidade, também não pode ser equiparado, para todos os efeitos, ao pagamento da obrigação civil"[104].

Diante disso, no pagamento de obrigações naturais, ao contrário do que se verifica em relação às dívidas exigíveis, há de prevalecer a presunção de fraude. Com efeito, conforme demonstra *Orosimbo Nonato*, a lei só prevê a subsistência do pagamento das dívidas vencidas em atenção à sua exigibilidade[105]. Neste caso, mesmo que o pagamento tenha sido espontâneo, não se pode presumir tenha havido má-fé, uma vez que o crédito poderia ser cobrado judicialmente. O mesmo raciocínio, porém, não se aplica quando o devedor elege, entre seus credores, exatamente aquele desarmado da ação judicial para efetuar o pagamento de obrigações garantidas tão somente pela *soluti retentio*. Assim, é de presumir-se a má-fé quando o devedor insolvente paga obrigação natural, entre as quais as mais comuns são exatamente as dívidas prescritas. Parece-nos ser esta a melhor solução, até para evitar que, a pretexto de pagar obrigação prescrita, seja "simulado" um pagamento de obrigação já satisfeita ou que jamais existiu. No caso, a simulação não incide propriamente sobre o pagamento, que realmente ocorre, mas sobre a dívida que constitui sua causa. Por outro lado, o pagamento de dívida prescrita é um ato de disposição, uma vez que importa renúncia às vantagens advindas da prescrição.

No que respeita às dívidas ainda não vencidas, não há por que exigir que o beneficiado conheça a insolvência do devedor[106]. Embora, no caso, o pagamento não seja uma liberalidade, sua antecipação o é. Por conseguinte, na aplicação do art. 162 do Código Civil, não há razão para se indagar acerca da ciência da situação econômica do devedor[107]. Há que se observar, porém, que o dispositivo legal mencionado refere-se expressamente ao pagamento antecipado a credor quirografário. Assim, caso a dívida se refira, por exemplo, a direitos trabalhistas, o empregado não terá que repor os valores recebidos, ainda que antecipadamente, em favor do acervo, dado o caráter privilegiado de seu crédito.

A oneração dos bens pelo devedor insolvente, mediante a outorga de garantias reais, não se caracteriza como fraude aos credores trabalhistas, uma vez que estes têm preferência sobre aquelas, independentemente da data de constituição da garantia. Inaplicável, assim, aos credores trabalhistas a previsão do art. 163 do Código Civil, pois a conduta a que se refere mencionado dispositivo legal não traz prejuízos aos créditos laborais. Em qualquer situação, seja o devedor insolvente ou não, as preferências por ele outorgadas a outros credores são naturalmente inoponíveis aos credores trabalhistas.

---

(104) ESPÍNOLA, Eduardo. *Manual...*, cit., p. 626-7.
(105) NONATO, Orosimbo. *Op. cit.*, p. 105.
(106) E o mesmo vale em relação ao pagamento de dívida sujeita a condição suspensiva, uma vez que, enquanto não implementada esta, não haverá crédito exigível (CC, art. 125).
(107) "Art. 162. O credor quirografário que receber do devedor insolvente o pagamento da dívida ainda não vencida ficará obrigado a repor, em proveito do acervo sobre que se tenha de efetuar o concurso de credores, aquilo que recebeu."

Tratando-se de alienações decorrentes de negócios ordinários indispensáveis à manutenção do estabelecimento mercantil, industrial ou rural, ou à subsistência do devedor e de sua família, a presunção é de que tenha havido boa-fé. A tutela dos credores não pode chegar ao ponto de inviabilizar as atividades econômicas do devedor ou a sua sobrevivência. A comercialização dos bens industrializados por quem os fabricou, da safra agrícola por quem a produziu ou as mercadorias adquiridas com essa finalidade pelo comerciante não constituem atos de disposição patrimonial, mas simples negócios inerentes à atividade econômica exercida por tais sujeitos. É possível até que nem toda a dívida estivesse vencida e, em tais circunstâncias, impedir o industrial, o comerciante ou o agricultor de vender seus produtos significaria negar-lhes o direito de exercerem suas atividades ou, pelo menos, limitá-lo injustificadamente. E ainda que as dívidas exigíveis superassem o patrimônio do devedor, enquanto não houver declaração de insolvência ou falência, não se poderia qualificar como em fraude contra credores os atos que venha a praticar em continuação às atividades que normalmente vinha exercendo. Afinal, é pelo exercício de suas atividades que o devedor poderá auferir os meios necessários para reequilibrar suas finanças e resgatar as suas dívidas. Por outro lado, não se poderia condenar o adquirente de um bem de devedor civil, ainda que insolvente, se este precisava do dinheiro para comprar alimentos ou pagar tratamento médico indispensável à sobrevivência própria ou de algum familiar que dele dependa, desde que os recursos obtidos com o negócio sejam efetivamente destinados a tais fins[108].

Conforme lição de *Carnelutti*, a lei quer proteger o credor contra a redução artificial ou patológica do patrimônio do devedor, não contra os riscos naturais ou fisiológicos de sua insuficiência. Em outros termos, a lei quer amarrar as mãos do devedor desonesto, não as do devedor de boa-fé. E, se dispusesse em contrário, prejudicaria a liberdade de movimentos e de iniciativas necessárias à prosperidade dos negócios[109].

Obviamente que a presunção adotada pelo art. 164 do Código Civil admite prova em contrário[110]. Tal prova, no entanto, há de ser robusta, tanto mais quando os bens negociados observaram os valores de mercado. Por outro lado, nas relações contratuais abrangidas pela Lei n. 8.078/90, a menos que se prove inequivocamente a intenção fraudulenta, não se pode admitir tenha havido má-fé por parte do consumidor, uma vez que deste não se exige que indague acerca das condições patrimoniais do comerciante.

O terceiro interessado poderá, ainda, preservar a eficácia da alienação se obtiver a anuência dos credores no ato, uma vez que o consentimento destes resguarda o negócio do alcance da ação pauliana: *consentienti non fit iniuria*. Assim, se o prejudicado anuiu na

---

(108) Neste caso, até mesmo a fraude à execução resta descaracterizada: "*Execução. Inexistência de fraude*. Não se pode exigir que o Judiciário reconheça como fraudulenta a venda de bens que, comprovadamente, foi efetuada para fazer face às despesas que se fizeram necessárias para tratamento e cirurgia cardiovascular do executado, pois cuidar da própria saúde, mais do que uma obrigação de cada um consigo mesmo, é a única forma que tem o ser humano de conservar o bem mais precioso que ele possui, a vida" (TRT 3ª Região, AP 656/98, Ac. SE, Rel. Juiz Wanderson Alves da Silva. DJE 20.11.98).

(109) *Apud* PACHECO, José da Silva. Fraude à execução. In: *Repertório enciclopédico do direito brasileiro*. v. 23. Rio de Janeiro: Borsoi, [s.d.]. p. 129.

(110) O dispositivo em questão estabelece apenas uma presunção vencível, *juris tantum*, de boa-fé, em favor dos negócios que menciona (NONATO, Orosimbo. *Op. cit.*, p. 91).

realização do negócio, não poderá atacar sua eficácia pela ação pauliana[111]. Por fim, o terceiro adquirente poderá precaver-se depositando o valor do bem, na forma do art. 160 do Código Civil, com a citação dos interessados.

b) Efeitos

A fraude contra credores não tem tratamento unitário no Direito brasileiro, podendo dar ensejo à anulabilidade, à ineficácia ou à revogabilidade do ato, conforme o caso. O Código Civil vigente, na esteira do anterior, incluiu a fraude contra credores entre as causas de invalidade do ato (CC, art. 171, II). Já perante a lei falimentar (Lei n. 11.101, de 9.2.2005), a fraude contra credores pode configurar hipótese de ineficácia relativa (art. 129) ou de revogabilidade (art. 130).

Embora os vícios funcionais também possam acarretar a invalidade do ato, a crítica dirigida ao Código Civil, no caso, foi a de não observar a orientação dominante tanto no Direito Comparado quanto na doutrina nacional, que reconhece ser a fraude contra credores causa de simples ineficácia do ato, e não de invalidade.

Com efeito, entre os sujeitos que dele participam, o negócio jurídico gera todos os efeitos legais, só não podendo ser oposto a terceiros por ele prejudicados. É por isso que *Humberto Theodoro Júnior* qualificou a manutenção da fraude contra credores, no Código Civil de 2002 (arts. 158 a 165), entre as causas de invalidade dos atos jurídicos como "um desserviço ao Direito Civil brasileiro"[112].

E, mais adiante, acrescenta que, "a não ser por apego à literalidade do Código Civil de 1916, ninguém defendia a anulabilidade do negócio jurídico praticado em fraude contra credores"[113]. Aplica-se, no entanto, também aqui a lição de *Valentin Carrion*, segundo a qual "as coisas são o que são, independentemente de que alguém, mesmo legislador, o diga; pesam mais os efeitos que a lei dá ao fenômeno e a elaboração doutrinária que a mera frase"[114].

No caso, a despeito da distribuição do tema no corpo do Código Civil vigente, convém observar que o legislador reconheceu-lhe efeitos diversos dos atribuídos às demais situações tratadas sob a rubrica de defeitos do negócio jurídico. Para estas, o reconhecimento do vício importará a restituição das partes ao estado anterior (CC, art. 182), ao passo que na fraude contra credores o reconhecimento do desfalque implicará apenas a reinclusão do bem alienado no acervo passível de execução pelos credores do alienante ou a inoponibilidade da preferência ajustada (CC, art. 165). Outra particularidade é a cessação da ação pauliana (desaparecimento do interesse processual para a propositura da ação ou na continuidade do processo) caso o devedor ou o terceiro que com ele tratara pague a dívida[115]. A mesma

---

(111) NONATO, Orosimbo. *Op. cit.*, p. 118-9.
(112) THEODORO JÚNIOR, Humberto. *Op. cit.*, p. 3.
(113) *Ibidem*, p. 14.
(114) CARRION, Valentin. *Comentários à Consolidação das Leis do Trabalho*. 25. ed. atual. e ampl. São Paulo: Saraiva, 2000. p. 613.
(115) SANTOS, J. M. de Carvalho. *Código...*, cit., p. 434-5.

consequência decorre do pagamento efetuado por outra pessoa, ainda que por terceiro não interessado (CC, art. 304 e parágrafo único). Diante de tais características, *Zeno Veloso* também conclui que, "a rigor, a fraude contra credores não é negócio jurídico anulável, mas relativamente ineficaz. O que ocorre, afinal, é a *inoponibilidade* do ato de disposição aos credores do alienante naquelas circunstâncias (cf. STJ, 4ª T., Resp. n. 5.307-0-RS, Rel. Min. Athos Carneiro, ac. 16.6.92)" [116].

Assim, conforme observou *Theodoro Júnior*, se o que quis a lei civil com a sanção à fraude foi "simplesmente resguardar os credores dos prejuízos que o ato do devedor insolvente poderia acarretar-lhes, o que fez foi cominar-lhe uma ineficácia relativa. Não criou uma anulabilidade, malgrado o emprego incorreto do *nomen iuris* utilizado"[117]. E, mais adiante, concluiu: "Daí por que, nada obstante o regime defeituoso traçado pelo novo Código, para disciplinar a ação pauliana e seus efeitos sobre os atos praticados em fraude contra credores, haverá de ser interpretado como sendo o de ineficácia relativa e não o da anulabilidade, pela total inadequação desta para operacionalizar a repressão da questionada patologia do negócio fraudulento"[118].

Em outra passagem, o mesmo autor traça a diferença entre os efeitos da invalidade e da simples ineficácia: "Tanto a nulidade absoluta como a relativa têm como consequência a invalidação tanto entre as partes como perante terceiros. Anulado o ato ou conhecida a sua nulidade, as partes voltam ao estado anterior à sua prática e tudo se passa, daí em diante, como se o ato viciado não tivesse sido praticado. Não é isto, porém, que se passa com o ato fraudulento atacado pela ação pauliana, já que esta, em sua eficácia, se distingue de todas as ações de nulidade. Da pauliana decorre apenas a inoponibilidade do ato impugnado àqueles que foram prejudicados pela fraude, restando, todavia, subsistente e válido entre as partes que o realizaram"[119].

E, após analisar os efeitos do reconhecimento da fraude à execução ou do acolhimento da ação revocatória falimentar, conclui *Humberto Theodoro Júnior* que "razão alguma justifica a teimosia em atrelar-se o Código Civil à superada tese da anulabilidade dos negócios praticados em fraude contra credores. Se o que se procura é simplesmente conservar a garantia dos credores e se a pseudoanulação apenas atua nos limites da restauração da referida garantia, porque não lhe dar o *nomen iuris* correto de inoponibilidade?"[120].

No mesmo sentido se posicionaram *Gagliano* e *Pamplona Filho*, a despeito de, mais adiante, concluírem que não é essa a solução perante nosso Direito Positivo:

> Entendemos que a decisão final na *ação pauliana* é, simplesmente, declaratória da ineficácia do ato praticado em fraude contra credores. Vale dizer, a ação visa a

---

(116) VELOSO, Zeno. *Op. cit.*, p. 262.
(117) THEODORO JÚNIOR, Humberto. *Op. cit.*, p. 17.
(118) *Ibidem*, p. 20.
(119) *Ibidem*, p. 267.
(120) *Ibidem*, p. 318. No início do século passado, já equiparava Lafayette os efeitos da fraude contra credores aos da fraude à execução, ao observar que, neste caso, a penhora seria a própria ação pauliana, exercida diretamente, sem necessidade de processo ordinário prévio (*Apud* ESPÍNOLA, Eduardo. *Manual...* cit., p. 596).

declarar ineficaz o ato apenas em face dos credores prejudicados, e não propriamente anulá-lo ou desconstituí-lo. Os princípios gerais da *teoria das nulidades* não devem se aplicar aqui.[121]

Insiste, porém, *Humberto Theodoro Júnior* na harmonização dos instrumentos de repressão à fraude. Assim, tal como ocorre na ação revocatória falimentar e na fraude à execução, a fraude contra credores também dever ser reconhecida como causa de ineficácia do ato viciado[122]. Com efeito, na ação pauliana, como nas demais hipóteses de fraude, não se discute o direito real do adquirente, mas apenas restabelece-se o elemento responsabilidade sobre os bens alienados, vale dizer, recolocam-se tais bens no acervo sobre o qual o credor poderá exercer o seu direito. E depois de satisfeitos os credores prejudicados, se houver sobras, estas não se destinam ao devedor, mas ao terceiro adquirente[123]. E algo semelhante ocorre quando os credores aceitam a herança do renunciante, hipótese em que o valor remanescente é destinado aos demais herdeiros, e não ao devedor (CC, art. 1.813, § 2º).

A ser seguida a literalidade do art. 165 do Código Civil, em caso de alienação onerosa, tendo sido o preço já pago, com a anulação do negócio, deveria ser aplicado o art. 182, isto é, o adquirente teria direito à restituição do valor desembolsado, e por esse valor, naturalmente, haveria de concorrer com os demais credores. Aliás, entrariam no concurso inclusive os credores posteriores à alienação, que não foram defraudados, esvaziando, dessa forma, as garantias que a lei concede aos credores efetivamente prejudicados pela fraude[124]. Inevitável, assim, mesmo que a lei se refira a anulação, reconhecer que se trata de hipótese de simples inoponibilidade, que só aproveita aos credores que seriam prejudicados pelo ato, caso estivessem vinculados aos seus efeitos.

No entender de *Yussef Said Cahali*, a manutenção do sistema anterior, que considera o ato praticado em fraude contra credores como sendo anulável, pelo atual Código Civil, "não decorreu de uma opção científica, mas de uma 'acomodação legislativa'"[125]. Assim, "o verdadeiro resultado da ação pauliana — e que determina a natureza jurídica da ação — representa-se no reconhecimento da ineficácia do ato fraudulento em relação ao credor frustrado em sua garantia de adimplemento, de modo a possibilitar a sua penhora para pagamento da dívida; sendo este o resultado da ação, o ato remanesce proveitoso entre as partes que nele se envolveram, ao tempo que tem a sua validade preservada se o credor vem a ser satisfeito por outro modo, ou se de outra forma vem a ser extinta a obrigação do devedor"[126].

A ineficácia dos atos praticados em fraude contra credores também se aplica em defesa dos direitos dos trabalhadores, principalmente em relação aos atos praticados pelos sócios das pessoas jurídicas, que intentam resguardar seus bens contra futuras execuções

---

(121) GAGLIANO, Pablo Stolze; PAMPLONA FILHO, Rodolfo. *Op. cit.*, p. 390.
(122) THEODORO JÚNIOR, Humberto. *Op. cit.*, p. 383.
(123) SANTOS, J. M. de Carvalho. *Código...*, cit., p. 451.
(124) Mais do que isso: uma vez anulada a venda, por exemplo, poderia um credor trabalhista, cujo direito é posterior à alienação, ficar com todo o valor do bem, uma vez que seu crédito desfruta de privilégio especial. Definitivamente, portanto, não se pode aplicar ao caso as regras relativas à anulabilidade, a despeito da dicção legal.
(125) CAHALI, Yussef Said. *Fraude contra credores*. 3. ed. rev. e atual. São Paulo: Revista dos Tribunais, 2002. p. 375.
(126) *Ibidem*, p. 382-3.

pelas dívidas das empresas. Como a garantia dos créditos trabalhistas incide sobre o patrimônio total dos devedores ou responsáveis, em caráter genérico, sem vínculo real com determinados bens, podem os trabalhadores sofrer os efeitos da redução patrimonial com intuito fraudulento. A posição dos sócios da pessoa jurídica, em relação aos débitos trabalhistas desta, equipara-se à dos fiadores nas obrigações civis. E quando é o fiador quem se despoja de seus bens, frustrando a garantia do crédito afiançado, não pairam dúvidas acerca da configuração da fraude contra credores. Dada a similitude de situações, o mesmo entendimento deve ser aplicado aos sócios que tentam salvar seu patrimônio da execução trabalhista que se avizinha.

Em relação às pessoas que participaram com o devedor dos negócios jurídicos viciados, sua sujeição aos efeitos do reconhecimento da fraude varia consoante se trate de atos gratuitos ou onerosos. Em relação aos atos graciosos, para que o beneficiário sofra os efeitos da fraude basta a constatação de que o devedor já era insolvente ou passou a sê-lo em razão deles. Em outras palavras, basta que tais atos tenham relação com a insolvência, sendo irrelevante o estado subjetivo da pessoa por eles favorecida, se conhecia, ou não, a situação patrimonial do alienante[127]. Nem mesmo a este é dado demonstrar sua boa-fé, uma vez que, no caso, não importa o estado subjetivo das partes, preferindo a lei tutelar os credores do alienante a garantir as vantagens dos beneficiários do negócio gratuito, considerando que estes não contribuíram para o resultado com sacrifício algum. E constitui regra geral a preferência do legislador pelo interesse de quem busca evitar um prejuízo (*qui certat de damno vitando*), em detrimento de quem simplesmente persegue um lucro (*qui certat de lucro captando*). Trata-se de aplicação do princípio segundo o qual a ninguém é lícito locupletar-se à custa de outrem. Conforme sintetiza *Orosimbo Nonato*, "quem está insolvente não pode praticar atos de liberalidade em detrimento de seus credores..."[128].

Quanto aos negócios a título oneroso, no entanto, deve ser protegido o terceiro, adquirente de boa-fé, que procura evitar um prejuízo, o qual poderá invocar a vantagem da posse (*in pari causam melior est conditio possidentis*). Para que o adquirente a título oneroso seja atingido pela ação pauliana, portanto, é preciso que ele se tenha tornado cúmplice do alienante. Para que se reconheça sua cumplicidade, no entanto, basta que tivesse ou pudesse ter conhecimento do estado de insolvência do alienante.

Com efeito, a simples ciência, real ou presumida, do estado de insolvência do alienante afasta a boa-fé do adquirente e o transforma em participante da fraude (*particeps fraudis*), uma vez que, conhecendo o estado patrimonial do transmitente, pode aquele prever as consequências do ato em relação aos credores deste. Conforme sentencia *Washington de Barros Monteiro*, "quem contrata com devedor insolvente evidencia intuito malicioso, pois um contratante de boa-fé inevitavelmente se retrai quando se depara com tal estado econômico"[129]. Destarte, para a configuração do *consilium fraudis*, não se exige que o adquirente tenha agido com a intenção deliberada de prejudicar os credores do alienante

---

(127) WALD, Arnoldo. *Curso de direito civil brasileiro*, v. 1: introdução e parte geral. 6. ed., rev. e atual. São Paulo: Revista dos Tribunais, 1989. p. 177.
(128) NONATO, Orosimbo. *Op. cit.*, p. 138.
(129) MONTEIRO, Washington de Barros. *Op. cit.*, p. 219.

(*animus nocendi*), bastando que conheça ou devesse conhecer o estado de insolvência deste (*scientia fraudis*). Também não é necessário que o adquirente saiba quem são os credores do alienante.

Em suma, só não sofrerá os efeitos da fraude o terceiro que, além de firmar com o devedor contrato oneroso, ignorava sua insolvência e não tinha o dever de conhecê-la (arts. 159 e 161). É o que decorre da aplicação da teoria da confiança, segundo a qual, sempre que possível, não se devem frustrar as expectativas dos que participam dos atos jurídicos de boa-fé. Caso seja atribuído ao bem valor inferior ao real, em relação à diferença de preço, o ato será considerado gracioso. Por outro lado, a aquisição por preço vil torna presumível o conhecimento da insolvência do alienante. Todavia, "pode acontecer que o preço seja real e que seja a verdadeira expressão do justo valor da coisa, sem que, por isso, a venda deixe de ser fraudulenta, se ela tiver sido realizada para subtrair o imóvel vendido à ação dos credores ou se o preço não reverter a favor deles"[130].

c) Questões processuais

Somente têm interesse em promover o reconhecimento judicial da fraude os credores que sofrem os prejuízos dela decorrentes. Assim, se o credor estiver acobertado por garantia real suficiente para assegurar a satisfação integral de seu direito, não terá interesse no reconhecimento da fraude. Se, entretanto, tal garantia se tornar insuficiente, haverá interesse, uma vez que, em relação ao saldo que restar a descoberto, seu crédito será quirografário (CC, art. 158, § 2º). Como o crédito trabalhista desfruta de privilégio absoluto sobre os demais, o titular daquele somente terá interesse em invocar a fraude contra credores caso não restem no patrimônio do devedor bens suficientes para satisfazer seu direito, dado que, enquanto remanescer algum bem no patrimônio do devedor ou responsável, o credor trabalhista poderá excuti-lo com preferência, ainda que sobre ele penda algum ônus ou também esteja vinculado a outros débitos.

Em princípio, a pretensão ao reconhecimento da fraude deverá ser direcionada em face dos que se beneficiaram imediatamente do ato. Em relação a terceiros, que não negociaram diretamente com o devedor fraudulento, conforme resumiu *Giorgi*, devem ser observadas as seguintes regras:

> Cumpre ver se o primeiro adquirente estaria ou não sujeito à ação pauliana. No caso negativo, o subadquirente escapa sempre à ação revogatória, seja de boa ou má-fé, tenha ou não realizado um lucro. No caso de estar sujeito o primeiro adquirente à ação revogatória, o subadquirente também o será, se em relação a ele ocorrerem as condições necessárias para o seu exercício, isto é, se ele também se achar de má-fé ou adquirir *ex lucrativa causa*[131].

---

(130) GARCEZ, Martinho. *Das nulidades dos atos jurídicos*. 3. ed. rev. e anot. por Martinho Garcez Neto. Rio de Janeiro: Renovar, 1997. p. 173.
(131) *Apud* ESPÍNOLA, Eduardo. *Manual...*, cit., p. 670-1.

Conforme o entendimento dominante, pois, a invalidação do negócio em fraude contra credores — ou a declaração de sua ineficácia, segundo a doutrina mais moderna — não alcança senão o adquirente imediato, não podendo ser oposta ao subadquirente de boa-fé ao qual foi transferido o bem a título oneroso. Neste caso, isto é, se o *participes fraudis* já tiver alienado o bem a terceiro de boa-fé, em caráter oneroso, responderá perante o credor prejudicado apenas o que agiu de má-fé até o equivalente econômico do bem tornado inacessível. Sendo a alienação a título gratuito, o subadquirente não poderá merecer maior proteção do que o credor prejudicado, devendo responder até o montante do proveito obtido. E os herdeiros do adquirente ou subadquirente respondem nas mesmas condições que estes, observado o limite traçado pelo art. 1.792 do Código Civil. Para tanto, devem integrar a relação processual em que se discute a fraude.

Se a pessoa que adquiriu o bem em fraude contra credores vender a coisa a terceiro de boa-fé, deve entregar o preço recebido, ficando, ainda, responsável pela diferença, caso o preço tenha sido inferior ao valor da coisa[132]. Não se pode esquecer, entretanto, que o devedor fraudulento pode se valer de um intermediário, precisamente para tentar mascarar a fraude. Assim, aliena seus bens para um amigo ou vizinho e este os repassa a terceiros, a título oneroso. Se analisada a situação apenas sob a ótica da relação entre o subalienante e o subadquirente, pode não se revelar a fraude. Ocorre que, em tais casos, normalmente, o devedor fraudulento vale-se de alguém que não tem condições de reparar os prejuízos causados aos credores. Com isso alcança seu intento e os credores ficam no prejuízo. Assim, para que o subadquirente possa alegar boa-fé, tratando-se de imóveis, é preciso que, efetivamente, tenha tomado os cuidados na análise das condições de todos os proprietários que figuraram na cadeia dominial nos últimos anos. Se, com alguma diligência, poderia ter tomado ciência da fraude, não poderá alegar boa-fé, uma vez que só não teve conhecimento da fraude perpetrada na alienação anterior por ter sido negligente. E como deveria conhecer o estado do alienante anterior, sujeita-se aos efeitos do reconhecimento da fraude contra credores. Essa observação é especialmente relevante nos casos em que a pessoa que transfere o domínio ficou pouco tempo na titularidade do bem. Não basta, portanto, a simples boa-fé psicológica, isto é, a ignorância do vício, mas deve ser exigida do subadquirente a boa-fé ética, ou seja, a que reclama do sujeito certo grau de diligência.

Não fosse assim, poderia alguém, conhecendo o estado de insolvência do proprietário, valer-se de um terceiro para, por intermédio dele, adquirir o bem sem que se suspeitasse da fraude. Para alcançar tal intento, bastaria que encarregasse uma pessoa de sua confiança, fora do círculo de convivência do devedor, para adquirir o bem a título oneroso e, mais tarde, repassá-lo para seu nome, contornando, assim, as regras que protegem os credores contra a fraude. Na verdade, toda a atenção é pouca em se tratando de atos pelos quais o devedor insolvente se desfaz de seu patrimônio, ainda que mediante ato oneroso. É certo que, nas alienações onerosas, normalmente o devedor recebe um pagamento em troca. Todavia, é muito mais fácil subtrair ao alcance dos credores o dinheiro do que outros bens, ainda que móveis ou semoventes.

---

[132] ESPÍNOLA, Eduardo. *Manual*..., cit., p. 666.

Conforme observaram *Baudry-Lacantinerie et Barde*, se a primeira venda já foi feita com o intuito de encobrir a fraude, previamente concertada entre o devedor e o futuro subadquirente, é evidente que este não poderá invocar a ausência de mácula em sua aquisição[133]. É possível, porém, que o ajuste se estabeleça apenas entre o subadquirente interessado em ficar com o bem e a pessoa que lhe serve de testa de ferro. Por outro lado, pode o interessado no bem, em vez de concertar com outrem a primeira aquisição, valer-se de artifícios maliciosos contra determinada pessoa para que esta o adquira, a fim de, só depois, comprar o bem da vítima de suas maquinações.

Em qualquer caso, o critério a ser observado é o mencionado por *Giorgi*, qual seja, o da boa ou má-fé por parte do réu. A ação revogatória "atinge-o se estiver de má-fé; poupa-o no caso contrário, salvo o caso excepcional do enriquecimento. Não há razão, lógica ou jurídica, para tratar o subadquirente de modo diverso do adquirente imediato; e não se compreenderia que a boa-fé salvasse o adquirente direto, e não defendesse o subadquirente"[134]. E vice-versa, acrescentamos nós.

Não logrará êxito, porém, a ação pauliana dirigida em face do segundo adquirente que não teve participação alguma na primeira alienação. O só fato de ser conhecedor do estado de insolvência do devedor não é o bastante para que o credor se volte contra ele, se a primeira aquisição foi onerosa e de boa-fé[135].

Perante o Direito Civil, a fraude contra credores só será reconhecida por meio da ação pauliana. Tal entendimento, no entanto, decorre de uma interpretação literal do Código Civil anterior, equívoco que permanece no diploma vigente, tendo este insistido, injustificadamente, na tese da anulabilidade do ato viciado pela fraude. Não vemos razão para submeter a fraude contra o credor trabalhista à mesma exigência. Em primeiro lugar, porque, consoante o art. 9º da CLT, são nulos de pleno direito os atos cujo objetivo seja fraudar a aplicação das normas trabalhistas, e inviabilizar a satisfação dos créditos laborais, não há negar, é uma forma de frustrar a incidência das normas de proteção ao trabalhador[136]. Todavia, como, no caso, a "nulidade" visa a proteger os direitos trabalhistas, só atuando em relação aos titulares destes, o que temos, na verdade, é uma típica situação de ineficácia, uma vez que só esta pode ser relativa. Tanto a nulidade quanto a anulabilidade, subjetivamente consideradas, são sempre absolutas. Por serem decorrentes de um defeito intrínseco ao ato, seus efeitos estendem-se igualmente a toda e qualquer pessoa. Diante disso, não há ato simultaneamente válido para uns e inválido para outros. O que pode haver é divisão objetiva do ato, sendo parte dele válida e parte inválida (CC, art. 177). Somente a ineficácia é que pode ser suscetível de relativização subjetiva, aplicando-se em relação a algumas pessoas, mas não a outras. De qualquer modo, mesmo que se considere a literalidade da norma legal (CLT, art. 9º), o reconhecimento da fraude, em relação aos créditos trabalhistas, terá efeito meramente declaratório, respeitada a boa-fé do terceiro adquirente.

---

(133) *Apud* ESPÍNOLA, Eduardo. *Manual...*, cit., p. 671.
(134) *Ibidem*, p. 672.
(135) Nesse sentido é a lição de Maierini, transcrita por Orosimbo Nonato (NONATO, Orosimbo. *Op. cit.*, p. 184).
(136) Aliás, talvez seja essa a forma mais grave de atentado aos direitos laborais, uma vez que esvazia as garantias dos trabalhadores, tornando inútil o reconhecimento judicial de seus créditos, se não vier acompanhado de medidas que os tornem efetivos.

Diante disso, deve o terceiro adquirente participar da relação processual em que a fraude é reconhecida, pois será ele o principal afetado por aquele declaração[137]. O que não faz sentido é exigir o ajuizamento de ação especificamente com a finalidade de declarar a fraude. Assim, se, por algum motivo, já houve penhora do bem que fora alienado, interpondo o adquirente embargos de terceiro, não há razão jurídica que impeça seja acolhida alegação de fraude contra credores na própria ação de embargos de terceiro.

Mesmo perante o Direito Civil, no qual a fraude contra credores sujeita-se à disciplina dos atos anuláveis, não há razão para ser diferente, conforme observa *Humberto Theodoro Júnior*, apoiado nas lições de *Zeno Veloso*:

> O art. 177 exige que a anulabilidade seja julgada por sentença. Não obriga, porém, que seja deduzida apenas em ação ou reconvenção daquele que exerce o direito potestativo. Daí porque "se o negócio é anulável, a anulação pode ser requerida, também, por via de exceção, que, no caso, não é processual, porém exceção material — como a de prescrição —, podendo ser apresentada dentro da contestação". Essa era a doutrina dominante formada ao tempo do Código de 1916 e não há razão para modificá-la na vigência do novo Código, que nenhuma alteração introduziu no pertinente à matéria.

E arremata:

> Aliás, é bom lembrar que o próprio Código reconhece a possibilidade da exceção de anulabilidade, ao dispor, de maneira explícita, que a confirmação do ato passível de anulação "importa a extinção de todas as *ações*, ou *exceções*, de que contra ele dispusesse o devedor" (art. 175). Se se extingue a exceção, é claro que o contratante a podia exercer em face do ato anulável[138].

Em relação ao credor trabalhista, o juiz poderá até mesmo reconhecer de ofício a fraude, uma vez que, conforme já referido, nos termos do art. 9º da CLT, serão nulos de pleno direito os atos praticados com o objetivo de desvirtuar, impedir ou fraudar a aplicação dos preceitos de tutela ao trabalhador. Assim, condicionar o reconhecimento da fraude contra credores ao ajuizamento da ação pauliana quando já existe ação em curso, na qual se discute justamente a submissão do bem à execução, fazendo parte desta os reais interessados na questão, é formalismo que não se coaduna com o atual estágio de evolução do Direito.

É certo que, principalmente em se tratando de atos de alienação onerosa, deverá o juiz tomar o cuidado de oferecer ao adquirente a oportunidade de demonstrar que o patrimônio do executado comporta outros bens passíveis de penhora. Além disso, na mesma situação, há que se exigir a prova de que o adquirente tinha ciência do estado patrimonial do devedor, ônus do exequente. Em se tratando de atos de disposição a título

---

(137) Suscitar a questão apenas em face do devedor não representa vantagem alguma para o credor, pois, ou ele é solvente, e a invocação da fraude não se justifica, ou é insolvente, hipótese em que não terá condições de pagar a dívida, não se podendo negar ao terceiro que contratou com o devedor o direito de sustentar a validade (*rectius*, eficácia) do negócio.
(138) THEODORO JÚNIOR, Humberto. *Op. cit.*, p. 588-9.

gracioso, contudo, conforme já referido, impertinente a indagação acerca do elemento subjetivo, só se descaracterizando a fraude se o beneficiário do ato demonstrar que o devedor, ao tempo do ato dispositivo, não era insolvente ou, ainda que o fosse, deixou de sê-lo depois.

Caso não tenha havido penhora e o exequente decida valer-se da ação pauliana com o intuito de ver reconhecida a fraude, o juízo competente, em se tratando de credor trabalhista, será a Justiça do Trabalho. No caso, a controvérsia relativa à fraude contra credores estará diretamente relacionada à execução, ainda que futura, do crédito trabalhista. Assim, mesmo que a ação pauliana seja proposta quando ainda não exista execução trabalhista em curso ou mesmo antes do ajuizamento da reclamação trabalhista, se aquela visa a tutelar direitos trabalhistas, a competência continuará sendo da Justiça do Trabalho, uma vez que não é o fato de a discussão acerca da fraude antecipar-se à execução que altera sua natureza. Continua sendo uma controvérsia vinculada à satisfação de créditos trabalhistas, pertinente à competência da Justiça do Trabalho. Do contrário, também não poderia esta determinar medidas cautelares preventivas visando a garantir a satisfação de créditos laborais.

Observe-se, entretanto, que, ao contrário do que ocorre com os credores civis e comerciais, o credor trabalhista não se sujeita ao prazo decadencial previsto no art. 178, III, do Código Civil. Assim, poderá invocar a fraude contra credores mesmo que transcorridos mais de quatro anos da conclusão do negócio ou da transcrição do título no registro imobiliário. E isso decorre do fato de a CLT tratar tais atos como "nulos de pleno direito" (art. 9º).

No que diz respeito à prova da insolvência, não se poderia exigir do credor prejudicado que apresentasse evidências irrefutáveis, sendo bastante que traga aos autos elementos reveladores de uma probabilidade daquele estado. Para tanto, cabe-lhe evidenciar a existência das dívidas que, possivelmente, ultrapassem o patrimônio do devedor. Cabe a este ou a quem negar sua insolvência demonstrar que, no patrimônio do devedor, existem bens suficientes para cobrir suas dívidas. Ausente tal prova, tem-se por caracterizada a insolvência. Desnecessárias outras provas da insolvência se, havendo execução em curso, ainda que movida por outro credor, não forem encontrados bens do devedor suficientes para garantir a dívida sob cobrança.

Em relação ao conhecimento da insolvência pelo terceiro adquirente, também "não julga o Código que seja indispensável a prova direta e efetiva (...). O credor impugnante deverá apenas produzir a prova de ser notório esse estado, ou então de haver motivo sério e concludente para que a outra parte o conheça"[139]. Insista-se, porém, que a notoriedade da insolvência, se for o caso, não pode ser reputada fato comum que dispense a prova.

Para provar a notoriedade da insolvência ou seu conhecimento pelo outro contratante, no entanto, pode o credor que invoca a fraude valer-se de todos os meios a seu dispor, inclusive testemunhas, presunções, circunstâncias e indícios[140]. Entre outros casos, presume-se que o terceiro adquirente saiba da insolvência do alienante quando ambos mantiverem

---

(139) ESPÍNOLA, Eduardo. Manual..., cit., p. 646.
(140) VELOSO, Zeno. Invalidade do negócio jurídico: nulidade e anulabilidade. 2. ed. Belo Horizonte: Del Rey, 2005. p. 261.

negócios entre si ou forem sócios, parentes próximos, amigos íntimos etc. Já proclamavam os romanos que a fraude entre pessoas achegadas é facilmente presumida (*fraus inter proximus facile praesumitur*). Contudo, o mero fato de serem vizinhos, por si só, não é suficiente para que se possa concluir, *a priori*, pela ciência da situação econômica do devedor, principalmente em se tratando de pessoas que têm pouca convivência, o que não é incomum nos centros urbanos, nos dias atuais, em que, às vezes, até mesmo pessoas que moram no mesmo edifício mal se conhecem[141]. O protesto de títulos, no entanto, importa a presunção legal de conhecimento do estado de insolvência, uma vez que a finalidade daquele ato é justamente a de tornar público o inadimplemento das obrigações. Lembra, ainda, *Washington de Barros Monteiro* que o "emprego de cautelas excessivas é também, quase sempre, indicativo de fraude"[142].

8.2.3. Fraude à execução

A fraude à execução é a mesma fraude contra credores, porém agravada, uma vez que, além de voltar-se contra o direito de terceiros, atenta contra a efetividade da prestação jurisdicional. Por consequência, mesmo na esfera civil dispensa-se a utilização de um procedimento especial para reconhecê-la, podendo ser declarada na própria execução.

Conforme, aliás, observou *Lafayette*, "o direito de executar os bens alienados em fraude à execução é a própria ação pauliana, exercida diretamente por via da penhora, independentemente do processo ordinário"[143].

Desse tema, entretanto, a par de ser matéria afeta ao Direito Processual, já tratamos em outro estudo: *A Responsabilidade pelos Créditos Trabalhistas* (Capítulo V, item 5.5).

8.3. Simulação

8.3.1. Conceito

Simulação (do latim *simulatio,* isto é, fingimento ou artifício) é a declaração fictícia da vontade, em qualquer ato, com a concordância dos sujeitos envolvidos, geralmente com a finalidade de fugir a determinados imperativos legais[144].

Na linguagem corrente, explica *Ferrara*, "simular significa 'fazer aparecer o que não é, mostrar uma coisa que realmente não existe'". E a origem etimológica, prossegue o mestre pisano, "confirma esse conceito: simular é fazer similar, dar aspecto e semelhança ao não verdadeiro"[145].

---

(141) No mesmo sentido: SANTOS, J. M. de Carvalho. *Código...*, cit., p. 427-8.
(142) MONTEIRO, Washington de Barros. *Op. cit.*, p. 219.
(143) *Apud* NONATO, Orosimbo. *Op. cit.*, p. 203.
(144) PAUPERIO, A. Machado. Simulação. In: *Enciclopédia Saraiva de Direito*, v. 69. São Paulo: Saraiva, 1977. p. 78.
(145) FERRARA, Francisco. *A simulação dos negócios jurídicos.* Trad. A. Bossa. São Paulo: Livraria Acadêmica, 1939. p. 49.

Na teoria dos atos jurídicos, conforme definição apresentada por *De Plácido e Silva*, "a simulação é o artifício ou o fingimento na prática ou na execução de um ato, ou contrato, com a intenção de enganar ou de mostrar o irreal como verdadeiro, ou lhe dando aparência que não possui"[146]. Na expressão lapidar de *Clovis Bevilaqua*, "simulação é a declaração enganosa da vontade, visando a produzir efeito diverso do ostensivamente indicado"[147]. Ela se caracteriza, segundo *Washington de Barros Monteiro*, "pelo intencional desacordo entre a vontade interna e a declarada, no sentido de criar, aparentemente, um ato jurídico que, de fato, não existe, ou então ocultar, sob determinada aparência, o ato realmente querido"[148].

Consoante a teoria objetiva do negócio jurídico, a simulação traduz um vício de causa, uma vez que resulta da incompatibilidade entre o que as partes pretendem concretamente obter, por meio do negócio, e os fins típicos a que este se destina[149].

Embora o Código Civil pátrio tenha relacionado as situações em que considera haver simulação (art. 167, § 1º), não se preocupou em conceituá-la, indicando apenas hipóteses em que ela se materializa, diversamente da posição adotada pelo legislador português[150]. Todavia, perante nossa legislação, consoante observou *Limongi França*, "a indicação é de *numerus apertus* e não de *numerus clausus*. Outros casos poderá haver de simulação, desde que incluídos no conceito doutrinário dessa figura jurídica"[151]. Apesar disso, dificilmente se poderá imaginar uma situação que não possa ser enquadrada em alguma das hipóteses descritas pelo legislador, dada sua amplitude.

Não deve, porém, a simulação ser confundida com a falsidade. Aquela incide sobre a manifestação das partes (palavras e gestos), enquanto esta última tem por objeto o instrumento ou a prova do ato. Consoante o ensinamento de *Ferrara*, "a simulação disfarça o consentimento, isto é, o elemento subjetivo do negócio; ao passo que a falsidade ideológica desce ao elemento objetivo, alterando a verdade material das declarações emitidas ou das circunstâncias de fato"[152]. Esclarece *José Beleza dos Santos* que "a simulação é um vício de formação dos atos jurídicos", ao passo que "a falsidade é um defeito da prova documental; a primeira supõe uma divergência intencional entre a vontade real e a declaração, a segunda uma falta de conformidade entre as declarações feitas quando o instrumento se lavrou e as que no documento se exararam, entre as circunstâncias descritas, as formalidades que se disseram cumpridas e as pessoas que se mencionaram como outorgantes ou testemunhas e aquelas que na realidade se passaram ou efetuaram ou intervieram quando se fez o documento"[153]. Vale dizer, a simulação incide sobre o ato jurídico, enquanto a falsidade recai sobre a prova daquele.

---

(146) SILVA, De Plácido e. *Vocabulário jurídico*, v. 3 e 4, 2. ed. Rio de Janeiro: Forense, 1990. p. 235.
(147) BEVILAQUA, Clovis. *Código...*, cit., p. 371.
(148) MONTEIRO, Washington de Barros. *Op. cit.*, p. 207.
(149) AMARAL, Francisco. *Op. cit.*, p. 521.
(150) O Código Civil lusitano regula a matéria nos seguintes termos: "Art. 240. *Simulação*. 1. Se, por acordo entre declarante e declaratário, e no intuito de enganar terceiros, houver divergência entre a declaração negocial e a vontade real do declarante, o negócio diz-se simulado. 2. O negócio simulado é nulo".
(151) FRANÇA, Rubens Limongi. *Op. cit.*, p. 166.
(152) FERRARA, Francisco. *Op. cit.*, p. 120.
(153) SANTOS, José Beleza dos. *A simulação em direito civil*. 2. ed. São Paulo: Lejus, 1999. p. 74.

Apoiado nas lições de *Ferrara*, explica *Washington de Barros Monteiro* que "a falsidade consiste na adulteração da materialidade do instrumento ou documento. A simulação diz respeito ao elemento subjetivo, ao momento espiritual do ato. Enquanto o falsário altera o documento, ou a realidade dos fatos, os simuladores fingem o acordo de vontades que no documento é atestado. O primeiro constitui contrafação física, a segunda é de natureza intelectual"[154].

Além de não se confundirem, simulação e falsidade não dependem uma da outra. Tanto pode haver simulação sem que haja falsidade documental, como o contrário. Por afetar a constituição do ato jurídico, a simulação atinge-o antes da produção do documento em que aquele é retratado. Assim, quando é redigido o documento, nos casos em que houver simulação, esta já ocorreu. Já a falsidade só aparece quando se lavra o documento, podendo, ou não, ter havido simulação anterior[155]. Assim como não dizemos que a testemunha simula quando falta com a verdade, não há simulação quando o documento não retrata a realidade.

Também não deve ser confundido com a simulação o negócio fiduciário. Daquela as partes não pretendem extrair efeito algum que não seja a mera aparência. Já no negócio fiduciário, conquanto as partes não visem ao resultado econômico que normalmente corresponderia ao ato realizado, produzem um resultado jurídico, cuja extensão excede ao fim desejado. No negócio fiduciário, as partes adotam uma forma que produz efeitos jurídicos que vão além dos que seriam necessários para alcançar o resultado prático pretendido. No entanto, não se pode dizer que não queiram o negócio, embora tenham interesse em apenas parte de seus efeitos. E, por conta destes, "assumem os riscos e inconvenientes do meio perigoso de que usaram, fiando-se no compromisso fiduciário"[156]. Assim, transferem o domínio para obter o fim limitado da garantia, cedem um crédito para obter o fim do recebimento, e assim por diante. O traço diferencial, pois, é que as partes efetivamente realizam o negócio fiduciário e querem seus efeitos, embora para outros fins, ao contrário do que ocorre na simulação, em que as partes não querem extrair do negócio simulado outro efeito que não a aparência.

Por último, embora também se refiram os autores a *simulação*, não se confundem com a figura de que ora tratamos aqueles atos pelos quais se pretende demonstrar um estado de fato que não corresponde à realidade. As "simulações" de alienação mental ou de acidente de trabalho, por exemplo, não passam de expedientes dolosos de que alguém se vale a fim de retratar uma situação jurídica que lhe permita auferir alguma vantagem indevida. Nem mesmo a circunstância de o ato ser concertado entre a suposta vítima e o empregador, a fim de caracterizar o fato como acidente de trabalho, por exemplo, é o bastante para configurar a simulação de que ora nos ocupamos[157]. Afinal, a mentira e o fingimento, assim como podem ser utilizados para fins de simulação, também servem de instrumento às condutas dolosas em geral.

---

(154) MONTEIRO, Washington de Barros. *Op. cit.*, p. 214.
(155) SANTOS, José Beleza dos. *Op. cit.*, p. 74.
(156) FERRARA, Francisco. *Op. cit.*, p. 79.
(157) Poderá haver, entretanto, simulação de uma relação de emprego, a fim de que o acidentado, que não era empregado, venha auferir benefício previdenciário.

8.3.2. Espécies

A simulação pode incidir sobre os mais diversos aspectos do negócio jurídico: sua natureza, sujeitos, objeto, causa, tempo, lugar, condições de eficácia e até mesmo sobre a existência do ato.

Quando as partes não pretendem criar algo mais do que uma aparência, nada havendo além dela, a simulação diz-se *absoluta* (*colorem habet, substantiam vero nulla*). Se, entretanto, as partes se valem da simulação apenas para ocultar outro negócio jurídico efetivamente pretendido, tem-se a chamada *simulação relativa* (*colorem habet, substantiam vero alteram*). A simulação absoluta é semelhante a um fantasma, uma vez que só tem aparência, nada de real, enquanto a simulação relativa é como uma máscara, prestando-se apenas para esconder a real identidade de quem está por trás dela.

Nesse último caso, o acordo entre os sujeitos que participam da simulação revela uma dupla vontade: ao mesmo tempo que convencionam produzir uma aparência, propõem-se a criar um negócio sério, ao qual as aparências servem de disfarce. Tratando justamente da simulação relativa, o Código de Quebec menciona "um contrato ostensivo e 'um contrato secreto', também denominado 'contradeclaração' (art. 1.451). É essa *contre-lettre* que vigora entre as partes, sobrepujando-se ao contrato aparente, de sorte que nenhum dos dois contratantes pode recusar efeito à contradeclaração ocultada do público"[158].

A simulação relativa pode ser *subjetiva* ou *objetiva*, conforme incida sobre os sujeitos do negócio ou se refira a outros elementos deste. A figura mais comum de simulação subjetiva é a interposição fictícia de pessoa. Nela, a parte que aparece no negócio é apenas figurativa (testa de ferro ou homem de palha), representando, secreta e reservadamente, a pessoa a quem, na verdade, é conferido ou transmitido o direito. Se a pessoa que participa do negócio efetivamente adquire os direitos decorrentes de tal ato, embora com o compromisso secreto de transferi-los a outrem, de acordo com a vontade real de quem lhos transmitiu, tem-se a chamada interposição real, que é uma forma de representação indireta ou negócio indireto[159].

A simulação objetiva, por sua vez, pode ser *total*, quando incide, por exemplo, sobre a natureza do negócio, ou *parcial*, quando afeta apenas algum ou alguns dos elementos do negócio, por exemplo, a data de sua realização ou o valor da prestação assumida por alguma das partes[160]. Neste caso, como nem tudo o que aparece é irreal, algumas partes do que é ostensivo podem ser preservadas, por retratarem a vontade efetiva das partes, ressalvados os direitos de terceiros[161]. Já na primeira hipótese, como tudo o que se apresenta às claras não passa de aparência, visando apenas a ocultar a vontade efetiva das partes, do que é ostensivo, nada se aproveita.

---

(158) THEODORO JÚNIOR, Humberto. *Op. cit.*, p. 475.
(159) LIMA, João Franzen de. *Curso de direito civil brasileiro*, v. 1, 5. ed. Rio de Janeiro: Forense, 1968. p. 314-5.
(160) Quanto à simulação subjetiva, na verdade, da mesma forma que ocorre quando se altera a natureza do negócio ou o seu objeto, a modificação do sujeito implica a formação de outro negócio.
(161) Quando a simulação incide sobre o valor de alienação de um imóvel, por exemplo, o negócio jurídico subsiste, mas os tributos incidentes deverão observar o valor efetivamente pago pelo adquirente.

A simulação absoluta normalmente tem por finalidade frustrar a satisfação dos credores, sendo, assim, utilizada para promover alienação fictícia de bens ou aumento aparente do passivo patrimonial. É comum, ainda, especialmente para fugir às responsabilidades trabalhistas, os sócios da pessoa jurídica devedora promoverem uma retirada formal da sociedade, mantendo-se no comando da mesma por intermédio de terceiros, ou não ingressarem, de direito, no quadro societário, sem abrir mão da direção empresarial. Neste caso, os verdadeiros sócios, em geral, valem-se de uma procuração com amplos poderes, inclusive para transferir a titularidade do empreendimento para outrem, passada pelos sócios aparentes, também chamados de "laranjas". Não raro, simula-se um contrato de locação dos próprios bens, com o mesmo objetivo.

Em alguns casos a simulação é mais elaborada: em execução contra ele movida, o devedor combina com pessoa de sua confiança para arrematar os bens praceados, passando o executado, em seguida, a figurar como mero locatário dos mesmos, a fim de evitar que sobre eles recaiam novas penhoras. Pode ocorrer, ainda, de o sócio de fato arrematar a maior parte, se não todo o patrimônio físico da sociedade executada, e, depois, deixar aquela condição para prosseguir explorando a mesma atividade, agora em nome próprio ou por meio de outra pessoa jurídica, tomando o cuidado apenas de mudar de endereço (e às vezes nem isso), a fim de elidir a sucessão trabalhista[162].

8.3.3. Elementos

a) Divergência intencional entre a declaração e o efeito pretendido

Diversamente do que ocorre nos casos de vícios do consentimento, na simulação a divergência entre o elemento psicológico e a declaração não é fruto de um desvio acidental ou da ingerência de outrem contra a vontade do declarante, mas produto de uma opção deliberada dos participantes do negócio, que não têm a intenção de praticar o ato que aparentam realizar. As partes não querem o negócio, querem apenas fazê-lo aparecer.

Embora tanto voluntaristas quanto declarativistas estejam de acordo quanto ao repúdio aos atos simulados, as explicações não coincidem. A teoria voluntarista justifica o tratamento conferido à simulação a partir da prevalência da vontade sobre a declaração: embora tenha havido uma declaração de vontade, como ela não retrata a intenção das partes, a rigor, o ato sequer teria existido. Se lhe reconhece existência jurídica, é porque a teoria do ato inexistente, na análise dos negócios jurídicos, só foi desenvolvida bem mais tarde, além do fato de ter em conta os interesses de terceiros. Com efeito, a aparência criada pode repercutir na esfera jurídica de terceiros cuja boa-fé deve ser resguardada. Para a teoria declarativa, se houve declaração, o negócio jurídico ganhou existência. Todavia, o que foi simulado é um negócio ineficaz, uma vez que a segunda declaração (consoante a doutrina francesa) ou a segunda parte da mesma declaração (conforme os

---

(162) "SUCESSÃO. CONFIGURAÇÃO. Demonstrado que a arrematação judicial dos bens da reclamada teve como objetivo ocultar a sucessão de empregadores, impõe-se a manutenção da penhora efetuada sobre os bens do sucessor" (TRT 18ª Região, AP 00355-2005-002-18-00-6, Rel. Juiz Gentil Pio de Oliveira. DJE 31.10.2005, p. 54).

doutrinadores tedescos), em sentido oposto, *neutraliza* o que era simples aparência[163]. Irrelevante que a contradeclaração anteceda a realização do negócio aparente, seja simultânea ou sobrevenha a ele. A despeito dessas divergências, a grande maioria dos sistemas jurídicos, tenham eles dado preferência a uma ou a outra teoria, trata a simulação como causa de nulidade.

Para os romanos, embora o ato simulado fosse tido por inexistente (*nullus*), isso não decorria de um problema relativo à vontade. O que chama a atenção, observa *Ferrara*, "é que nenhum dos fragmentos que falam de simulação invoca a falta de vontade como causa determinante da ineficácia. Os juristas romanos prescindiam desta análise psicológica do negócio simulado, mas firmavam-se numa concepção material e objetiva, a saber: o negócio simulado é nulo porque não é verdadeiro, porque não corresponde à realidade". Em outras palavras, "os juristas romanos encontravam no ato simulado não uma discrepância entre a vontade e a declaração, mas sim entre a realidade e a ficção: não se embrenhavam, como psicólogos, no exame da situação de fato, mas, preferindo a consideração prática ao decidir cada caso concreto, contentavam-se em partir dum ponto de vista puramente objetivo para afirmar a nulidade: ser ou não ser, era a questão"[164].

A rigor, contudo, tendo-se a vontade como elemento indispensável à constituição do negócio jurídico, da simulação resultaria a inexistência do ato supostamente praticado, uma vez que a intenção das partes foi apenas a de criar uma aparência de um negócio que não pretendiam efetivamente realizar, mesmo quando o objetivo do ato simulado tenha sido o de encobrir negócio diverso, efetivamente pretendido pelas partes (simulação relativa). Note-se que a doutrina chega a falar em inexistência quando se refere à simulação absoluta, isto é, quando por trás do negócio simulado não pretendiam as partes realizar ato algum[165]. E, por tal motivo, o negócio absolutamente simulado não é, ao menos, passível de conversão (CC, art. 170).

O negócio jurídico simulado de um modo absoluto, ensina *Serpa Lopes*, citando lição de *Butera*, "é sombra de si mesmo, representa um ato que não existe, ou seja um ato nulo mais por falta de conteúdo do que por defeito de forma". Contudo, a situação não é diversa no que pertine à simulação relativa: em qualquer caso, se algo subsiste, é o ato dissimulado, que efetivamente as partes pretenderam realizar (CC, art. 167). Do ato simulado resta apenas a aparência: *colorem habet, substantiam vero nulla*.

Na verdade, se a lei reconhece que houve vontade, ainda quando o intuito das partes tenha sido apenas o de criar aparências, é justamente para preservar os interesses daqueles

---

(163) A contradeclaração visa apenas a revelar o caráter fictício do negócio simulado. A nada mais se presta do que a mostrar a verdadeira índole do contrato realizado, descerrando o véu da simulação (FERRARA, Francisco. *Op. cit.*, p. 422). Desempenha, assim, a função de uma interpretação autêntica, com a qual as partes determinam o significado subjetivo da declaração aparente, neutralizando-lhe o significado objetivo (BETTI, Emílio. *Teoria geral do negócio jurídico*, t. 2. Trad. Ricardo Rodrigues Gama. Campinas: LZN, 2003. p. 288).

(164) FERRARA, Francisco. *Op. cit.*, p. 159.

(165) Nesse sentido: Pontes de Miranda (*Op. cit.*, p. 374); MELLO, Marcos Bernardes de. *Teoria do fato jurídico: plano da existência*. 9. ed. São Paulo: Saraiva, 1999. p. 127. O que leva esses e outros autores a defenderem a inexistência apenas em relação à simulação absoluta é que, no caso, retirada a máscara, nada mais resta, ao contrário do que se verifica em relação à simulação relativa, em que, vencidas as aparências, vem a lume o ato dissimulado.

que, de boa-fé, confiaram nelas[166]. Além disso, o Código mantém-se fiel ao critério de atribuir existência jurídica ao ato ainda quando haja divórcio entre a vontade e a declaração. Embora deturpada, houve exteriorização de uma vontade, o que é considerado suficiente para que o negócio ingresse no mundo jurídico[167]. Todavia, por ser a vontade declarada apenas aparente, o Direito nega-lhe aptidão para produzir a eficácia jurídica a que foi dirigida. E, por se tratar de adulteração intencional da vontade, por parte de quem a declarou, a lei não permite que o vício seja sanado, embora estabeleça que se aproveite o que o negócio tem de útil (não defeituoso).

Obviamente que, se algo pode ser aproveitado é o ato que se pretendeu ocultar. Como bem observou *Ruggiero*, "na simulação relativa, uma vez que se desejava um negócio, mas foi outro que se concluiu, o negócio simulado é nulo, devendo pelo contrário considerar-se como aparecido aquele que realmente se pretendeu (*plus valet quod agitur quam simulate concipitur*), desde que, no negócio simulado, se contenham todos os elementos substanciais e formais que são necessários para a existência do ato dissimulado"[168]. Na aferição de tais requisitos, adverte *Ferrara*, o ato encoberto deve passar por um exame atento, uma vez que "o próprio fato de ocultar a vontade contratual, de seguir caminhos tortuosos e obscuros, desperta a suspeita duma finalidade ilícita. Assim, pois, abstração feita do negócio aparente, que não tem valor, tem de examinar-se o negócio a que as partes deram vida real e, supondo que reúne já os requisitos essenciais para a sua existência e validade, impõe-se procurar qual o seu caráter jurídico". Não havendo ofensa à lei ou violação de direitos de terceiros, o ato dissimulado será lícito e deverá ser aproveitado; caso contrário, será nulo, não se podendo admitir que as partes alcancem furtivamente um resultado jurídico que lhes seria inviável às claras, sob pena de legitimar a fraude. "Seria inconcebível uma solução diferente, porque, então, bastaria que os contratantes se dessem ao trabalho de ocultar os seus desígnios, para que pudessem iludir impunemente os preceitos legais"[169].

Para os partidários da teoria da declaração, "num só contexto os simuladores emitem a vontade aparente e manifestam a contravontade oculta, para evitar que entre eles prevaleça a relação jurídica aparente. Desta maneira, o que querem os sujeitos do negócio simulado é que este não prevaleça entre eles, mas que valha o negócio oculto (o negócio dissimulado)", ou que não haja, efetivamente, negócio jurídico algum (nos casos de simulação absoluta)[170].

---

(166) "Essa aparência de vontade que as partes manifestaram pode ter dado lugar a um estado de fato de que resultem, por força de lei, certos efeitos de direito" (SANTOS, José Beleza dos. *Op. cit.*, p. 246)."Ora, a nulidade do ato simulação não pode opor-se a terceiros de boa-fé, que confiaram na sua validade e nela fundam legítimos interesses, pelo que podem resultar efeitos secundários, embora não se produzam os efeitos principais que a lei atribui aos atos jurídicos válidos da mesma natureza" (VELOSO, Alberto Júnior. *Simulação:* aspectos gerais e diferenciados à luz do Código Civil de 2002. Curitiba: Juruá, 2004. p. 133).

(167) Perante o Direito brasileiro, para que se tenha como presente o elemento volitivo, basta que tenha havido manifestação de vontade. Se a vontade revelada padece de defeito, seja em sua formação ou exteriorização, isso não impede a existência do negócio jurídico, repercutindo apenas em sua validade. Só a vontade que não chega ao conhecimento do destinatário é que não entra no mundo jurídico (CC, art. 110).

(168) RUGGIERO, Roberto de. *Instituições de direito civil,* v. 1. Trad. Ary dos Santos. São Paulo: Livraria Acadêmica, 1935. p. 257.

(169) FERRARA, Francisco. *Op. cit.*, p. 235-6.

(170) THEODORO JÚNIOR, Humberto. *Op. cit.*, p. 476. Entre nós, porém, ainda em razão da influência exercida pelo art. 104 do Código Civil anterior (que não admitia a alegação da simulação entre as partes quando houvesse intuito de prejudicar terceiros ou violar a lei), em vez de um contradocumento, que implicaria confissão do caráter fictício do

Em outras palavras, a simulação resulta de uma manifestação de vontade conhecida apenas pelas partes, em sentido diverso da vontade divulgada para conhecimento de terceiros. Daí a afirmação de *Orlando Gomes* de que "de regra, o contrato dissimulado se formaliza num instrumento de *ressalva*"[171]. E é por isso que o Código Civil francês (art. 1.321) identifica a simulação como *contre-lettre*, isto é, *contradeclaração*[172]. Por sua vez, lembra *Carvalho Santos*, já aqui sob um enfoque voluntarista, que é o desacordo entre a vontade interna e a declarada o que distingue a simulação, que pressupõe um ato inexistente, da fraude à lei ou contra credores, em que há um ato real, verdadeiro, embora doloso[173]. Nas palavras de *Teixeira de Freitas*, "quando há *simulação fraudulenta*, as partes fazem aparentemente um contrato, que não tinham a intenção de fazer. Quando há *fraude*, o contrato é verdadeiro, mas feito para prejudicar a terceiro, ou evitar impostos, ou iludir qualquer disposição da lei"[174].

O que ocorre na simulação é que as partes se valem de uma figura prevista pelo ordenamento jurídico para obter um resultado diverso daquele que o negócio jurídico visível comportaria. Em consequência disso, o ato simulado traduz-se num uso abusivo de uma figura negocial para alcançar um objetivo que não pode ser revelado às claras. E nisso reside o desvio funcional, isto é, no uso da norma legal para alcançar um objetivo geralmente contrário ao Direito. Essa é a razão pela qual a doutrina classifica a simulação, ao lado da fraude contra credores, como *vício social*.

b) Acordo simulatório

A simulação é obra de ambos os contraentes, traduzindo-se num *pactum simulationis*, isto é, num conchavo entre os que se propõem a produzir o ato aparente[175]. Conforme alerta

---

negócio, os simuladores, tradicionalmente, têm-se limitado à palavra, à lealdade ou confiança de que a outra parte cumprirá o acordado ou, quando não, traduzem as obrigações decorrentes do negócio efetivamente pretendido por outros meios, em alguns casos até mesmo mediante determinadas cláusulas inseridas no próprio contrato. É por isso que, mesmo vasculhando a jurisprudência, não encontramos referência a contradeclaração ou algo semelhante, uma vez que normalmente a simulação é fraudulenta e, na vigência do Código anterior, não poderia ser invocada em juízo pelas partes.

(171) GOMES, Orlando. *Op. cit.*, p. 428. "Na simulação absoluta a ressalva é para lhe tirar qualquer valor jurídico" (*Idem*). "A contradeclaração é a documentação da simulação *inter partes*, quase uma prova, para futura lembrança, que as partes constituem para garantir a sua respectiva posição jurídica" (FERRARA, Francisco. *Op. cit.*, p. 414). Entre nós, entretanto, essa ressalva raramente consta de um instrumento escrito, uma vez que a lei não traz restrições à sua prova, mesmo entre as partes (CPC, art. 404, inciso I), ao contrário do que ocorre na legislação de outros países.
(172) No direito italiano fala-se em *contro-dichiarazione*, e no espanhol em *contradocumento*.
(173) SANTOS, J. M. de Carvalho. *Código...*, v. 2, cit., p. 376.
(174) *Apud* GAMA, Affonso Dionysio. *Teoria e prática dos contratos por instrumento particular no direito brasileiro*, v. 1, 13. ed. rev. e atual. por J. Edvaldo Tavares. Rio de Janeiro: Freitas Bastos, 1961. p. 57.
(175) Isso não significa, porém, que só possa haver simulação nos atos bilaterais. É perfeitamente possível a simulação, por exemplo, nos atos unilaterais receptícios, desde que haja acordo simulatório entre o declarante e o destinatário da declaração (MESSINEO, Francesco. *Manual de derecho civil y comercial*, v. 2. Trad. Santiago Sentís Melendo. Buenos Aires: Ediciones Juridicas Europa-America, 1979. p. 447). Exemplo disso é a dispensa simulada: mesmo sendo ato unilateral, pode haver pacto simulatório entre empregador e empregado para promover uma rescisão contratual aparente, a fim de que o trabalhador possa sacar o FGTS ou habilitar-se ao seguro-desemprego, prosseguindo o contrato sem o devido registro durante o período de recebimento deste benefício.

Alberto Júnior Veloso, uma das características indispensáveis à simulação é a coparticipação, "mister se fazendo que os partícipes do negócio defeituoso, todos que dele participarem, em regra dois e algumas vezes três, na hipótese de simulação por interposta pessoa, tenham consciência de que o ato é irreal"[176]. A simulação pressupõe, portanto, a cumplicidade dos que participam do negócio jurídico, e é este o elemento que a distingue da reserva mental:

> Diferentemente da reserva mental, que é fenômeno unilateral, a simulação é fruto de necessário acordo entre os contratantes, porquanto é pelo consenso entre as partes que se estabelece o negócio simulado. Com a reserva mental geralmente o que deseja uma parte é enganar o outro contratante, ocultando-lhe suas verdadeiras intenções e objetivos. Na simulação, o negócio aparente é arquitetado por ambas as partes, para enganar terceiros. Entre as partes não há engano algum[177].

Conforme sintetiza *Barassi*, na simulação concorrem todos os elementos da reserva mental, acrescidos deste: o pleno acordo e conhecimento, pelo destinatário da declaração, da discordância entre a vontade real e a manifesta[178]. Daí a conclusão de *Júnior Veloso* de que "na simulação há reserva mental de todos os declarantes para com terceiros e que na reserva mental, por sua vez, há simulação unilateral e incompleta"[179]. Tal situação, entretanto, não se confunde com a reserva mental recíproca, em que as partes pretendem enganar-se mutuamente, sem que uma conheça a intenção da outra.

Quando, na execução do contrato de trabalho, uma das partes não cumpre suas obrigações como deveria, em prejuízo da outra, não se pode dizer que tenha havido *simulação*, mas apenas inadimplemento contratual. Assim, se o empregado apenas finge estar trabalhando com a diligência esperada, a hipótese não será de simulação, no sentido de vício do ato jurídico, mas de simples descumprimento de obrigação contratual. Por outro lado, se o empregador diz estar pagando os reflexos das comissões, mas apenas distribui (desdobra) o valor destas em diferentes rubricas, sua conduta, na verdade, não constitui simulação, no sentido de desvirtuamento do ato jurídico, mas ausência de pagamento[180]. E, se não houve pagamento, persiste o débito[181].

Por exigir o concerto de vontades entre os sujeitos envolvidos no negócio[182], não há dúvidas de que negócios bilaterais são passíveis de simulação. Por outro lado, a maior parte da doutrina também admite a possibilidade de simulação nos negócios unilaterais receptícios, isto é, "negócios que se praticam por meio de uma só declaração de vontade, mas

---

(176) VELOSO, Alberto Júnior. *Op. cit.*, p. 110-1.
(177) THEODORO JÚNIOR, Humberto. *Op. cit.*, p. 478-9. No mesmo sentido: Orlando Gomes (*Op. cit.*, p. 428) e José Beleza dos Santos (*Op. cit.*, p. 54).
(178) BARASSI, Lodovico. *Instituciones de derecho civil*, v. 1. Trad. Ramon Garcia de Haro de Goytisolo. Barcelona: Bosch, 1955. p. 196.
(179) VELOSO, Alberto Júnior. *Op. cit.*, p. 127.
(180) A simulação unilateral não é simulação, mas sim *dolo*, isto é, disfarce para enganar o outro contratante (FERRARA, Francisco. *Op. cit.*, p. 54).
(181) A propósito, os romanos referiam-se ao pagamento como *solutio*, para indicar que, por meio dele, o vínculo decorrente da obrigação (*ob ligare*) era desatado (*solutum*).
(182) LOPES, Miguel Maria de Serpa. *Op. cit.*, p. 447. Não constitui simulação, por exemplo, a reserva mental bilateral, que as partes tentam, reciprocamente, enganar-se, sem que uma tenha conhecimento da intenção da outra.

cujo efeito depende de aceitação ou participação de terceiro, ao qual se endereça a vontade declarada"[183]. *Bernardes de Mello* vai além, sustentando a possibilidade de simulação inclusive em negócios unilaterais não receptícios, como em cláusula testamentária, ou no próprio testamento como um todo[184].

Em posição contrária, *Beleza dos Santos* sustenta que se deve distinguir entre o acordo simulatório envolvendo as partes de um ato bilateral e o acordo, com a mesma finalidade, firmado entre o destinatário do ato jurídico unilateral e a pessoa que pratica tal ato. Embora haja uma identidade de fato, uma vez que em ambas as hipóteses houve um acordo para simular, do ponto de vista jurídico as situações não são exatamente as mesmas: "em um caso, esse acordo existe na formação do ato, é pactuado entre as pessoas que intervieram nessa formação, que figuram como outorgantes do ato simulado. Na outra hipótese o acordo é estranho à elaboração do negócio jurídico tal como o Direito a supõe e regula, porque juridicamente esse ato não deriva de um acordo de vontades. Por isso um tal acordo é um equivalente à simples revelação da falta ou dissimulação da vontade real que o declarante tenha feito ao destinatário da declaração. Parece, portanto, que a esta situação jurídica melhor cabe a designação de reserva mental do que a de simulação propriamente dita. Se, porém, na formação de um ato unilateral intervierem diversos declarantes — como no caso de um ato coletivo — e, se esse ato for simulado por acordo entre todos os outorgantes, então parece-me que se verifica uma situação que não deve diferenciar-se da simulação propriamente dita"[185].

Todavia, conquanto o ato unilateral resulte da manifestação da vontade de uma só pessoa, para sua conversão em simples aparência depende da participação de terceiro. É certo que é dispensável a manifestação de outrem para que o ato unilateral produza seus efeitos regulares. A intervenção do terceiro, no entanto, não compõe a estrutura do ato unilateral em si, mas visa exatamente a negar-lhe os efeitos aparentes, podendo, inclusive, servir de máscara para um ato bilateral. Cite-se, por exemplo, o caso de haver dois herdeiros e um deles renunciar à herança (ato unilateral), encarregando o outro de transferir a parte que lhe caberia a determinada pessoa a quem o renunciante não poderia doar. Por outro lado, no testamento, também ato unilateral, a pessoa aparentemente contemplada pelas disposições de última vontade pode ser apenas o encarregado de fazer chegar o legado ao real beneficiário, cujo nome não aparece no ato, tudo previamente acordado entre o testador, a pessoa interposta e o destinatário da deixa. É indiferente se o ato unilateral é receptício ou não, desde que repercuta na esfera jurídica de outrem, o qual poderá ser chamado pelo declarante para firmar um pacto simulatório.

De qualquer modo, ainda que não fosse admitida a simulação, não se poderia negar a possibilidade da reserva mental nos atos unilaterais. Diante disso, conforme reconhece *Beleza dos Santos*, a controvérsia em questão carece de maior interesse prático, uma vez que "a reserva mental conhecida pela pessoa a quem se dirige a declaração produz os mesmos

---

(183) THEODORO JÚNIOR, Humberto. *Op. cit.*, p. 490.
(184) MELLO, Marcos Bernardes de. *Teoria...* plano da validade, cit., p. 155.
(185) SANTOS, José Beleza dos. *Op. cit.*, p. 59.

efeitos que a simulação"[186]. Destarte, ainda que se afaste a ocorrência da simulação, poderia ser arguida a nulidade do ato em razão da reserva mental. Afinal, conforme conclui o jurista português, "a reserva mental e a simulação propriamente dita são apenas modalidades da simulação, entendida esta palavra no sentido amplo e geral"[187].

O pagamento, enquanto ato-fato jurídico, não pode ser simulado. Pode ocorrer, no entanto, que alguém, pretendendo pôr a salvo seu patrimônio, ou parte dele, em concerto com um falso credor, pague a este uma dívida inexistente a fim de ser reembolsado posteriormente. Neste caso, embora tenha havido efetiva transferência de valores de uma pessoa para outra, a simulação estará situada na causa do pagamento, pela invocação de um negócio jurídico fictício para explicar a origem da suposta dívida. Se a aparência incide sobre a quitação de uma dívida que realmente existe, mas que não foi paga, a despeito da posição de *Beleza dos Santos*, pode-se dizer que houve simulação, uma vez que imprescindível o acordo entre as partes para que se obtenha o resultado pretendido pelo credor, não bastando a mera ciência da outra parte.

A exigência de acordo simulatório não implica que o ato deva proporcionar vantagens a todos os sujeitos que dele tomaram parte. Normalmente, apenas uma das partes colhe os benefícios da simulação, mas é possível que atenda aos interesses de todos os participantes. Quando o empregado se demite, mas convence o empregador a fingir uma dispensa sem justa causa, a fim de que possa sacar o FGTS e habilitar-se ao seguro-desemprego, a simulação só interessa ao trabalhador[188]. Todavia, se o empregado solicita ou concorda com a baixa na CTPS, com a mesma finalidade, mas continua trabalhando sem registro, enquanto recebe o seguro-desemprego, as vantagens serão bilaterais: para o obreiro, o seguro e o acesso aos depósitos do FGTS; para o empregador, quando menos, a omissão dos recolhimentos previdenciários.

Por inexistir acordo simulatório, não haverá simulação, mas simples abuso do poder diretivo na conduta do empregador que promove descontos salariais por prejuízos imputados ao empregado (em face do inadimplemento de clientes ou de extravio de mercadorias, por exemplo) e, para tentar justificar tal ato, lança as deduções nos contracheques como se fossem referentes a vales fornecidos ao obreiro (antecipações salariais). Da mesma forma, a ausência de conluio entre as partes descaracteriza a simulação na atitude do empregador que distribui o valor das comissões em diferentes rubricas como se estivesse pagando os reflexos daquela parcela nas demais verbas trabalhistas, não havendo quitação dos débitos que não foram pagos. A hipótese é de mero inadimplemento de obrigações contratuais, a despeito da tentativa de aparentar o contrário. Quanto aos contracheques, por consignarem o que de fato não ocorreu, padecem do vício de falsidade. E o mesmo ocorre com a simples

---

(186) *Ibidem*, p. 58. Tecnicamente, porém, não se deve invocar um instituto pelo outro, mesmo que, em face de determinado caso concreto, os resultados obtidos sejam os mesmos. Por outro lado, as regras acerca da reserva mental visam à proteção dos participantes do negócio jurídico, ao passo que a simulação é reprovada principalmente em atenção aos interesses de terceiros.

(187) *Ibidem*, p. 64.

(188) Outra modalidade de simulação, visando a sacar o saldo do FGTS, é a celebração fictícia de contrato de compra e venda de imóvel residencial, o que, além disso, configura o crime de estelionato (CP, art. 171). Nesse sentido: STJ, REsp 508.878/RS, Ac. 5ª T., 17.2.2004, Rela. Min. Laurita Vaz. DJU 22.3.2004, p. 346.

baixa na CTPS, quando o empregador o faz à revelia dos fatos, apenas para se isentar das obrigações trabalhistas, mesmo não tendo havido ruptura contratual.

Apesar do que estabelece o art. 167, III, do Código Civil, não haverá simulação quando o empregador antedata o aviso prévio a fim de não ser obrigado ao seu pagamento sob a forma indenizada. O que ocorre em tais casos é uma simples falsidade documental, uma vez que não houve pacto simulatório, mas, ao contrário, o trabalhador foi apenas vítima da malícia da outra parte. Nem se poderia supor que o obreiro tivesse algum interesse em fazer constar da prova do aviso data diversa daquela em que foi realmente comunicado da dispensa. Pode ocorrer, por outro lado, de o empregador pós-datar a comunicação da dispensa para elidir a incidência da multa prevista no art. 477, § 8º, da CLT. Neste caso, embora tenha que pagar mais alguns dias de salário, livra-se da multa, solução que, dependendo das circunstâncias, pode ser mais vantajosa economicamente. E aqui também não se pode dizer que tenha havido pacto simulatório, mas apenas abuso, por parte do empregador, na produção de prova documental falsa. De qualquer modo, mesmo que tais situações sejam, embora indevidamente, tratadas como casos de simulação, o trabalhador não será prejudicado, desde que prove que as informações lançadas nos documentos não retratam a realidade.

Por fim, apesar de contar com a manifestação de vontade do trabalhador, não é necessário que este prove que teve seu consentimento viciado quando aceita celebrar contrato diverso do trabalhista, se, na execução do pacto, concorrerem todos os requisitos da relação de emprego. Em face do princípio da primazia da realidade, é irrelevante o que foi formalmente pactuado, desde que a situação fática revele um negócio jurídico mais favorável ao obreiro. Assim, uma vez presentes os elementos que caracterizam a relação de emprego, esta é que irá prevalecer, independentemente do que foi pactuado entre as partes. A rigor, aliás, não se pode dizer que o trabalhador participou de um pacto simulatório, uma vez que não é razoável supor que tivesse a intenção de aparentar relação jurídica diversa. E, ainda que tenha dado seu consentimento, não pode ele ser invocado para afastar a proteção legal, por ser esta irrenunciável, e não há boa-fé da outra parte a ser tutelada no caso. Afinal, é ao empregador que cabe o poder de direção, sendo ele, pois, quem define o modo da prestação dos serviços nas relações trabalhistas. Tal situação, entretanto, normalmente é apanhada pelo art. 9º da CLT, sem que seja necessário provar outra coisa que não a presença dos elementos que caracterizam a relação de emprego.

c) Intenção de enganar

A simulação tem por objetivo a realização de um negócio aparente, destinado a ludibriar terceiros[189]. Segundo *Ubaldino Miranda*, "a intenção de enganar é que distingue a simulação de outras formas de divergência entre a vontade real e a declarada, tais como

---

(189) Conforme acentua Ferrara, "a simulação é a produção de uma falsa aparência *alterius decipiendi causa*" (FERRARA, Francisco. *Op. cit.*, p. 55).

as que são feitas por ironia ou gracejo, as que têm fim didático ou de reclame, as declarações cênicas e as conhecidas na doutrina, genericamente, com a designação de declarações não sérias"[190].

Os destinatários da aparência são os sujeitos que não figuraram no negócio nem dele tomaram parte informalmente. Sendo a simulação um ato concertado, as partes têm plena ciência de que o negócio aparente não se destina a produzir efeitos jurídicos entre elas, por ser mero fingimento. Por conseguinte, em relação às pessoas que participaram do negócio fictício não pode haver engano.

Para que se configure a simulação, no entanto, não é necessário que o ato fictício acarrete efetivo prejuízo a alguém[191]. O que é inerente à simulação é o escopo de iludir (*animus decipiendi*), o que não quer dizer que com aquele deva concorrer o intuito de prejudicar (*animus nocendi*)[192]. Basta, pois, a falta de veracidade do ato para que se lhe possa reconhecer a invalidade[193]. Quanto ao negócio oculto, se for válido, na substância e na forma, não há razão para que não subsista. Assim, a nulidade que não depende de prejuízo é a do ato aparente. Se a simulação for relativa, a anulação do ato efetivamente pretendido depende da prova de que lesa direito de terceiros ou infringe preceito legal. Se a intenção era apenas de fraudar o fisco, por meio de dados inexatos, por exemplo, na transmissão de imóveis, preserva-se o ato, mas segundo o que efetivamente foi pactuado. Afinal, neste caso, a simulação não diz respeito à existência ou natureza do negócio, mas apenas aos seus termos.

Por ser inerente à decisão de criar simples aparências, a intenção de enganar não precisa ser provada em juízo para que se reconheça a simulação. Há, inclusive, quem a não considere como elemento desta, ao fundamento de que, na mesma linha do Direito italiano (CC, art. 1.404) e alemão (BGB, § 117), perante o atual Código Civil pátrio é irrelevante a intenção das partes ao criarem o negócio aparente[194].

Pensamos, entretanto, que o intuito de enganar, vale dizer, o propósito de mascarar a realidade é o que há de mais característico na simulação, sendo este o traço que a estrema das figuras afins. E não é a circunstância de ser dispensável a sua prova que elimina o intuito de ludibriar, ainda que este não vise a causar prejuízos a alguém ou a fraudar a lei. Note-se que o Código Civil também não faz referência aos demais elementos nem exige que sejam provados, mas, apesar disso, a doutrina é unânime em admiti-los.

A ausência da intenção de enganar é o que afasta a simulação nas situações em que ocorre simples erro de qualificação do negócio. Em tais casos, as partes não escondem sua

---

(190) MIRANDA, Custódio da Piedade Ubaldino. Simulação (Direito civil). In: *Enciclopédia Saraiva do Direito*, v. 69. São Paulo: Saraiva, 1977. p. 82.
(191) "A nulidade, portanto, tem a função de valorizar a verdade e neutralizar a mentira, e não apenas a de reparar ou evitar danos a terceiros" (THEODORO JÚNIOR, Humberto. *Op. cit.*, p. 488).
(192) SANTOS, J. M. de Carvalho. *Código...*, v. 2, cit., p. 380.
(193) "O que pode faltar, eventualmente, é o interesse na declaração de nulidade do negócio simulado, quando, por exemplo, a aparência adotada pelos simuladores encobre negócio verdadeiro que a ninguém prejudica, nem mesmo aos contratantes" (THEODORO JÚNIOR, Humberto. *Op. cit.*, p. 489).
(194) GAINO, Itamar. *A simulação dos negócios jurídicos*. São Paulo: Saraiva, 2007. p. 27-8.

real intenção, ao passo que, na simulação, elas fazem o possível para ocultar aos olhos de terceiros o negócio que efetivamente pretendiam realizar. Assim, o só fato de as partes atribuírem outro nome ao negócio jurídico não é o bastante para que se configure a simulação, justamente porque não há a intenção de enganar.

Consoante evidencia *Ferrara*, "às vezes, as partes atribuem ao contrato um *nomen iuris* que não corresponde à sua natureza, designando-o, por ignorância ou equívoco, por uma falsa denominação. Esta não tem importância porque é regra usual de interpretação que deve atender-se à vontade real das partes, não às palavras e expressões empregadas sem propriedade. A imprecisão da linguagem jurídica deixa intacto o conteúdo prático a que se quer chegar, segundo a intenção das partes"[195]. No caso, o negócio é real, apenas foi denominado incorretamente, não dissimulando as partes os efeitos pretendidos.

Como a simulação em si traduz-se numa simples aparência, entende *Ferrara* que, quando transformada em meio para subtrair-se a uma imposição ou vedação legal não se traduz em fraude à lei, senão em simples infração legal. Consoante observou o ilustre professor da Universidade de Pisa, "a ocultação nem põe nem tira nada ao negócio realizado: afastado o véu enganador, aparece o negócio na sua verdadeira essência, na sua realidade nua e crua; e se este negócio se encontrar em contradição com uma lei proibitiva, tem-se um *contra legem agere*, não um *in fraudem legis agere*. *Contra legem* escondido, velado, oculto; circunstância que não altera a sua natureza. (...) A simulação não é meio de iludir a lei, mas de ocultar a sua violação. Por isso se fala erradamente de simulação em fraude à lei: deveria dizer-se simulação ilícita, a não ser que o termo fraude se queira empregar no sentido mais lato de dano que em si contém o *contra legem agere*. Para mim, negócios fraudulentos são *negócios reais indiretos* que procuram conseguir, pela combinação de diversos meios jurídicos realizados seriamente, o mesmo resultado que a lei proíbe ou, pelo menos, um equivalente"[196].

Entretanto, conforme bem observou *Orosimbo Nonato*, "desde que a *fraus legis* não é senão modalidade de violação da lei, menos aparente, mas disfarçada, mas sempre infração da norma imperativa, desaparece essa diferença rigorosa, essa antítese que *Ferrara* quer encontrar entre a fraude à lei e a simulação, de que resulta uma violação da norma legal. Neste último caso, há também uma infração da lei menos aparente, porque se manifesta exteriormente um respeito à lei que, na realidade, se não tem, o que caracteriza fraude à lei"[197].

Por outro lado, essa discussão, deixou de ter interesse prático entre nós a partir do momento em que, conforme já mencionado, a existência de prejuízo ou ofensa à lei deixou de ser requisito para o reconhecimento da simulação, não mais prevalecendo a distinção entre simulação fraudulenta e simulação inocente, que era adotada ao tempo do Código Civil anterior[198]. O que se deve distinguir é apenas entre os atos cujos efeitos as partes realmente perseguem e os que não vão além das aparências.

---

(195) FERRARA, Francisco. *Op. cit.*, p. 238. No mesmo sentido é a lição de Beleza dos Santos: *"contractus magis cognoscitur ab effectu quam ex nomine"* (SANTOS, José Beleza dos. *Op. cit.*, p. 210).
(196) FERRARA, Francisco. *Op. cit.*, p. 95-6.
(197) NONATO, Orosimbo. *Op. cit.*, p. 12.
(198) "A figura simples da simulação deve examinar-se na sua estrutura independentemente dos propósitos a que as partes a fazem servir: a simulação em si poderia dizer-se que é *incolor* e qualifica-se segundo os fins daqueles que

Não há simulação quando o empregador não permite que o empregado registre, nos controles de ponto, a real jornada laborada. No caso, não se produz um negócio jurídico fingido, mas apenas forja-se uma prova em divergência com a realidade dos fatos, o que implica a ocorrência de simples falsidade ideológica. E o mesmo ocorre quando o empregador exige que o laborista assine recibos que não retratam a verdadeira remuneração paga. Em tais casos, pelo menos como regra, não há um acordo visando a simular uma quitação, mas apenas a produção de uma prova em dissonância com o pagamento realizado. Se o empregado concorda em participar da confecção de tais documentos, sua adesão só pode ser fruto de vício do consentimento, pois o trabalhador não teria motivo algum para deixar de registrar a jornada real ou passar um recibo daquilo que não lhe foi pago. Com efeito, qual seria o interesse do trabalhador em registrar horários inverídicos ou em fornecer ao empregador um recibo de valor diverso do montante efetivamente recebido, se não para livrar-se das ameaças de retaliações do empregador, ainda que veladas? Desnecessário, porém, invocar ou demonstrar a ocorrência de vício de consentimento, uma vez que o Direito do Trabalho é regido pelo princípio da primazia da realidade, tendo a lei por nulos de pleno direito os atos que visem a fraudar os direitos trabalhistas (CLT, art. 9º). Em tais casos, a falsidade do conteúdo dos documentos assinados pelo obreiro poderá ser demonstrada por todos os meios de prova. Essa é também a solução aplicável às hipóteses de anotações da CTPS em divergência com as condições efetivamente pactuadas, ainda que tacitamente, seja quanto a salário, função, condições laborais, período contratual etc.

É irrelevante, em tais casos, que também haja prejuízos para terceiros, como o fisco ou a Previdência Social, se não houve associação das partes para produzir tal resultado. Diversa, porém, é a situação quando o empregador deixa de registrar o empregado na data de sua admissão por estar este último recebendo seguro-desemprego. Neste caso, haverá simulação quanto à data de início do pacto laboral, concorrendo ambas as partes para a fraude ao Fundo de Amparo do Trabalhador, de onde provêm os recursos para a concessão daquele benefício. Tal conduta, entretanto, não torna nulo o contrato laboral, possibilitando ao trabalhador postular o reconhecimento do vínculo de emprego desde o início da prestação de serviços.

Não caracteriza simulação a emissão, pelo empregador, de declaração falsa acerca do valor da remuneração percebida pelo empregado, a fim de que este possa obter crédito na praça ou pedir revisão no valor de pensão alimentícia de que é devedor, por exemplo. No caso, embora as partes tenham entrado em acordo no sentido de iludir terceiros, não praticaram ato jurídico algum, mas apenas produziram uma prova em descompasso com a realidade. Diante disso, qualquer interessado, inclusive os que participaram da confecção do documento, podem invocar a sua falsidade.

Todavia, quem invoca a falsidade da declaração atrai para si o ônus de provar o alegado. E, para tanto, quando a impugnação da declaração partiu do empregador, não

---

a empregam. Essas vestimentas acessórias são estranhas à sua essência..." (FERRARA, Francisco. *Op. cit.*, p. 56). Segundo Homero Prates, "o *animus nocendi* não é, portanto, um elemento essencial da simulação, mas sim o *animus despiciendi*" (*Apud* VELOSO, Alberto Júnior. *Op. cit.*, p. 108). No mesmo sentido: MESSINEO, Francesco. *Op. cit.*, p. 449-50.

basta que junte aos autos os recibos salariais. Além disso, ao sustentar que a declaração por ele próprio emitida não corresponde à verdade, o empregador admite que, quando lhe convém, altera a verdade dos fatos. Assim, ou mentiu ao destinatário da declaração questionada, ou está mentindo agora, para fugir às consequências do salário reconhecido.

8.3.4. Efeitos

a) Em relação ao negócio

A rigor, o ato simulado é um ato inexistente, e o exemplo do trabalhador que tem a CTPS baixada para sacar o FGTS e receber seguro-desemprego, embora permaneça no emprego, bem o demonstra. No caso, não há rescisão contratual, embora as partes criem uma aparência dela[199]. O Código Civil, entretanto, qualifica o ato simulado como nulo, embora, na prática, pelo menos no caso, o resultado derradeiro seja o mesmo: a ausência de efeitos válidos e a possibilidade de reconhecimento do défice a qualquer tempo, independentemente de provocação do interessado, desde que o juiz o encontre provado nos autos (CC, art. 168, parágrafo único). Além disso, ao qualificar o ato como nulo, é possível extrair dele alguns efeitos, facilitando assim a proteção a terceiros de boa-fé.

O vício decorrente da simulação atinge apenas o que era simples aparência. Disso decorre que a simulação não torna nulo o que é válido, nem válido o que é nulo, mas atinge tão somente o aspecto falso do negócio jurídico[200]. Conforme acentua *Beleza dos Santos*, "a dissimulação do ato oculto não dá a este uma validade que não tenha, nem também, em regra, o priva da eficácia jurídica que ele possa ter, porque a simulação não é, em princípio, uma causa de nulidade do ato dissimulado"[201]. Domina a matéria, portanto, a regra formulada pelo Direito Romano: *simulata veritatis substantia mutare non potest* (Cod. 4, 22, I. 2)[202]. Caso o negócio verdadeiro (o oculto) seja contrário à lei ou vise a prejudicar terceiros, aí sim a lei irá coibir seus efeitos. Todavia, se a ocultação objetivava apenas iludir uma lei fiscal, o negócio será válido, embora o interessado tenha que pagar o tributo e as multas incidentes[203].

---

(199) "BAIXA NA CTPS. SIMULAÇÃO. Restando provado nos autos que a baixa na CTPS decorreu de uma simulação entre empregado e empregador, não há que se deferir pagamento de aviso prévio, diferenças por redução salarial e multa por atraso na rescisão, visto que a rescisão contratual não existiu" (TRT 24ª Região, RO 1.570/99, Ac. 285/2000, 9.2.2000, Rel. Nicanor de Araújo Lima. DJE 3.3.2000, p. 61).
(200) THEODORO JÚNIOR, Humberto. *Op. cit.*, p. 471. "A contradeclaração coisa alguma acrescenta ou tira ao contrato: não faz mais do que afastar a sua aparência, eliminar a falsa luz em que o contrato é posto e restituir-lhe a sua fisionomia genuína, tal como existia no secreto entendimento das partes" (FERRARA, Francisco. *Op. cit.*, p. 414).
(201) SANTOS, José Beleza dos. *Op. cit.*, p. 262. "A proteção dos interesses de terceiro (...) não pode ir até o ponto de se lhe concederem, no caso de simulação relativa, mais vantagens do que as que lhe seriam concedidas se o ato que o pode prejudicar não se tivesse dissimulado" (*Ibidem*, p. 265). "A interposição simulada de pessoas não sana, mas também não agrava a ineficácia do ato que não podia diretamente realizar-se e, por isso, se este ato era simplesmente anulável, não ficará sendo nulo porque se efetuou por pessoa ficticiamente interposta" (*Ibidem*, p. 267).
(202) BEVILAQUA, Clovis. *Código...*, cit., p. 171-2.
(203) VELOSO, Alberto Júnior. *Op. cit.*, p. 136.

Sendo a simulação parcial, isto é, referindo-se exclusivamente a determinada cláusula ou condição negocial, a nulidade incidirá apenas sobre a parte viciada, não alcançando os demais termos do contrato (CC, art. 184). Conforme destaca *Humberto Theodoro Júnior*, "a função da nulidade do negócio simulado não é a de invalidar todo o negócio, mas apenas o negócio aparente, de sorte que o negócio verdadeiro prevaleça (art. 167). Se isso vale para a simulação total, não deve ser diferente para a parcial"[204].

Convém anotar, ainda, que, ao contrário do que ocorria no Código Civil anterior (art. 103), o atual (art. 167) não mais distingue a simulação inocente da fraudulenta, atribuindo a ambas as mesmas consequências: a nulidade do negócio simulado e subsistência do que se dissimulou, se for o caso[205].

b) Em relação às partes

A despeito da intenção de enganar terceiros, isso não significa que as partes fiquem reféns das aparências criadas. Afinal, se ambos os contratantes estão de acordo que o negócio supostamente celebrado não era para valer, não há razão para que a lei lhes imponha as consequências de um ato que não quiseram realizar. Assim, não mais prevalece, atualmente, a regra do Código Civil anterior, segundo a qual quem havia tomado parte da simulação não poderia invocá-la em seu favor em juízo (CC-1916, art. 104)[206].

Tal restrição não se justificava, uma vez que, a pretexto de negar acolhida à invocação da própria torpeza, permitia que outrem, que participou igualmente de um ato torpe, lucrasse com ele. Conforme bem expôs *Beleza dos Santos*, a arguição de nulidade do ato simulado, feita por um simulador, visa a mostrar que não existe um ato real, e não a estabelecer que se realizou um ato ilícito com uma causa ou fim criminoso. Assim, o que o simulador alega não é sua torpeza, mas a falta de consentimento[207]. Por outro lado, não fazia sentido afastar da apreciação judicial, via alegação das partes, justamente os casos em que a simulação visava a encobrir ato ilícito ou em prejuízo de terceiros.

Curvando-se a tais argumentos, o diploma civil vigente não mais contemplou a restrição sob comento. Atualmente, a simulação pode ser declarada inclusive de ofício pelo juiz, uma vez que está sujeita ao regime das nulidades (CC, art. 168, parágrafo único). Sendo o negócio aparente nulo por definição legal, a sanção jurídica alcança tanto as partes quanto terceiros prejudicados. Todavia, não poderão as partes furtar-se aos efeitos do negócio dissimulado, caso este não afronte a lei nem lese terceiros de boa-fé (CC, art. 167, § 2º). Em relação aos terceiros de má-fé, não havendo o que preservar, sujeitam-se eles aos efeitos comuns das nulidades.

---

(204) THEODORO JÚNIOR, Humberto. *Op. cit.*, p. 493.
(205) ALVES, José Carlos Moreira. *A parte geral do projeto de Código Civil brasileiro:* subsídios históricos para o novo Código Civil brasileiro. 2. ed. aum. São Paulo: Saraiva, 2003. p. 118.
(206) Registre-se, porém, que, mesmo na vigência do Código Civil anterior, referida restrição somente era aplicável à simulação maliciosa, não sendo extensível à chamada simulação inocente (em que não houvesse a intenção de prejudicar terceiros ou violar disposição de lei), a que se referia o art. 103 do mesmo diploma, uma vez que esta não era condenada pela lei (ESPÍNOLA, Eduardo. *Manual...*, cit., p. 503-4).
(207) SANTOS, José Beleza dos. *Op. cit.*, p. 289.

Conforme ressalva *Humberto Theodoro Júnior*, "se a simulação não afeta direitos de terceiros nem oculta violação a lei imperativa, nenhuma repercussão maior há de ter no plano jurídico. Fica confinada ao terreno da liberdade negocial e a qualquer tempo uma parte contra a outra poderá fazer atuar a contradeclaração, para dar eficácia ao negócio verdadeiro e afastar o negócio aparente. O problema é apenas de prova da contradeclaração"[208]. O que a lei não admite é que as partes do negócio fingido invoquem a simulação em face de terceiros de boa-fé (CC, art. 167, § 2º). Nas relações entre os simuladores, no entanto, não faria sentido negar a possibilidade de invocar a simulação, uma vez que dela decorre a nulidade do ato (CC, art. 167, *caput*), situação que poderá ser reconhecida inclusive de ofício (CC, art. 168, parágrafo único). A declaração da nulidade, no caso, não atenta contra a confiança das partes, uma vez que não lhes assiste legítima expectativa de que o ato, para cuja nulidade contribuíram conscientemente, seja mantido, até porque tinham plena ciência de que se tratava apenas de uma farsa.

O fato de o empregado ter concordado em assinar contrato de prestação de serviços como autônomo, em desacordo com a realidade contratual, não o impede de invocar os direitos decorrentes do verdadeiro contrato que só na execução se revelou. Conforme ressalta *Carlos Alberto Xavier*, "é claro que o empregado protagoniza, também, o comportamento vicioso. Contudo, há a presunção de que, na hipótese, sua participação decorreu do *status* de hipossuficiência, que qualifica o trabalhador no momento de contratar"[209]. O mesmo ocorre em relação aos contratos de estágio, quando desviados de sua finalidade própria[210].

Do mesmo modo, se o empregado demissionário pediu ao empregador para forjar uma dispensa sem justa causa, mediante compromisso de restituir o valor da multa de 40% do FGTS, mas, depois, nega-se a fazê-lo, mesmo tendo o empregador participado de um ato simulado, nem por isso deixa de ter direito de exigir que o trabalhador cumpra o que foi pactuado. Quando muito, poderia ser aplicado o disposto no art. 883, parágrafo único, do Código Civil. Todavia, não poderia, jamais, o trabalhador assenhorear-se dos valores obtidos na forma acima ou cobrar outros, sob o mesmo pretexto, isto é, de que foi dispensado sem justa causa. Evidentemente que, se a própria rescisão contratual foi simulada, continuando o trabalhador a prestação de serviços, caso, futuramente, venha a ser dispensado sem justa causa, terá o direito de cobrar a multa de 40% sobre o FGTS de todo o período, inclusive o anterior à rescisão simulada, pois, do contrário, o empregador é que lucraria com a simulação.

Todavia, se o obreiro apenas pediu para ser dispensado sem justa causa, e foi atendido em sua solicitação, não se poderá dizer que houve simulação, devendo o empregador arcar com todas as consequências da dispensa imotivada. De igual modo, ainda que o

---

(208) THEODORO JÚNIOR, Humberto. *Op. cit.*, p. 477.
(209) XAVIER, Carlos Alberto Moreira. Elementos do contrato de trabalho. Elementos essenciais. Vícios e defeitos. Nulidade e anulabilidade. Elementos acidentais: condição, termo. Período de experiência e contrato de experiência. In: GIORDANI, Francisco A. M. P. e outros (Coord.). *Fundamentos do direito do trabalho*. São Paulo: LTr, 2000. p. 366.
(210) RELAÇÃO DE EMPREGO. ESTÁGIO DESCARACTERIZADO. Comprovada a simulação na forma de admissão do empregado e prestando serviços como qualquer contratado, reconhecida deve ser a relação de emprego. Revista conhecida e desprovida (TST, RR 88682/93, Ac. 2ª T. 2.206/94, 12.5.94, Rel. Min. José Francisco da Silva. DJU 19.8.94, p. 21133).

empregador tivesse motivos para dispensar o empregado por justa causa, se, por algum motivo, procedeu ao desligamento do obreiro sob a forma de dispensa imotivada, não se eximirá do pagamento das parcelas decorrentes da modalidade rescisória adotada.

O empregador também não ficará isento de cumprir suas obrigações trabalhistas pelo fato de haver concordado com o trabalhador na simulação de um compromisso de estágio, nos primeiros meses da relação de emprego, enquanto o obreiro recebia o seguro-desemprego em decorrência da ruptura de contrato anterior. O fato de haver participado de um ato simulado, com o objetivo de fraudar a lei do seguro-desemprego (Lei n. 8.900/94), não impede que o trabalhador invoque os direitos decorrentes da verdadeira relação jurídica desde a data da admissão, isto é, desde o início da prestação laboral. Obviamente que o trabalhador deverá responder pelas consequências do recebimento indevido do seguro--desemprego. Todavia, o ilícito do empregado não exime o empregador das responsabilidades trabalhistas e previdenciárias que lhe cabem. Além disso, o empregador poderá ser chamado a responder pela fraude ao seguro-desemprego da qual foi cúmplice.

c) Em relação a terceiros

Conforme verificado acima, a questão dos efeitos da simulação entre as partes não apresenta maior complexidade. Por serem sabedoras da divergência entre a vontade real e a declarada, basta que seja identificado, se for o caso, o ato que se pretendeu encobrir, não havendo boa-fé a proteger. Em relação a terceiros, no entanto, não basta aferir qual era a vontade real, mas é preciso verificar se aqueles não foram enganados pelas aparências. Assim, em relação às pessoas que ignoravam tratar-se de simples aparências, caso tenham adquirido algum direito com fundamento no negócio simulado, este considera-se verdadeiro e válido, uma vez que os agentes da simulação não a podem invocar para impugnar as aquisições feitas por terceiros de boa-fé[211].

Ao contrário do que ocorre entre as partes, portanto, os terceiros de boa-fé "não podem ser prejudicados pela falsidade do negócio aparente. Se este frauda direitos preexistentes, sua nulidade fará com que prevaleça a situação anterior, invalidando tudo o que simuladamente se arquitetou para lesar terceiros. Se, por outro lado, o terceiro de boa-fé adquiriu direitos supervenientes à simulação, negociando com a parte que detinha a aparente titularidade da situação jurídica, os autores da simulação não terão como opor-lhe o negócio dissimulado (art. 167, § 2º). Para esses terceiros de boa-fé, o que prevalece é a aparência, para eles invencível. Quem a criou, deve sustentá-la, em face dos terceiros que negociaram nela confiando"[212]. Com efeito, conforme sintetizou *Barassi*, os terceiros só podem conhecer

---

(211) RUGGIERO, Roberto de. *Op. cit.*, p. 257.
(212) THEODORO JÚNIOR, Humberto. *Op. cit.*, p. 476-7. "O negócio simulado é nulo entre as partes, mas sua nulidade é *inoponível* a quem, de boa-fé, confiou na aparência criada pelos simuladores (art. 167, § 2º)" (*Ibidem*, p. 491). "Aquilo que no comércio jurídico aparece como verdadeiro, deve ter-se por verdadeiro. É impossível que terceiros sejam deixados à mercê das maquinações e fraudes das partes, que se mantenha fora da proteção jurídica, que sintam sempre pesar sobre suas cabeças a ameaça de se verem despojados, em qualquer momento, dos seus direitos" (FERRARA, Francisco. *Op. cit.*, p. 336).

a vontade por meio da declaração, pelo que é necessário, para a estabilidade do tráfico jurídico, que possam confiar nela com segurança[213].

Pode ocorrer, entretanto, que a simulação também origine disputas entre terceiros, alguns interessados em que os efeitos do negócio simulado não os alcancem e outros sustentando que deve prevalecer a aparência, uma vez que, do contrário, sofreriam os efeitos da nulidade, mesmo tendo agido de boa-fé.

Em tais casos, prevalece o entendimento de que deve ser conferida maior proteção à boa-fé dos que acreditaram no ato simulado. Consoante *Custódio Miranda*, "no conflito de interesses entre terceiros interessados na nulidade do negócio simulado e terceiros interessados em sua validade, deverão prevalecer os interesses destes últimos". Justifica tal posicionamento argumentando que tal orientação é dominante na doutrina e funda-se na necessidade de se assegurar a certeza nas relações sociais, uma vez que tais terceiros trataram confiando num estado aparente que tomaram por verdadeiro[214].

Todavia, não poderia alegar boa-fé aquele que descurou das cautelas mínimas exigidas de quem se propõe a realizar um negócio jurídico, principalmente diante de situações em que os sujeitos do negócio simulado não têm a menor condição de reparar os danos causados a terceiros caso seja atribuída eficácia jurídica à aparência. Assim, entre tutelar quem não tomou parte no negócio que se seguiu à simulação ou quem o fez, sem o devido cuidado, não há dúvidas de que o ordenamento jurídico deve preferir a primeira opção.

Já tivemos oportunidade de apreciar uma situação em que uma devedora, já no curso da execução, transferiu o único imóvel que lhe restava ao seu filho mais velho, tendo este, logo em seguida, repassado o mesmo bem, mediante contrato de compra e venda, a uma imobiliária. Na oportunidade, concluímos que não se poderia admitir que esta última adquirente não tivesse examinado a situação do primeiro alienante, dado que, nas circunstâncias, não havia uma razão plausível que justificasse a transferência do imóvel da mãe para o filho se havia a intenção de aliená-lo logo em seguida. O curto espaço de tempo que mediava a transferência do imóvel para o filho e a venda para a imobiliária, cuja negociação foi conduzida pela própria mãe, deixava evidenciado, no mínimo, que havia algo de estranho, pois, se não houvesse uma intenção dolosa, a mãe não teria assumido as despesas de transmissão para seu primogênito para, de imediato, alienar o bem a terceiro. O normal, especialmente entre familiares, seria que a transferência se desse diretamente para o destinatário final. Ademais, considerando que a adquirente final era uma imobiliária, não se poderia admitir alegação de boa-fé, uma vez que o mínimo que se poderia esperar dela, por sua experiência no ramo, é que investigasse as razões pelas quais a mãe passou o imóvel para o nome do filho antes de vendê-lo a terceiro. E, se não o fez, não pode alegar afronta à boa-fé.

Aplicam-se, pois, à situação referida os escólios de *Ferrara*, ao lecionar que "não basta que se ignore, é indispensável, para que se beneficie dessa ignorância, que ela não seja devida ao descuido dos mais elementares deveres de prudência e cautela"[215]. Assim, ainda

---

(213) BARASSI, Lodovico. *Op. cit.*, p. 198.
(214) MIRANDA, Custódio da Piedade Ubaldino. *Op. cit.*, p. 101-2.
(215) FERRARA, Francisco. *Op. cit.*, p. 365.

quando deva ser apenas presumida, a *scientia simulationis* exclui a invulnerabilidade de terceiros em relação aos negócios simulados. Todavia, o conhecimento posterior ao ato não prejudica a boa-fé havida ao tempo de sua conclusão (*mala fides superveniens non nocet*).

Entretanto, mesmo que de boa-fé, não haveria razão para tutelar o terceiro que auferiu vantagem a título gratuito em detrimento daquele outro que busca apenas evitar um prejuízo injusto. Conforme, ainda, a lição de *Ferrara*, "a simulação não produz efeitos em prejuízo de terceiros de boa-fé e a título oneroso"[216]. Aos conflitos resultantes dos atos simulados entre terceiros, portanto, devem-se aplicar as mesmas regras já referidas acima em relação à fraude contra credores, quando envolvidos na disputa os subadquirentes, e pelos mesmos fundamentos. Com efeito, pelas mesmas razões que a lei reconhece a prevalência dos interesses de terceiros sobre os dos credores nos negócios verdadeiros, também deve fazê-lo em se tratando de negócios simulados: perante terceiros de boa-fé, ambos se apresentam como negócios autênticos e perfeitos.

Por último, quando o conflito se estabelece entre os credores do alienante aparente, de um lado, e os credores do adquirente fictício, de outro, o fiel da balança há de pender para os primeiros, uma vez que, efetivamente, não houve transmissão patrimonial do suposto alienante para o falso adquirente. No caso, portanto, prevalece o princípio geral das nulidades[217].

Os atos aparentes não são estranhos ao mundo das relações trabalhistas, seja a simulação relativa ou absoluta. Exemplo desta última é, ainda, o caso de sócios ou familiares seus que formalizam contrato de emprego com a sociedade, em estado pré-falimentar, a fim de desviar bens que deveriam ser destinados ao pagamento dos credores efetivos, inclusive dos verdadeiros empregados[218]. A simulação de vínculo empregatício pode, ainda, ter outras finalidades, como a de permitir que o suposto empregado obtenha algum benefício previdenciário. Em qualquer dos casos acima, reconhecida a nulidade (*rectius* inexistência) do contrato simulado, nada resta que possa ser aproveitado, uma vez nenhum vínculo real havia entre as partes, tudo não passando de mera aparência.

A simulação que interessa ao Direito do Trabalho, no entanto, não se limita aos negócios realizados entre empregado e empregador. Talvez as hipóteses mais frequentes nem envolvam ambos os polos da relação laboral. O uso da simulação é mais comum nos negócios entre o empregador e terceiros visando a fraudar os direitos dos trabalhadores, do que nas relações com estes, envolvendo tanto simulações objetivas quanto subjetivas. Não é incomum o empregador ou seus sócios valerem-se de atos simulados tentando livrar o patrimônio social ou pessoal da responsabilidade pelas pendências trabalhistas. Podem-se citar, a título de exemplo, casos de supostas vendas de bens ou doações entre familiares quando o empregado está prestes a ajuizar ação trabalhista, visando a frustrar

---

(216) *Ibidem*, p. 388-9.
(217) SANTOS, José Beleza dos. *Op. cit.*, p. 308. No mesmo sentido é a disciplina do Código Civil italiano, mas apenas em favor dos credores anteriores ao ato simulado (art. 1.416).
(218) "Há notícias de reclamatórias trabalhistas arrimadas em relações de emprego artificiais que buscam, unicamente, a obtenção de um título executivo judicial, com privilégios creditícios legais, afastando-se os demais créditos de qualificação inferior" (XAVIER, Carlos Alberto Moreira. *Op. cit.*, p. 367).

a futura execução. A simulação pode estar presente, ainda, em alterações sociais pelas quais se introduzem na sociedade interpostas pessoas (*testas de ferro*), outorgando ao sócio verdadeiro uma procuração com amplos poderes. Outra variante consiste na transferência apenas formal do estabelecimento para outro titular, sem idoneidade econômica para suportar o passivo trabalhista, ou, ainda, na utilização de intermediários para contratação de trabalhadores[219]. Expediente muito comum é, também, a transferência fictícia das cotas sociais a terceiros com a subsequente paralisação das atividades da empresa como forma de se livrar das dívidas existentes e encargos da desconstituição da sociedade. Enfim, não poderíamos ter a pretensão de esgotar todas as modalidades de fraude envolvendo a simulação, uma vez que a malícia humana é sempre mais engenhosa do que se possa prever. Se essas e outras formas de fraudes baseadas em atos simulados não despertam maiores discussões no Direito do Trabalho é porque este contém regra genérica consoante a qual qualquer ato que vise a frustrar os direitos trabalhistas é considerado nulo (CLT, art. 9º), sem que seja necessário enquadrar a situação em alguma das hipóteses de nulidade de que trata o Direito Civil. Isso, porém, não significa que, perante o Direito do Trabalho, não tenham interesse as causas de nulidade de que trata o Direito Civil.

Convém registrar, nesse passo, que, na simulação, a aparência criada não é a que se apresenta enquanto simples fato social, mas a que se manifesta na esfera jurídica. Assim, mesmo que o efetivo proprietário do empreendimento não esconda essa sua condição perante os trabalhadores ou em relação aos negócios da empresa, não deixará de haver simulação se, ficticiamente, transferiu a titularidade do negócio a terceiros. No caso, o real proprietário não será apenas um sócio de fato, mas o verdadeiro titular, uma vez que o negócio jurídico em função do qual outras pessoas ingressaram (ou permaneceram) na titularidade do empreendimento é apenas fictício. O verdadeiro titular não esconde, em sua atuação prática, seu poder de domínio sobre a empresa, mas, juridicamente, procura negar o que a aparência revela, por exemplo, travestindo-se de simples mandatário. A existência do *sócio de fato*, portanto, também caracteriza uma hipótese de simulação jurídica, à qual se sobrepõe a realidade.

Nem se pode dizer que, na situação referida, haveria uma simulação às avessas, uma vez que, o que importa é a relação jurídica que está à base da atuação das partes. E, no caso aventado, juridicamente, o verdadeiro proprietário pode manter o domínio, como mandatário ou mesmo sem ocupar, formalmente, um cargo de direção[220]. A simulação situa-se, assim, no negócio que atribui ou mantém a titularidade em nome de terceiros. A atribuição de mandato para o verdadeiro titular constitui apenas um ato complementar do primeiro ato simulado.

---

(219) "TESTA DE FERRO EM EMPREENDIMENTO RURAL. Comprovada inidoneidade do subempreiteiro, assume a responsabilidade trabalhista o empregador real, a empresa contratante, ante a evidente simulação. Nulidade do contrato face ao art. 9º da CLT, pois o contratante tinha igual ou pior situação que o contratado" (TST, RR 2.132/80, Ac. 2ª T. 860/81, 31.03.81, Rel. Min. Marcelo Pimentel. DJU 22.5.81).

(220) A existência do titular de fato, sem vínculo jurídico formal, é muito comum nos grupos familiares, enquanto os casos de titulares que se apresentam como simples mandatários com amplos poderes é mais frequente nos pequenos empreendimentos em que são usados os chamados sócios "laranjas" apenas para encobrir os verdadeiros titulares.

Há ainda outros casos em que a simulação serve de instrumento à fraude contra credores[221]. Exemplo muito comum é o que ocorre quando os bens da empresa são formalmente transferidos a terceiros, mas continuam servindo ao estabelecimento em que se encontravam antes da suposta alienação, visando, com isso, a evitar que sobre eles recaiam futuras execuções, especialmente dos créditos trabalhistas. E, para emprestar aparência de realidade à suposta venda, celebra-se um contrato fictício de locação. Não é incomum, ainda, que a aquisição dos bens colocados na empresa seja feita em nome de terceiros, com o mesmo objetivo. Em outros casos, é a aquisição dos bens que se traveste de mera locação, tudo para inviabilizar a constrição judicial. Há, também, a simulação por atos declarativos, como no reconhecimento de dívidas que jamais existiram, e por aí vai. Como se pode ver, esses são apenas exemplos de situações mais comuns, uma vez que o *modus operandi* dos mal-intencionados só encontra limite em sua própria criatividade.

Conforme evidencia *Ferrara*, "o objetivo predominante a que se propõem as partes ao realizar um ato simulado é o de produzir uma diminuição fictícia do patrimônio ou um aumento aparente do passivo para, deste modo, frustrar a garantia dos credores e impedir que sejam satisfeitos". E "a luta dos credores consiste em romper a urdidura sutil das fraudes do devedor, arrancando o véu das aparências enganadoras, para conservar íntegra a sua garantia sobre o patrimônio daquele que recai a obrigação, que só fingidamente foi diminuído ou onerado"[222]. Não é diversa a realidade no âmbito trabalhista.

Se a previsão do art. 9º da CLT é benéfica ao Direito do Trabalho, pela ampla proteção jurídica que confere ao trabalhador, não deixa de ser causa de muitas confusões quando se invocam as normas do Código Civil. Assim, é comum a afirmativa de que caracteriza "simulação" o fato de o empregador dispensar o empregado e readmiti-lo pouco tempo depois. Ora, em tal caso, se a dispensa efetivamente ocorreu, não houve apenas aparência, uma vez que o ato realmente foi realizado. O fato de o empregado ser readmitido logo em seguida pode configurar a intenção fraudulenta, mas nem por isso se pode dizer que ocorreu "simulação". Reitere-se: só haverá simulação quando as partes se unem para criar um negócio de aparências, que não corresponde à realidade. Se o negócio que aparece foi efetivamente realizado pelas partes, simulação não houve, embora o ato possa padecer de outros vícios.

Em face da natureza de trato sucessivo do contrato de trabalho, é possível que, ao longo do tempo, venha ele a sofrer modificações em suas cláusulas, não mais as aplicando as partes nos moldes originariamente previstos. Todavia, não tendo o pacto inicial a intenção de mascarar a realidade, não se poderá dizer que, no caso, haja simulação, uma vez que as partes efetivamente adotaram as cláusulas que constaram do pacto inicial, embora, posteriormente, as tenham modificado, ainda que tacitamente.

---

(221) Nem por isso a simulação se confunde, no caso, com a fraude contra credores. Nesta, o negócio lesivo é verdadeiro, enquanto na simulação o negócio aparentemente realizado é fictício. A simulação pode até ser usada para encobrir um ato de fraude contra credores, valendo-se, por exemplo, o devedor de um contrato de compra e venda (simulado) para encobrir uma doação (verdadeira) em prejuízo dos credores. No caso, primeiro considera-se nulo o contrato de compra e venda porque simulado e, passo seguinte, reputa-se ineficaz a doação por esvaziar as garantias patrimoniais dos credores.
(222) FERRARA, Francisco. *Op. cit.*, p. 199.

Em razão do tratamento conferido pelo legislador aos negócios simulados, incluindo-os entre os atos nulos, a simulação não decorre da sentença que a reconhece, tendo esta natureza meramente declaratória. Diante disso, em caso de alienação simulada pelo devedor, o credor exequente pode avançar sobre os bens, sem necessidade de uma prévia ação de simulação, conforme acertadamente observou *Ferrara*:

> O credor que queira iniciar o juízo de execução contra os bens aparentemente vendidos pelo devedor já não tem necessidade de impugnar preventivamente essas alienações, mas pode proceder, sem mais nem menos, à expropriação dos bens, como se os atos de distração não existissem, salvo o direito de alegar, em seguida, a simulação no juízo executivo, no caso de intervir o comprador para livrar os bens da sub-hastação.[223]

Basta apenas ao credor que apresente algumas evidências da alegada simulação, podendo a decisão final a respeito ser postergada para o caso de o falso adquirente se insurgir contra o ato de apreensão judicial via embargos de terceiro.

Neste caso, não é necessário que todos os intervenientes do ato simulado ou eventuais interessados no reconhecimento de sua veracidade sejam chamados a compor a lide, uma vez que o objetivo é apenas evitar que a simulação sirva de empecilho ao alcance dos bens que, na realidade, pertencem ao executado. Nas palavras de *Ferrara*, "nega-se tão somente o título válido do adversário, impede-se que este possa (...) firmar um direito oriundo do contrato simulado, mas não se pede uma declaração geral da simulação do negócio. Limitada, portanto, fica a luta judiciária, e não há motivo nem obrigação de ampliá-la, visto como o contraditório é íntegro de vez que está presente no juízo aquele que é, na controvérsia atual, o *único* interessado a combater a impugnação. O titular do direito enfrenta uma só pessoa, a qual pretende aproveitar-se da simulação, e cumpre-lhe agir tão somente contra essa pessoa só: que lhe interessa dos demais? Tendo estes interesse, intervenham no juízo, quando chamados para intervenção ou por ordem do juiz; mas não cabe ao impugnante chamar e reunir os numerosos seus possíveis adversários"[224].

Antes de encerrarmos este tópico, não poderíamos deixar de nos referir às chamadas lides simuladas, isto é, aquelas situações em que as partes se coludem para enganar terceiros, fingindo uma lide, a fim de obter, por meio do processo, um objetivo contrário à lei ou prejudicial ao direito de terceiros. A tais casos não se aplicam os princípios da simulação, uma vez que, ainda quando resulta do conluio das partes, a sentença não pode ser considerada um ato simulado. Conforme pontifica *Ferrara*, "a sentença, emanação direta do juiz, estranho aos conluios das partes litigantes, é sempre verdadeira, é sempre real, e produz sempre uma irrevogável declaração autoritária de direitos e obrigações entre as partes"[225]. Assim, enquanto não for rescindida, continua produzindo sua regular eficácia, embora as partes coludentes possam ter acordado em não executá-la. Isso, porém, não tem impedido que o próprio juiz que proferiu a sentença, descobrindo o logro, lhe negue eficácia e se recuse a promover sua execução.

---

(223) *Ibidem*, p. 472.
(224) *Ibidem*, p. 475-6.
(225) *Ibidem*, p. 491.

8.3.5. Prova

Em princípio, deve-se entender que a declaração traduz uma vontade sincera, pois é o que geralmente acontece. Diante disso, deve-se presumir que a vontade real coincide com a vontade declarada. E quem alega o contrário deve prová-lo.

Nas relações entre as partes do contrato de trabalho, no entanto, tendo em conta o princípio da primazia da realidade, em regra, os artifícios utilizados pelos contratantes para disfarçar a natureza da relação jurídica ou o modo de sua execução não têm maior relevância, desde que, objetivamente, se possa extrair da conduta das partes os elementos caracterizadores do vínculo de emprego e as condições ajustadas. Assim, perante o Direito do Trabalho, como regra, basta a invocação daquele princípio para afastar os efeitos de eventual simulação.

Todavia, quando o negócio simulado foi celebrado entre terceiros, a situação torna-se mais complexa. Neste caso, não basta invocar a primazia da realidade, mas é preciso, antes, distingui-la das simples aparências. E a solução, no caso, é extremamente dificultada, uma vez que quem cria disfarces normalmente toma o cuidado de esconder os vestígios da verdade[226]. Assim a análise da situação não pode ser superficial, e a conclusão não é imediata, devendo, ao contrário, basear-se em provas indiretas, colhidas nas circunstâncias do negócio[227].

Bem observou *Beleza dos Santos* que "raras vezes se pode obter uma prova direta da simulação, porque aqueles que efetuam contratos simulados, em regra, ocultam cuidadosamente o seu propósito, procurando as trevas, conforme já diziam os velhos praxistas. Para este fim, os simuladores não só não manifestam publicamente a sua vontade de simular, como se esforçam por tornar verossímil o que há de aparente e fictício no ato que praticam. Por isso, na grande maioria dos casos, é extremamente difícil a prova da simulação e só pode fazer-se por presunções judiciais"[228].

Seguindo o conselho dos práticos, destaca *Eduardo Espínola* que a *causa simulandi* tem relevo especial[229]. Com efeito, é bem mais provável que tenha ocorrido uma simulação onde uma das partes ou ambas tinham razões para fazê-lo do que em situações em que as partes não teriam motivos para tanto. Assim, demonstrada "a existência de uma *causa simulandi suficiente, idônea* e *contemporânea* do ato, já se tem meio caminho andado"[230].

---

(226) "A prova da simulação nem sempre se poderá fazer diretamente; ao revés, frequentemente tem o juiz de se valer de indícios e presunções, para chegar à convicção de sua existência" (PEREIRA, Caio Mário da Silva. *Instituições...*, cit., p. 369).

(227) "SIMULAÇÃO. UTILIZAÇÃO DE PROVAS INDICIÁRIAS. CABIMENTO. Por sua própria natureza, o ato simulado não é facilmente detectável por meio de provas concretas e diretas, pois realizado com o objetivo de 'dar aparência de legalidade', apresentando-se externamente perfeito 'aos olhos da lei', mas escondendo elementos subjetivos que olvidam a legalidade e até mesmo a moralidade. Daí o porquê de o ato simulado ser, por excelência, constatado através de indícios e máximas de experiência, de forma a trazer à baila vícios ocultos em contraposição ao aspecto exterior de legalidade. (Precedente: AP n. 513/2000 – Ac. TP 24ª Região n. 651/2001)" (TRT 24ª Região, AP 813-2001-022-24-05-0, Ac. 12.12.2002, Rel. Juiz Amaury Rodrigues Pinto Júnior. DOE 29.1.2003, p. 27).

(228) SANTOS, José Beleza dos. *Op. cit.*, p. 441.

(229) Convém não confundir a *causa simulandi* (motivo ou interesse que leva as partes à prática da simulação) com a causa do negócio (razão prática ou interesse a ser satisfeito pelo ato).

(230) ESPÍNOLA, Eduardo. *Manual...*, cit., p. 564. No mesmo sentido é a lição de Beleza dos Santos: "Como ponto de partida para se fazer a prova da simulação é, antes de mais nada, necessário determinar a *causa simulandi*, o

O restante do percurso deve ser trilhado entre as circunstâncias e particularidades do negócio. Lembra, porém, *Itamar Gaino* que o motivo particular que determina as partes à simulação é variável, dependendo das circunstâncias que as envolvem[231]. Assim, a *causa simulandi* pode ser diferente para cada um dos sujeitos que participam do negócio simulado, e em geral é o que ocorre. O caso da rescisão contratual fictícia bem o demonstra: o obreiro pretende sacar o FGTS e, eventualmente, habilitar-se ao seguro-desemprego, e o empregador pode participar da simulação simplesmente para ajudar o trabalhador, por reconhecer a necessidade deste ou em razão da amizade existente entre ambos, ou apenas para livrar-se dos encargos previdenciários enquanto o obreiro recebe o seguro-desemprego.

Consoante ressalta *Ferrara*, "a simulação, como divergência psicológica da intenção dos declarantes, escapa a uma prova direta. Melhor se deduz, se pode arguir, se infere por intuição do ambiente em que surgiu o contrato, das relações entre as partes, do conteúdo do negócio, das circunstâncias que o acompanham. A prova da simulação é uma prova indireta, de indícios, conjectural (*per coniecturas, signa et urgentes suspiciones*), e é esta verdadeiramente que fere no coração a simulação, porque a combate no seu próprio terreno"[232].

Embora não se possam fixar, *a priori*, critérios universais, há algumas situações que em geral são tidas como indícios de simulação. Além da *causa simulandi*, já referida, colhendo os casos mencionados pela doutrina, lembra *Custódio Miranda*[233] as seguintes circunstâncias como elementos que podem revelar a ocorrência de simulação: "a alienação de todo o patrimônio ou da melhor parte dele; a relação de parentesco, amizade ou dependência entre o simulador e o seu cúmplice; antecedentes da conduta e da personalidade ou caráter do simulador; interposição de pessoa, como meio de encobrir a relação de parentesco, amizade ou dependência entre os simuladores; falta de capacidade ou de idoneidade financeira do adquirente; preço vil, desproporcionado em relação ao bem, objeto do negócio; a confissão do recebimento do preço ou o preço diferido; o destino do numerário recebido pelo adquirente; continuação do alienante na posse da coisa alienada etc." Obviamente que esses são apenas exemplos, que não exaurem todo o material indiciário, de que a vida é fonte inesgotável.

Lembra, ainda, *Beleza dos Santos* outras situações comuns nos negócios simulados, como o fato de o vendedor dispor precisamente daquilo de que mais tinha necessidade ou afeição, a pressa com que se concluem as negociações, a sondagem de outras pessoas para participar de simulação antes da formalização do negócio, a realização clandestina, em cartório diverso da situação do imóvel, a conduta das partes após a celebração do negócio, não assumindo o adquirente a postura de proprietário, dentre outros casos em que se denota uma conduta que não é comum nos negócios verdadeiros[234].

---

motivo determinante, o interesse que leva as partes a simular (...) Na verdade, se não se demonstrar a existência de uma causa que explique suficientemente o *porquê* da simulação, há todas as razões para crer que o ato realizado é sério, porque não pode supor-se que alguém pratique um ato simulado pelo simples capricho de simular, sem um interesse real e positivo" (SANTOS, José Beleza dos. *Op. cit.*, p. 443-4).

(231) GAINO, Itamar. *Op. cit.*, p. 58.
(232) FERRARA, Francisco. *Op. cit.*, p. 431.
(233) MIRANDA, Custódio da Piedade Ubaldino. *Op. cit.*, p. 104-5.
(234) SANTOS, José Beleza dos. *Op. cit.*, p. 445 e ss.

Na esfera trabalhista, são frequentes as tentativas de simulação com o objetivo de fraudar os direitos de credores hipotecários. Uma prática muito utilizada, para alcançar tal desiderato, consistia em forjar uma relação laboral de longa data ou em converter um empregado verdadeiro em credor de altas somas, seja mediante acordo judicial ou deixando o processo correr à revelia, com a posterior indicação à penhora de imóvel hipotecado, graças à preferência do crédito trabalhista (CC, art. 1.422, parágrafo único). Assim, caso as partes conseguissem levar a cabo seu intento, ao final, dividiam entre si os resultados, conforme previamente combinado. Tais modalidades de simulação, no entanto, foram, em grande parte, freadas pelas alterações das regras prescricionais (equiparação de tratamento entre trabalhadores urbanos e rurais e decretação da prescrição de ofício), embora não tenham desaparecido completamente.

Normalmente, é o comportamento dos simuladores, após o negócio aparente, o fato que os interessados têm mais facilidade de demonstrar em juízo. Em tais casos, a permanência do alienante na posse das coisas supostamente alienadas sempre foi julgada, quer no Direito antigo, quer no atual, como um dos indícios mais valiosos do ato simulado. Observa, ainda, *Beleza dos Santos* não ser incomum o falso vendedor continuar "na fruição dos bens vendidos, muitas vezes a título de locatário, outras vezes sem qualquer ato jurídico que possa justificar esta situação anormal"[235]. A prática, como se vê, vem de longe, sendo ainda hoje frequente nos depararmos com tal estado de coisas nas execuções trabalhistas.

Convém salientar, de outra parte, que o só fato de o negócio jurídico revestir-se de forma pública não elide a possibilidade de simulação. Conforme bem esclarece *Eduardo Espínola*, "a fé pública, que merece o instrumento autêntico, em nada embaraça a alegação de que é simulado o ato nele contido. Quem pretende, em ação ou em defesa, alegar a simulação de um ato constante de escritura pública, poderá fazê-lo, sem inquinar esta de nulidade"[236].

Não se pode confundir, portanto, autenticidade da forma com a sinceridade do conteúdo. Consoante lição de *Ferrara*, a franqueza daquilo que se declara, a intenção subjetiva, a realidade do consentimento são estranhos ao ato e independem da autenticidade de sua forma. Assim, a fé que deve merecer o ato público não se erige em obstáculo à prova da falta de veracidade dos atos praticados perante o oficial[237].

Nem mesmo nos casos em que a intervenção do agente público não se limite à certificação ou registro, mas tenha caráter constitutivo do ato, deve ser excluída a possibilidade de simulação. O fato de o funcionário colaborar na formação do ato jurídico não inibe, de forma absoluta, sua participação em uma simulação, embora isso não possa ser presumido. Assim, ao contrário do que sustentam alguns autores, não apenas são possíveis, mas efetivamente ocorrem simulações com a participação de agentes públicos, ou apesar dela.

Afinal, é isso o que acontece na simulação que se materializa no âmbito do processo judicial. Apesar da atuação do juiz, como diretor do processo, podem as partes valer-se

---
(235) *Ibidem*, p. 448.
(236) ESPÍNOLA, Eduardo. *Manual...*, cit., p. 565.
(237) FERRARA, Francisco. *Op. cit.*, p. 407.

deste para criarem relações jurídicas que não retratam a realidade. A atuação do juiz garante apenas que a relação processual não é fictícia, mas seu objeto pode perfeitamente veicular uma interesse simulado. Assim, embora deva o julgador proferir decisão que obste o uso do processo para a prática de ato simulado ou para a obtenção de fim proibido por lei (CPC, art. 129), nem sempre tem o juiz ao seu alcance os meios necessários para descobrir a verdadeira intenção das partes. Por outro lado, em face da segurança decorrente da coisa julgada, o processo judicial é a via preferida para certas práticas simulatórias. Diante disso, apesar da vigilância do magistrado, não são incomuns as simulações consumadas no âmbito processual.

Por fim, convém acentuar que o Código de Processo Civil é expresso no sentido de que a forma do contrato simulado não inibe a produção de todos os meios de prova visando a demonstrar a divergência entre a vontade real e a vontade declarada (art. 404, I)[238]. E, conquanto a norma processual só se refira à "parte inocente", não se poderia deixar de reconhecer a mesma faculdade ao terceiro prejudicado, até porque este não participou do ato simulado e, portanto, não pode ser culpado por ele. Além disso, mais do que as partes, é o terceiro quem enfrenta as maiores dificuldades para provar a simulação. Assim, ainda que o ato simulado se revista de forma escrita, pública ou privada, por adoção espontânea ou exigência legal, isso não implica que só se possa demonstrar a real intenção das partes por igual forma: "o ato escrito na sua estrutura constitutiva permanece ileso, o que se discute é o elemento psicológico, a vontade que se encontra na mente dos contratantes e que não é transportada e incorporada no documento"[239].

8.4. Lesão

8.4.1. Histórico

A necessidade de equilíbrio nas relações jurídicas é intuitiva, uma vez que "a própria razão nos inclina a dispensar aos outros um tratamento semelhante ao que desejamos que nos confiram. É um princípio natural de igualdade, que se viola por questão de interesse ou *status*, mas o bom senso recomenda que se respeite o alheio e se procure uma equivalência de prestações, quando isto é esperado. Tanto assim que as pessoas, ao ferirem tal equilíbrio, invocam não só a contratualidade, mas também razões altruísticas e motivos de impulso

---

[238] Embora o CPC se refira à "parte inocente", a distinção não mais faz sentido na simulação, conforme já referido anteriormente.

[239] FERRARA, Francisco. *Op. cit.*, p. 411. Coerente com sua preferência pela teoria da vontade, observa o mesmo autor que: "No negócio simulado não existe o paralelismo de dois contratos opostos e contraditórios, nem a união duma convenção verdadeira com outra que destrói ou anula a primeira, duma *lettre* e duma *contre-lettre*. Não. O negócio simulado é um só, falho, desde sua origem, de consenso e inexistente, e a contradeclaração a seguir feita não se destina a *modificar* a sua eficácia, mas a *declarar* a ineficácia inicial do ato fingido. Por isso, a prova da simulação não tem por objeto demonstrar a existência duma convenção ou obrigação negativa em antítese com a manifesta, mas a estabelecer a ausência do *elemento espiritual* do contrato" (*Ibidem*, p. 410). Tal entendimento, além disso, traz repercussões no âmbito fiscal, determinando a restituição do imposto pago em razão da transmissão fictícia de bens, em vez de acarretar a exigência de novo pagamento pelo suposto retorno dos bens ao patrimônio do qual só aparentemente saíram.

para salvar o necessitado, em momento inoportuno, quando não pretendiam normalmente concluir o negócio averbado de lesivo. Este paradoxo, por si, já revela que o correto seria a igualdade"[240]. Todavia, enquanto os interesses preponderantes não permitiram seu ingresso no Direito, a equidade manteve-se restrita apenas aos domínios da moral e da religião[241].

E foi justamente por inspiração religiosa que a repressão aos negócios lesivos ingressou no Direito Romano. A fim de adaptar as normas jurídicas então vigentes aos princípios do Cristianismo, Justiniano alterou livremente os escritos dos antigos jurisconsultos pagãos, imprimindo-lhes os valores que retratassem a consciência social de sua época, profundamente marcada pelas concepções religiosas. Foi assim também que passou a fazer parte do Direito das obrigações, por exemplo, o princípio que veda o enriquecimento injusto. Embora com fortes indícios de interpolação, é das Constituições de Diocleciano e Maximiliano, editadas, respectivamente, nos anos 285 e 294 da Era Cristã, que emerge a figura da lesão, caracterizada pela desproporção, além da metade, entre o preço pago e o valor da coisa[242]. Na realidade, segundo *Caio Mário*, o instituto da lesão "teria nascido no século sexto, criado verdadeiramente por Justiniano, que teria preferido, talvez para lhe dar o prestígio da ancianidade, atribuí-lo àqueles imperadores a baixar ele próprio um ato que lhe desse origem"[243].

Com a invasão dos bárbaros e o consequente esfacelamento político de Roma, o instituto caiu em desuso, uma vez que não havia entre aqueles povos a preocupação com a proteção dos mais fracos. O renascimento da lesão deu-se "pela via da luta empreendida pela Igreja no combate à *usura* — uma vez que esta violentava os princípios morais que eram pregados pelo Cristianismo. Pugnou-se, então, pela adoção do *preço justo*, que consistia na implantação do princípio da *equivalência das prestações*"[244].

Sob a influência dos *doutores* da Igreja e do Direito Canônico, a antiga legislação lusitana resgatou o instituto da lesão, que passou para as Ordenações Afonsinas, de 1446 (Livro IV, Tít. XLV), Manuelinas, de 1521 (Liv. IV, Tít. XXX), e Filipinas, de 1603 (Liv. IV,

---

(240) CASTELLO BRANCO, Elcir. Lesão - II. In: *Enciclopédia Saraiva do Direito*, v. 49. São Paulo: Saraiva, 1997. p. 222.

(241) No que denomina pré-história do instituto da lesão, Arnaldo Rizzardo lembra o princípio indiano que proscreve a compra e venda por preço vil, citando, ainda, previsão do Código de Hamurabi, na qual é combatida a opressão dos mais débeis ou a exploração dos necessitados, principalmente em caso de fracasso das safras, como elementos moralizadores encontrados na sabedoria das civilizações antigas. Cita, ainda, o episódio narrado no Antigo Testamento, no qual Esaú renuncia ao direito de primogenitura em troca de um prato de lentilhas (Gênesis, 25, 29-34). Afora isso, observa que, entre as normas ditadas por Moisés, constava a que proibia a cobrança de juros nos empréstimos de dinheiro aos compatriotas pobres (RIZZARDO, Arnaldo. *Da ineficácia dos atos jurídicos e da lesão no direito*. Rio de Janeiro: Forense, 1983. p. 72-3).

(242) Há quem vincule a origem da doutrina do justo preço à tarifação de preços promovida no Baixo Império, tendo sido Diocleciano o autor do Edito do Máximo, promulgado em 301, no qual são fixados preços uniformes para cada categoria de gênero alimentar, matérias-primas, objetos fabricados, honorários e salários.

(243) PEREIRA, Caio Mário da Silva. *Lesão...*, cit., p. 23-4. Ressalta, no entanto, o mesmo autor que "no século terceiro, já se pode dizer que o Cristianismo dominava as consciências, não obstante o Império continuar pagão, como pagão ainda permaneceu quando, no primeiro quartel do século IV, Constantino, após vencer Mexêncio, assinalou a vitória da crença nova" (*Ibidem*, p. 33).

(244) ABREU FILHO, José. *O negócio jurídico e sua teoria geral*. 5. ed. atual. São Paulo: Saraiva, 2003. p. 304. Registra, ainda, *Jean Carbonnier*, no particular, a influência da *Ética* de Aristóteles, revitalizada nos escritos de Santo Tomás de Aquino (CARBONNIER, Jean. *Droit civil*, t. 4: les obligations. 17. ed. Paris: Presses Universitaires de France, 1993. p. 162).

Tít. XIII), sob a forma de exigência de preço justo nos contratos. Embora o preço justo fosse regulado em relação à compra e venda, as Ordenações estendiam-no aos demais contratos, à exceção dos aleatórios ou gratuitos. Configurava-se o vício, entretanto, apenas quando se caracterizasse a lesão enorme, correspondente a mais da metade do justo valor (*laesio ultra dimidium iusti pretii*). E quando a desproporção alcançasse dois terços do valor da coisa, ou mais, tinha-se a lesão enormíssima, esta uma criação dos canonistas. Neste caso, a simples constatação de tamanha diferença fazia presumir a existência do dolo, chamado, por isso, de dolo *in re ipsa*[245].

O legislador pátrio, de início, demonstrou ter reservas em relação ao instituto da lesão, estabelecendo o Código Comercial (1850), em seu art. 220, que: "A rescisão por lesão não tem lugar nas compras e vendas celebradas entre pessoas todas comerciantes, salvo provando-se erro, fraude ou simulação"[246]. Na mesma linha, *Teixeira de Freitas*, em seu *Esboço* (1860), repeliu o instituto, prevendo no art. 1.869, inserto no parágrafo dedicado aos vícios do consentimento, que: "A lesão, só por si, não vicia os contratos". Influenciados pelo Código Napoleão, *Felício dos Santos* (1881) e *Coelho Rodrigues* (1893) admitiram a lesão, mas apenas em benefício do vendedor na alienação de imóveis.

O Código Civil de 1916, editado à luz dos ideais que inspiraram a Revolução Francesa, baniu de vez a lesão do ordenamento nacional, deixando patente, assim, seu compromisso com a exaltação da autonomia privada. Na esteira do pensamento de diversos doutrinadores da época, considerava-se que não poderia o julgador intervir para modificar os termos convencionados, pois o que fora contratado era necessariamente o justo, tanto que aceito pelas partes. Tal ideia, ainda hoje retratada no ditado popular segundo o qual "o que foi combinado não é caro", foi resumida por *Fouillée* (1838-1912) na seguinte frase: "toda justiça é contratual, quem diz contratual diz justo"[247].

O consenso, na época, era de que "cada indivíduo, no gozo de plena liberdade de contratar, devia ser o único juiz do seu próprio interesse". Afora isso, "a rescisão do contrato por motivo de desproporção do valor das prestações recíprocas repugnava ao princípio fundamental: *pacta sunt servanda*"[248]. Pressupondo que todos são iguais perante a lei, não poderia esta sobrepor-se às condições livremente aceitas pelos interessados, sob pena de favorecer um dos contratantes em detrimento do outro.

Nas discussões que precederam o Código Napoleão, argumentava *Berlier*, contra o instituto da lesão, que as coisas, em geral, não têm um preço certo: a maior ou menor afeição, as conveniências de cada um ou a posição das partes em relação ao objeto, entre outras circunstâncias, são fatores que conduzem a apreciação diversa, sendo a própria

---

(245) RIZZARDO, Arnaldo. *Op. cit.*, p. 71.
(246) Tal orientação retratava o espírito da época, já revelado na Lei n. 24, de outubro de 1832, que liberou a usura entre nós, ao prever que "o juro ou prêmio de dinheiro, de qualquer espécie, será aquele que as partes convencionarem" (art. 1º). E o Código Civil português de 1867 seguiu a mesma filosofia, estabelecendo que: "o contrato de compra e venda não poderá ser rescindido com o pretexto de lesão, salvo se essa lesão envolver erro que anule o consentimento ou havendo estipulação expressa em contrário" (art. 1.582).
(247) *Apud* PEREIRA, Caio Mário da Silva. *Lesão...*, cit., p. 144.
(248) CHAVES, Antônio. Lesão – I. In: *Enciclopédia Saraiva do Direito*, v. 49. São Paulo: Saraiva, 1977. p. 215.

convenção quem fixa o preço mais adequado[249]. E embora tenha acolhido a lesão apenas em relação aos menores (art. 1.305) e à venda de imóveis (art. 1.674), o Código Napoleão foi duramente criticado por isso, sendo o art. 1.674 qualificado por *Jourdan* como uma mancha do Código[250]. Assim, o único modo de introduzir a lesão no pensamento liberal era associá-la aos vícios do consentimento, reconhecendo na enormidade do sacrifício a fraqueza de espírito do prejudicado, a violência que lhe é feita ou o dolo de que é vítima. Foi isso que ocorreu no Código Comercial pátrio, conforme referido acima, bem como no Código Civil português de 1867. Além disso, os tribunais franceses valeram-se da teoria da causa e da interpretação dos contratos para coibir os abusos[251].

Entre nós, embora o legislador civil continuasse avesso ao instituto, pouco mais de duas décadas após o início da vigência do Código Bevilaqua, a lesão foi introduzida em nosso ordenamento jurídico pela Lei de Proteção à Economia Popular (Decreto-lei n. 869, de 18.11.1938, substituído, mais tarde, pela Lei n. 1.521, de 26.12.1951), cujo art. 4º criminalizou a usura pecuniária ou real, tipificando-a como: "b) obter ou estipular, em qualquer contrato, abusando da premente necessidade, inexperiência ou leviandade de outra parte, lucro patrimonial que exceda o quinto do valor corrente ou justo da prestação feita ou prometida".

Assim, ainda que indiretamente, uma vez que se tratava de norma penal, ressurgia entre nós o instituto da lesão[252]. Com o passar do tempo, vieram a lume outras normas no sentido de limitar a liberdade individual e promover a equidade nos contratos, entre as quais destacam-se as leis trabalhistas, reunidas, em 1943, na CLT, e o Código de Defesa do Consumidor, até a consagração definitiva da lesão pelo Código Civil de 2002[253].

Todavia, mesmo quando não havia norma expressa, isso não significava que o Direito pátrio legitimasse a desproporção abusiva entre as prestações. Afinal, a lesão atenta contra a equidade, e esta assenta-se nos princípios gerais do Direito *(suum cuique tribuere)*, os quais, no silêncio da lei, poderiam e deveriam ser invocados pelo julgador para coibir os abusos se não fosse possível solucionar a questão sob o enfoque dos vícios da vontade[254].

Por fim, o ressurgimento de normas legais que coíbem a lesão demonstra, definitivamente, que o avanço da sociedade, com a crescente expansão do progresso e a multiplicação das relações interpessoais, de forma alguma dispensa a proteção jurídica em face da posição de inferioridade em que algumas pessoas ou categorias de indivíduos se situam perante os demais.

---

(249) DEMOGUE, René. *Op. cit.*, p. 610-1.
(250) Isso, apesar de exigir, para a configuração da lesão, que o preço pago pelo imóvel fosse inferior a 5/12 de seu valor real.
(251) RIPERT, Georges. *Op. cit.*, p. 122 e ss.
(252) Para Silvio Rodrigues, no entanto, a usura real é figura nova, não guardando parentesco algum com a lesão surgida na lei bizantina (RODRIGUES, Silvio. *Dos vícios do consentimento*. 3. ed. atual. São Paulo: Saraiva, 1989. p. 216-7).
(253) Agora é tempo de vencer a resistência dos julgadores, uma vez que, conforme observou Caio Mário, nota-se uma timidez (e até mesmo a repulsa) de nossos tribunais na aplicação do instituto (PEREIRA, Caio Mário da Silva. *Lesão...*, cit., p. viii).
(254) CASTELLO BRANCO, Elcir. *Op. cit.*, p. 231. Registre-se que não é apenas a partir do Decreto-lei n. 4.657/42 (atual Lei de Introdução ao Código Civil) que se reconhece aos princípios gerais de Direito o *status* de fonte subsidiária (art. 4º), a mesma previsão já constava do art. 7º da antiga Lei de Introdução do Código Civil anterior (Lei n. 3.071/1916).

Se, por um lado, a vida contemporânea proporciona maior intercâmbio de conhecimentos e experiências, por outro, as fórmulas de ludibriar também se aperfeiçoaram, fazendo com que o instituto não perca sua atualidade[255]. Talvez até, em virtude do surgimento de novos ramos de negócios, com o aumento da demanda por produtos e serviços, o instituto seja mais exigido nos dias de hoje do que o foi no passado.

Não bastasse isso, novos mecanismos foram criados pelo legislador a fim de preservar o equilíbrio contratual, merecendo destaque, nas relações de consumo, a figura das *cláusulas abusivas*, em que a avaliação do caráter inequitativo do ajuste é objetiva, sem consideração a eventual malícia das partes (Lei n. 8.078/90, arts. 51/53). E a mesma situação pode ser vivida em diversos outros contratos em que haja substancial desigualdade entre as partes. Consoante a lição de *Bueno de Godoy*, as cláusulas abusivas trazem em si a marca da unilateralidade e decorrem de uma posição de superioridade de um dos contratantes em relação ao outro, o que acaba produzindo um desequilíbrio na divisão de vantagens e riscos. Sua vedação fundamenta-se na exigência de que as contratações decorram de um comportamento leal e de cooperação entre as partes. Para tanto, necessária se faz uma combinação entre "boa-fé objetiva e justiça contratual de tal arte que o comportamento solidário seja o pressuposto necessário para uma contratação justa, que, de seu turno, não se compadece com a previsão de resultado desigual por conta da desigualdade substancial das partes"[256].

8.4.2. Fundamentos

Assenta-se o instituto da lesão na necessidade de estabelecer o equilíbrio social, não se podendo admitir que pessoas inescrupulosas explorem a inferioridade alheia para obterem vantagens desproporcionais. Afinal, acima de tudo, deve o Direito perseguir a Justiça, sem a qual jamais conseguirá sequer aproximar-se da tão sonhada pacificação social. Assim, não poderiam as normas jurídicas ignorar o apelo das regras morais e emprestar reconhecimento a negócios que não se revistam de um mínimo de decência ou pudor econômico, por permitirem que uma das partes colha vantagens manifestamente exorbitantes em detrimento da outra, vergada pela necessidade ou inexperiência.

Embora se caracterize pelo desequilíbrio das prestações pactuadas, tal como prevista no Código Civil, a lesão praticamente equipara-se aos vícios da vontade, uma vez que o legislador condicionou seu reconhecimento à demonstração da vulnerabilidade da vítima. Com efeito, pelo art. 157 do Estatuto Civil, só haverá o vício da lesão quando o desequilíbrio negocial decorrer da inexperiência ou premente necessidade em que se encontra o contratante lesado. Fica evidente, no caso, que a desproporção entre as prestações, em que se baseia o instituto da lesão, consoante os termos legais, só vicia o ato quando decorrer das circunstâncias citadas. Conforme salientou *Arnaldo Rizzardo*, a mera desproporção deixa de ser levada em conta pelo Direito quando desacompanhada de um substrato motivador. É a premência da necessidade ou a falta de experiência que fixam os contornos subjetivos da lesão[257].

---

(255) RIZZARDO, Arnaldo. *Op. cit.*, p. ix.
(256) GODOY, Claudio Luiz Bueno de. *Op. cit.*, p. 49.
(257) RIZZARDO, Arnaldo. *Op. cit.*, p. 110.

É por isso que, quando tratamos dos vícios da vontade, relacionamos a lesão por inexperiência ao erro e a lesão por necessidade premente à coação (coação circunstancial). E a proximidade com os vícios da vontade é reconhecida por inúmeros doutrinadores, definindo-a, por exemplo, *Fábio Ulhoa Coelho* como "o defeito de consentimento em que a vontade de uma parte é constrangida por necessidade premente (não se manifesta livre) ou pela inexperiência (não se manifesta consciente), resultando negócio jurídico em que contrai obrigação manifestamente desproporcional à prestação da outra parte"[258].

Por sua vez, comenta *Vicente Ráo* que, "ao qualificar a natureza jurídica da lesão, tal qual a admitia nosso antigo Direito, Lacerda de Almeida (*Obrigações*, § 56), sustentava a desnecessidade de prova do dolo ou engano para se obter a rescisão do contrato lesivo, pois o fundamento da rescisão consistia, no seu entender, na desproporção das prestações contrárias à equidade natural. Melhor se diria, contudo, que fundamento de se desfazer o contrato era a presunção absoluta da existência do dolo ou engano, à vista do desequilíbrio objetivo das prestações. Contra essa presunção que, por ser absoluta, não se admitia prova em contrário, não podia prevalecer a declaração de vontade das partes que sob qualquer forma (renúncia, doação do excedente etc.) procurasse infirmá-la. Presumia a lei, imperativamente, o engano causador do contraste entre a vontade real e consciente da parte e a declaração de seu consenso ao preço lesivo; e, em consequência, facultava ao prejudicado o uso da ação de rescisão e ao demandado permitia manter o ato mediante reajuste do preço"[259].

A possibilidade de salvar o negócio é uma particularidade que estrema a lesão dos vícios do consentimento, uma vez que naquela se permite que o beneficiado evite a anulação, desde que concorde em reduzir o proveito ou ofereça o suplemento suficiente, a fim de que seja eliminada a desproporção das prestações (CC, art. 157, § 2º)[260]. Já em caso de vício do consentimento, provado este, a outra parte não tem como evitar a anulação oportunamente requerida pelo interessado. Segundo *Arnaldo Rizzardo*, o ato lesionário revela a existência de um querer defeituoso, sem se confundir com os demais vícios do consentimento[261]. Na verdade, porém, é o caráter apenas acidental do vício que permite a manutenção do negócio.

A maioria dos autores contemporâneos, no entanto, evita a explicação da lesão sob o fundamento dos vícios do consentimento. E isso se deve, em parte, ao fato de que aquela era a justificativa para a lesão sob o enfoque do princípio da autonomia da vontade. Sob a ótica do liberalismo, como não se cogitava das desigualdades substanciais entre os contratantes, a justiça do contrato fundava-se no fato de resultar ele da convergência da vontade das partes[262]. Afinal, se houve consenso entre os interessados, pressupunha-se ter havido equilíbrio, pois haviam sido banidos os privilégios e discriminações que caracterizavam o

---

(258) COELHO, Fábio Ulhoa. *Curso de direito civil*, v. 1. São Paulo: Saraiva, 2003. p. 331.
(259) RÁO, Vicente. *Ato jurídico:* noção, pressupostos, elementos essenciais e acidentais; o problema do conflito entre os elementos volitivos e a declaração. 3. ed. anotada e atual. por Ovídio Rocha Barros Sandoval. São Paulo: Revista dos Tribunais, 1994. p. 212.
(260) É por isso que o Direito italiano e o francês, por exemplo, consideram a lesão não como causa de anulabilidade dos contratos, mas, sim, de sua rescisão, embora observe Carbonnier que, na atuação prática, a ação de rescisão por lesão apresenta todos os caracteres da ação de anulação, com a peculiaridade, porém, de exigir a prova da ocorrência de prejuízo, o que não ocorre em relação esta (CARBONNIER, Jean. *Op. cit.*, p. 147).
(261) RIZZARDO, Arnaldo. *Op. cit.*, p. 108.
(262) Segundo o mito oitocentista, o indivíduo era o melhor defensor de seus interesses.

feudalismo. Assim, tendo as partes agido em condições de paridade, somente o vício da vontade do lesionado é que poderia autorizar o reconhecimento do desequilíbrio contratual, mesmo porque o parâmetro para a valoração do preço justo era inteiramente subjetivo. Por outro lado, há os que recusam a aproximação com os vícios da vontade pelo temor de que isso venha a descaracterizar a lesão, assimilando-a ao conteúdo daqueles.

Todavia, uma vez consagrada pelo Código Civil com requisitos próprios, não mais persiste o risco de que a lesão venha a ser confundida com os vícios do consentimento tradicionais (erro, dolo ou coação). Por outro lado, admitida a objetivação da justiça negocial, mesmo depois de superados os pressupostos em que se assentava a doutrina liberal, não se poderia supor que a parte lesionada tivesse concordado espontânea e conscientemente com o desequilíbrio contratual, pois, do contrário, haver-se-ia de entender que, na parte excedente, houve intenção liberal e, por conseguinte, não caberia invocar a lesão para anular o negócio. Inegável, assim, a proximidade e até, de certo modo, alguma promiscuidade entre os institutos da lesão e dos vícios do consentimento.

Analisada sob a ótica de quem dela se beneficia, no entanto, a lesão caracteriza-se como desvio social ou funcional. Com efeito, quando alguém se aproveita da conjuntura adversa à outra parte para dela extrair vantagens exageradas, está transformando o contrato em instrumento atentatório ao equilíbrio econômico que deve prevalecer nos negócios jurídicos, em nome de sua função social. E é, sem dúvida alguma, sob esse ângulo que o instituto vem sendo estudado nos dias atuais, uma vez que, mais do que proteger a fraqueza de um dos contratantes, visa a coibir a postura dos que dela se aproveitam. Em outras palavras, é o caráter social do Direito que ganha relevância, em detrimento da proteção individual.

Desde o ressurgimento da lesão, este tem sido o enfoque preferencial tanto na lei quanto na doutrina. O § 138 do BGB, por exemplo, inicia decretando a nulidade dos atos contrários aos bons costumes, para, logo em seguida, estabelecer que é particularmente nulo o ato jurídico por força do qual alguém, explorando a necessidade, a leveza de espírito ou a inexperiência de outrem, tira proveito da situação, para obter deste, em troca de uma prestação, a promessa, para si ou para terceiro, de vantagens econômicas que excedam de tal maneira a prestação oferecida que, segundo as circunstâncias, tornem manifesta a desproporção entre as prestações pactuadas.

Comentando tais disposições, escreveu *Saleilles* que versam elas sobre a "exploração do indivíduo que foi prejudicado com a desproporção dos equivalentes. Deve entender-se como tal, não o fato de ter a vítima da lesão sofrido uma pressão a que sua vontade não resistiu, o que seria um ponto de vista suscetível de entrar na categoria dos vícios do consentimento, mas da circunstância inteiramente diversa de haver a outra parte tirado partido do estado de fraqueza ou de miséria daquele com quem contratou. Diante disso, conclui o notável civilista francês: 'Não se trata, por conseguinte, de um vício do consentimento, mas de um ato imoral da parte do contratante em cujo proveito a desproporção dos equivalentes se tornou manifesta'"[263].

---

(263) *Apud* ESPÍNOLA, Eduardo. *Manual...*, cit., p. 389. O acerto de tal ensinamento não invalida a lição de Demogue, segundo a qual a intervenção do Estado nos contratos em que não há vício de consentimento provado também pode

De qualquer modo, com a adoção da teoria da confiança, mesmo os vícios do consentimento passaram a ter nova conotação jurídica, vindo a submeter-se também eles ao crivo da socialidade. Assim, não basta que o declarante se tenha equivocado ou tenha afirmado o que não tinha intenção de dizer, mas é preciso que o descompasso entre a vontade real e a manifestada pudesse ter sido constatado pelo declaratário. Por outro lado, embora, para fins de estudo, seja o negócio jurídico decomposto em diversas partes, apresenta-se, na realidade, como um todo orgânico. Indispensável, pois, na análise do negócio, não perder de vista que os diversos enfoques se voltam todos sobre o mesmo fato, não se podendo considerá-los, pois, exclusivos ou autônomos, mas interdependentes e complementares. Apesar disso, a rejeição de eventual pleito anulatório fundado na ocorrência de lesão não inibe a invocação de vício do consentimento com o mesmo propósito, e vice-versa.

8.4.3. Pressupostos

Segundo a dicção legal, "ocorre a lesão quando uma pessoa, sob premente necessidade ou por inexperiência, se obriga a prestação manifestamente desproporcional ao valor da prestação oposta" (CC, art. 157).

A necessidade a que se refere a lei, conforme explica *Caio Mário*, não é a miséria ou a insuficiência habitual de meios de prover à subsistência própria ou dos seus. Não se trata, pois, de uma escolha entre a fome e o negócio, sendo antes a necessidade *contratual*. Assim, ainda que o indivíduo seja abastado, se, devido às circunstâncias, foi levado a praticar um ato em condições altamente desfavoráveis porque precisava obter a prestação contratada, configurada estará a lesão. E arremata: "A necessidade contratual não decorre da capacidade econômica ou financeira do lesado, mas da circunstância de não poder ele deixar de efetuar o negócio"[264]. Nas palavras de *Fabrício Matiello*, "deve haver, na situação versada, um quadro capaz de revelar que o sujeito se viu compelido, ante as circunstâncias, a promover a exteriorização volitiva em um contexto do qual resulta a conclusão de que não teria agido daquela forma se estivesse em condições diferentes, mais amenas e menos rigorosas do ponto de vista da necessidade de contratar". Assim, "por necessidade premente entende-se aquela de caráter urgente, impostergável, que exerce pressão sobre o declarante a ponto de romper a sua resistência normal[265].

Por outro lado, esclarece mais uma vez *Caio Mário* que "inexperiência não quer dizer incultura, pois que um homem erudito, letrado, inteligente, muitas vezes se acha, em contraposição com o cocontratante arguto, na situação de não perceber bem o alcance do contrato que faz, por escapar aquilo à sua atividade comum. Aqui também, além da inexperiência geral, decorrente do grau modesto de desenvolvimento, ter-se-á de examinar a inexperiência contratual, que se aferirá tanto em relação à natureza da transação, quanto

---

ser justificada por uma presunção de dolo ou de erro em favor da parte prejudicada. O mesmo autor, entretanto, não deixa de mencionar o fundamento da solidariedade social, que exige certa igualdade entre as prestações (DEMOGUE, René. *Op. cit.*, p. 642-3).
(264) PEREIRA, Caio Mário da Silva. *Lesão...*, cit., p. 165.
(265) MATIELLO, Fabrício Zamprogna. *Op. cit.*, p. 114.

à pessoa da outra parte"[266]. Diante disso, é no contexto do negócio realizado que deverá ser investigado o requisito da inexperiência, considerando tanto a condição psíquica da parte prejudicada, isto é, seu desenvolvimento sociocultural, quanto a prática negocial em geral ou a vivência anterior em negócios da mesma espécie ou similares.

Ao exigir que o desequilíbrio entre as prestações seja resultante de inexperiência ou premente necessidade, o legislador restringiu a proteção legal, por invocação do instituto da lesão, aos casos em que a concordância da parte prejudicada tenha sido escusável em razão das circunstâncias mencionadas. Assim, consoante ressalta *Fabrício Matiello*, a lesão não pode ser invocada por quem simplesmente fez um mau negócio e, dando-se conta disso, invoca uma pretensa falta de vivência para anulá-lo: "inexperiência e culpa são inconciliáveis, cabendo ao sujeito que agiu com negligência ou imprudência suportar os efeitos de sua conduta"[267]. A consagração legislativa do instituto da lesão, portanto, de modo algum dispensa o indivíduo dos cuidados de que se deve cercar ao atuar no comércio jurídico. Somente quando a celebração do negócio em condições francamente desfavoráveis foi motivada por real inexperiência ou premente necessidade é que a lei vem em socorro do prejudicado. De outro modo, "admitir que se possa obter a anulação do negócio feito sem a observância de cautelas mínimas importaria em aplaudir o mau procedimento negocial, colocando em risco a segurança que deve revestir os vínculos jurídicos criados"[268]. Convém ressaltar que o legislador não incluiu entre as causas da anulação por lesão a leviandade da vítima. Assim, não constitui fundamento bastante para anular o negócio o só fato de a parte prejudicada pelo desequilíbrio contratual ter agido irrefletidamente, sem que tenha sido movida por premente necessidade ou inexperiência, mas por simples irresponsabilidade ou extravagância. Todavia, presentes os requisitos do erro sobre o preço, a parte prejudicada pode postular a reparação dos prejuízos de que foi vítima.

Diversamente do que ocorre em relação ao prejudicado, as condições pessoais ou o estado subjetivo da parte que colhe as vantagens do negócio lesivo não têm relevância alguma no caso, não se exigindo que esta tenha agido com *dolo de aproveitamento*. Com efeito, ao contrário do art. 4º, alínea *b*, da Lei da Economia Popular (já transcrito), que inseriu na conduta típica o *abuso* da premente necessidade ou inexperiência, o art. 157 do Código Civil não faz referência ao elemento psíquico da parte beneficiada pelo negócio. Por tal motivo, nesse ponto, a jurisprudência construída a partir da Lei da Economia Popular, acerca do instituto da lesão, não é aproveitável na aplicação do instituto no campo civil. Ademais, se estiverem presentes os elementos que qualificam a conduta da parte que colhe a vantagem como criminosa, não se poderia considerar o ato apenas como anulável, mas nulo. Afinal, se tal conduta é tão grave a ponto de ser considerada criminosa, é porque atenta contra os interesses públicos, não se podendo, assim, permitir que o ato fosse mantido, ainda que conveniente para as partes.

Assim, sob o ponto de vista de quem colhe a vantagem desproporcional, a lesão é aferida de forma objetiva, sendo desnecessário provar a ocorrência da intenção de se

---

(266) PEREIRA, Caio Mário da Silva. *Lesão...*, cit., p. 167.
(267) MATIELLO, Fabrício Zamprogna. *Op. cit.*, p. 113.
(268) *Idem.*

prevalecer da situação alheia (*dolo de aproveitamento*)[269]. A propósito, observa *Humberto Theodoro Júnior* que "o próprio princípio da probidade e boa-fé exige que, em regra, um contratante não imponha ao outro prestações desproporcionais. Daí a presunção: 'se o fez, é porque se aproveitou da situação de inferioridade em que então se encontrava o lesado'. A presunção, todavia, é *relativa*, visto que se torna cabível a prova pelo interessado de que, *in concreto*, teria agido de boa-fé e sem abuso ou exploração da fragilidade do outro contratante"[270].

Não se trata, porém, de demonstrar que a desproporção é justificável, mas que não existe vantagem exagerada em razão das circunstâncias do negócio ou do objeto. Se o comprador demonstra que o valor pago por determinado bem corresponde ao seu estado, a descaracterização da lesão não resulta de ser justificada a desproporção entre o valor real e o preço pago, mas do fato de que, no caso, o valor pago corresponde ao valor real do bem. Disso decorre que a desproporção não pode ser avaliada *in abstrato*, senão pela análise concreta das circunstâncias que envolvem cada negócio jurídico.

Conquanto a lei não exija a prova do dolo ou erro, não dispensa a demonstração do desequilíbrio contratual. Verificado este, a lesão é sancionada em si mesma, sem necessidade de provar que ela é consequência de um vício do consentimento, embora entre nós esteja vinculada à inexperiência ou premente necessidade. Daí a conclusão dos juristas *Mazeaud* e *Chabas* de que, sob o enfoque objetivo, a lesão constitui uma aplicação particular da teoria da causa: o contrato lesivo é anulado ou reduzido por *ausência parcial de causa*[271].

Como o instituto da lesão funda-se no ideal da equivalência entre as prestações das partes, em princípio, só tem lugar nos negócios comutativos, nos quais pressupõe-se a paridade entre as obrigações assumidas pelas partes, cujo equilíbrio é apreciável desde logo. Tratando-se de negócios aleatórios ou especulativos, é o acaso que define o ganho ou a perda do contraente que atraiu para si os riscos, devendo a contraprestação guardar correspondência apenas com os riscos assumidos, e não com a prestação eventualmente devida ou recebida pela parte sobre a qual recai a álea. Todavia, seria equivocado sustentar que a lesão esteja terminantemente banida dos negócios aleatórios. Em tais pactos, no entanto, conforme salienta *Fabrício Matiello*, a verificação dos pressupostos da lesão passa pela análise do quadro a partir da abstração da álea normalmente presente na modalidade contratual ajustada. Noutras palavras, se a álea normal daquela espécie de contrato for desconsiderada e ainda assim subsistirem os elementos da lesão, estará firmada a ideia de anulabilidade do negócio[272]. Desnecessário ressaltar que tais hipóteses demandam cuidado redobrado do julgador, a fim de não acobertar a malícia de quem transferiu os riscos e, depois de superados estes, pretende negar à parte que os assumiu a contraprestação que

---

(269) Neste sentido é o Enunciado n. 150 do Conselho da Justiça Federal.
(270) THEODORO JÚNIOR, Humberto. *Op. cit.*, p. 233.
(271) MAZEAUD, Henri et Léon; MAZEAUD, Jean; CHABAS, Henri. *Leçons de droit civil*, t. 2, v. 1: obligations: théorie générale. 8. ed. Paris: Montchrestien, 1991. p. 197-8. Neste sentido, a arrematação por lance vil também padeceria de um defeito (ausência parcial) de causa.
(272) MATIELLO, Fabrício Zamprogna. *Op. cit.*, p. 119-20.

lhe era devida, consoante o pactuado e observados os princípios da razoabilidade. O que não se pode, porém, é eliminar, *a priori*, a possibilidade da lesão no caso. Apenas para exemplificar, suponhamos a hipótese de alguém que, por inexperiência, adquira o produto de uma colheita futura mediante o pagamento de valor correspondente ao triplo da produção normal da área semeada. Embora tenha assumido os riscos acerca do volume de grãos a serem colhidos, não é razoável que pague por eles valor tão exorbitante. E o mesmo ocorreria se a situação se invertesse, isto é, se o vendedor, premido por necessidade urgente, prometesse entregar o resultado da colheita por valor equivalente a apenas um terço da produção normal da área cultivada. *Anelise Becker* também entende ser possível a invalidação de contrato aleatório por lesão quando há evidente desequilíbrio no momento de sua formação, por exemplo, quando o prêmio pago pelo segurado for desproporcional à cobertura oferecida[273].

A aferição dos limites a partir dos quais a desproporção passa a ser inaceitável fica a cargo do prudente arbítrio do juiz, em cada caso concreto, não prevendo a lei parâmetros que possam auxiliá-lo nessa tarefa[274]. O que deve ser observado, no entanto, é que, dada a dificuldade em estabelecer o valor real de cada prestação, deve-se admitir certa variação dependendo das circunstâncias, só devendo o juiz pronunciar a anulação quando a desproporção for evidente e considerável, a ponto de comprometer significativamente o equilíbrio da relação jurídica. Para *Anelise Becker*, a disparidade valorativa entre as prestações a ser exigida, para caracterizar a lesão, é inversamente proporcional à inferioridade do prejudicado. Assim, à medida que cresce o desequilíbrio subjetivo, menor é a desproporção exigida, em favor da parte mais forte, para que se reconheça a lesão, justamente porque o prejudicado tem menos condições de defender seus interesses[275]. Em tais situações, ademais, reforça-se a presunção de que a desproporção decorra do desnível existente entre os sujeitos.

Todavia, conforme adverte *Fabrício Matiello*, não será qualquer diferença de valores que levará à ocorrência de lesão, exigindo-se, ao contrário, que as prestações sejam evidentemente destoantes e inconciliáveis, uma vez que não se pode supor que o legislador tenha eliminado os riscos normais do negócio. Assim, embora nem sempre ambas as partes estejam fazendo um bom negócio, para que se possa falar em lesão, além dos demais requisitos, é preciso que a desproporção entre as prestações seja *manifesta*, isto é, perceptível de imediato[276].

Para evitar dúvidas, a própria lei se encarregou de especificar que a desproporção entre as prestações deve ser apreciada com base nos valores vigentes ao tempo em que foi celebrado o negócio jurídico (CC, art. 157, § 1º). Eventuais alterações supervenientes, dependendo do caso, poderão dar lugar à invocação da teoria da imprevisão (CC, arts. 478/480), mas escapam ao conceito de lesão.

---

(273) BECKER, Anelise. *Teoria geral da lesão nos contratos*. São Paulo: Saraiva, 2000. p. 96-7.
(274) Nem seria recomendável que o legislador preestabelecesse um índice fixo como critério delimitador da lesão. Conforme bem observou Caio Mário, "qualquer tarifa seria arbitrária, e a que fosse prevista em lei teria o inconveniente adicional de ser inflexível (PEREIRA, Caio Mário da Silva. *Lesão...*, cit., p. 188).
(275) BECKER, Anelise. *Op. cit.*, p. 114-5.
(276) MATIELLO, Fabrício Zamprogna. *Op. cit.*, p. 114.

8.4.4. Aplicação ao contrato de trabalho

Na esfera trabalhista, embora a hipossuficiência do trabalhador sirva de fundamento para a tutela legal ao empregado, em regra é dispensável a invocação daquele pressuposto para a aplicação das normas tuitivas, uma vez que a lei leva em conta apenas os efeitos do ato. Assim, todo ato que importe prejuízo aos direitos trabalhistas é considerado nulo, não sendo dado ao obreiro firmar pacto laboral em condições menos vantajosas que as estabelecidas em lei ou norma coletiva, nem concordar com alterações de cláusulas que onerem sua posição inicial (CLT, arts. 9º e 468).

Em relação ao valor dos salários, aspecto mais sensível do pacto laboral, a proteção do trabalhador contra a lesão manifesta-se, principalmente, na previsão legal ou normativa de pisos remuneratórios[277], bem assim na fixação de acréscimos salariais para o labor em condições mais gravosas ou além dos limites contratados[278]. Assim, mediante intervenções específicas sobre determinadas matérias, o Direito do Trabalho antecipa-se à lesão procurando evitar que ela se concretize, em vez de apenas combater os seus efeitos. Em outras palavras, conforme bem salientou *Orlando Gomes*, limitando a liberdade contratual, a lei "exerce uma ação profilática contra uma lesão potencial"[279]. Além disso, ao estabelecer patamares contratuais mínimos, a lei supera as dificuldades inerentes à prova da lesão ou as apreciações subjetivas quanto à desproporção entre as prestações e sua gravidade. Todavia, mesmo em tema salarial, o instituto da lesão poderá ser aplicado, por exemplo, quando houver negociação coletiva visando à diminuição da contraprestação laboral, nos termos do art. 7º, inciso V, da Constituição Federal. No caso, a redução salarial deverá ter caráter transitório e estar fundada em dificuldades reais do empregador, não podendo, além disso, resumir-se a um simples corte remuneratório sem nada oferecer aos trabalhadores em troca. Como em qualquer outra situação, no caso, deve-se observar o conjunto das disposições negociais para se aferir a existência, ou não, de proporcionalidade nas concessões ou obrigações assumidas.

Verifica-se, portanto, que, a despeito das normas especiais de proteção ao trabalhador, ainda há lugar, nas relações laborais, para a aplicação do instituto da lesão. Com efeito, o contrato de trabalho preenche as três condições, a que se refere *Jean Carbonnier*, para que a lesão se manifeste: onerosidade, comutatividade e sinalagma. Segundo o professor parisiense, somente os contratos que reúnem tais requisitos podem dar ensejo à lesão, uma vez que a intenção liberal, a álea assumida por um dos contratantes ou a inexistência

---

(277) Na falta de um piso salarial, os princípios da teoria da lesão podem ser invocados para fins de reconhecimento do salário pactuado, quando a prova é deficitária: "TÉCNICO AGRÍCOLA. PISO SALARIAL. DIFERENÇAS. Não sendo crível que o empregado, com formação profissional específica, seja arregimentado em outro Estado para receber apenas um salário-mínimo, e ante a inexistência de norma fixando um piso para o técnico agrícola, fixa-se o salário do obreiro, na espécie, em duas vezes o mínimo legal, com base no que restou demonstrado (prova oral) como sendo o usual. Inteligência dos arts. 335, do CPC, e 460, da CLT" (TRT 18ª Região, RO 01721-2002-101-18-00-3, Rel. Juiz Saulo Emídio dos Santos. DJE 7.5.2004, p. 174).
(278) "Quer esteja contratado o salário no mínimo, quer em cifra mais elevada, sempre que exigir do empregado um período superior à jornada legal, o patrão tem de remunerar esse serviço extraordinário, e, assim, equilibrar, com um pagamento maior, o serviço prestado a mais" (PEREIRA, Caio Mário da Silva. *Lesão...*, cit., p. 162-3).
(279) GOMES, Orlando. Nulidades no direito contratual do trabalho. In: *Revista Forense*, v. 155, set./out. 1954. p. 44.

de reciprocidade de obrigações inviabiliza a alegação de desproporcionalidade entre as prestações[280].

Pode a lesão materializar-se, por exemplo, na cláusula de não concorrência, cuja vigência se estenda após o término do pacto laboral. Se o valor pago ao trabalhador para que se abstenha de prestar serviços a empresa concorrente da ex-empregadora não corresponder às restrições impostas pela cláusula em questão, o trabalhador sofrerá limitações à liberdade profissional sem uma contraprestação equitativa, o que pode importar um caso de lesão. A desproporção, no entanto, deve ser analisada por ocasião da celebração do pacto, e não quando de sua execução, embora nesse instante possa ser invocada a teoria da imprevisão.

José Antonio Pancotti lembra, ainda, o caso do empregador que eleva consideravelmente o volume de trabalho ou as responsabilidades originariamente assumidas pelo empregado sem o correspondente acréscimo salarial[281]. Mesmo nos casos em que o empregado seja pago para cumprir determinada jornada, se o empregador lhe atribui atividades mais complexas ou aumenta sua carga de trabalho sem melhoria salarial, estará ele obtendo um trabalho de maior valor, sem oferecer uma retribuição equitativa. No particular, especialmente nos dias atuais, em que floresce a cultura do enxugamento dos quadros de pessoal, tem sido frequente a dispensa de alguns trabalhadores com a redistribuição das tarefas antes executadas por eles aos empregados remanescentes sem qualquer incremento salarial para estes. Em tais casos, dependendo da situação, especialmente quando os obreiros que permanecem na empresa passam a desenvolver atividades relativas a funções mais bem remuneradas, não raro, configura-se um desequilíbrio contratual caracterizador da figura da lesão.

Todavia, o simples exercício de tarefas correspondentes a diferentes funções, dentro da mesma jornada, não confere ao obreiro o direito de cumular os salários de todas elas, quando já receba salário fixo, uma vez que este já abrange todo o labor prestado durante a jornada normal. Tomemos o exemplo do motorista de ônibus que também faz os serviços de cobrador. No caso, enquanto o empregado está desempenhando as funções de motorista, não está exercendo as atividades de cobrador, e vice-versa. O que não pode ocorrer, em tais casos, é o pagamento apenas do salário relativo à função menos qualificada. Todavia, se o empregado já recebe a remuneração correspondente à função mais elevada, não se poderá falar em lesão, pelo fato de desempenhar outras tarefas, uma vez que, mesmo durante o tempo despendido na execução de serviços menos qualificados, continuará recebendo o salário da função mais bem remunerada. De todo modo, não se pode desconsiderar a hipótese de sobrecarga no ritmo de trabalho, que poderia, inclusive, caracterizar uma alteração contratual ilícita (CLT, art. 468).

Outra situação em que não só é possível mas também comum caracterizar-se a lesão consiste na transferência de riscos empresariais ao empregado via contrato. Um caso típico,

---

(280) CARBONNIER, Jean. *Op. cit.*, p. 157. Conforme a lição de Fabrício Matiello, acima referida, no entanto, não se pode negar, em caráter absoluto, a ocorrência de lesão nos contratos aleatórios, conquanto sua ocorrência demande uma análise mais acurada.
(281) PANCOTTI, José Antonio. Algumas considerações sobre os reflexos do novo Código Civil no direito do trabalho. In: *Revista LTr,* v. 67, n. 12, dez. 2003. p. 1.453-4.

que nos chamou a atenção, foi de um empregador que carreava ao empregado as despesas com a manutenção e combustível da motocicleta utilizada no trabalho. Além do salário, o empregador pagava ao obreiro apenas o aluguel da moto, ambos em valores fixos, incumbindo o trabalhador de assumir as despesas pela utilização do veículo. Tal situação, na prática, importava um rendimento inversamente proporcional à extensão do trabalho efetivamente prestado no decorrer da jornada contratual. Com efeito, quanto mais o obreiro laborava com sua motocicleta para o empregador, maiores eram as suas despesas com manutenção e combustível, de forma que, em vez de aumentar os seus ganhos, tinha-os reduzidos. Evidentemente que tal situação também é abrangida pelo art. 9º da CLT, mas, sem dúvida, trata-se de típica cláusula leonina, lesiva ao empregado, uma vez que a quantidade de trabalho, durante sua jornada, dependia das ordens de serviço que lhe eram repassadas pelo empregador.

Tal como ocorre nos demais contratos em que a adesão se sobrepõe à negociação no âmbito das relações trabalhistas, não é incomum a ofensa ao princípio da equivalência, uma vez que, em tais pactos, o desequilíbrio de fato existente entre os sujeitos normalmente se transpõe para a regulamentação de seus interesses. E à medida que aumenta o desnível entre as partes, mais evidente se mostra a necessidade da intervenção estatal, a fim de preservar a justiça contratual. Conforme observou *Anelise Becker*, "se no auge do voluntarismo jurídico o justo era decorrência necessária da vontade livre dos contratantes, posta naturalmente em contraste pelo próprio mecanismo de formação do contrato, hoje é aquilo que é tido concretamente como justo na situação considerada, traduzindo o conceito de justiça contratual o antigo conceito de justiça comutativa, que exige que o contrato não destrua o equilíbrio que existia anteriormente entre os patrimônios, o que implica que cada uma das partes receba o equivalente ao que haja dado"[282].

Afora isso, os contratos de adesão possibilitam a prática da lesão em série, uma vez que o desequilíbrio que podem acarretar não se limita a uma relação singular, mas se estende a toda uma categoria ou grupo de indivíduos. É por isso que, "com o perpassar dos anos, a lesão individual vai perdendo aquela força destacada de outrora na medida em que a coletiva foi ganhando corpo, em razão da necessidade imperiosa de se coibir os abusos do poder econômico, garantindo-se, assim, a estabilização dos interesses sociais. (...) Na *lesão coletiva* o grande explorado passa a ser o público, motivo por que este tipo de lesão é, sem dúvida, portador de maior relevância, suplantando, evidentemente, o prejuízo advindo da lesão individual, dada sua maior abrangência"[283].

E essa é uma realidade evidente nas relações trabalhistas, em que se desenvolvem dezenas, centenas e até milhares de relações jurídicas paralelas, podendo um simples ato patronal gerar efeitos perniciosos para um sem-número de trabalhadores. É principalmente nesse contexto que se hão de limitar os poderes da iniciativa privada, a fim de que se amoldem aos fins sociais do Direito.

Isso, porém, não afasta a importância do instituto no âmbito das relações individuais. Com efeito, como bem salientou *Anelise Becker*, "não há porque eliminar-se, desconsiderar-se,

---

(282) BECKER, Anelise. *Op. cit.*, p. 100.
(283) ABREU FILHO, José. *Op. cit.*, p. 311.

um remédio que, ainda que possa não ter grande repercussão global, pode trazer um tanto de justiça para a situação individual". Assim, "não é porque a economia se encontra massificada que todos os remédios, de agora em diante, para ser úteis e, por isso, juridicamente aceitáveis, devem, necessariamente, ser coletivos"[284].

8.5. Estado de perigo

O estado de perigo é vício da mesma natureza que a lesão, sendo espécie daquela, com a particularidade de que, no caso, a pressão sofrida pela parte lesada decorre da necessidade premente de salvar a si mesma ou a pessoa da família de grave dano conhecido pela outra parte. Apesar do tratamento à parte, como figura distinta, não há dúvidas de que, assim como regulado pelo Código, o estado de perigo é uma forma objetiva de coação, que não resulta de atos adrede praticados pela outra parte ou por terceiros, mas das circunstâncias que envolvem o próprio lesado. Assim, ainda que proveniente de fato humano, "no estado de perigo não há o dolo de coagir, mas o dolo de aproveitar-se de necessidade do declarante"[285].

Diante disso, não deixa de ser também um desvio funcional dos negócios jurídicos, buscando uma das partes obter vantagens exageradas em detrimento da outra. Destarte, se sob o prisma do prejudicado toma a forma de coação circunstancial, sob a ótica do beneficiado constitui um ato abusivo:

> O fato de o negócio ter sido ajustado para salvar alguém de perigo grave, mesmo com certa onerosidade, não é, só por isso, anulável. O vício, para contaminar o contrato, dependerá da má-fé do contratante, ou seja, do abuso cometido com base na situação de perigo[286].

Lembra, ainda, *Humberto Theodoro Júnior* que, para a configuração desse vício, não é imprescindível que o perigo seja real:

> Mesmo o perigo putativo, isto é, aquele que existe apenas na imaginação da vítima, é idôneo para afetar a liberdade de manifestação da vontade e, consequentemente, conduzir à figura do art. 156. Basta que o beneficiário do negócio saiba do estado psicológico em que se encontra o outro contratante, e dele extraia vantagem iníqua[287].

É irrelevante, por outro lado, que o perigo seja voluntário ou involuntário. A participação do sujeito que sofre seus efeitos na criação do perigo não autoriza a que terceiro dele se aproveite para auferir vantagem desproporcional:

> A responsabilidade da outra parte, diante da situação de perigo, não provém do fato de ter sido ela a causadora do perigo. Decorre, isto sim, de ter-se aproveitado da

---

(284) BECKER, Anelise. *Op. cit.*, p. 10.
(285) THEODORO JÚNIOR, Humberto. *Op. cit.*, p. 214.
(286) *Ibidem*, p. 212.
(287) *Ibidem*, p. 214.

fragilidade volitiva do que estava em perigo. Pelo que não haverá anulabilidade se o cocontratante ignorava o perigo por que passava o contratante[288].

De qualquer modo, sendo a obrigação do que contrata sob estado de perigo gravemente onerosa, não se poderia pressupor que a outra parte não tivesse conhecimento do desequilíbrio contratual. Por outro lado, quem, sob premente necessidade, se obriga a prestação manifestamente desproporcional é vítima de lesão (CC, art. 157). Em qualquer caso, portanto, a má-fé da outra parte pode ser extraída das próprias condições em que se deu o negócio.

Por fim, convém registrar que, embora o legislador só tenha previsto a possibilidade de adequação econômica do negócio nos casos de lesão[289], não há razão para excluí-la em relação ao estado de perigo. Conforme salienta *Paulo Nader*, a despeito do silêncio do legislador, é "cabível, em nosso Direito, tal alternativa, pois a pretensão não encontra obstáculo em princípios ou regras, apenas inexiste previsão legal. E a equidade é sempre fórmula de justiça substancial, que visa a dar a cada um o que é seu. Por mais técnicas e formais que sejam as instituições jurídicas, estas não devem ser obstáculo àquele que é o seu valor máximo: a justiça"[290].

Além disso, do mesmo modo que na lesão, no estado de perigo o desvio de finalidade não está no contrato em si, mas na oneração excessiva que decorre das circunstâncias em que foi celebrado o negócio. Assim, uma vez eliminada a causa, também devem cessar os efeitos. É por isso que a doutrina vem perfilhando a tese da aplicabilidade do disposto no art. 157, § 2º, do Código Civil também aos negócios realizados sob a influência do estado de perigo[291].

Nem se alegue que, ao contrário da lesão, no estado de perigo, exige a lei que a parte beneficiada pelo desequilíbrio negocial tenha ciência das circunstâncias em que se envolve a contraparte, o que implica a existência de má-fé. Ora, nada impede que o mesmo estado subjetivo seja encontrado nos casos de lesão, não condicionando a lei a manutenção do negócio à boa-fé subjetiva do contraente que colhe as vantagens exageradas. Afora isso, ao se oferecer para recompor o equilíbrio negocial, a parte que fora beneficiada de modo desproporcional está justamente abrindo mão das vantagens que sua má-fé lhe traria, redimindo-se, assim, da conduta anterior. Por fim, não se pode olvidar que, em muitos casos, a contraprestação oferecida pela parte que colheu as vantagens exorbitantes já foi consumida pelo outro contraente, sendo inevitável, em caso de anulação, sua conversão em pecúnia para fins de restituição (CC, art. 182), o que, na prática, equivale à manutenção do contrato, eliminada apenas a desproporção inicial.

---

(288) *Ibidem*, p. 215.
(289) "Não se decretará a anulação do negócio, se for oferecido suplemento, ou se a parte favorecida concordar com a redução do proveito" (CC, art. 157, § 2º).
(290) NADER, Paulo. *Curso de direito civil*: parte geral. Rio de Janeiro: Forense, 2003. p. 502.
(291) Após citar, nesse sentido, as conclusões de Cristiano Chaves de Farias e Ana Luíza Maia Navares, filia-se Zeno Veloso ao mesmo entendimento (VELOSO, Zeno. *Op. cit.*, p. 256).

Capítulo IX

EFEITOS DAS IMPERFEIÇÕES INVALIDANTES

9.1. Espécies de sanção

Quando os atos ou negócios jurídicos são realizados em desacordo com os preceitos jurídicos, o Direito nega-lhes aptidão para produzir os efeitos a que se destinavam, isto é, considera-os inválidos[1]. A invalidade, portanto, constitui a sanção decorrente da inobservância do ônus imposto à autonomia privada de escolher os meios idôneos para atingir os seus escopos de regulamentação de interesses.

Conforme ensina *Orlando Gomes*, "a invalidade é a *sanção* imposta pela lei ao negócio praticado em desobediência ao que prescreve, ou no qual é defeituosa a vontade do agente. No Direito Penal, a violação da lei pune-se com a pena; no Direito Civil, com a nulidade (...). Na ordem civil, o melhor modo de reprimir as infrações é (...) frustrar o ato, privando-o de eficácia. O efeito jurídico querido pelo agente não se produz, ou se produz limitadamente"[2].

Também para *Franzen de Lima*, a nulidade é uma pena: "é a penalidade que consiste na privação dos efeitos jurídicos que o ato teria produzido, se fosse conforme a lei"[3]. Pode-se, assim, dizer que a invalidade é a sanção legal que torna o ato impotente para gerar os efeitos jurídicos que normalmente produziria.

Conforme a gravidade das imperfeições de que se ressentem os negócios jurídicos, distingue a lei as sanções em nulidades e anulabilidades. Por influência da doutrina francesa, estas são também denominadas, por alguns autores nacionais, como nulidades relativas, em oposição às chamadas nulidades absolutas, designação reservada às primeiras[4]. Essa

---

(1) Na definição de Clovis Bevilaqua, nulidade "é a declaração legal de que a determinados atos jurídicos não se prendem os efeitos ordinariamente produzidos pelos atos semelhantes" (BEVILAQUA, Clovis. *Theoria geral do direito civil*. 4. ed. atual. por Achilles Bevilaqua. Rio de Janeiro: Francisco Alves, 1944. p. 329). E, para Rodrigues Pinto, "a nulidade é a privação, pela lei, da aptidão do ato jurídico de produzir os efeitos nele previstos, por ter sido praticado contrariamente ao Direito" (PINTO, José Augusto Rodrigues. *Curso de direito individual do trabalho*. 2. ed. São Paulo: LTr, 1995. p. 191).

(2) GOMES, Orlando. *Introdução ao direito civil*. 11. ed. Rio de Janeiro: Forense, 1995. p. 472.

(3) LIMA, João Franzen de. *Curso de direito civil brasileiro*, v. 1, 5. ed. Rio de Janeiro: Forense, 1968. p. 359.

(4) Parcela da doutrina, no entanto, resestringe a denominação de *nulidades relativas* às raras hipóteses em que, apesar de se tratar de ato nulo (e não apenas anulável), o reconhecimento do vício depende da iniciativa do interessado ou do Ministério Público, como nos casos previstos nos arts. 497 e 1.549 do Código Civil. Para Pontes de Miranda, no entanto, os adjetivos "absoluta" e "relativa", quando aplicados às nulidades, prestam-se apenas para confundi-las com a ineficácia. "O sentido adequado de relatividade e absolutidade é o referente aos *limites subjetivos da eficácia*: relativa é a eficácia só atinente a um ou alguns; absoluta é a eficácia *erga omnes*" (MIRANDA, Francisco Cavalcanti Pontes de. *Tratado de direito privado*, t. 4. Rio de Janeiro: Borsoi, 1954. p. 31).

nomenclatura, no entanto, conforme alerta *Zeno Veloso*, não só está cientificamente ultrapassada, como se presta a intermináveis confusões, devendo, por isso, ser evitada[5]. A propósito, também observou *Ruggiero* que, "quando se designam como *anuláveis* os atos de uma categoria, não é necessário acrescentar outras determinações à palavra *nulos* com que se designa os da outra; o falar em nulidade *radical* ou *absoluta* pressupõe que se chamem nulos também os atos anuláveis, o que frequentemente origina mal-entendidos, como seja de falar de uma nulidade em sentido próprio ou de uma nulidade imprópria"[6].

Além disso, pode ser encontrada, até mesmo em textos legais, a expressão *nulidade de pleno direito*, pretendendo alguns, por tal motivo, estremá-la dos demais casos de nulidade, por entender que, quando a lei se refere apenas a *nulidade*, estaria tratando de hipóteses de simples anulabilidade. Tal conclusão, entretanto, não merece acolhida, uma vez que a divisão das invalidades há de observar os termos da lei civil vigente, não havendo nela distinção entre as nulidades. Pelo Código Civil, a nulidade é sempre absoluta e opera por força de lei, a não ser nos casos em que a própria norma legal contenha disciplina diversa (ex.: CC, arts. 1.549 e 1.561).

Assim, o complemento *"de pleno direito"* não acresce significado algum ao vocábulo *nulidade*[7]. Na verdade, a origem da expressão *nulidade de pleno direito* remonta ao sistema romano, no qual o Direito Pretoriano construiu a distinção entre as nulidades que dependiam de sentença para serem reconhecidas (chamadas, por isso, de *nulidades pretorianas*) e aquelas que operavam independentemente de rescisão do ato viciado (*nulidades civis*). Eram nulidades de pleno direito, assim, aquelas que não estavam subordinadas a uma sentença que as declarasse[8].

Entre nós, no entanto, as nulidades não dependem de sentença, e, quando ela é exigida, em consequência de litígio superveniente, o provimento judicial a respeito tem natureza meramente declaratória[9]. Diante disso, pela divisão das invalidades consagrada pela legislação pátria, afirmar que um ato é nulo ou que é nulo de pleno direito não faz

---

(5) VELOSO, Zeno. *Invalidade do negócio jurídico:* nulidade e anulabilidade. 2. ed. Belo Horizonte: Del Rey, 2005. p. 28.
(6) RUGGIERO, Roberto de. *Instituições de direito civil*, v. 1. Trad. Ary dos Santos. São Paulo: Livraria Acadêmica, 1935. p. 303.
(7) O mesmo sentido pode ser expresso por diferentes maneiras, por exemplo, quando a lei considera não escritas determinadas manifestações de vontade, ou nega efeitos a determinadas cláusulas contratuais, em caráter absoluto e definitivo. Tais formas de redação, em geral, têm por fim impedir que a parte beneficiada pelas cláusulas proibidas pressione a outra parte a aceitá-las, para que não se perca todo o contrato.
(8) No Direito Romano a nulidade significava o nada jurídico (*nullus nihil est*), isto é, a inexistência do ato (*nec ullus*: coisa nenhuma). A inobservância do rito ou do gesto, por exemplo, impedia a superveniência do ato jurídico pretendido: *nullum est negotium, nihil actum est* (Gaio, III, 176). A par dos atos nulos, havia, no sistema romano, os atos rescindíveis, contra os quais o pretor, por motivos de equidade, poderia conceder uma exceção (*metus et dolo*) ou uma restituição por inteiro *(restitutio in integrum)*, apesar de, segundo o Direito Civil, tratar-se de atos válidos.
(9) A sentença, no caso, serve apenas para desfazer eventual aparência de regularidade que porventura o ato possa conservar, ou para fins de cancelamento de registro, quando necessário, sendo, em qualquer caso, tão somente declaratória. Ironicamente, Pontes de Miranda incorreu aqui no equívoco que tanto combateu: ao sustentar que a ação, no caso, deva ser constitutivo negativa, visando a empurrar o nulo para a inexistência (MIRANDA, F. C. Pontes de. *Op. cit.,* p. 79), dá a entender que só pode existir juridicamente o negócio que seja válido, e, se não o for, deve ser expurgado da esfera jurídica. E o mesmo ocorre quando afirma que "a anulação lança no não ser o ato jurídico, *que era*, embora anulável" (*Ibidem*, p. 222). Todavia, não é preciso que o ato nulo ou anulável se torne inexistente para que se lhe possa negar aptidão para irradiar efeitos jurídicos.

diferença alguma, não servindo o complemento senão para dar maior ênfase à imprestabilidade jurídica do ato.

Somente ao tempo do Regulamento n. 737 é que o Direito pátrio distinguia as "nulidades de pleno direito" das demais, caracterizando-se aquelas pela circunstância de não dependerem da investigação dos fatos[10]. Assim, eram nulidades de pleno direito aquelas que se encontravam demonstradas no próprio instrumento ou por meio de prova literal, razão pela qual também eram conhecidas como "nulidades manifestas". Todavia, não há razão para confundir o caráter absoluto ou relativo da nulidade com a prova dos fatos em que se assenta. A simples existência de dúvida acerca dos fatos não ameniza o rigor da sanção. Ainda que esta deixe de ser aplicada em alguma situação concreta, por não haver prova dos fatos em que se apoia, isso não importa a relativização da nulidade, mas tão somente a conclusão de que não estavam presentes os pressupostos para sua incidência. Sem a prova do fato gerador da invalidade não poderia o juiz reconhecê-la, sendo indiferente se houve ou não alegação da parte interessada ou se a cominação legal, para o caso, é de nulidade ou de anulabilidade.

Perante a legislação vigente, a referência nulidades *de pleno direito*, não passa de um recurso retórico do legislador, visando a acentuar a insanabilidade do defeito e a consequente inafastabilidade da sanção. Conforme sintetiza *Caio Mário da Silva Pereira*, "no sistema do Código Civil, o vocábulo nulidade já por si tem o sentido de *absoluta*, e é de *pleno direito*; a expressão *nulidade relativa* deve dar lugar à *anulabilidade*"[11]. Não há, pois, entre nós, diferença substancial ou de grau entre as nulidades e as chamadas nulidades de pleno direito, uma vez que todas elas acarretam as mesmas consequências.

Entre a nulidade e a anulabilidade, porém, há uma diferença de grau ou intensidade, uma vez que, nesta última, considera-se haver um vício de menor gravidade. Enquanto as nulidades resultam de ofensa aos princípios garantidores da ordem pública ou às normas de interesse geral, ligadas à organização política, social e econômica do Estado[12], as anulabilidades são previstas, predominantemente, para tutelar interesses privatísticos, relacionados diretamente às pessoas envolvidas no negócio. Nos casos de nulidade, o juízo de conveniência, na aplicação da sanção, é prévio e exercido exclusivamente pelo legislador, ao passo que as anulabilidades dependem da ponderação do próprio interessado direto. Segundo lição de *Capitant*, referida por *Roque Komatsu*: "em relação à anulabilidade, o objetivo da lei é a proteção. O melhor meio de dispensá-la, nesses casos, não é aniquilar o negócio jurídico, porque excederia o fim da tutela, mas subordinar sua vigência à vontade do interessado. Se o considerar vantajoso, confirma-o, caso contrário, requer a sua anulação"[13]. No mesmo sentido, *Eduardo Espínola* define os atos anuláveis como sendo aqueles "constituídos em prejuízo de certas pessoas especialmente protegidas pela lei"[14].

---

(10) O Regulamento n. 737 foi editado em 1850, como Código de Processo Comercial, sendo também aplicado, a partir de 1890, ao processo civil, enquanto não fossem baixados os códigos estaduais.
(11) PEREIRA, Caio Mário da Silva. *Instituições de direito civil*, v. 1, 13. ed. Rio de Janeiro: Forense, 1992. p. 440.
(12) Em alguns casos, no entanto, a defesa da ordem pública manifesta-se por meio da preservação de certos interesses particulares, vinculados imediatamente a determinadas pessoas apenas.
(13) KOMATSU, Roque. *Da invalidade no processo civil*. São Paulo: Revista dos Tribunais, 1991. p. 200.
(14) ESPÍNOLA, Eduardo. *Manual do Código Civil brasileiro*, v. 3: dos factos jurídicos, 4ª parte. Rio de Janeiro: Jacintho Ribeiro dos Santos, 1932. p. 45.

Todavia, independentemente da sanção legal, o que se persegue é o interesse público[15]. A diferença é que, nas anulabilidades, tal interesse é apenas mediato, sobressaindo o interesse privado. Nas nulidades, ao contrário, o interesse público é o objeto imediato da proteção legal, sendo a preservação dos interesses particulares, neste caso, apenas reflexa. Diante disso, como a lei deve preservar, acima de tudo, os interesses gerais, sempre que vedar a prática de determinado ato ou negócio jurídico, a consequência de sua inobservância é a nulidade, e não a anulabilidade, salvo disposição expressa em sentido diverso (CC, art. 166, VII).

Da natureza dos interesses imediatamente protegidos também resulta a diferença de tratamento: por transcender os interesses dos sujeitos envolvidos no negócio, a nulidade incide *ipso iure*[16], ao passo que a anulabilidade, por ser estabelecida no interesse da parte prejudicada, só opera por impulso desta. Assim, a sentença que constata a nulidade tem efeitos meramente declaratórios[17], já que a invalidação do ato decorre da própria dicção legal[18]. Nos casos de anulabilidade, como a invalidade só opera por iniciativa do interessado, o efeito desconstitutivo (invalidante) resulta da sentença que a pronuncia. Aqui, a sentença não apenas reconhece a incidência da previsão legal, mas faz atuar a vontade do interessado, retirando do ato viciado o seu vigor e tornando insubsistentes os efeitos até então produzidos por ele[19].

A anulabilidade traduz-se, assim, na *impugnabilidade* do negócio jurídico a que se refere. Embora se referindo, especificamente, aos vícios do consentimento, mas em comentário que também se aplica aos demais casos de anulabilidade, observa *Ripert* que "o contrato seria válido, segundo todas as regras do direito civil, por haver nele uma vontade, apesar do vício, mas o contratante, vítima deste vício, pode-se aproveitar da nulidade protetora e escapar à aplicação do contrato enquanto a outra parte continua vinculada por virtude da lei que a si própria deu"[20]. Embora idôneo para produzir os efeitos nele previstos, o ato anulável pode ser impugnado, por ferir uma norma de proteção a uma das partes. Diante disso, sua aptidão pode ser afastada, desde a origem, ou consolidada, dependendo do interesse do destinatário da regra vulnerada.

---

(15) Conforme ressaltou Câmara Leal, "toda instituição legislativa deve assentar-se sobre um motivo de ordem jurídico-social porque, mesmo quando a lei tem por fim prover a um interesse privado, ela age precipuamente no interesse público, visto como essa é a sua função, pela influência que o equilíbrio nas relações privadas exerce sobre a ordem pública" (LEAL, Antônio Luís da Câmara. *Da prescrição e da decadência*. 2. ed. Rio de Janeiro: Forense, 1959. p. 29).

(16) "Sua ineficácia é *intrínseca*, no sentido de que ocorre sem necessidade de prévia impugnação do negócio" (CASTRO, Frederico de. *Apud* GOMES, Orlando. *Op. cit.*, p. 473).

(17) Embora o CPC só se refira à existência, a declaração judicial também pode versar sobre a validade, natureza ou eficácia de determinada relação jurídica ou, ainda, sobre a ocorrência de fato juridicamente relevante, como o tempo de serviço para fins previdenciários (STJ, Súmula n. 242). A sentença declaratória pode, ainda, ter por fim a interpretação de cláusulas contratuais (STJ, Súmula n. 181). Em outras palavras, os incisos do art. 4º do CPC não esgotam as hipóteses de cabimento de ação declaratória.

(18) Nos casos de nulidade, a lei paralisa o ato no exato instante de seu nascimento. Em tais circunstâncias, o ato não poderá produzir efeito jurídico algum, e os tribunais, quando chamados a se manifestar a respeito, não fazem mais do que constatar o vício (CAPITANT, Henri. *Introduction à l'étude du droit civil*. 4. ed. Paris: Pedone, 1921. p. 343).

(19) "A anulabilidade é a invalidade menos grave: é o nulo *eventual*, em vez do nulo inicial" (MIRANDA, F. C. Pontes de. *Op. cit.*, p. 221).

(20) RIPERT, Georges. *A regra moral nas obrigações civis*. 2. ed. Trad. Osório de Oliveira. Campinas: Bookseller, 2002. p. 92.

Lembra *Zeno Veloso* que "no Direito romano clássico, não havia a gradação da invalidade e a distinção entre negócios jurídicos nulos e anuláveis. Os negócios eram válidos ou nulos. A atuação dos pretores, determinada por necessidades práticas, é que foi admitindo, pouco a pouco, um meio-termo entre válido e nulo de pleno direito, construindo-se a teoria da anulabilidade. É mais um caso em que o *jus civile* foi suprido ou complementado pelo *jus honorarium* (também chamado de *jus praetorium*). Com Justiniano, houve a fusão do *jus civile* e do *jus honorarium*, e a própria lei passou a distinguir os negócios nulos dos anuláveis"[21].

Perante o Código Civil pátrio, as nulidades decorrem da incapacidade absoluta dos sujeitos, da impossibilidade, ilicitude ou indeterminação do objeto, do fim ilícito, da inobservância da forma ou de solenidade essencial e da fraude à lei. Serão nulos, ainda, os atos assim declarados em lei ou por esta proibidos. A simulação também é causa de nulidade, subsistindo o ato que se tentou disfarçar, se válido em sua substância e na forma. As anulabilidades resultam da incapacidade relativa e dos vícios de consentimento ou sociais, além das hipóteses expressamente previstas em lei[22]. Note-se que as nulidades decorrem de fatos que têm uma repercussão social mais abrangente, ao passo que as anulabilidades dizem respeito a vícios que afetam exclusiva ou predominantemente a esfera pessoal dos que participaram do negócio jurídico. É certo que o texto legal também trata como anuláveis alguns negócios jurídicos que causam prejuízos apenas a terceiros, como os realizados em fraude contra credores (CC, art. 171, II). Todavia, conforme já demonstramos no capítulo anterior (item 8.2.2), tal situação mais corretamente se enquadra como hipótese de inoponibilidade, vale dizer, de ineficácia relativa.

Tanto haverá nulidade quando a lei expressamente a impuser, quanto nas situações em que a lei simplesmente proíbe a prática de determinado ato sem cominar sanção específica para o caso (CC, art. 166, VII). A regra, pois, é de que a violação de um preceito proibitivo conduz à nulidade do ato, salvo dispondo a lei em sentido diverso. Convém observar, entretanto, que muitas vezes a lei prevê que determinado ato não terá eficácia ou não produzirá efeitos, quando, na verdade, está tratando de hipótese de nulidade (ineficácia *lato sensu*), e não de ineficácia em sentido estrito. Além disso, ao cominar a nulidade, a lei pode valer-se de outras expressões equivalentes, como "não vale", "tem-se como não escrito", "não será considerado" e outras similares. Os casos de anulabilidade, no entanto, são apenas os expressa e taxativamente previstos em lei.

As nulidades têm caráter absoluto, não sendo os atos a que se referem suscetíveis de confirmação ou convalescença pelo transcurso do tempo, além de poderem ser reconhecidas

---

(21) VELOSO, Zeno. *Op. cit.*, p. 229.
(22) Em geral, as demais hipóteses previstas em lei resultam da falta de assentimento ou ciência de terceiros, como forma de resguardar os direitos destes. Exs.: CC, arts. 496, 504, 1.314, parágrafo único, e 1.647. Mesmo em relação aos relativamente incapazes, diz Bernardes de Mello, o que causa a invalidade do ato não é a incapacidade, mas a *falta de assentimento assistencial* (MELLO, Marcos Bernardes de. *Teoria do fato jurídico:* plano da validade. 4. ed. rev. São Paulo: Saraiva, 2000. p. 111). Em razão disso, no entender de Bulhões Carvalho, mais correto seria considerar tais atos tão somente ineficazes, enquanto não sobrevenha a aprovação do terceiro, indicado pela lei. Tal enquadramento permitiria à parte capaz eliminar o estado de incerteza, mediante interpelação para que o representante do incapaz confirme ou desfaça o negócio (CARVALHO, Francisco Pereira de Bulhões. Incapacidade de exercício relativa: Parte 4ª — Menores de dezesseis a vinte e um anos de idade. In: *Repertório enciclopédico do direito brasileiro*, v. 26. Rio de Janeiro: Borsoi, [s.d.]. p. 75.

de ofício pelo juiz. Aliás, conforme salienta *Humberto Theodoro Júnior* e a dicção legal não deixa dúvidas (CC, art. 168, parágrafo único), "em se tratando de questão de ordem pública, o juiz tem, por ofício, o dever de conhecer as nulidades e pronunciá-las, sempre que com elas se deparar"[23]. Por prescindir da iniciativa das partes, a omissão do interessado não acarreta preclusão (CPC, art. 303, II), podendo a nulidade ser arguida pela primeira vez em sede recursal[24].

Conforme bem resumiu *Orlando Gomes*, tem a nulidade as seguintes características: a) é *imediata*, por atingir o ato *ab origine*; b) é *absoluta*, podendo, inclusive, ser reconhecida de ofício; c) é *incurável*, uma vez que as partes não podem saná-la nem o juiz supri-la; d) é *perpétua*[25], visto que o decurso do tempo não convalida o que nasceu inválido[26].

Diante disso, a parte que conclui um negócio nulo pode continuar agindo como se persistisse a situação anterior, sem necessidade de recorrer ao Judiciário. E se a outra parte o faz, o juiz pode e deve, inclusive de ofício, reconhecer a nulidade, desde que provada nos autos. Com isso, não estará o julgador desconstituindo o ato nulo, mas apenas reconhecendo, isto é, declarando que aquele negócio, desde sua origem, era portador de um defeito irremediável, que o tornava inapto à produção da eficácia que lhe seria própria[27].

Convém ressaltar, ademais, que "o fato de a norma afirmar que o reconhecimento *ex officio* poderá ser feito quando o juiz encontrar provadas as nulidades não significa que ele esteja impedido de diligenciar no sentido de aclarar certa situação da qual transpareça alguma irregularidade. Ao contrário, deve o juízo tomar todas as medidas necessárias para que eventuais nulidades indicadas pelo contexto sejam desvendadas e combatidas"[28]. Assim, diante de situações em que vislumbre a ocorrência de ofensa à ordem jurídica, não deve o julgador permanecer inerte, à espera de que as partes tragam aos autos as provas da nulidade, mesmo porque, em certos casos, o interesse das partes é de que o ato nulo prevaleça como se válido fosse.

Em relação à anulabilidade, embora não possa ser aplicada de ofício pelo juiz, reconhece-lhe a jurisprudência o poder de adequar o enquadramento legal do vício. Assim, embora o autor tenha invocado a existência de erro, se o juiz concluir que, na hipótese, houve dolo, poderá anular o negócio com base em tal vício. E o mesmo vale para as demais

---

(23) THEODORO JÚNIOR, Humberto. *Comentários ao novo Código Civil*, v. 3, t.1: arts. 138 a 184. Rio de Janeiro: Forense, 2003. p. 522. Não se trata, assim, de simples faculdade, mas de um poder-dever, sendo, neste sentido, expressos os Códigos do Chile (art. 1.683) e do Uruguai (art. 1.561).
(24) *Ibidem*, p. 524. A jurisprudência trabalhista tem seguido no mesmo sentido, especificamente nos casos de nulidade do contrato de trabalho por ausência de prévio concurso público, nas hipóteses em que este é exigido.
(25) A Lei n. 9.784/99, no entanto, estabelece uma exceção, prevendo que a Administração Pública decai do direito de anular os atos administrativos dos quais decorram efeitos favoráveis aos destinatários, no prazo de cinco anos, salvo comprovada má-fé (art. 54). Embora o texto legal se refira a *anular*, também abrange a declaração de nulidade, reportando-se especialmente a estes, uma vez que as hipóteses de anulabilidade são de difícil configuração no caso.
(26) GOMES, Orlando. *Op. cit.*, p. 474-5.
(27) "O ato nulo nunca produz os efeitos a que se destinava, sendo nulo desde que foi praticado, independente de qualquer sentença..." (SANTOS, J. M. de Carvalho. *Código Civil brasileiro interpretado*, v. 3. 11. ed. Rio de Janeiro: Freitas Bastos, 1980. p. 233). "Entretanto, se uma contestação surge sobre a validade do ato, de modo a ficar duvidosa a nulidade", ao solucionar o conflito, "o juiz se limita a constatar a nulidade, não precisando decretá-la" (*Ibidem*, p. 254).
(28) MATIELLO, Fabrício Zamprogna. *Defeitos do negócio jurídico*. São Paulo: LTr, 2005. p. 36.

situações que tornam o negócio anulável, embora arguidas sob *nomen juris* imperfeito ou mesmo sem identificação nominativa alguma. Diante disso, conclui *Fabrício Matiello* que, "provado qualquer dos defeitos que permitem a anulação, e já tendo sido deduzido expresso pleito anulatório pelo autor da lide, caberá ao magistrado decidir pela sua procedência, independentemente de eventual apontamento específico exarado quando da propositura"[29]. E o mesmo vale quando o vício gerador da anulabilidade for alegado em contestação, não podendo, no entanto, em qualquer caso, o julgador invocar fato diverso daquele em que se baseou a alegação do interessado.

Embora despido de aptidão para produzir efeitos jurídicos[30], é possível que, por algum motivo, as partes tenham extraído do ato nulo algumas consequências práticas. Em tais casos, eventuais efeitos atribuídos ao ato nulo carecem de sustentação jurídica, razão pela qual podem os prejudicados postular a reversão ao *statu quo ante*. Na verdade, não são propriamente efeitos resultantes do ato nulo que se busca reverter, mas consequências de fatos que vieram a existir como decorrência da conclusão do ato nulo. Os efeitos a serem revertidos, portanto, não foram gerados pelo ato nulo, mas pelas condutas a que ele deu ensejo. São as consequências mediatas do ato nulo que serão desfeitas, e não os efeitos jurídicos que ele supostamente teria produzido.

Os efeitos imputados ao ato nulo são como filhos atribuídos a varão infecundo: ainda que se apresentem socialmente como seus descendentes, não retratam a realidade biológica. E o mesmo vale para os efeitos do ato nulo, isto é, ainda que as partes os reconheçam não encontram ressonância no mundo jurídico, uma vez que o ato nulo é incapaz de gerar os efeitos a que se destinava.

Diversamente do ato nulo, o ato anulável produz os efeitos jurídicos que lhe são próprios, como se perfeito fosse, até que o prejudicado invoque o défice e promova sua anulação, desde que o faça oportunamente[31]. Caso seja anulado, porém, todos os efeitos produzidos serão revertidos, restituindo-se as partes ao estado anterior. Caso a *repositio in pristinum* não seja possível, as partes deverão ser indenizadas pelo valor equivalente (CC, art. 182)[32].

A pessoa que recebeu prestações que não lhe eram devidas só poderá apropriar-se delas, sem obrigação de restituir, quando aquelas tinham natureza alimentar. A irrepetibilidade dos alimentos provisionais[33] ou dos valores recebidos em razão de sentença normativa

---

(29) *Ibidem*, p. 57.
(30) Consoante ressalta Darcy Bessone, "a declaração de nulidade implica o reconhecimento de um vício congênito, o que ela destrói é uma aparência, que, como tal, não é idônea para suscitar efeitos válidos" (BESSONE, Darcy. Apud GAINO, Itamar. *A simulação dos negócios jurídicos*. São Paulo: Saraiva, 2007. p. 81).
(31) A anulabilidade traduz-se, assim, numa autorização (*faculdade*), conferida aos beneficiários de certas normas de proteção, para impugnar os atos que não as tenham observado.
(32) Os frutos percebidos em decorrência do ato nulo ou anulado também devem ser integralmente devolvidos, ou ressarcidos, independentemente de boa-fé, matéria que, como anota Pontes de Miranda, é estranha e impertinente em relação à restituição resultante do art. 182 do Código Civil (MELLO, Marcos Bernardes de. *Op. cit.*, p. 208).
(33) THEODORO JÚNIOR, Humberto. *Curso de direito processual civil*, v. 2, 9. ed. Rio de Janeiro: Forense, 1992. p. 498. "Os alimentos recebidos não se restituem, ainda que o alimentário venha a decair da ação na mesma instância, ou em grau de recurso" (MIRANDA, Francisco Cavalcanti Pontes de. *Tratado de direito privado*, v. 9, 3. ed. Rio de Janeiro: Borsoi, 1971. p. 240).

pendente de recurso, posteriormente reformada (Lei n. 4.725, art. 6º, § 3º), assenta-se na presunção de que tais prestações foram consumidas pelo *accipiens* para prover o próprio sustento, não se podendo, por conseguinte, exigir-lhe a devolução sem comprometer sua subsistência. E tal solução aplica-se, inclusive, aos casos de recebimento fundado em norma posteriormente declarada inconstitucional[34]. Em relação às prestações destinadas a obter fim ilícito ou imoral, embora não seja cabível a devolução, quem as recebeu deverá revertê-las em favor da entidade beneficente indicada pelo juiz (CC, art. 883).

A regra inscrita na parte final no art. 182 do Código Civil não se confunde nem substitui a indenização decorrente de culpa *in contrahendo*, sendo esta voltada para o chamado *interesse negativo*[35]. Neste caso, a indenização refere-se ao que a parte inocente não teria perdido ou deixado de lucrar se o contrato inválido não tivesse sido concluído. A indenização por culpa *in contrahendo*, portanto, não se destina a reparar os danos advindos da não execução do contrato (*interesse positivo*), em face de sua invalidação, limitando-se a atender ao interesse do lesado em que o contrato em questão não se tivesse realizado[36]. Por sua vez, a norma prevista no art. 182 assenta-se no princípio que veda o enriquecimento sem causa, que se encontra, inclusive, positivado no atual Código Civil (arts. 884/886).

Convém esclarecer, ainda, que a anulação não importa a eliminação do ato defeituoso do mundo jurídico[37], mas tão somente a cassação de sua força jurígena, em face da imperfeição de que padece. E, por se tratar de consequência de um défice verificado na constituição do ato, além de tolher sua capacidade para gerar novos efeitos jurídicos, pela anulação, tornam-se insubsistentes também os efeitos já produzidos por ele. Aniquila-se, assim, desde a sua origem, a aptidão do ato para produzir efeitos jurídicos.

Por estar condicionada à provocação do interessado, no entanto, a anulabilidade só terá o efeito de obstar o vigor jurídico do ato defeituoso, uma vez reconhecida por sentença (CC, art. 177). Entretanto, como os defeitos são contemporâneos à realização do negócio, anulado este, devem as partes ser restituídas ao estado anterior, retroagindo os efeitos da sentença anulatória à data da conclusão do ato, como se este jamais tivesse sido capaz de gerar consequências no mundo jurídico. Não basta, porém, a simples publicação da sentença para que o ato anulável perca sua força jurígena, uma vez que, no caso, "o momento da cessação dos efeitos do negócio imperfeito corresponde ao trânsito em julgado da sentença

---

(34) "RECURSO EXTRAORDINÁRIO. EFEITOS DA DECLARAÇÃO DE INCONSTITUCIONALIDADE EM TESE PELO SUPREMO TRIBUNAL FEDERAL. ALEGAÇÃO DE DIREITO ADQUIRIDO. Acórdão que prestigiou lei estadual a revelia da declaração de inconstitucionalidade desta última pelo Supremo. Subsistência de pagamento de gratificação mesmo após a decisão *erga omnes* da corte. Jurisprudência do STF no sentido de que a retribuição declarada inconstitucional não é de ser devolvida no período de validade inquestionada da lei de origem — mas tampouco paga após a declaração de inconstitucionalidade. Recurso extraordinário provido em parte" (STF, RE 122.202/MG, Ac. 2ª T., 10.08.93, Rel. Min. Francisco Rezek. DJU 08.04.94, p. 7.243).

(35) A noção de *culpa in contrahendo* foi desenvolvida por Ihering (1861) e contribuiu significativamente para fixar os limites da responsabilidade por danos verificados na fase pré-contratual.

(36) SANTOS, José Beleza dos. *A simulação em direito civil*. 2. ed. São Paulo: Lejus, 1999. p. 12.

(37) Segundo a *técnica da eliminação progressiva*, preconizada por Junqueira de Azevedo, só é possível analisar a validade em relação aos negócios existentes (AZEVEDO, Antônio Junqueira de. *Negócio jurídico*: existência, validade e eficácia. 3. ed. rev. São Paulo: Saraiva, 2000. p. 61-2). Assim, mesmo que o ato não seja aprovado no plano da validade, isso não apaga sua existência jurídica, a qual permanece intacta.

que o anula, de modo que a existência de recurso pendente conserva os efeitos já produzidos e não impede a superveniência de outros"[38]. Diante disso, a pretensão de reverter os efeitos produzidos pelo ato anulado (CC, art. 182) só começa a sofrer os influxos da prescrição a contar do trânsito em julgado da sentença anulatória[39].

Em síntese, a anulabilidade reveste-se dos seguintes caracteres: a) é *diferida*, isto é, só operará a partir da sentença que retire do negócio a aptidão para produzir efeitos, embora, conforme visto, a eficácia da sentença alcance eventuais efeitos já produzidos; b) é *relativa*, só podendo ser invocada por aqueles em cuja proteção foi instituída; c) é *sanável*, podendo o ato ser confirmado pela parte que poderia argui-la; d) é *provisória*, desaparecendo caso não seja invocada no prazo legal[40].

Já a nulidade opera de imediato, *ope legis*, invalidando os potenciais efeitos do negócio jurídico no ato mesmo de sua realização[41]. Assim, consoante observa *Coviello*, "as partes que concluíram um negócio nulo, e seus sucessores, podem agir como se o negócio não tivesse sido concluído, tendo em conta apenas a condição jurídica preexistente a tal conclusão, sem necessidade de recorrer ao magistrado"[42]. Essa é a verdadeira doutrina, proclama *Carvalho Santos*, "pois, em realidade, a nulidade opera *ipso jure*, não produzindo o ato nulo nenhum efeito, mesmo sem a declaração de nulidade"[43]. No mesmo sentido, ensina *Pontes de Miranda* que "a nulidade ocorre sem ser preciso que haja algum ato de alguém para que ela produza sua consequência (...). Quando dizemos que o ato jurídico é nulo, aludimos à causa e consequência simultâneas; quando dizemos que o ato é anulável, só aludimos à causa. Há dois momentos: um, que é o do vício, e outro, que é o do efeito do vício"[44].

Todavia, como as partes não poderão impor suas razões à força, havendo litígio a respeito, mesmo nas hipóteses de nulidade, será imprescindível a provocação dos tribunais para definir a situação, seja para repelir a pretensão da parte adversa, seja para antecipar-se a futuras demandas. O pronunciamento judicial "é necessário quando alguma das partes pretenda exercer direitos, com fundamento no negócio nulo" e "pode ser útil nos outros casos, como meio preventivo, para evitar qualquer atividade de quem pretendesse atribuir eficácia ao mesmo negócio"[45]. De qualquer modo, a nulidade não decorre da decisão judicial, limitando-se esta a reconhecê-la onde existente.

Embora, abstratamente, se deva considerar que a nulidade é *decretada* pela própria lei, adverte *Humberto Theodoro Júnior*, "não há como fugir do recurso à jurisdição para

---

(38) MATIELLO, Fabrício Zamprogna. *Op. cit.*, p. 41.
(39) MIRANDA, F. C. Pontes de. *Tratado...*, cit., p. 224.
(40) GOMES, Orlando. *Op. cit.*, p. 477.
(41) Como a nulidade é por si mesma operante, "fere o ato jurídico no momento preciso em que ele se constitui" (ESPÍNOLA, Eduardo. *Op. cit.*, p. 208).
(42) COVIELLO, Nicola. *Apud* ESPÍNOLA, Eduardo. *Op. cit.*, p. 227.
(43) SANTOS, J. M. de Carvalho. Anulação. In: *Repertório enciclopédico do direito brasileiro*, v. 3. Rio de Janeiro: Borsoi, [s.d.]. p. 311.
(44) MIRANDA, Francisco Cavalcanti Pontes de. *Tratado de direito privado*, v. 3. Rio de Janeiro: Borsoi, 1954. p. 221.
(45) COVIELLO, Nicola. *Apud* ESPÍNOLA, Eduardo. *Op. cit.*, p. 227. Em tais casos, porém, conforme observa Raymundo Salvat, cabe aos tribunais apenas verificar e atestar a nulidade, não sendo necessário que a pronunciem, uma vez que já foi decretada pela própria lei (SALVAT, Raymundo. *Apud* ESPÍNOLA, Eduardo. *Op. cit.*, p. 242).

declaração de que a vontade legal sancionatária atingiu o negócio questionado *in concreto*". Assim, conquanto a ineficácia *ipso iure* não seja cientificamente negada, "não basta para afastar a resistência dos que insistem em sustentar a validade e eliminar a aparência de validade apresentada pelo negócio, mesmo que contaminado na origem por nulidade"[46].

Inevitável, assim, a submissão do litígio ao Judiciário para a solução de eventuais controvérsias. A sentença, no entanto, não alterará a situação jurídica anterior, mas apenas *declarará*, se for o caso, a invalidade do ato ou negócio jurídico. A decisão judicial, nos casos de nulidade, apenas verificará se a hipótese legal de invalidade se aplica à situação *sub judice*. Tratando-se, porém, de ato anulável, por ser este, em princípio, válido (não fosse assim, seria *validável*, e não *anulável*), só deixará ele de produzir os efeitos que lhe são próprios se um provimento judicial lhe retirar tal aptidão, convertendo-o em inválido. Neste caso, portanto, não apenas certifica-se uma situação jurídica preexistente, mas transforma-se o que antes era válido (ainda que precariamente ou sob condição) em inválido, resultando daí o caráter constitutivo negativo da sentença.

Em sentido oposto, se o interessado em promover a invalidação decair de tal direito ou confirmar o negócio anulável, este simplesmente se consolida, como ato válido que já era (embora em caráter precário), não havendo, pois, seja na decadência seja na confirmação, efeito constitutivo de validade. E isso decorre da circunstância de que, no ato anulável, a invalidade é apenas *potencial* ou *latente*, dependendo, para atuar, da impugnação do interessado.

Para fins práticos, no entanto, conforme bem lembrado por *Martins Catharino*, seja qual for a situação, a última palavra sempre caberá "à vontade de alguém, cujo exercício, por sua vez, depende do prejuízo sofrido e do interesse ou conveniência de ver proclamada a invalidade. (...) Queiram ou não queiram os negadores dos direitos subjetivos, anteriores ou posteriores ao Estado, naturais ou históricos, a vontade individual, para cujo benefício existe a inacabada teoria das nulidades, ainda é, e será, decisiva para a eficácia de sanções privadas, eis que a causa e o efeito legalmente previstos não operam realmente sem que a vontade hipoteticamente protegida se manifeste. *Sem que o protegido queira a proteção*. No fundo, portanto, o Direito serve à liberdade humana e dela depende, organizando-a socialmente"[47].

Disso resulta que, em concreto, o principal traço que distingue a nulidade da anulabilidade é a insanabilidade daquela diante da possível convalescença desta última, seja pelo transcurso do tempo, seja mediante confirmação do interessado. A nulidade pode ser invocada a qualquer tempo, embora os efeitos indevidamente extraídos do ato nulo estejam sujeitos à prescrição, ao passo que a anulabilidade tem prazo certo para ser alegada, sob pena de consolidar-se (CC, arts. 178 e 179).

Embora a necessidade de sentença judicial para anular os negócios jurídicos defeituosos e reverter os efeitos dos atos invalidados também se aplique ao empregador, na prática, não costuma ele recorrer à Justiça para obter tais resultados. Valendo-se de seu poder

---

(46) THEODORO JÚNIOR, Humberto. *Comentários...*, cit., p. 523.
(47) CATHARINO, José Martins. *Compêndio universitário de direito do trabalho*, v. 2. São Paulo: Jurídica e Universitária, 1972. p. 744-5.

diretivo, o empregador, mesmo sendo um particular, costuma simplesmente cancelar os efeitos dos negócios jurídicos que considera viciados, restaurando a situação pretérita, sem buscar o respaldo judicial para tanto. Assim, nos mesmos moldes que ocorre no âmbito da Administração Pública, ele próprio se encarrega de aniquilar os efeitos dos atos que lhe são prejudiciais quando entende que padecem de algum vício[48]. E tal modo de proceder vem sendo legitimado pelos tribunais[49].

A definição acerca da gravidade do vício que atinge o ato ou negócio jurídico e de suas consequências, se conduz à nulidade ou à simples anulabilidade, cabe apenas ao legislador. Conforme destaca *Bernardes de Mello*, "o tipo de sanção que se imputa ao ato contrário a direito depende, naturalmente, da natureza do ilícito (ilícito penal e ilícito civil) e da importância da violação. Mas a imputação da sanção em si, como repúdio ao ilícito, resulta da atividade axiológica do legislador, que, valorando os atos segundo os valores fundamentais da juridicidade e os contingentes, resultantes da cultura de cada comunidade, os qualifica e pune os seus autores"[50].

No mesmo sentido observa, ainda, *Theodoro Júnior* que não há como distinguir, *a priori*, entre as imperfeições que afetam interesses gerais e aquelas que atingem apenas interesses particulares. Segundo explica o ilustre jurista mineiro, "não há condição de, cientificamente, e com abstração da norma legal, identificar ou determinar, pela natureza da coisa, quando se está diante de um interesse substancialmente público ou privado. São tendências socioculturais que influem em tal classificação e que podem variar de momento a momento. São práticos e conjunturais os motivos pelos quais a lei ora qualifica como nulo, ora como anulável um negócio praticado com o mesmo vício"[51].

O máximo que se pode dizer é que "a nulidade verifica-se quando o negócio (...) vai de encontro a um princípio de lei inderrogável, isto é, um preceito de lei que proíbe de fazer alguma coisa ou manda fazê-la, sem deixar ao indivíduo a faculdade de proceder diversamente" ao passo que a anulabilidade "é concebida como medida de proteção a favor de determinadas pessoas"[52].

De toda sorte, tem o legislador relativa liberdade para definir as hipóteses em que há ofensa a um interesse público, em oposição aos casos em que o interesse é apenas das pessoas envolvidas. Diante disso, completando seu pensamento anterior, registra *Theodoro Júnior* que, "por ser fruto de conveniência prática, no *plano do direito positivo*, e não no plano da natureza das coisas, a lei cria uma divisão *artificial* entre os negócios *nulos* e *anuláveis*. (...) Não há, repita-se, diferenciação entre duas categorias distintas. O antagonismo

---

(48) Estabelece a Lei n. 9.784/99: "A Administração deve anular seus próprios atos, quando eivados de vício de legalidade..." (art. 53). Mesmo antes de estar previsto em lei, no entanto, tal poder já era reconhecido pela jurisprudência: "A Administração pode anular seus próprios atos, quando eivados de vícios que os tornem ilegais, porque deles não se originam direitos..." (STF, Súmula n. 473).

(49) "CLASSIFICAÇÃO DE PROFESSORA, POR ERRO, EM NÍVEL PARA O QUAL NÃO POSSUA HABILITAÇÃO. Inexiste alteração contratual quanto ao ato da empresa que cancelou o registro de promoção, porque o erro não provoca direito." (TST, RR 5.247/79, Ac. 3ª T. n. 199/81, 10.2.81. Rel. Min. Expedito Amorim).

(50) MELLO, Marcos Bernardes de. *Op. cit.*, p. 5.

(51) THEODORO JÚNIOR, Humberto. *Comentários...*, cit., p. 424.

(52) COVIELLO, Nicola. *Apud* ESPÍNOLA, Eduardo. *Op. cit.*, p. 230.

possível é entre negócio válido e inválido, nunca entre negócio nulo e anulável"[53]. E isso explica a possibilidade de o legislador modificar a sanção a ser imposta, como ocorreu em relação aos atos simulados, antes considerados apenas anuláveis (CC-1916, art. 102), e hoje tratados como nulos (CC-2002, art. 167).

Por fim, após a aplicação da sanção invalidante, os atos nulos e anuláveis voltam a receber idêntico tratamento. A única diferença é que, num caso (nulidade), a sanção é imposta pela própria lei, ao passo que no outro (anulabilidade) sua atuação é condicionada à provocação do interessado. Todavia, uma vez promovida a anulação, as consequências são as mesmas dos casos de nulidade, ou seja, priva-se o ato de sua aptidão para produzir efeitos jurídicos, com o consequente retorno das partes ao estado anterior (CC, art. 182). A partir da anulação, portanto, desaparecem as diferenças entre as duas figuras de invalidade[54]. O ato anulado iguala-se ao ato nulo, devendo ser tido como imprestável ao alcance dos fins a que se destinava desde a origem. Embora só os interessados possam promover a anulação, os efeitos desta a todos aproveitam.

Há que se ressalvar, entretanto, os casos em que a anulação não diz respeito a todos os sujeitos que participaram do negócio viciado. Neste caso, por ser a invalidade apenas parcial, a anulação só afeta a parte do negócio maculada pelo defeito, ficando os demais participantes vinculados ao ato. Todavia, em caso de solidariedade ou indivisibilidade (CC, art. 177), a anulação promovida por um dos sujeitos alcança o negócio jurídico por inteiro. E assim ocorre porque, em tais modalidades obrigacionais, "não há como separar as prestações devidas pelos diversos coobrigados. Extinta a obrigação para um deles, todos se liberam, de sorte que a sentença de anulação, mesmo promovida por apenas um dos codevedores, a todos aproveitará"[55]. Caso, porém, seja possível fracionar o negócio jurídico, havendo diversos legitimados a invalidá-lo, cada um deverá promover a anulação da parte que lhe interessa.

A nulidade do negócio jurídico ou de parte dele independe da demonstração de prejuízo por quem a alega. Ao contrário do que ocorre no âmbito do Direito Processual, em que, dado o caráter instrumental dos atos jurídicos, prevalece o princípio do prejuízo, na esfera do Direito Material o princípio dominante é o do *respeito à ordem pública*[56].

Isso, porém, não significa que qualquer pessoa possa invocar as nulidades, inclusive acerca de atos ou negócios jurídicos que não lhe digam respeito. Conforme sentencia *Humberto Theodoro Júnior*, "para suscitar a nulidade é suficiente a interferência do negócio, direta ou indiretamente, na esfera jurídica daquele que a invoca. Mas, sem essa interferência, seja econômica ou moral, não se vê como possa um estranho legitimar-se à arguição"[57]. Assim, embora o juiz possa declarar a nulidade até mesmo de ofício, para que terceiro, estranho ao negócio jurídico, possa alegá-la, há de demonstrar seu interesse na invocação do vício.

---

(53) THEODORO JÚNIOR, Humberto. *Comentários...*, cit., p. 426. É por isso que o Código Civil vigente pôde enquadrar os atos simulados, antes considerados anuláveis (CC-1916, art. 147, II), como atos nulos (CC-2002, art. 167).
(54) MIRANDA, F. C. Pontes de. *Tratado...*, t. 4, cit., p. 36.
(55) THEODORO JÚNIOR, Humberto. *Comentários...*, cit., p. 591.
(56) *Ibidem*, p. 517.
(57) *Ibidem*, p. 518.

Nem sempre a lei declara expressamente os casos de nulidade, persistindo, ao lado das nulidades *textuais* (expressamente previstas) hipóteses de nulidade *virtual*, em que a invalidade resulta da infração a normas imperativas ou proibitivas, a despeito de não preverem elas sanção explícita. Como bem anotou *Martinho Garcez*, "as disposições proibitivas limitam a liberdade do cidadão, suprimem-na até; assim, pois, não pode o indivíduo sobrepor a sua vontade à vontade da lei. Se o pudesse, a lei seria uma quimera e a sociedade o caos"[58]. Diante disso, basta que a lei imponha ou vede determinada conduta para que acarrete a nulidade dos atos que contra ela se levantam, a menos que imponha ao infrator outra sanção (CC, art. 166, VII). Convém lembrar, ainda, a observação de *Orlando Gomes*, segundo a qual "a lei declara a nulidade por diferentes modos, não havendo fórmula sacramental. Ora a estatui explicitamente, declarando que o ato é nulo se praticado sem obediência ao que descreve. Ora o proíbe terminantemente. Ora se expressa em termos energicamente imperativos. Vezes há em que a nulidade do ato não está prevista no texto da lei, mas simplesmente subentendida. Também nessa hipótese será nulo"[59].

O mesmo, porém, não ocorre em relação à anulabilidade, a qual "*tem de estar expressa na lei*, não se admitindo que exista tacitamente prevista na norma. É recusado o recurso à analogia, ou a qualquer expediente que leve o intérprete a criar novos casos de anulabilidade que não sejam os que a lei aponta e indica, explicitamente"[60]. E isso é o que resulta da própria literalidade do art. 171 do Código Civil pátrio[61].

Conquanto na ordem trabalhista tenhamos normas expressas acerca das nulidades, notadamente os arts. 9º e 468 da CLT, não se pode dizer que todos os problemas estão resolvidos. A mesma consolidação estabelece, por exemplo, que o pagamento das férias deve ser efetuado até dois dias antes do início do período de gozo (CLT, art. 145), mas não prevê sanção para o descumprimento dessa obrigação, o que leva a jurisprudência a dividir-se entre reconhecer, ou não, eficácia à concessão das férias sem o pagamento prévio. Embora não seja correto falar em nulidade, no caso, certamente é uma hipótese em que a lei não prevê sanção específica para a conduta que não observe suas determinações. Todavia, como o pagamento é apenas um ato-fato jurídico, não há falar em nulidade no caso, mas apenas em ineficácia do pagamento, ou cumprimento ineficaz de obrigação jurídica. E as consequências se equiparam ao inadimplemento.

Por outro lado, há casos em que, apesar da infração a norma imperativa ou proibitiva, a jurisprudência admite a validade do ato. É o caso, por exemplo, da assistência sindical no "pedido de demissão" do trabalhador com mais de um ano de serviço (CLT, art. 477, § 1º)[62]. Mesmo que não tenha sido observado tal requisito, se o trabalhador confessa que

---

(58) GARCEZ, Martinho. *Das nulidades dos atos jurídicos*. 3. ed. rev. e anot. por Martinho Garcez Neto. Rio de Janeiro: Renovar, 1997. p. 107.

(59) GOMES, Orlando. *Op. cit.*, p. 473.

(60) VELOSO, Zeno. *Op. cit.*, p. 264. No mesmo sentido, cita o autor os ensinamentos de Alberto Trabucchi, na Itália, Frederico Castro y Bravo, na Espanha, e Luís Cabral de Moncada, em Portugal.

(61) "Art. 171. Além dos casos *expressamente* declarados na lei, é anulável o negócio jurídico: I – por incapacidade relativa do agente; II – por vício resultante de erro, dolo, coação, estado de perigo, lesão ou fraude contra credores" (grifamos).

(62) Note-se que o empregado não "pede" demissão, uma vez que esta é um direito potestativo e, como tal, não depende da concordância do empregador. A referência a "pedido de demissão" é fruto de uma visão distorcida acerca do estado de subserviência do trabalhador na relação de emprego, não raro exorbitando os limites do contrato, para avançar sobre a liberdade pessoal do obreiro.

se demitiu, reconhece-se a validade do rompimento contratual por iniciativa do obreiro. A formalidade exigida no caso não tem natureza de requisito substancial à validade do ato, atuando apenas como elemento de prova de sua ocorrência.

Importante observar, ainda, que a anulabilidade do ato tanto pode ser invocada em ação como em exceção, "que, no caso, não é processual, porém, exceção material — como a de prescrição —, podendo ser apresentada dentro da contestação"[63]. Do contrário, haveria restrição injustificada ao direito de defesa, uma vez que o réu seria obrigado a dar cumprimento a um ato, a despeito de viciado, sem que pudesse lançar mão das sanções previstas em lei. Todavia, a doutrina e a jurisprudência tendem a restringir o direito de alegar a anulabilidade aos casos em que ambas as partes do negócio jurídico viciado participam da relação processual.

9.2. Aproveitamento dos atos anuláveis

Mesmo sabendo que toda comparação é perigosa, arriscaríamos dizer que os negócios nulos são como seres natimortos, ao passo que os negócios anuláveis se assemelham aos indivíduos que, embora nascidos com vida, são portadores de uma patologia capaz de levá-los a óbito, cabendo aos interessados decidir sobre seu destino, se é a cura (confirmação) ou a morte (invalidação)[64]. E, tal como ocorre no mundo natural, a preferência do Direito também é pela vida, isto é, pela preservação do negócio jurídico.

Assim, ainda que defeituosos, a lei tende a aproveitar os negócios jurídicos no que têm de útil, desde que isso não traga prejuízos ao equilíbrio negocial ou ao reconhecimento da vontade das partes. Sempre que possível, pois, os atos jurídicos são preservados, corrigindo-se apenas os defeitos de que padecem, mediante confirmação (CC, arts. 172 a 175), substituição (CC, art. 170) ou redução (CC, art. 184).

Quem tem o direito de promover a invalidação do ato pode, em vez disso, confirmá-lo, eliminando o vício que o inquinava[65]. Pode-se, ainda, salvar da morte o ato doentio atribuindo-lhe efeitos compatíveis com as normas jurídicas, desde que isso não violente a vontade dos que o praticaram. Por fim, pode-se aproveitar o ato, eliminando apenas as partes viciadas e mantendo o que tem de útil.

Pela confirmação, apenas convalida-se o negócio primitivo, escoimando-o dos vícios que o debilitavam. A confirmação não se confunde, assim, com a novação, uma vez que não importa a criação de obrigação nova em substituição à antiga (*confirmatio nihil dat novi*)[66]. Por outro lado, como toda manifestação de vontade, a confirmação pode ser

---
(63) VELOSO, Zeno. *Op. cit.*, p. 269.
(64) Nesse quadro, os atos inexistentes seriam como embriões que não atingiram a maturidade, não completaram seu desenvolvimento, constituindo a classe dos atos inconclusos, se é que se pode admitir tal categoria. Como é evidente, a comparação leva em conta as perspectivas de eficácia. Embora todo exemplo tenha seus inconvenientes, para os fins propostos a imagem é expressiva.
(65) A confirmação não precisa ser expressa, desde que possa ser identificada com segurança, como inequívoca manifestação de que o interessado não pretende anular o ato viciado (CC, art. 174).
(66) "A confirmação do negócio é uma manifestação complementar da autonomia das partes no sentido de preservar o regulamento de interesses estatuído do perigo de anulação, que provém de um vício de formação do ato.

expressa ou tácita[67], revelando-se esta, por exemplo, pela execução espontânea do negócio, ciente a parte do vício que o inquinava (CC, art. 174). Quando se tratar de confirmação expressa, apesar da omissão da lei, há quem sustente que deverá ser observada a mesma forma prescrita para o ato a ser confirmado, por atuar como complemento deste[68]. De nossa parte, no entanto, não vemos razão para tal exigência, uma vez que a confirmação nada mais é do que uma renúncia ao direito de promover a anulação do ato. O que a lei exige é apenas o respeito aos direitos de terceiros (CC, art. 172) e, por uma questão de lógica, não poderia a confirmação padecer dos mesmos vícios que macularam o negócio que se pretende confirmar. Todavia, quem a invoca não precisa provar que a confirmação está isenta de vícios, cabendo a quem pretenda negar-lhe eficácia o ônus de demonstrar que ela não preenche os requisitos legais[69]. Em princípio, presume-se que os atos são válidos, pois é o que ordinariamente acontece, cabendo a quem invoca a invalidade, por ser esta uma situação extraordinária, prová-la.

Por ser admitida apenas em relação aos atos anuláveis (CC, art. 169), a confirmação faz com que os efeitos do ato, que eram provisórios, passem a ser definitivos. Assim, ao contrário do que afirmam alguns doutrinadores, a confirmação não tem efeitos retroativos, limitando-se a conferir solidez ao que antes era precário[70]. Por ser apenas anulável, o ato confirmado já vinha produzindo seus regulares efeitos, embora passíveis de reversão. O que teria efeitos retroativos, se fosse o caso, seria a anulação do ato, não a sua confirmação. Por meio desta, elimina-se apenas o défice e, com ele, também desaparece a possibilidade de se desfazer os efeitos já produzidos pelo ato jurídico defeituoso[71].

Em suma, portanto, conforme observou *Carvalho Santos*, a confirmação traduz-se numa declaração de vontade cujo conteúdo é a renúncia ao direito de tornar sem eficácia o negócio jurídico. Em razão disso, só pode ser obra de quem pudesse exercitar a ação anulatória. Trata-se, por conseguinte, de um ato unilateral, porque o outro contraente já se acha irrevogavelmente ligado ao negócio. Por tal razão, prescinde da comunicação ou aceitação pela outra parte[72].

Se o objeto do negócio for divisível e não houver solidariedade entre as pessoas que poderiam anular o ato, a confirmação pode ser apenas parcial, seja sob o aspecto objetivo ou subjetivo. Em tais casos, é possível escoimar o vício em relação a uma parte do negócio (objeto) ou em face de alguns de seus participantes (sujeitos), sem prejuízo dos demais.

Logicamente, a confirmação faz parte integrante do ato de autonomia a que se refere" (BETTI, Emílio. *Teoria geral do negócio jurídico*, t. 2. Trad.: Ricardo Rodrigues Gama. Campinas: LZN, 2003. p. 60).

(67) GARCEZ, Martinho. *Op. cit.*, p. 242.

(68) VELOSO, Zeno. *Op. cit.*, p. 284.

(69) CHAVES, Antônio. *Tratado de direito civil*, v. 1, 3. ed. São Paulo: Revista dos Tribunais, 1982. p. 1499.

(70) A propósito, convém salientar que o art. 172 do Código Civil atual, acertadamente, não mais se refere a retroação, no caso, ao contrário do que ocorria com o art. 148 do diploma anterior.

(71) A situação é diversa do que ocorre na ratificação, uma vez que nesta o agente não estava vinculado aos efeitos do ato. A partir da ratificação do ato, no entanto, a pessoa que o aprova passa a sofrer seus efeitos, desde a data em que aquele foi praticado.

(72) SANTOS, J. M. de Carvalho. *Código...*, v. 3, cit., p. 263 e 265. No mesmo sentido: CAPITANT, Henri. *Introduction à l'étude du droit civil*. 4. ed. Paris: Pedone, 1921. p. 349 e 356.

Com efeito, conforme prevê o art. 177 do Código Civil, a anulabilidade só pode ser invocada pelas pessoas em favor das quais foi estabelecida e não aproveita às demais, salvo em caso de solidariedade ou indivisibilidade.

O aproveitamento dos atos jurídicos, perante o Direito do Trabalho, reveste-se de especial relevância, em face da natureza alimentar dos créditos trabalhistas e, por extensão, do pacto laboral, do qual se originam. Por outro lado, a impossibilidade de restituir ao empregado a força de trabalho despendida em prol do empregador, aliada à hipossuficiência daquele, exige que a solução privilegie a preservação da eficácia contratual, ainda que esta seja permeada por algumas modificações. É por isso que o Direito do Trabalho trata a conservação do contrato como situação jurídica merecedora de especial proteção, a ponto de consagrar a continuidade da relação de emprego como um de seus princípios fundamentais.

É preciso, porém, que seja analisada com cuidado a confirmação no âmbito das relações de emprego, principalmente em relação ao trabalhador, uma vez que as condições que tornaram o ato defeituoso, especialmente as relativas ao défice de vontade, normalmente persistem ao longo de todo o período de vigência do contrato de trabalho. E a par da ciência do vício (CC, art. 174), é indispensável que o ato da confirmação não padeça do mesmo défice que afetou o negócio jurídico que se pretende convalidar, ou de qualquer outro defeito invalidante. Se a causa da invalidade é a presumível coação circunstancial decorrente da hipossuficiência econômica do empregado, não se pode admitir que este confirme validamente o ato defeituoso enquanto persistir tal situação[73].

Considerando, ainda, a condição de subordinação do empregado, na vigência do contrato de trabalho, como regra, não se pode extrair de sua conduta a confirmação tácita de eventuais atos que o prejudiquem. Assim, ao contrário do que ocorre no Direito Civil, o cumprimento pelo empregado de obrigações anuláveis não importa confirmação tácita. Ademais, mesmo fora do âmbito trabalhista, lembra *Fábio Ulhoa Coelho* que, normalmente, quem é coagido a celebrar o negócio jurídico também o é para dar-lhe cumprimento. Assim, enquanto persistir a coação, não apenas não flui o prazo decadencial para anular os negócios a que ela deu ensejo (CC, art. 178, I), mas também não se pode considerar como confirmação tácita o cumprimento das obrigações decorrentes dos atos praticados sob seu domínio[74]. Daí haver ressaltado *Zeno Veloso* que "a circunstância de já ter cessado a causa que vicia o negócio anulável é um requisito objetivo da confirmação. Nem há necessidade de vir expressamente mencionado na lei, pois decorre da lógica". E exemplifica: "Se o que confirma o negócio viciado, ao qual consentiu mediante ameaças, ainda está sob coação, esta confirmação é viciada, também, e não pode valer. Confirmação, aliás, nem é!"[75].

---

(73) "A ratificação do ato jurídico anulável por ter havido coação somente vale se, ao tempo em que a pessoa ratifica, já cessou a coação" (MIRANDA, F. C. Pontes de. *Tratado...*, t. 4, cit., p. 246). O uso do vocábulo "ratificação", no caso, é impróprio, e só foi adotado porque o Código Civil anterior não o distinguia da "confirmação" (arts. 148 a151). Todavia, não há confundir as duas expressões. O meio próprio para sanação de ato anulável é a *confirmação*, enquanto a *ratificação* refere-se à integração de um ato dito incompleto, a fim de que produza eficácia em relação a quem a promove (ex.: CC, art. 873). Enquanto a *confirmação* repercute no plano da validade, a *ratificação* opera apenas no campo da eficácia.
(74) COELHO, Fábio Ulhoa. *Curso de direito civil*, v. 1. São Paulo: Saraiva, 2003. p. 351.
(75) VELOSO, Zeno. *Op. cit.*, p. 286. Em outra passagem enfatiza o mesmo autor que "a confirmação, ela própria, é um negócio jurídico, e pode conter vícios, desvios e ilegalidades. Neste caso, é nula ou anulável, e isto pode ser alegado" (*Ibidem*, p. 294).

Apesar disso, conforme bem lembrado por *Gagliano* e *Pamplona Filho*, existem medidas sanatórias involuntárias, que não dependem de um ato positivo do interessado, como é o caso da caducidade do direito de promover a anulação do negócio[76]. E quanto aos seus efeitos, não estão imunes os trabalhadores subordinados. Assim, conquanto não se admita a confirmação tácita pelo cumprimento total ou parcial da obrigação, a invalidação do negócio jurídico trabalhista pode ser obstada pela decadência. Há que se ressalvar apenas que o prazo decadencial só tem início com a cessação da coação, quando for o caso (CC, art. 178, I).

Por outro lado, a homologação do acerto rescisório sem ressalvas quanto à causa do desligamento anotada no termo de rescisão do contrato de trabalho, sana a falta de assistência no ato da demissão. Afora isso, diversamente do que consta do texto legal (CLT, art. 477, § 1º), entendem a jurisprudência e a doutrina que a falta de assistência, na demissão, afeta apenas a prova do ato. Por conseguinte, nada impede que o trabalhador, mesmo tendo havido assistência sindical no acerto rescisório, invoque a ocorrência de coação no ato demissional. Todavia, neste caso, caberá a ele prová-lo, ao contrário do que ocorreria se não tivesse havido homologação do acerto ou do próprio "pedido de demissão".

9.3. Invalidação dos atos anuláveis

Os atos anuláveis, como a própria qualificação indica, não são ainda nulos, mas atos que, apesar de válidos, padecem de algum vício que pode conduzir à sua anulação. Não se trata, pois, de atos *validáveis*, porque válidos já o são, embora em caráter precário, mas de atos *anuláveis* (como, aliás, os qualifica a lei), uma vez que, apesar de válidos, padecem de alguma deficiência. Assim, na divisão dos atos, quanto à sua validade, os atos anuláveis não podem ser incluídos entre os atos inválidos: ou constituem uma categoria intermediária (dos atos válidos, mas passíveis de invalidação) ou devem ser enquadrados na classe dos atos válidos, uma vez que nulos não são. Embora se trate de uma validade precária, não pode ser equiparada à nulidade. Não fosse assim, não haveria necessidade de anulá-los. Conforme já exposto acima, os atos anuláveis só se igualam aos nulos após a anulação.

Juridicamente, os atos anuláveis só deixam de produzir efeitos válidos se houver sentença que os invalide. Entretanto, por situar-se o vício invalidante na origem do ato, anulado este, todos os efeitos até então produzidos caem por terra[77]. Assim, com a anulação do ato, as partes devem ser restituídas ao estado em que antes dele se achavam, isto é, devem devolver mutuamente o que receberam em razão da execução do ato anulado, ou, não sendo isso possível, deverão ser ressarcidas pelos prejuízos que resultam de tal impossibilidade (CC, art. 182).

O sujeito prejudicado pelo ato anulável, no entanto, não tem todo o calendário a seu dispor, devendo promover a invalidação nos prazos previstos em lei. Em se tratando

---

(76) GAGLIANO, Pablo Stolze; PAMPLONA FILHO, Rodolfo. *Novo curso de direito civil*, v. 1: parte geral. 4. ed. rev., ampl. e atual. São Paulo: Saraiva, 2003. p. 407.

(77) "A classificação das invalidades, feita por Betti, nas espécies denominadas *originária, superveniente* e *suspensa*, não tem pertinência no Direito brasileiro, pois toda invalidade é originária, já que sua causa deve existir, ao menos, no momento da concretização do ato ou negócio jurídico" (VELOSO JÚNIOR, Alberto. *Simulação:* aspectos gerais e diferenciados à luz do Código Civil de 2002. Curitiba: Juruá, 2004. p. 85-6).

de vícios do consentimento, aqui incluídos o estado de perigo e a lesão, o prazo para invalidar o ato é de quatro anos. Tal prazo é de decadência e conta-se do dia em que o negócio jurídico se realizou, exceto nos casos de coação, em que o prazo é computado do dia em que ela cessar (CC, art. 178). A anulabilidade decorrente de incapacidade do agente poderá ser invocada por este até quatro anos a contar da cessação daquele estado (CC, art. 178, III). Quando o défice resultar de outro vício, o prazo será de dois anos, contados da data da conclusão do negócio jurídico (CC, art. 179).

Promovida a invalidação no devido tempo, seus efeitos têm caráter geral. Conforme esclarece *Pontes de Miranda*, "a legitimação ativa, para a ação anulatória, nada tem a ver com a eficácia da sentença que decrete a anulação. Trânsita em julgado a sentença, o que foi desconstituído (...) deixa de ser *ex tunc*. Não há pensar-se em que subsista algum efeito, pois a fonte deles estancou para sempre. Nem, sequer, poderia ser ratificado. (...) O conceito de invalidade relativa (= eficácia não *erga omnes* da sentença) é incompatível com o conceito de invalidade"[78]. O que pode ocorrer é que haja anulação apenas parcial (CC, art. 184), mas o que foi desconstituído desaparece para todos. Esta é a razão pela qual, em caso de solidariedade ou indivisibilidade, a anulação do ato, ainda que decorrente de fato relativo a apenas alguns dos envolvidos, a todos aproveita (CC, art. 177).

Assim, mesmo que decretada a anulação *incidenter tantum*, seus efeitos se irradiam além dos sujeitos que tomaram parte do processo em que foi proferida a sentença. Esta é a razão pela qual doutrina e jurisprudência só admitem a alegação de anulabilidade mediante exceção nas relações entre as partes do negócio jurídico. Não havendo correspondência entre os sujeitos da relação processual e os que figuraram no negócio jurídico, não se admite a decretação incidental, por exemplo, para o reconhecimento de fraude contra credores, tratada pelo Código como causa de anulabilidade, em embargos de terceiro (STJ, Súmula n. 195). A posição que defendemos anteriormente, no entanto, baseia-se no reconhecimento de que, apesar da dicção legal, a fraude contra credores acarreta apenas a ineficácia relativa do ato, o que afasta qualquer óbice ao reconhecimento incidental, mesmo porque, especialmente nos embargos de terceiro, não se pode dizer que o devedor ignore a existência de tal ação.

O direito de promover a invalidação só pode ser exercido pelos sujeitos atingidos pelo defeito do ato. Os copartícipes capazes, por exemplo, não podem alegar a incapacidade relativa de outro sujeito para invalidar o ato (CC, art. 105). Mesmo em se tratando de ato indivisível, em que a anulação beneficia aos coparticipantes, o défice só poderá ser suscitado pela pessoa a quem diga respeito[79]. Todavia, por não ser pessoal, tal legitimação transfere-se aos sucessores e sub-rogados nos direitos daqueles que poderiam invocar o defeito do ato[80].

9.4. Aproveitamento dos atos nulos

Os atos nulos não são passíveis de aproveitamento, uma vez que o vício de que padecem acarreta sua completa ineficácia. O ato nulo, juridicamente, é considerado um

---

(78) MIRANDA, F. C. Pontes de. *Tratado...*, t. 4, cit., p. 61.
(79) OLIVEIRA, Eduardo Ribeiro de. *Comentários ao novo Código Civil*, v. 2. Rio de Janeiro: Forense, 2008. p. 206-7.
(80) SANTOS, J. M. de Carvalho. *Código...*, v. 3, cit., p. 280.

natimorto, uma vez que o vício de que padece o torna automaticamente imprestável desde sua origem[81]. Como consequência, não será passível de confirmação, uma vez que "a parte não pode dar vida a quem o direito a nega"[82]. Daí a observação de *Pontes de Miranda* de que "o conceito de negócio jurídico nulo é ligado ao de insanabilidade; a sanatória do nulo é *contradictio in terminis*"[83].

Eventual tentativa de convalidar ato nulo só pode ser tida como ato novo. Conforme ensina *Pontes de Miranda*, "não se pode imprimir duas vezes na mesma película fotográfica: luz entrou, luz desenhou as imagens do momento. *Ou* o sistema jurídico reage contra o suporte fático, em cuja composição se metem (remissivamente) elementos do suporte fático que antes já entrara, nulamente, no mundo jurídico (...); *ou* o sistema jurídico recebe esse novo suporte fático. Não pode recebê-lo como integrativo do negócio jurídico nulo, porque, por definição, nulo é o que não se pode sanar. Recebe-o como negócio jurídico novo. Novo é, e como novo irradia eficácia. Se essa eficácia há de abarcar o tempo entre o negócio jurídico nulo e o novo, ou entre a eficácia daquele e o novo, é questão que só se pode resolver como questão de interpretação do conteúdo do negócio jurídico novo. Ainda que remonte a algum daqueles momentos, a eficácia é *ex novo*"[84].

De todo modo, se a nulidade do ato anterior decorrer de ilicitude, imoralidade ou impossibilidade jurídica do objeto, de nada adianta praticar um novo ato, uma vez que aqueles vícios necessariamente continuarão a existir. Em tais casos, nem mesmo o cumprimento espontâneo das "obrigações" resultantes do ato nulo implica sanação. Se, porém, a nulidade resulta de defeito de forma ou inobservância de solenidade legal, podem as partes celebrar outro ato, a preceito, com todas as formalidades, guardadas as prescrições da lei. Neste caso, no entanto, não há avivamento de um ato nulo, mas realização de novo ato em seu lugar, sendo os efeitos pretendidos pelas partes decorrentes deste, e não do anterior[85].

Em síntese, portanto, "o ato nulo sana-se, quando possível, pela *repetição*. *Confirmação* é modo de sanação de anulabilidade, nunca de nulidade"[86]. Daí a conclusão de *Carvalho Santos* de que "não há (...) senão um meio para reparar a nulidade: é refazer o ato em forma legal"[87]. E os efeitos que se produzem decorrem deste último ato, e não do anterior, que continua imprestável, embora as partes possam conferir ao segundo efeito retroativo, ressalvados os direitos de terceiros[88].

---

(81) "Aponte-se que incorre em erronia quem fala em *invalidade superveniente*, simplesmente porque esta figura não é possível. Toda invalidade é originária, decorre de um vício intrínseco, está conectada com a formação, a gênese, o nascimento do negócio jurídico. Se este nasceu válido, é válido para sempre" (VELOSO, Zeno. *Op. cit.*, p. 25). No mesmo sentido: CARVALHO, Francisco Pereira de Bulhões. Ineficácia. In: *Repertório enciclopédico do direito brasileiro*, v. 27. Rio de Janeiro: Borsoi, [s.d.]. p. 8).
(82) THEODORO JÚNIOR, Humberto. *Comentários...*, cit., p. 565.
(83) MIRANDA, F. C. Pontes de. *Tratado...*, t. 4, cit., p. 47.
(84) *Ibidem*, p. 48-9.
(85) NONATO, Orosimbo. *Da coação como defeito do ato jurídico*. Rio de Janeiro: Revista Forense, 1957. p. 230-1.
(86) MELLO, Marcos Bernardes de. *Op. cit.*, p. 192.
(87) SANTOS, J. M. de Carvalho. *Código...*, v. 3, cit., p. 256.
(88) "A repetição faz entrar no mundo jurídico um *novo* negócio, opera *ex nunc*, não tem efeito retro-operante, não faz renascer o negócio anterior, sendo este novo negócio autônomo em relação ao nulo, e tendo validade e eficácia daí para frente..." (VELOSO, Zeno. *Op. cit.*, p. 165). Ressalva, porém, o mesmo autor que, agindo de boa-fé e sem prejuízo aos direitos de terceiros, podem as partes atribuir efeitos retroativos ao novo negócio.

Trazendo a discussão para o âmbito trabalhista, poderíamos indagar, por exemplo, se a nulidade decorrente da falta de autorização sindical poderia ser suprimida com caráter retroativo. Poderiam os sindicatos estabelecer normas com força retro-operante, a fim de substituir acordos individuais sobre matérias que exigem negociação coletiva?

Apesar de poderem os sindicatos definir por quanto tempo as normas que instituem vigerão no futuro, respeitados os limites legais, o mesmo não ocorre em relação ao passado, uma vez que, ao pretender interferir em relações pretéritas, lá encontrarão direitos adquiridos, não podendo modificar tais situações[89]. Assim, a nulidade de uma redução salarial, por exemplo, por ter sido pactuada diretamente com os trabalhadores, gera, automaticamente, o direito às diferenças, não podendo a negociação coletiva posterior suprimir tais direitos, uma vez que já os encontrará incorporados ao patrimônio dos trabalhadores. E não há norma jurídica que confira ao sindicato poderes para renunciar a direitos individuais já adquiridos pelos trabalhadores, embora possa aquele, mediante negociação coletiva, desde que devidamente autorizado, impedir a aquisição de alguns direitos novos pelos membros da categoria. A eficácia do instrumento normativo jamais poderá alcançar direitos constituídos antes do início de sua vigência. Quando muito, a fim de preservar a continuidade do regramento coletivo, pode-se estender a retroação à data do término de vigência do instrumento coletivo anterior, pelo menos enquanto a doutrina e a jurisprudência se negarem a reconhecer a ultratividade da negociação coletiva, apesar da previsão do art. 114, § 2º, da Constituição Federal. Não havendo norma coletiva anterior, pode-se até retroagir os efeitos da convenção ou acordo coletivo que vierem a ser celebrados à data em que tiveram início as tratativas visando à sua celebração, mas sempre para beneficiar o trabalhador, não podendo ser admitida a retro-operância que suprime direitos individuais que já se integraram ao patrimônio jurídico do trabalhador.

Afinal, se nem mesmo a lei pode ir contra os direitos adquiridos (CF, art. 5º, XXXVI), como admitir que as normas coletivas o façam? E o simples fato de o sindicato atuar respaldado pela aprovação da categoria não é suficiente para lhe conferir poderes de disposição acerca de direitos individuais de determinados trabalhadores. Note-se que a Constituição Federal confere ao sindicato legitimidade para "a *defesa* dos interesses coletivos e individuais da categoria" (art. 8º, III), e não poderes para *dispor* dos direitos individuais dos trabalhadores. É certo que a Carta Magna também permite o agravamento das condições laborais mediante negociação coletiva (art. 7º, VI e XIV), da qual o sindicato deverá necessariamente participar (art. 8º, VI). Neste caso, porém, o sindicato estará exercendo um poder normativo, o qual, por sua própria natureza, tem em vista as situações futuras, não alcançando as obrigações já constituídas.

---

(89) "TURNO ININTERRUPTO DE REVEZAMENTO ACORDO COLETIVO. CLÁUSULA QUE DISPÕE SOBRE SITUAÇÃO PRETÉRITA JÁ CONSUMADA NO TEMPO. INEFICÁCIA. As convenções e acordos coletivos são instrumentos normativos autônomos, resultantes de negociação coletiva, por meio da qual se celebra um pacto de vontade com vigência limitada no tempo, cujas cláusulas vigoram pelo período respectivo, de modo que, apenas no período de vigência do acordo coletivo, prevalece a jornada de trabalho em regime de turnos ininterruptos de revezamento superior àquela estabelecida no art. 7º, XIV, da Constituição Federal. No mesmo diapasão, cláusula dispondo sobre situação já consumada no tempo, visando emprestar validade formal ao regime de turnos ininterruptos com efeitos pretéritos, esbarra, quanto à eficácia, no que se contém do art. 614, § 3º da CLT, art. 6º da LICC e art. 5º, inciso XXXVI da CF/88" (TST, RR 701010/2000, Ac. 1ª T., 1º.11.2006, Rel. Min. Vieira de Mello Filho. DJU 17.11.2006).

Pode ocorrer, entretanto, que, embora o ato praticado seja nulo, nele se encontrem os requisitos de outro ato que produza efeitos práticos idênticos ou similares aos pretendidos pelas partes. Neste caso, o Direito penetra na vontade dos sujeitos para dela extrair os efeitos perseguidos, embora sob categoria jurídica diversa (conversão substancial). Procede-se, assim, a uma requalificação jurídica do negócio praticado, conferindo-lhe tipologia diversa, a fim de que, sob nova figura, sejam atendidos, o quanto possível, os fins buscados pelas partes (CC, art. 170).

Quanto ao suporte fático, no entanto, permanece o mesmo. Conforme bem esclarece *Bernardes de Mello*, o princípio, no caso, é o da suficiência do suporte fático. Na conversão, explica, "não se cria suporte fático novo de ato jurídico; ele já deve estar concretizado no ato inválido. Os elementos do suporte fático do ato inválido é que serão aproveitados para a configuração do ato em que será convertido"[90]. Nas palavras de *Emílio Betti*, a conversão "consiste numa *correção da qualificação jurídica* do negócio ou de algum dos seus elementos, ou seja, normalmente, na sua *valoração como negócio de tipo diverso* daquele que, na realidade foi celebrado ou, em todo caso, num tratamento diferente daquele que, *prima facie*, se apresentava como mais óbvio"[91].

No mesmo sentido é a conceituação de *Pontes de Miranda*, segundo quem "a *conversão* é o aproveitamento do suporte fático, que não bastou a um negócio jurídico, razão de sua nulidade, ou anulabilidade, para outro negócio jurídico, ao qual é suficiente. Para isso, é preciso que concorram o pressuposto objetivo dessa suficiência e o pressuposto subjetivo de corresponder à vontade dos figurantes da conversão, *se houvessem conhecido a nulidade ou a anulabilidade*"[92].

Significativa, também, a metáfora de que se valeu *Giuseppe Satta* ao definir a conversão como o expediente "por força do qual, em caso de nulidade do negócio jurídico querido principalmente, abre-se às partes o caminho para fazer valer outro, que se apresenta como que compreendido no primeiro e encontra nos escombros deste os requisitos necessários para a sua existência"[93]. Assim, o que se aproveita não é o negócio jurídico nulo, mas o que sobra dele, colhendo de suas ruínas os elementos do suporte fático de outro negócio (válido), que permita às partes obter o resultado prático mais próximo ao esperado. Atente-se, porém, que a conversão pressupõe que tenha havido um ato nulo ou anulável, não sendo cabível em relação aos atos inexistentes[94]. Também inaplicável em relação aos atos absolutamente simulados, uma vez que, no caso, as partes não quiseram realizar negócio algum[95].

Conforme ensina *Humberto Theodoro Júnior*, "na noção geral de conversão, o essencial está na ideia de admitir a *substituição* de um negócio jurídico por outro, em razão da invalidade

---

(90) MELLO, Marcos Bernardes de. *Op. cit.*, p. 209.
(91) BETTI, Emílio. *Teoria geral do negócio jurídico*, t. 3. Trad. Ricardo Rodrigues Gama. Campinas: LZN, 2003. p. 56-7.
(92) MIRANDA, F. C. Pontes de. *Tratado...*, t. 4, cit., p. 63. Entretanto, "não há conversão quando a nulidade é por ilicitude. Porque converter seria, aí, fraudar a lei" (*Ibidem*, p. 161).
(93) *Apud* GAGLIANO, Pablo Stolze; PAMPLONA FILHO, Rodolfo. *Op. cit.*, p. 413.
(94) AMARAL, Francisco. *Direito civil*: introdução. 6. ed. rev., atual. e aum. Rio de Janeiro: Renovar, 2006. p. 534.
(95) GAINO, Itamar. *Op. cit.*, p. 99.

do substituído, e no intento de proteger e manter a *relevância jurídica da declaração de vontade* que lhe deu origem. Cumpre-se, por seu intermédio, o *princípio da conservação* do negócio jurídico, de acordo com o qual 'a atividade negocial deve ser o mais possível mantida para a consecução do fim prático perseguido'"[96]. E, mais adiante, completa: "Afirma-se, em hermenêutica, que entre duas interpretações possíveis da declaração de vontade, uma que a prive de validade e outra que lhe assegure validade, há de ser adotada a última. Mesmo que alguma irregularidade ou deficiência se note, o direito moderno procura superá-las, pois seu objetivo é evitar, no possível, a nulidade dos negócios jurídicos"[97].

No caso, "o juiz tem de raciocinar como se estivesse *antes* da incidência e a sua análise do suporte fático se fizesse para saber qual a regra jurídica que iria incidir. A conversão é operação de aplicação da lei que incidiu, e não operação de escolha entre negócios jurídicos"[98]. Não há, assim, na conversão, alteração do quadro fático, como os sujeitos ou o objeto do negócio jurídico, mas apenas de seu enquadramento jurídico[99].

Daí a observação de *Luiz Roldão de Freitas Gomes* de que o ato sucedâneo, isto é, o ato no qual é convertido o negócio nulo, deve ter o mesmo objeto material que este. Acima de tudo, no entanto, como requisito fundamental e abrangente dos demais, "exige-se que a conversão esteja em harmonia com a *vontade hipotética das partes*: a conversão só pode operar-se desde que o julgador se convença de que, *se as partes tivessem sabido da nulidade do negócio jurídico*, teriam querido celebrar outro"[100]. O que é imprescindível, adverte *Emílio Betti*, é que esse outro negócio, "embora não tendo sido efetivamente *querido* pelas partes, nem sequer de modo eventual, esteja (...) compreendido na órbita do *interesse* prático que elas têm em vista satisfazer: compreendido no sentido de, ao mesmo tempo, poder servir, pelo menos aproximadamente, para a sua satisfação"[101].

No âmbito trabalhista, pode ser mencionado, como exemplo de conversão negocial, o reconhecimento de contrato de emprego quando as partes firmaram pacto de natureza diversa. Ainda que a intenção das partes, em especial do empregador, fosse a de fugir à caracterização do contrato de emprego, se os resultados práticos perseguidos se enquadram naquela hipótese negocial, há que se entender que ela corresponde à vontade das partes,

---

(96) THEODORO JÚNIOR, Humberto. *Comentários...*, cit., p. 533.
(97) *Ibidem*, p. 534.
(98) MIRANDA, F. C. Pontes de. *Tratado...*, t. 4, cit., p. 65.
(99) Quando é a própria lei que estabelece efeitos jurídicos diversos para determinados atos, que considera nulos, a hipótese é de *substituição* e não, propriamente, de conversão, uma vez que esta é um processo de interpretação e classificação dos atos jurídicos (MIRANDA, F. C. Pontes de. *Tratado...*, t. 4, cit., p. 69).
(100) GOMES, Luiz Roldão de Freitas. Invalidade dos atos jurídicos — Nulidades — Anulabilidades — Conversão. In: *Revista de Direito Civil*, v. 14, n. 53. São Paulo: Revista dos Tribunais, jul./set. 1990. p. 15-6. "Na lição de Von Thur, a conversão supõe que, segundo a intenção das partes, o negócio primitivo devia ser válido. Não é possível a conversão se as partes conheciam a nulidade, porque, neste caso, falta a vontade dos efeitos jurídicos e não cabe admitir que haviam querido outro negócio no lugar do nulo" (VELOSO, Zeno. *Op. cit.*, p. 121).
(101) BETTI, Emílio. *Teoria...*, t. 3, cit., p. 57. Ainda segundo o mesmo autor, há "uma grande afinidade entre a conversão e a interpretação integrativa do negócio jurídico, a qual tende a desenvolver a declaração, tanto nos seus pressupostos como no seu alcance lógico, corrigindo-lhe as formulações inexatas (p. ex., o errôneo *nomen iuris* usado) de acordo com a intenção prática das partes, para lhes colmatar as lacunas e para lhe pôr em destaque o conteúdo preceptivo implícito ou marginal, deixado na sombra pelas partes, e desta forma poder servir para a conversão, como meio para um fim" (*Ibidem*, p. 65).

conquanto formalmente negada, tanto que a execução do contrato preenche os requisitos daquela relação jurídica e não da que foi expressamente pactuada. E o enquadramento de tal situação como sendo de conversão resulta não do que foi pactuado, mas da execução do contrato. Se a questão fosse analisada tão somente a partir do que foi formalmente ajustado, provavelmente, na maior parte dos casos, não haveria sequer nulidade a ser reconhecida. Todavia, consoante o princípio da primazia da realidade, é na execução do contrato que se materializa a vontade das partes, em especial do empregador, de obter uma prestação nos moldes trabalhistas, intenção que nem sempre aparece claramente no instrumento contratual.

De qualquer modo, convém não confundir a conversão com a substituição de cláusulas inválidas pelas normas imperativas aplicáveis à espécie. Com efeito, enquanto a conversão visa a salvaguardar o escopo perseguido pelas partes, e se baseia numa suposta vontade destas, a substituição legal do negócio ou da cláusula nula, por contrariedade a uma norma inderrogável, pela disciplina legal ou coletiva aplicável ao caso não apenas prescinde da vontade privada, mas pode até contrastar com ela[102]. Assim, se as partes pactuam jornada superior à legal, isso não inibe a incidência das normas legais relativas ao labor extraordinário, ainda que a prestação laboral não exceda aos limites do pactuado. Da mesma maneira, se foi combinado salário inferior ao piso da categoria ou ao mínimo legal ou profissional, conquanto a vontade das partes tenha sido essa, a incidência da norma legal faz prevalecer o patamar mínimo de proteção, mesmo que contrarie a vontade das partes. O que fica na dependência da vontade dos interessados, no caso, é apenas a invocação das normas legais de proteção.

No âmbito trabalhista, existe uma situação que muito se assemelha às hipóteses de conversão sem que se confunda com ela. Trata-se dos acordos irregulares de compensação de horários: conquanto não excluam o direito ao pagamento do labor suplementar, acrescido do adicional legal ou convencional, liberam o empregador do pagamento relativo ao tempo não trabalhado. Assim, embora sejam devidas as horas extras, o valor já pago pelo trabalho que extrapolou a jornada normal não é desconsiderado, restando por adimplir apenas o adicional decorrente da sobrejornada (TST, Súmula n. 85, III). E tal solução tem sido aplicada de ofício, por uma questão de equidade, ao contrário do que ocorre nas hipóteses de conversão, em que se exige a provocação do interessado, não podendo o juiz determiná-la de ofício[103].

É possível, ainda, que uma das partes declare renunciar à prescrição ainda não consumada. Neste caso, embora a renúncia não seja válida (CC, art. 191), dependendo dos termos em que é externada a declaração de vontade, o ato pode conter um reconhecimento da dívida e, como tal, produzir a interrupção da prescrição em curso (CC, art. 202, VI).

Além disso, há situações em que o negócio jurídico, mesmo sendo nulo, pelas aparências de que foi revestido, pode induzir terceiros à prática de determinados atos, na confiança da validade daquele. Diante disso, a fim de preservar a boa-fé de terceiros, a lei confere efeitos

---

(102) CUPIS, Adriano de. *Istituzioni di diritto privato*. 4. ed. Milano: Giuffrè, 1987. p. 88.
(103) Este é o entendimento de Zeno Veloso, por exemplo, que cita, ainda, a lição de Renan Lotufo, no mesmo sentido (VELOSO, Zeno. *Op. cit.*, p. 123-4).

ao ato nulo em face daqueles que teriam frustradas suas legítimas expectativas, caso fosse negada toda e qualquer eficácia ao ato viciado. É o caso, por exemplo, do ato simulado, não podendo as partes esquivarem-se dos efeitos do ato aparente em prejuízo de terceiros (CC, art. 167, § 2º).

Por fim, em relação aos negócios jurídicos complexos, sendo a nulidade apenas parcial, é possível o aproveitamento do ato, no que tem de útil, suprindo-se a lacuna decorrente da invalidade pela incidência da norma aplicável ao caso[104]. No Direito do Trabalho, a substituição das cláusulas viciadas pelas disposições legais ou normativas infringidas atende, ademais, ao princípio da continuidade da relação de emprego[105]. Com isso, cumprem-se os fins legais sem sacrificar a validade do negócio jurídico.

Tratando-se, porém, de atos simples, por exemplo, de uma alteração contratual, como regra, a nulidade afeta todo o ato modificativo. Assim, se houve redução salarial com a correspondente diminuição da jornada, por acordo individual, a nulidade daquela também atinge esta, uma vez que, no caso, há um vínculo indissociável de dependência entre a modificação da jornada e da remuneração, não podendo uma subsistir sem a outra.

Também não é possível invocar o princípio *utile per inutile non vitiatur* em se tratando de transação, uma vez que esta pressupõe concessões recíprocas, alcançando o equilíbrio no seu conjunto, e não tomando-se cada cláusula isoladamente. Assim, os vícios relativos à transação, importem nulidade ou apenas anulabilidade, afetam o negócio como um todo (CC, art. 848). A mesma regra, entretanto, não se aplica à negociação coletiva, sendo considerada cada cláusula por si mesma, a menos que, dos termos do instrumento normativo, seja possível concluir pela existência de nexo causal entre suas cláusulas, hipótese em que a nulidade de uma delas acarreta a das que a ela estão vinculadas.

Conforme ressalta *Bernardes de Mello*, o que tem relevância, em se tratando de averiguar se a nulidade é parcial ou total, é a vinculação interna entre os elementos de um mesmo negócio jurídico (complexo) ou as relações entre os diversos negócios jurídicos:

> Quando há *pluralidade de negócios jurídicos* a nulidade de um não afeta o outro, em razão de não haver entre eles interdependência. Se existe *união interna*, no entanto, pode dar-se a contagiação da invalidade em consequência da qual os atos vinculados serão inválidos, se um deles é inválido.
>
> Quando se trata de negócios jurídicos complexos, tem-se que a separabilidade é possível, conforme o caso, desde que preservada a integridade do ato jurídico e de sua finalidade, esta conforme a intenção das partes[106].

Assim, a nulidade será parcial apenas nos casos em que for possível separar as partes de um mesmo ato complexo ou cada um dos diversos negócios jurídicos existentes, sem

---

(104) Ato jurídico complexo é aquele em que algum de seus elementos não é unitário (MIRANDA, F. C. Pontes de. Tratado..., t. 3, cit., p. 175).

(105) O efeito da nulidade, no caso, "caracteriza-se por uma *sub-rogação legal*: a cláusula nula *é substituída, imediata e automaticamente, pela norma ou cláusula infringida*" (GOTTSCHALK, Egon Felix. *Norma pública e privada no direito do trabalho*. Ed. fac-sim. São Paulo: LTr, 1995. p. 201). Neste sentido o Código Civil italiano contém norma expressa (art. 1.339).

(106) MELLO, Marcos Bernardes de. *Op. cit.*, p. 64.

prejuízo do equilíbrio negocial, como um todo, e da vontade das partes. A separabilidade, no entanto, adverte o mesmo autor, há de ser aferida em cada caso concreto, não se podendo estabelecer regras *a priori*, sem levar em consideração a natureza e as circunstâncias de cada negócio[107]. Na negociação coletiva, no entanto, já o dissemos, tem-se entendido que a nulidade de uma cláusula não afeta as demais que não padeçam do mesmo vício.

9.5. Consequências das invalidades

9.5.1. Em relação às partes

O efeito natural da invalidade é a inutilização do ato jurídico para os fins a que se destinava[108]. É possível, porém, que os sujeitos envolvidos no negócio jurídico, conquanto padeça este de invalidade, já tenham extraído dele certos efeitos práticos, que muitas vezes também afetam a situação de terceiros. A grande questão que se põe, assim, diz respeito à repercussão da nulidade, ou anulabilidade, sobre as condutas adotadas pelas partes em função do ato viciado.

Como é óbvio, verificada a nulidade ou anulado o negócio, os envolvidos não podem pretender colher as vantagens que lhes adviriam do ato, devendo ser restituídas eventuais prestações recebidas, a fim de restabelecer a situação anterior. Todavia, isso nem sempre é possível, seja porque o objeto da prestação já foi consumido ou transferido a terceira pessoa, seja porque não comporta devolução em espécie. Ao contrário da ficção, não dispomos de um mecanismo semelhante a uma "máquina do tempo" capaz de nos transportar ao passado a fim de que possamos revivê-lo, expurgando dele as condutas fundadas no ato inválido.

Diante disso, não sendo possível restabelecer a situação anterior ao ato nulo ou anulado, opera-se a restituição mediante o equivalente pecuniário, o que, entretanto, suscita outra ordem de problemas, qual seja, a da quantificação do valor devido, no caso. Tratando-se, porém, de crédito trabalhista, em face da nulidade contratual, a indenização deve equivaler à importância dos créditos que corresponderiam à prestação laboral caso o contrato fosse válido. Daí dizer-se que os efeitos das nulidades, no âmbito do Direito do Trabalho, somente passam a operar a partir da invalidação (atos anuláveis) ou do reconhecimento do vício invalidante (atos nulos), o que constitui uma falsa impressão e causa de numerosos e imperdoáveis equívocos.

Com efeito, o deferimento de indenização equivalente a todos os direitos trabalhistas anteriores ao reconhecimento da nulidade não se assenta no fato de os efeitos da anulação ou da declaração da nulidade somente operarem *ex nunc*, mas da impossibilidade de restituição das partes ao estado pretérito. Assim, não sendo possível devolver ao obreiro a energia despendida em favor do empregador, reconhece-se àquele uma indenização equivalente. E, para que a invalidação do negócio jurídico não se converta em causa de

---

(107) *Ibidem*, p. 65.
(108) Mesmo nulo, é possível que o ordenamento jurídico reconheça algum efeito ao ato, como ocorre em relação ao casamento putativo (CC, art. 1.561), ou aos atos de Direito Processual, por exemplo, citação promovida por juiz incompetente (CPC, art. 219).

enriquecimento ilícito para o empregador, a indenização cabível deve corresponder à totalidade das verbas trabalhistas a que o empregado teria direito em razão do labor prestado[109]. Em suma, pois, a causa do pagamento de tal indenização não é o contrato (relação jurídica), mas o serviço prestado, apesar de sua invalidade, e a regra jurídica que veda o enriquecimento ilícito.

Tecnicamente, portanto, é equivocada a afirmação de que as nulidades, no Direito do Trabalho, têm efeito *ex nunc*. O que ocorre é que a prestação laboral já executada não pode ser devolvida *in natura*, e, por isso, deve ser convertida em indenização (CC, art. 182). E essa reparação deve ser integral, segundo o princípio da *restitutio in integrum*, conferindo ao trabalhador reparação equivalente a todos os direitos resultantes do trabalho prestado, como se este tivesse ocorrido no âmbito de um contrato válido[110]. Assim, "é como se" as invalidades, no Direito do Trabalho, gerassem efeitos *ex nunc*, mas não é isso o que efetivamente ocorre. Simplesmente dizer que as nulidades trabalhistas produzem efeitos *ex nunc* constitui uma grave erronia, devendo, por isso, ser evitada, pelo menos entre nós, uma vez que não há, no ordenamento pátrio, norma semelhante à do art. 2.126 do Código Civil italiano. Além disso, mesmo perante o Direito peninsular, em que, consoante o dispositivo legal citado, a nulidade ou a anulação do contrato de trabalho (desde que não se fundamente na ilicitude do objeto ou da causa) não produz efeitos em relação ao período em que houve prestação laboral, no entender de *Riva-Sanseverino* o que o obreiro recebe, no caso, não são salários e demais direitos trabalhistas, mas uma *indenização*, servindo aqueles apenas de base para a fixação desta[111].

Por sua vez, o Código do Trabalho português dispõe que, em relação ao período em que esteve em execução, mesmo que seja nulo ou anulado, o contrato deve ser tratado "como se fosse válido" (art. 115, § 1º). Assim, não se trata de atribuir às nulidades efeitos *ex nunc*, mas de garantir que o trabalho prestado não se transforme em causa de enriquecimento injusto de quem dele se beneficiou.

No caso, o pagamento ao obreiro de valor equivalente a todos os direitos trabalhistas relativos ao labor prestado não projeta a nulidade para a data em que ela é declarada[112]. Não se trata de atribuir efeitos ao ato nulo, mas de recompor a situação anterior. Reconhecido o vício e a consequente nulidade, as partes devem ser restituídas ao estado pretérito (CC, art. 182), e a forma como isso se dá no contrato de trabalho é mediante o pagamento do

---

(109) A rigor, o trabalhador teria direito, inclusive, ao lucro que o empregador obteve em razão do labor prestado, isto é, à mais-valia retirada da utilização de sua força de trabalho. Assim, a indenização pelo valor da contraprestação total que seria devida pelo empregador é o mínimo que se pode esperar no caso. A não ser assim, haveria enriquecimento ilícito, com o consequente estímulo à contratação nula.

(110) É o que também ensina Pontes de Miranda, com sua inexcedível precisão: "Embora nulo o contrato individual de trabalho, se o trabalho foi prestado, tem de ser retribuído como se válido fosse" (MIRANDA, Francisco Cavalcanti Pontes de. *Tratado de direito privado*, t. 47, 3. ed. Rio de Janeiro: Borsoi, 1972. p. 492).

(111) RIVA-SANSEVERINO, Luisa. *Commentario del Codice Civile*, arts. 2060-2134. 5. ed. rev. e ampl. Bologna: Zanichelli, 1977. p. 679.

(112) No Direito brasileiro, "toda invalidade é originária; sua causa deve existir, ao menos, no momento da concretização do ato jurídico. Causas de invalidade surgidas posteriormente não afetam a validade, embora possam implicar a resolução do ato jurídico" (MELLO, Marcos Bernardes de. *Op. cit.*, p. 69). Por conseguinte, os efeitos da invalidade operam sempre a contar da conclusão do negócio jurídico, ainda quando aquela dependa de provocação do interessado. Isso, porém, não impede que a lei atribua certos efeitos jurídicos válidos a determinados atos, conquanto não reconheça a estes aptidão para produzir os efeitos que lhes são próprios.

montante correspondente a todas as verbas decorrentes do labor prestado. A única particularidade existente, no caso, decorre da natureza da prestação entregue pelo obreiro, que é sua força de trabalho, o que torna a restituição *in natura* materialmente irrealizável, devendo, assim, ser substituída pelo valor pecuniário equivalente. E essa conversão está prevista expressamente na lei civil. Diante disso, somente a ignorância ou má compreensão das regras contidas no Código Civil é que explica a assertiva de que, entre nós, o Direito do Trabalho tenha inovado em matéria de consequências das nulidades.

A propósito, convém lembrar que, quando o trabalhador alega em juízo a nulidade de alguma alteração contratual que o tenha prejudicado, busca justamente o recebimento das verbas que lhe foram negadas por força daquela modificação. Se as nulidades gerassem apenas efeitos *ex nunc*, em regra, de nada lhe adiantaria o reconhecimento da nulidade em questão, uma vez que normalmente o obreiro só se anima a buscar a Justiça após o término do contrato.

A confusão contida na afirmação de que no Direito do Trabalho as nulidades operam apenas *ex nunc* trouxe consequências desastrosas em relação aos empregados contratados pela Administração Pública, sem prévio concurso (CF, art. 37, II). Não atentaram os juslaboralistas pátrios para a advertência de *António Menezes*, quando observou que qualquer aperfeiçoamento que se busque no Direito do Trabalho deve começar pelo aproveitamento do material científico já elaborado pela teoria geral do Direito Civil, somando-lhe novos elementos. E a consequência disso também foi a prevista pelo professor lusitano: ao ignorar as lições do Direito Civil, pretendendo tudo construir desde a base, o que se produziu foi apenas um "espetacular retrocesso"[113]. E o que é pior, tripudiando sobre direitos dos trabalhadores, apesar de terem sido aqueles reconhecidos como valores fundamentais pela Constituição Federal.

Nos termos do art. 182 do Código Civil, anulado o ato ou reconhecida sua nulidade, as partes têm direito à restituição das prestações realizadas, e, não sendo isso possível, à correspondente indenização. Como é óbvio, a energia despendida em favor do empregador, ou o tempo colocado à sua disposição, não são passíveis de restituição *in natura*. E, para situações tais, por previsão expressa da norma legal referida, deve a parte que entregou alguma prestação, em razão de negócio nulo ou anulado, receber uma indenização equivalente. No caso, o valor a ser atribuído aos serviços prestados, quando a nulidade atinge todo o contrato, já o dissemos, é o correspondente a todas as verbas relativas ao período laborado, "porquanto o equivalente ao trabalho subordinado somente pode ser comutado com o pagamento de todas as parcelas previstas na legislação trabalhista"[114]. Do contrário, estar-se-ia sustentando que as demais parcelas, que não sejam salário em sentido estrito, implicariam um desequilíbrio contratual ou seriam mera dádiva, liberalidade ou agrado concedidos pelo empregador ao empregado. Seria, em suma, pressupor que as demais verbas não têm como causa o trabalho prestado. Em vez disso, conforme bem observou *Caio Mário*, "quando a lei (...) impõe majoração para as horas extraordinárias ou de

---

(113) CORDEIRO, António Menezes. *Manual de direito do trabalho*. Coimbra: Almedina, 1991. p. 647.
(114) CRUZ, Alexandre Corrêa da. *Os efeitos da contratação sem concurso pelo ente público:* da impropriedade do Enunciado n. 363 do TST. Disponível em: <http://www.femargs.com.br/revista03_cruz.html> Acesso em: 27 dez. 2006.

serviço noturno, penetra o campo da comutatividade", visando a garantir o *iustum contrapassum* entre as prestações das partes[115].

A comutatividade, no contrato de trabalho, portanto, não se resume, no que respeita às obrigações do empregador, ao pagamento do salário em sentido estrito, mas abrange todas as prestações que decorrem da execução do pacto tomadas no seu conjunto. Conforme doutrinam *Evaristo de Moraes Filho* e *Flores de Moraes*, o contrato de trabalho "manifesta a sua comutatividade a longo prazo, no conjunto sintético e tarifário das prestações e contraprestações, pelo seu valor global e estimativo do valor delas. Daí as interrupções nas prestações de trabalho, sem prejuízo da remuneração (repouso semanal, férias, licenças e certas ausências ou afastamentos remunerados), que não negam, antes confirmam o seu caráter de pacto comutativo"[116]. E não é de imaginar que tal particularidade passe despercebida, em especial ao empregador, quanto ajusta a remuneração a ser paga ao obreiro.

No mesmo sentido, salienta *Eugênio José Cesário Rosa* que, "ao apoiar-se no subsídio colhido no Código Civil, a jurisprudência trabalhista deveria reconhecer-lhe conteúdo pleno, já que a contraprestação *equivalente* ao trabalho, prestado sob a égide de um contrato de emprego, segundo o direito do trabalho, não é [apenas] o salário em sentido estrito, mas o salário nas suas variadas expressões, tais como capituladas na CLT (...), bem como na Constituição da República, nos vários incisos do seu art. 7º, e, ainda, na jurisprudência pacífica, expressa na súmula do TST, conforme se pode ver dos Enunciados (...) que indicam a natureza salarial do pagamento relativo a vários institutos: gratificações habituais, ainda que tacitamente ajustadas, adicionais vários, salários trezenos, salário complementar da jornada extraordinária, salário de férias, etc."[117].

Diante disso, a reparação devida ao empregado em razão do trabalho prestado na execução de um pacto laboral inválido (CC, art. 182) não pode limitar-se ao equivalente ao salário *stricto sensu*, sob pena de não proporcionar ao obreiro a devida indenização (*restitutio in integrum*). No mesmo sentido salienta *Dallegrave Neto* que "a indenização deve alcançar toda a extensão do prejuízo: férias, 13º salário, horas extras porventura comprovadas, FGTS..., tudo em conformidade com o salário devido e não apenas pelo salário ajustado", conforme preconiza a Súmula n. 363 do TST[118]. Não pode haver dúvidas de que "o *equivalente* ao trabalho prestado, em sede trabalhista, não são apenas os salários, mas *todos os títulos decorrentes do vínculo empregatício*; caso contrário, o trabalho pessoal e não eventual prestado sob subordinação e mediante salários, na forma do art. 3º da CLT, não diferiria da mera locação de serviços (*locatio conductio operarum*), disciplinada pelos arts. 1.216 e ss. do CC/16 e pelos arts. 594 e ss. do NCC/2002. Com efeito, é na *locatio conductio operarum* e nas figuras afins que a prestação de serviços preordena tão somente uma contraprestação

---

(115) PEREIRA, Caio Mário da Silva. *Lesão nos contratos*. 5. ed. Rio de Janeiro: Forense, 1993. p. 162.
(116) MORAES FILHO, Evaristo de; MORAES, Antonio Carlos Flores de. *Introdução ao direito do trabalho*. 7. ed. rev. e atual. São Paulo: LTr, 1995. p. 259.
(117) ROSA, Eugênio José Cesário. Nulidade: contratação irregular. In: *Revista do Direito Trabalhista*, v. 4, n. 8. Brasília: Consulex, ago. 1998, p. 11.
(118) DALLEGRAVE NETO, José Affonso. Nulidade do contrato de trabalho e o novo Código Civil. In: DALLEGRAVE NETO, José Affonso; GUNTHER, Luiz Eduardo (Coord.). *O impacto do novo Código Civil no direito do trabalho*. São Paulo: LTr, 2003. p. 117.

pecuniária simples ('retribuição'), sem outros acessórios e à míngua de quaisquer garantias sociais (*ut* arts. 594 *in fine*, 597 e 603 do NCC)"[119].

Convém acrescentar que, pelo trabalho prestado no âmbito de uma relação de emprego, o trabalhador não aufere lucros[120], de modo que, ainda quando o negócio jurídico-base seja inválido, a indenização do labor executado deve sempre corresponder a tudo aquilo que a outra parte teria que oferecer caso o contrato não padecesse de defeito algum. Limitar a indenização ao valor do salário apenas, na prática, significa reduzir o contrato nulo ao *status* do contrato de emprego inexistente. Sim, porque neste o valor do trabalho prestado segue outros parâmetros, resumindo-se ao valor expressamente ajustado entre as partes, podendo, até, sofrer redução (CC, art. 606), uma vez que, no caso, presume-se que o valor pactuado proporcione ganhos adicionais ao prestador. Com efeito, se o prestador autônomo nada cobrasse além do custo da execução do contrato, não teria recursos para cobrir eventuais gastos imprevistos, já que, no caso, é ele quem assume os riscos da atividade.

Não se pode esquecer, ainda, que o que se converte em indenização não é uma simples prestação material, mas o trabalho humano, bem jurídico ao qual as normas constitucionais reservam especial proteção. Assim, ainda quando decorrente de contrato nulo, não poderia ser tratado como simples mercadoria, desprovida de relevância social. Afinal, o trabalho executado constitui uma extensão da própria pessoa do trabalhador, cuja dignidade, enquanto ser humano, situa-se no epicentro axiológico de todo o ordenamento jurídico pátrio (CF, art. 1º, III)[121].

Relevante salientar, por outro lado, que não cabe indagar de quem foi a culpa pelo vício do contrato: se houve nulidade, a menos que a prestação tenha sido oferecida para obter fim ilícito, imoral ou proibido por lei (CC, art. 883), deverão as partes ser restituídas ao *statu quo ante*, sob pena de enriquecimento ilícito. E mesmo nas hipóteses de que trata o art. 883 do Código Civil (fim ilícito, imoral ou proibido por lei) o Direito combate o enriquecimento sem causa, determinando que as prestações entregues, ou seu equivalente econômico, revertam em favor de estabelecimento de beneficência à escolha do juiz[122]. Em tais casos, se o trabalhador nada mais receberá é porque, conforme salientou *Mauricio Godinho Delgado*, não se configura o valor-trabalho, tutelado pela Constituição, por ser este um valor que deve ser aferido sob a ótica social. Assim, quando o trabalho se desgarra dos objetivos sociais, deixa de merecer proteção[123].

---

(119) FELICIANO, Guilherme Guimarães. Efeitos positivos dos contratos nulos de emprego público: distinguir o joio do trigo. In: *Jus Navigandi*, Teresina, ano 10, n. 1055, 22 maio 2006. Disponível em: <http://jus2.uol.com.br/doutrina/texto.asp?id=8451> Acesso em: 11 fev. 2007.

(120) Muito pelo contrário, quem aufere lucros é o beneficiário da prestação, que se apropria da mais-valia incorporada ao produto do labor. Em relação ao trabalho prestado, portanto, não pode haver diferença entre o contrato válido e o nulo: a contraprestação deve ser rigorosamente igual.

(121) SARMENTO, Daniel. Interesses públicos vs. interesses privados na perspectiva da teoria e da filosofia constitucional. In: _____ (Org.). *Interesses públicos versus interesses privados:* desconstruindo o princípio da supremacia do interesse público. 2. tir. Rio de Janeiro: Lumen Juris, 2007. p. 58.

(122) De outro modo, restaria "incastigada a malícia do *accipiens*, que não cumpre a prestação ilegal ou imoral, mas retém o recebido para que não se ostente a torpeza do *solvens*" (NONATO, Orosimbo. Pagamento indevido. In: *Repertório enciclopédico do direito brasileiro*, v. 36. Rio de Janeiro: Borsoi, [s.d.]. p. 16).

(123) DELGADO, Mauricio Godinho. *Curso de direito do trabalho*. São Paulo: LTr, 2002. p. 499.

Não é o que ocorre, porém, nos casos de contratação sem prévio concurso público, conquanto exigido. Além disso, quem mais leva vantagem é justamente quem deveria ter promovido o certame mas preferiu não fazê-lo[124]. Quanto à contribuição do trabalhador para a nulidade, no caso, é mínima, uma vez que, se não fosse ele, outro seria admitido nos mesmos moldes. Afinal, cabe exclusivamente ao empregador decidir quem, quando e como contratar. Além disso, não cabe investigar aqui a existência de culpa, uma vez que o que se impõe, no caso, é evitar o enriquecimento sem causa. A culpa só interessa quando se busca a reparação de prejuízos resultantes de ato ilícito, o que não é o caso. Não se trata de indenizar prejuízos, mas de repor as partes ao estado anterior mediante prestação subsidiária (compensação econômica). E quem deve fazê-lo é a Administração, que se beneficiou da prestação laboral. Irrelevante se houve, ou não, irregularidade por parte do gestor público. Essa é uma questão que não pode ser oposta ao trabalhador. Afinal, não contratou ele com o administrador, mas com o Poder Público, cuja fiscalização não cabe ao particular, mas aos órgãos incumbidos de tal mister.

Tal como hoje se apresenta, a orientação consagrada pela Súmula n. 363 do TST não passa de estímulo à fraude. Segundo tal entendimento, o administrador que não promove o concurso acaba beneficiando o erário, de modo que nem mesmo se pode dizer que afrontou os interesses da Administração, pelo menos sob o ponto de vista econômico (interesse público secundário)[125]. Conquanto a solução jurisprudencial mencionada tivesse um intuito louvável, o certo é que transferiu as consequências da nulidade apenas para os trabalhadores, e o que é pior, com desproporcional e injustificado proveito para a Administração Pública, além de afrontar as normas legais que disciplinam os efeitos das nulidades dos atos jurídicos (CC, arts. 182 e 883). Afora isso, estimulou a sanha dos administradores que não se pejam em burlar a exigência constitucional para fazer clientelismo político, certos de que os ônus não recairão sobre eles, mas apenas sobre os trabalhadores. Com isso, restam frustrados tanto o objetivo constitucional de promover a moralidade pública e a igualdade de oportunidades entre os cidadãos, por meio do concurso público, quanto os valores em que se assenta a tutela dos direitos trabalhistas. Enquanto isso, o Poder Judiciário finge fazer justiça, acobertando os que invocam a própria torpeza, tudo em nome de uma falsa moralidade[126]. Isso sem contar os casos em que alguns apadrinhados recebem espontaneamente todas as verbas trabalhistas, por vezes até sem a exigência de efetiva prestação laboral.

Em vez de promovê-la, atenta contra a moralidade permitir que a Administração Pública se aproprie do labor alheio sem a devida contraprestação, principalmente pelo fato de que a Constituição Federal alçou o trabalho humano ao patamar de valor fundamental.

---

(124) E, conforme observou o jurista lusitano Menezes Cordeiro, quem invoca uma nulidade a que ele próprio deu causa perpetra um fato ilícito: atenta contra a boa-fé, devendo indenizar os prejudicados (CORDEIRO, António Menezes. *Teoria geral do direito civil*, v. 1, 2. ed. rev. e actual. Lisboa: Associação Acadêmica da Faculdade de Direito, 1987/88. p. 669).

(125) Não é de se estranhar, assim, que haja decisões entendendo que, nos casos de contratação sem concurso, por não ter havido prejuízo ao erário, o administrador não se sujeita às punições previstas na Lei n. 8.429/92 (STJ, Resp n. 917.437 – MG Ac. 1ª T., 16.9.2008, Rel. Min. Luiz Fux. DJE 1.10.2008).

(126) O que se percebe é que a Administração tem sido useira e vezeira na adoção dos mais variados expedientes no intuito de burlar a exigência constitucional do concurso público, e, depois de tudo, ainda tem a coragem de levantar a bandeira de uma suposta moralidade, para uso externo, naturalmente.

Assim, se houve prestação laboral (e aqui não estamos defendendo os chamados empregados "fantasmas", que recebem sem trabalhar), ainda que no âmbito de um contrato nulo, o ressarcimento deve observar o valor do trabalho efetivamente prestado, sob pena de enriquecimento ilícito. Se a indenização não for completa, a Administração terá obtido mão de obra por valor inferior ao que haveria de ser pago caso o contrato de trabalho fosse válido. E indenizar o obreiro pelo labor efetivamente prestado, ao qual se equipara o tempo à disposição[127], não se traduz em prejuízo algum para a Administração ou para os interesses públicos, uma vez que o trabalho prestado trouxe benefícios para a coletividade. Assim, a Administração estará apenas compensando uma prestação já recebida com uma indenização equivalente.

Embora reconhecida a nulidade do contrato de trabalho, em relação ao labor já prestado, no caso, também incidem as consequências previdenciárias, inclusive a contagem do tempo de serviço para fins legais, uma vez que não se trata de trabalho ilícito[128]. Fosse ilícito, tal labor não poderia gerar para o trabalhador nem mesmo as verbas que a jurisprudência atual lhe reconhece[129]. De outra parte, nem mesmo se pode dizer que se trate de trabalho cujo objeto é proibido. O vício, no caso, tem origem formal, não dizendo respeito ao objeto do contrato. Assim, em relação ao labor prestado, o obreiro deverá ser ressarcido integralmente. Corolário lógico é que o empregador deverá promover o recolhimento das contribuições previdenciárias, sem o que o período laborado não será aproveitado pelo trabalhador para fins previdenciários[130]. Afinal, assim como o direito aos salários e às outras verbas trabalhistas, a aposentadoria por tempo de contribuição é também um direito que resulta da prestação laboral e é igualmente garantido pela Constituição Federal (art. 7º, XXIV). Ressalte-se que não é a simples existência de contrato válido que enseja o cômputo do tempo para a aposentadoria, senão a prestação de trabalho lícito, mediante contraprestação (com os recolhimentos previdenciários incidentes), devendo, por tal motivo, ser exigidas, inclusive, as anotações da CTPS[131]. Afinal, o registro em carteira

---

(127) Afinal, enquanto esteve à disposição da Administração, ainda que não tenha efetivamente prestado serviços, o trabalhador teve sua liberdade pessoal limitada, para atender aos interesses da contratante. Não por outro motivo, o período em que o empregado estiver à disposição do empregador é considerado como de serviço efetivo (CLT, art. 4º).

(128) "PREVIDENCIÁRIO. APOSENTADORIA POR TEMPO DE SERVIÇO. RECONHECIMENTO DE ATIVIDADE LABORAL DESENVOLVIDA POR MENOR DE 14 ANOS. 1 – A aposentadoria por tempo de serviço, cumprida a carência exigida, é devida ao segurado do sexo masculino que completar 30 (trinta) anos de serviço. 2 – Embora seja nulo o contrato de trabalho firmado entre o empregador e menor de 14 (quatorze) anos de idade, frente às imposições constitucionais vigentes à época, computa-se como tempo de serviço o período em que o menor tenha laborado nessas condições. 3 – Não reconhecer o período em que, eventualmente, um adolescente tenha laborado em idade infantil, desconsiderando os efeitos dessa relação fática, seria o mesmo que puni-lo duplamente" (TRF 4ª Região, AC 9604007270, Ac. 5ª T., 24.6.99, Rel. Juiz Altair Antônio Gregório. DJU 14.7.99, p. 592).

(129) De qualquer modo, caso se tratasse de trabalho ilícito, dever-se-ia aplicar o parágrafo único do art. 883 do Código Civil, e não simplesmente permitir o enriquecimento injustificado da Administração Pública.

(130) "CONTRIBUIÇÕES PREVIDENCIÁRIAS RECOLHIMENTO. Nos termos dos arts. 11, 12, 43 e 44 da Lei n. 8.212/91, são devidos os recolhimentos das contribuições previdenciárias em face de decisões judiciais, ainda que decorrentes de contrato nulo. Recurso de revista conhecido e provido" (TST, RR 61172/2002, Ac. 2ª T., 17.11.2004, Rel. Min. Renato de Lacerda Paiva. DJU 10.12.2004).

(131) "CONTRATO NULO. ANOTAÇÃO DA CTPS. A carteira de trabalho, contendo um histórico profissional do obreiro, deve receber a anotação do contrato considerado nulo, inclusive com esta observação, para que o interessado possa pleitear, perante quem de direito, os efeitos previdenciários possíveis" (TRT 18ª Região, RO 3.025/98, Ac. 690/99, Rel. Juiz Saulo Emídio dos Santos. DJE 19.3.99, p. 136).

destina-se apenas a fazer prova para fins previdenciários. Assim, se houve trabalho remunerado, nos moldes trabalhistas, ainda que reconhecida a nulidade contratual, não haveria razão para negar o direito às anotações correspondentes.

Importante ressaltar que os efeitos previdenciários não resultam da validade do contrato e, da mesma forma que ocorre em relação às demais obrigações trabalhistas, a indenização pela prestação laboral seria incompleta se não abrangesse o aspecto previdenciário[132]. E tal consequência, nunca é demais insistir, constitui mera aplicação da parte final do art. 182 do Código Civil, nada tendo a ver com a suposta irretroatividade das nulidades.

Conforme bem ressaltou *Dylson Dória*, à época Procurador-Geral do Estado da Bahia, em parecer normativo acerca das consequências da inobservância à vedação, imposta pela Lei n. 6.091/74 à Administração Pública, de celebrar contratos de trabalho em período eleitoral: "Certamente, se o contrato é nulo não produz qualquer efeito válido. Mas o trabalho realizado por quem firma contrato nulo merece ser pago, não por força de obrigação contratual, que inexiste, na espécie, mas por um dever de justiça, em razão do qual não pode a Administração locupletar-se à custa do trabalho alheio. Por essa razão é que a Administração deve pagar o trabalho que lhe foi prestado, pagamento esse que tem como fonte não o contrato, que é nulo e não produz efeitos válidos, porém a obrigação de indenizar, como corolário do princípio que não tolera o enriquecimento sem causa. Não há, pois, assim, que confundir a inoperância do contrato com a obrigação de ressarcir o trabalho prestado"[133].

A rigor, tal como a contraprestação pelo trabalho prestado, o valor relativo às vantagens previdenciárias também tem caráter indenizatório e, por conseguinte, deveria ser carreado ao trabalhador. Todavia, nem sempre é fácil estimar o efetivo prejuízo suportado pelo trabalhador em razão da ausência de contribuições previdenciárias. Afora isso, nem toda contribuição paga pelo empregador reverte em benefício direto do trabalhador, o que implica que, ao término da prestação laboral, o prejuízo normalmente é apenas eventual. Diante disso, é melhor que se faça a reparação previdenciária pela forma como ocorreria se houvesse contrato válido, isto é, pelos recolhimentos que decorreriam da contraprestação pelo trabalho executado. Afinal, no caso, não se trata de restituir as partes ao *statu quo ante*, mas apenas de garantir que do trabalho prestado decorram todas as repercussões que teria no âmbito de um contrato de trabalho válido, inclusive os efeitos previdenciários. Note-se que as contribuições previdenciárias, como regra, visam a garantir

---

(132) No particular, inevitável o paralelo entre as contribuições previdenciárias e o FGTS, sendo que, em relação a este último, mesmo antes do art. 19-A da Lei n. 8.036/90, vinha entendendo a Justiça Federal que constituía direito do trabalhador, uma vez que decorria da *prestação laboral* e do *pagamento dos salários*, ainda que o contrato de trabalho fosse declarado nulo por inobservância do art. 37, II da CF (TRF 1ª Região, AMS 01001018364, Ac. 1ª T., 25.4.2000, Rel. Juiz Luciano Tolentino Amaral. DJU 8.5.2000, p. 52). "O fato gerador do FGTS, como contribuição social, da mesma forma que o salário, é a prestação do serviço. Seguindo o acessório a sorte do principal, se o trabalhador tem direito ao recebimento dos salários dos dias efetivamente trabalhados, de igual forma ele terá direito ao levantamento dos depósitos do FGTS, porque este constitui patrimônio seu" (TRT 1ª Região, AMS 01000144117, Ac. 1ª T., 26.6.2000, Rel. Juiz Aloísio Palmeira Lima. DJU 4.9.2000, p. 12).

(133) *Apud* AYRES, Maria Elyzabeth Tude Junqueira. Anulação do contrato de trabalho. In: *Enciclopédia Saraiva do direito*, v. 7. São Paulo: Saraiva, 1978. p. 95.

benefícios futuros, e, assim, não se trata, propriamente, de reparar prejuízos, mas de evitar que eles sobrevenham.

O retorno ao estado anterior, é sempre conveniente ressaltar, não constitui consequência do negócio jurídico inválido, mas das condutas a que, apesar disso, ele deu ensejo. Sendo nulo, o negócio é inoperante *ab ovo*. Por conseguinte, nenhuma das partes poderá ser coagida a cumprir as prestações que dele decorreriam, se válido fosse, nem mesmo em relação ao tempo que antecede a declaração da nulidade. Todavia, se houve execução espontânea, desta é que poderão advir efeitos jurídicos. Assim, embora as obrigações previstas no ato nulo não possam ser exigidas, se uma das partes lhes deu cumprimento espontâneo, não pode a outra simplesmente apoderar-se, sem mais, das prestações assim obtidas[134]. Fica evidente, assim, que os direitos relativos ao labor prestado em decorrência de um contrato nulo não se estribam no pacto laboral em si, em razão de sua nulidade, mas no princípio que veda o enriquecimento ilícito[135].

E, principalmente nos casos de ausência de concurso público, em que a conduta mais repreensível é do empregador, não seria justo nem jurídico que a Administração se locupletasse à custa do esforço dos trabalhadores, sem reconhecer-lhes a devida paga. Se, apesar da nulidade do contrato, dele resultaram consequências práticas, estas não podem ser desconsideradas ao argumento de que o negócio não tinha aptidão para gerar efeitos jurídicos. O contrato pode ser nulo, mas, se ainda assim houve labor, esse fato não pode ser ignorado. E as consequências jurídicas, no caso, nunca é demais advertir, não decorrem do contrato, mas do trabalho havido[136]. O contrato, por sua vez, serve apenas de parâmetro para fixar o valor equivalente ao labor prestado. Se os próprios interessados chegaram a um consenso a respeito, não haveria razão para que o julgador seguisse outro critério, sendo mais razoável adotar o montante que as partes estabeleceram como justa retribuição, desde que respeitados os limites legais ou normativos mínimos para a modalidade de trabalho executado.

O reconhecimento do direito a uma contraprestação, pelo labor executado, também é admitido nas relações laborais regidas pelas normas estatutárias:

> Em que pese o contrato de trabalho do Autor, havido com o Município, ter sido anulado, em decorrência da inobservância do concurso público imprescindível à nomeação, o que acarreta efeitos *ex tunc*, impende ressalvar os efeitos que são inerentes e contemporâneos ao exercício da atividade, tais como a percepção da remuneração respectiva e a contagem do tempo para efeito de aposentadoria (TRF 2ª Região, AC 312157, Ac. 6ª T., 12.3.2003, Rel. Juiz Poul Eric Dyrlund. DJU 2.4.2003, p. 195-6).

---

(134) "A ação em que se pede a restituição funda-se não sobre o contrato, mas sobre o pagamento indevido." Assim, "se é vedada a ação proveniente do contrato, resta a ação extracontratual de *in rem verso* para reclamar o que se passou dum para outro patrimônio" (RIPERT, Georges. *Op. cit.*, p. 199).

(135) SILVA, Carlos Alberto Barata. *Compêndio de direito do trabalho*. 4. ed. ampl. e atual. São Paulo: LTr, 1986. p. 222.

(136) Segundo *Ernesto Krotoschin*, é possível chegar ao mesmo resultado pela aplicação do princípio do *venire contra factum proprium*: se o empregador aceitou os serviços, dando a entender, com isso, que considerava válido o contrato, não poderá, posteriormente, invocar a nulidade deste para eximir-se das obrigações decorrentes do labor prestado (KROTOSCHIN, Ernesto. *Tratado práctico de derecho del trabajo*, v. 1, 4. ed. Buenos Aires: Depalma, 1987. p. 194).

Embora referindo-se em especial ao FGTS, a fundamentação deste outro julgado, do Eg. TRF da 3ª Região, também ilustra o melhor entendimento a respeito do tema:

> O fundo de garantia por tempo de serviço é garantia social fundamental (7º, inciso III, CF), cuja fonte é o trabalho. *In casu*, não há dúvida de que a mão de obra do impetrante foi usufruída pela administração. O reconhecimento da nulidade e da responsabilidade do município ensejam, em tese, o direito de indenização, o qual, no mínimo, inclui o pagamento de todas as vantagens legais decorrentes do trabalho, dentre elas o do FGTS reclamado. Negar simplesmente as consequências da situação de fato que se estabeleceu por força do contrato reconhecidamente nulo, como fez a empresa pública, apenas acrescenta outra violação constitucional, além do art. 37, inciso II (TRF 3ª Região, REOMS 243843, Ac. 5ª T., 17.6.2003, Rel. Juiz André Nabarrete. DJU 12.8.2003, p. 583).

No que pertine à obrigatoriedade dos recolhimentos previdenciários, merece ser transcrita, ainda, parte da fundamentação adotada pelo Min. Renato de Lacerda Paiva, em voto proferido perante a Segunda Turma do Col. TST, em 17.11.2004:

> Vale considerar que a Procuradoria-Geral da União, em resposta à consulta feita junto ao Ministério da Previdência e Assistência Social, através do Parecer de n. 54/97, manifestou-se sobre a exigência de recolhimento de contribuições previdenciárias por ente público municipal, incidentes sobre contratos de trabalho considerados nulos, por ausência de prévia aprovação em concurso público.
>
> No aludido parecer, era analisada a hipótese em que o Instituto Nacional de Previdência Social cobrava de determinado município as contribuições previdenciárias referentes a todos os seus empregados, inclusive aqueles cuja contratação fora considerada nula por não atender aos ditames do art. 37, II, da Constituição Federal, sendo que os fundamentos à legalidade de tal cobrança foram os seguintes:
>
> O que se afirma do salário, diga-se também da Previdência Social, que não passa de salário diferido. Enquanto trabalha, o empregado contribui para os órgãos previdenciários, e, mais tarde, quando as forças lhe faltarem, ou as sombras crepusculares marcarem a proximidade do fim de sua vida, passará a receber o produto daquilo que ele próprio recolheu aos institutos de aposentadoria e pensões.
>
> Entendemos, (...) pois que, cabe, definitivamente, a cobrança que está sendo feita pela Fiscalização Previdenciária.
>
> Procuramos frisar o aspecto humano da espécie. Outro não é, por sinal, o tratamento da lei. Lá está no art. 12 da Lei n. 8.212/91:
>
> São segurados obrigatórios da Previdência Social as seguintes pessoas físicas:
>
> I – como empregado: aquele que presta serviços de natureza urbana ou rural à empresa em caráter não eventual, sob sua subordinação e mediante remuneração, inclusive como diretor-empregado.
>
> E, o art. 13 exclui dessa regra, no caso dos servidores municipais, apenas aqueles que estiverem sujeitos a sistema próprio de previdência, o que, certamente, não é o caso...
>
> Confira-se que a referência na lei é a um fato, a prestação de serviço, pouco importando a modalidade do contrato, se escrito, se verbal e, mesmo, acrescentamos agora, se for nulo desde o seu berço, porque tal nulidade não impediu que o serviço fosse prestado.

Considerando-se o posicionamento da Previdência Social a respeito do recolhimento de suas contribuições sobre contratos nulos e os fundamentos legais de tal entendimento, é de se conhecer do recurso de revista, por violação dos arts. 195 da CF/88 e 12 da Lei n. 8.212/91 (TST, RR 61172/2002, Ac. 2ª T., 17.11.2004, Rel. Min. Renato de Lacerda Paiva. DJU 10.12.2004).

No mesmo sentido caminha a jurisprudência do E. STF, ao fundamento de que "os benefícios previdenciários (...) não decorrem propriamente da higidez da relação de emprego, mas, e sobretudo, da prática do ato-fato-trabalho"[137], pressupondo-se, evidentemente, que este não seja ilícito. E, para confirmar o acerto de tal entendimento, se é que possa haver dúvida razoável a respeito, basta imaginar a situação oposta, isto é, do empregado que, embora mantenha contrato de trabalho válido com o empregador, deixa de trabalhar, por exemplo, por motivo de licença para interesses particulares, sem remuneração. No caso, a despeito da validade do contrato de trabalho, não haverá, em relação ao período de afastamento, efeito previdenciário algum, uma vez que, enquanto persistir tal situação, não haverá trabalho nem salários. Fácil, pois, constatar que os efeitos previdenciários não resultam da validez do contrato de trabalho, senão do fato de ter havido prestação de trabalho ou situação equiparável das quais resulte um crédito para o trabalhador e uma contribuição ao INSS. Assim, para que o trabalhador tenha acesso aos benefícios previdenciários, o empregador não poderia furtar-se ao recolhimento das contribuições sociais incidentes sobre o crédito do obreiro.

Por outro lado, na relação entre o INSS e o empregador, é indiferente se o contrato era, ou não, válido, uma vez que a Lei n. 8.212/91 não distingue tais situações. Assim, mesmo em caso de nulidade contratual, não desaparece o crédito da autarquia previdenciária:

> CONTRIBUIÇÃO PREVIDENCIÁRIA. CONTRATO NULO. INCIDÊNCIA. A Lei n. 8.212/91, ao normatizar o recolhimento da contribuição previdenciária, estabeleceu em seu art. 22, inciso I, que a contribuição a cargo da empresa, destinada à Seguridade Social, incide sobre o total das remunerações pagas pelo trabalho, qualquer que seja a sua forma. A lei, portanto, não excluiu da incidência da contribuição a remuneração paga nos contratos nulos, não cabendo ao julgador restringir o alcance da norma onde a intenção do legislador foi exatamente a de atribuir-lhe ampla incidência (TRT 18ª Região, 1ª T., RO 00987-2006-007-18-00-2, Rela. Des. Kathia Maria Bomtempo de Albuquerque. DJE 5.12.2006, p. 26).

Convém que nos detenhamos mais um pouco aqui para analisar algumas consequências do entendimento que sustentamos. Se houve prestação de labor, como este não pode ser devolvido, o trabalhador deve receber o valor correspondente à contraprestação que seria devida em razão da execução do contrato a título indenizatório. O valor a ser pago pelo empregador, já o dissemos também, abrange todas as verbas trabalhistas e previdenciárias. Entretanto, o trabalhador só fará jus às prestações decorrentes do trabalho já prestado, não gerando este obrigações futuras, só exigíveis caso houvesse contrato válido entre as partes. Assim, por exemplo, não poderá exigir o trabalhador uma indenização por estarem presentes os demais pressupostos que lhe garantiriam a permanência no emprego por determinado período (por exemplo, em razão da garantia de emprego acidentária).

---

(137) Trecho do voto do Min. Gilmar Mendes, proferido no julgamento do AI 529.694-1, perante a 2ª Turma do STF, em 15.2.2005 (DJU 11.3.2005).

O obreiro só terá direito ao valor correspondente ao labor prestado, e não à continuidade do trabalho, uma vez que esta depende de haver um contrato válido entre as partes. Isso, entretanto, não exclui o direito a eventual pensão decorrente de incapacidade laboral resultante de acidente do trabalho, uma vez que, embora se projete para o futuro, destina-se a reparar um dano cuja causa é um fato ocorrido durante a prestação laboral.

Se as nulidades tivessem efeitos *ex nunc*, como negar ao trabalhador o direito à estabilidade? Afinal, se os efeitos da nulidade só devessem ser considerados a partir do reconhecimento judicial do vício, tendo o trabalhador preenchido todos os requisitos para a aquisição da garantia do emprego, tal direito haveria de ser reconhecido, uma vez que conquistado num período em que o contrato gerava efeitos válidos. Seria, portanto, um direito adquirido. Por outro lado, se já não houver prestação laboral quando do reconhecimento da nulidade, para os que defendem a tese dos efeitos *ex nunc* a nulidade do contrato não teria repercussão alguma, podendo o obreiro, inclusive, cobrar verbas rescisórias, o que não faz sentido algum. Com efeito, a invalidade do contrato de trabalho (isto é, do negócio jurídico), implica que ele não estava apto a gerar efeitos jurídicos (ou seja, vincular as partes a obrigações recíprocas). Consequentemente, os efeitos advindos do labor prestado fundam-se tão somente no ato-fato trabalho. Se o contrato de trabalho, por ser nulo, já era incapaz de gerar obrigações, nem mesmo é possível cassar-lhe a eficácia, que nunca existiu, razão por que não há falar em verbas "rescisórias"[138].

No tocante às férias, embora o trabalhador só possa exigi-las uma vez transcorrido o prazo concessivo, são elas um direito que vai sendo adquirido ao longo da prestação laboral nos moldes trabalhistas. De igual modo, o 13º salário, embora só se torne exigível, no seu todo, no dia 20 de dezembro do ano correspondente, também é direito que se constitui mês a mês. Assim, as férias + 1/3 e o 13º salário proporcional são direitos que resultam da prestação laboral, e não da rescisão do contrato, a despeito do modo equivocado com que tais parcelas são tratadas pelo legislador pátrio, convertendo a dispensa por justa causa numa espécie de castigo pecuniário ao trabalhador, pela supressão de direitos resultantes do labor prestado.

Também não impressiona o fato de a indenização abranger o valor equivalente a parcelas que têm como base de cálculo verbas salariais. Com efeito, para fins de cálculos dos valores devidos, deve-se observar os mesmos critérios adotados em relação ao contrato válido. Assim, se houve labor em sobrejornada, a despeito da nulidade contratual, a reparação não deve se limitar ao valor da contraprestação pactuada, mas observar os critérios que seriam adotados se o contrato fosse válido. Logo, deve receber o obreiro inclusive o que seria devido a título de horas extras, com o respectivo adicional, além das demais repercussões que normalmente adviriam de tal labor. E nisso não há novidade alguma, uma vez que o mesmo ocorre em relação ao aviso prévio, quando indenizado (CLT, art. 387, § 5º; TST, Súmula n. 305), ou com a indenização relativa aos períodos de

---

(138) Quando se põe termo a um "vínculo laboral", não é o contrato de trabalho que deixa de existir, mas a relação jurídica por ele engendrada que cessa, ou seja, é sua eficácia (vigência) que se extingue. Se muitos não percebem isso é porque já se tornou lugar comum tomar a "relação empregatícia" (efeito) pelo contrato de trabalho (negócio jurídico), que constitui a sua causa. E a consequência dessa transnominação, quando não se atenta para o verdadeiro significado de cada uma de tais expressões, é confusão entre a (in)eficácia do negócio jurídico e a sua (in)existência.

estabilidade provisória não respeitados pelo empregador. Ora, se na fixação do valor das indenizações relativas ao período em que o empregado deveria ter trabalhado e foi impedido pelo empregador computam-se todas as verbas que seriam devidas no período como se trabalhado fosse, não há razão para estranhar que o mesmo critério seja adotado em relação às reparações pelo labor prestado no âmbito de um contrato nulo. E não é o fato de, neste caso, a contraprestação ser indenizatória que muda o critério de equivalência.

Por fim, mas não menos importante, conforme esclarece *Humberto Theodoro Júnior*, "quando se restituir o equivalente, por ser impossível a devolução da própria coisa negociada, o contratante cumpre uma dívida de valor. Não se trata de reparar um ilícito, mas de realizar a restituição pelo equivalente. Na sistemática da anulabilidade, a restituição não é, propriamente, uma reparação; não constitui, por si própria, a indenização de um prejuízo, 'mas a consequência natural da anulação'". Assim, anulado o contrato sinalagmático, é como se se estabelecesse um sinalagma invertido, isto é, se implantasse um negócio sinalagmático em posições contrárias àquelas do negócio invalidado"[139]. Se isso fosse possível no contrato de trabalho, ao receber de volta a força de trabalho colocada à disposição do empregador, não teria o empregado que restituir àquele apenas o salário em sentido estrito, mas todas as parcelas obtidas em razão do labor prestado. Do mesmo modo, o valor a ser pago ao empregado em razão da impossibilidade de devolver-lhe o trabalho prestado não é apenas o equivalente ao salário em sentido estrito, mas a todas as verbas a que o empregador teria direito na situação inversa.

As distinções que traçamos acima ajudam-nos também a entender as consequências dos demais casos em que o contrato padece de defeito invalidante. Não se poderia jamais tratar tais situações como se não tivesse havido contrato de emprego entre as partes (plano da existência). As diferenças são profundas. Se o contrato firmado entre as partes era de emprego, ainda que seja nulo (plano de validade), as consequências do labor prestado devem considerar a natureza do negócio jurídico em que se inseriu tal préstimo. Caso a relação jurídica visada fosse outra, isto é, na hipótese de as partes haverem celebrado negócio jurídico diverso do contrato de emprego, seguindo sua execução o modelo contratual adotado, o tratamento das consequências do trabalho prestado deveria observar parâmetros distintos. Conforme já dissemos acima, a comutatividade contratual é diferente, conforme se trate de contrato de emprego ou de prestação de serviços autônomos. Nesta última hipótese, o valor da contraprestação já abrange um percentual relativo aos riscos assumidos pelo prestador, o que não ocorre no caso do empregado. Por conseguinte, a despeito da nulidade do negócio jurídico, o que não se pode negar é que a prestação laboral pautou-se pela modalidade contratual eleita pelas partes. Afinal, se o contrato firmado pelas partes era de emprego, o trabalho prestado representou, na prática, a execução de tal pacto, e não o cumprimento de outro negócio jurídico qualquer. Embora haja outros contratos que também impliquem a realização de um trabalho, seu valor varia segundo o modo como tal labor é prestado.

Assim, ainda que se trate de aplicação do art. 883, parágrafo único, do Código Civil, há de ser observado o âmbito em que se inseriu a prestação laboral. Embora o contrato

---

(139) THEODORO JÚNIOR, Humberto. *Comentários...*, cit., p. 610-1.

não produza efeitos jurídicos, foi com base nele que o trabalho foi prestado, não se podendo, assim, ignorar os contornos da prestação laboral efetuada. E o valor desta varia conforme as circunstâncias em que o trabalho foi executado. Conquanto o negócio jurídico (contrato de trabalho) que lhe serviu de base seja nulo, não se pode esquecer que foi à sua sombra que o trabalho foi prestado. Assim, a despeito de, juridicamente, tal contrato ser incapaz de produzir efeitos, aos olhos de quem o executou, era ele obrigatório, e foi com base nos seus termos que o trabalho foi prestado por uma das partes e recebido pela outra.

O que o empregador recebeu, no caso, não foi uma prestação qualquer, mas um trabalho específico, realizado segundo condições também particulares, consoante o que fora pactuado. E assim ocorreu porque as partes, espontaneamente, deram cumprimento a um ajuste que, embora não fosse obrigatório do ponto de vista jurídico, por ser nulo, foi observado na prática. Diante disso, se foi o contrato que ensejou e definiu a natureza e as condições em que o trabalho foi executado, é também sob sua ótica que deve ser aferido o valor de tal prestação. Todavia, não se poderia permitir que ao trabalho prestado fosse atribuído valor inferior ao mínimo fixado para igual prestação no âmbito de contratos da mesma natureza. Da mesma forma que não se poderia remunerar o trabalho de um engenheiro, por exemplo, como se fosse uma atividade de um servente de pedreiro, não se poderia aceitar que o trabalho de qualquer um deles fosse retribuído com valor inferior ao piso profissional, seja este previsto em norma legal ou coletiva. Não fosse assim, quem se beneficiou do trabalho estaria obtendo uma prestação laboral, nas mesmas condições e por valor inferior ao mínimo que tal trabalho custa no mercado, o que implicaria, igualmente, um enriquecimento sem causa. E nem por isso se pode dizer que se está conferindo validade jurídica ao contrato, mas apenas restabelecendo o estado anterior, com a indenização das prestações entregues consoante sua natureza, por não comportarem a devolução em espécie.

Um exemplo ajuda a esclarecer: suponha-se que A entregou a B, por força de um contrato de compra e venda, um automóvel de passeio. Reconhecida a nulidade de tal pacto, e não mais sendo possível, por algum motivo, a devolução do mesmo bem, não se poderia tomar como parâmetro, para fixar o valor da indenização, o preço de um veículo utilitário, de um carro de outra marca ou modelo, ou do mesmo automóvel, mas com maior tempo de uso, e assim por diante. E o mesmo acontece com a prestação laboral, não se podendo ignorar a natureza do trabalho prestado e as condições em que isso ocorreu. Destarte, não há razão para confundir a atividade realizada por trabalhador autônomo com o trabalho prestado no âmbito de um contrato de emprego, mesmo que venha a ser reconhecida a nulidade deste. Em qualquer caso, a prestação havida deve ser devidamente reparada, consoante sua natureza, extensão e condições em que foi executada.

O que se nota, na prática, no entanto, é uma completa confusão, encambulhando-se nulidade e inexistência, com se fossem uma só e mesma coisa. Tratando-se de pactos que não foram levados à execução, a questão não desperta interesse. Todavia, se houve prestação de labor, a distinção entre tais planos de análise acarreta consequências relevantes.

Suponha-se que, em virtude de um contrato de emprego, o trabalhador tenha exercido ilegalmente uma profissão. Neste caso, não basta sustentar que, por ser nulo, o contrato não gera direitos e obrigações. De fato, se o contrato é nulo, não produz efeitos, mas não há como fechar os olhos para o trabalho que foi efetivamente prestado. Afinal, não se poderia permitir que, a pretexto de não se poder tutelar quem executou o trabalho ilícito, seja referendado o enriquecimento injusto da outra parte, beneficiária do labor. Foi pensando em tais situações que o legislador estabeleceu a regra contida no parágrafo único do art. 883 do Código Civil[140]. Assim, nos casos em que as partes não têm direito à restituição das prestações realizadas, seu objeto, ou o valor correspondente, deverá ser revertido em prol de uma instituição de caridade, à escolha do juiz. Trata-se de uma espécie de confisco em favor das entidades beneficentes, por atuarem estas como substitutas do Estado na assistência aos necessitados.

No caso de trabalho ilícito, como o período laborado não terá repercussão sobre o tempo de serviço do obreiro para fins previdenciários, e nada lhe será devido pelo labor prestado, não terá o INSS direito a contribuições previdenciárias. Todavia, para que não haja enriquecimento sem causa, o valor correspondente a tal encargo também deverá ser revertido à instituição beneficente escolhida pelo juiz. Afinal, ao fixar o valor do salário, o empregador já leva em conta o custo da contratação, incluindo os encargos sociais. Assim, o valor do trabalho prestado também inclui as incidências previdenciárias, sem o que o empregador estaria auferindo lucro indevido. Destarte, se, em relação ao trabalho apenas proibido, o empregador não se isenta do valor relativo às contribuições previdenciárias, não haveria razão para que ficasse liberado de tal custo em se tratando de trabalho ilícito, sob pena de sancionar mais gravemente uma infração menor. De outra parte, atribuir ao INSS o crédito de contribuições previdenciárias, no caso, também importaria proporcionar-lhe um ganho sem causa, por não haver contraprestação pelos valores percebidos.

Qualquer que seja a situação, é indispensável que não se confunda a nulidade do vínculo de emprego com o contrato de trabalho juridicamente inexistente. Se não houver relação de emprego, ao proceder à valoração do labor prestado, seja para fins de incidência da parte final do art. 182 ou para aplicação do parágrafo único do art. 883 do Código Civil, o juiz deverá tomar como referencial as regras insertas no art. 606 do Código Civil[141]. Todavia, se o contrato firmado entre as partes, embora nulo, era de emprego, não cabe a invocação do mencionado dispositivo legal, devendo a avaliação do trabalho prestado seguir critérios diversos. Com efeito, ao contrário do que ocorre nos contratos em geral, no âmbito da relação de emprego, a mais-valia produzida pelo labor do obreiro é transferida ao empregador. Diante disso, as vantagens extraídas do trabalho de um empregado são bem mais amplas do que as auferidas pelo tomador num contrato de prestação de serviços autônomos, uma vez que, naquele, além de reservar para si o poder diretivo sobre a execução do trabalho, o empregador colhe para si todos os lucros produzidos pela atividade laboral. Assim, mesmo que o contrato seja nulo, o trabalho prestado não se desveste das peculiaridades inerentes ao pacto em que se inseriu, uma vez que o labor decorreu da execução do referido negócio, e não de outro qualquer. Logo, o que o beneficiário de tal labor

---

(140) "Art. 883. Não terá direito à repetição aquele que deu alguma coisa para obter fim ilícito, imoral ou proibido por lei. Parágrafo único. No caso deste artigo, o que se deu reverterá em favor de estabelecimento local de beneficência, a critério do juiz."

(141) Eventualmente, poderá adotar outros parâmetros, conforme a modalidade contratual que as partes intentaram celebrar.

deverá pagar ao prestador (CC, art. 182) ou à instituição de beneficência indicada pelo juiz (CC, art. 883, parágrafo único), em razão do trabalho recebido, não será apenas o equivalente ao salário em sentido estrito ainda não percebido pelo obreiro, mas todos os encargos que a prestação laboral executada acarretaria ao empregador se válido fosse o pacto. A não ser assim, na hipótese acima tomada como exemplo (empregado que exerce ilegalmente a profissão), o empregador estaria lucrando com a atividade ilícita do trabalhador. E o mesmo vale para as demais situações previstas no *caput* do art. 883 do Código Civil. É indiferente se o empregador participou, ou não, da ilicitude. Em qualquer caso, se o empregador não for obrigado a uma prestação equivalente às vantagens resultantes do trabalho recebido, terá lucrado indevidamente. E a melhor forma de aquilatar essa equivalência é o que foi pactuado.

Em qualquer dos casos, seja o ilícito decorrente da conduta do trabalhador apenas ou de ambas as partes, dizer que o trabalho prestado nos moldes empregatícios não traria consequência alguma para o beneficiário do labor é de uma injustiça e imoralidade inomináveis. Como afirmar que, por exemplo, quando é o empregador quem promove a atividade ilícita, da qual o obreiro é mero participante, bastaria àquele repassar a uma instituição de beneficência os salários ainda não pagos ao trabalhador? Fosse assim, seria evidente que, além de haver promovido atividade contrária à lei ou à moral, ainda seria agraciado com a liberação, mesmo que parcial, dos custos da mão de obra empregada. E não é diferente quando a atividade ilícita foi praticada exclusivamente pelo trabalhador. Por qual boa razão se justificaria que o empregador colhesse vantagens pelo fato de o ilícito ter sido praticado por terceiro? Sem dúvida que também aqui haveria enriquecimento sem causa, o que seria igualmente reprovável. Além disso, seria estimular a má-fé do empregador, que se valeria de subterfúgios, por exemplo, alegando desconhecimento do ilícito praticado pelo obreiro, para livrar-se das obrigações trabalhistas.

Urge, portanto, que se atente para o fato de que a nulidade do contrato não justifica que se desconsiderem os efeitos do labor prestado e, a par disso, que não se confundam as hipóteses de nulidade com as situações em que não houve relação de emprego. Conforme bem observou *Alexandre Corrêa da Cruz*, em referência à Súmula n. 363 do TST, "parece que o precedente em análise confunde os planos jurídicos da existência e da validade. Se é devido apenas o dia trabalhado, à nitidez, não foi reconhecida a existência do contrato de trabalho havido como de emprego, mas sim como autônomo" uma vez que "o *equivalente* mencionado no referido enunciado é aquele próprio à prestação de serviços de natureza autônoma (locação de serviços), eis que só comuta o dia trabalhado, afastando qualquer efeito trabalhista"[142]. E, embora a redação atual também contemple o FGTS, trata-se de acréscimo decorrente de previsão legal expressa (Lei n. 8.036/90, art. 19-A), que em nada desmerece a crítica acima. Ao contrário, apenas confere-lhe maior consistência.

Insista-se, no entanto, que não se trata de extrair efeitos do contrato de trabalho nulo, mas de obrigar a parte beneficiada a reverter as vantagens resultantes da prestação laboral obtida, apesar da nulidade do pacto. E se o valor atribuído ao trabalho varia conforme sua natureza, também há de ser diverso dependendo do modo como foi prestado.

---

(142) CRUZ, Alexandre Corrêa da. *Op. cit.* Acesso em: 27.12.2006.

Não há como pretender equiparar os critérios de avaliação do labor autônomo e do labor subordinado, especialmente sendo este prestado sob as condições de típica relação empregatícia.

Por último, convém lembrar que o reconhecimento da nulidade decorrente da admissão sem concurso, pela Administração Pública Federal, nos casos em que o certame é exigido, não está sujeita à decadência prevista no art. 54 da Lei n. 9.784/99, em face da ausência de boa-fé, uma vez que o trabalhador não pode alegar a ignorância da restrição constitucional (LICC, art. 3º)[143]. Tal previsão, no entanto, é restrita à Administração Pública Federal, onde as contratações irregulares são raras. Além disso, a norma legal em questão não afasta o direito às reparações decorrentes do labor já prestado.

Convém registrar, no entanto, que já se decidiu que o transcurso de longo tempo desde a admissão, mais de vinte anos, sem que a nulidade fosse invocada pela administração pública, implicaria o reconhecimento de todos os efeitos ao ato de admissão sem concurso, em nome da segurança jurídica (STJ, RMS 25.652/PB, Ac. 5ª T., 16.09.2008, Rel. Min. Napoleão Nunes Maia Filho. DJE 13.10.2008).

9.5.2. Em relação a terceiros

Além das partes envolvidas, as relações jurídicas podem repercutir na situação de terceiros. Impõe-se, assim, verificar em que medida o reconhecimento da nulidade ou a anulação do negócio jurídico afeta os que dele não tomaram parte. Tomemos como exemplo o caso de alguém que adquire um bem que passou às mãos do alienante por força de um contrato nulo. Na hipótese aventada, como em outros casos em que se pretende opor os efeitos da nulidade a terceiros, deve-se analisar o estado subjetivo destes, isto é, se quem não participou do negócio originário estava, ou não, de boa-fé. A boa-fé a que nos referimos, no caso, é a subjetiva, que se traduz no desconhecimento do vício que contaminou a aquisição do bem pelo subalienante. Se o terceiro sabia do vício precedente, ou tinha condições de conhecê-lo caso tivesse observado as diligências ordinárias, não deve ser ouvido se invocar amparo jurídico. Todavia, se agiu de boa-fé, não poderia merecer proteção inferior ao participante do ato viciado.

Conforme visto nos capítulos anteriores, os vícios de vontade só maculam o negócio jurídico se puderem ser conhecidos pela outra parte. Assim ocorre no erro (art. 138), no dolo ou coação provenientes de terceiro (arts. 148 e 154) e no estado de perigo (art. 156). Na lesão, o vício desaparece se a outra parte concordar em restabelecer o equilíbrio nas prestações (art. 157, § 2º), e os efeitos da fraude contra terceiros dependem do conhecimento, ainda que presumido, do estado de insolvência do alienante por parte de quem com ele realizou ato oneroso (art. 159). Assim, se a lei confere tal nível de proteção ao contratante de boa-fé, conforme se infere, *contrario sensu*, dos dispositivos mencionados, não poderia negar igual tratamento ao terceiro que adquiriu direitos decorrentes do negócio jurídico defeituoso ignorando os vícios de que este padecia.

---

(143) "Art. 54. O direito da Administração de anular os atos administrativos de que decorram efeitos favoráveis para os destinatários decai em cinco anos, contados da data em que foram praticados, salvo comprovada má-fé."

A proteção ao terceiro de boa-fé é uma regra unanimemente aceita pelos ordenamentos jurídicos e decorre da necessidade de se garantir segurança nas relações negociais. Assim, por serem legítimas, também devem merecer o amparo legal as expectativas do terceiro que agiu de boa-fé, não tendo conhecimento de nenhum vício que inquinasse o negócio jurídico por ele realizado com uma das partes do ato viciado.

Todavia, embora deva ser presumida, a boa-fé não pode prescindir das diligências indispensáveis ao comércio jurídico. Assim, não basta alegar ignorância de vícios anteriores, mas é preciso demonstrar que, pelas cautelas normais, não poderia o terceiro ter conhecimento deles. E entre as diligências ordinárias, inclui-se, em especial em se tratando de negócios envolvendo bem imóveis, o requerimento de certidões negativas de ônus junto aos Cartórios de Registros de Imóveis, certidões negativas de protestos junto aos respectivos Cartórios, certidões judiciais na esfera cível, criminal, eleitoral e trabalhista do foro onde se situa o bem e do domicílio do alienante. Se o adquirente não faz tal pesquisa, inclusive em relação aos que foram proprietários nos últimos tempos, até completar-se o prazo necessário à consumação do usucapião ordinário, as surpresas desagradáveis que venha a ter não podem ser tuteladas sob o argumento de sua suposta boa-fé, mas devem ser imputadas à própria negligência.

Assim, sempre que o terceiro subadquirente deixou de observar as cautelas recomendadas, não pode invocar boa-fé, devendo prevalecer o princípio *resoluto iure dantis, resolvitur ius accipientis*.

A proteção à boa-fé dos subadquirentes não pode servir de escudo para encobrir a má-fé do alienante, especialmente quando em prejuízo de seus credores, que também são terceiros em relação ao ato viciado. E, ao contrário destes, os adquirentes podem precaver-se contra eventuais fraudes cometidas pelo alienante. Assim, cabe ao adquirente tomar as devidas precauções em defesa de seus interesses. Se simplesmente se omite, não pode alegar boa-fé na ignorância de vícios anteriores. A questão é particularmente relevante quando o alienante originário não mais tem bens para resgatar seus débitos, situação que não é incomum nas execuções trabalhistas.

9.6. Invalidade e rescisão

A invalidade, já o dissemos, significa a inaptidão do ato ou negócio jurídico para produzir os efeitos que lhes seriam próprios. Já a rescisão denota ruptura, desintegração ou desfazimento do ato (do latim *rescindere*: rasgar, romper). A invalidade pode resultar diretamente da dicção legal (nulidade) ou depender da iniciativa do interessado (anulabilidade), ao passo que a rescisão somente opera por iniciativa do prejudicado.

Apesar de, atualmente, serem, em geral, empregadas como equivalentes ou, mesmo, sinônimos, invalidade e rescisão não significam exatamente a mesma coisa. Configura-se a invalidade, propriamente dita, quando o ato padece de algum vício estrutural, ao passo que a rescisão tem lugar quando o ato, apesar de perfeito em sua formação, produz um resultado injusto. Assim, opera-se a rescisão quando o negócio jurídico, apesar de conter todos os requisitos necessários à sua validade, produz um resultado iníquo, isto é, um dano, prejuízo ou lesão patrimonial a uma das partes[144]. E como o ato não é portador de defeito estrutural, pode ser preservado, desde que a parte beneficiada proponha um reajustamento das condições negociais.

A origem da confusão entre rescisão e invalidade resulta da ausência, no Direito Romano, desta última categoria tal como a conhecemos atualmente. Naquele sistema, dominado pelo formalismo, uma vez preenchidas as prescrições legais, o ato ingressava no mundo jurídico e estava apto para produzir os efeitos perseguidos. Caso contrário, se não estivesse de acordo com o *ius civile*, seria inexistente (*nec ullus*), juridicamente irrelevante. Uma vez observadas as formalidades exigíveis, no entanto, o ato adquiria existência e, como tal, produzia os efeitos aos quais se destinava. Caso houvesse alguma razão para combater seus efeitos, o único modo de fazê-lo era pela desintegração do ato (rescisão), fazendo-o desaparecer do mundo jurídico.

A partir do momento em que a doutrina alemã separou a existência da eficácia, e entre elas colocou a categoria da validade, se o ato não tem aptidão para produzir os efeitos a que se destina, não mais é preciso destruí-lo, retirá-lo do mundo jurídico, para evitar que seus efeitos se realizem. Como, porém, a teoria das invalidades foi toda ela construída sobre os postulados voluntaristas, uma vez preenchendo o ato os requisitos estruturais, seria ele necessariamente válido. Apesar disso, verificou-se que alguns atos, mesmo não padecendo de vícios estruturais e sendo, portanto, válidos, produziam efeitos contrários ao Direito. E foi em relação a tais atos que foi mantido o instituto da rescisão, como forma de evitar os resultados indesejados. Não se tratava, no entanto, de eliminar o ato, como ocorria no sistema romano, mas apenas de atribuir-lhe efeitos equiparáveis à invalidade. Superadas as bases exclusivamente voluntaristas do sistema de nulidades, a doutrina passou a admitir a invalidade mesmo em relação aos atos que não padecem de vício estrutural, mas apenas de anomalia funcional, ainda que acompanhada de algumas modificações, tornando a rescisão uma figura desnecessária, uma vez que absorvida pelas invalidades.

Foi assim que o Código Civil pátrio incluiu a lesão e o estado de perigo entre as causas de invalidade dos negócios jurídicos, não as tratando como hipóteses de rescisão, diferentemente da legislação de outros países[145]. Com isso, atribuiu a um desvio funcional os mesmos efeitos que decorrem dos vícios estruturais. Todavia, na regulação da invalidade decorrente da lesão, deu-lhe o legislador pátrio os mesmos contornos da rescisão, tal como disciplinada pelo Código Civil italiano (art. 1.450), oferecendo à parte beneficiada a oportunidade de manter o negócio, desde que concorde com a revisão das prestações ajustadas, de modo a eliminar a lesão (CC, art. 157, § 2º). A rigor, a autorização para

---

(144) Quando se invoca a rescisão, portanto, parte-se do pressuposto de que o ato atacado seja válido, isto é, capaz de produzir seus efeitos legais, embora intrinsecamente seja injusto (CAMPOS RIVERA, Domingo. *Derecho laboral colombiano*. 2. ed. actual. Bogotá: Editorial Temis, 1978. p. 172).

(145) A referência à rescisão, em relação à lesão e ao estado de perigo, chegou a ser sugerida pelo Prof. Couto e Silva, mas não foi aceita por Barbosa Moreira, na condição de integrante da Comissão Revisora do Projeto de Código Civil, e responsável pela revisão da Parte Geral, por considerar que "não há razão de fundo para que se acolha, em nosso direito, a distinção entre anulabilidade e a rescindibilidade, quanto ao estado de perigo e à lesão" (ALVES, José Carlos Moreira. *A parte geral do projeto de Código Civil brasileiro:* subsídios históricos para o novo Código Civil brasileiro. 2. ed., aum. São Paulo: Saraiva, 2003. p. 62).

evitar a invalidação do ato só seria atribuída ao prejudicado, nunca ao que se beneficiou por ele. Eis por que algumas legislações, a exemplo da italiana, ainda preferem tratar a lesão e o estado de perigo como hipóteses de rescisão.

A CLT, por sua vez, emprega o termo rescisão como sinônimo de terminação da relação contratual, independentemente de sua causa, sempre, porém, partindo do princípio de que o pacto laboral a que se aplica seja válido. E compreende-se que assim o tenha feito, uma vez que a filosofia em que se inspira é a da estabilidade das relações jurídicas, estimando que a ruptura contratual, como regra, só deveria ocorrer nos casos em que sua manutenção se mostrasse inviável.

Nos contratos de trato sucessivo, no entanto, a superveniência de fato ou norma jurídica que impeça a continuidade do vínculo (por exemplo, por tornar ilícitas atividades que antes eram permitidas), a rigor, não se traduz em hipótese de rescisão negocial, mas de resolução, por denúncia cheia. No âmbito trabalhista, no entanto, a expressão "rescisão" é utilizada no sentido geral de terminação da relação de emprego, seja qual for a sua causa.

Há, entretanto, quem sustente que só haveria rescisão, em sentido técnico, nas hipóteses de invalidade contratual. Tal entendimento, no entanto, traz implícito o pressuposto de que as nulidades só produzem efeitos *ex nunc*, solução que já refutamos anteriormente. Segundo o ponto de vista aqui defendido, tanto a anulação quanto o reconhecimento da nulidade retroagem seus efeitos à data da celebração do negócio, de modo que não há falar em ruptura do vínculo jurídico. Sendo o contrato anulável, é a sua anulação que se encarrega de cancelar os efeitos dele extraídos desde a sua origem. Em caso de nulidade, a relação jurídica nem ao menos foi capaz de produzir efeitos, ainda quando tenha havido prestação de labor. Eventuais consequências, no caso, têm como causa exclusivamente o ato-fato trabalho, sem o que tudo se resumiria à constatação de que o negócio jurídico é nulo.

9.7. *Direito intertemporal*

No que pertine às regras incidentes sobre os negócios jurídicos e o reconhecimento de eventuais vícios, quando for o caso, deverá ser observado o princípio *tempus regit actum*. Conforme observou *Gabba*, independentemente da data da impugnação, deve-se julgar segundo a lei sob cujo império nasceu o ato[146]. Não se poderá, pois, pretender invalidar um negócio jurídico porque norma superveniente passou a estabelecer requisitos inexistentes à época de sua conclusão.

Sendo a invalidade, em qualquer de suas modalidades (nulidade ou anulabilidade), vício de origem (*ab initio*), sua caracterização deve ter em conta o momento em que o ato foi praticado: se naquela oportunidade era válido, como tal permanece, embora sobrevenham circunstâncias que o anulariam, se sob a influência delas houvesse sido praticado. Se, pelo contrário, ao tempo em que foi realizado o ato era nulo, não se tornará jamais válido,

---

(146) *Apud* PEREIRA, Caio Mário da Silva. *Lesão...*, cit., p. 177.

embora desapareçam os motivos da nulidade. Aplica-se, aqui, portanto, a regra estabelecida por *Paulo*, segundo a qual o que nasce vicioso não se convalida pelo decurso do tempo: *quod initio vitiosum est, non potest tractu temporis convalescere*[147]. Tratando-se de simples anulabilidade, decorrido o prazo decadencial, o ato deixa de ser impugnável. Todavia, proposta a ação anulatória no prazo legal, a análise dos defeitos deverá basear-se no Direito vigente à época da prática do ato.

Em relação ao contrato de trabalho, no entanto, por ser de trato sucessivo, é possível fracionar o negócio, reconhecendo a validade da relação jurídica a partir do momento em que o defeito invalidante deixa de ser relevante ou, ao contrário, declarando a nulidade apenas a partir do instante em que o prosseguimento da relação laboral se tornar contrário a alguma lei imperativa. Como exemplo da primeira situação, temos o contrato de trabalho celebrado com empresa estatal, antes de ser privatizada, sem concurso público. Pela privatização, desaparece o obstáculo que impedia a validade do contrato anterior, tornando possível, a partir de então, o surgimento de um novo contrato, estabelecido tacitamente, pela continuidade da prestação laboral. Ilustra a segunda hipótese a superveniência de norma imperativa considerando ilícita a atividade empresarial ou o exercício da profissão pelo obreiro, sendo tal fato desprezado pelas partes, as quais dão continuidade à relação laboral.

Situação diversa é a que ocorre na absorção de empresas privadas pela Administração Pública. No caso, em relação aos empregados da empresa sucedida, cujos contratos foram celebrados regularmente, não se pode dizer que o fato de se tornarem empregados públicos implicaria que devessem se submeter a concurso público, uma vez que o que ocorre, em tais casos, é apenas a alteração do empregador, mantendo-se, porém, o mesmo pacto laboral. Assim, se o contrato de trabalho continua o mesmo e foi celebrado validamente, não poderia exigência posterior, vinculada à formação do negócio jurídico, torná-lo inválido. Afinal de contas, quando da sucessão, o contrato já existia como ato jurídico perfeito, não sendo suscetível de vício superveniente.

Conquanto tenha recorrido a outros fundamentos, essa também foi a conclusão do Col. TST, no seguinte julgado:

> SOCIEDADE DE ECONOMIA MISTA. SUCESSÃO. EXIGÊNCIA DE PRÉVIO CONCURSO PÚBLICO. PRINCÍPIO DA PROPORCIONALIDADE. FUNDO DE COMÉRCIO. 1. No caso dos autos, o Banco do Estado de Goiás S.A., sociedade de economia mista assumiu o fundo de comércio da empresa sucedida. Acompanham o fundo de comércio os empregados, que dele fazem parte, já que contribuem para a consecução das finalidades empresariais. 2. Ofende o princípio da proporcionalidade exigir que os empregados da sucedida somente possam ingressar no quadro de empregados da sucessora por intermédio de concurso público, tendo em vista que apenas acompanharam os desideratos da sucessão, sem terem em nada contribuído para o resultado. 3. A incorporação do fundo de comércio de uma empresa por outra, mesmo que a sucessora seja sociedade de economia mista, não pode afetar os direitos do empregado. Inteligência dos arts. 10 e 448 da CLT. Recurso de Revista conhecido e parcialmente provido (TST, RR 583.918/1999, Ac. 3ª T., 10.8.2005, Rela. Min. Maria Cristina Irigoyen Peduzzi. DJU 2.9.2005).

---

(147) *Digesto*, L. 17, fr. 29.

Ressalte-se que, no caso, é irrelevante que a exigência de concurso público tenha assento constitucional, uma vez que também garante a Constituição o direito adquirido. Diante disso, se a lei prevê que, na sucessão, os contratos continuam os mesmos, não se aplica à hipótese a exigência de concurso público, uma vez que não está havendo contratação pela Administração Pública, mas simples assunção de contratos já existentes.

A não ser assim, até mesmo a extinção de uma entidade pública, com a absorção de suas atividades por outro ente da Administração Pública, geraria, como consequência, a necessidade de novo concurso, caso a sucessora quisesse preservar os empregados da entidade absorvida. Tal solução de forma alguma atende ao interesse público, podendo, inclusive, inviabilizar a continuidade das atividades antes desenvolvidas pela sucedida, uma vez que a sucessora não poderia contar com o pessoal que servia àquela, devendo-se presumir que a experiência acumulada pelos trabalhadores é fator que contribui para o bom funcionamento de qualquer organização.

Capítulo X

INVALIDADE DOS ATOS JURÍDICOS TRABALHISTAS

Embora ao longo dos capítulos anteriores tenhamos relacionado os temas enfocados com o contrato de trabalho, nossa análise seria incompleta se deixasse de tratar em separado de algumas situações específicas por sua riqueza de detalhes ou particularidades. O propósito do presente capítulo, portanto, é, principalmente, o de fixar alguns conceitos e de melhor enquadrar determinadas situações jurídicas, além de distinguir as hipóteses de invalidade das situações de inexistência ou simples ineficácia.

Para tanto, selecionamos algumas cláusulas relativas ao contrato de emprego ou atos nele praticados cuja validade mais amiúde é questionada em juízo. Em outras palavras, nossa análise, aqui, versará especificamente sobre a estrutura e natureza dos principais atos jurídicos laborais ou, pelo menos, dos que mais geram litígios, a começar pela caracterização do contrato de trabalho. Afinal, não se poderia jamais olvidar que toda a proteção deferida aos trabalhadores só se torna possível por meio de atos jurídicos trabalhistas[1]. Assim, é conveniente que sejam bem compreendidos.

Além disso, como não é possível compreender sem distinguir, impõe-se que a abordagem não se limite ao binômio validade/invalidade, sendo necessário que com ele confrontemos os demais planos de análise do negócio jurídico, quais sejam, o da existência e da eficácia, e respectivos opostos.

10.1. Formação do contrato de trabalho

Sem sombra de dúvidas, o principal negócio jurídico trabalhista é o próprio contrato de trabalho. Apesar disso, conforme observou *Martins Catharino*, raros são os debates judiciais sobre a validade, ou não, do contrato de trabalho como um todo. Tirante os casos de ausência de prévio concurso público e de ilicitude do objeto, já tratados anteriormente, como regra as discussões restringem-se a apenas determinadas cláusulas do pacto laboral.

Explica-se tal situação, segundo o juslaboralista mencionado, entre outros motivos, por quatro razões principais: a) a possibilidade de resilição unilateral; b) o pressuposto

---

(1) Colin e Capitant chegaram a afirmar que a teoria dos atos jurídicos pode ser considerada, logicamente, como uma continuação do estudo das fontes do Direito (COLIN, A.; CAPITANT, H. *Curso elemental de derecho civil*, v. 1. Trad. RGLJ. Madrid: Editorial Reus, 1975. p. 200).

da validade do contrato para a incidência de alguns institutos trabalhistas; c) o volume normativo do contrato; d) a quase impossibilidade prática da imperfeição da vontade em relação ao empregador[2]. Com efeito, considerando que o labor prestado não pode ser restituído *in natura*, ocorrendo algum defeito que conduziria à nulidade do contrato, a parte interessada normalmente prefere sua resilição, saída só vedada em raras hipóteses de estabilidade temporária e, ainda assim, apenas nos limites de sua duração. Por outro lado, como alguns institutos trabalhistas pressupõem a validade do contrato (estabilidade, aviso prévio, multa de 40% do FGTS), se invocada a nulidade, em vez de promover a resilição, ainda que por equívoco na solução adotada, é possível que, em certas situações, haja benefícios ao infrator, em detrimento do destinatário da proteção. Além disso, o detalhamento normativo do contrato de trabalho faz com que eventual irregularidade relativa a alguma de suas cláusulas seja automaticamente suprida pela norma contrariada, de modo que dificilmente a nulidade parcial contamina todo o contrato. Por fim, o empregado normalmente prefere manter o emprego, apesar do defeito contratual, para só postular eventuais reparações após o seu término.

E ainda quando, em razão dos vícios do contrato, não seja possível extrair dele os efeitos esperados, raramente as partes invocam a sua invalidade. Com efeito, conforme observaram *Alonso Olea* e *Casas Baamonde*, as regras trabalhistas põem à disposição das partes outros mecanismos que, embora não se destinem, precipuamente, a atacar as deficiências do negócio jurídico, proporcionam efeitos similares, no particular, sendo bem mais simples e eficazes, como o período de prova, para dissipar eventuais erros em relação às qualidades pessoais das partes, e a demissão do trabalhador ou sua despedida pelo empresário[3]. Em muitos casos, em vez de questionar eventuais vícios do contrato, as partes acabam optando por sua rescisão pura e simples, uma vez que os ônus decorrentes dessa alternativa podem ser preferíveis às consequências de uma disputa judicial acerca da validade do contrato, especialmente em caso de sucumbência. A nulidade do contrato, normalmente, só é invocada pela Administração Pública quando não promoveu o concurso a que era obrigada, e, ainda assim, porque tem recebido tratamento injustificadamente privilegiado em tais casos. E, pelos mesmos motivos, invocam-na os empresários que promovem atividades ilícitas.

Considerando, porém, que tais questões já foram analisadas suficientemente nos capítulos anteriores, não desceremos a mais detalhes sobre os vícios de formação do contrato de trabalho como um todo, detendo-nos apenas em alguns aspectos relativos à caracterização do vínculo de emprego nos tópicos seguintes.

Acerca do concurso público, convém acrescentar apenas que também pode estar previsto no regulamento da empresa ou em norma coletiva. Todavia, o contrato que não observou as exigências regulamentares ou normativas não incorre em nulidade, uma vez que o candidato ao emprego não pode se sujeitar às normas particulares do empregador antes de ser contratado. Diante disso, se, por exemplo, o regulamento empresarial determina que todas as contratações devem ser precedidas de concurso público, não havendo exigência

---
(2) CATHARINO, José Martins. *Compêndio de direito do trabalho*, v. 1, 2. ed. São Paulo: Saraiva, 1981. p. 247.
(3) ALONSO OLEA, Manuel; CASAS BAAMONDE, María Emilia. *Derecho del trabajo*. 11. ed. rev. Madrid: Facultad de Derecho — Universidad Complutense, 1989. p. 182.

legal nesse sentido, a inobservância de tal procedimento não pode ser oposta ao trabalhador, uma vez que não estava ele vinculado às regras autoimpostas pelo empregador. E a solução não varia pelo fato de tal exigência decorrer de norma coletiva, uma vez que se trata de regra dirigida ao empregador. Diante disso, quem pode sofrer as consequências da inobservância das normas internas são apenas as pessoas encarregadas da admissão de pessoal, que deveriam tê-las cumprido. Se a exigência foi imposta por norma coletiva, as sanções dirigem-se ao empregador, embora possa ele responsabilizar, regressivamente, as pessoas que agiram em seu nome.

Quanto ao mais, no que pertine à formação do contrato, limitamo-nos a tratar aqui, especificamente, das tentativas de fraude aos direitos trabalhistas mediante a descaracterização do vínculo de emprego, disfarçando-o sob as vestes de outras modalidades contratuais.

10.2. Desvirtuamento do vínculo laboral

A despeito de a Constituição Federal elencar uma série de garantias aos trabalhadores, grande parte delas só se aplica aos que labutam na condição de empregados. Assim, apesar do aparecimento de novas formas de trabalho, considerando os termos genéricos da Carta Magna, em princípio, se houve prestação laboral, a ela devem ser aplicadas as garantias constitucionais. Note-se que, além de elevar os direitos trabalhistas à condição de garantias fundamentais (art. 7º), a Constituição da República estabelece, como fundamento da ordem econômica, a valorização do trabalho humano, tendo por fim assegurar a todos uma existência digna, o que se realiza, em especial, mediante a *busca do pleno emprego* (CF, art. 170, *caput* e inciso VIII). Assim, o que antes era presumido por ser o que geralmente ocorria, agora, decorre da opção expressa do legislador constitucional pelo labor subordinado como meio ou instrumento preferencial para promover a dignidade humana por meio do trabalho[4]. Tem-se, assim, que, em princípio, toda prestação de labor se enquadra nos moldes trabalhistas, a menos que se prove o contrário. Tal solução assenta-se no princípio da máxima efetividade das normas constitucionais, segundo o qual os dispositivos da Carta Magna devem ser interpretados de modo a conferir-lhes a maior abrangência possível. Tal princípio operativo, conforme leciona *Gomes Canotilho*, é aplicável a toda e qualquer norma constitucional, mas deve ser invocado sobretudo em relação aos direitos fundamentais[5].

Assim, basta ao trabalhador demonstrar que houve prestação laboral para que se lhe reconheçam os direitos trabalhistas. Cabe ao beneficiário da força de trabalho provar a ausência de algum dos requisitos que caracterizam a relação de emprego. E os elementos que identificam o vínculo empregatício são a pessoalidade da prestação, a subordinação jurídica, a não eventualidade do labor e o intuito oneroso.

Presentes tais elementos na execução do contrato, de nada adianta a formalização de pacto diverso, uma vez que o contrato de trabalho é negócio jurídico típico, cujos elementos

---

(4) MEIRELES, Edilton. Trabalhadores subordinados sem emprego — limites constitucionais à desproteção empregatícia. In: *Revista LTr*, v. 69, n. 7, jul. 2005. p. 842.
(5) CANOTILHO, José Joaquim Gomes. *Direito constitucional*. 6. ed. rev. Coimbra: Almedina, 1993. p. 227.

devem ser extraídos da realidade, e não do que foi combinado entre seus figurantes[6]. O que prevalece, portanto, não é o que as partes avençaram formalmente, mas o modo como se deu, na prática, a prestação laboral. Daí a afirmação de *Renato Corrado*, citado por *Délio Maranhão*, de que "o contrato de trabalho é antes um *modo de ser* de qualquer contrato que importe numa obrigação de fazer, quando a prestação deva realizar-se em estado de subordinação, do que, propriamente, um contrato de *conteúdo* específico"[7].

Verificados os requisitos da relação de emprego, não importa que a contratação tenha ocorrido diretamente pelo tomador ou por intermédio de terceiros. É o que resulta claro do disposto no art. 442 da CLT, segundo o qual onde houver relação de emprego, ainda que não tenha havido pactuação nesse sentido, aí haverá contrato de trabalho[8]. De outro modo estaria havendo renúncia a todo o sistema de proteção trabalhista, situação que não pode ser aceita. Com efeito, ainda que tenha consentido na formação de contrato de outra natureza, se, na prática, os serviços foram prestados nos moldes empregatícios, o trabalhador fará jus às verbas decorrentes dessa relação laboral, e não da que foi formalmente pactuada. Conforme salienta *Pérez Botija*, a existência do contrato de trabalho é extraída da própria relação laboral, presumindo-se um consentimento tácito dos sujeitos envolvidos, ainda quando estes tenham interesse em negá-lo[9].

Não se pode ignorar, porém, que existem diversas formas de trabalho autônomo, as quais também são objeto de regulamentação específica, sendo conveniente analisá-las, ainda que perfunctoriamente, a fim de estremá-las do trabalho prestado nos moldes empregatícios.

10.2.1. Empreitada

A empreitada é contrato tipicamente civil, em que se estabelece a obrigação de uma das partes pela realização de determinada obra mediante o pagamento de valor certo. Nessa modalidade contratual, o empreiteiro assume os riscos da atividade, que é exercida por sua própria conta e risco.

Por apresentar características bem distintas da relação de emprego, basta que se verifique a presença dos elementos desta para que se descaracterize o pacto de empreitada.

Aqui, entretanto, há de se aditar um esclarecimento à regra apresentada anteriormente. A presunção de que a prestação de trabalho se deu nos moldes trabalhistas só será aplicável

---

(6) "VÍNCULO EMPREGATÍCIO. CARACTERIZAÇÃO. O vínculo empregatício caracteriza-se não pela forma pactuada entre as partes, mas sim pela realidade, ou seja, o como, o modo de ser da prestação no dia a dia. O que distingue a relação de emprego de qualquer outra relação de trabalho é a subordinação jurídica, consubstanciada na alienação que o empregado faz ao empregador do poder de orientar ou direcionar sua própria atividade" (TRT 18ª Região, RO 3.595/98, Ac. 3.039/99, Rel. Juiz Júlio de Alencastro. DJE 14.6.99, p. 150).

(7) *Apud* SÜSSEKIND, Arnaldo; MARANHÃO, Délio; VIANNA, Segadas. *Instituições de direito do trabalho*, v. 1, 14. ed. atual. São Paulo: LTr, 1994. p. 224.

(8) Conforme ressalta Eduardo Baracat, "a vontade de que tratam os arts. 442 e 443 da CLT (...) não é a vontade individual de empregado ou empregador, mas aquela que decorre da sociedade, da relação social concreta" (BARACAT, Eduardo Milléo. A vontade na formação do contrato de trabalho: o problema do negócio jurídico. In: DALLEGRAVE NETO, José A.; GUNTHER, Luiz E. (Coords.). *O impacto do novo Código Civil no direito do trabalho*. São Paulo: LTr, 2003. p. 264).

(9) *Apud* PLÁ RODRIGUEZ, Américo. *Princípios de direito do trabalho*. São Paulo: LTr, 1993. p. 228.

aos casos em que o trabalhador não formalizou contrato de natureza diversa. Assim, se o obreiro reconhece que celebrou contrato de empreitada, ou há outra prova nesse sentido, cabe àquele demonstrar que, na prática, tal pacto se desfigurou pela presença na execução do contrato dos requisitos da relação empregatícia. Somente deverá ser presumida a relação de emprego, portanto, nos casos em que não houver elementos que evidenciem terem as partes firmado contrato de natureza diversa. Caso contrário, caberá ao trabalhador, se a alegar, demonstrar que a natureza da relação jurídica era empregatícia, pois não se pode presumir a fraude.

10.2.2. Representação comercial autônoma

Diferentemente do contrato de empreitada acima mencionado, a representação comercial autônoma situa-se praticamente na fronteira do trabalho subordinado. Se, por um lado, devem-se estender as garantias constitucionais ao maior número possível de trabalhadores, não se pode olvidar que, no caso, a despeito das obrigações e direitos previstos em lei, a prestação de trabalho de representação comercial está regulada em moldes autônomos.

Assim, conquanto não se possa afastar, *a priori*, a existência de vínculo de emprego na representação comercial, também não se pode presumi-lo quando as partes formalizaram contrato de prestação de serviços autônomos. Autorizando a lei a representação autônoma, mediante regulamentação especial, o vínculo de emprego somente emergirá caso a execução do contrato desborde dos limites previstos na disciplina legal específica. Em síntese, portanto, tal como ocorre nas demais situações, se as partes formalizaram contrato de natureza diversa, cabe ao trabalhador demonstrar que, a despeito disso, o que ocorreu, na prática, foi uma típica relação de emprego.

A peculiaridade da representação comercial, diante das demais formas de trabalho autônomo, está na previsão de diversas regras que muito a aproximam da relação subordinada. Aliás, segundo *Arnaldo Süssekind*, apoiado em lição de *Pontes de Miranda*, nos termos da Lei n. 4.886/65, o representante comercial não é completamente autônomo:

> Releva ponderar que a existência de certa dose de subordinação, ainda que se trate de indiscutível exercício de atividade comercial, ressalta da simples leitura da Lei n. 4.886, de 9.11.1965, que regula as atividades dos representantes comerciais autônomos. A exclusividade a favor do representado está, por igual, prevista na lei (art. 27, *alínea i*). E nem sequer o controle da produção é incompatível com o contrato típico de representação comercial autônomo[10].

A diferença entre o empregado e o representante comercial autônomo, pois, está mais no grau de sujeição aos comandos da outra parte do que na presença ou ausência de subordinação na execução do contrato. Com efeito, nos termos do art. 28 da Lei n. 4.886/65, o representante "fica obrigado a fornecer ao representado, quando lhe for solicitado,

---

(10) SÜSSEKIND, Arnaldo. *Curso de direito do trabalho*. Rio de Janeiro: Renovar, 2002. p. 229.

informações detalhadas sobre o andamento dos negócios a seu cargo, devendo dedicar-se à representação, de modo a expandir os negócios do representado e promover os seus produtos".

E se é dever do representante dedicar-se à expansão dos negócios e promoção dos produtos, é direito do representado cobrar a prática de atos nesse sentido. Assim, a realização de reuniões para avaliação dos resultados não desvirtua o contrato de representação.

Logo adiante, no art. 29, prevê a lei que "salvo autorização expressa, não poderá o representante conceder abatimentos, descontos ou dilações, nem agir em desacordo com as instruções do representado".

A despeito das concessões legais, entende-se que é incompatível com a condição de representante autônomo a fixação, pelo representado, de quotas de vendas ou metas de produção, a exigência de relatórios de visitas, a imposição de frequência obrigatória a reuniões, a determinação de rotas e a aplicação de penalidades. Nada impede, porém, que o representado ofereça prêmios para quem atingir certo volume de produção, previamente estabelecido, como forma de incentivo.

Conforme ressalta *Dallegrave Neto*, "o representado pode premiar os bons resultados e ainda realizar avaliações subjetivas do representante com a periodicidade que desejar, porém não pode se intrometer na produção dele, impondo-lhe resultados mínimos, cobranças rígidas, por meio de relatórios e reuniões de advertências. E aqui reside a sutil linha distintiva entre o representante comercial e o vendedor subordinado"[11].

Não se pode olvidar, ainda, que a Lei n. 4.886/65 estabelece, como requisito formal para a representação comercial autônoma, a exigência de registro perante o Conselho Regional (art. 2º). Assim, em caso de dúvida, se o modo como se desenvolveu a relação laboral configura representação comercial autônoma ou relação de emprego, a ausência do registro faz pender a balança para esta última alternativa.

Elemento que também pesa nessa decisão é a capacidade econômico-financeira do prestador. Como autônomo, o trabalhador deve ter condições para organizar a atividade produtiva. Assim, a inidoneidade financeira do representante é elemento indicativo de sua qualidade de trabalhador subordinado típico, isto é, empregado. Diante disso, o pagamento de quantia fixa mensal, a concessão de ajuda de custo, o fornecimento, pela representada, dos instrumentos utilizados na prestação dos serviços, ou sua participação nas despesas tributárias ou de manutenção do escritório de representação traduzem-se em indícios da natureza empregatícia da relação jurídica. A aplicação de sanção disciplinar, por sua vez, afasta qualquer dúvida acerca da natureza do vínculo jurídico, uma vez que só o empregador pode fazê-lo. Apesar disso, nada impede que o contrato preveja cláusulas penais.

A exigência de aprovação de cadastro, para as vendas a prazo, não exprime subordinação, mas consequência da assunção dos riscos do crédito exclusivamente pelo representado. Em razão disso, não se poderia negar-lhe o direito de precaver-se. Com efeito, se a lei

---

(11) DALLEGRAVE NETO, José Affonso. *Contrato individual de trabalho:* uma visão estrutural. São Paulo: LTr, 1998. p. 91.

autoriza o representado a recusar as vendas, bem assim a sustar a entrega de mercadorias devido à situação comercial do comprador, capaz de comprometer ou tornar duvidosa sua liquidação (art. 33, § 1º), vedando, ainda, a responsabilização do representante, mediante cláusulas *del credere* (art. 43), não há como considerar irregular, nas vendas a prazo, a exigência de prévia aprovação cadastral.

Quanto à pessoalidade da prestação, necessária para a configuração do vínculo de emprego, dois aspectos merecem ser destacados: a prestação por meio de pessoa jurídica e a contratação de auxiliares. Quanto ao primeiro aspecto, é recorrente nos tribunais a alegação do trabalhador de que foi coagido a constituir uma firma de representação a fim de prestar os serviços. Neste caso, porém, é preciso distinguir se a pessoa jurídica foi criada durante a prestação laboral ou antes da contratação. No primeiro caso, além de não afastar a pessoalidade, a imposição do representado revela a existência de subordinação jurídica. O simples fato de alguém só contratar pessoas jurídicas como seus representantes, no entanto, não importa necessariamente que tenha exercido alguma forma de coação sobre os que aceitaram sua proposta. Quem decide contratar representantes pode perfeitamente definir os termos em que pretende fazê-lo. Se quem se apresenta para prestar os serviços não atende aos requisitos da proposta, simplesmente não será contratado. Assim, o só fato de haver aderido à proposta do representado, a fim de concluir o negócio, não significa que o representante tenha sido vítima de coação, devendo-se presumir que não foi obrigado a vincular-se à outra parte. A constituição de pessoa jurídica às vésperas da contratação, no entanto, quando somada à inidoneidade econômica do representante, pode ser elemento de convicção em favor do caráter empregatício do vínculo laboral.

De qualquer modo, o fato de a representação ter sido contratada através de pessoa jurídica não é suficiente para afastar a incidência das normas trabalhistas caso a prestação ocorra nos moldes da relação de emprego. A regulamentação legal da representação comercial autônoma não constitui óbice ao reconhecimento da relação de emprego quando presentes os requisitos desse vínculo jurídico. Em outras palavras, a Lei n. 4.886/65 não revogou a legislação trabalhista, mas apenas disciplinou a prestação laboral autônoma quando esta assim se apresenta.

Da mesma forma que a criação de pessoa jurídica para intermediar a prestação, a contratação de auxiliares nem sempre afasta a relação de emprego entre o representante e o representado. Se é o próprio representante quem decide contratar outras pessoas para auxiliá-lo na prestação dos serviços, fazendo isso por iniciativa própria e arcando com as despesas decorrentes, tal circunstância elimina a pessoalidade na execução das tarefas, o que impede o reconhecimento do vínculo empregatício. Todavia, se a contratação foi uma exigência do representado, ainda mais quando foi este quem selecionou os auxiliares, ofereceu treinamento e até se encarregou de remunerá-los, a presença de outras pessoas não passa de mais um artifício visando a encobrir a fraude. Se não é o representante quem, efetivamente, organiza e dirige a execução dos serviços, não se poderá considerá-lo como trabalhador autônomo. Neste caso, qualquer ingrediente que se adicione à prestação laboral servirá apenas para indicar sua natureza empregatícia.

10.2.3. Cooperativa

Diversamente do que ocorre nas modalidades contratuais anteriormente analisadas, no que tange ao vínculo cooperativo há norma legal que expressamente exclui a natureza empregatícia da relação jurídica. Na representação comercial, por exemplo, a autonomia também é da essência do contrato. Todavia, no caso, a previsão legal do caráter autônomo da prestação (Lei n. 4.886/65, art. 1º), conforme observou *Rodrigo Carelli*, "não se dá para a exclusão do vínculo empregatício, e sim com o fito de realçar a sua própria natureza"[12].

Em relação aos cooperados, no entanto, o que fez a lei foi negar sua condição de empregados. Com efeito, nos termos do parágrafo único do art. 442 da CLT:

> Qualquer que seja o ramo de atividades da sociedade cooperativa, não existe vínculo empregatício entre ela e seus associados, nem entre estes e os tomadores de serviços daquela.

Apesar disso, tal dispositivo não deveria ser causa de maiores dificuldades, não fosse pelas circunstâncias e motivos pelos quais foi inserido na CLT. Quanto à sua primeira parte, no entanto, a norma em questão nada acrescentou, limitando-se a repetir o que já constava do art. 90 da Lei n. 5.764/71. Nem por isso, no entanto, pode-se dizer que basta a constituição formal de uma cooperativa para que se afaste automaticamente a investigação acerca da real condição dos que são apresentados como cooperados, uma vez que, conforme adiantado acima, perante o Direito do Trabalho predomina a realidade sobre as convenções formais.

Embora a lei não confira relevância ao tipo ou ramo de atividades da cooperativa, não se pode entender que feche os olhos para os casos em que os serviços são prestados nos moldes do contrato de trabalho. Conforme acentuou *Márcio Túlio Viana*, "é preciso que se trate de uma cooperativa, não só no plano formal, mas especialmente no mundo real. Ou seja: que o contrato se execute na linha horizontal, como acontece em toda sociedade, e não na linha vertical, como no contrato de trabalho. Em outras palavras, é preciso que haja obra em comum (*co-operari*) e não trabalho sob a dependência do outro (*sub-ordinari*)"[13].

Não basta, portanto, o uso do rótulo de cooperativismo para que a relação jurídica, automaticamente, esteja imune à incidência das regras trabalhistas. É preciso que o conteúdo da relação efetivamente se traduza num vínculo cooperativo. Não fosse assim, o parágrafo único do art. 442 da CLT estaria legitimando a fraude, o que não nos parece uma interpretação razoável.

A polêmica maior, no entanto, adveio da previsão de que não haveria vínculo de emprego entre os trabalhadores associados às cooperativas e os tomadores dos serviços intermediados por elas. A interpretação de tal dispositivo, contudo, também não deveria causar embaraços, bastando que fosse feita em consonância com as demais normas legais que cuidam da tutela do trabalhador. Todavia, o que pretendeu o legislador foi afastar a

---

(12) CARELLI, Rodrigo de Lacerda. *Formas atípicas de trabalho*. São Paulo: LTr, 2004. p. 67.
(13) VIANA, Márcio Túlio. Cooperativas de trabalho: um caso de fraude através da lei. In: VIANA, Márcio Túlio; RENAULT, Luiz Otávio Linhares (Coords.). *O que há de novo em direito do trabalho*. São Paulo: LTr, 1997. p. 81.

incidência das normas trabalhistas pelo simples preenchimento de um requisito formal, conforme bem evidenciou o juiz Mário Sérgio Bottazzo, em sentença proferida na RT 00258-2004-006-18-00-8, datada de 22.3.2004:

> O reconhecimento de que o dispositivo pretende exatamente excluir alguns trabalhadores (melhor dizendo, *alguns empregados*) da proteção legal a eles dispensada — e é esta a razão de ser da norma, porque do contrário não haveria sentido a exclusão — conduz, inexoravelmente, à conclusão de que é impossível harmonizar o dispositivo sob comento com os arts. 3º e 9º da CLT. Na verdade, ao dizer que não há relação de emprego entre cooperado e tomador (como declara o parágrafo único do art. 442) somente quando o cooperado não for subordinado (ressalvando, assim, a aplicação do art. 3º da CLT se se tratar de trabalho subordinado), o intérprete simplesmente reduz a nada a norma sob exame, ofendendo ao princípio segundo o qual *verba cum effectu sunt accipienda*. De fato, a lei não tem palavras inúteis: se a norma diz que o atendimento de um requisito formal (no caso, a filiação à cooperativa) afasta o reconhecimento da relação de emprego, claro está que, antes do advento da norma, a relação de emprego estaria caracterizada (o que não quer dizer, como se verá adiante, que o cooperado sempre seja empregado do tomador).

Excluir é pôr para fora, de forma que não se pode *excluir* de um dado conjunto o objeto que a ele não pertence. O parágrafo único do art. 442 consolidado não está a assentar o óbvio, isto é, que trabalhadores autônomos não são empregados, como se a lei contivesse palavras inúteis, mas tem o escopo declarado de excluir da proteção legal justamente os cooperados que, trabalhando subordinadamente aos tomadores de seus serviços, de outra forma (isto é, na ausência do dispositivo sob exame) seriam considerados empregados. É importante notar que a conclusão acima, no sentido de que o escopo do legislador é de excluir tais trabalhadores empregados da proteção legal, consta expressamente da fundamentação do Projeto de Lei n. 3.383/92 (convertido na Lei n. 8.949, de 9.12.94). Eis o trecho relevante da fundamentação:

> É evidente que a cooperativa de trabalho que visa assegurar prestação de serviços a seus sócios, precisa contratar com terceiros tais serviços e junto aos mesmos seus associados executar as tarefas contratadas. Classicamente, denominam-se tais cooperativas como: "Cooperativas de mão de obra", pois operam dentro de outras empresas, que são as tomadoras de seus serviços (ALTHAUS, A. Alfredo. *Tratado de Derecho Cooperativo*. Rosário: Zeus Editora, 1977. p. 508).

> Evidencia-se, portanto, absoluta impossibilidade jurídica e técnica de existência de relação empregatícia entre os associados da cooperativa de trabalho e os tomadores de seus serviços.

> Começa-se a admitir, em larga escala, em face do momento econômico e financeiro em que passa o País, a Terceirização, como uma alternativa de flexibilidade empresarial. Chega a ser considerada por algumas empresas e até trabalhadores, em face da recessão, como excelência empresarial na contratação de prestação de serviços em substituição à mão de obra interna das empresas.

> Sob o ponto de vista do direito, a terceirização não consegue equacionar a questão da relação empregatícia, o que poderá ser solucionado com o projeto em pauta.

> A crise econômico-social do País veio agravar ainda mais a situação dos trabalhadores.

A insegurança dos trabalhadores é muito grande, o que no campo aumenta a legião dos boias-frias, contribuindo para o êxodo rural e estes mesmos "evacuados" do campo se fixam nas periferias das grandes cidades, amargando a falta de oferta de emprego. Esse fluxo migratório que chega a um ritmo de dois milhões de pessoas por ano, gera a necessidade de criação de 600 mil novos empregos, anualmente, sem contar com o crescimento de mais mão de obra urbana.

Está no cooperativismo de trabalho "a fórmula mágica" de reduzir o problema do desemprego gerado pelo êxodo rural e agora mais precisamente pela profunda recessão econômica.

O projeto visa, portanto, beneficiar essa imensa massa de desempregados no campo, que se desloca aos grandes centros urbanos em busca de emprego. Estabelecendo a regra da inexistência de vínculo empregatício nos termos ora propostos, milhares de trabalhadores rurais e urbanos, tal qual como os garimpeiros, que via Constituição Federal tiveram forte apoio para organização em cooperativas (art. 174, § 3º e § 4º da CF) terão o benefício de serem trabalhadores autônomos, com a vantagem de dispensar a intervenção de um patrão.

Entre outras inconsistências, os proponentes partiram da premissa de que "as Cooperativas de mão de obra operam dentro de outras empresas, que são as tomadoras de seus serviços" e concluíram, num salto mirabolante, afirmando que (por isso?) é evidente (!) a "absoluta impossibilidade jurídica e técnica de existência de relação empregatícia entre os associados da cooperativa de trabalho e os tomadores de seus serviços". Ora, onde a evidência? Qual o nexo entre premissa e conclusão? E se há impossibilidade jurídica e técnica de existir relação de emprego entre os associados da cooperativa de trabalho e os tomadores de seus serviços, por qual boa razão resolveu o legislador despender seu tempo em dizer o óbvio e ressaltar que o impossível é impossível? Na verdade, se a cooperativa é de fato um ente autônomo e não um simples obstáculo interposto entre o tomador de serviços e os trabalhadores, não há que se falar em relação de emprego entre os cooperados e o tomador. De outro lado, se a cooperativa é apenas um biombo utilizado para resguardar o tomador dos riscos da mão de obra, então os supostos cooperados são empregados do tomador. Em resumo, não é correto afirmar que existe, apriorística e independentemente da realidade, a pretendida "absoluta impossibilidade jurídica e técnica de existência de relação empregatícia entre os associados da cooperativa de trabalho e os tomadores de seus serviços". A não ser, evidentemente, que o contrato de trabalho deixe de ser um *contrato realidade*, como ensinou *Renato Corrado*, para vir a ser submetido a alguma forma ou ritual jurídico ao qual seja atribuído o poder de transformar a realidade a golpes de caneta...

Aliás, indo mais além, por estarem sensíveis "à insegurança dos trabalhadores", afirmam os deputados proponentes (Sr. Pedro Tonelli e outros quatro) que "está no cooperativismo de trabalho *a fórmula mágica* de reduzir o problema do desemprego gerado pelo êxodo rural e agora mais precisamente pela profunda recessão econômica" e é por essa razão que defendem, visando a "beneficiar essa imensa massa de desempregados no campo", o estabelecimento da "regra da inexistência de vínculo empregatício" entre os cooperados e os tomadores de serviço das cooperativas, de forma que "milhares de trabalhadores rurais e urbanos, tal qual como os garimpeiros, que via Constituição Federal tiveram forte apoio para organização em cooperativas" possam ter "o benefício de serem trabalhadores autônomos, com a vantagem de dispensar a intervenção de um patrão".

O texto é riquíssimo e revela, sem meias palavras, que o escopo do legislador é de transformar empregados em trabalhadores autônomos, ou seja, de subtrair de empregados a proteção legal, tudo isso com a vantagem (!) de dispensar a intervenção de um patrão e auferindo, em consequência, o benefício (!) de serem trabalhadores autônomos. Nada disso seria necessário, evidentemente, se esses trabalhadores fossem efetivamente autônomos. Quer dizer: o legislador pretendeu transformar todo trabalhador cooperado num trabalhador autônomo pela força da lei, mesmo que atropelando a realidade (vale dizer, atropelando a natureza e suas leis). É o fenômeno da transubstanciação — a propósito, é muito interessante o fato de referirem-se os autores à proposta como "solução mágica" — perseguida pelos alquimistas de todos os tempos, nas mais diversas áreas.

Por isso, é logicamente impossível harmonizar o dispositivo sob comento com o Direito preexistente porque ele veio justamente romper com ele. Dizer que "a regra do art. 442, parágrafo único, da CLT, cede sua aplicação ao art. 9º, também da CLT, quando evidenciada a fraude, (...)" significa simplesmente negar a aplicação à dita regra, com o grave prejuízo ao trabalhador de submeter o enquadramento jurídico do fenômeno à prova da fraude, mesmo quando se trate, por exemplo, de terceirização de atividade-fim (do tomador). Na verdade, não há que se investigar nenhuma fraude, como será visto mais adiante.

Posta a questão nos devidos termos, é imperioso reconhecer, *data venia* das opiniões em contrário, a flagrante inconstitucionalidade do dispositivo. De fato, o legislador simplesmente excluiu da proteção legal todos os trabalhadores mediante o atendimento de um requisito formal, que é a reunião em cooperativa, atentando contra o preceito constitucional que reconhece "o valor social do trabalho" (CF, art. 1º, IV). Na verdade, ao excluir o trabalhador da proteção legal, o dispositivo *nega* o valor social do trabalho e o transforma em coisa do comércio, cujo preço, ou valor, será fixado pelo "mercado".

Todavia, como a lei não é o que quer fazer dela o legislador, trataram os tribunais de conferir-lhe uma interpretação consoante as normas de proteção ao trabalho humano, a tal fim adaptando as regras da hermenêutica. Afinal, não se poderia interpretar a lei de forma que conduzisse à consagração da fraude.

Destarte, se nas relações entre os cooperados deve-se observar o princípio da realidade, o mesmo deve ocorrer no que tange ao modo como se relacionam aqueles com as empresas tomadoras de seus serviços. A prestação de serviços por meio de cooperativa importa, pois, apenas uma presunção relativa de autonomia, passível de prova em contrário[14]. E, dada a facilidade com que a prestação de serviços por meio de cooperativas é maculada pela fraude, a presunção referida inspira pouca confiança, sendo, por isso, facilmente vencida.

O disposto no parágrafo único do art. 442 da CLT, portanto, há de ser interpretado em consonância com o que consta do *caput*, atendendo, ainda, aos preceitos constitucionais que tutelam o trabalho humano. E de modo algum a disposição legal em questão pode ser

---

(14) "COOPERATIVA. VÍNCULO DE EMPREGO. FRAUDE. A impossibilidade de se declarar o vínculo empregatício entre a sociedade cooperativa e seu associado restringe-se aos casos em que não se vislumbra a ocorrência de fraude, aplicando-se, neste caso, o disposto no art. 9º da CLT" (TRT 18ª Região, RO 369/99, Ac. 1.409/99, Rel. Juiz Breno Medeiros. DJE 16.4.99, p. 129).

invocada para acobertar a fraude, seja nas relações entre cooperados, seja nas relações entre a cooperativa e os tomadores de seus serviços.

Em outras palavras, se a cooperativa é apenas um artifício para encobrir uma relação de emprego entre os trabalhadores e os efetivos titulares do empreendimento, travestidos de dirigentes cooperativos, predomina a relação de fato. Da mesma maneira, se a cooperativa atua como mera intermediária na contratação de trabalhadores, que laboram com subordinação e pessoalidade em relação ao destinatário da prestação, a suposta terceirização é fraudulenta e o vínculo de emprego forma-se diretamente com o que se apresenta como simples tomador dos serviços. Desse modo, tanto a falsa cooperativa como a falsa terceirização afastam a aplicação do dispositivo legal em questão.

Ainda que os serviços prestados pelos trabalhadores que se apresentam como cooperados sejam ligados à atividade-meio do tomador, para que haja verdadeiro cooperativismo, segundo as lições de *Mauricio Godinho Delgado*, é preciso que sejam atendidos dois princípios: a *dupla qualidade* e a *remuneração pessoal diferenciada*. Pelo primeiro, exige-se que a pessoa filiada seja, ao mesmo tempo, cooperada e cliente, isto é, não basta que seja um prestador de serviços por meio da cooperativa, mas é preciso que esta também preste serviços aos cooperados. A cooperativa de prestadores de serviços deve, acima de tudo, servir de instrumento para viabilizar aos profissionais a ela filiados o exercício da respectiva atividade em melhores condições. Exige-se, assim, e nisso se manifesta o segundo princípio, que a cooperativa atue como pontencializador da atividade dos profissionais a ela vinculados, permitindo-lhes, ainda que em tese, auferir rendimentos superiores aos que obteriam se não estivessem filiados. Em outras palavras, é preciso que a cooperativa propicie ao trabalhador autônomo maiores vantagens do que alcançaria se atuasse isoladamente[15].

A despeito da previsão contida no parágrafo único do art. 442 da CLT, portanto, o que prevalece é a regra inserta no *caput* do mesmo dispositivo, segundo a qual o contrato de trabalho é extraído da realidade: havendo relação de emprego, isto é, presente o substrato fático que particulariza o vínculo empregatício, aí se reconhecerá um contrato individual de trabalho.

E não há de ser diferente a interpretação do art. 100 da Lei n. 9.504/97, cujo conteúdo é o seguinte:

> A contratação de pessoal para prestação de serviços nas campanhas eleitorais não gera vínculo empregatício com o candidato ou partido contratantes".

Ora, é nítida a tentativa dos legisladores de se colocarem acima das normas constitucionais e não assumirem a responsabilidade pelo pessoal que contratam para buscarem votos e se manterem no poder. Além disso, se no acréscimo do parágrafo único ao art. 442 da CLT, pela Lei n. 8.949/94, ainda tentou-se arranjar uma justificativa social, conquanto enganosa, no art. 100 da Lei n. 9.504/97 nem sequer houve tal preocupação, não escondendo tal previsão o fim único e exclusivo de beneficiar a classe política, que, sem qualquer

---

(15) DELGADO, Mauricio Godinho. *Curso de direito do trabalho*. São Paulo: LTr, 2002. p. 322-7.

pudor, legislou em causa própria, e contra a Constituição, não é demais insistir. Assim, presentes os elementos da relação de emprego, irrelevante a destinação da prestação de trabalho[16].

Nesse sentido é também a conclusão de *Jouberto Cavalcante* e *Francisco Jorge Neto*, sustentando a inconstitucionalidade do dispositivo em questão, por tratar de maneira diversa situações fáticas idênticas e negando a alguns trabalhadores o acesso aos direitos consagrados constitucionalmente a todos[17]. Na mesma linha, assevera *Edilton Meireles* que somente razões casuísticas, e torpes, de proteção aos interesses dos candidatos e dos partidos políticos explicam tal dispositivo legal, não havendo outras justificativas para o mesmo[18].

Não discrepa de tal entendimento *Ivan Alemão*, ao pontificar que "o trabalho eleitoral e com finalidades políticas não é emprego, pois não há finalidade onerosa, e mesmo a subordinação e continuidade são duvidosas. Todavia, não podemos deixar de observar que a redação do art. 100 é muito ampla e pode gerar discriminações. Há aqueles que trabalham por interesse político e há os que trabalham com finalidade onerosa, como gráficos, comunicadores, jornalistas, *panfletistas*, pintores, carpinteiros, etc. Havendo subordinação, continuidade e salário não há como negar o vínculo empregatício, não podendo ser arguido o art. 100, sob risco de ele ser considerado inconstitucional por discriminar certos trabalhadores"[19].

Em outras palavras, o disposto no art. 100 da Lei n. 9.504/97 não constitui óbice ao reconhecimento do vínculo de emprego onde ele, na prática, se manifesta, devendo ser interpretado com as mesmas restrições opostas ao parágrafo único do art. 442 da CLT.

E igual interpretação deve ser conferida às demais normas que excluem a formação de vínculo de emprego em determinadas atividades, como as que regulam as atividades dos corretores de seguros[20], transportador rodoviário (Lei n. 7.290/84) e transportador autônomo de cargas (Lei n. 11.442/2007).

Conforme bem resumiu *Edilton Meireles*, não pode o legislador, arbitrariamente, "excluir determinadas categorias de trabalhadores subordinados do campo de incidência das regras de proteção aos empregados, sob pena de violação de direitos fundamentais assegurados constitucionalmente a estes"[21]. Assim, em primeiro lugar, ao conceituar a

---

(16) Até mesmo quando a prestação de trabalho destina-se a fim ilícito, isso não impede a formação do vínculo de emprego (existência da relação jurídica), conquanto implique sua nulidade.

(17) CAVALCANTE, Jouberto de Q. P.; JORGE NETO, Francisco F. O direito eleitoral e o direito do trabalho. A polêmica relação de emprego do 'cabo eleitoral'. In: *Genesis: Revista de Direito do Trabalho*, n. 140. Curitiba: Genesis, ago. 2004. p. 193.

(18) MEIRELES, Edilton. *Op. cit.*, p. 844.

(19) ALEMÃO, Ivan. *Curso de direito do trabalho*. São Paulo: LTr, 2004. p. 139-40.

(20) "VÍNCULO DE EMPREGO. CORRETOR DE SEGUROS. O art. 17 da Lei 4.594/64 e os Decretos ns. 56.903/65 e 81.402/78 dispõem que o corretor de seguros não pode ser empregado de sociedades seguradoras e operadoras de planos de previdência privada, a fim de garantir a autonomia deste profissional, ou seja, para que ele possa vender o plano mais adequado a seus clientes e defender os interesses destes perante as seguradoras. Todavia, se a realidade dos fatos mostra que o corretor trabalha para esse tipo de empresa, de forma subordinada, os textos legais acima mencionados não impedem o reconhecimento do vínculo empregatício, por força do art. 9º da CLT" (TRT 18ª Região, RO 00944-2006-005-18-00-4, Rel. Des. Platon Teixeira de Azevedo Filho. DJE 22.2.2007, p. 13).

(21) MEIRELES, Edilton. *Op. cit.*, p. 843.

figura do empregado, não poderá o legislador afastar-se dos valores universalmente aceitos. Além disso, uma vez fixados os requisitos para que se caracterize a relação de emprego, não pode o legislador infraconstitucional estabelecer discriminações sem justificativa plausível, sob pena de ofensa aos princípios da igualdade e da razoabilidade.

10.2.4. Estágio

As restrições acima mencionadas, quanto às normas legais relativas aos cooperados e cabos eleitorais e outros trabalhadores, não se aplicam à regra similar contida na Lei n. 11.788, de 25 de setembro de 2008, que regulamenta o estágio, destinado aos alunos dos cursos superiores, de ensino médio ou profissional, de educação especial, ou dos anos finais do ensino fundamental, na modalidade profissional da educação de jovens e adultos. Consoante a norma em questão, observados os requisitos nela previstos, o estágio não cria vínculo empregatício de qualquer natureza (art. 3º), seja com a parte concedente, que recebe os estudantes, seja com as instituições de ensino intervenientes.

Aqui, efetivamente, o preenchimento de um conjunto de exigências formais exclui o vínculo de emprego, ainda que presentes todos os elementos de sua configuração, uma vez que presente um interesse maior, que é o de promover a complementação prática do ensino teórico, além de integrar o educando à atividade profissional, visando à sua formação para o exercício da cidadania e do trabalho. Assim, em relação aos estagiários, só haverá o reconhecimento do vínculo de emprego se a finalidade legal do instituto do estágio for distorcida, se for utilizado para encobrir a simples contratação de mão de obra sem obrigações trabalhistas.

O art. 3º da Lei n. 11.788/08 aponta quatro requisitos básicos para que não se reconheça o vínculo de emprego em relação aos estagiários:

> I – matrícula e frequência regular do educando em curso de educação superior, de educação profissional, de ensino médio, da educação especial e nos anos finais do ensino fundamental, na modalidade profissional da educação de jovens e adultos e atestados pela instituição de ensino;
>
> II – celebração de termo de compromisso entre o educando, a parte concedente do estágio e a instituição de ensino;
>
> III – compatibilidade entre as atividades desenvolvidas no estágio e aquelas previstas no termo de compromisso;
>
> IV – acompanhamento efetivo pelo professor orientador da instituição de ensino e por supervisor da parte concedente.

Além da inobservância das exigências acima, o descumprimento de qualquer obrigação contida no termo de compromisso também acarreta, como consequência, o reconhecimento do vínculo empregatício entre o educando e a parte concedente do estágio (Lei n. 11.788/08, art. 3º, § 2º).

Há quem entenda que o afastamento do vínculo de emprego, em relação ao estagiário, tem caráter discriminatório, uma vez que o próprio legislador trata o aprendiz como empregado[22]. Além disso, sob o aspecto profissional, o aprendiz encontra-se numa posição inclusive inferior à do estagiário, uma vez que, ao contrário deste, aquele nem ao menos detém conhecimento teórico. Todavia, enquanto a contratação de aprendizes constitui uma imposição legal, o oferecimento de estágio é apenas uma faculdade, que depende da boa vontade das empresas, o que talvez justifique a descaracterização da relação de emprego, no caso, como estímulo à abertura de mais vagas para estagiários. Em relação ao obreiro, a experiência profissional adquirida em tal modalidade contratual compensa a supressão dos direitos trabalhistas. Afora isso, embora tenha mantido a orientação anterior quanto à exclusão do vínculo empregatício, a Lei n. 11.788/08 introduziu um conjunto de regras de proteção aos estagiários, que em muito se aproximam às normas insertas na legislação trabalhista (limitação da jornada, concessão de períodos de recesso, respeito às normas de segurança e medicina do trabalho etc.).

Por outro lado, conforme adverte *Dallegrave Neto*, "o estágio somente será legítimo se estiver em sintonia com os seus objetivos primordiais, o de propiciar a complementação do ensino oriundo da escola-convenente e o de integrar o estagiário em termos de treinamento prático e de relacionamento humano"[23]. Se, porém, o estudante não estiver preparado para a realização do estágio, se a pessoa jurídica ou profissional liberal que o recebe não tiver condições de lhe proporcionar experiência prática na área de sua formação[24] ou se não houver acompanhamento (orientação, supervisão e avaliação) por parte da instituição de ensino interveniente, estará havendo simples obtenção ilegal de força de trabalho, em fraude às normas de proteção ao trabalhador. Assim já vinham entendendo os tribunais ainda na vigência da regulamentação anterior (Lei n. 6.494/77), e não há razão para que seja diferente sob a égide da lei atual, cujos critérios são inclusive mais rígidos:

> FRAUDE NA CONTRATAÇÃO DE ESTAGIÁRIO. RECONHECIMENTO DE VÍNCULO EMPREGATÍCIO. O art. 4º da Lei n. 6.494/77 assegura que a contratação de estagiários não cria vínculo empregatício. Entretanto, para que seja afastado o reconhecimento da existência de contrato de trabalho é necessário que sejam observados os requisitos previstos na citada lei para a contratação de estagiário, como, por exemplo, compatibilidade do horário de trabalho com as atividades escolares e o acompanhamento de instrutores. Assim, se a empresa se vale da contratação de estagiários para adquirir mão de obra barata, sem a observância dos requisitos legais, é possível o reconhecimento de vínculo empregatício, desde que cumpridos os requisitos do art. 3º da CLT. Recurso de revista não conhecido (TST, RR 614105/99, Ac. 4ª T., 13.8.2003, Rel. Min. Ives Gandra Martins Filho. DJU 5.9.2003).

O só fato de o trabalho do estagiário ser subordinado, não eventual, pessoal e remunerado, no entanto, não importa o reconhecimento de relação de emprego, nem a existência de fraude, uma vez que é a própria lei que exclui a natureza empregatícia do vínculo, no caso. Não

---

(22) Neste sentido é a posição defendida por Edilton Meireles (*Op. cit.*, p. 844).

(23) DALLEGRAVE NETO, José Affonso. *Contrato individual de trabalho:* uma visão estrutural. São Paulo: LTr, 1998. p. 88.

(24) A jurisprudência, no entanto, não tem exigido uma correlação absoluta entre o curso frequentado pelo estudante e as atividades por ele desenvolvidas enquanto estagiário, por considerar que o estágio, além da iniciação à prática específica, também visa à integração social, política e cultural (Decreto n. 87.497/82, art. 2º). E esse objetivo ficou mais evidente a partir da alteração legal que franqueou a contratação de estágio inclusive por aluno de ensino médio não profissionalizante (art. 1º, § 1º).

estivessem presentes os requisitos que tipificam a relação de emprego, não seria necessário que o legislador a excluísse, no caso. O que deverá ser perquirido, portanto, é se houve fraude às disposições legais que disciplinam o estágio, e não se houve fraude à legislação trabalhista, uma vez que esta é consequência natural daquela:

> ESTAGIÁRIO. CONTRATAÇÃO. RELAÇÃO DE EMPREGO. FRAUDE. Não comprovados os pressupostos contidos na Lei n. 6.494/77 e Decreto n. 87.497/82, descaracteriza-se o contrato de estágio profissional, reconhecendo-se a relação de emprego tipificado no art. 3º da CLT (TRT 1ª Região, RO 148/94, Ac. 7ª T., 10.4.96, Rel. Juiz Ricardo Augusto Oberlaender. DOE 3.7.96).
>
> CONTRATO DE ESTÁGIO x VÍNCULO DE EMPREGO. Ainda que os requisitos previstos no art. 3º da CLT coexistam nos contratos de trabalho e de estágio, a diferenciação entre uma e outra forma de contratação será determinada em decorrência do atendimento ou não dos pressupostos estabelecidos na Lei n. 6.494/77. Se cumprida a determinação legal, não haverá relação de emprego; se descumprida, cabe ao Judiciário coibir a fraude. Comprovado nos autos que a oferta de trabalho não visou à complementação de ensino do estudante, que não havia planejamento das atividades, acompanhamento e avaliação do trabalho desenvolvido, tem-se que não houve o intuito de inserção do estudante no ambiente de trabalho, visando ao treinamento prático e ao aperfeiçoamento técnico e cultural, objetivo maior do legislador. O descumprimento da norma disciplinadora da matéria atrai a aplicação do art. 9º da CLT, que autoriza a declaração da nulidade do contrato de estágio e o reconhecimento do vínculo empregatício (TRT 3ª Região, RO 01036-2002-003-03-00, Ac. 1ª T., 2.12.2002, Relª Juíza Maria Auxiliadora Machado Lima. DJE 6.12.2002, p. 6).
>
> CONTRATO DE ESTÁGIO. VALIDADE Considera-se válido contrato de estágio firmado entre as partes, não se vislumbrando fraude à aplicação dos preceitos trabalhistas (art. 9º da CLT), vez que observados os contidos nos arts. 4º da Lei n. 6.494/77 e 6º do Decreto n. 87.497/82 (TRT 20ª Região, RO 2273/2001, Ac. 480/2002, 20.3.2002, Rel. Juiz João Bosco Santana de Moraes. DJE 15.4.2002).

Assim, se as partes firmaram termo de compromisso de estágio, só poderá ser reconhecido o vínculo de emprego se não forem observadas as obrigações nele contidas ou houver desvirtuamento das finalidades do estágio, quais sejam, a contextualização e a complementação do ensino e da aprendizagem, com vistas à preparação prática do educando para o trabalho produtivo e para a vida cidadã (Lei n. 11.788/08, art. 1º). Além da ausência de plano de atividades do estagiário ou de efetivo acompanhamento e avaliação, outra forma de evidenciar a fraude é demonstrando, por exemplo, que a empresa não conta com pessoal habilitado na área de formação do estudante ou não dispõe de estrutura apta a proporcionar-lhe experiências práticas específicas. E o mesmo vale quando a atividade do estudante não se insere na área de formação do profissional liberal concedente do estágio. Além disso, em qualquer caso, as atividades desenvolvidas pelo estagiário deverão ser compatíveis com a programação curricular do respectivo curso. Por outro lado, também se descaracteriza o vínculo de estágio se não forem observados os requisitos objetivos, como a duração máxima do estágio ou da jornada do estagiário, ou, ainda, a proporção entre estagiários e empregados no mesmo estabelecimento (Lei n. 11.788/08, arts. 10, 11 e 17). A Lei n. 11.788/08 não deixa dúvidas a respeito, prevendo expressamente que a manutenção de estagiários em desconformidade com as regras nela estabelecidas implica o reconhecimento do vínculo de emprego entre o educando e a parte concedente, "para todos os fins da legislação trabalhista e previdenciária" (art. 15).

Há casos, entretanto, em que o próprio trabalhador sugere que seja formalizado um compromisso de estágio, pelo menos durante alguns meses, enquanto está recebendo seguro-desemprego. Por sua vez, o empregador concorda com a proposta pois, com isso, não tem que fazer os recolhimentos previdenciários do período. Trata-se de caso típico de simulação, a qual, além das partes, poderá ser invocada pelo INSS ou pelo FAT, o primeiro por não haver recebido o que lhe cabia e o último por haver pago o que não era devido.

10.2.5. Terceirização

Consiste a terceirização na transferência de etapas secundárias do processo produtivo, ou de atividades complementares àquele, de uma empresa para outra, encarregando-se esta última de realizar tais atribuições por sua conta e risco. Com isso, a empresa tomadora pode concentrar toda a sua atenção na respectiva atividade-fim, e o que nela era atividade auxiliar ou secundária passa a ser atividade principal para a empresa prestadora.

Não há que se confundir, assim, a terceirização com a intermediação de pessoal, uma vez que naquela a execução das atividades contratadas deve ser realizada sob a responsabilidade da empresa prestadora, interessando à tomadora tão somente os resultados. Quem os produz ou em que circunstâncias, cabe à prestadora decidir, embora deva esta se adequar às necessidades da tomadora.

Se, entretanto, a empresa tomadora interfere na execução das atividades ou serviços pela prestadora, exigindo pessoalidade dos trabalhadores contratados por esta e exercendo sobre eles poder diretivo, descaracteriza-se a terceirização, formando-se vínculo de emprego diretamente com a tomadora. Neste caso, não haverá terceirização de serviços ou atividades, mas simples intermediação de pessoal, que só será lícita nas hipóteses e condições previstas na Lei n. 6.019/74.

Quando uma empresa contrata os serviços de outra, mas continua exercendo o controle e a fiscalização dos trabalhadores admitidos por esta, estabelecendo com eles vínculos pessoais, a suposta terceirização não passará de uma tentativa de fugir às responsabilidades trabalhistas. Em tais circunstâncias, pela incidência do art. 9º da CLT, o vínculo de emprego forma-se diretamente com o beneficiário da prestação, uma vez que este se portou, efetivamente, como real empregador.

Tal entendimento já está pacificado na jurisprudência, conforme retratado na Súmula n. 331 do TST. Ocorre, entretanto, que, ao tratar dos órgãos da Administração Pública direta, indireta ou fundacional, o Tribunal Superior do Trabalho criou regra diversa, excluindo o vínculo de emprego em caso de contratação irregular (Súmula n. 331, II). Ao adotar tal solução, confundiu o Col. TST o plano da existência com o da validade. Ora, tal como ocorre nos casos de trabalho ilícito, o labor prestado à Administração Pública, presentes os requisitos da relação de emprego, não impede a formação do vínculo de emprego, isto é, a existência do contrato de trabalho, acarretando tão somente sua nulidade, caso o trabalhador não tenha sido selecionado mediante concurso público nas hipóteses em que este é exigido. Destarte, a terceirização fraudulenta não impede o reconhecimento do vínculo de emprego com a Administração Pública, embora, no caso, o contrato seja nulo por haver sido preterido o requisito do concurso público.

Alguém poderia objetar que o entendimento sumulado visa justamente a proteger o trabalhador, uma vez que o reconhecimento do vínculo com a Administração Pública e a subsequente declaração de sua nulidade acarretaria ao empregado maiores prejuízos. Assim, é melhor que o vínculo seja mantido com a empresa prestadora. Embora o argumento seja atraente, mal disfarça a erronia do pressuposto em que se assenta. Na verdade, a jurisprudência só sentiu a necessidade de cometer tal tipo de distorção porque partiu de outra posição equivocada, esta hoje cristalizada na Súmula n. 363 do TST, em relação aos efeitos da nulidade do contrato por não atendimento ao disposto no art. 37, II, da Constituição Federal[25]. Note-se assim que, quando se abre uma brecha na estrutura lógica do sistema normativo, adotando-se soluções desarmônicas, surge a necessidade de recorrer a novas soluções improvisadas para preencher os espaços decorrentes da quebra da ordem.

De qualquer modo, o entendimento sumulado não poderia prejudicar o trabalhador. Afinal, a terceirização ilícita nada mais representa do que uma forma de intermediação de mão de obra. Logo, o trabalhador deve ter os mesmos direitos que os seus colegas que são reconhecidos como empregados do tomador. Com efeito, se assim ocorre nos casos de intermediação lícita (Lei n. 6.019/74, art. 12), não haveria de ser diferente em relação à intermediação fraudulenta. A não ser assim, quem praticou a fraude seria premiado, pois se colocaria em posição mais vantajosa do que aquele outro que observou a lei:

> EQUIPARAÇÃO COMO BANCÁRIO. TERCEIRIZAÇÃO ILÍCITA. ENTIDADE DA ADMINISTRAÇÃO PÚBLICA. POSSIBILIDADE. A equiparação como bancário exige que o empregado exerça efetivamente tal função, ainda que isso tenha ocorrido em razão de terceirização ilícita celebrada entre a prestadora e entidade da Administração Pública, dado que aquele exerce atividade-fim da tomadora. Esse entendimento resulta da aplicação do princípio da isonomia e da dignidade humana, mormente quando, no ambiente de trabalho, trabalhadores de função idêntica recebam salários distintos em evidente prática discriminatória e lesiva ao interesse do trabalhador. Estando, nos autos, constatado tais circunstâncias, é imperioso o reconhecimento da equiparação do empregado como bancário, na função de caixa, com a responsabilização direta da prestadora de serviços e, subsidiária, da tomadora de serviços — entidade integrante da administração pública indireta (En. 331, IV, do TST) (TRT 18ª Região, RO-00102-2004-051-18-00-1, Rel. Juiz Geraldo Rodrigues do Nascimento. DJE 14.9.2004, p. 69).

Destarte, mesmo quando o tomador é entidade integrante da Administração Pública, direta, indireta ou fundacional, o trabalhador vítima da terceirização ilícita há de receber o mesmo tratamento que os empregados da tomadora, embora, segundo o entendimento dominante, não se possa reconhecer o vínculo de emprego diretamente com esta última.

Não é incomum, por outro lado, que os serviços terceirizados continuem a ser executados por ex-empregados do tomador, ou, ainda, que as pessoas que realizam tais serviços sejam

---

(25) Acerca do equívoco contido na Súmula n. 363 do TST, já tratamos no capítulo anterior, item 9.5.

apenas os sócios da empresa prestadora sob a direção da tomadora[26]. E, para encobrir a relação empregatícia, a suposta tomadora exige que os prestadores constituam pessoa jurídica a fim de dar uma aparência de relação interempresarial. Mesmo em tais casos, presentes os elementos que caracterizam o vínculo empregatício, esta será a natureza da relação jurídica, devendo-se, ainda aqui, aplicar o princípio da primazia da realidade.

10.2.6. Trabalho temporário

Diversamente do que ocorre na verdadeira terceirização, a contratação de trabalhadores junto a empresas fornecedoras de mão de obra temporária é um modo de obtenção de força de trabalho por meio de empresa interposta, único caso de intermediação de mão de obra admitida entre nós. Embora autorizado por lei, no caso, o *marchandage* só será lícito se realizado nos estritos limites legais, conforme regulado pela Lei n. 6.019/74.

Além da observância dos requisitos formais, a regularidade da contratação de trabalho temporário depende da presença de uma das seguintes situações: necessidade transitória de substituição de pessoal regular e permanente ou acréscimo extraordinário de serviço. E, para que não haja dúvidas a respeito, exige a lei que o motivo justificador da demanda de trabalho temporário conste expressamente do contrato firmado entre a empresa fornecedora da mão de obra e a empresa cliente (Lei n. 6.019/74, art. 9º).

Fora das situações acima, a locação de mão de obra é considerada fraudulenta. Assim, a adoção da mão de obra temporária deve atender apenas aos casos em que há necessidade transitória de novos trabalhadores, e não a situações permanentes. Convém ressaltar que o acréscimo extraordinário a que se refere a lei não é o simples aumento da demanda, mas apenas aquele que decorre de situação inesperada. Afinal, não fosse assim, sempre que uma empresa abrisse uma nova filial poderia invocar tal previsão para contratar trabalhadores temporários. Não autoriza a contratação de mão de obra temporária, por exemplo, o fato de as atividades da empresa serem sazonais. Neste caso, a empresa poderá valer-se do contrato por prazo determinado, mas não da contratação de mão de obra temporária. Além disso, o trabalhador deve ter sido recrutado e treinado pela empresa de mão de obra temporária, e não pela empresa cliente. Quando é a própria empresa que necessita do trabalho que se encarrega de selecionar os trabalhadores e treiná-los, a contratação via empresa locadora de mão de obra revela-se fraudulenta. Em tais casos, não há razão para a intermediação, uma vez que a finalidade desta é socorrer o empresário que necessita, com urgência, de trabalhadores treinados, que deverão ser colocados à sua disposição pela intermediadora.

A perpetuação da mão de obra temporária na empresa também é uma evidência de fraude. Quando a necessidade de mais trabalhadores é constante, o empreendedor deve contratá-los diretamente, uma vez que não haverá, aí, uma situação excepcional. A contratação de mão de obra temporária não pode perder seu caráter extraordinário, só estando autorizada

---

(26) "VÍNCULO EMPREGATÍCIO. PRESENÇA DE REQUISITOS. RECONHECIMENTO. Revela-se em fraude à aplicação da legislação trabalhista, a contratação de trabalhadores através de pessoa jurídica, onde os sócios são os trabalhadores que laboram em condições de trabalho subordinado" (TRT 18ª Região, RO 00014-2004-052-18-00-6, Rel. Juiz Luiz Francisco Guedes de Amorim. DJE 3.8.2004, p. 62/63).

para atender ao imprevisto, ao inesperado. Se a empresa precisa de um número maior de trabalhadores ao longo de todo o ano, é sinal de que tal situação não tem caráter excepcional, uma vez que se incorpora à suas necessidades normais.

Tem-se, também, como fraudulenta a substituição do contrato de experiência pelo contrato sob a forma de mão de obra temporária[27]. Não que não possa a empresa cliente contratar diretamente o trabalhador temporário ao término do período em que a lei admite a intermediação, ou mesmo antes. Aliás, isto é até desejável, proibindo a lei que se estabeleçam restrições neste sentido (Lei n. 6.019/74, art. 11, parágrafo único). Todavia, se a empresa cliente já tinha a intenção de contratar o trabalhador diretamente, em caráter efetivo, o recurso à intermediação revela-se fraudulento, uma vez que foge aos objetivos da contratação de trabalhador temporário.

10.3. Alterações contratuais

Do mesmo modo que o contrato depende do assentimento de ambas as partes em sua formação, tal requisito também é exigido caso aquelas pretendam introduzir alguma alteração nas cláusulas anteriormente pactuadas. Partindo, porém, da constatação de que as condições econômicas do trabalhador, como regra, o colocam em desvantagem diante do empregador, o Direito do Trabalho não apenas estabelece restrições às renúncias manifestadas no ato da contratação, mas também desautoriza as que se verificarem no curso do pacto laboral.

Assim, as alterações unilaterais não são possíveis em razão da natureza bilateral do contrato, e as alterações consentidas só são aceitas caso não tragam prejuízos ao trabalhador. No entender de *Russomano*, o art. 468 da CLT "parte do pressuposto de que há *erro e coação* sempre que o empregado concorda com uma alteração contrária a seus interesses. E por dois motivos: *a)* porque a situação econômica instável do trabalhador é convite a que lhe imponham condições novas, nem sempre justas; *b)* porque, no fundo, o comum é que ninguém vá concordar, livremente, com algo que lhe trará prejuízos"[28].

Diante disso, por ser o vício de consentimento presumido, no caso, a lei dispensa o obreiro de sua alegação ou prova, exigindo apenas que demonstre ter sofrido algum prejuízo. Por outro lado, se a alteração foi unilateral, a ela não poderia ser submetido o trabalhador. Todavia, em face do caráter continuativo do contrato de trabalho, consoante observou *Cesarino Júnior*, a exigência do consentimento do empregado para a licitude da alteração contratual deve ser entendida em termos. Assim, ainda que unilateral, a alteração contratual somente será nula, ilícita, quando nociva ao empregado e, neste caso, será inválida ainda que consensual[29].

---

(27) CARELLI, Rodrigo Lacerda. *Op. cit.*, p. 26.
(28) RUSSOMANO, Mozart Victor. *Comentários à Consolidação das Leis do Trabalho*, v. 1, 16. ed. rev. e atual. Rio de Janeiro: Forense, 1994. p. 483.
(29) CESARINO JÚNIOR, A. F. Alteração do contrato de trabalho – I. In: *Enciclopédia Saraiva do Direito*, v. 6. São Paulo: Saraiva, 1978. p. 208.

Ressalva, entretanto, *Orlando Gomes* que "nem toda violação de norma imperativa tem como sanção a *nulidade*. Cumpre distinguir as que se destinam a resguardar interesses gerais das que visam apenas à proteção de interesses especiais de certas categorias de pessoas, como, por exemplo, dos empregados, dos mutuários, dos inquilinos. A transgressão de preceito imperativo que assegure esses interesses dá à outra parte a faculdade de promover a anulação do ato. Este é simplesmente anulável"[30]. A falta de técnica do legislador, por vezes, exige que a jurisprudência e a doutrina se afastem da interpretação literal para conferir às disposições legais seu verdadeiro sentido. Ainda conforme o mesmo autor, se é justa e razoável a proteção contra eventuais abusos do empregador, não tem cabimento sancionar as alterações contratuais com a pena de nulidade absoluta. Isso porque o disposto no art. 468 da CLT nada tem a ver com a ordem pública, visando apenas à proteção de interesses particulares. Diante disso, considerando o caráter perpétuo das nulidades, não se poderia admitir que a defesa de interesses privados, que cabe exclusivamente à pessoa protegida, pudesse ser feita independentemente de prazo[31].

De outra parte, segundo *Egon Felix Gottschalk*, "se a ordem jurídica há de garantir a liberdade real de vontade, a norma jurídica, posta a este serviço, não pode ultrapassar o seu escopo, sem, concomitantemente, ferir de frente um outro bem jurídico de sumo relevo que é a liberdade individual. Se a deliberação do empregado se baseia numa manifestação de sua livre vontade, por corresponder assim aos seus verdadeiros interesses, se ela não é efeito camuflado de um ato unilateral do empregador e sim expressão ou de uma verdadeira bilateralidade nas mútuas deliberações ou ato espontâneo, ato unilateral do empregado, óbvio é que a tutela da lei cessa ante a liberdade individual, de que brotam as energias perenes da verdadeira personalidade"[32].

Ocorre, porém, que, a partir do momento em que o empregado questiona em juízo a alteração realizada, deveria cessar a presunção de que decorreu de livre manifestação de sua vontade, até porque é difícil admitir que o trabalhador externe uma vontade livre em prejuízo seu. Assim, inclusive em face do que dispõe o art. 468 da CLT, a presunção deve ser de que a vontade do obreiro não era livre, a menos que se prove o contrário. Diante disso, para que a alteração contratual prejudicial ao empregado seja válida, além de provar que foi consentida, deve o empregador demonstrar que havia interesse do trabalhador nela. O empregado pode, por exemplo, solicitar a redução de sua jornada de trabalho, com a consequente diminuição salarial, porque arranjou outro emprego ou porque pretende frequentar algum curso ou dedicar-se a outras atividades de seu interesse. Em tais casos, ainda que acarrete uma perda salarial, não se pode reputar ilícita a alteração contratual, uma vez que atende às conveniências do trabalhador.

Por outro lado, mesmo diante de alterações ilícitas, conforme o entendimento dominante, não se poderia tolerar que o obreiro esperasse toda uma vida para se insurgir contra elas. Por tal razão, a jurisprudência flexibilizou a regra do art. 468 da CLT, passando a exigir

---

(30) GOMES, Orlando. *Introdução ao direito civil*. 11. ed. Rio de Janeiro: Forense, 1995. p. 478-9.
(31) GOMES, Orlando. Nulidades no direito contratual do trabalho. In: *Revista Forense*, v. 155, set./out. 1954. p. 48-50.
(32) GOTTSCHALK, Egon Felix. *Norma pública e privada no direito do trabalho*. Ed. fac-sim. São Paulo: LTr, 1995. p. 233-4.

que o trabalhador externe sua irresignação dentro de cinco anos contados da manifestação do prejuízo ou até dois anos após o término do contrato, sob pena de não mais poder fazê-lo eficazmente.

Conquanto a solução jurisprudencial colida com a literalidade do texto legal, uma vez que permite que se consolidem atos negociais que a lei declara nulos, foi uma tentativa de conferir estabilidade às relações jurídicas. Todavia, a possibilidade de um ato defeituoso converter-se em ato perfeito, implica, logicamente, negar a nulidade daquele, para considerá-lo apenas anulável. Dentro de nosso sistema jurídico, o negócio jurídico nulo é portador de uma deficiência insanável, que o impede definitivamente de produzir os efeitos que lhe são próprios. O negócio anulável, ao contrário, padece de um defeito transitório, o qual, por si só, não impede que o ato produza os efeitos a que se destina, ainda que precariamente.

Diante disso, quando a lei prevê um caso de nulidade, conforme já referido anteriormente, a invalidação do negócio jurídico resulta da própria dicção legal, sendo o provimento jurisdicional a respeito tão somente declaratório. Já nos casos de anulabilidade, a lei permite que o negócio jurídico produza todos os efeitos jurídicos que lhe são inerentes, até o momento em que venha a ser anulado. E é nisso que se sustenta a possibilidade de consolidação do ato anulável, em contraposição à insanabilidade do ato nulo. Este nasce estéril, e assim deve permanecer, ao passo que o ato anulável tem aptidão para produzir frutos, embora tal energia criadora possa ser aniquilada.

Pois bem, quando a jurisprudência admite a consolidação ou a sanabilidade das alterações contratuais prejudiciais ao trabalhador, ainda que não o diga claramente, converte em anulável o que a lei diz ser nulo. Por conseguinte, quando o empregado se insurge contra o ato, pretendendo cassar-lhe a aptidão para produzir efeitos jurídicos, isto é, para anular o ato, busca um provimento que desconstitua a validade do negócio (que o invalide), e não apenas que o juiz declare uma nulidade. Corolário é que o prazo para impugnar o ato não poderia ser prescricional, mas decadencial. Daí ser equivocada a referência à prescrição na Súmula n. 294 do TST. Prescrição só haveria em relação à cobrança das parcelas não pagas, e só poderia ser computada a partir do vencimento de cada uma delas.

A adoção de prazo prescricional, na hipótese, colide com os critérios definidos pela doutrina e pelo próprio Código Civil quanto à distinção entre prescrição e decadência[33]. Conquanto o equívoco fosse até compreensível, ao tempo em que foi editado referido verbete sumular, levando em conta que a lei civil de então não fazia distinção entre os

---

(33) Assim resume Agnelo Amorim Filho a distinção entre as hipóteses em que se aplica a prescrição e a decadência: 1º – Estão sujeitas a prescrição (indiretamente, isto é, em virtude da prescrição da pretensão a que correspondem): todas as ações condenatórias, e somente elas; 2º – Estão sujeitas a decadência (indiretamente, isto é, em virtude da decadência do direito potestativo a que correspondem): as ações constitutivas que têm prazo especial de exercício fixado em lei; 3º – São perpétuas (imprescritíveis): as ações constitutivas que não têm prazo especial de exercício fixado em lei e todas as ações declaratórias. Disso decorre que: a) não há ações condenatórias perpétuas (imprescritíveis), nem sujeitas a decadência; b) não há ações constitutivas sujeitas a prescrição; e c) não há ações declaratórias sujeitas a prescrição ou a decadência (AMORIM FILHO, Agnelo. Critério científico para distinguir a prescrição da decadência e para identificar as ações imprescritíveis. In: *Revista dos Tribunais*, v. 49, n. 300, out. 1960. p. 37).

institutos, hoje tal confusão não mais se justifica, uma vez que o Estatuto Civil atual deixa claro que adotou as lições da doutrina dominante, separando os casos de prescrição das hipóteses de decadência.

Por outro lado, se adotado como fundamento do art. 468 da CLT o vício presumido da vontade, conforme a posição de *Russomano*[34] acima mencionada, haveria, ainda, o problema do cômputo do prazo decadencial, uma vez que, se o consentimento foi viciado por coação, o prazo para anular o ato só poderia ter início a partir do momento em que tal situação deixou de existir (CC, art. 178, I). Vale dizer, não poderia ser computado o prazo decadencial no curso do contrato.

Acolhida ou não a tese do vício presumido, o certo é que a jurisprudência não se preocupa muito com o caráter da alteração (se unilateral ou bilateral). E, assim agindo, parece ter seguido as lições de *Russomano*, uma vez que, se o consentimento do trabalhador, nas alterações que lhe forem prejudiciais, estiver sempre viciado (presunção absoluta de vício de vontade), pouco importa indagar se houve, ou não, anuência de sua parte, uma vez que, em qualquer caso, sua vontade não teria valor jurídico. Com efeito, segundo a orientação do TST, não há diferença entre os casos de alteração unilateral ou bilateral, fixando o foco apenas na prejudicialidade da inovação contratual e tendo-a por apenas anulável mesmo nos casos em que o trabalhador não assentiu nela. E essa é também a posição de *Cesarino Júnior*, conforme acima exposta.

Partindo do pressuposto de que o dispositivo legal em questão teve em vista a tutela da liberdade do trabalhador, no exercício de sua vontade, conquanto, para o caso, a lei trabalhista tivesse (aparentemente?) estabelecido regra diversa, a jurisprudência voltou a abeberar-se no sistema do Código Civil, reconhecendo na norma em questão uma hipótese de anulabilidade, embora sem justificar adequadamente tal transposição.

Além disso, a solução adotada pela Súmula n. 294 do TST representa uma quebra do princípio segundo o qual somente a lei pode criar hipóteses de anulabilidade e, no caso, não foi isso o que ocorreu, pelo menos não no sentido textual da norma em questão. Apesar disso, é sabido que o significado da lei é ditado pelos tribunais, e, em alguns casos, a interpretação destes segue rumo diverso do que expressam literalmente as palavras utilizadas pelo legislador. E é natural que assim seja, uma vez que é no dia a dia do foro que as normas jurídicas são testadas concretamente. É possível, assim, que soluções idealmente dignas de encômios não proporcionem, na prática, os resultados esperados, exigindo do julgador uma adaptação da norma à realidade para que alcance os fins propostos sem se afastar dos demais valores que regem a vida em sociedade.

Apesar disso, no presente caso, temos sinceras dúvidas a respeito, parecendo-nos que tal Súmula foi editada com a finalidade principal de reduzir o volume de demandas que dependam da análise do mérito propriamente dito. Convém salientar, ainda, que, nos

---

(34) Segundo Russomano, há, no caso, "a presunção legal, absoluta, de que o empregado foi *coagido* ou incorreu em *erro substancial* quando aceitou modificação do contrato que, por qualquer forma, redundou em prejuízos para si. Presume-se a existência de vício de consentimento. Sem dúvida é uma particularidade do Direito do Trabalho, porque, em princípio, os vícios de consentimento não se presumem, provam-se" (RUSSOMANO, Mozart Victor. *Op. cit.*, p. 483).

dias que correm, poucos são os contratos de longa duração a exigir uma medida tão drástica, até porque a prescrição é apenas um mal necessário: embora indispensável, não pode ser desejável. De outra parte, conforme ponderou *Rodrigues Pinto*, a orientação jurisprudencial em questão "não só (...) violenta a natureza das coisas, reconhecendo-se efeitos de ato que não pode produzi-los, como (...) faz *tabula rasa* de que, na vigência de sua relação individual, o empregado está sujeito a uma permanente coação difusa, materializada no receio da perda do emprego, que o faz aceitar passivamente atos violadores de seu direito, definidos como absolutamente nulos pela legislação tutelar, cuja reparação só tem ânimo para pedir depois de que se consumou o fato sempre temido da extinção do ajuste. O atropelo do princípio da proteção é visível e violento, pois essa interpretação consagra, contra o empregado, a prescritibilidade do ato nulo para o qual, quando concorre, o faz sob a coação representada pela ameaça silenciosa da despedida"[35].

Segundo *Orlando Gomes*, no entanto, o art. 468 da CLT consagra norma de proteção de interesses privados, ainda que se inspire em razões de conveniência social[36]. Diante disso, não se poderia simplesmente reconhecer a nulidade sem levar em conta os interesses dos envolvidos. Em alguns casos, mesmo havendo prejuízo no âmbito contratual, pode o trabalhador preferir a alteração pelas vantagens que ela lhe proporciona fora do contrato. Assim, é sempre conveniente que o juiz não se limite a declarar a nulidade de forma mecânica, sem analisar com atenção se não havia interesse do trabalhador na alteração, ainda que, à primeira vista, esta lhe tenha causado algum prejuízo. Todavia, não convém cair no extremo oposto, para legitimar toda e qualquer alteração contratual, simplesmente porque nela consentiu o trabalhador, sob pena de negar toda eficácia à norma legal em questão.

Quanto ao conteúdo das alterações proibidas, a norma refere-se especialmente àquelas que tocam as cláusulas que foram objeto de livre estipulação entre as partes. Em relação às condições contratuais que decorrem de regra impositiva contida em normas legais, em sentido amplo, e em convenções ou acordos coletivos, as alterações promovidas pelo empregador, unilateralmente ou de comum acordo com o empregado, padecem de nulidade incontornável, uma vez que é vedado às partes do contrato individual negar vigência ou modificar o conteúdo de tais normas, excluindo as vantagens que elas garantem aos trabalhadores.

É por isso que dissemos que a vedação contida no art. 468 da CLT dirige-se precipuamente às alterações contratuais que atingem cláusulas oriundas da autonomia privada negocial. Para inibir eventuais tentativas de negar aplicação às normas imperativas, bastaria o disposto no art. 9º da CLT. Eventualmente pode até ocorrer de as condições estipuladas inicialmente serem derrogadas por norma imperativa, todavia não é disso que trata o dispositivo legal sob comento.

Para bem compreendermos os limites da alterabilidade contratual, convém, antes do mais, distinguir as modificações de que trata o art. 468 da CLT das que decorrem do exercício do chamado *jus variandi* do empregador. As inovações resultantes do *jus variandi* não se confundem com as alterações contratuais de que ora tratamos, embora, em casos

---

(35) PINTO, José Augusto Rodrigues. *Curso de direito individual do trabalho.* 2. ed. São Paulo: LTr, 1995. p. 205-6.
(36) GOMES, Orlando. *Nulidades no direito contratual do trabalho,* cit., p. 44.

excepcionais, expressamente previstos em lei, o empregador esteja autorizado a alterar unilateralmente certas obrigações contratuais inicialmente pactuadas[37]. Todavia, como decorrem de lei, tais exceções consideram-se inseridas automaticamente no contrato. Por exemplo, a obrigação de prestar labor em sobrejornada, em caso de força maior, conquanto não contemplada expressamente no contrato, fará parte dele por constar da lei (CLT, art. 61, § 1º). Assim, ocorrendo aquela situação, mesmo que não prevista no contrato, o empregado deverá atender à ordem patronal de prestar labor extraordinário, sob pena de descumprimento das obrigações advindas do contrato de trabalho. E assim também ocorre com as transferências de localidade, nos casos em que a lei as autoriza (CLT, art. 469), ou com a reversão do trabalhador ao cargo efetivo, quando deixa o exercício de função de confiança (art. 468, parágrafo único). Embora diga a lei que este último caso não deva ser tratado como alteração contratual, é óbvio que o que pretendeu foi autorizar tal modificação, conquanto unilateral, criando, assim, uma exceção à regra geral contida no *caput* do art. 468, segundo a qual toda alteração unilateral é nula. Afinal, não se tratasse de uma verdadeira alteração contratual, não haveria necessidade de a lei determinar que fosse desconsiderada.

Em outras palavras, o exercício do *jus variandi* pode acarretar alterações contratuais apenas nas hipóteses em que a lei as autoriza expressamente. Fora disso, o poder diretivo do empregador esbarra na vedação às alterações contratuais unilaterais. Como regra, portanto, o poder diretivo deve cingir-se aos limites do pactuado, não podendo o empregador, ao seu talante, modificar as funções, horários, a remuneração, o local de trabalho e as demais condições contratuais estabelecidas expressa ou tacitamente. Mesmo nos casos em que a lei abre exceções, estas deverão ser submetidas ao crivo da razoabilidade, não podendo ser invocadas sem observância dos fins a que se destinam. Por outro lado, a jurisprudência tem tolerado inclusive pequenas alterações, desde que sejam justificadas pelas necessidades da atividade empresarial e não se fundem em meros caprichos do empregador. Afinal de contas, o principal objetivo do empregado é obter a contraprestação oferecida. Além disso, pequenas mudanças que não descaracterizem as obrigações assumidas quando da celebração do contrato acabam sendo inevitáveis, para fazer face às novas exigências do mercado, ou até mesmo em consequência da evolução natural dos modos de produção. Não admitir tais adaptações, ainda que não se compreendam rigorosamente nos termos do que foi originariamente pactuado, até porque, normalmente, resultam de situações imprevisíveis, seria engessar a relação jurídica em prejuízo do próprio empregado. Com efeito, se o empregador não pudesse aproveitá-lo em atividades similares, haveria que dispensá-lo para contratar outro, o que também traria prejuízos à empresa, que muitas vezes investiu na formação de seu pessoal.

Não cabe aqui, entretanto, descer a mais detalhes a respeito das alterações contratuais, uma vez que se trata de matéria extremamente vasta, e isso desviaria nossa atenção do objeto central do presente estudo. Por ora, cabe-nos apenas reafirmar que o critério legal

---

(37) Em princípio, o "*jus variandi* é o direito de o empregador alterar, unilateralmente, as condições sob as quais é prestado o serviço, desde que não sejam atingidos os elementos básicos do ajuste com o empregado" (SAAD, Eduardo Gabriel. *Consolidação das Leis do Trabalho comentada*. 35. ed. São Paulo: LTr, 2002. p. 312).

de aferição da validade da alteração, a par do consentimento do trabalhador, é a ausência de prejuízo para este, tendo-se fixado a jurisprudência quase que apenas neste último requisito.

O prejuízo pode ser direto ou indireto, atual ou futuro, mas é preciso que seja real e objetivamente demonstrado. Não bastam, pois, leves incômodos resultantes da alteração quando esta resultar de motivos indubitavelmente relevantes, sem má-fé do empregador. Neste caso, ainda que a alteração acarrete algum desconforto ao empregado, isso faz parte do que *Cesarino Júnior* chama de *pequeno risco* a que todo colaborador do empreendimento está sujeito[38]. A relevância ou não das consequências do ato modificativo, portanto, está sujeita à ponderação do juiz, conforme as circunstâncias de cada caso, sendo certo, porém, que a lei não tutela meros caprichos. E essa regra também vale para o empregador, uma vez que, embora afete apenas a comodidade do obreiro, também será inválida a alteração promovida por manifesta má-fé do empregador, tendo por objetivo apenas, ou principalmente, causar aborrecimentos ao empregado.

A invalidade da alteração não exige, necessariamente, prejuízo financeiro, uma vez que as leis trabalhistas não tutelam apenas os aspectos pecuniários do contrato, senão antes, e acima de tudo, a pessoa do trabalhador. Assim, demonstrado um prejuízo pessoal relevante advindo da alteração contratual, ainda que não tenha reflexos econômicos imediatos, é perfeitamente admissível a anulação (ou, segundo a dicção legal, a declaração da nulidade) do ato modificativo.

Até mesmo uma promoção, com a consequente melhoria salarial, pode ser prejudicial ao trabalhador, por exemplo, quando, em razão dela, o trabalhador tenha que viajar, mudar o horário de trabalho, cumprir uma jornada mais dilatada, ou sofra outras consequências indesejadas. Evidentemente que tais situações devem ser apreciadas caso a caso, levando-se em conta, principalmente, se o trabalhador aceitou ou se candidatou à promoção ou se esta lhe foi imposta pelo empregador. O que não se pode perder de vista é que a análise do prejuízo não pode se limitar às consequências imediatas do ato, nem ser aquele considerado apenas sob o aspecto econômico ou pecuniário.

Dependendo do caso, até mesmo uma redução da carga de trabalho exigida do obreiro, ainda que mantida a remuneração anterior, pode invalidar a alteração contratual. É o que ocorre, por exemplo, "com os artistas, os quais precisam estar sempre sendo vistos pelo público para não caírem no esquecimento. A redução do número de espetáculos de que o artista participa, mesmo não havendo redução do salário, causando-lhe dano, será ilícita"[39]. Afora isso, o fato de colocar o trabalhador em disponibilidade permanente, impondo-lhe o ócio forçado, também constitui uma alteração contratual ilícita, independentemente das funções que o trabalhador exerce na empresa.

É possível, por outro lado, que a alteração importe prejuízos financeiros e, ainda assim, seja válida. É o que ocorre, por exemplo, quando as partes pactuam uma redução da jornada, com a correspondente diminuição salarial, para que o trabalhador possa dedicar-se a outra atividade, mesmo que esta não seja lucrativa. O que é preciso averiguar,

---
(38) CESARINO JÚNIOR, A. F. *Op. cit.*, p. 208.
(39) MALTA, Christovão P. Tostes. *Comentários à CLT*. 6. ed. São Paulo: LTr, 1993. p. 206.

em tais casos, é se há efetivo interesse do trabalhador, ainda que de natureza extracontratual, ou se o obreiro apenas aderiu à "proposta" do empregador a fim de não perder o emprego.

Em qualquer caso, portanto, para a apuração da validade, devem-se considerar os efeitos da alteração em relação aos interesses das partes, evitando-se uma análise puramente objetiva pelo confronto entre a situação anterior e a que resulta da modificação contratual. O que não se pode é tratar a previsão do art. 468 da CLT como se fosse um tabu, fechada a toda e qualquer interpretação. Caso contrário, em vez de revelar-se uma medida de proteção ao trabalhador, acaba por transformar-se em elemento de risco, pois, necessitando implementar mudanças, o empregador seria obrigado a dispensar o empregado por não poder adequar o contrato às novas condições laborais.

Conforme bem assinalou *Julio A. Malhadas*, "as circunstâncias mudam, problemas novos surgem e/ou antigos são solucionados, fazendo-se necessário alterar o que não está adaptado à nova situação. Se não podem as partes novar, só lhes restará colocar um ponto final em sua relação e partir para outra com outro parceiro (o que nem sempre o empregado poderá fazer, e, se puder, nem sempre isto será feito sem que sofra prejuízo na troca de emprego)"[40]. No mesmo sentido, observa *Carmen Camino* que o contrato de trabalho tem uma vocação natural à alteração. E o vezo de considerá-lo imutável deve-se a uma errônea compreensão do princípio do *pacta sunt servanda*, diante da rigidez da tutela dos direitos adquiridos do empregado[41]. O que se deve coibir, no entanto, são os abusos. Afinal, não faz sentido tornar o empregado escravo da vontade manifestada no ato de sua admissão, pois, se assim fosse, em vez de preservar sua liberdade contratual, estar-se-ia interpretando seu consentimento originário como renúncia à própria autonomia negocial.

Uma leitura do art. 468 da CLT divorciada de seus fins conduziria à conclusão de que até mesmo um aumento salarial espontâneo, concedido pelo empregador, por resultar de ato unilateral, poderia ser considerado nulo, o que se revelaria uma interpretação absurda, em evidente afronta aos objetivos da lei. Ao contrário do que sustenta *Magano*, no entanto, não nos parece que a explicação para as mudanças a que está exposto o contrato de trabalho esteja no poder hierárquico do empregador[42]. A causa das alterações contratuais é o próprio dinamismo empresarial, que constantemente submete as partes a novos desafios. Se é certo que muitas inovações resultam do poder diretivo do empregador, que é quem decide sobre a organização da empresa, nem por isso o autorizam a alterar unilateralmente o contrato em prejuízo do empregado. As alterações que resultam unicamente do exercício do poder diretivo empresarial são apenas as que se manifestam por meio do *jus variandi*. E este, como vimos, traduz apenas uma escolha entre as muitas possibilidades já compreendidas pelo contrato, não implicando uma alteração do pactuado.

Todavia, a própria lei ressalva a hipótese de retorno do empregado ao cargo efetivo quando destituído de função comissionada. Embora estabeleça a lei que a hipótese não

---

(40) MALHADAS, Julio Assumpção. Estrutura e disciplina das alterações contratuais do trabalho. In: PINTO, José Augusto Rodrigues (Coord.). *Noções atuais de direito do trabalho*. São Paulo: LTr, 1995. p. 225.
(41) CAMINO, Carmen. *Direito individual do trabalho*. 4. ed. rev., ampl. e atual. Porto Alegre: Síntese, 2004. p. 441.
(42) MAGANO, Octavio Bueno. Alteração do contrato de trabalho – II. In: *Enciclopédia Saraiva do Direito*, v. 6. São Paulo: Saraiva, 1978. p. 222.

retrata uma alteração contratual (CLT, art. 468, parágrafo único), mais correto seria dizer que se trata de alteração contratual permitida[43]. Tal regra, entretanto, não se aplica às promoções, uma vez que estas são irreversíveis, ao contrário do que ocorre nas designações para o exercício de funções de confiança, cujo caráter é sempre precário.

Por outro lado, para atender à necessidade temporária de serviço, mesmo que não haja previsão no contrato, a CLT autoriza o empregador a transferir o obreiro para outra localidade mediante o pagamento de um adicional salarial (CLT, art. 469, § 3º). Essa hipótese, no entanto, deve ser analisada com extremo cuidado, pela gravidade das repercussões que pode acarretar na vida pessoal e familiar do empregado[44].

Por fim, ainda que prejudiciais aos interesses do trabalhador, não padecem de nulidade as alterações resultantes de negociação coletiva ou impostas por normas legais imperativas. Todavia, não poderia o empregador, por exemplo, reduzir a remuneração do obreiro porque uma norma legal ou negociada o obrigou a reduzir a jornada laboral deste, exceto na hipótese prevista no art. 7º, inciso VI, da Constituição Federal[45].

10.4. Jornada de trabalho e descansos

10.4.1. Extrapolação dos limites legais

Embora a extensão da jornada seja estipulação que integra o contrato de trabalho, ainda quando firmado tacitamente, não é incomum a exigência pelo empregador de prestação laboral além dos limites contratuais, exorbitando até mesmo a duração máxima estabelecida pelo legislador. Em qualquer caso, ainda que o labor tenha excedido os limites permitidos em lei, o obreiro terá o direito de cobrar a remuneração correspondente a todo o trabalho prestado em sobrejornada, bem assim seus reflexos (TST, Súmula n. 376).

Afinal, é inequívoco que as normas que limitam a jornada laboral se destinam à proteção do empregado. Consequentemente, não faria sentido impor ao obreiro os prejuízos resultantes de sua inobservância, uma vez que seria penalizá-lo duas vezes. Primeiro, por lhe ter sido exigido labor além do que a lei considera razoável, depois, por não receber a devida paga. Por outro lado, se o obreiro atendeu às ordens do empregador, mesmo sendo elas ilegais, presume-se que o fez para evitar o pior, isto é, a perda do emprego. Enfim, como incumbe ao empregador dirigir a prestação laboral, a norma restritiva dirige-se principalmente aos seus poderes no âmbito da relação laboral.

---

(43) E o mesmo raciocínio deve ser aplicado à redução da carga horária dos professores. Embora, no caso, a ocorrência de alteração contratual também seja inequívoca, desde que motivada pela diminuição do número de alunos e que não haja redução no valor da hora-aula, reconhece a jurisprudência a licitude do ato patronal (TST/SDI-I, OJ n. 244).
(44) Conforme observou Vasco de Andrade, o local em que o empregado deve atuar se reveste de "um valor social e econômico de magna importância para o contrato de trabalho, principalmente porque seu significado excede a pessoa do prestador para estender-se à família ou pessoas a seu cargo, que desfrutam, indiretamente, do local em que a relação se desenvolve" (ANDRADE, Vasco de. *Atos unilaterais no contrato de trabalho*. Ed. fac-sim. São Paulo: LTr, 1996. p. 133).
(45) MALTA, Christovão P. Tostes. *Op. cit.*, p. 204.

Conforme assinala *Ernesto Krotoschin*, na maioria das vezes o empregado age por necessidade ou em atenção às ordens do empregador. Por conseguinte, é principalmente sobre este último que recai a responsabilidade pela observância das normas legais e regulamentares, destinadas à proteção do trabalhador. A "cumplicidade" do obreiro, como regra, não produz efeitos contra ele[46].

Juridicamente, a prestação de labor fora ou além dos limites contratuais decorre de um aditivo contratual, firmado tacitamente. A "ordem" do empregador, no caso, do ponto de vista jurídico, nada mais significa do que uma proposta, cuja aceitação se manifesta mediante a realização dos serviços indicados (aceitação tácita). Ainda que tenha havido coação para que o trabalho fosse executado, somente o obreiro poderia argui-la (CC, art. 177). Todavia, como o trabalho já foi prestado, é irrelevante a ocorrência do vício de vontade, para fins de exigibilidade da contraprestação[47].

O consentimento tácito, na forma acima, no entanto, não tem eficácia para o futuro, sendo renovado a cada dia que o trabalhador se submete à prestação de labor em sobrejornada. Por conseguinte, não haverá descumprimento contratual se o trabalhador, num dado momento, por um motivo qualquer, mesmo sem revelar qual é, não mais se dispuser a prestar horas extras. Somente haverá obrigatoriedade de laborar em sobrejornada se isso houver sido ajustado por escrito e nos limites autorizados pela lei (CLT, art. 59). Mesmo assim, a menos que tenha sido pactuado mediante negociação coletiva, ou estipulado determinado período, a qualquer tempo o obreiro poderá denunciar a cláusula, uma vez que não se pode admitir que a obrigação de prestar labor suplementar se integre definitivamente ao pacto laboral, justamente em face de seu caráter extraordinário. Neste caso, no entanto, manda a boa-fé que a comunicação seja feita com antecedência razoável, para que o empregador possa providenciar outros meios de obter os serviços de que necessita ou adequar-se à nova situação.

Em relação ao labor já prestado, é irrelevante que tenha excedido os limites fixados pelas normas legais aplicáveis ao caso, uma vez que a finalidade destas era justamente proteger o obreiro, resguardando sua sanidade física e mental. Logo, a interpretação de tais regras não poderia ir além de seus fins, sob pena de tornar ainda mais odiosa a afronta à lei. Diante disso, conforme já referido acima, mesmo que os serviços prestados tenham excedido os limites impostos pelo legislador o obreiro não sofrerá prejuízo algum quanto à sua remuneração.

Por fim, ainda que a iniciativa do trabalho extraordinário tenha partido do próprio empregado, mesmo não havendo previsão em acordo escrito ou norma coletiva nesse sentido, se o empregador permitiu tal labor, deverá remunerá-lo na forma da lei, isto é, com o adicional correspondente. Afinal de contas, o empregador se beneficiou do labor em sobrejornada e, caso não fosse de seu interesse, valendo-se de seu poder diretivo, deveria ter impedido que o trabalhador o prestasse. Se o empregador pudesse livrar-se da obrigação de remunerar as horas extras realizadas, sob a alegação de que não as teria

---

(46) KROTOSCHIN, Ernesto. *Tratado práctico de derecho del trabajo*, v. 1. 4. ed. Buenos Aires: Depalma, 1987. p. 195-6.
(47) A conduta abusiva do empregador só terá relevância se o empregado estiver postulando a rescisão indireta ou reparação de algum outro prejuízo resultante do excesso de jornada. Caso contrário, basta que seja demonstrado que houve labor além dos limites do contrato para que o trabalhador tenha direito à respectiva remuneração.

ordenado, haveria inequívoco enriquecimento ilícito, sem contar que, muitas vezes, a exigência de labor em sobrejornada é implícita, sendo extremamente difícil sua prova em juízo.

Não é incomum, por exemplo, o empregador defender-se alegando que o obreiro reduzia espontaneamente seu intervalo de almoço ou trabalhava até mais tarde porque era comissionado e tinha interesse em fazer mais vendas, a fim de auferir remuneração mais elevada. Todavia, ainda que os fatos tenham ocorrido na forma narrada, o empregador não se exime da obrigação de remunerar eventual labor extraordinário ou de assumir as consequências do gozo de intervalo inferior ao mínimo legal. Afinal, não se pode dizer que o empregador não tenha interesse em tal prestação, por ser ele o principal beneficiário dela.

Em face do dever de colaboração que lhe cabe, muitas vezes, é efetivamente o empregado quem toma a iniciativa de laborar em sobrejornada, uma vez que a paralisação do trabalho, no horário normal, pode acarretar prejuízos ao empregador. Diante disso, entre ser punido por deixar o serviço antes de concluir a tarefa que está executando ou extrapolar a jornada contratual, o obreiro prefere continuar trabalhando. Se tal situação era evitável ou a conduta do trabalhador contraria a orientação da empresa, pode sofrer alguma sanção, mas, nem por isso, o empregador se eximirá da obrigação de remunerar todo o período trabalhado, inclusive com os adicionais cabíveis.

10.4.2. Compensação de horários

Embora o legislador estabeleça limites ao labor diário e semanal que pode ser exigido do empregado, reconhece que as necessidades do mundo do trabalho são muito variáveis, razão pela qual a fixação de critérios inflexíveis tornaria inviáveis ou extremamente onerosas certas atividades empresariais. Diante disso, desde que observados certos critérios, admite-se que tais limites sejam excedidos, bastando que, na média, a prestação laboral observe a duração máxima prevista em lei.

A esse sistema, que flexibiliza a extensão da jornada diária, aumentando sua duração em alguns dias, semanas ou meses, e reduzindo-a, na mesma proporção, em outros, denomina-se compensação de horários ou compensação de jornadas. Assim, o labor excedente em um ou mais dias é compensado com a correspondente redução da jornada em outros dias, de modo que, na média, a quantidade de trabalho se mantenha dentro dos limites previstos para aquele empregado.

Para tanto, exige-se que haja acordo escrito, estipulando as condições em que se fará a compensação, em especial o módulo dentro do qual será operada, podendo este ser de até um ano (CLT, art. 59, § 2º). Desde que observada a forma escrita, é indiferente que a compensação seja ajustada por norma coletiva ou acordo individual, a menos que este seja vedado por aquela (TST, Súmula n. 85, I e II). Todavia, quando a compensação importa a formação do chamado *banco de horas*, impõe-se que seja pactuada mediante negociação coletiva[48]. E tal exigência, embora a lei não a preveja expressamente, deve-se

---

(48) "RECURSO DE REVISTA. HORAS EXTRAS. ACORDO INDIVIDUAL DE COMPENSAÇÃO DE JORNADA. BANCO DE HORAS. VALIDADE. O regime de compensação de jornada denominado banco de horas (art. 59, § 2º da CLT)

ao fato de que, ao contrário da compensação nos moldes tradicionais (semanal ou mensal), que também atende aos interesses do trabalhador, o banco de horas serve praticamente apenas aos objetivos da produção, sendo o empregador quem dita as variações de jornada segundo suas conveniências. Além disso, o alargamento excessivo do módulo dentro do qual se opera a compensação pode provocar danos à higiene, saúde e segurança laborais[49]. Caracteriza-se o banco de horas quando o módulo compensatório excede a periodicidade mensal, transferindo-se o saldo (positivo ou negativo) de horas trabalhadas de um mês para outro, até o término do período dentro do qual deve ser realizada a compensação. Forma-se, com isso, uma espécie de conta-corrente de horas trabalhadas (na qual são creditadas as excedentes ou deduzidas as que faltarem para completar a carga horária normal), realizando-se acertos periódicos ao término de cada módulo, que pode ser de até um ano.

O regime de compensação, no entanto, qualquer que seja ele, não autoriza o empregador a exigir jornadas desumanas, estabelecendo a lei o máximo de dez horas de trabalho nos dias em que há labor suplementar (CLT, art. 59, § 2º). Se for exigido labor além de tal limite, fará jus o obreiro ao pagamento, como extraordinárias, das horas excedentes à décima diária. Todavia, mesmo contra norma legal expressa, firmou-se na prática a jornada de 12 x 36 (doze horas de trabalho seguidas de 36 horas de descanso), caracterizando um exemplo típico de costume *contra legem*, referendado pelos tribunais.

Por outro lado, o sistema de compensação não se destina propriamente a evitar o pagamento de horas extras, visando, antes de tudo, a adequar a quantidade de trabalho às necessidades da produção ou aos interesses das partes. Como consequência, considera-se abusiva a compensação quando, habitualmente, a média de labor prestado extrapolar o limite legal ou contratual, devendo, em tal caso, ser pagas como extras todas as horas que excederam o limite diário ou a carga horária semanal, e não apenas as que não foram compensadas (TST, Súmula n. 85, IV).

Em qualquer caso, porém, seja por não ter observado o acordo compensatório a forma ou os limites legais, seja por contrariar sua destinação, reconhece a jurisprudência que o valor já pago pelas horas irregularmente compensadas não deixa de ter eficácia, impondo-se apenas, em relação a elas, o pagamento do adicional correspondente (TST, Súmula n. 85, III e IV).

10.4.3. Intervalos

Relativamente aos intervalos legais, tal como ocorre em relação aos limites máximos de duração da jornada, as normas que os estabelecem têm natureza imperativa, não sendo, por isso, suscetíveis de recusa pelas partes, ainda que mediante negociação coletiva (TST/SDI-I, OJ n. 342).

---

responde a uma questão macro da empresa, não a uma questão individual. Com este enfoque, somente pode ser pactuado pelos instrumentos formais de negociação coletiva trabalhista" (TST, RR 00961-2004-019-12-00-5, Ac. 3ª T., 22.11.2006, Rel. Min. Carlos Alberto Reis de Paula. DJU 19.12.2006).

(49) DELGADO, Mauricio Godinho. *Op. cit.*, p. 841-5.

Tal vedação justifica-se pelo caráter de tais normas, uma vez que se destinam à proteção da higiene, saúde e segurança do trabalho. Diante disso, por tutelar direitos indisponíveis, as normas que fixam a duração mínima dos intervalos intrajornada ou interjornadas não podem ser objeto de negociação, individual ou coletiva, para restringir tais períodos de descanso aquém dos patamares fixados pelo legislador.

Em relação aos intervalos interjornadas, embora não haja previsão legal expressa, há muito tempo já se reconhece o direito à remuneração das horas suprimidas do período mínimo de descanso como se fossem extras (TST, Súmula n. 110).

No que respeita ao labor prestado em detrimento do intervalo intrajornada, em face da previsão legal que determina sua remuneração com adicional mínimo de 50% (CLT, art. 71, § 4º), a tendência é de que também seja assimilado às horas extras[50], embora haja quem sustente que o valor devido, no caso, teria natureza indenizatória.

Esse entendimento, com a devida vênia, é equivocado, senão vejamos. Em primeiro lugar, a despeito de ser a interpretação literal a mais pobre delas, não se pode ignorar as palavras da lei, constando do art. 71, § 4º, da CLT que a falta de concessão do intervalo para repouso e alimentação implicará a "remuneração" do período correspondente com um acréscimo mínimo de 50%. Vale dizer, o próprio texto legal impõe ao empregador a obrigação de "remunerar" o período correspondente ao intervalo não usufruído, e não a indenizar algum prejuízo.

Por outro lado, se retomarmos o histórico do dispositivo legal em questão, chegaremos à mesma conclusão. Com efeito, pelo projeto que deu origem ao § 4º do art. 71 da CLT (PL n. 2.398/91), resta evidente o caráter remuneratório do labor prestado durante o intervalo, a despeito da referência, em sua justificativa, à punição do empregador que não concede o descanso. Pelo texto originário da mencionada proposição legislativa, o dispositivo legal em questão teria a seguinte redação:

> Art. 71 (...)
>
> § 4º – Quando o intervalo para repouso e alimentação, previsto neste artigo, não for concedido pelo empregador, este ficará obrigado a remunerar o período correspondente como trabalho suplementar, na forma do § 1º do art. 59 desta Consolidação[51].

Pela leitura dos fundamentos apresentados pelo Deputado José Carlos Coutinho, autor da proposição referida, de igual modo, resta inequívoca a intenção de equiparar o labor prestado no decorrer do intervalo às horas extras. Embora também se refira à punição aos empregadores que não concedem os intervalos, a justificação ao projeto de lei em questão é inequívoca quanto à assimilação do trabalho prestado nos períodos destinados a descanso e alimentação ao labor em sobrejornada:

---

(50) "INTERVALO INTRAJORNADA. ART. 71, § 4º, DA CLT. NÃO CONCESSÃO OU REDUÇÃO. NATUREZA JURÍDICA SALARIAL. Possui natureza salarial a parcela prevista no art. 71, § 4º, da CLT, com redação introduzida pela Lei n. 8.923, de 27 de julho de 1994, quando não concedido ou reduzido pelo empregador o intervalo mínimo intrajornada para repouso e alimentação, repercutindo, assim, no cálculo de outras parcelas salariais" (TST/SDI-I, OJ n. 354).
(51) BRASIL. *Diário do Congresso Nacional*, Seção I. Quinta-feira, 5 de março de 1992, p. 2.977.

Preceitua o art. 71 da Consolidação das Leis do Trabalho: em qualquer trabalho contínuo, cuja duração exceda de seis horas, é obrigatório um intervalo para repouso e alimentação de no mínimo uma hora.

Todavia, inexiste sanção específica para a inobservância dessa disposição, o que configura autêntico convite a muitas empresas para violarem esse direito dos trabalhadores.

Por tal razão, e para que essa infringência não fique impune, preconizamos, nesta proposição, que a falta de concessão do intervalo implicará no pagamento de período equivalente a hora extra[52].

Diante disso, seja pelo texto legal sugerido, seja pelos fundamentos apresentados, resta cristalino que o objetivo do proponente era a equiparação do labor prestado durante o intervalo ao trabalho extraordinário. Todavia, como o dispositivo da CLT a que se reportava previa adicional de apenas 20%, por ser anterior à Constituição Federal, não tendo sido, no particular, recepcionado por esta, para evitar maiores controvérsias e a fim de esclarecer a forma de remuneração, preferiu o legislador explicitar qual seria o acréscimo incidente no caso, naturalmente, o mesmo aplicável à remuneração das horas extras.

Não há dúvidas, assim, de que a previsão do acréscimo mínimo de 50% resultou do disposto no art. 7º, inciso XVI, da Constituição Federal, conforme ressaltou o Deputado João de Deus Antunes, que foi relator do projeto na Comissão de Trabalho, de Administração e Serviço Público (CTASP), tendo sugerido a seguinte redação:

> Art. 71 (...)
>
> § 4º – Quando o intervalo para repouso e alimentação, previsto neste artigo, não for concedido pelo empregador, este ficará obrigado a remunerar o período correspondente como trabalho suplementar, no valor de, pelo menos, 50% superior à hora normal[53].

Todavia, a referência a "trabalho suplementar" foi suprimida do texto pela Comissão de Constituição e Justiça e de Redação, por considerar o relator, Deputado Mendes Botelho, que, assim como já referido pelo relator na CTASP, "a desobediência ao intervalo mínimo não caracteriza jornada ou serviço extraordinário *stricto sensu*"[54]. De qualquer modo, manteve o acréscimo de 50%, deixando expresso que sua fonte era o disposto no art. 7º, inciso XVI, da Carta Magna.

Por qual motivo, então, se haverá dizer que o valor a ser pago ao empregado, pela supressão de intervalo intrajornada, deva ser considerado indenizatório? Por que lhe suprime o descanso? Por que torna o trabalho mais desgastante? Por que compromete a saúde do trabalhador? Ora, e não é isso o que acontece com o trabalho em sobrejornada, noturno, em prejuízo do descanso semanal ou executado em ambientes insalubres?

Nem por isso se pode dizer que os adicionais correspondentes ao labor prestado em tais circunstâncias tenham natureza indenizatória. A respeito disso, hoje, já não há dissenso. Como em qualquer outro caso, o acréscimo salarial tem como causa o trabalho prestado em

---

(52) *Ibidem*, p. 2.978.
(53) BRASIL. *Diário do Congresso Nacional*, Seção I. Terça-feira, 7 de setembro de 1993. p. 18.435.
(54) *Ibidem*, p. 18.436.

condições mais gravosas. É evidente que a imposição de remuneração adicional também cumpre (ou deveria cumprir) a função de desestimular o trabalho naquelas condições. Não se pode negar que a imposição de acréscimos salariais atua como uma espécie de sanção ao empregador que mantém atividades em condições indesejáveis. Todavia, em relação aos empregados que os recebem, os adicionais terão sempre natureza remuneratória, em face do maior esforço despendido ou do maior desgaste advindo da execução do trabalho nas condições especificadas.

Como se pode ver, é de todo injustificado o entendimento de que o acréscimo pago em razão do labor prestado durante o período que deveria ser dedicado ao descanso e alimentação tenha natureza indenizatória. O que a lei manda "remunerar com acréscimo", evidentemente, não é o descanso que não houve, até porque os intervalos intrajornada, como regra, não são remunerados. Assim, é o trabalho que foi realizado no período que deveria ter sido destinado ao descanso que deve ser remunerado com adicional de 50%. Mesmo nos casos em que o descanso deva ser remunerado, sua supressão não implica o pagamento com acréscimo em relação ao descanso, senão pelo trabalho realizado no período destinado àquele. É o que ocorre em relação à folga semanal não concedida, hipótese em que o pagamento em dobro refere-se às horas trabalhadas no dia que deveria ter havido descanso e não houve, e não ao repouso suprimido (TST, Súmula n. 146). Ora, se os intervalos intrajornada não são remunerados, não faria sentido pretender que sobre eles incida algum adicional. Numa interpretação lógica e sistemática, portanto, a remuneração a que se refere o art. 71, § 4º, da CLT só pode referir-se ao labor prestado durante o período destinado ao descanso. Assim, se o labor prestado durante o intervalo já foi computado na jornada laboral, devido é apenas o acréscimo, e não novo pagamento da hora trabalhada mais o adicional.

O entendimento que nos parece acertado, assim, é o retratado na seguinte ementa:

> LABOR PRESTADO NO INTERVALO INTRAJORNADA. ART. 71, § 4º, DA CLT. REMUNERAÇÃO. A norma do art. 71, § 4º, da CLT estabelece seja a remuneração do labor prestado em horário destinado ao intervalo intrajornada paga com o acréscimo de 50%, independentemente de haver sido, ou não, em virtude de tal labor, ultrapassado o limite normal diário de trabalho. Importa dizer, o fato jurídico que enseja o pagamento do adicional de 50%, na hipótese, é a denegação do intervalo, não guardando qualquer relação com a prestação de labor extraordinário *stricto sensu*. Cuida-se de um *plus* remuneratório, destinado a compensar o desconforto decorrente da não concessão do intervalo, ostentando por isso a mesma natureza de outros adicionais, como o de insalubridade, noturno, de transferência etc. Destarte, quando, como no caso, tenha havido o pagamento integral das horas laboradas, a remuneração devida em virtude do que estatui o § 4º, do art. 71 consolidado, deve restringir-se ao adicional de 50% ali previsto (TRT 18ª Região, RO 291/99, Ac. 1.483/99, Rel. Juiz Marcelo Nogueira Pedra. DJE 9.4.99, p. 71).

A aplicação que vem sendo dada ao dispositivo legal em questão também é incongruente com o objetivo de punir o empregador que exige trabalho em detrimento do descanso. Com efeito, consoante o entendimento dominante, se o empregador suprimir, por exemplo, dez minutos do intervalo ou deixar de concedê-lo por inteiro, as consequências serão as mesmas (TST/SDI-I, OJ n. 307). Ora, sendo assim, já que a sanção é idêntica, por que não suprimir o intervalo todo? Afinal, se o "preço" é o mesmo, tanto pela redução quanto pela total supressão, qual estímulo haveria para que o empregador não optasse por essa última alternativa caso lhe fosse conveniente?

É evidente que o texto legal é imperfeito, retratando flagrante situação de norma que não expressa tudo o que prentendia (*minus dixit quam voluit*): se a lei previu apenas a remuneração do período correspondente ao intervalo com acréscimo de 50%, foi porque o legislador só pensou na hipótese da supressão total do intervalo. Todavia, manda o bom senso que a norma legal não seja interpretada de forma a conduzir a resultados absurdos. Assim, se, em vez de supressão integral, houve apenas redução do intervalo, na mesma proporção devem ser dosadas as consequências do ato.

Do contrário, um dos principais objetivos da norma, que é de desestimular a exigência de trabalho em detrimento do descanso, restará grandemente prejudicado.

10.4.4. Férias

No tema relativo às férias muitas questões se põem, mas a maior parte delas diz respeito à regularidade do adimplemento da obrigação pelo empregador. Conforme já mencionado anteriormente, o pagamento não constitui um ato jurídico, mas apenas um ato-fato jurídico, razão pela qual a manifestação da vontade é irrelevante para a definição de seus efeitos jurídicos. Eventual nulidade só poderia ocorrer em se tratando de negócio jurídico pelo qual as partes alterem as normas imperativas que regem o instituto.

Diante disso, quando não tiver havido ato negocial, mas apenas ato-fato unilateral do empregador, concedendo as férias em desconformidade com as normas jurídicas que regulam o descanso anual, a situação deverá ser analisada apenas sob a ótica da existência e eficácia do pagamento, ou seja, se a liberação do trabalho constitui realmente concessão de férias e se aquela ausência consentida atende aos requisitos para a fruição de tal direito.

Quando se indaga se a paralisação da empresa por determinado período, sem que haja trabalho, pode ser considerada como concessão de férias, o que se pergunta é se houve, ou não, adimplemento de tal obrigação pelo empregador (plano da existência). De outra parte, quando se questiona se as férias concedidas atendem às exigências legais, não se nega o pagamento, mas discute-se apenas se aquele foi regular, isto é, se teve eficácia extintiva em relação à obrigação do empregador quanto à concessão do descanso anual.

As hipóteses de concessão irregular e, portanto, de ineficácia do adimplemento da obrigação patronal são muito mais frequentes, como ocorre quando o empregador concede férias mas não efetua o pagamento com a antecedência prevista em lei, ou sem o acréscimo constitucional, quando fraciona as férias em períodos inferiores aos limites mínimos previstos pela CLT ou Convenção n. 132 da OIT[55], quando obriga o empregado a ficar à disposição para eventuais chamadas durante suas férias, e assim por diante.

---

(55) "FÉRIAS. FRACIONAMENTO. PAGAMENTO EM DOBRO E ABONO DE 1/3. O art. 134 da CLT impõe, peremptoriamente, em seu *caput*, a concessão das férias em um só período. O parágrafo primeiro abre a possibilidade de fracionamento, em casos excepcionais, que não especifica, em dois períodos, ressalvando a impossibilidade de fracionamento em tempo

Em qualquer caso, seja quando se considera que as férias não foram concedidas, seja quando a concessão foi irregular, por ser o adimplemento imperfeito o empregador sujeita-se às mesmas consequências: nova concessão ou, se extinto o contrato de trabalho, indenização daquele direito, incidindo, se for o caso, inclusive na sanção prevista no art. 137 da CLT (pagamento em dobro).

10.5. Remuneração

10.5.1. Natureza

Considerando que a remuneração paga ao empregado, normalmente, é utilizada por este para a satisfação de suas necessidades pessoais e familiares, é irrelevante se o empregador efetua o pagamento em dinheiro ou em outros bens capazes de proporcionar ao obreiro igual proveito. Diante disso, como regra, a lei reconhece que integram o salário todas as utilidades fornecidas pelo empregador aos obreiros. As ressalvas apostas a tal regra, pelo legislador, têm em mira estimular sejam atendidos outros fins sociais, igualmente relevantes (CLT, art. 458, § 2º).

Todavia, não permite a lei que a integralidade do salário seja pago *in natura*, uma vez que isso inviabilizaria a decisão do empregado acerca do destino a ser dado à remuneração proveniente de seu trabalho. Além disso, o pagamento exclusivamente sob a forma de utilidades estimularia o consumo de todo o salário, inviabilizando a reserva de parte dele para acudir a situações imprevistas. Assim, a lei só autoriza o pagamento em utilidades até o limite de 70% da remuneração do obreiro (CLT, art. 82, parágrafo único), e mesmo esse percentual nos parece bastante elevado. Por outro lado, a lei estabelece limites aos valores atribuídos à alimentação e habitação fornecidas ao obreiro (CLT, art. 458, §§ 3º e 4º), o que julgamos de todo saudável, como forma de coibir abusos ou o comprometimento da maior parte dos salários com o atendimento de tais necessidades, em detrimento das demais. Quanto às demais utilidades, a lei estabelece apenas que devem ser observados valores justos, de forma a possibilitar que sejam atendidas todas as necessidades a serem satisfeitas pelo salário (CLT, art. 458, § 1º).

Afora isso, o legislador coíbe a prática de obrigar o empregado a adquirir produtos nos estabelecimentos do empregador e, caso não tenha aquele acesso a outros locais de venda, impõe ao empregador a observância de preços razoáveis.

Como se pode ver, procura a lei evitar de todos os modos a prática do *truck system*, pelo qual, em vez de remuneração em dinheiro, forneciam-se ao trabalhador mercadorias ou vales permutáveis por mercadorias, a título de remuneração. Tal sistema era adotado na Inglaterra, no início da Revolução Industrial, estando, hoje, proibido em todos os

---

inferior a dez dias corridos. Na gênese desse instituto, encontram-se fundamentos relacionados às demais formas de limitação do tempo de trabalho, em que se procura preservar, sobretudo, a saúde física e mental do trabalhador. Tratando-se de férias usufruídas por período inferior ao mínimo previsto na CLT (dez dias), mostra-se ineficaz a sua concessão, uma vez que fica frustrado o objetivo do instituto" (TST, RR 1214-2003-381-04-00-1, Ac. 4ª T., 21.9.2005, Rel. Min. Barros Levenhagen. DJU 14.10.2005).

países[56]. Entre nós, a vedação decorre do disposto no art. 462, §§ 2º e 4º, da CLT. Assim, por mais produtos *in natura* que o empregador forneça ao empregado, para todos os efeitos legais, o valor das utilidades não ultrapassará 70% do total da remuneração devida ao obreiro. Vale dizer, independentemente do valor das utilidades proporcionadas ao obreiro, o empregador continuará devedor de 30% da remuneração pactuada, parcela esta que deverá ser paga em moeda corrente do País (CLT, art. 463).

10.5.2. Descontos

Do valor do salário, além dos descontos relativos à contribuição previdenciária devida pelo obreiro e eventual incidência de imposto de renda, o empregador poderá deduzir, sem a concordância do trabalhador, a contribuição sindical e os prejuízos decorrentes de ato doloso do obreiro. Em relação aos danos decorrentes de ato culposo, o desconto depende de previsão contratual (CLT, art. 462). Se empregador já fez adiantamentos salariais, não haverá propriamente descontos, mas apenas complementação do saldo.

Afora as deduções acima mencionadas, a validade de quaisquer outros descontos salariais depende do consentimento do empregado, o qual deverá ser manifestado por escrito, sob pena de nulidade (TST, Súmula n. 342).

Além da exigência quanto à forma, é preciso que a autorização para os descontos não padeça de outros vícios, especialmente em relação à liberdade do consentimento. Não é incomum o empregado sentir-se pressionado a concordar com os descontos, embora tal coação nem sempre se revele por meio de atos ostensivos, como é próprio, aliás, desse vício de vontade. Daí ser necessário valer-se de indícios.

Como princípio, a jurisprudência trabalhista assentou o entendimento de que o fato de o empregado haver autorizado o desconto desde sua admissão não gera a presunção de que tenha havido coação, devendo esta ser demonstrada[57]. Todavia a constatação de que, no ato da admissão, todos os empregados, sem exceção, aderem, por exemplo, a um plano de seguro de vida em grupo, mantido pelo empregador, é um indicativo de que não se trata de uma simples opção do trabalhador. Se a mera adesão individual não gera presunção, quando é generalizada a situação se inverte.

Com efeito, por mais homogênea que seja uma categoria, por maior identidade de pensamento que exista entre os candidatos à admissão na empresa, não é de se crer que haja tamanha unanimidade sem qualquer participação do empregador. Não é crível que todos tenham interesse em aderir ao seguro de vida sem uma "mãozinha" do empregador. Afora isso, fazer seguro de vida não é uma prática tão comum entre nós, ainda, especialmente nas classes menos privilegiadas economicamente.

---

(56) KROTOSCHIN, Ernesto. *Op. cit.*, p. 314.
(57) "*Descontos salariais. Autorização no ato da admissão. Validade.* É inválida a presunção de vício de consentimento resultante do fato de ter o empregado anuído expressamente com descontos salariais na oportunidade da admissão. É de se exigir demonstração concreta do vício de vontade" (TST/SDI-I, OJ n. 160).

Assim, ainda que o empregador se limite a apresentar o documento para que o candidato ao emprego o assine, se não lhe esclarece, expressa e claramente, que a contratação do seguro é apenas uma faculdade, estará havendo, no mínimo, uma conduta dolosa. É que, em face da superioridade econômica do empregador, sente-se o obreiro coagido/induzido a vincular-se ao seguro, uma vez que, nas circunstâncias em que se encontra, assina tudo o que lhe for colocado à frente. Conforme observou o Des. José Carlos Rizk, do TRT 17ª Região (Espírito Santo), "um trabalhador ávido por entrar no mercado de trabalho assina até 'folha de alface', se esta for uma condição sutilmente imposta pela empresa" (TRT 17ª Região, ED-RO 4.255/98, Ac. 9.550/99).

No mesmo sentido ressalta *Scheilla Brevidelli* que o momento da formação do contrato de emprego é extremamente delicado para o trabalhador, especialmente em face dos índices de desemprego que assolam nosso país. A discordância quanto a qualquer cláusula contratual pode, assim, significar a "perda" da vaga para outro concorrente. Existe, ainda, a questão cultural, que faz com que o trabalhador se sinta inferiorizado e não discuta o que lhe é proposto. De outra parte, especialmente entre os trabalhadores de parcas letras, que são a maioria, o grau de consciência e de conhecimento que levaria a um real entendimento e compreensão das vantagens/desvantagens de cada cláusula contratual é ainda mais limitado[58]. E, conforme alerta *Bernardes de Mello*, "a vontade há de ser consciente, em virtude do que aquele que a declara ou manifesta deve saber que a está declarando ou manifestando com o sentido próprio. (...) A questão da inconsciência não se confunde com o problema do erro na manifestação de vontade. A *inconsciência implica inexistência da vontade*, enquanto que no *erro* há *vontade*, porém, *defeituosa*. Por isso, no caso de inconsciência da vontade *não há* negócio jurídico ou ato jurídico *stricto sensu*; havendo erro, *existe* o ato jurídico (negócio ou ato jurídico *stricto sensu*), mas anulável (= passível de anulação), como decorrência do defeito na formação da vontade"[59].

É preciso ir além, portanto, da simples análise formal ou dogmática para investigar em que circunstâncias se dá a manifestação de vontade. Há de se perquirir se ao empregado foram fornecidas todas as informações e se houve tempo para reflexão e para a formação de uma vontade consciente e incondicionada[60].

Não é incomum, de outra parte, o empregador, após a admissão, rejeitar ou nem responder a eventual requerimento do empregado no sentido de ser excluído do plano de seguro, o que deixa evidenciado que a autorização para o desconto não era uma simples opção. E aqui não se poderia exigir que o empregado insistisse, uma vez que o simples silêncio do empregador é, por si só, revelador de que a anuência ao desconto integra as condições do contrato.

É relevante analisar, ainda, a quem interessa o desconto. Na hipótese formulada, à primeira vista, o seguro beneficiaria ao empregado. Todavia, pode ocorrer que a seguradora pertença ao empregador ou a outra empresa integrante do mesmo grupo ou, ainda, que as atividades exercidas pelo trabalhador importem constantes ou consideráveis riscos à

---

(58) BREVIDELLI, Scheilla Regina. A manifestação de vontade no contrato de emprego: limites interpretativos e a tarefa do Juiz. Disponível em: <http://jusvi.com/doutrinas_e_pecas/ver/1206> Acesso em: 18 fev. 2006.
(59) MELLO, Marcos Bernardes de. *Teoria do fato jurídico*: plano da existência. 9. ed. São Paulo: Saraiva, 1999. p. 122-3.
(60) BREVIDELLI, Scheilla Regina. *Op. cit.* Acesso em: 18 dez. 2006.

sua vida ou integridade física. Em qualquer caso, a adesão ao seguro interessa muito ao empregador, a fim de resguardar-se contra eventuais acidentes, ou para aumentar a clientela da seguradora. Até mesmo uma atividade meramente burocrática, como a bancária, pode despertar o interesse do empregador em que seus empregados tenham seguro de vida, uma vez que a possibilidade de sofrer um assalto, do qual resulte inclusive a morte do trabalhador, está sempre presente.

O só fato de o desconto trazer benefícios também para o empregado não é suficiente para elidir a coação. O que importa é aferir se o consentimento do obreiro foi obtido livremente ou não. No exemplo citado, o seguro de vida constitui uma garantia também para o empregado, ou sua família, conforme o caso. Todavia, disso não decorre que o trabalhador sempre esteja disposto a contratá-lo.

A questão do interesse não se limita às hipóteses de descontos salariais, mas aplica-se a toda e qualquer situação em que seja invocada a coação. Assim, se do ato não resultar vantagem alguma para o empregador, ainda que indireta, a prova da coação há de ser bem mais convincente, não bastando que se assente apenas em indícios. É claro que, dependendo do ato extorquido, o interesse pode ser do próprio preposto, pessoalmente, ou de algum outro superior hierárquico. De todo modo, deverá ser demonstrado que o maior interessado no ato não era o empregado, mas o empregador ou os que falavam por ele.

O valor do desconto também tem relevância na valoração do ato pelo juiz, uma vez que, sendo aquele insignificante e trazendo uma garantia aos trabalhadores, é natural que um maior número deles manifeste seu consentimento, mesmo que livres de erro, dolo ou coação. Assim, se o empregador subsidia o prêmio, com participação mínima por parte dos trabalhadores, não se poderia, só pelo fato de todos eles, ou quase todos, terem aderido ao seguro, supor que isso tenha ocorrido em razão de conduta dolosa ou por pressão do empregador. Trata-se de questão que deve ser analisada caso a caso, especialmente considerando o fato de o empregado somente vir a juízo após o término do contrato, situação em que normalmente busca de todas as formas obter algum valor do ex-patrão, a fim de custear seu sustento enquanto não arranja nova colocação no mercado, ou então para sentir-se recompensado pelos serviços prestados ou até vingado por alguma situação que o tenha desgostado.

De qualquer forma, convém que os empregadores se conscientizem de que o foro próprio para dispor sobre esse e outros assuntos é a negociação coletiva. Assim, por meio de acordos ou convenções coletivas podem precaver-se contra futuras alegações de nulidade de descontos. Se o empregador efetivamente está agindo de boa-fé, certamente não enfrentará resistência dos sindicatos dos trabalhadores em fazer constar as condições dos descontos nas normas coletivas. Afinal, se os descontos oportunizam vantagens aos trabalhadores, eventual negativa do sindicato em dispor a respeito nos instrumentos coletivos importaria a não concessão de benefícios. Assim, se a conduta do empregador vem a ser questionada na Justiça é porque não tomou os devidos cuidados, situação injustificável em relação a quem está de boa-fé, uma vez que o desconto pode ser previsto como mera faculdade para quem concede o benefício.

Por outro lado, a menos que haja norma coletiva que o autorize, não se tem admitido o consentimento tácito do empregado que sofre os efeitos do desconto. O simples silêncio do trabalhador, na vigência do pacto laboral, não autoriza a conclusão de que tenha concordado com as deduções havidas em seus salários. Conforme bem lembrado por *Eduardo Espínola*, "para Bonnecase, a vontade tácita, em oposição à vontade expressa, é a que resulta de escritos, palavras ou fatos que, não tendo por objetivo direto, positivo ou exclusivo, manifestar a vontade de produzir um ato jurídico determinado, encontram explicação na existência dessa vontade"[61].

Em relação aos descontos não autorizados, ainda quando o trabalhador não se tenha oposto a eles, não se poderia extrair de seu silêncio uma vontade anuente. Ao contrário disso, se alguma coisa há de ser presumida, no caso, é que o trabalhador não se insurgiu antes por medo de perder o emprego.

10.5.3. Fraudes

Além das medidas já referidas anteriormente, há uma série de outras restrições visando a preservar a remuneração do trabalhador, seja contra os abusos do empregador, seja contra a especulação de terceiros ou até mesmo contra a imprevidência do próprio empregado.

Em relação ao empregador, em primeiro lugar, exige a lei que o pagamento em espécie seja efetuado em moeda corrente no país, sob pena de ser considerado não realizado (CLT, art. 463). Por outro lado, para que não haja dúvidas acerca de sua realização, o pagamento deverá ser comprovado mediante recibo, assinado pelo empregado, ou documento de depósito bancário (CLT, art. 464). Afora isso, o pagamento deverá ser efetuado até o quinto dia útil do mês subsequente ao vencido (CLT, art. 459).

Acrescenta a jurisprudência que as parcelas remuneratórias deverão ser especificadas nos comprovantes de pagamento, a fim de que o trabalhador possa aferir qual o valor pago em relação a cada uma delas. O pagamento de todas as parcelas de forma englobada configura o que se denomina salário complessivo, prática não admitida (TST, Súmula n. 91). O pagamento em tais condições é considerado referente apenas ao salário-base.

Não é incomum, entretanto, haver fraude exatamente na discriminação das parcelas que integram a remuneração, adotando alguns empregadores a condenável prática de especificar parcelas que, em verdade, não estão sendo pagas. A fraude consiste, por exemplo, em tomar o valor global das comissões auferidas pelo empregado durante o mês e distribuí-lo em diversas outras rubricas, como salário-base, reflexos das comissões sobre a remuneração dos repousos semanais e assim por diante. Em tais casos, aparentemente, estão sendo pagas todas as parcelas que integram a remuneração do obreiro, mas, em realidade, o pagamento havido refere-se apenas ao valor das comissões.

---

(61) ESPÍNOLA, Eduardo. *Manual do Código Civil brasileiro*, v. 3: dos factos jurídicos, 3ª parte. Rio de Janeiro: Jacintho Ribeiro dos Santos, 1929. p. 54.

Também constitui uma modalidade de fraude a pactuação de um valor global, abrangendo partes fixa e variável, embora o empregador lance nos recibos de pagamento, mês a mês, certo montante a título de horas extras ou de adicional noturno, cujo valor, no entanto, não muda de um mês para outro ou, quando sofre alterações, não chegam a ser significativas. Não é normal que o valor de parcelas variáveis, como o das comissões por produção, por exemplo, não sofra oscilações de um mês para o outro. Também não é crível que o trabalhador preste exatamente a mesma quantidade de horas extras por longos períodos, sem variação alguma, a menos que as partes já hajam prefixado certo número de horas extras por semana ou por mês.

Outra modalidade de fraude consiste em realizar descontos salariais sob a forma de antecipações que não ocorreram. Assim, para evitar a alegação de ilegalidade dos descontos, alguns empregadores conferem-lhes a aparência de antecipações salariais. Com tal estratégia, promovem, por exemplo, a responsabilização dos trabalhadores por prejuízos inerentes aos riscos da atividade empresarial, sem que isso apareça nos demonstrativos de pagamento.

Revela-se fraudulenta, ainda, a atitude do empregador que não consigna nos recibos de pagamento toda a remuneração paga ao obreiro. Neste caso, a par do montante que consta dos contracheques mensais, outras importâncias lhe são pagas sem que sejam contabilizadas, o que acarreta prejuízos ao trabalhador quanto aos valores das demais verbas contratuais e rescisórias, além de trazer-lhe consequências danosas em relação aos direitos previdenciários.

10.6. Sanções contratuais

Embora sem a intenção de esgotar a matéria, não poderíamos deixar de mencionar outro tema extremamente delicado nas relações de trabalho, que consiste na aplicação de sanções contratuais pelo empregador.

E os problemas começam pela denominação mais apropriada ao poder sancionatório reconhecido ao empregador. Normalmente, fala-se em *poder disciplinar*, expressão que nos parece inadequada, por vir marcada por um ranço institucional e pressupor um vínculo pessoal de sujeição do empregado ao empregador, no âmbito do qual se aplicaria a sanção[62].

A doutrina costuma associar, ainda, o poder disciplinar à subordinação jurídica do obreiro na execução do contrato, o que contribui para acentuar a confusão. Apesar de subordinado, nada impede que o empregado manifeste ao empregador seu descontentamento ou discordância com determinadas condutas deste. A par disso, não se poderia dizer que a admoestação ou censura seja uma sanção. Por outro lado, em relação à suspensão contratual, o que se reconhece ao empregador é a possibilidade de adotá-la singularmente, ao passo que o empregado, afora o caso do *jus resistentiae*, só pode fazê-lo de forma coletiva, por meio da greve. E isso se explica pelo fato de que o empregador (exceto o doméstico), por

---

[62] A denominação *poder disciplinar* merece a mesma crítica dirigida por Alice Monteiro de Barros ao chamado *poder hierárquico*, por não terem tais expressões tradição no Direito brasileiro, não passando de "ressaibo do corporativismo" (BARROS, Alice Monteiro de. *Curso de direito do trabalho*. São Paulo: LTr, 2005. p. 551).

definição, já é um ser coletivo[63]. Por fim, a despedida por justa causa não pode ser considerada ato de poder disciplinar, uma vez que implica a ruptura da relação jurídica, não se destinando, assim, a manter a boa execução do contrato.

Conforme bem salientou *Vasco de Andrade*, dentre as penalidades "deve ser excluída a despedida não indenizada do empregado (que os autores geralmente enumeram entre as sanções disciplinares), como sendo a punição máxima. Há de parte desses autores erro de apreciação, visto que a rescisão contratual, por esta ou aquela razão, a não ser por mútuo acordo ou termo estipulado, rompe a disciplina do contrato, justamente porque violentamente o extingue: a disciplina, a observância das obrigações convencionais deixa, então, de ser guardada. Só há pena disciplinar em razão da disciplina, e para o fim de alimentar a esta e fazê-la subsistir. A despedida não indenizada pode se considerar disciplinar na ameaça da sua cominação; mas em face do nosso Direito brasileiro do trabalho, e nos termos da legislação vigente, é forma autorizada de rescisão contratual"[64]. Além disso, se a despedida por justa causa for considerada punição disciplinar, haveria que se reconhecer que o trabalhador também é investido de tal poder, uma vez que pode rescindir o contrato quando o empregador não cumpre suas obrigações, como deveria, invocando a chamada rescisão indireta.

Assim, tanto na denúncia contratual por inadimplemento da parte adversa quanto na suspensão contratual, pelos trabalhadores (na greve) ou pelo empregador (singularmente), nada mais há do que exercício de autotutela, que deverá se conter, em cada caso, aos limites definidos em lei. Afora isso, considerando que a relação de emprego decorre de um contrato, entende *Edilton Meireles* que a aplicação de sanções contratuais só é possível quando previstas no próprio pacto laboral. Assim, da mesma forma que ocorre, por exemplo, num contrato de locação, as cláusulas penais dependeriam, necessariamente, de previsão contratual[65].

Talvez por apego às fontes em que se abeberou o Direito nacional, no entanto, a doutrina e a jurisprudência insistem em se referir a "poder disciplinar", por entenderem que a própria lei reconhece ao empregador o exercício da autotutela, no caso, invocando, por exemplo, o art. 474 da CLT[66]. Todavia, ainda segundo *Meireles*, o dispositivo legal em questão tão somente veda que seja fixada cláusula penal que exceda os limites nele previstos[67]. Embora reconheçamos que tal posicionamento resgata, de forma mais ampla

---

(63) DELGADO, Mauricio Godinho. *Op. cit.*, p. 1.280. No mesmo sentido, já observara Márcio Túlio Viana que "o empresário, por si só, já é uma coalizão, e só por outra coalizão pode ser enfrentado" (VIANA, Márcio Túlio. Greve. In: BARROS, Alice Monteiro de (Coord.). *Curso de direito do trabalho:* estudos em homenagem a Célio Goiatá, v. 2, 2. ed. São Paulo, LTr, 1994. p. 645).
(64) ANDRADE, Vasco de. *Op. cit.,* p. 144.
(65) MEIRELES, Edilton. *Abuso do direito na relação de emprego.* São Paulo: LTr, 2005. p. 99. No mesmo sentido é o pensamento de Vasco de Andrade, para quem "qualquer prerrogativa do chefe da empresa representa uma concessão dos demais membros, os quais lhe delegam poderes para executar o mister exigido pelo interesse comum: a esse princípio não faz exceção do uso do direito de punir, que, em essência, representa uma renúncia, na ordem moral e jurídica, dos membros singulares" (ANDRADE, Vasco de. *Op. cit.,* p. 140).
(66) "Art. 474. A suspensão do empregado por mais de 30 dias consecutivos importa na rescisão injusta do contrato de trabalho".
(67) MEIRELES, Edilton. *Abuso...,* cit., p. 101.

e ideal, o caráter contratual da relação empregatícia, não podemos ignorar que nossa cultura ainda está impregnada pela ideia de que a própria lei confere ao empregador a prerrogativa de aplicar sanções ao empregado faltoso, e talvez demoremos décadas para nos livrar dessas concepções, que a crise do emprego só vem reforçar[68]. Diante disso, e considerando o alerta que o mesmo autor citado lançou no frontispício de sua obra[69], analisaremos a questão aqui ainda sob o enfoque da corrente dominante[70].

Nessa linha de entendimento, não se exige que as sanções tenham sido previstas no contrato individual, por considerarem a doutrina e jurisprudência dominantes que a própria lei as autoriza, e as normas legais incorporam-se automaticamente ao pacto laboral. Sua aplicação, pelo empregador, no entanto, deverá ater-se, em primeiro lugar, ao fim a que se destinam, qual seja, de reprimir condutas obreiras que representam descumprimento das obrigações decorrentes do contrato. A par disso, a sanção deverá ser proporcional à infração contratual que a ensejou, sem exceder os limites autorizados pelo legislador. Por fim, as sanções aplicadas pelo empregador deverão ter natureza contratual, não sendo admitidas as reprimendas que incidam sobre a pessoa do trabalhador.

É certo que a advertência, que também é tida pela doutrina dominante como forma de sanção[71], não repercute, imediatamente, sobre o pacto laboral[72]. Todavia, embora não acarrete prejuízos econômicos ao trabalhador, só poderá ser utilizada para coibir condutas que representem inadimplemento das obrigações contratuais, não podendo o obreiro ser advertido por sua conduta particular, sem relação com o pacto laboral. Por outro lado, a advertência visa à preservação do contrato, e, se usada de forma abusiva, com o intuito de perseguir o trabalhador, sendo censurado por mínimos deslizes, pode caracterizar o rigor excessivo ou até mesmo assédio moral.

---

(68) Não se pode ignorar, no entanto, a legitimidade das sanções estabelecidas contratualmente, desde que não haja abusos. Afora isso, a lei expressamente autoriza a cominação de penalidades para o caso de descumprimento das normas coletivas (CLT, art. 613, VIII).

(69) "Os juristas devem viver com sua época, se não querem que esta viva sem eles" (JOSSERAND, Louis. Apud MEIRELES, Edilton. *Abuso...*, cit., p. 15).

(70) Talvez sejamos censurados por isso. Todavia, se exigida a previsão contratual, considerando o poder de fato que o empregador exerce sobre os trabalhadores, não teria dificuldades em inserir no contrato cláusulas penais bem mais desfavoráveis aos obreiros, o que, em vez de libertá-los do jugo empresarial, acabaria por agravar sua condição, uma vez que o empregador invocaria as estipulações contratuais para legitimar sua atuação. Já os trabalhadores, por temor de serem despedidos, acabariam, assim como hoje, tolerando, até não mais poder, os desmandos e inadimplementos do empregador. Uma situação paradigmática do que a diferença de forças pode produzir é a que ocorre nos contratos de trabalho dos atletas profissionais de futebol, em que as agremiações esportivas valeram-se de seu poder político para consagrar legislativamente a previsão de indenizações milionárias em seu favor, ao passo que os obreiros, em caso de inadimplemento do empregador, têm de se contentar com a indenização do art. 479 da CLT (Lei n. 9.615/98, arts. 28 e 31, § 3º).

(71) Na verdade, o que a doutrina chama de "advertência", seria mais corretamente denominado de "censura". Conforme esclarece Vasco de Andrade, a advertência ou admoestação se reduz a um simples aviso, para que o trabalhador se abstenha de praticar ou repetir algum ato, prevenindo-se eventual infração futura. Já a censura é uma reação a uma falta venial do serviço, e que o empregador lança mão para evitar sanções mais constrangedoras (ANDRADE, Vasco de. *Op. cit.*, p. 147).

(72) Com efeito, a advertência representa apenas uma "comunicação — escrita ou verbal — do desagrado patronal" (PRUNES, José Luiz Ferreira. *Justa causa e despedida indireta*. 2. ed. rev. e ampl. Curitiba: Juruá, 2001. p. 46). E nada impede que o empregado também manifeste, individualmente, ao empregador seu descontentamento com a conduta contratual deste.

Diversamente da advertência, a suspensão incide diretamente sobre o pacto laboral, uma vez que se traduz na recusa do empregador em oferecer trabalho ao obreiro, como resposta à conduta irregular deste no cumprimento de suas obrigações contratuais. Em tais casos, mais do que simplesmente manifestar ao empregado que sua conduta contratual não lhe agrada, o empregador paralisa temporariamente a execução do pacto laboral, impondo prejuízos à outra parte, embora também seja privado da prestação de serviços no período.

A reação do empregador ao inadimplemento contratual atinge seu ápice com a despedida por justa causa, situação que exige maior atenção pela gravidade das consequências que impõe ao trabalhador. A fim de evitar abusos, estabeleceu a doutrina alguns princípios aos quais deve ater-se o empregador na aplicação das sanções contratuais, dentre os quais destacamos:

a) Princípio da singularidade ou exaustão (non bis in idem): a sanção, qualquer que ela seja, exaure a capacidade punitiva do agente, tornando ilegítima qualquer outra penalidade pelos mesmos fatos. Esse princípio, todavia, não impede sejam consideradas, para efeitos de antecedentes, as faltas praticadas anteriormente (punidas ou não), uma vez que a reiteração da falta constitui circunstância agravante. Mas, se entre as faltas mediar longa distância temporal, esse efeito fica enfraquecido. O fato de perdoar faltas idênticas pode gerar essa mesma consequência, sendo conveniente que o empregador admoeste o empregado de que a repetição de tais atos poderá desaguar na rescisão do contrato por justa causa. Importante ressaltar, ainda, que, para efeitos de singularidade da sanção, é firme na doutrina o entendimento de que a advertência é uma modalidade de sanção. Assim, se o obreiro foi censurado, por escrito ou verbalmente, em razão de determinada conduta contratual, a suspensão do contrato ou a despedida, em razão do mesmo fato, é considerada abusiva, uma vez exaurido o poder sancionatório com a primeira resposta dada pelo empregador ao ato do empregado.

Todavia, a suspensão do contrato para averiguação da falta imputada ao empregado não constitui sanção. Assim, comprovada a prática do ato faltoso pelo empregado, poderá ele ser punido sem que ocorra *bis in idem*. Por outro lado, a imposição de penalidade pelo empregador não restringe o *jus puniendi* do Estado, se o fato constituir ilícito penal, até porque a pena incide sobre a pessoa do trabalhador e a sanção trabalhista sobre o vínculo contratual. Diverso é também o fim da indenização civil, podendo ser cumulada com aquelas sanções.

b) Princípio da proporcionalidade ou moderação: funciona apenas em favor do empregado, já que o empregador pode, inclusive, desconsiderar ("perdoar") a falta contratual daquele. Além de não ser razoável punir com severidade excessiva faltas contratuais de menor significância, não se pode esquecer que ao poder sancionador também se atribui uma função pedagógica: ao reprimir as faltas de menor poder ofensivo, busca-se evitar que elas se repitam ou se agravem, tornando inviável o prosseguimento do vínculo laboral. Convém esclarecer, por outro lado, que a gravidade da falta não se mede exclusivamente pelo dano patrimonial dela resultante, que pode, inclusive, não existir ou não ser mensurável. Por outro lado, o contexto em que ocorre a falta, nele incluído o modo como o trabalhador normalmente vem executando o contrato, é outro fator que delimita a gravidade da sanção. Afinal, não se pode comparar a gravidade de um deslize eventual, cometido por um empregado normalmente atencioso e diligente, com o erro cometido por outro cujo desleixo é comum e a falta de atenção habitual. Ainda que os fatos, objetivamente considerados, tenham a mesma natureza ou extensão, o grau de reprovabilidade varia em função das circunstâncias em que cada um deles ocorreu.

c) Princípio da igualdade de sanções para faltas idênticas: trata-se de princípio de justiça universal que torna inadmissível tratamento punitivo de caráter discriminatório. A observância desse princípio, entretanto, não exclui a apreciação de circunstâncias agravantes e/ou atenuantes que cercam a falta contratual (por exemplo, a participação de cada trabalhador no evento coletivo ou seus antecedentes funcionais), em atenção ao princípio da individualização das sanções[73]. O princípio em questão deve ser analisado tanto sob o enfoque da coletividade quanto individual. Assim, da mesma forma que o empregador não pode aplicar sanções diversas para a mesma falta quando praticada por diferentes trabalhadores, ressalvadas as particularidades de cada caso, não poderia, sem mais nem menos, sancionar uma conduta que até então vinha sendo aceita sem restrições. Neste caso, só se torna legítima a sanção quando o trabalhador é pré-avisado de que a falta não será mais tolerada por influir negativamente na organização empresarial.

d) Princípio da proibição de sanção injuriosa: assim considerada a que vem acompanhada de atos ou palavras ofensivas, ou cujos motivos determinantes sejam infundados ou ofendam a pessoa do empregado. As sanções impostas pelo empregador devem ater-se aos limites do contrato de trabalho, pois, se avançarem sobre a pessoa do trabalhador, além da nulidade da reprimenda, cabível o ressarcimento pelos danos causados ao obreiro.

e) Princípio da imodificabilidade ou insubstituibilidade da causa: uma vez indicada a falta determinante da sanção, não pode ser apontado outro fato para justificá-la, embora possa o julgador dar-lhe enquadramento jurídico diverso. Esse princípio também é conhecido como *teoria da determinação da falta*. Sua justificativa é a exigência de nexo causal entre a falta contratual e a punição, sem o que a causa invocada para a sanção seria inexistente ou, quando menos, falsa, acarretando a nulidade da reprimenda. E sem o requisito da *causalidade* ou *determinância* entre a falta contratual e a resposta do empregador, esta resvalaria para o campo da pura arbitrariedade.

f) Princípio da atualidade ou imediatidade da sanção: o retardamento na aplicação da sanção gera a presunção de renúncia ao direito de reagir ao inadimplemento contratual[74].

---

(73) "DEMISSÃO POR JUSTA CAUSA. IMPROBIDADE. Aplicação da penalidade a uma parte dos empregados envolvidos no procedimento irregular. Inexistência de afronta ao princípio da igualdade, quando o tratamento diferenciado decorre de situações particulares relativas a cada empregado" (TST, ERR 564568/1999, Ac. SDI-I, 8.11.2004, Red. desig. Min. Rider Nogueira de Brito. DJU 10.12.2004).

(74) A demora na aplicação da sanção faz surgir a expectativa de que o ato não seja punido, e permitir uma reação tardia seria atentar contra o princípio da confiança, que resulta da passividade do empregador, no caso. Ao se quedar silente ante uma conduta que lhe é prejudicial, o empregador dá a entender que a ela não se opõe, não podendo, depois, agir de outro modo (*venire contra factum proprium*) sem que isso caracterize um abuso de direito.

A atualidade, no entanto, deve ser aferida levando-se em conta o momento em que a falta e sua autoria chegam ao conhecimento da parte contrária. Além disso, não se poderia punir a parte que foi criteriosa na apuração dos fatos. Assim, se o empregador abre inquérito administrativo ou sindicância interna antes de punir a falta, é a partir do término de tais procedimentos que deve ser observada a imediatidade. Todavia, tanto a demora na instauração do inquérito como o prolongamento excessivo e injustificado dos procedimentos investigatórios podem descaracterizar a atualidade da sanção que venha a ser aplicada. A exigência de instantaneidade seria, por certo, um exagero, mas a tolerância de até 30 dias, sugerida por *Cesarino Júnior* e *Marly Cardone*[75], para que o empregador tome alguma providência, após o conhecimento do fato, parece-nos também excessiva.

A inobservância dos princípios acima torna abusiva a aplicação de sanções contratuais, quaisquer que sejam elas.

Nota-se, por outro lado, certa repulsa da doutrina quanto à sanção pecuniária, embora não se questione a admissibilidade da suspensão contratual como espécie de penalidade. Ora, a suspensão do contrato produz efeitos pecuniários, seja sobre o salário dos dias em que o empregado foi impedido de trabalhar, seja pelos reflexos dos dias não trabalhados sobre a remuneração do repouso semanal, as férias e, ainda, sobre o adicional de assiduidade, caso seja previsto em norma coletiva. Assim, ainda que de modo indireto, tais sanções acabam tendo repercussão econômica. Talvez a resistência da doutrina trabalhista quanto à admissibilidade da multa pecuniária, como sanção contratual, se assente no temor dos abusos que possa ensejar e, por isso, tenta-se bani-la, contrariando o princípio segundo o qual *abusus non tollitur usum*.

Na verdade, a multa pecuniária é muito mais eficaz do que a suspensão disciplinar, além de ser menos prejudicial ao trabalhador e sua família de um lado, e para a empresa de outro. Ao contrário da suspensão, que dificilmente é fixada em período inferior a um dia de trabalho, em relação à multa a doutrina sugere como teto o valor equivalente a meia jornada laboral. Com isso, ganha a empresa, que não deixa de contar com o trabalho do empregado, e ganham este e sua família, cuja perda econômica é bem menos significativa. Destarte, desde que prevista em contrato, regulamento ou instrumento normativo, até o limite acima, não vemos razão para não reconhecer validade à cláusula que a estabeleça. E, para evitar abusos, poder-se-ia, inclusive, destinar o valor da multa ao sindicato profissional ou a alguma entidade beneficente, de modo a não despertar no empregador a avidez por aplicar tal sanção.

Apesar das vantagens evidentes da multa pecuniária, desde que bem aplicada, até onde vai nossa lembrança, tal sanção só é prevista legalmente para os atletas profissionais de futebol, e seu valor não se destina ao empregador, mas deve ser revertido em favor do Fundo de Assistência ao Atleta Profissional (Lei n. 6.354/76, art. 15). Nada impede, ainda, a cominação de multas pecuniárias via negociação coletiva (CLT, art. 613, VIII), devendo-se observar, no entanto, que os efeitos que acarretam ao trabalhador e à empresa são distintos,

---

(75) CESARINO JÚNIOR, A. F.; CARDONE, Marly A. *Direito social*, v. 1, 2. ed. São Paulo: LTr, 1993. p. 265.

sendo lícita, assim, a previsão de valores diferenciados, conforme a parte que incorre na sanção (CLT, art. 622, parágrafo único).

De outra parte, embora não haja restrições teóricas à imposição de penalidades pecuniárias ao empregador que descumpre suas obrigações contratuais, normalmente só são previstas nas normas coletivas. O legislador foi muito parcimonioso na aplicação de multas pecuniárias em favor do empregado, quando o empregador não cumpre suas obrigações contratuais, limitando-se, basicamente, aos casos de demora na concessão de férias (CLT, art. 137) e atraso no acerto rescisório (CLT, art. 477, § 8º). Na maioria das vezes, contenta-se a lei em aplicar ao empregador inadimplente uma penalidade administrativa. Há muito tempo, no entanto, o contrato de trabalho se ressente da falta de uma sanção mais rigorosa contra o empregador que atrasa o pagamento de salários em favor do verdadeiro prejudicado, que é o trabalhador.

Por fim, a permissão a que o empregador suspenda o contrato por até trinta dias, pelo fato de o trabalhador haver cometido alguma falta contratual, traduz-se em evidente exagero. Ora, se o empregador pode se dar ao luxo de dispensar o trabalho do obreiro por tanto tempo é porque não necessita efetivamente de seus préstimos. E esse excesso já fora condenado por *Vasco de Andrade* desde a edição da CLT, tendo por "injustificável" uma sanção tão rigorosa, uma vez que "num país de salários tão baixos e com tão escassos hábitos de economia e previdência, a privação de salários por um mês redundará em grandes sofrimentos para a família obreira". E completou: "Cremos que um máximo de 5 dias é suficiente para dar à penalidade toda a expressão de rigor, do qual evidentemente necessita, como ameaça a pairar sobre a deficiente resistência moral dum que outro mau empregado"[76]. Apesar disso, mesmo sendo, atualmente, constantes as críticas à Consolidação das Leis do Trabalho, não temos visto outras vozes levantando-se contra essa distorção, o que evidencia que as censuras têm mão única, voltando-se todas no sentido de conferir ainda maiores poderes ao empregador, ou de livrá-lo de suas obrigações.

10.7. Extinção do contrato de trabalho

10.7.1. Iniciativa da rescisão

O contrato de trabalho pode ser rescindido por qualquer das partes, ou mesmo por ambas de comum acordo (distrato). Quando a iniciativa for do empregador, teremos a chamada dispensa ou despedida, que poderá ser motivada (por justa causa) ou imotivada (sem justa causa). A rescisão que parte do empregado é denominada de demissão, pode ser espontânea (por interesses particulares) ou provocada (rescisão indireta).

Afora isso, temos, ainda, as formas de rescisão que independam da vontade das partes, como a morte do empregado, ou em que ela se exaure, como o término do prazo contratual. Por outro lado, há situações em que, a despeito de não haver uma manifestação de vontade no sentido de rescindir o contrato, a responsabilidade por seu rompimento é imputada a uma das partes, como ocorre na falência do empregador ou nos casos de força maior.

---

(76) ANDRADE, Vasco de. *Op. cit.*, p. 159.

Abstraindo-se, porém, de tais situações, em que o contrato cumpriu suas funções ou não tem mais condições de continuar, em razão de eventos que afetam a existência das partes, ainda que imputada a um dos contratantes a responsabilidade por sua ocorrência, a rescisão do pacto laboral depende sempre de uma manifestação de vontade receptícia[77].

Assim, para que se tenha por rescindido o contrato de trabalho, não basta que uma das partes decida, em seu íntimo, que não mais lhe dará prosseguimento ou que simplesmente paralise sua execução. Também insuficiente que expresse sua decisão, se não a fizer chegar ao conhecimento da outra parte. Não exige, porém, a lei trabalhista um ato de comunicação formal do rompimento do contrato, mas é indispensável a cientificação do outro contraente.

Diante disso, pode-se indagar se seria admissível a rescisão tácita do contrato de trabalho. E a resposta deveria ser afirmativa, uma vez que, admitida a manifestação tácita da vontade na formação do vínculo, não haveria razão para negá-la em seu rompimento.

Assim, se o empregador fecha as portas do estabelecimento e desaparece, sem dar notícias, com tal ato deixa evidenciado que não mais pretende manter os contratos dos obreiros que se ativavam no local. A partir de então, tais trabalhadores podem considerar-se dispensados e postular as verbas rescisórias a que têm direito. Com efeito, se os empregados chegam para trabalhar e encontram o estabelecimento fechado, tendo o empregador se evadido do local, fica evidenciada sua intenção de desvencilhar-se da relação contratual. E, ao se depararem com tal situação, passam os obreiros a ter ciência da vontade patronal, revelada tacitamente.

Em relação ao empregado, no entanto, seria admitida a demissão tácita, decorrente de conduta semelhante, qual seja, de deixar de comparecer ao trabalho sem revelar ao empregador os motivos? Em tese, sim, e seria a solução mais acertada, uma vez que o empregado que abandona seu posto de trabalho sem justificativa e desaparece dá a impressão de que não pretende dar continuidade à relação contratual. O legislador, entretanto, não entendeu assim. Com efeito, nos termos do art. 482, letra *i*, da CLT, o abandono do emprego é tratado como causa justificadora de dispensa, pelo empregador, e não como demissão tácita[78].

Em outras palavras, o legislador considerou o abandono apenas como uma falta grave, que faculta ao empregador a dispensa do obreiro por justa causa, caso queira, não gerando, por si só, o rompimento contratual. Sendo assim, mesmo tendo o trabalhador abandonado o emprego, a rescisão contratual não decorre imediata e automaticamente

---

(77) Critica, por isso, Martins Catharino a expressão "despedida indireta", utilizada pelo art. 483 da CLT, aduzindo que seu equívoco reside na falsa premissa em que se assenta, qual seja, a de que o culpado pela ruptura é quem põe termo ao contrato, quando, em verdade, a conduta irregular apenas dá causa à rescisão pelo contratante prejudicado. E conclui: *"não havendo declaração volitiva não há ato de resilição, por mais inadimplente que seja o outro sujeito relacionado,* sendo como é renunciável, ainda que tacitamente, o correspondente direito potestativo" (CATHARINO, José Martins. *Compêndio universitário de direito do trabalho,* v. 2. São Paulo: Editora Jurídica e Universitária, 1972. p. 763).

(78) Na avaliação de Wagner Giglio, "o legislador consolidado (...) andou mal ao incluir o abandono de emprego entre as justas causas", uma vez que, "na verdade, o abandono de emprego nada mais é que uma forma injurídica, irregular, atípica de rompimento do contrato" (GIGLIO, Wagner D. *Justa causa.* 5. ed. São Paulo: LTr, 1994. p. 219). No mesmo sentido, observou *Pontes de Miranda* que "rigorosamente, a espécie do art. 482, *i* é de resilição do contrato" (MIRANDA, Francisco Cavalcanti Pontes de. *Tratado de direito privado,* t. 47, 3. ed. Rio de Janeiro: Borsoi, 1972. p. 497).

do ato de deserção, mas da iniciativa do empregador em dispensar o empregado[79]. Prova disso é que, nas hipóteses em que se exige inquérito para apuração de falta grave, este não é dispensado em caso de abandono do emprego (TST, Súmula n. 62). Considerassem a lei e a jurisprudência que a hipótese seria de demissão tácita, não haveria necessidade de inquérito, tendo-se por rompido o contrato, por iniciativa do empregado, desde o dia em que este deixou de comparecer ao serviço sem dar notícias.

E se a lei trata o abandono como falta grave que autoriza o empregador a rescindir o contrato por justa causa, não se poderia entender que o abandono, por si só, acarreta a rescisão do contrato.

Assim, configurado o abandono, se o empregador entender que, em razão dele, não mais lhe convém o prosseguimento do vínculo, deve promover a rescisão contratual por falta grave do obreiro, sob pena de a relação contratual manter-se em aberto (TST, Súmula n. 62). Para tanto, deve comunicar ao empregado que está rompendo o contrato, ou, pelo menos, tentar fazê-lo pelos meios ao seu alcance[80]. E o meio mais adequado é uma carta, telegrama ou telefonema do empregador ao empregado, comunicando a decisão de romper o contrato. Se o empregado desapareceu sem deixar pistas de sua localização, pode-se conferir validade até mesmo a um aviso publicado em jornal de grande circulação no último endereço do empregado[81]. Em todo caso, deve-se exigir que o empregador demonstre que se valeu dos meios de comunicação ao seu dispor para levar ao empregado sua decisão de rescindir o contrato[82], ainda que sem êxito efetivo.

Da mesma forma, se o empregado quiser rescindir o contrato, ainda que por culpa do empregador (rescisão indireta), também deve tomar o cuidado de comunicar o rompimento, sob pena de incorrer em abandono. Assim, se o trabalhador simplesmente se afasta do serviço sem comunicar ao empregador o motivo, o contrato de trabalho permanece intacto e, passados 30 dias (TST, Súmula n. 32), o empregador poderá invocar o abandono do emprego para dispensar o obreiro por justa causa[83]. Com efeito, conquanto disposto a romper o vínculo, se o empregado não comunica à outra parte sua decisão, não rescindiu o contrato, de modo a permitir que o empregador o faça. Quando, porém, o empregado comunica sua

---

(79) "Sendo justa causa de despedida, o abandono, por si mesmo, não produz o efeito de terminar o contrato" (CATHARINO, José Martins. Abandono del empleo: teoría general y derecho brasileño. In: *Estudios sobre derecho individual de trabajo en homenaje al profesor Mario L. Deveali*. Buenos Aires: Editorial Heliasta, [s.d.] p. 802).

(80) "Se alguém pretende despedir um empregado, a despedida só se efetiva quando este vem a ter conhecimento, real ou presumido, da declaração do empregador" (GOMES, Orlando. *Introdução...*, cit., p. 283).

(81) Conforme ressalta Orlando Gomes (*Introdução...*, cit., p. 284), "deve-se considerar perfeita a declaração receptícia, no mais tardar, 'quando o declarante fez tudo o que de sua parte tinha de fazer para que o conteúdo da declaração chegasse ao conhecimento do destinatário'". No mesmo sentido é a lição de Paulo Nader, ressaltando que "o importante é que o emissor tenha feito as gestões corretas para que a sua intenção chegasse ao destinatário" (NADER, Paulo. *Curso de direito civil:* parte geral. Rio de Janeiro: Forense, 2003. p. 402).

(82) "ABANDONO DE EMPREGO. ÔNUS DA PROVA. CONVOCAÇÃO DO EMPREGADO POR EDITAL. Possuindo o empregado endereço certo e conhecido, não se mostra suficiente à prova do abandono de emprego convocação veiculada em jornal. À falta de prova, presume-se que o empregado tenha sido demitido sem justa causa" (TRT 18ª Região, 1ª T., RO 01146-2006-121-18-00-7, Rel. Des. Luiz Francisco Guedes de Amorim. DJE 5.12.2006, p. 26).

(83) Embora o En. 32 se reporte a situação específica, a doutrina e jurisprudência têm entendido que o transcurso do período de 30 dias constitui evidência do elemento subjetivo do abandono, embora o *animus discedendi* possa ser evidenciado antes disso, por exemplo, se o trabalhador se coloca a serviço de outra empresa, em horário incompatível com o prosseguimento do contrato.

demissão, o empregador não terá mais oportunidade de pôr termo ao contrato, uma vez que, a partir de então (ou transcorrido o período do aviso prévio), não mais subsistirá, entre eles, vínculo laboral.

O empregador, de sua parte, uma vez configurado o abandono, deverá ter o cuidado de promover a rescisão, pois, se não o fizer, conforme já dito acima, o contrato continuará em aberto[84]. Assim, mesmo que passados mais de trinta dias do afastamento do trabalho, cabível, inclusive, a comunicação de rescisão indireta, pelo empregado, caso o empregador não tenha, ainda, tomado a iniciativa de pôr termo ao contrato.

Todavia, comunicando o empregado a rescisão do contrato dentro de 30 dias do afastamento, mesmo que por meio do ajuizamento de ação trabalhista em que invoca rescisão indireta, por exemplo, não mais se poderá falar em abandono do emprego, ainda quando o empregado não logre êxito em demonstrar que o empregador tenha dado motivos para sua decisão. Em tal caso, mesmo que não reconhecida a falta grave patronal, se a decisão de rescindir o contrato foi comunicada ao empregador dentro de 30 dias do afastamento ou foi a ação com esse objetivo ajuizada em tal prazo, afastado estará o abandono. Por conseguinte, não acolhida a alegação de rescisão indireta, terá havido mera demissão espontânea.

Ainda, porém, que o empregado só tenha comunicado sua decisão de rescindir o contrato mais de trinta dias após o afastamento, diretamente ou por meio de ação judicial, não basta ao empregador alegar o abandono em juízo para que tal justa causa possa ser acolhida. Conforme já referido, o abandono do emprego não constitui rescisão tácita do contrato de trabalho, exigindo, ao contrário, diante de sua configuração, uma atitude positiva do empregador, pondo termo ao vínculo. Se o empregador não rescindiu o contrato antes da comunicação da rescisão indireta, não mais poderá invocar o abandono ou qualquer outra falta atribuída ao trabalhador. O que poderia discutir, a essa altura, é se ocorreram, ou não, os motivos em que se funda a alegação de rescisão indireta, se for o caso.

É preciso atentar para o fato de que a chamada rescisão indireta nada mais é do que uma forma de demissão[85]. Assim, se houve demissão (espontânea ou provocada), não mais subsiste contrato de trabalho entre as partes. Se o empregado se afastou do emprego invocando rescisão indireta, tendo comunicado tal decisão ao empregador, já rompeu o vínculo jurídico, não se podendo, pois, rescindi-lo novamente. Eventual alegação de abandono do emprego cairia no vazio, por lhe faltar objeto (contrato vigente). Ou o abandono é anterior à comunicação da rescisão indireta (ou demissão espontânea), e o empregador já pôs termo ao contrato, ou não mais poderá ser invocado como causa de rescisão, por completa impossibilidade lógica e jurídica.

---

[84] Conforme ensina Martins Catharino, "o trabalhador que abandona o emprego deve ser notificado da despedida, ato unilateral receptício; caso contrário, a despedida não se efetiva, necessidade essa que acarreta sérios problemas práticos, inclusive processuais" (CATHARINO, José Martins. *Abandono del empleo...*, cit., p. 802).

[85] Há, no caso, *rescisão indireta* ou *despedida oblíqua* apenas no sentido de que o empregado, em face da conduta do empregador, é forçado a demitir-se. Assim, é como se, por vias transversas, estivesse sendo dispensado pelo empregador. Todavia, a despeito de ter o empregador dado motivos para tanto, o rompimento, no caso, é ato do empregado, constituindo uma forma de demissão, a que alguns chamam de *demissão forçada*. Considerando, porém, que o empregado não é obrigado a rescindir o contrato, mesmo havendo conduta faltosa por parte do empregador, preferimos denominar a rescisão indireta de *demissão provocada*, por nos parecer esse adjetivo mais adequado.

Na análise da questão, portanto, antes de tudo, o juiz deverá verificar de quem foi a iniciativa da ruptura contratual, isto é, se foi o empregado ou o empregador quem primeiro comunicou sua decisão de romper o pacto laboral, vale dizer, se houve demissão ou dispensa. Reconhecida aquela, mesmo que não provada a justa causa imputada ao empregador, não poderá o juiz concluir que houve abandono, uma vez que, conforme dito e reiterado, o abandono não constitui forma de demissão (demissão tácita), mas falta grave que desafia a dispensa por justa causa. Portanto, se houve demissão — e a rescisão indireta é antes de tudo uma forma de demissão —, não mais haverá lugar para uma dispensa, uma vez que com aquela o contrato já foi rompido. Somente quando ficar evidenciada a ocorrência de dispensa é que será possível acolher, se for o caso, a alegação de abandono, por ser este uma justificativa para a rescisão por iniciativa do empregador.

Se o juiz se convencer de que a iniciativa da rescisão foi do empregado, não lhe cabe analisar eventuais faltas que lhe sejam imputadas pelo empregador, a menos que este pretenda ver reconhecida a culpa recíproca. Da mesma forma, convencendo-se o juiz de que a iniciativa da rescisão partiu do empregador não terão relevância os fatos imputados a ele pelo empregado, ressalvada, também aqui, a hipótese de o trabalhador sustentar a tese da culpa recíproca.

Alguns poderiam invocar o disposto no art. 483, § 3º, da CLT para sustentar que a rescisão indireta decorreria da sentença que a reconhece. Assim, antes de ser acolhida pelo juiz a falta grave imputada ao empregador, o vínculo permaneceria intacto. Ocorre que nem sempre a rescisão indireta, assim como a dispensa por justa causa, está condicionada à demonstração judicial da falta cometida pela parte contrária à que toma a iniciativa de pôr termo ao contrato.

Com efeito, na ação de inquérito, assim como na rescisão indireta, quando adotada a faculdade prevista no § 3º do art. 483 da CLT, é a sentença que produz o efeito desconstitutivo do vínculo. Todavia isso só ocorre em tais casos, não nas situações em que a lei não exige inquérito para o empregador dispensar o empregado por justa causa ou o trabalhador não se vale da faculdade prevista no dispositivo legal suprarreferido.

O que temos, então, nas hipóteses em que a lei exige inquérito prévio ou o empregado invoca rescisão indireta e continua trabalhando? Em tais casos, a dispensa por justa causa ou a rescisão indireta continuam sendo atos do empregador ou do empregado, respectivamente. O que muda é que a manifestação de vontade da parte, em tais hipóteses, fica condicionada ao reconhecimento judicial da falta imputada à parte contrária. A superveniência de sentença que reconheça a falta contratual, no caso, funciona como condição suspensiva para que a dispensa por justa causa ou a rescisão indireta gerem efeitos[86].

E é por isso que, se o empregado continua trabalhando, o rompimento contratual realiza-se, efetivamente, na data em que é implementada a condição, vale dizer, quando transitar em julgado a sentença que reconhece a falta grave, do empregado ou do empregador, conforme o caso, salvo se a prestação laboral cessar antes.

---

(86) O exercício do direito potestativo, no caso, só produz efeito se judicialmente confirmado.

De tudo o que foi exposto acerca do tema, podemos extrair as seguintes conclusões:

a) Embora seja possível, em tese, o rompimento tácito do contrato de trabalho, perante a CLT (art. 482, letra *i*), o abandono do emprego constitui apenas falta contratual, que autoriza a dispensa do trabalhador, por justa causa, não acarretando, porém, a ruptura automática do vínculo de emprego.

b) Por conseguinte, configurado o abandono, caso pretenda rescindir o contrato por tal fundamento, deverá o empregador comunicar ao empregado sua decisão, pois, do contrário, a relação de emprego entre as partes continuará intacta.

c) Admite-se, contudo, a despedida tácita, verificada esta, por exemplo, quando o empregador fecha as portas do estabelecimento e desaparece, sem dar satisfação aos empregados. Neste caso, tem-se por promovida a dispensa na data em que o trabalhador voltou para trabalhar e encontrou o estabelecimento fechado.

d) A não ser quando o trabalhador opta pela faculdade prevista no art. 483, § 3º, da CLT, o rompimento do contrato por rescisão indireta ocorre assim que o empregado comunica ao empregador sua decisão de pôr fim ao contrato.

e) Se o empregado comunica ao empregador que está rompendo o contrato por rescisão indireta, não mais caberá a invocação de abandono do emprego, mesmo que o trabalhador não consiga demonstrar em juízo que o empregador cometeu falta contratual que lhe foi imputada, a menos que o empregador já haja rompido o contrato antes, hipótese em que é a rescisão indireta ou a demissão espontânea que não serão mais cabíveis.

f) Cabe ao julgador, primeiramente, verificar se a iniciativa da rescisão foi do empregado ou do empregador. Convencendo-se de que houve demissão, e outra coisa não é a rescisão indireta (demissão provocada), mesmo não havendo provas das faltas imputadas ao empregador, não poderá o juiz concluir pela ocorrência de abandono do emprego, visto que este é apenas um motivo para a dispensa pelo empregador. Se não provada a justa causa patronal, no caso, deve o juiz ter a demissão como imotivada (demissão espontânea).

g) O uso da faculdade prevista no art. 483, § 3º, da CLT importa manifestação de vontade sujeita a condição suspensiva. Assim, a rescisão do contrato somente se efetivará caso a sentença reconheça que o empregador cometeu falta contratual apta a dar ensejo à rescisão indireta. Do contrário, por não haver sido implementada a condição, o contrato prossegue normalmente, não produzindo a manifestação de vontade do empregado efeito algum. O rompimento contratual, no caso, depende de ulterior manifestação de vontade, de qualquer das partes ou de ambas.

10.7.2. Aposentadoria

Por ser um dos princípios do Direito do Trabalho a continuidade do vínculo de emprego, normalmente, ao ser celebrado, o contrato de trabalho não prevê a data do término da relação laboral. Em razão disso, como regra, a dissolução do vínculo empregatício depende de posterior manifestação de vontade das partes, em conjunto ou isoladamente, ou, ainda, da ocorrência de algum evento que inviabilize, de direito ou de fato, a permanência da relação jurídica.

Como tanto a impossibilidade prática quanto a existência de vedação legal à manutenção do contrato de trabalho, em consequência da aposentadoria, dispensam, automaticamente, a manifestação de vontade das partes, impõe-se verificar, primeiro, se a aposentadoria por tempo de contribuição ou por idade se traduz em impedimento à continuidade do pacto laboral.

Sob o aspecto prático, o que se observa é que a concessão da aposentadoria por tempo de contribuição ou por idade não se equipara à assistência conferida aos desvalidos, que perderam sua capacidade laborativa, importando, ao contrário, uma retribuição calcada, objetivamente, num determinado número de contribuições que o trabalhador proporcionou à entidade que concede o benefício. Não há que se confundir, portanto, aposentadoria com "inatividade" ou "incapacidade para o trabalho"[87]. Embora tais situações possam estar associadas à aposentadoria, em determinados casos, isso não significa que, necessariamente, estejam presentes em todos os casos em que o trabalhador se aposenta. Com efeito, a aposentadoria nem sempre tem como requisito indispensável a incapacidade para o trabalho, nem acarreta, como consequência lógica ou necessária, a inatividade do beneficiário. Assim, é perfeitamente possível, pelo menos em regra, a continuação do vínculo laboral, mesmo após a aposentadoria do empregado, por inexistir obstáculo de ordem prática.

Do ponto de vista jurídico, em se tratando de aposentadoria por invalidez, a lei é expressa no sentido de que tal fato importa tão somente a suspensão do pacto laboral (CLT, art. 475). Em relação à aposentadoria espontânea, a matéria sempre foi disciplinada pela legislação previdenciária. E tanto a Lei n. 3.807/60, com a redação que lhe foi atribuída pelo Decreto-lei n. 66/66 (arts. 30, § 1º; art. 32, § 7º), quanto a Lei n. 5.890/73 condicionavam a concessão da aposentadoria por idade ou tempo de serviço ao afastamento do trabalhador do emprego (art. 8º, § 1º; art. 10, § 3º). Embora a Lei n. 6.887/80 tenha suprimido da Lei n. 5.890/73 tal condição, pela Lei n. 6.950/81, a cessação do vínculo de emprego voltou a figurar como pressuposto para a concessão da aposentadoria (art. 3º). A Lei n. 8.213/91, que disciplina os benefícios previdenciários atualmente, porém, não traz semelhante exigência (art. 49, I).

Apesar disso, alguns operadores do Direito do Trabalho, por razões diversas, foram buscar na CLT um argumento para continuar sustentando o posicionamento anterior. Assim, passaram a ler o *caput* do art. 453 da CLT como se este se baseasse em pressupostos que a vida prática desdiz e acabaram por concluir que a extinção do contrato em virtude da aposentadoria decorre da dicção legal da referida norma. Interpretaram a lei, portanto, com base em uma visão distorcida da realidade, como se aposentadoria fosse sinônimo de incapacidade laboral ou vontade de não prosseguir no contrato. Em outras palavras, afirmaram estar na lei a conclusão adotada como pressuposto para sua interpretação.

---

(87) O vocábulo aposentadoria, portanto, quase nada guarda de seu sentido etimológico: repousar, descansar, recolher-se aos aposentos.

Não viram, ou fizeram questão de não ver, que a referência à aposentadoria, introduzida no *caput* do art. 453 da CLT pela Lei n. 6.204/75, teve em vista apenas regular uma situação decorrente da disciplina contida na lei previdenciária.

Em tese, o legislador poderia estabelecer que a aposentadoria espontânea acarretaria a extinção *ipso facto* do pacto laboral, mas, a rigor, nunca o fez. O que a lei exigia era apenas que o próprio trabalhador se desligasse do emprego para que pudesse obter a aposentadoria. Assim, a extinção do contrato não decorria automaticamente da lei, mas de uma opção do trabalhador, caso quisesse obter a jubilação. Todavia, ao contrário das normas anteriores, a Lei n. 8.213/91 deixou de trazer tal exigência como requisito para a concessão da aposentadoria por idade ou por tempo de contribuição, o que vale dizer que permite que o trabalhador se aposente, sem que, para tanto, seja forçado a abrir mão da continuidade do pacto laboral (art. 49, I, *b*).

Os dispositivos da CLT, por sua vez, não preveem a cessação do contrato como consequência necessária da jubilação, disciplinando tão somente os efeitos do contrato anterior em caso de desligamento do emprego por ocasião da aposentadoria do obreiro[88]. A correta compreensão do disposto no *caput* do art. 453 deve levar em conta que sua redação atual resultou das modificações introduzidas pela Lei n. 6.204/75, adaptando-o à lei previdenciária então vigente (Lei n. 5.890/73), que, conforme já referido, impunha o afastamento do emprego como requisito para a concessão da aposentadoria.

Nem mesmo os dois parágrafos acrescidos ao art. 453 da CLT pela Lei n. 9.528, de 10.12.1997, autorizavam o entendimento consagrado pelo Tribunal Superior do Trabalho, na Orientação Jurisprudencial n. 177 da SDI-I[89].

O § 1º, na parte em que previa a exigibilidade de concurso na readmissão de empregados de empresas públicas e sociedades de economia mista, deveria ser interpretado em conformidade com o *caput*, razão pela qual nada acrescentava em relação aos efeitos da aposentadoria, limitando-se a repetir a regra já inscrita no art. 37, inciso II, da Constituição Federal. Como não foi essa a leitura dos tribunais, considerando que a lei não comporta palavras inúteis, o dispositivo em questão entrou em rota de colisão com as disposições da Carta Magna. Com efeito, em primeiro lugar, não havia amparo jurídico para o tratamento discriminatório dispensado aos empregados das empresas públicas e sociedades de economia mista. Por outro lado, a previsão de uma hipótese de desligamento do empregado, pelo empregador (visto que aposentadoria não é sinal de demissão), sem pagamento de indenização,

---

(88) O acréscimo da referência à aposentadoria, no *caput* do art. 453 da CLT, pela Lei n. 6.204/75, "surgiu como forma de dirimir a celeuma doutrinária e jurisprudencial até então existente quanto à possibilidade de contagem do tempo de serviço anterior para fins de aquisição da estabilidade prevista no art. 492 da CLT, nos casos em que o empregado se aposentava espontaneamente e, posteriormente, era readmitido no emprego" (VASCONCELOS FILHO, Oton de Albuquerque. Aposentadoria espontânea: uma nova leitura de seus efeitos no contrato de emprego. In: *O Trabalho*, v. 24, n. 284, mar. 2006. Suplemento Especial, p. 3.178).

(89) "APOSENTADORIA ESPONTÂNEA. EFEITOS. Inserida em 8.11.00. Cancelada — DJ 30.10.2006). A aposentadoria espontânea extingue o contrato de trabalho, mesmo quando o empregado continua a trabalhar na empresa após a concessão do benefício previdenciário. Assim sendo, indevida a multa de 40% do FGTS em relação ao período anterior à aposentadoria. ERR n. 628.600/00, Tribunal Pleno. Em 28.10.03, o Tribunal Pleno decidiu, por maioria, manter o entendimento contido na Orientação Jurisprudencial n. 177, de que a aposentadoria espontânea extingue o contrato de trabalho, mesmo quando o empregado continua a trabalhar na empresa" (TST/SDI-I, OJ n. 177).

também implicava violação ao art. 7º, I, da Carta Magna. Diante disso, em 14.5.98, o STF suspendeu a eficácia do § 1º do art. 453 da CLT (ADI 1770. DJU 27.5.98) e, em 11.10.2006, declarou, em decisão final, a sua inconstitucionalidade (DJU 1.12.2006).

A previsão específica do § 2º, cuja inconstitucionalidade também já foi declarada por decisão definitiva (STF, ADI 1.721, Ac. 11.10.2006, Rel. Min. Carlos Britto. DJU 29.6.2007), deixava claro que não havia norma legal prevendo a extinção do contrato em virtude da aposentadoria. Não fosse assim, não haveria razão para a introdução do dispositivo legal em questão. Todavia, conforme já mencionado, referido dispositivo, cuja eficácia já havia sido suspensa desde 19.12.97 (DJU 16.3.98), também teve a sua inconstitucionalidade confirmada pelo Supremo Tribunal Federal. Assim, não mais pode ser invocado para sustentar a tese da extinção do vínculo pela aposentadoria.

Convém lembrar, ainda, que as tentativas de alteração da Lei n. 8.213/91, para exigir o desligamento como condição para a concessão da aposentadoria, não foram bem-sucedidas, não tendo sido acatadas pela Lei n. 8.870/94, que manteve intacto o art. 49, inciso I, daquela.

Não prospera, por outro lado, o argumento de que haveria incompatibilidade entre os proventos de aposentadoria e os salários. Aqueles têm natureza previdenciária, enquanto estes são verbas trabalhistas, cuja razão de ser é diversa, podendo perfeitamente coexistir sem se excluírem mutuamente. Nem haveria sentido numa lei que impedisse a cumulação, uma vez que não se poderia negar o direito de trabalhar a quem tem condições para tanto, sob pena de afrontar um direito individual indisponível. Mesmo para os que entendiam que a aposentadoria implicava o desligamento automático, a cumulação era possível, desde que o trabalhador firmasse novo contrato. Ora, se o aposentado pode trabalhar, direito que não se lhe poderia negar, por qual boa razão se haverá de impedi-lo que o faça no mesmo posto que já vinha ocupando?

Registre-se que o Min. Ilmar Galvão, relator originário da ADI n. 1.721, aduziu, como razão para votar pela suspensão da eficácia do disposto no § 2º do art. 453 da CLT, que "a relação mantida pelo empregado com a instituição previdenciária não se confunde com o vínculo do empregador, razão pela qual o benefício previdenciário da aposentadoria, em princípio, não deve produzir efeitos sobre o contrato de trabalho". A esse fundamento, o relator da decisão final, Min. Carlos Britto, acrescentou que "*os valores sociais do trabalho* constituem: a) fundamento da República Federativa do Brasil (inciso IV do art. 1º da CF); b) alicerce da Ordem Econômica, que tem por finalidade assegurar a todos existência digna, conforme os ditames da justiça social, e, por um dos seus princípios, a busca do pleno emprego (art. 170, *caput* e inciso VIII); c) base de toda a Ordem Social (art. 193). Esse arcabouço principiológico, densificado em regras como a do inciso I do art. 7º da Magna Carta e as do art. 10 do ADCT/88, desvela um mandamento constitucional que perpassa toda relação de emprego, no sentido de sua desejada continuidade". Diante disso, concluiu que "a Constituição Federal versa a aposentadoria como um benefício que se dá mediante o exercício regular de um direito. E o certo é que o regular exercício de um direito não é de colocar o seu titular numa situação jurídico-passiva de efeitos ainda mais drásticos do que aqueles que resultariam do cometimento de uma falta grave (sabido que, nesse caso, a ruptura do vínculo empregatício não opera automaticamente)". Assim, "a mera concessão da aposentadoria voluntária ao trabalhador não tem por efeito extinguir, instantânea e automaticamente, o seu vínculo de emprego" (DJU 29.6.2007).

Especificamente em relação ao *caput* do art. 453 da CLT, decidiu o E. STF:

> PREVIDÊNCIA SOCIAL: APOSENTADORIA ESPONTÂNEA NÃO IMPLICA, POR SI SÓ, EXTINÇÃO DO CONTRATO DE TRABALHO. 1. Despedida arbitrária ou sem justa causa (CF, art. 7º, I): viola a garantia constitucional o acórdão que, partindo de premissa derivada de interpretação conferida ao art. 453, *caput*, da CLT (redação alterada pela Lei n. 6.204/75), decide que a aposentadoria espontânea extingue o contrato de trabalho, mesmo quando o empregado continua a trabalhar na empresa após a concessão do benefício previdenciário. 2. A aposentadoria espontânea pode ou não ser acompanhada do afastamento do empregado de seu trabalho: só há readmissão quando o trabalhador aposentado tiver encerrado a relação de trabalho e posteriormente iniciado outra; caso haja continuidade do trabalho, mesmo após a aposentadoria espontânea, não se pode falar em extinção do contrato de trabalho e, portanto, em readmissão. 3. Precedentes (ADIn 1.721-MC, Ilmar Galvão, *RTJ* 186/3; ADIn 1.770, Moreira Alves, *RTJ* 168/128) (STF, RE 449.420-5, Ac. 1ª T., 16.8.2005, Rel. Min. Sepúlveda Pertence. DJU 14.10.2005).

Constatada, portanto, a inexistência tanto de impedimentos legais quanto de óbices fáticos à continuidade da relação empregatícia em virtude do advento da aposentadoria por idade ou tempo de contribuição, conclui-se que, se rescisão houver, sua causa será a vontade das partes ou de uma delas. Não se pode, assim, sem incorrer em uma ficção, extrair do requerimento de aposentadoria uma manifestação de vontade voltada à dissolução do pacto laboral.

Conforme salientou *Menezes Cordeiro*, "a presença, sempre viável, de declarações tácitas não deve conduzir à hipertrofia da vontade. Há, assim, que combater uma tendência sempre presente para explicar fenômenos jurídicos questionáveis com recurso a 'declarações tácitas': só é legítimo descobrir declarações negociais, ainda que tácitas, quando ainda haja verdadeira vontade, dirigida aos efeitos e minimamente exteriorizada, ainda que de modo indireto". E conclui o mestre lusitano: "Particularmente condenável é, num prisma científico, o recurso a *ficções negociais*, ou seja, a imputação de determinados efeitos jurídicos a uma declaração inexistente, como forma de aplicar soluções que poderiam ser obtidas através de um negócio"[90].

Se alguma presunção devesse ser adotada, no caso, esta seria de que o trabalhador que não se afastou do emprego, por ocasião de sua aposentadoria, pretende dar prosseguimento ao contrato, uma vez que é isso que demonstra sua conduta e é isso o que decorre dos princípios do Direito do Trabalho, notadamente, o da continuidade do vínculo de emprego.

Destarte, não se podendo atribuir à aposentadoria o efeito de aniquilar o contrato de trabalho, tem-se que, se o trabalhador continua prestando serviços ao empregador, apenas deu prosseguimento ao pacto laboral que firmara anteriormente. Se, uma vez

---

(90) CORDEIRO, António Menezes. *Teoria geral do direito civil*, v. 1, 2. ed. rev. e actual. Lisboa: Associação Académica da Faculdade de Direito, 1987/88. p. 578-9.

concedida a aposentadoria pelo INSS, em razão dela o empregado vem a ser dispensado, fará jus ao aviso prévio, bem assim à indenização correspondente a 40% do saldo do FGTS relativo a todo o pacto laboral.

Ademais, se, mesmo ao tempo em que as normas previdenciárias exigiam o desligamento do emprego como condição para obter a aposentadoria, o art. 453 da CLT mandava computar o tempo anterior à jubilação para efeitos trabalhistas, com muito maior razão, hoje, tal solução se impõe, uma vez que nem ao menos se requer a saída do emprego para se aposentar. Logo, não se poderia alijar o trabalhador das vantagens contratuais decorrentes do tempo de serviço anterior à aposentadoria pela simples superveniência desta.

10.7.3. Despedida abusiva

Conforme ressaltado anteriormente (Capítulo VIII, item 8.1, alínea *a*), o abuso caracteriza-se pelo exercício de um direito divorciado de sua finalidade social para atender a interesses outros que não aqueles para os quais foi previsto pelo ordenamento jurídico. Em outras palavras, tem-se o abuso quando a prática do ato jurídico, embora permitida por lei, no caso concreto, excede os limites impostos por seu fim econômico, é contrária aos valores sociais ou é movida por razões que repugnam aos sentimentos éticos (CC, art. 187).

Embora o abuso de direito possa ter lugar em outros momentos da relação contratual, é na despedida do obreiro que se manifesta com maior frequência e intensidade. Não são raros os casos de dispensa por motivos de cor da pele ou aparência física em geral, idade, sexo ou opção sexual, situação familiar, crença religiosa, opção política[91] etc. Essas e outras circunstâncias dizem respeito apenas à vida pessoal do trabalhador e, em regra, não interferem na execução do contrato de trabalho. Por consequência, adotá-las como razão para promover a dispensa do empregado implica lançar mão de um direito (denúncia do contrato) para satisfazer simples caprichos pessoais ou preconceitos injustificados, em detrimento da dignidade do trabalhador.

Outras vezes, o fato atribuído ao obreiro até que poderia ter repercussão no contrato, se fosse verdadeiro, mas não passa de suspeita inconsistente, que não foi sequer investigada. É a imputação gratuita e irresponsável de falta grave, que não raro mancha a reputação do obreiro perante a comunidade em que vive, invocada sem o menor respeito ou cuidado na apuração dos fatos, para verificar se há, pelo menos, indícios consistentes de que o trabalhador efetivamente praticou o ato de que é acusado. A partir de uma simples desconfiança ou de um relato de conduta inadequada, gerados, muitas vezes, por intrigas pessoais, dispensa-se o obreiro por justa causa, isso quando a falta grave não é apenas um pretexto para não pagar as verbas rescisórias devidas.

---

(91) "DIREITO POTESTATIVO DE RESILIR O CONTRATO. ABUSO. O exercício pode mostrar-se abusivo. Despedido o empregado face a convicção política que possui, forçoso e concluir pela nulidade do ato e consequente reintegração, com o pagamento dos salários e vantagens do período de afastamento. A liberdade política é atributo da cidadania, não passando o ato patronal pelo crivo da Constituição no que encerra, em torno do tema, garantias mínimas do cidadão" (TST, AGERR 3.427/85, Ac. SDI-I 1.810/89, 6.9.89, Rel. Min. Marco Aurélio. DJU 22.9.89, p. 14.864).

Quando as razões que, de fato, levaram o empregador a rescindir unilateralmente o pacto laboral são ofensivas à dignidade do obreiro, poderá haver abuso mesmo que o empregador se tenha valido da denúncia vazia, dispensando o empregado sem justa causa. Não raro, aliás, essa é uma forma de tentar mascarar o abuso. Assim, diante de um fato grave ocorrido na empresa, em vez de abrir uma investigação para descobrir os verdadeiros culpados, dispensam-se diversos empregados que trabalhavam no setor, embora sem imputar, explicitamente, a qualquer deles a falta. Com isso, tenta-se comprar a imunidade ante eventual reclamação por danos morais, como se o simples fato de pagar as verbas rescisórias correspondentes à dispensa sem justa causa fosse o bastante para eliminar todo prejuízo sofrido pelo trabalhador. Em casos tais, principalmente por não terem sido identificados os autores do fato, pesa sobre todos os empregados despedidos, quando menos, a suspeita de o terem praticado. Isso é o quanto basta para que a reputação de tais trabalhadores fique comprometida. E o que é pior, sem que lhes seja oferecida a oportunidade de demonstrar sua inocência.

Há, ainda, os casos em que a denúncia vazia, na verdade, visa a punir o empregado que, a despeito de exercer um direito seu, desagradou ao empregador, por exemplo, por se haver recusado a prestar horas extras fora dos casos previstos em lei, por não concordar com uma mudança de horário, por se insurgir contra uma ordem ilegítima ou abusiva, por cobrar seus salários quando atrasados, por exigir equipamentos de proteção individual ou condições de trabalho adequadas, por participar de um movimento paredista legítimo e assim por diante. Além da prova da verdadeira motivação, tais casos apresentam dificuldades adicionais, seja no que respeita à dimensão do dano, seja na definição das hipóteses em que é cabível uma reparação suplementar, além da que decorre da simples dispensa sem justa causa.

Quanto às reparações previstas no art. 4º da Lei n. 9.029/95, para os casos de despedida discriminatória, por motivo de sexo, origem, raça, cor, estado civil, situação familiar ou idade, visam apenas a indenizar os prejuízos materiais resultantes da dispensa, não inibindo o pleito cumulativo de compensação pelos danos morais decorrentes do mesmo fato ou do modo como o empregador procedeu à dispensa.

A despeito da previsão de que, nos casos de dispensa discriminatória, o trabalhador pode optar pelo retorno ao emprego (Lei n. 9.029/95, art. 4º, inciso I), tal solução não faz sentido num sistema como o nosso, em que a autorização para a despedida arbitrária constitui a regra. Afinal, mesmo que o trabalhador opte pela reintegração, nada impede que seja novamente dispensado logo em seguida, uma vez que, no caso, a lei não prevê garantia alguma de permanência no emprego. É por isso que, a despeito do caráter abusivo da dispensa, normalmente, o obreiro não pede a reintegração, preferindo apenas as reparações que o caso comporta.

Conforme pontifica *Antonio Vialard*, se o empregador exerceu uma faculdade que a lei lhe reconhecia, isto é, de promover uma dispensa imotivada, as circunstâncias que se agregam ao ato não podem retirar-lhe sua porção de "legitimidade". De certo modo, é o mesmo que ocorre quando o juiz declara a ilicitude da dispensa por justa causa, convertendo-a em imotivada e, não obstante isso, reconhece-lhe a eficácia de pôr termo ao contrato[92].

---

(92) VIALARD, Antonio Vázquez. Despido abusivo. In: *Estudios sobre derecho individual de trabajo en homenaje al profesor Mario L. Deveali*. Buenos Aires: Editorial Heliasta, [s.d.] p. 748.

Diante disso, a menos que o obreiro seja detentor de estabilidade, mantém-se a dispensa, garantindo-se a ele apenas a indenização pelos danos decorrentes do abuso. Havendo estabilidade, o direito de despedir é limitado, e a dispensa imotivada constituirá um ilícito propriamente dito, e não o exercício abusivo de um direito.

A não ser em relação aos empregados beneficiados por alguma forma de estabilidade, o retorno ao emprego só é determinado em hipóteses muito excepcionais, por exemplo por razões humanitárias ou de responsabilidade social, como ocorre quando a dispensa impede o acesso aos benefícios previdenciários ou limita seu gozo. É o caso dos trabalhadores que contraíram o vírus HIV, aos quais a jurisprudência vem reconhecendo o direito de permanecer no emprego a fim de viabilizar o tratamento adequado das complicações decorrentes da doença[93].

Fora disso, havendo dispensa sem justa causa durante a suspensão do contrato de trabalho por motivo de saúde, determina-se apenas a projeção do vínculo até que o empregado recupere a capacidade laborativa. Tal solução aplica-se inclusive às hipóteses em que não há abuso do empregador, por exemplo, quando a doença só se manifesta no curso do aviso prévio[94].

Com base no princípio da boa-fé contratual, bem assim na previsão do art. 473, parágrafo único, do Código Civil[95], lembra *Edilton Meireles* que também é abusiva a dispensa unilateral e imotivada quando realizada logo após o obreiro haver contraído dívida considerável para melhor desenvolver a atividade contratada, ou ter realizado outro ato oneroso com o mesmo fim. É o caso, por exemplo, do trabalhador que adquire um veículo financiado, normalmente por exigência do empregador, para ser utilizado no serviço ou que, para dar execução ao contrato, transfere sua residência para outra cidade e, pouco tempo depois, vem a ser despedido arbitrariamente. Em tais hipóteses, pode-se sustentar que o empregador está agindo com violação ao princípio da boa-fé objetiva, pois, ao propor ao empregado a aquisição do veículo ou a mudança de residência, criou

---

(93) "CONTRATO DE TRABALHO. RESCISÃO. EMPREGADO PORTADOR DO VÍRUS HIV. DISCRIMINAÇÃO. REINTEGRAÇÃO DEVIDA. A Constituição Federal, em seu art. 170, estabelece que a ordem econômica está fundada na valorização do trabalho humano e na livre iniciativa, tendo por fim assegurar a todos existência digna, conforme os ditames da justiça social. Competindo aos Poderes Públicos e à sociedade a iniciativa de ações destinadas a assegurar à população os direitos relativos à saúde, nos termos do art. 194, segue-se que a ordem jurídica constitucional impõe a essa mesma sociedade, como um todo, aí incluídas as empresas, o dever jurídico geral de colaborar com o Estado na concretização do direito à saúde. Neste contexto, a determinação judicial de reintegração de empregado portador do vírus HIV não implica desrespeito ao princípio da legalidade, porque a sua manutenção no emprego, com direito aos salários, assistência e tratamento médicos, decorre de princípios e garantias fundamentais da própria Constituição Federal, frente à qual cede passo e torna-se irrelevante a ausência de norma infraconstitucional expressa proibindo a dispensa de empregado portador do vírus HIV" (TST, RR 1059-1999-087-15-00-0, Ac. 1ª T., 29.6.2005, Rel. Juiz Conv. Altino Pedrozo dos Santos. DJU 19.8.2005).

(94) "AVISO PRÉVIO INDENIZADO. EFEITOS. SUPERVENIÊNCIA DE AUXÍLIO-DOENÇA NO CURSO DESTE. A projeção do contrato de trabalho para o futuro, pela concessão do aviso prévio indenizado, tem efeitos limitados às vantagens econômicas obtidas no período de pré-aviso, ou seja, salários, reflexos e verbas rescisórias. No caso de concessão de auxílio-doença no curso do aviso prévio, todavia, só se concretizam os efeitos da dispensa depois de expirado o benefício previdenciário" (TST, Súmula n. 371).

(95) "Art. 473. A resilição unilateral, nos casos em que a lei expressa ou implicitamente o permita, opera mediante denúncia notificada à outra parte. *Parágrafo único*. Se, porém, dada a natureza do contrato, uma das partes houver feito investimentos consideráveis para a sua execução, a denúncia unilateral só produzirá efeito depois de transcorrido prazo compatível com a natureza e o vulto dos investimentos."

nele um estado de confiança na permanência do emprego por tempo suficiente para recuperar as despesas efetuadas ou compensar os transtornos a que se submeteu para concluir o contrato. E o mesmo vale para o caso do empregado que realizou despesas para participar de cursos de aperfeiçoamento, readaptação ou treinamento a fim de se preparar para a execução das tarefas exigidas pelo contrato. Em qualquer das situações, é justo e legítimo exigir do empregador que se abstenha de dispensar o empregado imotivadamente por prazo compatível com o vulto e a natureza dos investimentos[96].

É abusiva, ainda, a despedida vexatória, isto é, que causa constrangimento, humilhação ou afronta à dignidade do trabalhador. Neste caso, independentemente de ter, ou não, o obreiro praticado alguma falta contratual, o abuso não está no fundamento invocado para romper o vínculo laboral, mas no modo que se processa a dispensa, nos atos que a acompanham. Verifica-se, no caso, o excesso que avança, gratuita e desnecessariamente, sobre a intimidade ou a dignidade do trabalhador. Também é vexatória a dispensa na presença de outras pessoas, especialmente quando determinado, em termos grosseiros, que o trabalhador saia imediatamente do estabelecimento ou for feita sua retirada à força, não lhe permitindo sequer que se despeça dos companheiros de trabalho ou apanhe seus objetos pessoais. A ofensa moral pode, por outro lado, ser posterior à dispensa, como a emissão de juízos depreciativos perante terceiros ou colegas de trabalho, a divulgação de fatos infamantes, o fornecimento de informações desabonadoras, a inclusão em "listas negras" etc.

Como regra, porém, ainda que tenha havido abuso, a falsa causa não invalida a despedida, uma vez que esta pode ser imotivada. Assim, nos casos em que se permite a dispensa, mesmo sem indicação da causa, não poderia a falsidade desta ser suficiente para comprometer a validade daquele ato. Destarte, na maioria dos casos em que é afastada a alegação de justa causa alegada, mantém-se a dispensa, fazendo jus o trabalhador apenas às verbas decorrentes da despedida arbitrária. Isso, entretanto, não elide a responsabilidade pela reparação dos prejuízos resultantes de eventual abuso, por ser este, em si mesmo, um ato ilícito (CC, art. 187).

Por fim, também se revela abusiva a dispensa que visa a obstar a aquisição de um direito pelo trabalhador. E o caso mais comum é a que ocorre com o fim único de evitar que o obreiro seja beneficiado por alguma forma de garantia de emprego. De certo modo, essa é a razão pela qual algumas empresas dispensam a obreira que contrai núpcias. Todavia, a dispensa obstativa é mais comum em relação à estabilidade sindical, antecipando-se o empregador ao termo inicial daquela garantia para pôr termo ao contrato. Quando percebe que o trabalhador está se movimentando para disputar um cargo eletivo sindical, aproveita o período que antecede a inscrição da candidatura para despedi-lo sem justa causa, frustrando, assim, o preenchimento das condições para a obtenção da estabilidade[97].

---

(96) MEIRELES, Edilton. *Abuso...*, cit., p. 201-2.
(97) "ESTABILIDADE PROVISÓRIA. DISPENSA RECURSO ORDINÁRIO (ABUSO DE DIREITO). Caracteriza-se o abuso de direito quando o empregado é demitido sem justa causa às vésperas de sua inscrição como candidato a cargo eletivo sindical, conhecida sua liderança no ambiente de trabalho. Do que resulta ineficaz o ato resilitivo porque destinado a elidir a estabilidade provisória do art. 543, § 3º da CLT. Recurso empresarial improvido por maioria" (TRT 1ª Região, RO 1.997/89, Ac. 3ª T., 26.9.90, Rel. Juiz Roberto José Amarante Davis. DOE 8.11.90).

Também tem caráter obstativo a dispensa sem justa causa ocorrida poucos dias antes do início do prazo para adesão a plano de demissão voluntária já anunciado[98].

10.7.4. Aviso prévio

Conforme visto anteriormente, quando tratamos da iniciativa da rescisão, o rompimento unilateral do contrato de trabalho realiza-se mediante manifestação de vontade que deve ser levada ao conhecimento da outra parte. E, quando a parte destinatária da declaração não tiver dado causa à ruptura contratual, deve ser avisada com antecedência, a fim de que possa se preparar para os efeitos da cessação do vínculo: o empregador, recrutando outro trabalhador; o empregado, buscando nova colocação no mercado.

Se o contrato já contempla um termo certo para exaurir seus efeitos, não há necessidade de pré-aviso, uma vez que as partes já estão cientes de que, atingida a data prevista, o vínculo cessará automaticamente. O aviso prévio, portanto, é instituto peculiar aos contratos por prazo indeterminado, embora também possa ser inserido nos contratos com termo final predefinido. A previsão de aviso prévio nos contratos por prazo determinado confere ao termo final um valor relativo, uma vez que as partes ficam autorizadas a promover a ruptura contratual antes daquele, destinando-se o aviso, no caso, a evitar os efeitos danosos de um rompimento *ante tempus* inesperado.

Impõe-se analisar mais detidamente aqui os efeitos do aviso prévio sobre o contrato de trabalho. E o principal efeito é a projeção do término do contrato para o fim do período de pré-aviso. Esse período normalmente é de trinta dias, estando na dependência de norma infraconstitucional o estabelecimento de aviso prévio proporcional ao tempo de serviço, tal como previsto no art. 7º, inciso XXI, da CF (TST/SDI-I, OJ n. 84). Assim, não havendo norma coletiva ou regulamentar dispondo em sentido diverso, a denúncia vazia do pacto laboral deve ser formulada com trinta dias de antecedência.

É preciso deixar claro que, apesar de projetar a cessação do vínculo para o futuro, é pela declaração unilateral receptícia que o contrato é rompido. Assim, concedido o aviso prévio, já terá havido rescisão contratual (plano da existência), embora sua eficácia só opere ao final de trinta dias (a menos que haja previsão de maior prazo). Em outras palavras, o que acarreta a cessação do vínculo de emprego é a comunicação do propósito de romper o contrato, embora tal aviso só produza efeitos após o prazo previsto em lei, regulamento ou em convenção coletiva, sendo, no mínimo, de trinta dias. Antes que produza os efeitos que lhe são próprios, no entanto, outros fatos podem antecipar a rescisão contratual.

---

(98) "PLANO DE DEMISSÃO VOLUNTÁRIA. ATO OBSTATIVO DA ADESÃO DO EMPREGADO. DISPENSA DISCRIMINATÓRIA. Representa abuso de direito a dispensa de empregada dias antes do início do prazo para adesão a Plano de Incentivo a Rescisão Contratual, já anunciado pelo empregador e imposto por edital de privatização. Se foi admitida a adesão ao Plano por outros empregados, em idêntica situação, o não reconhecimento de igual direito à autora implica ato discriminatório, ofensivo ao princípio isonômico. Recurso provido parcialmente" (TRT 13ª Região, RO 1.180/2000, Ac. 60.114, 18.7.2000, Rel. Juiz Ubiratan Moreira Delgado. DJE 19.8.2000).

Do que dissemos até aqui decorrem as seguintes consequências:

a) A validade do aviso não leva em conta o momento em que produz efeitos, mas a ocasião em que é concedido, isto é, o momento em que a ruptura contratual é comunicada à outra parte. Diante disso, é nulo o aviso prévio concedido na fluência da garantia de emprego (TST, Súmula n. 378), ainda que seus efeitos só se projetem para após o término do período estabilitário. Há, entretanto, quem entenda que o caso é de simples ineficácia, enquanto não se exaurir o período estabilitário, iniciando-se a contagem do respectivo prazo a partir de então[99]. Embora não se trate propriamente de estabilidade, também é inválida a dispensa sem justa causa durante os períodos de suspensão contratual, razão pela qual se deve aplicar a tais situações o mesmo entendimento relativo ao aviso concedido durante a vigência de estabilidade provisória[100].

b) Se o aviso foi concedido regularmente, fatos supervenientes não podem invalidá-lo, visto que tanto a nulidade quanto a anulabilidade são vícios de origem. Assim, a ausência de redução da jornada, quando o aviso é concedido pelo empregador (CLT, art. 488), não importa a nulidade do aviso, mas apenas sua ineficácia quanto à data de término do contrato. Como o empregador não liberou o trabalhador para buscar nova colocação no mercado, a razão de ser da comunicação prévia resta frustrada, fazendo o obreiro jus à reparação decorrente. Não basta, porém, que o empregador pague, como extra, o tempo que o empregado trabalhou, quando deveria ser liberado para procurar outro emprego (TST, Súmula n. 230). Ainda que o faça, isso não o desobrigará de indenizar novo período de aviso prévio. Neste caso, não pode o empregador invocar o disposto no parágrafo único do art. 488 da CLT para limitar a indenização devida a sete dias corridos, uma vez que o dispositivo em questão oferece uma opção ao empregado e não uma alternativa ao empregador[101].

c) Como o contrato continua vigente até o término do período correspondente ao aviso prévio, enquanto não atingido o termo final o pacto laboral continua produzindo seus regulares efeitos. Assim, as partes continuam obrigadas ao cumprimento das obrigações contratuais, embora estas possam sofrer algumas alterações no período. Por outro lado, o empregado tem direito aos reajustes salariais havidos naquele lapso temporal. Nada impede, ainda, que o empregador dispense o labor do empregado durante o período do pré-aviso, desde que lhe pague o valor correspondente aos salários e demais vantagens do período.

---

(99) "AVISO PRÉVIO. ESTABILIDADE PROVISÓRIA. A orientação disposta no Enunciado n. 348 do Colendo TST, não afasta a validade da parte do aviso prévio que sobejar o período estabilitário. Assim, esgotado o período de estabilidade provisória, assegurada ao obreiro por norma coletiva, não há óbice para que se inicie, imediatamente, a fluência do aviso prévio, derivado da rescisão imotivada do contrato de trabalho. Reforma-se, pois, a sentença para deferir apenas os dias restantes, de forma indenizada, integralizando-se o trintídio" (TRT 18ª Região, ROS 00470-2003-002-18-00-9, Red. desig. Juiz Aldon do Vale Alves Taglialegna. DJE 28.11.2003, p. 141).
(100) "AVISO PRÉVIO. NULIDADE. AUXÍLIO-DOENÇA. CAUSA SUSPENSIVA DO CONTRATO DE TRABALHO. É vedada a dispensa de empregado cujo contrato de trabalho encontra-se suspenso em decorrência de licença-médica, seguida da concessão de Auxílio-Doença, impondo-se declarar a nulidade do aviso prévio comunicado ao obreiro nesse período" (TRT 18ª Região, RO 01621-2004-005-18-00-6, Rel. Juiz Elvecio Moura dos Santos. DJE 27.9.2005, p. 62).
(101) "Art. 488. O horário normal de trabalho do empregado, durante o prazo do aviso, e se a rescisão tiver sido promovida pelo empregador, será reduzido de duas horas diárias, sem prejuízo do salário integral. *Parágrafo único.* É facultado ao empregado trabalhar sem a redução das 2 (duas) horas diárias previstas neste artigo, caso em que poderá faltar ao serviço, sem prejuízo do salário integral, por (...) sete dias corridos (...)"

d) Como o fato gerador da rescisão é a declaração unilateral receptícia, uma vez concedido o aviso a cessação contratual torna-se irreversível por ato unilateral, pois o que fica pendente é apenas a eficácia do ato. Uma vez chegando ao conhecimento da outra parte, o ato de rescisão estará completo e acabado, embora ainda não produza o principal efeito, que é a cessação efetiva das obrigações contratuais.

e) A superveniência de vedações ao exercício do direito de despedir, após a concessão do aviso prévio, não obstará o término do contrato, uma vez que o empregador já terá exercido seu direito potestativo, quando não havia empecilho algum. Há que se considerar, assim, a situação existente ao tempo em que foi praticado o ato. Se à época em que a decisão de romper o contrato foi comunicada à outra parte não havia óbice algum à prática de tal ato, restrições posteriores não podem prejudicar o ato já realizado.

f) Como o rompimento do contrato só se efetiva após o transcurso do período do pré-aviso, a concessão deste não impede a ruptura do pacto por outro fato capaz de pôr termo imediato ao contrato, desde que isso ocorra antes da cessação do vínculo por força do aviso já concedido. Por exemplo, se o empregado comete falta grave no curso do aviso prévio (independentemente de quem o tenha concedido), pode o empregador dispensar o obreiro por justa causa desde logo[102]. Todavia, se não o fizer até o término do período do aviso, não mais poderá fazê-lo, pois, então, já não haverá contrato a rescindir. Da mesma forma, se a falta contratual grave for cometida pelo empregador, pode o empregado invocar a rescisão indireta, desde que o faça antes que haja a cessação do vínculo por força do aviso prévio já concedido por qualquer das partes. O mesmo poderá ocorrer se a falta era anterior à data do aviso, mas só chegou ao conhecimento da parte prejudicada no curso daquele.

g) Uma vez consumado o período do aviso prévio, o contrato cessa automaticamente, embora possa ser interpretada como reconsideração tácita a continuidade da prestação laboral após o termo final daquele. Todavia, não havendo mais prestação laboral, o contrato cessa, para todos os efeitos, ao término do aviso prévio, quando devido.

10.7.5. Acerto rescisório

Ao contrário do que ocorre no estabelecimento do vínculo laboral, por ocasião de seu desfazimento a lei é mais rigorosa, especialmente nos contratos cuja duração se estendeu além de um ano. Além de exigir que o trabalhador seja assistido pelo sindicato da categoria quando é sua a iniciativa de pôr termo ao contrato, estabelece formalidades para o acerto rescisório.

---

(102) Nesse sentido já decidiu o C. TST: AIRR e RR 73380-2003-900-02-00-5, Ac. 5ª T., 8.8.2007, Rel. Min. João Batista Brito Pereira. DJU 31.8.2007. Não se trata, entretanto, de conversão da despedida sem justa causa em dispensa motivada, mas de prática de novo ato de dispensa, que tem efeito de romper de imediato o contrato de trabalho, uma vez que os efeitos da dispensa sem justa causa, quanto à cessação do contrato, estavam pendentes, isto é, não se haviam realizado ainda.

Como, porém, essa questão já foi tratada anteriormente (Capítulo V, item 5.3, alínea *d*), para lá remetemos o leitor, a fim de não nos tornarmos desnecessariamente repetitivos. Cabe aqui apenas relembrar que a formalidade prevista no art. 477, § 1º, da CLT, em relação ao acerto rescisório, não se destina a placitar uma renúncia ou transação que não existiram, mas visa a garantir que o trabalhador efetivamente receba os valores constantes do termo rescisório. Como consequência, não pode ser atribuído a tal documento efeitos de quitação por parcelas ou valores que não foram pagos.

E o mesmo vale para os casos em que a assistência sindical é dispensada, não se podendo jamais atribuir efeitos de quitação ampla e irrestrita a simples recibos, mesmo que deles conste que o trabalhador dá quitação do contrato, para nada mais reclamar, ou nos quais declare que todas as verbas decorrentes do contrato de trabalho lhe foram pagas.

Afinal de contas, tal como ocorre com o TRCT homologado pelo sindicato da categoria, os demais recibos também só podem dar quitação pelos valores efetivamente pagos[103]. Caso contrário, se o trabalhador tem direito a mais, estará renunciando ao restante, que não foi pago, o que não pode ser admitido a não ser quando as parcelas não pagas sejam objeto de disputas ou controvérsias entre as partes, gerando, assim, a *res dubia*, pressuposto de toda transação. A simples renúncia extrajudicial, no entanto, não tem sido admitida pela jurisprudência. Em primeiro lugar, porque não é normal que o hipossuficiente abra mão de créditos alimentares em favor da parte mais forte. Diante disso, presume-se, em caráter absoluto, o vício de vontade, caso o trabalhador faça atos dispositivos em benefício do empregador. Por outro lado, toda liberalidade há de estar assentada numa vontade livre e, para tanto, é preciso que o agente tenha razões legítimas para praticar o ato de disposição. E não parece razoável que o empregado abra mão de verbas decorrentes do contrato de trabalho em detrimento do sustento próprio e o de sua família, exatamente no momento da rescisão contratual, oportunidade em que, normalmente, sua situação econômica se torna ainda mais precária. Por saberem disso, é exatamente em tais ocasiões que alguns empregadores conseguem, com maior facilidade, arrancar dos obreiros o consentimento que estes não se disporiam a dar sob outras circunstâncias. Não raro, dada sua necessidade, o trabalhador se vê forçado a conferir uma quitação geral a fim de que lhe sejam pagas pelo menos as verbas rescisórias incontroversas, pois, do contrário, nada receberia.

Afora isso, não se pode olvidar que, em razão de seu poder diretivo, normalmente é o empregador quem toma a iniciativa de documentar os atos do contrato, razão pela qual deve-se reconhecer ao trabalhador todos os meios de prova para evidenciar eventuais vícios[104]. Não é incomum que o empregador se valha de sua posição contratual para confeccionar documentos destinados a elidir direitos trabalhistas antes da dispensa do empregado. Por outro lado, deve-se analisar com ressalvas os recibos cuja assinatura não

---

(103) E, para que não haja dúvidas, desde a Lei n. 5.472, de 9.7.1968, tornou-se obrigatória a discriminação, no termo rescisório ou recibo de quitação, das parcelas pagas ao empregado, com o valor de cada uma, no intuito de pôr fim aos chamados "recibos de plena e geral quitação", que se referiam apenas à soma paga ao empregado, sem especificação, dificultando o pleito de outros direitos pelo trabalhador.

(104) NICOLIELLO, Nelson. La renuncia de los derechos del trabajador. In: *Estudios sobre derecho individual de trabajo en homenaje al profesor Mario L. Deveali*. Buenos Aires: Editorial Heliasta, [s.d.]. p. 369.

é aposta no momento em que é efetuado o pagamento. Em muitos casos, o empregador aproveita-se de sua posição contratual para exigir que o obreiro assine recibos de valores diversos dos efetivamente pagos, seja para mais ou para menos, conforme seus interesses, que podem ser a obtenção de quitação de uma obrigação que não foi cumprida, no todo ou em parte, ou a constituição de prova de salário diverso do efetivamente praticado.

10.8. Garantia do emprego

Com a generalização do regime do Fundo de Garantia do Tempo de Serviço, pela Constituição Federal (art. 7º, III), ressalvados os casos previstos em normas autônomas, só restaram, no sistema normativo pátrio, as garantias de emprego temporárias, destacando-se as que se dirigem à proteção do vínculo empregatício do trabalhador acidentado (Lei n. 8.213/91, art. 118), dos membros das Comissões Internas de Prevenção de Acidentes (CLT, art. 165; ADCT, art. 10, II, *a*), dos dirigentes sindicais (CLT, art. 543, § 3º; CF, art. 8º, VIII) e das empregadas gestantes (ADCT, art. 10, II, *b*).

Por outro lado, convém salientar que as garantias de emprego mencionadas comportam diferentes extensões, conforme se refira a lei à simples vedação da dispensa sem justa causa ou também autorize a despedida não arbitrária. Com efeito, nos casos em que, a par da dispensa por justa causa, admite-se a despedida que não seja arbitrária, o sentido da proteção legal é mais restrito, uma vez que reconhece a validade da rescisão contratual, pelo empregador, por outros fundamentos que não apenas o disciplinar. Afinal, conforme estabelece o art. 165 da CLT, só será considerada arbitrária a despedida que não se basear em motivo disciplinar (que corresponde à dispensa por justa causa), técnico, econômico ou financeiro.

10.8.1. Estabilidade acidentária

A aquisição do direito à garantia de emprego, em razão de infortúnio laboral, pressupõe que o fato seja enquadrado nas hipóteses consideradas por lei como acidente do trabalho, ou a ele equiparados, e que, em razão daquele, o obreiro permaneça afastado do serviço por mais de quinze dias, com o consequente recebimento do auxílio-doença acidentário (TST, Súmula n. 378). Embora a lei estabeleça como termo inicial do período estabilitário a data da cessação de tal benefício, isso não significa que o não recebimento deste, por culpa do empregador, obste o reconhecimento do direito à estabilidade. Com efeito, nos termos do art. 129 do Código Civil, reputa-se verificada, quanto aos seus efeitos jurídicos, a condição cujo implemento foi maliciosamente obstado pela parte a quem desfavorecer.

Destarte, se o empregador obsta a que o trabalhador se habilite ao benefício previdenciário em questão, ainda que arque com o pagamento de todo o período de afastamento, superior a quinze dias, não elidirá o direito à estabilidade, a qual terá início assim que o trabalhador recuperar as condições laborais.

Além disso, ao contrário do que deixa transparecer o entendimento jurisprudencial referido (Súmula n. 378), o recebimento do benefício previdenciário não é apresentado pela Lei n. 8.213/91 como "condição" (CC, art. 121) para a aquisição do direito à estabilidade, senão como simples elemento para a fixação do termo inicial de tal garantia. Destarte, como a concessão do auxílio-doença pressupõe o afastamento superior a quinze dias, além do acidente, para a aquisição da estabilidade exige-se apenas que, em razão daquele evento, o trabalhador fique incapacitado para o trabalho por mais de quinze dias. Atendidos tais requisitos, a recuperação da capacidade laboral (com a consequente cessação do auxílio doença) marca apenas o termo inicial do período estabilitário.

Por outro lado, quando se tratar de doença ocupacional, se esta se manifestar apenas após a dispensa, o trabalhador terá direito à estabilidade ainda que, em razão dela, não tenha recebido auxílio-doença durante a vigência do contrato (TST, Súmula n. 378, II).

Fora dessa hipótese, como a estabilidade importa a supressão do poder potestativo do empregador de dispensar o empregado sem justa causa, se o empregador já exerceu tal direito antes do acidente, a dispensa será válida, postergando-se apenas a eficácia da despedida. Com efeito, conforme entendimento firmado pela jurisprudência, a concessão do auxílio-doença durante o aviso prévio projeta os efeitos deste para após a cessação do benefício previdenciário em questão (TST, Súmula n. 371).

A exceção, em relação às doenças ocupacionais, é plenamente justificada, uma vez que não raro o trabalhador, mesmo doente, continua trabalhando, com medo de perder o emprego. E o empregador, muitas vezes, percebendo isso, até mesmo pela diminuição de sua produtividade, aproveita-se do fato para dispensar o empregado. Conquanto o obreiro deva ser submetido a exame demissional, é sabido que, na prática, tal exigência não atende aos fins legais de impedir que o trabalhador seja dispensado quando está sem condições de saúde para buscar nova colocação no mercado.

A existência do exame demissional funciona apenas como elemento de prova. Assim, se o empregado se submeteu àquele exame e foi considerado apto para o trabalho, presume-se que estava saudável ao tempo da dispensa. Se não houve exame demissional, uma vez constatados a doença e o nexo causal, a presunção é de que a patologia já existia ao tempo da dispensa. Caso contrário, a data do aparecimento da doença demanda prova a cargo do trabalhador.

10.8.2. Estabilidade sindical

Em relação ao dirigente sindical, são condições para aquisição da estabilidade o registro da candidatura e, se for o caso, a eleição e posse. Todavia, como o direito à estabilidade deve, necessariamente, ser exercido em face do empregador, a eficácia em relação a este acaba se confundindo com a própria constituição do direito.

No caso, porém, a comunicação escrita não pode ser tomada como formalidade essencial ao nascimento do direito, uma vez que, na verdade, conforme dito acima, atua apenas como condição de eficácia daquele. Da mesma forma, ainda que não tenha sido observado o prazo previsto no art. 543, § 5º, da CLT (24 horas), isso não obsta o direito à estabilidade, desde que a candidatura ou eleição e posse tenham chegado ao conhecimento do empregador antes da dispensa:

> ESTABILIDADE PROVISÓRIA. DIRIGENTE SINDICAL. REGISTRO DA CANDIDATURA. COMUNICAÇÃO EXTEMPORÂNEA AO EMPREGADOR. 1. A lei, ao determinar que a entidade sindical comunique à empresa, por escrito, em vinte e quatro horas, o dia e a hora do registro da candidatura do empregado a cargo de direção sindical e, em igual prazo, a eleição e a posse (CLT, art. 543, § 5º), buscou, a um só tempo, resguardar a liberdade sindical e dar ciência ao empregador de uma causa determinante da perda temporária do direito potestativo de despedir. 2. A mera extemporaneidade da comunicação do registro da candidatura do empregado não obsta o reconhecimento da estabilidade sindical se se constata que resultou atingida a finalidade da lei, em face de a despedida imotivada haver sido consumada quando plenamente ciente o empregador da ilegalidade da dispensa. O prazo preterido, elemento meramente formal, não é o aspecto essencial, que possa sobrepor-se a tudo, mas sim a ciência prévia do empregador do óbice ao direito de despedir. 3. Embargos conhecidos e providos (TST, ERR 579524/1999, Ac. SDI-I, 25.04.2005, Rel. Min. João Oreste Dalazen. DJU 20.5.2005).

Segundo expõem *Torrente* e *Schlesinger*, há três modalidades de publicidade: a) a *publicidade notícia*, cuja omissão enseja uma sanção pecuniária ou moral, mas é irrelevante ante a relação jurídica, que não é afetada em sua validade ou eficácia; b) a *publicidade declarativa*, que serve para tornar oponível o negócio a terceiros ou a determinados terceiros; e c) a *publicidade constitutiva*, em que a publicação é parte integrante do suporte fático, tendo a natureza de elemento constitutivo da relação jurídica, como ocorre no registro para fins de aquisição da personalidade jurídica ou da propriedade imobiliária[105].

Dentro dessa classificação, a comunicação ao empregador é uma forma de publicidade declarativa, a fim de tornar a estabilidade oponível ao empregador. Se o sindicato não comunica ao empregador o registro da candidatura, por exemplo, isso não implica que o empregado não adquira o direito à estabilidade, mas, enquanto não lhe for dada ciência do fato em que se assenta, tal direito não será oponível ao empregador. Isso fica muito claro quando o trabalhador tiver dois empregos, por exemplo, mas somente um dos empregadores for comunicado: neste caso, somente em relação ao empregador cientificado é que o obreiro poderá fazer valer seu direito à estabilidade. Por outro lado, se o empregado foi dispensado sem justa causa, por não ter sido o empregador avisado da aquisição da estabilidade, poderá aquele postular a reparação dos prejuízos junto ao sindicato que omitiu a notificação.

Todavia, da mesma forma que não se justifica uma interpretação formal no que tange ao prazo de comunicação, também não há razão para a adoção de critérios positivistas no que respeita à forma de ciência do empregador[106]. Com efeito, se, por exemplo, o empregador

---

(105) TORRENTE, Andrea; SCHLESINGER, Piero. *Manuale di diritto privato*. 12. ed. Milano: Giuffrè, 1985. p. 177-8.
(106) "DIRIGENTE SINDICAL. ESTABILIDADE. O art. 543, § 5º, da CLT tem por finalidade impedir que o empregador seja surpreendido quando da dispensa do empregado eleito dirigente sindical. O fato de a comunicação não ter sido feita por escrito constitui mera irregularidade e não impede o reconhecimento da estabilidade sindical do empregado, tendo em vista que a empresa tomou conhecimento da estabilidade sindical do reclamante antes da dispensa. Não se

já participou de negociação coletiva em que o dirigente sindical estava representando a categoria e, inequivocadamente, tomou conhecimento daquela condição, nada justifica que lhe negue o direito à estabilidade. O que não se pode dispensar é a prova da ciência e de ser ela anterior ao ato da despedida. Se, por exemplo, o empregador fornece um espaço para a posse da diretoria, ou recebe um convite para aquele ato, com a indicação dos cargos diretivos e dos nomes dos respectivos ocupantes, não haveria razão para negar a ciência[107]. Rigores formais excessivos não se coadunam com o espírito do Direito do Trabalho[108].

Encaminha-se a jurisprudência, por outro lado, no sentido de dispensar a exigência da efetiva concessão do registro sindical para efeitos de aquisição da estabilidade, contentando-se com a simples existência de requerimento perante o Ministério do Trabalho e Emprego:

> ESTABILIDADE SINDICAL PROVISÓRIA (CF, ART. 8º, VII); RECONHECIMENTO DA GARANTIA AOS DIRETORES ELEITOS, NA ASSEMBLEIA CONSTITUTIVA DA ENTIDADE SINDICAL, DESDE, PELO MENOS, A DATA DO PEDIDO DE REGISTRO NO MINISTÉRIO DO TRABALHO, O QUE NÃO CONTRARIA A EXIGÊNCIA DESTE, CONSTANTE DO ART. 8º, I, DA CONSTITUIÇÃO. 1. A constituição de um sindicato — posto culmine no registro no Ministério do Trabalho (STF, MI 144, 3.8.92, Pertence, RTJ 147/868) — a ele não se resume: não é um ato, mas um processo. 2. Da exigência do registro para o aperfeiçoamento da constituição do sindicato, não cabe inferir que só a partir dele estejam os seus dirigentes ao abrigo da estabilidade sindical: é "interpretação pedestre", que esvazia de eficácia aquela garantia constitucional, no momento talvez em que ela se apresenta mais necessária, a da fundação da entidade de classe (STF, RE 205107/MG, TP 6.8.98, Rel. Min. Sepúlveda Pertence. DJU 25.9.98)[109].

> REGISTRO SINDICAL. ATO COMPLEXO. PROVA DO REQUERIMENTO FORMULADO JUNTO AO MINISTÉRIO DO TRABALHO. ESTABILIDADE PROVISÓRIA ASSEGURADA AOS DIRIGENTES SINDICAIS PIONEIROS, DESDE QUE LEGITIMAMENTE ELEITOS. INTELIGÊNCIA DO ART. 8º, INCISO I, DA CONSTITUIÇÃO FEDERAL. Nada obstante o registro do sindicato junto ao Ministério do Trabalho tenha o condão de conferir-lhe o *status* de entidade sindical, o fato é que tal registro não se consuma em ato único. Na verdade, trata-se de um processo complexo que envolve uma sequência de atos (requerimento, abertura de prazo para impugnação, transcurso de determinado lapso temporal, eventual disputa judicial etc.), tudo isso com vistas a dar cumprimento ao princípio da unicidade sindical insculpido no art. 8º, II, CF. Entretanto, uma vez formalizado o requerimento do registro junto ao Ministério do Trabalho, não se pode negar aos dirigentes sindicais pioneiros a garantia da estabilidade provisória, sob pena de ofensa ao disposto no art. 8º,

---

vislumbra ofensa ao art. 543, § 5º, da CLT ou contrariedade à Súmula n. 369 do TST, que incorporou a Orientação Jurisprudencial n. 34 da SBDI-1, uma vez que restou observada a finalidade contida em suas disposições" (TST, RR 715.081/2000, Ac. 3ª T., 28.3.2007, Rel. Juiz Conv. Luiz Ronan Neves Koury. DJU 27.4.2007).

(107) "DIRIGENTE SINDICAL. A falta de comunicação formal, prevista no § 5º do art. 543/CLT, pode ser suprida por outras evidências sobre estar ciente a empresa, notadamente quando esta demonstra intenção de minar a investidura sindical do empregado. Estabilidade reconhecida" (TRT 18ª Região, RO 01415-2007-201-18-00-0, Ac. 2ª T., Rel. Des. Saulo Emídio dos Santos. DJE 16.6.2008, p. 5).

(108) Caminha, assim, na contramão da efetividade da proteção trabalhista a Súmula n. 369, I, do TST, quando exige que a comunicação atenda aos requisitos contidos no art. 543, § 5º, da CLT.

(109) No mesmo sentido: "Recurso extraordinário. 2. Estabilidade sindical provisória. Dirigente sindical. Art. 8º, VIII, da Constituição Federal. 3. O registro no Ministério do Trabalho é fato posterior à existência da entidade. 4. Agravo regimental a que se nega provimento" (STF, RE-AgR 227635/SC, Ac. 2ª T., 8.4.2002, Rel. Min. Néri da Silveira, DJU 24.2.2002).

I, CF, pois é justo nesse momento que eles mais precisam de contar com a garantia do emprego para que possam lutar pela criação do novel sindicato que entendem ser legítimo para representar a categoria em questão (TRT 18ª Região, RO 00033-2005-121-18-00-3, Rel. Juiz Elvecio Moura dos Santos. DJE 11.7.2005, p. 42).

Importa, em qualquer caso, interpretar as normas de proteção no sentido de permitir que atinjam o escopo social a que se destinam.

Teria o empregador interesse em questionar a legitimidade da eleição do dirigente sindical, para fins de eximir-se da obrigação legal de garantir-lhe a permanência no emprego? Parece-nos que não, uma vez que apenas aos integrantes da categoria é dado questionar a legitimidade da eleição. Se os representados acolhem os dirigentes eleitos, não se insurgindo contra a forma de sua escolha, deve o empregador acatar a decisão dos interessados. Aliás, nos termos do § 5º do art. 543 da CLT, a comunicação da eleição é feita pelo próprio sindicato, e não pelos dirigentes eleitos em nome próprio. Não cabe, assim, ao empregador discutir a regularidade da eleição, devendo simplesmente reconhecer os que oficialmente se apresentam como dirigentes para todos os efeitos legais, pelo princípio da aparência. Tal conclusão em nada contrasta com a posição adotada pela jurisprudência no tocante ao número de dirigentes detentores de garantia de emprego (TST, Súmula n. 369, II), por ser esta questão diversa. Além disso, mesmo nos casos em que a quantidade de cargos diretivos extrapolar o número máximo estabelecido no art. 522 da CLT, isso não significa que nenhum dirigente sindical tenha estabilidade, devendo tal direito ser garantido pelo menos aos primeiros, até alcançar o limite previsto no dispositivo legal mencionado[110].

Relevante salientar, de outra parte, que o verdadeiro destinatário da proteção reservada ao dirigente sindical é a categoria que ele representa[111]. Consequentemente, se o trabalhador renuncia ao cargo de direção sindical ou, ainda, se solicita ou aceita ser transferido para fora da área de representação do respectivo sindicato, não mais desfruta da garantia de emprego[112]. E o mesmo ocorre quando a empresa encerra suas atividades na base territorial do sindicato (TST, Súmula n. 369, IV). Na mesma linha, se as funções exercidas pelo trabalhador na empresa não correspondem à categoria profissional que ele dirige ou representa, não será beneficiado pela estabilidade prevista nos arts. 543 da CLT e 8º, VIII, da Carta Magna (TST, Súmula n. 369, III).

Convém registrar, ainda, que a garantia em questão se refere apenas à permanência no cargo efetivo, não impondo ao empregador a obrigação de manter o obreiro no exercício de cargo em comissão que acaso esteja ocupando por ocasião de sua candidatura ou eleição sindical. Quanto à dispensa, por outro lado, enquanto persistir a estabilidade, o

---

(110) "Art. 522. A administração do sindicato será exercida por uma diretoria constituída, no máximo, de sete e, no mínimo, de três membros e de um conselho fiscal composto de três membros, eleitos esses órgãos pela assembleia geral."
(111) Nesse mesmo sentido vem sendo interpretada a garantia prevista para os membros de CIPA: "A estabilidade provisória do cipeiro não constitui vantagem pessoal, mas garantia para as atividades dos membros da CIPA, que somente tem razão de ser quando em atividade a empresa. Extinto o estabelecimento, não se verifica a despedida arbitrária, sendo impossível a reintegração e indevida a indenização do período estabilitário" (TST, Súmula n. 339, II).
(112) "DIRIGENTE SINDICAL. PERDA DE MANDATO. O empregado eleito para o cargo de administração sindical ou representação profissional, que a este renuncia, perde o mandato e, a partir daí, não faz jus a nenhum direito decorrente da estabilidade provisória que a lei lhe assegurava" (TST, RR 119.225/94, Ac. 1ª T. 6.296/94, 24.11.94, Rel. Min. Indalécio Gomes Neto. DJU 10.2.95, p. 2.073).

empregador só poderá promovê-la se o dirigente sindical praticar alguma falta grave, a qual deverá ser apurada em ação própria (CLT, art. 853). Caso não seja observada tal formalidade, a despedida será nula, podendo o dirigente sindical, irregularmente dispensado, postular seu retorno ao emprego. Nessa ação, ainda que a alegue, não será permitido ao empregador provar a falta grave imputada ao obreiro. A prova da falta grave só será admitida na ação própria (inquérito para apuração de falta grave), que deverá preceder a dispensa, no caso.

10.8.3. Membros da CIPA

A proteção contra a dispensa arbitrária, em relação ao cipeiro, é restrita aos membros eleitos pelos trabalhadores, sendo extensível aos suplentes (TST, Súmula n. 339, I). Por outro lado, considerando que a atuação do trabalhador, na busca de condições de trabalho mais seguras, pode causar desavenças ou rusgas com o empregador, prevê a lei que a garantia de emprego se estenda até um ano após o término do mandato (ADCT, art. 10, II, *a*), a fim de dissipar eventuais atritos remanescentes.

A garantia em questão, no entanto, não constitui vantagem pessoal do trabalhador diretamente alcançado por ela, uma vez que se destina a preservar o livre exercício da atribuição de defesa da categoria. Diante disso, a proteção contra a dispensa arbitrária perde sua razão de ser nos casos de cessação das atividades da empresa. Quando motivada pela extinção do estabelecimento, a despedida não é considerada arbitrária, o que torna incabível o pleito de reintegração e indevida a indenização pelo período restante da garantia de emprego (TST, Súmula n. 339, II).

10.8.4. Empregadas gestantes

A aquisição do direito de não ser despedida arbitrariamente ou sem justa causa, em relação à gestante, resulta da concepção. Embora a Constituição se refira à "confirmação da gravidez" (ADCT, art. 10, II, *b*), tal expressão deve ser interpretada como existência certa daquele estado. A causa geradora da garantia, no entanto, não é a obtenção da certeza, mas a ocorrência do fato acerca do qual houve ciência inequívoca. Assim, ainda que a ciência da gestação seja bem posterior, o início da garantia de emprego coincide com o momento a partir do qual, com certeza, existia gravidez, e não com o instante em que foi obtida a certeza de tal situação.

Para que o empregador sofra a restrição ao direito de dispensar a empregada gestante, é irrelevante a ciência do estado gravídico (TST, Súmula n. 244, I). A eficácia da garantia de emprego, ante o empregador, resulta da simples concepção, manifestando-se ainda quando a própria trabalhadora ignore esse fato. Assim, ao contrário do que ocorre com o dirigente sindical, a eficácia da proteção contra a despedida arbitrária em relação à gestante não depende de comunicação ao empregador, seja antes ou depois da despedida. Todavia, para que possa exigir indenização do empregador que a despediu imotivadamente, deve provar que o empregador tomou conhecimento de que estava impedido de rescindir o contrato unilateralmente, ainda que depois de haver praticado tal ato.

Embora a dispensa seja nula, mesmo que o empregador ignore o impedimento, enquanto não tiver ciência inequívoca do estado gravídico da obreira, por algum modo, não se poderá exigir-lhe que responda pela demora em determinar o retorno da trabalhadora às suas funções. Afinal de contas, o que a lei garante é o direito ao emprego, e não à indenização. Esta apresenta-se apenas como um sucedâneo daquele, quando não for possível seu cumprimento específico. Verificando-se, no entanto, que a culpa pelo inadimplemento foi da obreira, por não haver notificado o empregador da existência do direito, não se poderia impor a este as consequências da mora no seu cumprimento.

Não fosse assim, poderia a trabalhadora manter-se fora da presença do empregador durante todo o período da gestação e nos cinco meses seguintes ao parto e, depois, cobrar daquele apenas a indenização pela garantia de emprego não respeitada. Em tal caso, o desvio de finalidade da norma constitucional seria manifesto.

Destarte, o empregador só poderá ser responsabilizado pela inobservância do direito à permanência no emprego, desde a dispensa, mesmo ignorando a gravidez da obreira, se esta também a desconhecia à época, mas a comunicou àquele assim que tomou ciência do fato. E, para tanto, não nos parece razoável a demora superior a trinta dias, contados da data em que a obreira teve conhecimento da gestação. Do contrário, estariam abertas as portas à má-fé.

Se, entretanto, o empregador tinha conhecimento da gravidez, não se pode interpretar como abusiva a demora da obreira em ajuizar a ação. Afinal, estando ciente o empregador de que descumpriu obrigação de não fazer, é ele quem está em mora. Assim, dele é que deve partir a iniciativa de emendá-la. De outra parte, conforme salienta *Plá Rodriguez*, "não se pode qualificar de renúncia o mero atraso no exercício do direito"[113]. Assim, desde que o empregador esteja ciente da gravidez, pela demora da obreira em invocar a tutela judicial, contanto que não exceda o prazo prescricional, não deve ela sofrer prejuízo algum[114]. Afinal, não poderia o empregador, no caso, alegar prejuízo injusto, uma vez que é ele quem está em mora, devendo, por isso, responder pelas suas consequências.

Registre-se, no entanto, que há decisões considerando abusiva a demora da trabalhadora em pleitear a reintegração no emprego. Mesmo que assim se entenda, não se poderia sustentar o abuso exclusivamente na demora em invocar a tutela jurisdicional. Assim, por maior que tenha sido a demora, mesmo quando o empregador ignorasse o estado gravídico da obreira, não se poderia qualificá-la como abusiva, por exemplo, quando restar evidenciado que não haveria a menor possibilidade de reintegração, impondo-se sua conversão em

---

(113) PLÁ RODRIGUEZ, Américo. *Op. cit.*, p. 95.
(114) "ESTABILIDADE PROVISÓRIA. INDENIZAÇÃO. GESTANTE. PERÍODO ESTABILITÁRIO EXAURIDO. AJUIZAMENTO DA AÇÃO DENTRO DO PRAZO PRESCRICIONAL Reputa-se devida a indenização decorrente de estabilidade provisória de empregada gestante, ainda que exaurido o período estabilitário, desde que a reclamação trabalhista tenha sido ajuizada dentro do biênio prescricional. Isso porque, enquanto não esgotado o prazo estabelecido no art. 7º, inciso XXIX, da Constituição Federal, não se pode legalmente sancionar a parte que se abstenha de ingressar em juízo" (TST, RR 522.488/98, Red. desig. Min. João Oreste Dalazen. DJU 23.5.2003, p. 583).

indenização, ainda que a trabalhadora tivesse recorrido imediatamente à Justiça. Destarte, não se pode simplesmente fundar a existência do abuso no tempo transcorrido entre a dispensa indevida e a busca da tutela jurisdicional.

Como a proteção conferida à trabalhadora gestante, no caso, é apenas contra a dispensa arbitrária ou sem justa causa, o estado de gravidez não obsta o término dos contratos por prazo determinado (TST, Súmula n. 244, III). Em tais pactos, uma vez atingido o termo final, a relação jurídica cessa automaticamente, uma vez que o contrato exauriu seus efeitos. O encerramento da relação jurídica, portanto, não decorre de ato unilateral do empregador, mas é simples consequência do que fora pactuado quando da admissão da obreira. Quanto à dispensa antes do termo previsto, no entanto, salvo se fundada em motivo disciplinar, técnico, econômico ou financeiro, não será permitida, uma vez que implica ofensa à garantia constitucional contra a despedida arbitrária ou sem justa causa.

10.9. *Reintegração*

A reintegração ao emprego, como regra, importa simples continuidade da relação contratual que vigia anteriormente à ruptura contratual em face da nulidade ou anulação desta.

Dúvidas, porém, podem surgir em caso de reintegração liminar, mediante deferimento de antecipação dos efeitos da tutela, especialmente quando, ao final, a sentença ou o acórdão afastam a invalidade da rescisão. Nos casos em que a decisão antecipatória dos efeitos da tutela é confirmada, a solução é simples, uma vez que apenas foram adiantados os efeitos da decisão final que reconheceu o direito de retornar ao emprego por não ser válida a ruptura contratual. Aqui, a prestação de trabalho, a partir da reintegração, nada mais significa do que a continuidade do contrato indevidamente rompido. Assim também ocorre quando a reintegração só é implementada após o trânsito em julgado da sentença que reconheceu a nulidade da dispensa.

Caso, porém, não se confirme a reintegração, vale dizer, se, ao final, restar decidido que a rescisão foi válida, o período laborado a partir da data em que se efetivou o provimento antecipatório não pode ser tido como integrante do contrato cuja rescisão se reconheceu ser válida. Afinal, se a ruptura contratual ocorrida foi confirmada pela Justiça, logicamente, o que ocorreu depois não pode ser parte do mesmo contrato. Assim, na prática, é como se tivesse ocorrido um novo contrato, sujeito a condição resolutiva. Afinal, cassada a decisão que antecipou os efeitos da tutela, desaparece, automaticamente, a obrigação de manter a situação dela decorrente, voltando as partes ao estado anterior. Por outro lado, se a decisão final confirma a validade da dispensa anterior, não se poderia concluir que o labor prestado após o ato rescisório fosse integrante do contrato que, à época, já estava regularmente extinto.

Alguém poderia objetar que, sendo empregador a administração pública ou alguma empresa estatal, se fosse reconhecida a existência de um novo contrato, no caso, ele seria nulo, ante a falta de prévio concurso público. Todavia, isso em nada modificaria a situação, uma vez que, juridicamente, a situação analisada em tudo se assemelha à nulidade contratual. Afinal, não se confirmando a antecipação da tutela, os efeitos dela extraídos devem ser revertidos, tal como ocorre nos casos em que se reconhece a nulidade do contrato (CC, art. 182). Como, porém, não é possível restituir ao obreiro a força de trabalho colocada à disposição do empregador, deve-se reconhecer àquele uma indenização equivalente. E, conforme demonstramos no Capítulo IX, item 9.5, alínea *a*, a equivalência se traduz no valor de todas verbas trabalhistas relativas ao período trabalhado.

Em suma, pois, quanto aos efeitos do período laborado em decorrência da reintegração liminar que, ao final, não prevalece, "é como se" tivesse havido um contrato sujeito a condição resolutiva. Juridicamente, no entanto, o que ocorre é a mera restituição das partes ao estado anterior, em decorrência da cassação da tutela antecipada, mediante indenização equivalente. Na prática, porém, os efeitos são os mesmos, daí a comparação.

Caso, porém, as partes deem continuidade à relação laboral depois de cassados os efeitos da antecipação da tutela, cessa a precariedade e tem-se a formação de um novo contrato, por prazo indeterminado, desde a data em que o trabalhador foi reintegrado no emprego. Neste caso, pode haver nulidade por falta de concurso. O que não se pode é sustentar que haja continuação de um contrato cuja rescisão foi confirmada pelo Judiciário.

Diversa é a situação verificada quando o empregado formula pleito de rescisão indireta, mas se vale da faculdade prevista no art. 483, § 3º, da CLT, ou o empregador propõe inquérito para apuração de falta grave sem suspender o cumprimento do contrato de trabalho. Em tais casos, a prestação laboral havida enquanto as partes aguardam a solução judicial integra a execução do contrato originário, não implicando a formação tácita de um novo pacto laboral. Com efeito, conforme já referido acima, no ajuizamento do inquérito judicial, assim com no pleito de rescisão indireta, nas hipóteses em que o empregado não se afasta do serviço (CLT, art. 483, § 3º), a manifestação de vontade, no sentido de pôr termo ao pacto laboral, é apenas condicional, ficando seus efeitos na dependência do reconhecimento, pelo juízo, da falta contratual atribuída à outra parte. Diante disso, a eficácia do rompimento contratual se projeta para a data em que transita em julgado a sentença que reconhece a falta grave (do obreiro ou do empregador, conforme o caso) ou para o último dia trabalhado, caso a prestação laboral cesse antes daquela data. Não tendo havido cessação da prestação laboral, caso não seja reconhecida a falta grave invocada, o vínculo prossegue intacto.

10.10. Renúncia de direitos

Conforme enuncia *Nicoliello*, a irrenunciabilidade dos direitos trabalhistas assenta-se no fato de que a maior parte das normas laborais visa à proteção da saúde, da dignidade e da liberdade dos trabalhadores, revestindo-se, por isso, de caráter público. Tendo em conta, ainda, que as normas trabalhistas estabelecem um mínimo necessário à subsistência e à dignidade humana do trabalhador e de sua família, a renúncia, no caso, equivaleria a dispor do direito a uma vida digna, faculdade que não se reconhece a pessoa alguma. Não bastasse isso, tal renúncia, além do disponente e seus familiares, refletiria sobre a situação dos colegas de profissão, os quais se veriam constrangidos a também aceitar condições de trabalho menos favoráveis, esvaziando, com isso, a efetividade do direito à vida[115].

De outra parte, conforme decidiu a 1ª Turma do TST, em acórdão da lavra do Min. Marco Aurélio de Farias Mello, que hoje integra o STF, "de nada adiantaria a intervenção do Estado no relacionamento empregado x empregador, outorgando ao primeiro garantia mínima, caso pudesse o beneficiado, diante de circunstâncias reinantes, especialmente ligadas à impiedosa vida econômica em sociedade, despojar-se da garantia" (TST, RR 4.167/86, Ac. 1ª T. 4.610/86, 21.11.86. DJU 19.12.86).

Assim, quando o direito enfocado merecer uma tutela de nível de interesse público, por traduzir um patamar civilizatório mínimo firmado pela sociedade política em um dado momento histórico, a indisponibilidade será absoluta. E nesse contexto estão, exemplificativamente, os direitos à assinatura da CTPS, ao salário-mínimo, à incidência das normas de proteção à saúde e segurança do trabalhador ou às normas de interesse abstrato da respectiva categoria[116].

Ocorre, entretanto, que nem todos os direitos emanados da relação de emprego estão protegidos pela irrenunciabilidade, não havendo, assim, razão para uma restrição absoluta e genérica quanto à sua disponibilidade. É possível, por exemplo, que algum empregado tenha interesse em reduzir a jornada laboral, a fim de exercer outra atividade, e, por tal motivo, abra mão da parte dos salários correspondente à diminuição do trabalho. Pode, ainda, o trabalhador renunciar a uma promoção conquistada por seus próprios méritos se não lhe interessarem as exigências decorrentes da nova função. E, do mesmo modo que nos casos acima, existem outras situações em que a renúncia deve ser admitida.

Entretanto, mesmo nos casos em que a renúncia é possível, não se pode esquecer que, em regra, a condição econômica do trabalhador não é tão cômoda que lhe permita abrir mão de vantagens resultantes da relação empregatícia. Assim, em face das contingências a que se acha sujeita a vontade do obreiro diante do poder patronal, e considerando sua inferioridade econômica, conforme observa *Dorval Lacerda*, têm os tribunais de investigar os motivos, podendo, inclusive, se for o caso, valer-se da presunção de coação, fraude, erro, ignorância da lei e pressão econômica, tais sejam os elementos de que é cercado o caso concreto[117].

Tal presunção, contudo, ressalva *Russomano*, "não pode ser nem intensa, nem extensa. Dependerá, sempre, dos fatos concretos e, em grande parte, da prova, o que lhe desvirtua o caráter presuntivo. Se não for assim, não terão, jamais, valia alguma os recibos firmados pelo obreiro, não havendo a menor segurança para o empregador, que também deve ser alvo de respeito dentro das leis protetoras dos empregados. Se houvesse a intenção de autorizar presunções arrojadas, as quais Lacerda não autoriza também, a lei teria feito, em caráter geral, o que fez relativamente à *alteração do contrato de trabalho*: sempre que da

---

(115) NICOLIELLO, Nelson. *Op. cit.*, p. 361-2.
(116) DELGADO, Mauricio Godinho. *Op. cit.*, p. 212-3.
(117) *Apud* RUSSOMANO, Mozart Victor. *Op. cit.*, p. 48.

alteração decorrer prejuízo manifesto e provado para o trabalhador, mesmo que este tenha concordado com a alteração, o ato que modificou o contrato será *nulo* (art. 468). Aí temos uma presunção legal absoluta de que o empregado foi coagido e contra essa presunção não se admite prova (*juris et de jure*)"[118].

Considerando, porém, a dependência econômica em face do empregador e a condição do obreiro durante o pacto laboral, fica este sujeito, antes, durante e mesmo depois da vigência do contrato de trabalho, a uma situação de desigualdade material e moral tal que permite ao empregador pressioná-lo, e mesmo coagi-lo, a aceitar negócios contrários aos próprios interesses, levando-o facilmente a isso, sobretudo pela ignorância em que vive a maior parte do operariado nacional[119]. A tendência da doutrina e da jurisprudência, no entanto, é de tratar com maior rigor a renúncia verificada no ato da contratação ou no curso do pacto laboral, sendo mais flexível em relação aos atos de disposição supervenientes à cessação do vínculo de emprego, quando a ascendência do empregador sobre o obreiro diminui consideravelmente.

A forma mais comum de renúncia inválida, no ato da admissão, diz respeito à natureza da relação jurídica contratada[120]. O obreiro não pode renunciar à condição de empregado quando o modo como realiza o trabalho seenquadra em tal figura. Por conseguinte, o fato de assinar um contrato pelo qual, supostamente, seria um trabalhador autônomo (empreiteiro, prestador de serviços, representante comercial, parceiro ou coisa assim) não impede o obreiro de invocar a tutela empregatícia, desde que, de fato, a prestação laboral tenha ocorrido nos moldes trabalhistas.

Ao longo da relação contratual, considerada a vulnerabilidade do trabalhador, em face de seu estado de subordinação e da precariedade da relação empregatícia, por não haver garantias contra a despedida arbitrária, dificilmente será admitida uma renúncia por parte do obreiro. Por conseguinte, não se pode interpretar o silêncio do empregado diante de uma situação que lhe é desfavorável como concordância com ela. Se alguma presunção pode ser extraída de tal contexto, será a de que o trabalhador não se insurgiu contra tal situação em razão do temor do desemprego. Por vezes até cobrou do empregador providências, mas não foi ouvido. Apesar disso, não foi adiante por temer prováveis represálias. Destarte, é preciso ter extrema cautela ao supor que tenha havido renúncia por parte do trabalhador quando não se evidencia que tivesse interesse algum em praticar um ato de disposição.

Situação emblemática é a que ocorre com o vale-transporte e o salário-família. Não é razoável supor que o empregado tenha renunciado a tais benefícios porque não apresenta a prova de que os tivesse requerido. Aliás, não faz sentido exigir que o empregado requeira direitos, cabendo ao empregador velar para que as normas de proteção trabalhista sejam devidamente aplicadas. De outra parte, especialmente em relação aos trabalhadores com baixos salários, é de presumir que dependam do transporte público para ir e retornar do

---

(118) RUSSOMANO, Mozart Victor. *Op. cit.*, p. 48.
(119) *Idem.*
(120) No caso, não haverá, propriamente renúncia, mas *negócio derrogatório*, em que se intenta afastar a aplicação de determinadas normas à relação jurídica laboral (PLÁ RODRIGUEZ, Américo. *Op. cit.,* p. 96).

trabalho. Assim, deve ser ônus do empregador provar que o obreiro não precisava do vale-transporte ou dispensou o benefício. Não é demais lembrar, ainda, que, em face da redação conferida pela Lei n. 7.619/87 ao art. 1º da Lei n. 7.418/85, a concessão do vale-transporte deixou de ser uma faculdade do empregador para converter-se em obrigação legal. E isso explica por que as empresas que zelam pela organização e pelo respeito a seus empregados tomam o cuidado de apresentar-lhes, no ato da admissão, um documento no qual cada trabalhador deverá declarar se faz uso, ou não, de transporte público e informar se tem interesse no recebimento do vale-transporte, caso necessite e queira recebê-lo. Ademais, prestar os devidos esclarecimentos acerca dos direitos do trabalhador deve ser considerado, para o empregador, um dever anexo ao contrato de trabalho, em decorrência da posição que ocupa na execução de tal pacto, principalmente quando o obreiro é pessoa de parcos conhecimentos, o que constitui a regra. Trata-se de uma consequência do princípio da boa-fé objetiva, mesmo fundamento em que se assenta, por exemplo, o dever de colaboração do empregado. Convém salientar que, muitas vezes, o empregado não tem coragem sequer de dirigir-se ao empregador para cobrar a obrigação principal do contrato, uma vez que seu sentimento, em relação à outra parte, não raro, chega a ser de gratidão, pela oportunidade do emprego. Assim, presumir que o empregado não comunicou ao empregador sua necessidade do vale-transporte, quando este não lhe foi concedido, exigindo do obreiro prova em contrário, constitui uma gritante injustiça e falta de sensibilidade social, subvertendo os princípios da proteção trabalhista e da boa-fé contratual, a despeito de ser esse o entendimento dominante nos tribunais (TST/SDI-I, OJ n. 215). O que deve ser exigido, no caso, é que o empregador prove que colocou o benefício à disposição do obreiro, mas este declarou que não tinha interesse em recebê-lo, o que, naturalmente, deverá ser feito por escrito.

A propósito, lembra o Min. *Carlos Alberto Reis de Paula* que o fornecimento do vale-transporte é uma obrigação imposta ao empregador em decorrência do contrato de trabalho, e a disposição contida no art. 7º do Regulamento (Decreto n. 95.247/87) não se apresenta, tecnicamente, como uma condição, tal como definida pelo art. 121 do Código Civil, no sentido de evento futuro e incerto. Assim, cabe ao empregador, juntamente com as demais informações que devem constar da ficha de registro do empregado, indagar se o mesmo faz uso de transporte público e se tem interesse em receber o vale-transporte. E, caso o trabalhador não necessite ou não queira receber o benefício, por exemplo, porque o gasto com o deslocamento é inferior a 6% de seu salário-base, deverá firmar declaração nesse sentido[121]. Afinal, incumbe ao empregador verificar se estão presentes as situações de fato das quais decorrem os direitos trabalhistas, não se podendo transferir ao empregado as consequências do descumprimento de obrigações impostas ao empregador.

De igual modo, a não concessão do salário-família, especialmente nas relações contratuais não formalizadas, deve ser imputada à intencional omissão do empregador[122]. Afinal de

---

(121) PAULA, Carlos Alberto Reis de. *A especificidade do ônus da prova no processo do trabalho*. São Paulo: LTr, 2001. p. 178.
(122) Ainda conforme o Min. Carlos Alberto Reis de Paula, em relação aos filhos nascidos antes da admissão do trabalhador no emprego, cabe ao empregador, no ato da contratação, exigir as certidões de nascimento (PAULA, Carlos Alberto Reis de. *Op. cit.*, p. 180).

contas, não teria ele interesse algum em reconhecer tal direito ao obreiro, uma vez que nem ao menos se deu ao cuidado de fazer seu registro. Em tais circunstâncias, o custo do salário-família teria que ser suportado pelo empregador, não podendo ser abatido do valor das contribuições previdenciárias devidas, uma vez que nem sequer eram recolhidas. Diante disso, fica evidente que o empregador tinha todo o interesse em sonegar o benefício ao trabalhador, assim como o fez em relação ao débito previdenciário. Em tais casos, exigir a prova de que o empregado postulou o benefício no curso do contrato de trabalho, mesmo evidenciado que tem filhos que lhe garantem tal direito, seria presumir que o trabalhador teria renunciado àquela vantagem, salvo prova em contrário, o que se revela absurdo. Lamentavelmente, porém, é isso o que ocorre na prática (TST, Súmula n. 254).

Mesmo após a cessação do vínculo empregatício, a condição do trabalhador não deixa de ser crítica, principalmente em face das dificuldades que enfrenta para encontrar nova colocação no mercado. Diante disso, a pressão econômica que se abate sobre o trabalhador, principalmente quando continua desempregado, exige que supostos atos de disposição sejam analisados com cuidado, não se podendo deduzir renúncias sem maiores critérios.

Veja-se, por exemplo, a situação do empregado estável que é dispensado sem justa causa, mas recebe as verbas rescisórias oferecidas pelo empregador. Em tais casos, a jurisprudência tende a afastar a caracterização da renúncia tácita à estabilidade. E não poderia ser de outro modo, uma vez que, do contrário, além de não ter respeitado seu direito de permanência no emprego, o trabalhador ainda seria penalizado com a privação dos meios de subsistência, enquanto aguarda a efetivação daquela garantia. Idêntica solução deve ser aplicada ainda quando o obreiro, além de receber as verbas rescisórias, saca o FGTS e se habilita ao recebimento do seguro-desemprego. Afinal de contas, a despeito da nulidade da dispensa, o certo é que, de fato, enquanto não for reintegrado, encontra-se o obreiro em situação de desemprego involuntário, o que lhe permite auferir igual proteção oferecida aos demais trabalhadores nas mesmas condições.

Os tribunais, entretanto, tendem a repelir a postura do empregado que, embora dispensado injustamente no curso da estabilidade temporária, só vai a juízo uma vez exaurido o período estabilitário. Argumenta-se que, no caso, o trabalhador tem interesse tão somente na obtenção das verbas do período sem a contrapartida laboral, caracterizando-se o abuso de direito, visto que o objetivo da estabilidade é garantir a permanência no emprego e não o recebimento de uma indenização. Tal solução, entretanto, não pode ser tomada sem as devidas cautelas, uma vez que, ao dispensar injustamente o empregado portador de estabilidade, é o empregador quem incide em mora (CC, art. 390), sendo dele, portanto, a responsabilidade pelas consequências do atraso no restabelecimento da situação anterior[123]. Assim, não se poderia, em qualquer situação e sem maiores indagações, simplesmente absolvê-lo dos efeitos da demora na reintegração do obreiro que foi injustamente dispensado.

---

(123) Sendo a dispensa nula, juridicamente o contrato continua vigente, uma vez que o ato inválido não acarreta modificação na situação jurídica anterior. Todavia, o empregador não se limita a rescindir o contrato, mas também dispensa o trabalho do obreiro, o que implica que, de fato, é como se tivesse havido uma rescisão contratual por iniciativa do empregador. Por conseguinte, por haver descumprido uma obrigação de não fazer, incide em mora desde a data da rescisão indevida (CC, art. 390).

Afinal de contas, o empregador não precisava esperar que o trabalhador fosse a juízo postular a observância da garantia de emprego para reintegrá-lo. Renúncia só haverá, no caso, se o empregado recusar, injustificadamente, a proposta de retorno ao trabalho. Todavia, antes que tenha havido oferta do empregador, isto é, enquanto persistir a mora deste, não se poderá dizer que houve recusa do obreiro.

As mesmas ressalvas opostas às renúncias na vigência do vínculo empregatício aplicam-se às que ocorrem por ocasião do término do contrato laboral. É por isso que a jurisprudência não admite, por exemplo, a renúncia, pelo empregado, do aviso prévio (TST, Súmula n. 276) e confere efeitos limitados à adesão aos planos de demissão incentivada (TST/SDI-I, OJ n. 270).

Após o término do contrato de trabalho, no entanto, diminuem as resistências à renúncia, uma vez que, no caso, ela já não afasta a incidência das normas imperativas, mas apenas afeta os direitos decorrentes de sua aplicação, possibilitando, assim, seu abandono pelo titular. Com efeito, do mesmo modo que o empregado é livre para simplesmente deixar prescrever seus créditos, também pode abrir mão deles por outros meios, desde que sua vontade não esteja corrompida. Mas nem por isso a renúncia deve ser presumida, devendo restar caracterizada de forma cristalina a intenção dispositiva.

Em relação às verbas rescisórias, contudo, não há razão para supor que o empregado não tenha interesse em recebê-las ou que renuncie a parte delas, mesmo que sob a forma de aparente transação. Assim, conforme observa *Arnaldo Süssekind*, "se o trabalhador firmou recibo de plena e geral quitação, ao receber parte do que, *com certeza* lhe era devido, a coação econômica, viciadora do seu consentimento, deve ser presumida"[124].

Como regra, porém, consideram-se "válidas as conciliações, ainda que transativas, alcançadas: *a)* em sede judicial com a intervenção do magistrado; *b)* perante as associações sindicais e com sua intervenção; *c)* perante uma comissão intersindical constituída junto aos órgãos do trabalho"[125]. Por outro lado, conforme lembra *Gabriel Saad*, "a transação perante o Juiz do Trabalho é admitida ainda que tenha por objeto direito protegido por regra de ordem pública. No caso, não se pode presumir que houve violação de qualquer preceito consolidado ou que o trabalhador sofreu qualquer coação para transacionar seu direito"[126]. Isso, porém, não exclui a possibilidade de ser acolhida alegação de que houve vício do consentimento, desde que seja devidamente provado[127].

Por sua vez, ressalta *Mauricio Godinho Delgado* que a conciliação judicial pode abarcar parcelas trabalhistas não transacionáveis na esfera estritamente privada[128]. Especialmente quando a conciliação ocorre após o término do pacto laboral e versa sobre créditos

---

(124) SÜSSEKIND, Arnaldo; MARANHÃO, Délio; VIANNA, Segadas. *Op. cit.*, p. 213.
(125) TORRENTE, Andrea; SCHLESINGER, Piero. *Op. cit.*, p. 752.
(126) SAAD, Eduardo Gabriel. *Op. cit.*, p. 45.
(127) "AÇÃO RESCISÓRIA. ACORDO. VÍCIO DO CONSENTIMENTO. Demonstrada a existência de vício de vontade ou de consentimento do reclamante para a transação, tendo em vista que o empregador providenciou a assistência de advogado para o empregado, sem o conhecimento deste, com o objetivo de propor reclamação trabalhista fraudulenta, impõe-se a rescisão da sentença homologatória do acordo, com extinção do feito originário sem resolução do mérito" (TRT 18ª REGIÃO, AR 00079-2008-000-18-00-6, Rel. Des. Gentil Pio de Oliveira. DJE 13.10.2008, p. 6).
(128) DELGADO, Mauricio Godinho. *Op. cit.*, p. 212.

patrimoniais, não se poderia negar eficácia à transação ou mesmo à renúncia em que aquela se assenta, uma vez que o empregado poderia simplesmente deixar de postular tais direitos em juízo. Assim, se pode o mais, isto é, deixar de cobrar as verbas insatisfeitas ao longo do contrato, ainda que certas, não se poderia negar-lhe o direito de transacionar créditos em relação aos quais há controvérsia. Mesmo após postular os créditos em juízo e ter acolhida sua pretensão, não está excluída a possibilidade de disposição, como ocorre quando as partes celebram acordo em sede de execução trabalhista por valor inferior ao apurado em liquidação[129].

O mesmo argumento não vale, porém, às transações ou renúncias verificadas no curso do contrato, uma vez que, em primeiro lugar, a dependência do empregador exerce forte influência sobre o ânimo do trabalhador e, afora isso, não se poderia admitir a renúncia à incidência futura das normas de proteção trabalhista[130]. Assim, as transações celebradas em tais circunstâncias devem ser analisadas com cuidado, de modo a preservar os legítimos interesses do trabalhador, evitando que se transformem em condição de permanência no emprego ou fonte de outras fraudes aos direitos trabalhistas, especialmente quando a controvérsia é artificial, sendo estabelecida tão somente para legitimar uma suposta transação que, em essência, não passa de renúncia pura e simples.

De todo modo, mesmo que realizada em juízo e após o término do contrato, é possível que o ato dispositivo seja invalidado, desde que seja constatado algum vício em seus elementos medulares; na vontade, por exemplo. Além disso, ainda que estruturalmente perfeito, o ato dispositivo não poderá ser praticado em prejuízo de terceiros, sob pena de incorrer na mesma sanção.

Em relação ao empregador, nada impede que conceda mais direitos do que os previstos na legislação, no contrato individual ou nas normas coletivas. Assim, ainda que a hipótese possa ser assimilada à renúncia, a invalidade desta depende de prova da ocorrência de algum vício capaz de afetar os negócios jurídicos em geral. Nada impede, por exemplo, que o empregador abra mão do direito de dispensar arbitrariamente seus empregados, garantindo a todos eles estabilidade no emprego. De igual modo, mesmo diante de prova cabal de falta contratual grave, admite-se que o empregador renuncie, inclusive tacitamente, ao direito de dispensar o empregado por justa causa.

Afora isso, os atos do empregador que concedem vantagens espontâneas aos empregados não podem ser analisados como simples liberalidades, senão como obrigações assumidas no âmbito de uma relação negocial. Mesmo que provenientes de atos unilaterais, quando resultarem em prestações habituais, incorporam-se ao contrato, sob a forma de cláusulas

---

(129) Ainda aqui, "cabe entender que se trata de dispor sobre meras pretensões, e não sobre direitos evidentes. Obviando dificuldades probatórias ou demoras excessivas de tramitação, prefere-se uma satisfação menos perfeita da pretensão, mas que, livremente aceita, se considera suficiente" (NICOLIELLO, Nelson. *Op. cit.*, p. 364-5).

(130) "RENÚNCIA FIRMADA APÓS A PROLAÇÃO DE SENTENÇA FAVORÁVEL. INDÍCIOS DE FORTE COAÇÃO. NULIDADE. É nula a renúncia assinada por substituído que afirmou em juízo ter praticado o ato sob forte coação — ameaça de dispensa, no caso — especialmente se o documento foi assinado após a prolação da sentença de mérito que lhe foi favorável, o que inclusive contraria o bom senso. Ademais, o Estado tutela os direitos do trabalhador de modo especial, razão por que até a renúncia deve passar pelo crivo do princípio da indisponibilidade" (TRT 3ª Região, AP 6.788/2002, Ac. 1ª T. 2.12.2002, Rel. Juiz Marcus Moura Ferreira. DJE 6.12.2002, p. 4).

tácitas, pelas quais se obriga o empregador a manter as vantagens oferecidas. Isso porque a conduta do empregador, no caso, cria no obreiro a legítima expectativa de continuar desfrutando daquelas prestações. E tal expectativa é digna de proteção jurídica, por uma questão de boa-fé objetiva, pois confere estabilidade às relações contratuais. Por tal fundamento, os tribunais vêm entendendo que até mesmo as gratificações relativas às funções comissionadas, embora sejam, por natureza, precárias (CLT, art. 468, parágrafo único), sob certas condições, se incorporam definitivamente à remuneração do obreiro[131].

---

(131) "Percebida a gratificação de função por dez ou mais anos pelo empregado, se o empregador, sem justo motivo, revertê-lo a seu cargo efetivo, não poderá retirar-lhe a gratificação tendo em vista o princípio da estabilidade financeira" (TST, Súmula n. 372, I).

REFERÊNCIAS BIBLIOGRÁFICAS

ABREU FILHO, José. *O negócio jurídico e sua teoria geral.* 5. ed. atual. de acordo com o novo Código Civil. São Paulo: Saraiva, 2003.

ALEMÃO, Ivan. *Curso de direito do trabalho.* São Paulo: LTr, 2004.

ALMEIDA, Ísis de. *Manual de direito individual do trabalho.* São Paulo: LTr, 1998.

ALONSO OLEA, Manuel; CASAS BAAMONDE, María Emilia. *Derecho del trabajo.* 11. ed. rev. Madrid: Facultad de Derecho – Universidad Complutense, 1989.

ALVES, Ivan Dias Rodrigues; MALTA, Christovão Piragibe Tostes. *Teoria e prática do direito do trabalho.* 9. ed. rev., atual. e aum. São Paulo: LTr, 1995.

ALVES, José Carlos Moreira. *A parte geral do projeto de Código Civil brasileiro:* subsídios históricos para o novo Código Civil brasileiro. 2. ed. aum. São Paulo: Saraiva, 2003.

ALVES, Vilson Rodrigues. *Da prescrição e da decadência no novo Código Civil.* Campinas: Bookseller, 2003.

AMARAL, Francisco. *Direito civil:* introdução. 6. ed. rev., atual. e aum. Rio de Janeiro: Renovar, 2006.

AMARAL NETO, Francisco dos Santos. Negócio jurídico – I. In: *Enciclopédia Saraiva do Direito,* v. 54. São Paulo: Saraiva, 1977.

AMORIM FILHO, Agnelo. Critério científico para distinguir a prescrição da decadência e para identificar as ações imprescritíveis. In: *Revista dos Tribunais,* v. 49, n. 300, out. 1960.

ANDRADE, Vasco de. *Atos unilaterais no contrato de trabalho.* Ed. fac-sim. São Paulo: LTr, 1996.

ASCENSÃO, José de Oliveira. Alteração das circunstâncias e justiça contratual no novo Código Civil. In: DELGADO, Mário Luiz; ALVES, Jones Figueiredo (Coord.). *Questões controvertidas no novo Código Civil,* v. 2. São Paulo: Método, 2004.

AYRES, Maria Elyzabeth Tude Junqueira. Anulação do contrato de trabalho. In: *Enciclopédia Saraiva do Direito,* v. 7. São Paulo: Saraiva, 1978.

AZEVEDO, Antônio Junqueira de. *Negócio jurídico:* existência, validade e eficácia. 3. ed. rev. São Paulo: Saraiva, 2000.

BARACAT, Eduardo Milléo. A vontade na formação do contrato de trabalho: o problema do negócio jurídico. In: DALLEGRAVE NETO, José Affonso; GUNTHER, Luiz Eduardo (Coord.). *O impacto do novo Código Civil no direito do trabalho.* São Paulo: LTr, 2003.

BARASSI, Lodovico. *Instituciones de derecho civil,* v. 1. Trad. Ramon Garcia de Haro de Goytisolo. Barcelona: Bosch, 1955.

BARBAGELATA, Hector-Hugo. *O direito do trabalho na América Latina.* Trad. Gilda Maciel Corrêa Meyer Russomano. Rio de Janeiro: Forense, 1985.

BARROS, Alice Monteiro de. *Curso de direito do trabalho.* São Paulo: LTr, 2005.

BECKER, Anelise. *Teoria geral da lesão nos contratos.* São Paulo: Saraiva, 2000.

BERNARDES, Hugo Gueiros. *Direito do trabalho,* v. 1. São Paulo: LTr, 1989.

BETTI, Emílio. *Teoria geral do negócio jurídico.* Trad. Ricardo Rodrigues Gama. Campinas: LZN, 2003.

BEVILAQUA, Clovis. *Código Civil dos Estados Unidos do Brasil comentado,* v. 1, 7. ed. Rio de Janeiro: Livraria Francisco Alves, 1944.

_____. *Theoria geral do direito civil.* 4. ed. atual. por Achilles Bevilaqua. Rio de Janeiro: Francisco Alves, 1949.

BOULOS, Daniel M. *Abuso do direito no novo Código Civil.* São Paulo: Método, 2006.

BREVIDELLI, Scheilla Regina. A manifestação de vontade no contrato de emprego: limites interpretativos e a tarefa do Juiz. Disponível em: <http://jusvi.com/doutrinas_e_pecas/ver/1206> Acesso em: 18 dez. 2007.

BUEN LOZANO, Néstor de. *Derecho del trabajo,* t. 1: conceptos generales. 7. ed. México: Porrúa, 1989.

CABANELLAS, Guillermo. Elementos esenciales del contrato de trabajo. In: *Estudios sobre derecho individual de trabajo en homenaje al profesor Mario L. Deveali.* Buenos Aires: Editorial Heliasta, [s.d.].

_____. *Tratado de derecho laboral,* t. 2, v. 1, 3. ed. Buenos Aires: Editorial Claridad, 1988.

CAHALI, Yussef Said. *Fraude contra credores.* 3. ed. rev. e atual. São Paulo: Revista dos Tribunais, 2002.

_____. *Tratado de derecho laboral,* t. 2, v. 1, 3. ed. Buenos Aires: Editorial Claridad, 1988.

CAMERLYNCK, Guillaume Hubert. *Droit du travail:* le contrat de travail, t. 1, 2. ed. Paris: Dalloz, 1982.

CAMINO, Carmen. *Direito individual do trabalho.* 4. ed. rev., ampl. e atual. Porto Alegre: Síntese, 2004.

CAMPOS RIVERA, Domingo. *Derecho laboral colombiano.* 2. ed. actual. Bogotá: Editorial Temis, 1978.

_____. *Tratado de derecho laboral,* t. 2, v. 1, 3. ed. Buenos Aires: Editorial Claridad, 1988.

CANOTILHO, José Joaquim Gomes. *Direito constitucional.* 6. ed. rev. Coimbra: Almedina, 1993.

CANTO, Gilberto de Ulhoa. Causa das obrigações fiscais. In: *Repertório enciclopédico do direito brasileiro*, v. 8. Rio de Janeiro: Borsoi, [s.d.].

CAPITANT, Henri. *De la cause des obligations*. 3. ed. Paris: Dalloz, 1927.

_____. *Introduction à l'étude du droit civil*. 4. ed. Paris: Pedone, 1921.

CARBONNIER, Jean. *Droit civil*, t. 1: les personnes. 18. ed. Paris: Presses Universitaires de France, 1992.

_____. *Droit civil*, t. 4: les obligations. 17. ed. Paris: Presses Universitaires de France, 1993.

CARELLI, Rodrigo de Lacerda. *Formas atípicas de trabalho*. São Paulo: LTr, 2004.

CARRIDE, Norberto de Almeida. *Vícios do negócio jurídico*. São Paulo: Saraiva, 1997.

CARRION, Valentin. *Comentários à Consolidação das Leis do Trabalho*. 25. ed. atual. e ampl. São Paulo: Saraiva, 2000.

CARVALHO, Francisco Pereira de Bulhões. *Incapacidade civil e restrições de direito*. Rio de Janeiro: Borsoi, 1957.

_____. Incapacidade (Classificação). In: *Repertório enciclopédico do direito brasileiro*, v. 25. Rio de Janeiro: Borsoi, [s.d.].

_____. Incapacidade de direito (Parte 3ª – Incapacidade de direito especial relativa). In: *Repertório enciclopédico do direito brasileiro*, v. 26. Rio de Janeiro: Borsoi, [s.d.].

_____. Incapacidade de exercício absoluta. In: *Repertório enciclopédico do direito brasileiro*, v. 25. Rio de Janeiro: Borsoi, [s.d.].

_____. Incapacidade de exercício relativa (Parte 4ª – Menores de dezesseis a vinte e um anos de idade). In: *Repertório enciclopédico do direito brasileiro*, v. 26. Rio de Janeiro: Borsoi, [s.d.].

_____. Ineficácia. In: *Repertório enciclopédico do direito brasileiro*, v. 27. Rio de Janeiro: Borsoi, [s.d.].

CASTELLO BRANCO, Elcir. Abuso. In: *Enciclopédia Saraiva do direito*, v. 2. São Paulo: Saraiva, 1977.

_____. Lesão – II. In: *Enciclopédia Saraiva do direito*, v. 49. São Paulo: Saraiva, 1977.

CATHARINO, José Martins. Abandono del empleo: teoría general y derecho brasileño. In: *Estudios sobre derecho individual de trabajo en homenaje al profesor Mario L. Deveali*. Buenos Aires: Editorial Heliasta, [s.d.].

_____. *Compêndio de direito do trabalho*, v. 1, 2. ed. rev., atual. e aum. São Paulo: Saraiva, 1981.

_____. *Compêndio universitário de direito do trabalho*, v. 2. São Paulo: Editora Jurídica e Universitária, 1972.

CAVALCANTE, Jouberto de Quadros Pessoa; JORGE NETO, Francisco Ferreira. O direito eleitoral e o direito do trabalho. A polêmica relação de emprego do "cabo eleitoral". In: *Genesis: Revista de Direito do Trabalho*, n. 140. Curitiba: Genesis, ago. 2004. p. 183-96.

CAVALCANTI, Francisco de Queiroz Bezerra. A teoria da imprevisão. In: *Revista Forense*, v. 73, n. 260. Rio de Janeiro: Forense, out./nov. 1977. p. 109-16.

CESARINO JÚNIOR, A. F. Alteração do contrato de trabalho – I. In: *Enciclopédia Saraiva do direito*, v. 6. São Paulo: Saraiva, 1978.

CESARINO JÚNIOR, A. F.; CARDONE, Marly A. *Direito social*, v. 1, 2. ed. São Paulo: LTr, 1993.

CHAVES, Antônio. Capacidade civil. In: *Enciclopédia Saraiva do direito*, v. 13. São Paulo: Saraiva, 1977.

_____. Lesão – I. In: *Enciclopédia Saraiva do direito*, v. 49. São Paulo: Saraiva, 1977.

_____. *Tratado de direito civil*, v. 1, 3. ed. ref. São Paulo: Revista dos Tribunais, 1982.

COELHO, Fábio Ulhoa. *Curso de direito civil*, v. 1. São Paulo: Saraiva, 2003.

_____. *Curso de direito comercial*, v. 2. São Paulo: Saraiva, 1999.

COLIN, Ambroise; CAPITANT, Henri. *Curso elemental de derecho civil*, v. 1. Trad. RGLJ. Madrid: Editorial Reus, 1975.

CORDEIRO, António Menezes. *Manual de direito do trabalho*. Coimbra: Almedina, 1991.

_____. *Teoria geral do direito civil*, v. 1, 2. ed. rev. e actual. Lisboa: Associação Académica da Faculdade de Direito, 1987/88.

CORTEZ, Julpiano Chaves. *Direito do trabalho aplicado*. 2. ed. São Paulo: LTr, 2004.

CRUZ, Alexandre Corrêa da. Os efeitos da contratação sem concurso pelo ente público: da impropriedade do Enunciado n. 363 do TST. Disponível em: <http://www.femargs.com.br/revista03_cruz.html> Acesso em: 27 dez. 2006.

CUPIS, Adriano de. *Istituzioni di diritto privato*. 4. ed. Milano: Giuffrè, 1987.

DALLEGRAVE NETO, José Affonso. *Contrato individual de trabalho:* uma visão estrutural. São Paulo: LTr, 1998.

_____. Nulidade do contrato de trabalho e o novo Código Civil. In: DALLEGRAVE NETO, José Affonso; GUNTHER, Luiz Eduardo (Coords.). *O impacto do novo Código Civil no direito do trabalho*. São Paulo: LTr, 2003.

DELGADO, Mauricio Godinho. *Curso de direito do trabalho*. São Paulo: LTr, 2002.

DEMOGUE, René. *Traité des obligations en général*, t. 1: sources des obligations. Paris: Librairie Arthur Rousseau, 1923.

DINIZ, Maria Helena. *Curso de direito civil brasileiro*, v. 1: teoria geral do direito civil. 20. ed. rev. e aum. São Paulo: Saraiva, 2003.

DUARTE, Ronnie Preuss. A cláusula geral da boa-fé no novo Código Civil brasileiro. In: DELGADO, Mário Luiz; ALVES, Jones Figueiredo (Coords.). *Questões controvertidas no novo Código Civil*, v. 2. São Paulo: Método, 2004.

ENNECCERUS, Ludwig; KIPP, Theodor; WOLFF, Martin. *Tratado de derecho civil*, t. 1, v. 2. Trad. Blas Pérez González e José Alguer. Buenos Aires: Bosch, 1948.

ESPÍNOLA, Eduardo. Erro ou ignorância. In: *Repertório enciclopédico do direito brasileiro*, v. 20. Rio de Janeiro: Borsoi, [s.d.].

_____. *Manual do Código Civil brasileiro*, v. 3: das nulidades. Rio de Janeiro: Jacintho Ribeiro dos Santos, 1932.

_____. *Manual do Código Civil brasileiro*, v. 3: dos factos jurídicos. Rio de Janeiro: Jacintho Ribeiro dos Santos, 1923-1932.

ESPÍNOLA FILHO, Eduardo. Erro de direito e ignorância da lei. In: *Repertório enciclopédico do direito brasileiro*, v. 20. Rio de Janeiro: Borsoi, [s.d.].

FELICIANO, Guilherme Guimarães. Efeitos positivos dos contratos nulos de emprego público: distinguir o joio do trigo. In: *Jus Navigandi*, Teresina, ano 10, n. 1055, 22 maio 2006. Disponível em: <http://jus2.uol.com.br/doutrina/texto.asp?id=8451> Acesso em: 11 fev. 2007.

FERNANDES, António de Lemos Monteiro. *Direito do trabalho*, v. 1: introdução, relações individuais do trabalho. 6. ed. rev. e aum. Coimbra: Almedina, 1990.

FERRARA, Francisco. *A simulação dos negócios jurídicos*. Trad. A. Bossa. São Paulo: Livraria Acadêmica, 1939.

FERRAZ JÚNIOR, Gilberto Guimarães. O limite temporal para a invalidação *sponte propria* do ato administrativo na Lei n. 9.784/99. Disponível em: <http://www.juspodivm.com.br/artigos/artigos_170.html> Acesso em: 27 dez. 2006.

FONSECA, Arnoldo Medeiros da. Cláusula *rebus sic stantibus*. In: *Repertório enciclopédico do direito brasileiro*, v. 9. Rio de Janeiro: Borsoi, [s.d.].

FONSECA, Rodrigo Dias da. In: Assédio moral: uma perversidade a ser combatida. Disponível em: <http://www.dm.com.br:80/impresso.php?id=175849&edicao=7058&cck=3> Acesso em: 06 mar. 2007.

FRANÇA, Rubens Limongi. *Instituições de direito civil*. 2. ed. São Paulo: Saraiva, 1991.

FREITAS, Rogério Diniz. Reconhecimento do vínculo de emprego entre policial militar e empresa privada. Disponível em: <http://www.mail-archive.com/penal@grupos.com.br/msg01458.html> Acesso em: 12 jul. 2004.

GAGLIANO, Paulo Stolze; PAMPLONA FILHO, Rodolfo. *Novo curso de direito civil*, v. 1: parte geral. 4. ed. rev. ampl. e atual. São Paulo: Saraiva, 2003.

GAINO, Itamar. *A simulação dos negócios jurídicos*. São Paulo: Saraiva, 2007.

GAMA, Affonso Dionysio. *Teoria e prática dos contratos por instrumento particular no direito brasileiro*, v. 1, 13. ed. rev. e atual. por J. Edvaldo Tavares. Rio de Janeiro: Freitas Bastos, 1961.

GARCEZ, Martinho. *Das nulidades dos atos jurídicos*. 3. ed. rev. e anotada por Martinho Garcez Neto. Rio de Janeiro: Renovar, 1997.

GARCEZ NETO, Martinho. Capacidade civil. In: *Repertório enciclopédico do direito brasileiro*, v. 6. Rio de Janeiro: Borsoi, [s.d.].

GIGLIO, Wagner D. *Justa causa*. 5. ed. São Paulo: LTr, 1994.

GODOY, Claudio Luiz Bueno de. *Função social do contrato:* os novos princípios contratuais. 3. ed. São Paulo: Saraiva, 2009.

GOMES, Luiz Roldão de Freitas. Invalidade dos atos jurídicos — Nulidades — Anulabilidades — Conversão. In: *Revista de Direito Civil*, v. 14, n. 53. São Paulo: Revista dos Tribunais, jul./set. 1990. p. 7-16.

GOMES, Orlando. *Contratos*. 16. ed. Rio de Janeiro: Forense, 1995.

_____. *Introdução ao direito civil*. 11. ed. Rio de Janeiro: Forense, 1995.

_____. Nulidades no direito contratual do trabalho. In: *Revista Forense*, v. 155, set./out. 1954. p. 42-51.

_____. *Obrigações*. 8. ed. Rio de Janeiro: Forense, 1992.

GOMES, Orlando; GOTTSCHALK, Elson. *Curso de direito do trabalho*. 4. ed. rev. e atual. Rio de Janeiro: Forense, 1995.

GONÇALVES, Luiz da Cunha. *Princípios de direito civil luso-brasileiro*, v. 1. São Paulo: Max Limonad, 1951.

GOTTSCHALK, Egon Felix. *Norma pública e privada no direito do trabalho*. Ed. fac-sim. São Paulo: LTr, 1995.

KOMATSU, Roque. *Da invalidade no processo civil*. São Paulo: Revista dos Tribunais, 1991.

KROTOSCHIN, Ernesto. *Tratado práctico de derecho del trabajo*, v. 1, 4. ed. Buenos Aires: Depalma, 1987.

LAMARCA, Antonio. *Curso normativo de direito do trabalho*. 2. ed. rev. e atual. São Paulo: Revista dos Tribunais, 1993.

LEAL, Antônio Luís da Câmara. *Da prescrição e da decadência*. 2. ed. Rio de Janeiro: Forense, 1959.

LEÃO, Antônio Carlos Amaral; REGO, Gerson Ferreira do. A aplicabilidade da teoria da aparência nos negócios jurídicos. In: *Revista Forense*, v. 299, jul./set. 1987. p. 407-9.

LIMA, Alcides Mendonça. *Comentários ao Código de Processo Civil*, v. 6: arts. 566 a 645. 6. ed. Rio de Janeiro: Forense, 1990.

LIMA, Alvino. *Culpa e risco*. 2. ed. rev. e atual. por Ovídio Rocha Barros Sandoval. São Paulo: Revista dos Tribunais, 1999.

LIMA, João Franzen de. *Curso de direito civil brasileiro*, v. 1, 5. ed. Rio de Janeiro: Forense, 1968.

LOPES, Miguel Maria de Serpa. *Curso de direito civil*, v. 1, 2. ed. Rio de Janeiro: Freitas Bastos, 1957.

LORENZETTI, Ari Pedro. *A prescrição dos créditos trabalhistas*. São Paulo: LTr, 1999.

_____. *A prescrição e a decadência na Justiça do Trabalho*. São Paulo: LTr, 2009.

_____. *A responsabilidade pelos créditos trabalhistas*. São Paulo: LTr, 2003.

MACEDO, Silvio de. Negócio jurídico – II. In: *Enciclopédia Saraiva do direito*, v. 54. São Paulo: Saraiva, 1977.

MACHADO JÚNIOR, César P. S. *Direito do trabalho*. São Paulo: LTr, 1999.

MAGALHÃES, Tereza Ancona Lopes de. Silêncio (direito civil). In: *Enciclopédia Saraiva do direito*, v. 69. São Paulo: Saraiva, 1977.

MAGANO, Octavio Bueno. Alteração do contrato de trabalho – II. In: *Enciclopédia Saraiva do direito*, v. 6. São Paulo: Saraiva, 1978.

_____. *Manual de direito do trabalho*, v. 2, 2. ed. São Paulo: LTr, 1988.

MALHADAS, Julio Assumpção. Estrutura e disciplina das alterações contratuais do trabalho. In: PINTO, José Augusto Rodrigues (Coord.). *Noções atuais de direito do trabalho:* estudos em homenagem ao professor Elson Gottschalk. São Paulo: LTr, 1995.

MALLET, Estêvão. Cláusula de não concorrência em contrato individual de trabalho. In: *Revista LTr*, v. 69, n. 10, out. 2005. p. 1159-69.

MALTA, Christovão Piragibe Tostes. *Comentários à CLT*. 6. ed. São Paulo: LTr, 1993.

MARANHÃO, Délio; CARVALHO, Luiz Inácio Barbosa. *Direito do trabalho*. 17. ed. rev. e atual. Rio de Janeiro: Editora da Fundação Getúlio Vargas, 1993.

MARQUES, Cláudia Lima. *Contratos no Código de Defesa do Consumidor*. 3. ed. rev., atual. e ampl. São Paulo: Revista dos Tribunais, 1999.

MARTINS, Pedro Batista. *Comentários ao Código de Processo Civil*, v. 3: arts. 216 a 297. Rio de Janeiro: Revista Forense, 1942.

MATIELLO, Fabrício Zamprogna. *Defeitos do negócio jurídico*. São Paulo: LTr, 2005.

MAZEAUD, Henri et Léon; MAZEAUD, Jean; CHABAS, François. *Leçons de droit civil*, t. 2, v. 1: Obligations: théorie générale. 8. ed. Paris: Montchrestien, 1991.

MEIRELES, Edilton. *Abuso do direito na relação de emprego*. São Paulo: LTr, 2005.

_____. Trabalhadores subordinados sem emprego – limites constitucionais à desproteção empregatícia. In: *Revista LTr*, v. 69, n. 7, jul. 2005. p. 842-5.

MEIRELLES, Hely Lopes. *Direito administrativo brasileiro*. 17. ed. São Paulo: Malheiros, 1992.

MELLO, Celso Antônio Bandeira de. *Curso de direto administrativo*. 6. ed. rev., atual. e ampl. São Paulo: Malheiros, 1995.

MELLO, Marcos Bernardes de. *Teoria do fato jurídico:* plano da eficácia – 1ª parte. São Paulo: Saraiva, 2003.

_____. *Teoria do fato jurídico:* plano da existência. 9. ed. São Paulo: Saraiva, 1999.

_____. *Teoria do fato jurídico:* plano da validade. 4. ed. São Paulo: Saraiva, 2000.

MESSINEO, Francesco. *Manual de derecho civil y comercial*, v. 2. Trad. Santiago Sentís Melendo. Buenos Aires: Ediciones Juridicas Europa-America, 1979.

MIRANDA, Custódio da Piedade Ubaldino. Simulação (direito civil). In: *Enciclopédia Saraiva do direito*, v. 69. São Paulo: Saraiva, 1977.

_____. *Teoria geral do negócio jurídico*. São Paulo: Atlas, 1991.

MIRANDA, Francisco Cavalcanti Pontes de. *Tratado de direito privado*, t. 2. Rio de Janeiro: Borsoi, 1954.

_____. *Tratado de direito privado*, t. 3. Rio de Janeiro: Borsoi, 1954.

_____. *Tratado de direito privado*, t. 4. Rio de Janeiro: Borsoi, 1954.

_____. *Tratado de direito privado*, t. 9, 3. ed. Rio de Janeiro: Borsoi, 1971.

_____. *Tratado de direito privado*, t. 47, 3. ed. Rio de Janeiro: Borsoi, 1972.

MONTEIRO, Washington de Barros. *Curso de direito civil*, v. 1: parte geral. 29. ed. atual. São Paulo: Saraiva, 1990.

MONTOYA MELGAR, Alfredo. *Derecho del trabajo*. 14. ed. Madrid: Tecnos, 1993.

MORAES FILHO, Evaristo de; MORAES, Antonio Carlos Flores de. *Introdução ao direito do trabalho*. 7. ed. rev. e atual. São Paulo: LTr, 1995.

NADER, Paulo. *Curso de direito civil*: parte geral. Rio de Janeiro: Forense, 2003.

NASCIMENTO, Amauri Mascaro. *Curso de direito do trabalho*. 10. ed. atual. São Paulo: Saraiva, 1992.

NICOLIELLO, Nelson. La renuncia de los derechos del trabajador. In: *Estudios sobre derecho individual de trabajo en homenaje al profesor Mario L. Deveali*. Buenos Aires: Editorial Heliasta, [s.d.].

NONATO, Orosimbo. *Da coação como defeito do ato jurídico*. Rio de Janeiro: Revista Forense, 1957.

_____. *Fraude contra credores* (da ação pauliana). Rio de Janeiro: Jurídica e Universitária, 1969.

_____. Pagamento indevido. In: *Repertório enciclopédico do direito brasileiro*, v. 36. Rio de Janeiro: Borsoi, [s.d.].

NOVELLI, Flávio Bauer. Eficácia do ato administrativo. In: *Revista de Direito Administrativo*, v. 61. Rio de Janeiro: Fundação Getúlio Vargas, jul./set. 1960.

OLIVEIRA, Eduardo Ribeiro de. *Comentários ao novo Código Civil*, v. 2: arts. 79 a 137. Rio de Janeiro: Forense, 2008.

PACHECO, José da Silva. Fraude à execução. In: *Repertório enciclopédico do direito brasileiro*, v. 23. Rio de Janeiro: Borsoi, [s.d.].

PANCOTTI, José Antonio. Algumas considerações sobre os reflexos do novo Código Civil no direito do trabalho. In: *Revista LTr*, v. 67, n. 12, dez. 2003. p. 1.443-54.

PAULA, Carlos Alberto Reis de. Alteração contratual. In: GIORDANI, Francisco Alberto da Mota Peixoto e outros, coord. *Fundamentos do direito do trabalho*. São Paulo: LTr, 2000.

_____. *A especificidade do ônus da prova no processo do trabalho*. São Paulo: LTr, 2001.

PAUPERIO, A. Machado. Simulação. In: *Enciclopédia Saraiva do direito*, v. 69. São Paulo: Saraiva, 1977.

PEREIRA, Caio Mário da Silva. *Instituições de direito civil*, v. 1, 13. ed. Rio de Janeiro: Forense, 1992.

_____. *Lesão nos contratos*. 5. ed. Rio de Janeiro: Forense, 1993.

PINTO, José Augusto Rodrigues. *Curso de direito individual do trabalho*. 2. ed. São Paulo: LTr, 1995.

PLÁ RODRIGUEZ, Américo. *Princípios de direito do trabalho*. 3. tir. Trad. Wagner D. Giglio. São Paulo: LTr; Ed. da Universidade de São Paulo, 1993.

PORTUGAL, Altino. Capacidade de menores. In: *Enciclopédia Saraiva do direito*, v. 13. São Paulo: Saraiva, 1977.

POTHIER, Robert Joseph. *Tratado das obrigações.* Trad. Adrian Sotero De Witt Batista e Douglas Dias Ferreira. Campinas: Servanda, 2001.

PRUNES, José Luiz Ferreira. *Justa causa e despedida indireta*. 2. ed. rev. e ampl. Curitiba: Juruá, 2001.

RÁO, Vicente. *Ato jurídico:* noção, pressupostos, elementos essenciais e acidentais; o problema do conflito entre os elementos volitivos e a declaração. 3. ed. anotada e atual. por Ovídio Rocha Barros Sandoval. São Paulo: Revista dos Tribunais, 1994.

REALE, Miguel. *Lições preliminares de direito*. 21. ed. rev. e aum. São Paulo: Saraiva, 1994.

REIS, Sérgio Cabral dos. Enunciado n. 363 e a necessidade urgente do seu cancelamento: uma abordagem crítica das demandas trabalhistas envolvendo a contratação de pessoal, sem concurso, no âmbito da administração pública. In: *Revista do Tribunal Regional do Trabalho da 7ª Região*, n. 27, jan./dez. 2004. p. 75-104.

RIPERT, Georges. *A regra moral nas obrigações civis*. 2. ed. Trad. Osório de Oliveira. Campinas: Bookseller, 2002.

RIVA-SANSEVERINO, Luisa. *Commentario del Codice Civile*, arts. 2060-2134. 5. ed. rev. e ampl. Bologna: Zanichelli, 1977.

RIZZARDO, Arnaldo. *Da ineficácia dos atos jurídicos e da lesão no direito*. Rio de Janeiro: Forense, 1983.

ROBORTELLA, Luiz Carlos Amorim. Trabalho do estrangeiro no Brasil, as normas nacionalizadoras e a Constituição de 1988. In: COELHO, Anna Maria de Toledo (Coord.). *Estudos de direito do trabalho*. Curitiba: Juruá, 1992.

RODRIGUES, Silvio. *Direito civil*, v. 1: parte geral. 21. ed. atual. São Paulo: Saraiva, 1990.

_____. *Dos vícios do consentimento*. 3. ed. atual. São Paulo: Saraiva, 1989.

ROSA, Eugênio José Cesário. Nulidade: contratação irregular. In: *Revista do Direito Trabalhista*, v. 4, n. 8. Brasília: Consulex, ago. 1998, p. 10-3.

RUGGIERO, Roberto de. *Instituições de direito civil*, v. 1. Trad. Ary dos Santos. São Paulo: Livraria Acadêmica, 1935.

RUSSOMANO, Mozart Victor. *Comentários à Consolidação das Leis do Trabalho*, v. 1, 16. ed. rev. e atual. Rio de Janeiro: Forense, 1994.

_____. *O empregado e o empregador no direito brasileiro*, v. 1, 2. ed. ac. e atual. Rio de Janeiro: José Konfino, 1954.

SAAD, Eduardo Gabriel. *Consolidação das Leis do Trabalho comentada*. 35. ed. São Paulo: LTr, 2002.

SANTOS, J. M. de Carvalho. Anulação. In: *Repertório enciclopédico do direito brasileiro*, v. 3. Rio de Janeiro: Borsoi, [s.d.].

_____. *Código Civil brasileiro interpretado*, v. 1, 12. ed. Rio de Janeiro: Freitas Bastos, 1980.

_____. *Código Civil brasileiro interpretado*, v. 2, 10. ed. Rio de Janeiro: Freitas Bastos, 1977.

_____. *Código Civil brasileiro interpretado*, v. 3, 11. ed. Rio de Janeiro: Freitas Bastos, 1980.

_____. *Código Civil brasileiro interpretado*, v. 12, 10. ed. Rio de Janeiro: Freitas Bastos, 1977.

SANTOS, José Beleza dos. *A simulação em direito civil*. 2. ed. São Paulo: Lejus, 1999.

SARMENTO, Daniel. Interesses públicos *vs.* interesses privados na perspectiva da teoria e da filosofia constitucional. In: _____ (Org.). *Interesses públicos versus interesses privados:* desconstruindo o princípio da supremacia do interesse público. 2. tir. Rio de Janeiro: Lumen Juris, 2007.

SILVA, Carlos Alberto Barata. *Compêndio de direito do trabalho*. 4. ed. ampl. e atual. São Paulo: LTr, 1986.

SILVA, De Plácido e. *Vocabulário jurídico*, v. 3 e 4, 2. ed. Rio de Janeiro: Forense, 1990.

SÜSSEKIND, Arnaldo. *Curso de direito do trabalho*. Rio de Janeiro: Renovar, 2002.

SÜSSEKIND, Arnaldo; LACERDA, Durval de; VIANNA, J. de Segadas. *Direito brasileiro do trabalho*, v. 2. Rio de Janeiro: Livraria Jacinto, 1943.

SÜSSEKIND, Arnaldo; MARANHÃO, Délio; VIANNA, Segadas. *Instituições de direito do trabalho*. 14. ed. atual. por Arnaldo Süssekind e João de Lima Teixeira Filho. São Paulo: LTr, 1994.

TESHEINER, José Maria. *Eficácia da sentença e coisa julgada no processo civil*. São Paulo: Revista dos Tribunais, 2001.

THEODORO JÚNIOR, Humberto. *Comentários ao novo Código Civil*, v. 3, t. 1: arts. 138 a 184. Rio de Janeiro: Forense, 2003.

_____. *Curso de direito processual civil*, v. 2, 9. ed. Rio de Janeiro: Forense, 1992.

TORRENTE, Andrea; SCHLESINGER, Piero. *Manuale di diritto privato*. 12. ed. Milano: Giuffrè, 1985.

VASCONCELOS FILHO, Oton de Albuquerque. Aposentadoria espontânea: uma nova leitura de seus efeitos no contrato de emprego. In: *O Trabalho*, v. 24, n. 284, mar. 2006. Suplemento Especial, p. 3.177-84.

VELOSO, Alberto Júnior. *Simulação*: aspectos gerais e diferenciados à luz do Código Civil de 2002. Curitiba: Juruá, 2004.

VELOSO, Zeno. *Invalidade do negócio jurídico:* nulidade e anulabilidade. 2. ed. Belo Horizonte: Del Rey, 2005.

VENOSA, Sílvio de Salvo. *Direito civil*, v. 1: parte geral. 2. ed. São Paulo: Atlas, 2002.

VIALARD, Antonio Vázquez. Despido abusivo. In: *Estudios sobre derecho individual de trabajo en homenaje al profesor Mario L. Deveali*. Buenos Aires: Editorial Heliasta, [s.d.].

VIANA, Márcio Túlio. Cooperativas de trabalho: um caso de fraude através da lei. In: VIANA, Márcio Túlio; RENAULT, Luiz Otávio Linhares (Coords.). *O que há de novo em direito do trabalho*. São Paulo: LTr, 1997.

_____. Greve. In: BARROS, Alice Monteiro de (Coord.). *Curso de direito do trabalho:* estudos em homenagem a Célio Goiatá, v. 2, 2. ed. São Paulo: LTr, 1994.

WALD, Arnoldo. *Curso de direito civil brasileiro*, v. 1: introdução e parte geral. 6. ed. rev. e atual. com a colaboração de Álvaro Villaça Azevedo. São Paulo: Revista dos Tribunais, 1989.

_____. *Comentários ao novo Código Civil*, v. 14: arts. 966 a 1.195. Rio de Janeiro: Forense, 2005.

XAVIER, Carlos Alberto Moreira. Elementos do contrato de trabalho. Elementos essenciais. Vícios e defeitos. Nulidade e anulabilidade. Elementos acidentais: condição, termo. Período de experiência e contrato de experiência. In: GIORDANI, Francisco Alberto da Mota Peixoto e outros (Coords.). *Fundamentos do direito do trabalho*. São Paulo: LTr, 2000.

ÍNDICE ALFABÉTICO-REMISSIVO

Abandono do emprego 202, 211, 272, 453
Abuso 242, 283
Acerto rescisório 225, 468
Acordo simulatório 324
Alteração contratual 192, 223, 425
Anulabilidade 362
Aposentadoria 72, 457
Aproveitamento dos atos jurídicos 373, 377
Assédio 172, 196, 448
Assinatura de documentos 151
Assistência sindical 192, 225, 376
Atividade ilícita 101
Ato emulativo 284
Ato-fato jurídico 27
Ato ilícito 23
Ato inexistente 17
Ato jurídico (definição) 23
Ato jurídico (eficácia) 47
Ato jurídico (elementos) 29
   — Causa 37, 229
   — Elementos acidentais 40
   — Elementos específicos 40
   — Espaço 36
   — Forma 36, 205
   — Objeto 32, 99
   — Sujeitos 31, 51
   — Tempo 36
   — Vontade 33, 129
Ato jurídico (função) 46
Aviso prévio 54, 466
Bons costumes 101
Causa e motivos 230
Causa falsa 235
Causa ilícita 240
Causa inexistente 242
Causa simulandi 341
Cláusula de exclusividade 104, 115
Cláusula de fidelidade 98, 114
Cláusula de não concorrência 104, 115, 296, 356

Cláusula de permanência	265
Cláusula *rebus sic stantibus*	272
Cláusula resolutiva (v. pacto comissório)	
Coação (v. vícios da vontade)	
Coação circunstancial	193
Coação física	169
Coação moral	171
Compensação de horários	435
Comportamento enganoso	158
Concurso público	30, 88, 116, 220, 386, 407
Condição ilícita	250
Condição impossível	256
Condição incompreensível ou contraditória	259
Condição potestativa	253, 260
Condição resolutiva	251
Condição suspensiva	251
Conditiones juris	250
Confirmação	373
Consentimento imposto	203
Consequências das invalidades	384
— em relação às partes	384
— em relação a terceiros	400
Contrato a termo	276
Contrato de experiência	36, 120, 144, 214, 291
Contrato entre familiares	80
Conversão	380
Cooperativa	413
Culpa *in contrahendo*	367
Cumulação de funções	356
Decadência	44, 171, 186, 211, 376, 377, 400, 426
Declaração não séria	200
Descontos salariais	442
Descontrole emocional	74
Despedida abusiva	242, 462
Despedida motivada	237, 448, 452
Despedida vexatória	294, 465
Direito adquirido	92
Direito intertemporal	403
Dolo (v. vícios da vontade)	
Dolo de aproveitamento	353
Dolo do representante	161
Dolo negativo	157, 160, 163
Dolo recíproco	162
Dolus bonus	158
Doutrina *ultra vires*	82
Eficácia das normas coletivas	379

Emancipação	63
Embriaguez	69, 74
Empreitada	409
Emulação (v. ato emulativo)	
Encargo ilícito ou impossível	264
Enriquecimento sem causa	28, 55, 76, 86, 111, 150, 162, 242, 245, 275, 367, 385, 388
Erro acidental	134
Erro de direito	136, 145
Erro de fato	136
Erro escusável	147
Erro essencial	134
Erro-obstáculo	135
Erro-vício	135
Estabilidade (v. garantia de emprego)	
Estado de perigo	194, 358
Estágio	222, 419
Estrangeiro	93, 114
Exceção de contrato não cumprido	245
Exercício ilegal da profissão	115
Falido	84
Falsa causa (v. causa falsa)	
Falsidade	318
Férias	372, 395, 440
Força maior	79, 245
Forma dos atos jurídicos	205
Fraude	106, 154, 295
Fraude à execução	317
Fraude à lei imperativa	296
Fraude contra credores	301
— Caracterização	301
— Efeitos	308
— Questões processuais	312
Fraude salarial	445
Frustração de expectativa	237
Garantia de emprego	470
— Acidentado	470
— Cipeiro	475
— Dirigente sindical	475
— Gestante	475
Greve	88, 292, 446
Habilitação profissional	80, 85, 115
Idade avançada	72
Idoneidade do objeto	100
Ilegitimidade	76
Ilegitimidade do representante	81

Ilicitude do objeto	101
Ilicitude do objeto e incapacidade do trabalhador	116
Ilicitude superveniente	109, 113
Impossibilidade de expressar a vontade	66
Impossibilidade do objeto	118
Impossibilidade superveniente	120
Impossibilidade transitória	122
Incapacidade	51, 76
Indeterminação do objeto	123
Índio	70
Inexperiência	351
Informação desabonadora	163, 183, 465
Inobservância da forma	212
Insanidade mental	66
Intenção fraudulenta	106, 298, 301
Intenção maliciosa	164
Interdição	67
Interesse negativo	367
Interposição de pessoa	320
Intervalo interjornadas	437
Intervalo intrajornada	437
Inutilidade do objeto	127
Invalidação dos atos jurídicos	360
— Alcance objetivo	371
— Alcance subjetivo	384
— Alcance temporal	385
Jogo do bicho	111
Jornada de trabalho	433
Jus resistentiae	127, 211, 446
Jus variandi	125, 429
Legitimação (v. ilegitimidade)	
Legitimação sindical	89
Lesão	194, 344
— Coação circunstancial	193
— Fundamentos	348
— Histórico	344
— Pressupostos	351
Liberalidade	202, 239, 264, 304, 469
Lide simulada	340
Locação de mão de obra (v. trabalho temporário)	
Menoridade	57
Moral e bons costumes	105
Motivo determinante	233
Necessidade premente	193, 351
Negociação coletiva	90, 220, 379
Negócio abstrato	38

Negócio fiduciário	319
Negócio indireto	320
Negócio jurídico	26
Nulidade de pleno direito	361
Nulidade parcial	383
Nulidade virtual	372
Ócio forçado	291, 431
Onerosidade excessiva	272
Pacto comissório	269
Pagamento	27, 183, 327
Poder disciplinar	446
Policial militar	86, 114
Prescrição	44, 171, 184, 186, 211, 247, 307, 369, 370, 382, 427
Pressuposição	273
Preterição de solenidade essencial	217
Princípio da aparência	81, 82, 85, 474
Princípio da incindibilidade do negócio condicional	255
Prodigalidade	70
Promessa de contratar	249
Prova:	
— da coação	191
— da incapacidade	67, 72
— da insolvência	316
— da jornada de trabalho	216
— da manifestação de vontade	36
— da relação de emprego	213, 408
— da simulação	341
— das cláusulas acidentais	250
— do dolo	64, 168
— do pagamento	225
Reconhecibilidade do erro	146
Reintegração no emprego	477
Renúncia de direitos	478
Representação comercial	410
Requisitos de validade	30, 41
Rescisão do ato jurídico	401
Rescisão indireta	453
Reserva mental	133, 197, 325
Reserva mental recíproca	325
Reversão ao cargo efetivo	432
Rompimento contratual	452
Salário complessivo	445
Salário-família	481
Salário *in natura*	196, 234, 441
Salário não contabilizado	299, 446
Sanções contratuais	244, 446

Seguro de vida 442
Silêncio 157, 208, 293, 480
Simulação:
    — Conceito 317
    — Efeitos 332
    — Elementos 321
    — Espécies 320
    — Prova 341
Sócio de fato 338
Temor reverencial 190
Teoria da aparência (v. princípio da aparência)
Teoria da confiança 35, 43
Teoria da imprevisão (v. cláusula *rebus sic stantibus*)
Teoria da responsabilidade 35, 148
Teoria da vontade e teoria da declaração 35
Terceirização 422
Termo final 276
Trabalho proibido 113
Trabalho temporário 424
Transferência abusiva 236
Transferência de localidade 430
Transferência dos riscos empresariais 356
Truck system 196, 441
Vale-transporte 481
Validade do ato jurídico 41
Vício redibitório 133
Vícios da vontade 129
    — Coação 168
        • Conceito 168
        • Efeitos 185
        • Espécies 169
        • Exclusão 188
        • Prova 191
        • Requisitos 175
    — Dolo 153
        • Conceito 153
        • Elementos 158
        • Espécies 155
    — Erro ou ignorância 132
        • Conceito 132
        • Espécies 134
        • Requisitos 138
Violação de sigilo de correspondência 291
Vontade 129
    — Manifestação tácita 207
Vontade presumida 202